2019

中国教育经费统计年鉴

China Educational Finance Statistical Yearbook

教育部财务司
国家统计局社会科技和文化产业统计司
编

中国统计出版社
China Statistics Press

图书在版编目（CIP）数据

中国教育经费统计年鉴. 2019 / 教育部财务司，国家统计局社会科技和文化产业统计司编. -- 北京 : 中国统计出版社, 2020.6
ISBN 978-7-5037-9135-2

Ⅰ. ①中… Ⅱ. ①教… ②国… Ⅲ. ①教育经费－统计资料－中国－2019－年鉴 Ⅳ. ①G526.72-54

中国版本图书馆 CIP 数据核字(2020)第 028335 号

中国教育经费统计年鉴—2019

作　　者/教育部财务司　国家统计局社会科技和文化产业统计司
责任编辑/冯燕玲　杜珞维
封面设计/李雪燕
出版发行/中国统计出版社有限公司
通信地址/北京市丰台区西三环南路甲 6 号　邮政编码/100073
电　　话/邮购（010）63376909　书店（010）68783171
网　　址/ http://www.zgtjcbs.com
印　　刷/河北鑫兆源印刷有限公司
经　　销/新华书店
开　　本/880×1230㎜　1/16
字　　数/1300 千字
印　　张/40.75　彩插 0.25
版　　别/2020 年 6 月第 1 版
版　　次/2020 年 6 月第 1 次印刷
定　　价/268.00 元

中国统计版图书，如有印装错误，本社发行部负责调换。

《中国教育经费统计年鉴—2019》
编辑委员会

2019

中国教育经费统计年鉴

China Educational Finance Statistical Yearbook

教育部财务司
国家统计局社会科技和文化产业统计司 编

中国统计出版社
China Statistics Press

图书在版编目（CIP）数据

中国教育经费统计年鉴. 2019 / 教育部财务司, 国家统计局社会科技和文化产业统计司编. -- 北京 : 中国统计出版社, 2020.6
ISBN 978-7-5037-9135-2

Ⅰ. ①中… Ⅱ. ①教… ②国… Ⅲ. ①教育经费－统计资料－中国－2019－年鉴 Ⅳ. ①G526.72-54

中国版本图书馆 CIP 数据核字(2020)第 028335 号

中国教育经费统计年鉴—2019

作　　者/教育部财务司　国家统计局社会科技和文化产业统计司
责任编辑/冯燕玲　杜珞维
封面设计/李雪燕
出版发行/中国统计出版社有限公司
通信地址/北京市丰台区西三环南路甲 6 号　邮政编码/100073
电　　话/邮购（010）63376909　书店（010）68783171
网　　址/ http://www.zgtjcbs.com
印　　刷/河北鑫兆源印刷有限公司
经　　销/新华书店
开　　本/880×1230㎜　1/16
字　　数/1300 千字
印　　张/40.75　彩插 0.25
版　　别/2020 年 6 月第 1 版
版　　次/2020 年 6 月第 1 次印刷
定　　价/268.00 元

《中国教育经费统计年鉴—2019》
编辑委员会

前　言

《中国教育经费统计年鉴—2019》比较全面、系统地反映了2018年全国教育经费来源和使用的情况，为国家和地方编制教育发展规划、制定教育财政政策提供了重要的参考依据。它对于研究教育经费结构和使用效益有一定价值；对于各地之间的情况交流，提高教育财务管理水平，也将会起到促进作用。

全国教育经费统计资料的各项数据是从最基层单位开始填报，经过乡（镇）、县（市、区）、地（市）、省（自治区、直辖市）等教育主管部门层层汇总的。各级教育和统计部门对教育经费统计工作十分重视，从人员、时间、设备等方面给予了保证，并认真组织，按照准确、及时、完整的要求编制报表，保证了全国教育经费统计资料汇总工作的顺利完成。

教育部财务司组织了全国教育经费统计资料的审核、整理工作，以及全国教育经费统计分析的计算机程序编制工作。国家统计局社会科技和文化产业统计司对全国教育经费统计工作给予了很大的支持，并与教育部财务司联衔编印出版此年鉴。

目前，中国教育经费统计工作还处于充实、完善阶段，加之全国性教育经费统计涉及范围广，工作量大，因此在资料的收集、编排、整理等环节上难免有不足之处，诚望同志们提出批评和建议，以便今后加以改进，把教育经费统计工作做得更好。

编　者

2019年12月

目 录

第一部分 全国教育经费收支

1-1 全国教育经费总收入……2
1-2 各级各类教育机构教育经费收入情况(全国)……6
1-3 各级各类教育机构教育经费收入情况(中央)……8
1-4 各级各类教育机构教育经费收入情况(地方)……10
1-5 各级各类教育机构教育经费收入情况(教育和其他部门)……12
1-6 各级各类教育机构教育经费收入情况(中央教育和其他部门)……14
1-7 各级各类教育机构教育经费收入情况(地方教育和其他部门)……16
1-8 各级各类教育机构教育经费收入情况(国有及国有控股企业办)……18
1-9 各级各类教育机构教育经费收入情况(中央国有及国有控股企业办)……20
1-10 各级各类教育机构教育经费收入情况(地方国有及国有控股企业办)……22
1-11 各级各类教育机构教育经费收入情况(民办)……24
1-12 各级各类教育机构教育经费支出明细(全国)……26
1-13 各级各类教育机构教育经费支出明细(中央)……28
1-14 各级各类教育机构教育经费支出明细(地方)……30
1-15 各级各类教育机构教育经费支出明细(教育和其他部门)……32
1-16 各级各类教育机构教育经费支出明细(中央教育和其他部门)……34
1-17 各级各类教育机构教育经费支出明细(地方教育和其他部门)……36
1-18 各级各类教育机构教育经费支出明细(国有及国有控股企业办)……38
1-19 各级各类教育机构教育经费支出明细(中央国有及国有控股企业办)……40
1-20 各级各类教育机构教育经费支出明细(地方国有及国有控股企业办)……42
1-21 各级各类教育机构教育经费支出明细(民办)……44
1-22 各级各类教育机构财政补助支出明细(全国)……46
1-23 各级各类教育机构财政补助支出明细(中央)……48
1-24 各级各类教育机构财政补助支出明细(地方)……50
1-25 各级各类教育机构财政补助支出明细(教育和其他部门)……52
1-26 各级各类教育机构财政补助支出明细(中央教育和其他部门)……54
1-27 各级各类教育机构财政补助支出明细(地方教育和其他部门)……56
1-28 各级各类教育机构财政补助支出明细(国有及国有控股企业办)……58
1-29 各级各类教育机构财政补助支出明细(中央国有及国有控股企业办)……60
1-30 各级各类教育机构财政补助支出明细(地方国有及国有控股企业办)……62
1-31 各级各类教育机构财政补助支出明细(民办)……64
1-32 各级各类教育机构一般公共预算教育事业费和基本建设支出明细(全国)……66

1-33　各级各类教育机构一般公共预算教育事业费和基本建设支出明细(中央)……68
1-34　各级各类教育机构一般公共预算教育事业费和基本建设支出明细(地方)……70
1-35　各级各类教育机构一般公共预算教育事业费和基本建设支出明细
(教育和其他部门)……72
1-36　各级各类教育机构一般公共预算教育事业费和基本建设支出明细
(中央教育和其他部门)……74
1-37　各级各类教育机构一般公共预算教育事业费和基本建设支出明细
(地方教育和其他部门)……76
1-38　各级各类教育机构一般公共预算教育事业费和基本建设支出明细
(国有及国有控股企业办)……78
1-39　各级各类教育机构一般公共预算教育事业费和基本建设支出明细
(中央国有及国有控股企业办)……80
1-40　各级各类教育机构一般公共预算教育事业费和基本建设支出明细
(地方国有及国有控股企业办)……82
1-41　各级各类教育机构一般公共预算教育事业费和基本建设支出明细(民办)……84
1-42　各级各类学校生均教育经费支出(教育和其他部门)……86
1-43　各级各类学校生均一般公共预算教育事业费和基本建设支出(教育和其他部门)……87
1-44　各级各类学校生均教育经费支出(中央教育和其他部门)……88
1-45　各级各类学校生均一般公共预算教育事业费和基本建设支出(中央教育和其他部门)……89
1-46　各级各类学校生均教育经费支出(地方教育和其他部门)……90
1-47　各级各类学校生均一般公共预算教育事业费和基本建设支出(地方教育和其他部门)……91

第二部分　各地区按来源分类教育经费收入

2-1　教育经费总收入……94
2-2　国家财政性教育经费……95
2-3　一般公共预算安排的教育经费……96
2-4　一般公共预算教育经费……97
2-5　教育事业费……98
2-6　基本建设经费……99
2-7　教育费附加……100
2-8　其他一般公共预算安排的教育经费……101
2-9　科研经费……102
2-10　其他经费……103
2-11　政府性基金预算安排的教育经费……104
2-12　彩票公益金……105
2-13　国有及国有控股企业办学中的企业拨款……106
2-14　校办产业和社会服务收入用于教育的经费……107
2-15　其他属于国家财政性教育经费……108
2-16　民办学校中举办者投入……109
2-17　捐赠收入……110

2-18 港澳台及海外捐赠……111
2-19 事业收入……112
2-20 学费……113
2-21 其他教育经费……114

第三部分 各地区各级各类教育机构教育经费收入

3-1 教育经费收入情况(各级各类教育机构)……116
3-2 教育经费收入情况(地方各级各类教育机构)……118
3-3 教育经费收入情况(高等学校)……120
3-4 教育经费收入情况(地方高等学校)……122
3-5 教育经费收入情况(普通高等学校)……124
3-6 教育经费收入情况(地方普通高等学校)……126
3-7 教育经费收入情况(普通高等本科学校)……128
3-8 教育经费收入情况(地方普通高等本科学校)……130
3-9 教育经费收入情况(普通高职高专学校)……132
3-10 教育经费收入情况(地方普通高职高专学校)……134
3-11 教育经费收入情况(成人高等学校)……136
3-12 教育经费收入情况(地方成人高等学校)……138
3-13 教育经费收入情况(中等职业学校)……140
3-14 教育经费收入情况(地方中等职业学校)……142
3-15 教育经费收入情况(中等专业学校)……144
3-16 教育经费收入情况(地方中等专业学校)……146
3-17 教育经费收入情况(职业高中)……148
3-18 教育经费收入情况(地方职业高中)……150
3-19 教育经费收入情况(农村职业高中)……152
3-20 教育经费收入情况(地方农村职业高中)……154
3-21 教育经费收入情况(技工学校)……156
3-22 教育经费收入情况(地方技工学校)……158
3-23 教育经费收入情况(成人中等专业学校)……160
3-24 教育经费收入情况(地方成人中等专业学校)……162
3-25 教育经费收入情况(中学)……164
3-26 教育经费收入情况(地方中学)……166
3-27 教育经费收入情况(普通中学)……168
3-28 教育经费收入情况(地方普通中学)……170
3-29 教育经费收入情况(普通高中)……172
3-30 教育经费收入情况(地方普通高中)……174
3-31 教育经费收入情况(农村高中)……176
3-32 教育经费收入情况(地方农村高中)……178
3-33 教育经费收入情况(普通初中)……180

3-34　教育经费收入情况(地方普通初中)……182
3-35　教育经费收入情况(农村初中)……184
3-36　教育经费收入情况(地方农村初中)……186
3-37　教育经费收入情况(成人中学)……188
3-38　教育经费收入情况(小学)……190
3-39　教育经费收入情况(地方小学)……192
3-40　教育经费收入情况(普通小学)……194
3-41　教育经费收入情况(地方普通小学)……196
3-42　教育经费收入情况(农村小学)……198
3-43　教育经费收入情况(地方农村小学)……200
3-44　教育经费收入情况(成人小学)……202
3-45　教育经费收入情况(特殊教育)……204
3-46　教育经费收入情况(特殊教育学校)……206
3-47　教育经费收入情况(工读学校)……208
3-48　教育经费收入情况(幼儿园)……210
3-49　教育经费收入情况(地方幼儿园)……212
3-50　教育经费收入情况(农村幼儿园)……214
3-51　教育经费收入情况(地方农村幼儿园)……216
3-52　教育经费收入情况(教育行政单位)……218
3-53　教育经费收入情况(地方教育行政单位)……220
3-54　教育经费收入情况(教育事业单位)……222
3-55　教育经费收入情况(地方教育事业单位)……224
3-56　教育经费收入情况(其他教育机构)……226
3-57　教育经费收入情况(地方其他教育机构)……228

第四部分　各地区各级各类教育机构教育经费支出明细

4-1　教育经费支出明细(各级各类教育机构)……232
4-2　教育经费支出明细(地方各级各类教育机构)……234
4-3　教育经费支出明细(高等学校)……236
4-4　教育经费支出明细(地方高等学校)……238
4-5　教育经费支出明细(普通高等学校)……240
4-6　教育经费支出明细(地方普通高等学校)……242
4-7　教育经费支出明细(普通高等本科学校)……244
4-8　教育经费支出明细(地方普通高等本科学校)……246
4-9　教育经费支出明细(普通高职高专学校)……248
4-10　教育经费支出明细(地方普通高职高专学校)……250
4-11　教育经费支出明细(成人高等学校)……252
4-12　教育经费支出明细(地方成人高等学校)……254
4-13　教育经费支出明细(中等职业学校)……256

4-14 教育经费支出明细(地方中等职业学校)……258
4-15 教育经费支出明细(中等专业学校)……260
4-16 教育经费支出明细(地方中等专业学校)……262
4-17 教育经费支出明细(职业高中)……264
4-18 教育经费支出明细(地方职业高中)……266
4-19 教育经费支出明细(农村职业高中)……268
4-20 教育经费支出明细(地方农村职业高中)……270
4-21 教育经费支出明细(技工学校)……272
4-22 教育经费支出明细(地方技工学校)……274
4-23 教育经费支出明细(成人中等专业学校)……276
4-24 教育经费支出明细(地方成人中等专业学校)……278
4-25 教育经费支出明细(中学)……280
4-26 教育经费支出明细(地方中学)……282
4-27 教育经费支出明细(普通中学)……284
4-28 教育经费支出明细(地方普通中学)……286
4-29 教育经费支出明细(普通高中)……288
4-30 教育经费支出明细(地方普通高中)……290
4-31 教育经费支出明细(农村高中)……292
4-32 教育经费支出明细(地方农村高中)……294
4-33 教育经费支出明细(普通初中)……296
4-34 教育经费支出明细(地方普通初中)……298
4-35 教育经费支出明细(农村初中)……300
4-36 教育经费支出明细(地方农村初中)……302
4-37 教育经费支出明细(成人中学)……304
4-38 教育经费支出明细(小学)……306
4-39 教育经费支出明细(地方小学)……308
4-40 教育经费支出明细(普通小学)……310
4-41 教育经费支出明细(地方普通小学)……312
4-42 教育经费支出明细(农村小学)……314
4-43 教育经费支出明细(地方农村小学)……316
4-44 教育经费支出明细(成人小学)……318
4-45 教育经费支出明细(特殊教育)……320
4-46 教育经费支出明细(特殊教育学校)……322
4-47 教育经费支出明细(工读学校)……324
4-48 教育经费支出明细(幼儿园)……326
4-49 教育经费支出明细(地方幼儿园)……328
4-50 教育经费支出明细(农村幼儿园)……330
4-51 教育经费支出明细(地方农村幼儿园)……332
4-52 教育经费支出明细(教育行政单位)……334
4-53 教育经费支出明细(地方教育行政单位)……336

4-54　教育经费支出明细(教育事业单位)……338
4-55　教育经费支出明细(地方教育事业单位)……340
4-56　教育经费支出明细(其他教育机构)……342
4-57　教育经费支出明细(地方其他教育机构)……344

第五部分　各地区各级各类教育机构财政补助支出明细

5-1　财政补助支出明细(各级各类教育机构)……348
5-2　财政补助支出明细(地方各级各类教育机构)……350
5-3　财政补助支出明细(高等学校)……352
5-4　财政补助支出明细(地方高等学校)……354
5-5　财政补助支出明细(普通高等学校)……356
5-6　财政补助支出明细(地方普通高等学校)……358
5-7　财政补助支出明细(普通高等本科学校)……360
5-8　财政补助支出明细(地方普通高等本科学校)……362
5-9　财政补助支出明细(普通高职高专学校)……364
5-10　财政补助支出明细(地方普通高职高专学校)……366
5-11　财政补助支出明细(成人高等学校)……368
5-12　财政补助支出明细(地方成人高等学校)……370
5-13　财政补助支出明细(中等职业学校)……372
5-14　财政补助支出明细(地方中等职业学校)……374
5-15　财政补助支出明细(中等专业学校)……376
5-16　财政补助支出明细(地方中等专业学校)……378
5-17　财政补助支出明细(职业高中)……380
5-18　财政补助支出明细(地方职业高中)……382
5-19　财政补助支出明细(农村职业高中)……384
5-20　财政补助支出明细(地方农村职业高中)……386
5-21　财政补助支出明细(技工学校)……388
5-22　财政补助支出明细(地方技工学校)……390
5-23　财政补助支出明细(成人中等专业学校)……392
5-24　财政补助支出明细(地方成人中等专业学校)……394
5-25　财政补助支出明细(中学)……396
5-26　财政补助支出明细(地方中学)……398
5-27　财政补助支出明细(普通中学)……400
5-28　财政补助支出明细(地方普通中学)……402
5-29　财政补助支出明细(普通高中)……404
5-30　财政补助支出明细(地方普通高中)……406
5-31　财政补助支出明细(农村高中)……408
5-32　财政补助支出明细(地方农村高中)……410
5-33　财政补助支出明细(普通初中)……412

5-34 财政补助支出明细(地方普通初中)……414
5-35 财政补助支出明细(农村初中)……416
5-36 财政补助支出明细(地方农村初中)……418
5-37 财政补助支出明细(成人中学)……420
5-38 财政补助支出明细(小学)……422
5-39 财政补助支出明细(地方小学)……424
5-40 财政补助支出明细(普通小学)……426
5-41 财政补助支出明细(地方普通小学)……428
5-42 财政补助支出明细(农村小学)……430
5-43 财政补助支出明细(地方农村小学)……432
5-44 财政补助支出明细(成人小学)……434
5-45 财政补助支出明细(特殊教育)……436
5-46 财政补助支出明细(特殊教育学校)……438
5-47 财政补助支出明细(工读学校)……440
5-48 财政补助支出明细(幼儿园)……442
5-49 财政补助支出明细(地方幼儿园)……444
5-50 财政补助支出明细(农村幼儿园)……446
5-51 财政补助支出明细(地方农村幼儿园)……448
5-52 财政补助支出明细(教育行政单位)……450
5-53 财政补助支出明细(地方教育行政单位)……452
5-54 财政补助支出明细(教育事业单位)……454
5-55 财政补助支出明细(地方教育事业单位)……456
5-56 财政补助支出明细(其他教育机构)……458
5-57 财政补助支出明细(地方其他教育机构)……460

第六部分 各地区各级各类教育机构一般公共预算教育事业费和基本建设支出明细

6-1 一般公共预算教育事业费和基本建设支出明细(各级各类教育机构)……464
6-2 一般公共预算教育事业费和基本建设支出明细(地方各级各类教育机构)……466
6-3 一般公共预算教育事业费和基本建设支出明细(高等学校)……468
6-4 一般公共预算教育事业费和基本建设支出明细(地方高等学校)……470
6-5 一般公共预算教育事业费和基本建设支出明细(普通高等学校)……472
6-6 一般公共预算教育事业费和基本建设支出明细(地方普通高等学校)……474
6-7 一般公共预算教育事业费和基本建设支出明细(普通高等本科学校)……476
6-8 一般公共预算教育事业费和基本建设支出明细(地方普通高等本科学校)……478
6-9 一般公共预算教育事业费和基本建设支出明细(普通高职高专学校)……480
6-10 一般公共预算教育事业费和基本建设支出明细(地方普通高职高专学校)……482
6-11 一般公共预算教育事业费和基本建设支出明细(成人高等学校)……484
6-12 一般公共预算教育事业费和基本建设支出明细(地方成人高等学校)……486
6-13 一般公共预算教育事业费和基本建设支出明细(中等职业学校)……488

6-14 一般公共预算教育事业费和基本建设支出明细(地方中等职业学校)…………490
6-15 一般公共预算教育事业费和基本建设支出明细(中等专业学校)…………492
6-16 一般公共预算教育事业费和基本建设支出明细(地方中等专业学校)…………494
6-17 一般公共预算教育事业费和基本建设支出明细(职业高中)…………496
6-18 一般公共预算教育事业费和基本建设支出明细(地方职业高中)…………498
6-19 一般公共预算教育事业费和基本建设支出明细(农村职业高中)…………500
6-20 一般公共预算教育事业费和基本建设支出明细(地方农村职业高中)…………502
6-21 一般公共预算教育事业费和基本建设支出明细(技工学校)…………504
6-22 一般公共预算教育事业费和基本建设支出明细(地方技工学校)…………506
6-23 一般公共预算教育事业费和基本建设支出明细(成人中等专业学校)…………508
6-24 一般公共预算教育事业费和基本建设支出明细(地方成人中等专业学校)…………510
6-25 一般公共预算教育事业费和基本建设支出明细(中学)…………512
6-26 一般公共预算教育事业费和基本建设支出明细(地方中学)…………514
6-27 一般公共预算教育事业费和基本建设支出明细(普通中学)…………516
6-28 一般公共预算教育事业费和基本建设支出明细(地方普通中学)…………518
6-29 一般公共预算教育事业费和基本建设支出明细(普通高中)…………520
6-30 一般公共预算教育事业费和基本建设支出明细(地方普通高中)…………522
6-31 一般公共预算教育事业费和基本建设支出明细(农村高中)…………524
6-32 一般公共预算教育事业费和基本建设支出明细(地方农村高中)…………526
6-33 一般公共预算教育事业费和基本建设支出明细(普通初中)…………528
6-34 一般公共预算教育事业费和基本建设支出明细(地方普通初中)…………530
6-35 一般公共预算教育事业费和基本建设支出明细(农村初中)…………532
6-36 一般公共预算教育事业费和基本建设支出明细(地方农村初中)…………534
6-37 一般公共预算教育事业费和基本建设支出明细(成人中学)…………536
6-38 一般公共预算教育事业费和基本建设支出明细(小学)…………538
6-39 一般公共预算教育事业费和基本建设支出明细(地方小学)…………540
6-40 一般公共预算教育事业费和基本建设支出明细(普通小学)…………542
6-41 一般公共预算教育事业费和基本建设支出明细(地方普通小学)…………544
6-42 一般公共预算教育事业费和基本建设支出明细(农村小学)…………546
6-43 一般公共预算教育事业费和基本建设支出明细(地方农村小学)…………548
6-44 一般公共预算教育事业费和基本建设支出明细(成人小学)…………550
6-45 一般公共预算教育事业费和基本建设支出明细(特殊教育)…………552
6-46 一般公共预算教育事业费和基本建设支出明细(特殊教育学校)…………554
6-47 一般公共预算教育事业费和基本建设支出明细(工读学校)…………556
6-48 一般公共预算教育事业费和基本建设支出明细(幼儿园)…………558
6-49 一般公共预算教育事业费和基本建设支出明细(地方幼儿园)…………560
6-50 一般公共预算教育事业费和基本建设支出明细(农村幼儿园)…………562
6-51 一般公共预算教育事业费和基本建设支出明细(地方农村幼儿园)…………564
6-52 一般公共预算教育事业费和基本建设支出明细(教育行政单位)…………566
6-53 一般公共预算教育事业费和基本建设支出明细(地方教育行政单位)…………568

6-54 一般公共预算教育事业费和基本建设支出明细(教育事业单位)……570
6-55 一般公共预算教育事业费和基本建设支出明细(地方教育事业单位)……572
6-56 一般公共预算教育事业费和基本建设支出明细(其他教育机构)……574
6-57 一般公共预算教育事业费和基本建设支出明细(地方其他教育机构)……576

第七部分 各地区教育和其他部门各级各类学校生均教育经费支出

7-1 生均教育经费支出(高等学校)……580
7-2 生均一般公共预算教育事业费和基本建设支出(高等学校)……581
7-3 生均教育经费支出(中央属高等学校)……582
7-4 生均一般公共预算教育事业费和基本建设支出(中央属高等学校)……583
7-5 生均教育经费支出(地方高等学校)……584
7-6 生均一般公共预算教育事业费和基本建设支出(地方高等学校)……585
7-7 生均教育经费支出(普通高等学校)……586
7-8 生均一般公共预算教育事业费和基本建设支出(普通高等学校)……587
7-9 生均教育经费支出(中央属普通高等学校)……588
7-10 生均一般公共预算教育事业费和基本建设支出(中央属普通高等学校)……589
7-11 生均教育经费支出(地方普通高等学校)……590
7-12 生均一般公共预算教育事业费和基本建设支出(地方普通高等学校)……591
7-13 生均教育经费支出(普通高等本科学校)……592
7-14 生均一般公共预算教育事业费和基本建设支出(普通高等本科学校)……593
7-15 生均教育经费支出(中央属普通高等本科学校)……594
7-16 生均一般公共预算教育事业费和基本建设支出(中央属普通高等本科学校)……595
7-17 生均教育经费支出(地方普通高等本科学校)……596
7-18 生均一般公共预算教育事业费和基本建设支出(地方普通高等本科学校)……597
7-19 生均教育经费支出(地方普通高职高专学校)……598
7-20 生均一般公共预算教育事业费和基本建设支出(地方普通高职高专学校)……599
7-21 生均教育经费支出(地方中等职业学校)……600
7-22 生均一般公共预算教育事业费和基本建设支出(地方中等职业学校)……601
7-23 生均教育经费支出(地方中等专业学校)……602
7-24 生均一般公共预算教育事业费和基本建设支出(地方中等专业学校)……603
7-25 生均教育经费支出(地方职业高中)……604
7-26 生均一般公共预算教育事业费和基本建设支出(地方职业高中)……605
7-27 生均教育经费支出(地方农村职业高中)……606
7-28 生均一般公共预算教育事业费和基本建设支出(地方农村职业高中)……607
7-29 生均教育经费支出(地方技工学校)……608
7-30 生均一般公共预算教育事业费和基本建设支出(地方技工学校)……609
7-31 生均教育经费支出(地方普通中学)……610
7-32 生均一般公共预算教育事业费和基本建设支出(地方普通中学)……611
7-33 生均教育经费支出(地方普通高中)……612

7-34 生均一般公共预算教育事业费和基本建设支出(地方普通高中)……613
7-35 生均教育经费支出(地方农村高中)……614
7-36 生均一般公共预算教育事业费和基本建设支出(地方农村高中)……615
7-37 生均教育经费支出(地方普通初中)……616
7-38 生均一般公共预算教育事业费和基本建设支出(地方普通初中)……617
7-39 生均教育经费支出(地方农村初中)……618
7-40 生均一般公共预算教育事业费和基本建设支出(地方农村初中)……619
7-41 生均教育经费支出(地方普通小学)……620
7-42 生均一般公共预算教育事业费和基本建设支出(地方普通小学)……621
7-43 生均教育经费支出(地方农村小学)……622
7-44 生均一般公共预算教育事业费和基本建设支出(地方农村小学)……623
7-45 生均教育经费支出(地方特殊教育学校)……624
7-46 生均一般公共预算教育事业费和基本建设支出(地方特殊教育学校)……625
7-47 生均教育经费支出(地方幼儿园)……626
7-48 生均一般公共预算教育事业费和基本建设支出(地方幼儿园)……627
7-49 生均教育经费支出(地方农村幼儿园)……628
7-50 生均一般公共预算教育事业费和基本建设支出(地方农村幼儿园)……629

附录 简要说明……633

2018 年教育经费简况

2012-2018 年全国教育经费总投入及增长情况

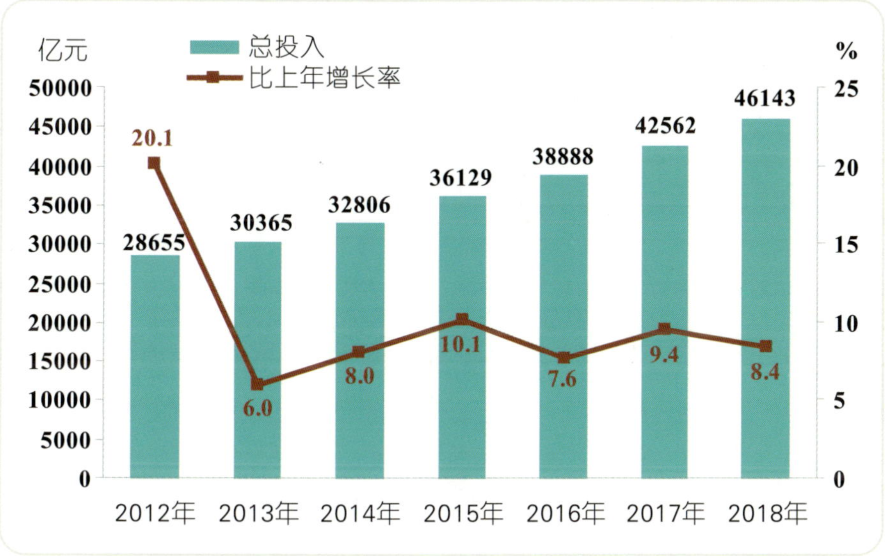

2012-2018 国家财政性教育经费及占 GDP 比例

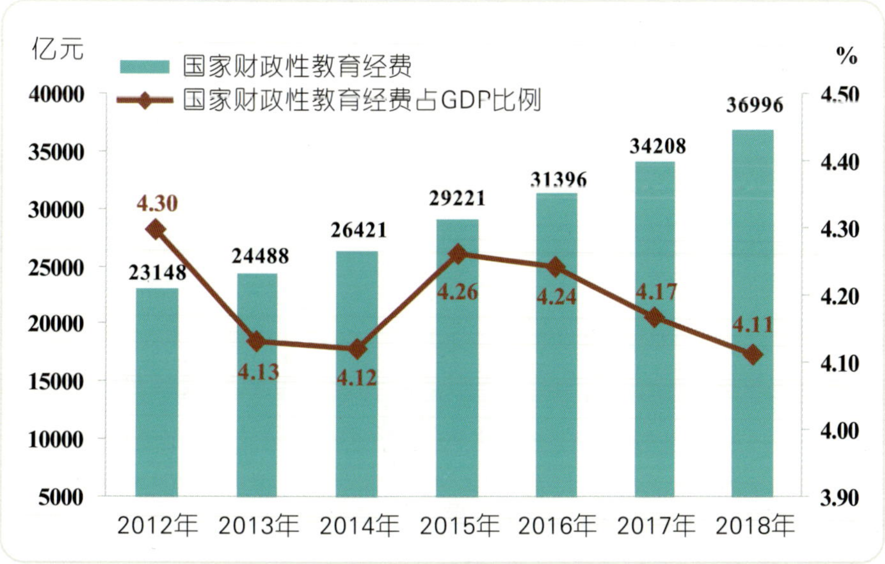

注：2012-2018 年涉及到国内生产总值数据，均来源于《中国统计年鉴—2019》。

2018年全国及分省一般公共预算教育经费占一般公共预算支出比例比上年增减百分点

2018年分省一般公共预算教育经费与财政经常性收入增长幅度比较

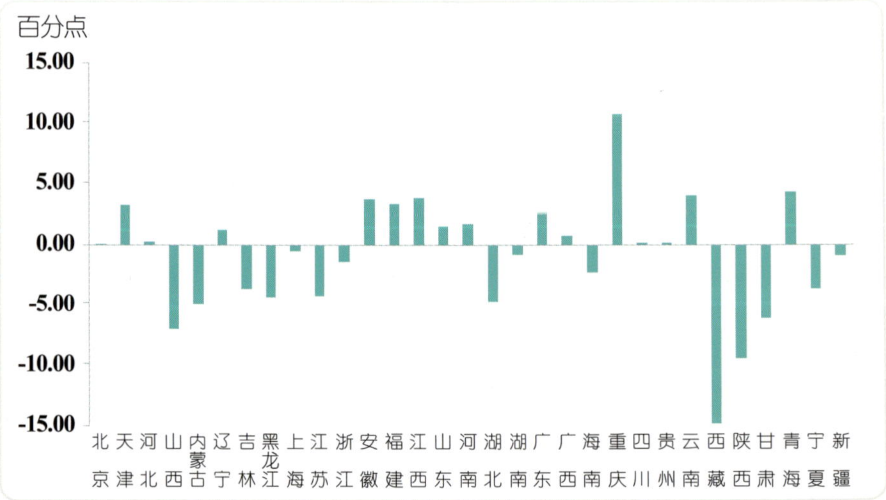

2018 年全国及分省一般公共预算教育经费增长情况

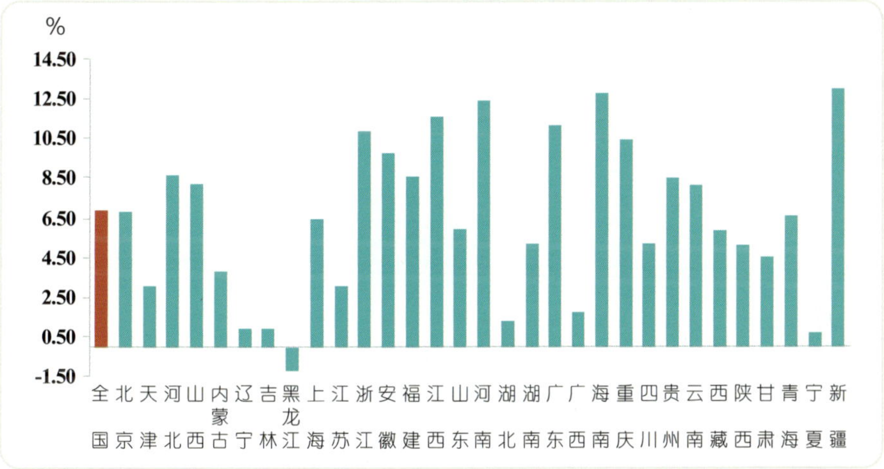

2018 年各级各类学校生均一般公共预算教育经费及增长情况

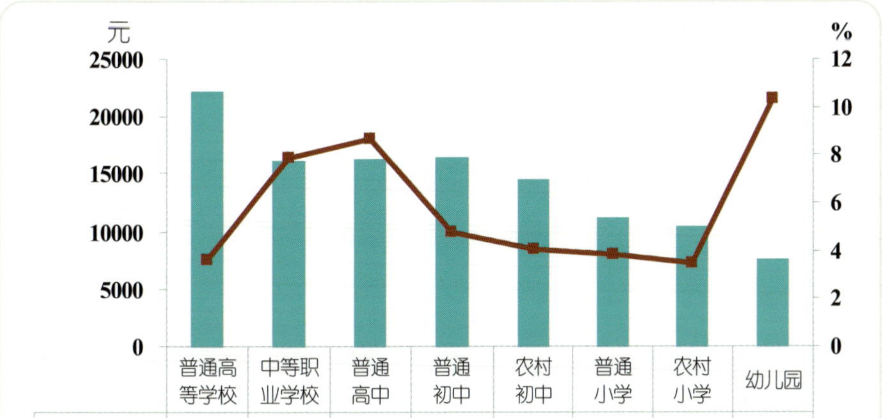

	普通高等学校	中等职业学校	普通高中	普通初中	农村初中	普通小学	农村小学	幼儿园
生均额	22246	16306	16447	16494	14635	11328	10549	7672
增长率	3.6	7.9	8.6	4.8	4.1	3.8	3.5	10.4

2018年各级各类学校生均一般公共预算教育事业费支出及增长情况

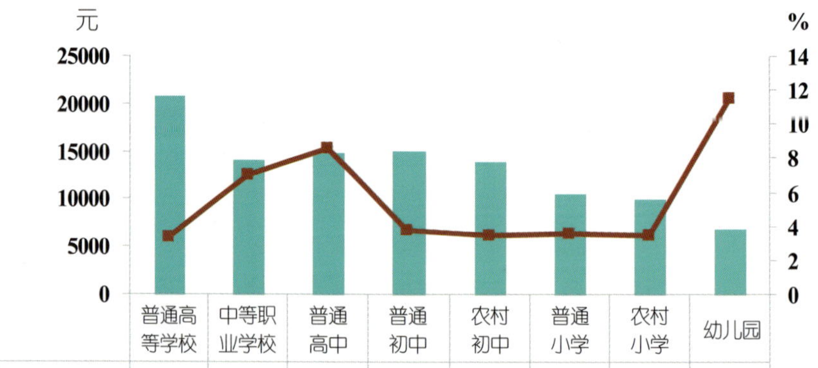

	普通高等学校	中等职业学校	普通高中	普通初中	农村初中	普通小学	农村小学	幼儿园
生均额	20974	14201	14956	15199	13912	10566	10103	6896
增长率	3.3	7.0	8.6	3.8	3.5	3.6	3.4	11.5

2018年各级各类学校生均一般公共预算公用经费支出及增长情况

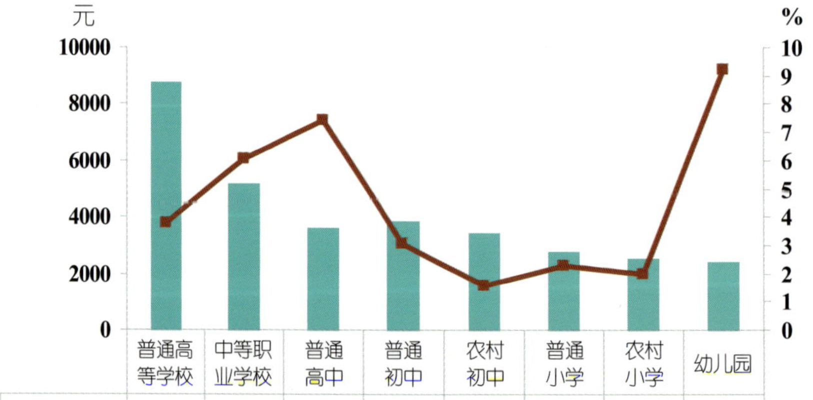

	普通高等学校	中等职业学校	普通高中	普通初中	农村初中	普通小学	农村小学	幼儿园
生均额	8826	5206	3647	3908	3461	2795	2546	2432
增长率	3.8	6.1	7.4	3.0	1.6	2.3	2.0	9.2

第一部分

全国教育经费收支

1-1　全国教育

年　份	合　计（千元）	国家财政性教育经费	#一般公共预算教育经费	民办学校中举办者投入	捐赠收入	事业收入	#学费	其　他教育经费
1991	73150282	61782860	48217992		6282097		3234756	1850569
1992	86704905	72875058	56493638		6962852		4393193	2473802
1993	105993744	86776183	67661503	333227	7018561		8714769	3151004
1994	148878126	117473956	93112851	1077952	9744871		14692281	5889066
1995	187795011	141152333	109294729	2036715	16284140		20124225	8197598
1996	226233935	167170455	128808414	2619989	18841895		26103612	11497984
1997	253173257	186254163	144126882	3017464	17065876		32607920	14227834
1998	294905918	203245257	165401831	4803140	14185373	60915149	36974735	11756999
1999	334904164	228717561	191136888	6289571	12586942	74971737	46361079	12338353
2000	384908058	256260557	219176521	8585372	11395569	93827167	59483043	14839393
2001	463766262	305700995	270565484	12808952	11288518	115751371	74560135	18216426
2002	548002776	349140475	325494252	17255487	12727910	146091688	92277917	22787216
2003	620826530	385062366	361909774	25901478	10459269	172183991	112149847	27219426
2004	724259892	446585748	424442091	34785288	9342038	201142680	134655173	32404138
2005	841883905	516107593	494603791	45221850	9316129	233999909	155305446	37238424
2006	981530865	634836475	613534811	54905830	8990776	240730422	155233010	42067362
2007	1214806630	828021421	809433686	8093374	9305839	317723573	213090822	51662423
2008	1450073742	1044962956	1021296753	6984793	10266633	336707107	234929828	51152253
2009	1650270650	1223109354	1197497528	7498291	12549905	352759391	251559826	54353709
2010	1956184707	1467006696	1416390290	10542536	10788394	410606635	301555934	57240446
2011	2386929356	1858670092	1782173800	11193198	11186751	442469266	331697419	63410049
2012	2865530519	2314756979	2031416851	12817531	9569193	461984036	350483008	66402780
2013	3036471815	2448821774	2140567150	14740887	8554445	492620868	373768686	71733841
2014	3280646093	2642058205	2257600985	13134764	7967003	542715808	405303926	74770313
2015	3612919267	2922145113	2586187400	18766195	8699601	580972390	431736109	82335968
2016	3888838503	3139625189	2770063252	20327326	8104474	627682918	477093392	93098597
2017	4256200690	3420775455	2991978381	22500611	8499744	695757339	529328150	108667542
2018	4614299799	3699577044	3199272981	24062098	9475745	773824986	589583432	107359927

注：1.“其他教育经费”数据1991-1997年包含扣除“学费”后的事业收入；“民办学校中举办者投入”数据1993-2006年为社会团体和公民个人办学总经费；“一般公共预算教育经费”数据1991-2011年包括教育事业费、基本建设经费、教育费附加、科研经费和其他经费，2012年起仅包括教育事业费、基本建设经费和教育费附加，2015年起教育事业费包含地方教育附加和土地出让收益计提的教育资金。

2.表中“#”表示其中的主要项，以下同；表中“空格”表示无该项数据，以下同。

经费总收入

构　成 (%)	国家财政性 教育经费	#一般公共 预算教育经费	民办学校中 举办者投入	捐赠收入	事业收入	#学费	其　他 教育经费
100.00	84.46	65.92		8.59		4.42	2.53
100.00	84.05	65.16		8.03		5.07	2.85
100.00	81.87	63.84	0.31	6.62		8.22	2.97
100.00	78.91	62.54	0.72	6.55		9.87	3.96
100.00	75.16	58.20	1.08	8.67		10.72	4.37
100.00	73.89	56.94	1.16	8.33		11.54	5.08
100.00	73.57	56.93	1.19	6.74		12.88	5.62
100.00	68.92	56.09	1.63	4.81	20.66	12.54	3.99
100.00	68.29	57.07	1.88	3.76	22.39	13.84	3.68
100.00	66.58	56.94	2.23	2.96	24.38	15.45	3.86
100.00	65.92	58.34	2.76	2.43	24.96	16.08	3.93
100.00	63.71	59.40	3.15	2.32	26.66	16.84	4.16
100.00	62.02	58.29	4.17	1.68	27.73	18.06	4.38
100.00	61.66	58.60	4.80	1.29	27.77	18.59	4.47
100.00	61.30	58.75	5.37	1.11	27.79	18.45	4.42
100.00	64.68	62.51	5.59	0.92	24.53	15.82	4.29
100.00	68.16	66.63	0.67	0.77	26.15	17.54	4.25
100.00	72.06	70.43	0.48	0.71	23.22	16.20	3.53
100.00	74.12	72.56	0.45	0.76	21.38	15.24	3.29
100.00	74.99	72.41	0.54	0.55	20.99	15.42	2.93
100.00	77.87	74.66	0.47	0.47	18.54	13.90	2.66
100.00	80.78	70.89	0.45	0.33	16.12	12.23	2.32
100.00	80.65	70.50	0.49	0.28	16.22	12.31	2.36
100.00	80.53	68.82	0.40	0.24	16.54	12.35	2.28
100.00	80.88	71.58	0.52	0.24	16.08	11.95	2.28
100.00	80.73	71.23	0.52	0.21	16.14	12.27	2.39
100.00	80.37	70.30	0.53	0.20	16.35	12.44	2.55
100.00	80.18	69.33	0.52	0.21	16.77	12.78	2.33

1-1　续表

指　　标	总　　计		
	合计	中央	地方
总　　计	**4614299799**	**416873304**	**4197426495**
一、国家财政性教育经费	3699577044	291863052	3407713992
1.一般公共预算安排的教育经费	3592994239	244585562	3348408677
(1)一般公共预算教育经费	3199272981	170671192	3028601789
①教育事业费	2975313669	163648092	2811665577
②基本建设经费	70616191	6985298	63630892
③教育费附加	153343122	37802	153305319
(2)其他一般公共预算安排的教育经费	393721259	73914370	319806889
①科研经费	23117995	12379998	10737997
②其他	370603264	61534372	309068892
2.政府性基金预算安排的教育经费	45900419	884141	45016278
#彩票公益金	4852291	146719	4705572
3.国有及国有控股企业办学中的企业拨款	2302906	709912	1592994
4.校办产业和社会服务收入用于教育的经费	4207899	2537278	1670621
5.其他属于国家财政性教育经费	54171580	43146159	11025422
二、民办学校中举办者投入	24062098		24062098
三、捐赠收入	9475745	3573670	5902075
#港澳台及海外捐赠	717889	164943	552946
四、事业收入	773824986	97151548	676673438
#学费	589583432	33094044	556489388
五、其他教育经费	107359927	24285035	83074892

单位：千元

教育部门和其他部门			国有及国有控股企业办学			民办学校
合计	中央	地方	合计	中央	地方	地方
4106900302	**404006723**	**3702893578**	**21385735**	**12866581**	**8519154**	**486013763**
3624487222	280651140	3343836082	15198328	11211912	3986416	59891494
3521831293	234410823	3287420470	12291043	10174739	2116304	58871904
3130906526	161224134	2969682392	11432216	9447058	1985158	56934239
2912348302	154748839	2757599463	10815997	8899253	1916744	52149370
68958937	6475295	62483642	522472	510003	12469	1134781
149599287		149599287	93747	37802	55945	3650088
390924767	73186689	317738078	858826	727681	131146	1937665
22736070	12281178	10454891	98875	98820	55	283050
368188698	60905511	307283187	759951	628861	131091	1654615
44798644	672037	44126607	212104	212104		889671
4733109	81197	4651912	65522	65522		53660
			2302906	709912	1592994	
3907200	2437812	1469388	300699	99466	201233	
53950084	43130468	10819616	91576	15691	75886	129920
						24062098
7741383	3525876	4215507	56875	47794	9081	1677487
569995	164943	405052				147894
379123763	95873243	283250520	5287504	1278305	4009199	389413719
229659541	32202231	197457310	3955050	891813	3063236	355968842
95547934	23956464	71591469	843028	328570	514457	10968965

1-2 各级各类教育机构

学校类别	总 计	国家财政性教育经费	一般公共预算安排的教育经费	一般公共预算教育经费	教育事业费	基本建设经费	教育费附加	科研经费
总 计	**4614299799**	**3699577044**	**3592994239**	**3199272981**	**2975313669**	**70616191**	**153343122**	**23117995**
一、高等学校	1202182996	754597888	681271550	611282643	581575303	24548785	5158555	22837464
1.普通高等学校	1185876862	744911339	672009384	603198928	573857448	24501010	4840470	22834539
高等本科学校	969949055	603917024	535795262	476962139	453071301	21840585	2050253	22609396
高职高专学校	215927807	140994315	136214121	126236789	120786147	2660425	2790216	225142
2.成人高等学校	16306134	9686549	9262167	8083715	7717854	47775	318086	2925
二、中等职业学校	246422417	216657616	212283302	193474197	170141737	4838345	18494115	
1.中等专业学校	115396871	101660292	99943242	91136148	78954017	3289081	8893050	
2.职业高中	86893000	78678572	76982583	70406695	61583129	955174	7868392	
#农村	38614652	35530148	34368809	31807520	28411062	443064	2953394	
3.技工学校	33904042	27657960	26860349	24504116	22438775	585878	1479464	
4.成人中专学校	10228504	8660791	8497129	7427239	7165817	8213	253209	
三、中 学	1271953179	1121259423	1107181501	1001234309	923189482	19824238	58220590	
1.普通中学	1271218454	1120620314	1106544381	1000652090	922690342	19821630	58140119	
普通高中	472464755	389123115	382531474	344492275	314818428	8055862	21617985	
#农村	189936700	156686099	154963501	141025101	133304751	2143893	5576456	
普通初中	798753698	731497199	724012907	656159816	607871914	11765768	36522134	
#农村	448232915	424542259	421866886	384201677	367003109	4173364	13025204	
2.成人中学	734726	639109	637120	582219	499140	2608	80471	
四、小 学	1272315249	1196492283	1186918643	1072031097	1002700675	14642507	54687915	
1.普通小学	1272303057	1196480091	1186906451	1072018988	1002688567	14642507	54687915	
#农村	757712823	733087538	729183281	658654969	631990615	6880905	19783449	
2.成人小学	12192	12192	12192	12108	12108			
五、特殊教育	16689729	16373126	16176656	14372481	13243273	265865	863342	
1.特殊教育学校	15917283	15630488	15446720	13784705	12695853	261894	826958	
2.工读学校	772446	742638	729936	587776	547420	3972	36384	
六、幼儿园	367240936	177393964	174497438	162054024	148906922	3067553	10079549	
#农村	159919670	87395108	86532546	81196695	76629724	1473057	3093913	
七、教育行政单位	39489973	37675362	37245550	32617431	31369215	110818	1137397	
八、教育事业单位	87469425	72419070	71185465	62161252	58441600	630858	3088795	
九、其 他	110535894	106708313	106234133	50045547	45745462	2687222	1612863	280531

教育经费收入情况(全国)

单位：千元

其他	政府性基金预算安排的教育经费	#彩票公益金	国有及国有控股企业办学中的企业拨款	校办产业和社会服务收入中用于教育的经费	其他属于国家财政性教育经费	民办学校中举办者投入	捐赠收入	事业收入	#学费	其他教育经费
370603264	**45900419**	**4852291**	**2302906**	**4207899**	**54171580**	**24062098**	**9475745**	**773824986**	**589583432**	**107359927**
47151443	15311086	697755	702830	3140841	54171580	2619234	5124310	379165137	249402637	60676427
45975917	15057042	697748	678319	2995627	54170968	2619234	5123276	373214009	245013046	60009004
36223727	11224201	373893	101110	2715094	54081356	1305547	4905344	306552238	191429979	53268902
9752190	3832841	323855	577209	280533	89611	1313687	217932	66661771	53583067	6740102
1175527	254045	7	24511	145214	613		1033	5951128	4389591	667423
18809105	3730030	714519	229461	414823		1505220	139266	21988749	12646703	6131566
8807094	1510915	597351	34741	171395		348215	83330	10322551	5705295	2982482
6575888	1620809	87878	56856	18324		984586	32232	5568377	3365066	1629233
2561289	1140366	16933	16021	4952		337669	18853	2178180	1194488	549801
2356233	492930	14134	132131	172550		120936	8893	4800930	2913370	1315322
1069890	105376	15156	5733	52554		51482	14811	1296891	662972	204528
105947192	13836349	1132921	159273	82300		8510731	1816933	124653426	102050348	15712666
105892291	13834536	1132871	159273	82123		8510731	1816458	124603082	102039768	15667869
38039200	6436061	331279	73456	82123		3544761	975291	70944419	55735729	7877170
13938400	1687049	111229	24879	10670		2019360	372011	28069577	21131361	2789654
67853092	7398475	801592	85817			4965970	841167	53658663	46304039	7790699
37665209	2619807	301724	55566			2582663	334659	17703227	14663953	3070107
54900	1813	50		177			475	50344	10580	44798
114887547	9471267	1394389	102373			4697112	1364479	58503869	51990107	11257505
114887463	9471267	1394389	102373			4697112	1364479	58503869	51990107	11257505
70528312	3852930	1018140	51327			2139540	761111	17412909	14624770	4311724
84										
1804176	196431	51752	26	13		9550	20960	88107	50376	197987
1662015	183730	51672	26	13		9550	20954	76544	43815	179747
142161	12701	79					6	11563	6560	18239
12443414	1795699	286447	1100365	462		6720251	274274	177790728	173035626	5061718
5335851	647050	214679	215512			2868239	72798	68108805	66434697	1474719
4628119	429812	183525					115349	165022		1534241
9024212	744022	379658	4990	484593			603225	8785408		5661723
55908056	385723	11326	3589	84868			16949	2684539	407636	1126093

1-3 各级各类教育机构

学校类别	总计	国家财政性教育经费	一般公共预算安排的教育经费	一般公共预算教育经费	教育事业费	基本建设经费	教育费附加	科研经费
总计	**436889752**	**311879500**	**264105848**	**186193680**	**178728234**	**7157117**	**308329**	**14179079**
一、高等学校	356522862	240705891	193669061	168649189	161675770	6727816	245603	14076079
1.普通高等学校	355119345	240221386	193336416	168397915	161424496	6727816	245603	14076079
高等本科学校	352782731	238806288	192334000	167492910	160661562	6585745	245603	14075559
高职高专学校	2336613	1415099	1002416	905005	762934	142071		520
2.成人高等学校	1403518	484304	332646	251274	251274			
二、中等职业学校	894673	695352	579491	522239	502193	20000	46	
1.中等专业学校	719903	591632	513326	456737	436691	20000	46	
2.职业高中	13892	13815	13815	13815	13815			
#农村	13892	13815	13815	13815	13815			
3.技工学校	132628	63254	43836	43836	43836			
4.成人中专学校	28250	26651	8515	7851	7851			
三、中学	6123252	5147382	4909451	4734725	4532155	165542	37028	
1.普通中学	6123252	5147382	4909451	4734725	4532155	165542	37028	
普通高中	3298624	2585767	2391544	2315462	2195669	98456	21337	
#农村	642172	589061	565524	555676	505356	49468	852	
普通初中	2824628	2561615	2517907	2419264	2336487	67086	15690	
#农村	1517033	1490112	1454758	1397513	1351058	44003	2453	
2.成人中学								
四、小学	4014395	3849916	3787240	3634507	3529847	81782	22878	
1.普通小学	4014395	3849916	3787240	3634507	3529847	81782	22878	
#农村	2772227	2721324	2669057	2572996	2488115	81596	3284	
2.成人小学								
五、特殊教育	5973	5973	5947	4665	4665			
1.特殊教育学校	5973	5973	5947	4665	4665			
2.工读学校								
六、幼儿园	3115794	1728528	1465051	1407240	1309792	95348	2100	
#农村	990255	922876	889668	874007	785309	86598	2100	
七、教育行政单位	476824	444257	444257	273017	240154	32189	675	
八、教育事业单位	10326138	4989397	4938158	4703012	4690882	12130		
九、其他	55409840	54312804	54307192	2265086	2242776	22310		103000

教育经费收入情况(中央)

单位：千元

其 他	政府性基金预算安排的教育经费	#彩 票 公益金	国有及国有控股企业办学中的企业拨款	校办产业和社会服务收入中用于教育的经费	其 他 属于国家 财 政 性 教育经费	民办学校中举办者投入	捐赠收入	事业收入	#学 费	其 他 教育经费
63733089	**4114600**	**101012**	**709912**	**2537278**	**40411862**		**3573670**	**97151548**	**33094044**	**24285035**
10943793	3902496	35490	301229	2421243	40411862		2979836	91530828	31694785	21306308
10862421	3802216	35490	301229	2369664	40411862		2979836	90704648	31046424	21213474
10765531	3610246	19670	94610	2355570	40411862		2978060	89855552	30480541	21142831
96891	191970	15820	206619	14093			1776	849096	565883	70643
81372	100280			51579				826180	648361	92833
57253	25000	25000	23019	67842				159922	79656	39398
56589	25000	25000	6519	46787				110488	40563	17783
								77		
								77		
			16500	2918				49068	38927	20306
664				18137				289	166	1309
174726	157270	12850	80657	4			18829	307480	183768	649561
174726	157270	12850	80657	4			18829	307480	183768	649561
76082	147194	2774	47026	4			5517	274960	183761	432380
9848	2650	2650	20887				1044	29245	19975	22823
98643	10076	10076	33632				13312	32521	7	217181
57245	8905	8905	26449				13074	640	7	13207
152733	21342	20201	41335				25927	2518	11	136033
152733	21342	20201	41335				25927	2518	11	136033
96061	20577	19435	31691				24391	916	11	25596
1282			26							
1282			26							
57811	8410	7389	255066				15417	1137964	1047656	233886
15661	8410	7389	24798				2136	33764	53334	9479
171240							3805			28763
235146			4990	46249			529714	3177874		1629152
51939106	82	82	3589	1941			142	834961	88169	261934

1-4　各级各类教育机构

学校类别	总　计	国家财政性教育经费	一般公共预算安排的教育经费	一般公共预算教育经费	教育事业费	基本建设经费	教育费附加	科研经费
总　　计	**4177410047**	**3387697544**	**3328888391**	**3013079301**	**2796585435**	**63459073**	**153034793**	**8938916**
一、高等学校	845660134	513891997	487602489	442633455	419899533	17820969	4912953	8761384
1.普通高等学校	830757518	504689953	478672968	434801013	412432952	17773194	4594867	8758459
高等本科学校	617166324	365110736	343461263	309469229	292409739	15254840	1804650	8533837
高职高专学校	213591194	139579217	135211706	125331784	120023213	2518354	2790216	224622
2.成人高等学校	14902616	9202044	8929521	7832441	7466581	47775	318086	2925
二、中等职业学校	245527744	215962264	211703811	192951959	169639545	4818345	18494069	
1.中等专业学校	114676968	101068660	99429916	90679411	78517325	3269081	8893005	
2.职业高中	86879109	78664757	76968768	70392880	61569314	955174	7868392	
#农村	38600760	35516333	34354994	31793705	28397247	443064	2953394	
3.技工学校	33771414	27594706	26816513	24460280	22394939	585878	1479464	
4.成人中专学校	10200254	8634140	8488614	7419388	7157966	8213	253209	
三、中　学	1265829927	1116112041	1102272050	996499584	918657327	19658696	58183562	
1.普通中学	1265095202	1115472932	1101634931	995917365	918158186	19656088	58103091	
普通高中	469166132	386537347	380139930	342176813	312622759	7957406	21596648	
#农村	189294528	156097038	154397977	140469425	132799395	2094425	5575604	
普通初中	795929070	728935585	721495001	653740552	605535427	11698682	36506443	
#农村	446715881	423052147	420412128	382804164	365652051	4129361	13022751	
2.成人中学	734726	639109	637120	582219	499140	2608	80471	
四、小　学	1268300853	1192642367	1183131404	1068396590	999170828	14560725	54665037	
1.普通小学	1268288661	1192630175	1183119212	1068384482	999158720	14560725	54665037	
#农村	754940596	730366214	726514224	656081973	629502499	6799309	19780165	
2.成人小学	12192	12192	12192	12108	12108			
五、特殊教育	16683756	16367153	16170709	14367815	13238608	265865	863342	
1.特殊教育学校	15911310	15624515	15440773	13780039	12691188	261894	826958	
2.工读学校	772446	742638	729936	587776	547420	3972	36384	
六、幼儿园	364125141	175665436	173032388	160646785	147597131	2972205	10077449	
#农村	158929415	86472232	85642878	80322688	75844415	1386459	3091813	
七、教育行政单位	39013149	37231105	36801293	32344413	31129061	78629	1136723	
八、教育事业单位	77143287	67429672	66247306	57458240	53750718	618728	3088795	
九、其　他	55126054	52395510	51926942	47780460	43502685	2664912	1612863	177531

教育经费收入情况(地方)

单位：千元

其　他	政府性基金预算安排的教育经费	#彩　票公益金	国有及国有控股企业办学中的企业拨款	校办产业和社会服务收入中用于教育的经费	其　他属于国家财政性教育经费	民办学校中举办者投入	捐赠收入	事业收入	#学　费	其　他教育经费
306870175	**41785819**	**4751279**	**1592994**	**1670621**	**13759719**	**24062098**	**5902075**	**676673438**	**556489388**	**83074892**
36207650	11408590	662265	401601	719598	13759719	2619234	2144474	287634309	217707852	39370120
35113496	11254825	662258	377090	625963	13759106	2619234	2143440	282509361	213966622	38795530
25458196	7613955	354223	6500	359524	13669495	1305547	1927284	216696686	160949438	32126071
9655300	3640871	308035	370590	266439	89611	1313687	216157	65812674	53017184	6669459
1094154	153765	7	24511	93635	613		1033	5124948	3741230	574590
18751852	3705030	689519	206442	346981		1505220	139266	21828827	12567047	6092167
8750505	1485915	572351	28222	124608		348215	83330	10212063	5664731	2964699
6575888	1620809	87878	56856	18324		984586	32232	5568300	3365066	1629233
2561289	1140366	16933	16021	4952		337669	18853	2178103	1194488	549801
2356233	492930	14134	115631	169632		120936	8893	4751862	2874444	1295016
1069226	105376	15156	5733	34417		51482	14811	1296602	662806	203219
105772466	13679078	1120071	78616	82296		8510731	1798104	124345945	101866581	15063106
105717566	13677266	1120021	78616	82119		8510731	1797629	124295602	101856000	15018308
37963117	6288867	328505	26431	82119		3544761	969774	70669460	55551968	7444789
13928552	1684399	108579	3991	10670		2019360	370967	28040332	21111386	2766831
67754448	7388399	791516	52185			4965970	827855	53626142	46304033	7573519
37607964	2610902	292818	29117			2582663	321585	17702586	14663947	3056901
54900	1813	50		177			475	50344	10580	44798
114734814	9449925	1374189	61038			4697112	1338552	58501351	51990096	11121472
114734730	9449925	1374189	61038			4697112	1338552	58501351	51990096	11121472
70432251	3832354	998705	19636			2139540	736720	17411994	14624759	4286128
84										
1802894	196431	51752		13		9550	20960	88107	50376	197987
1660733	183730	51672		13		9550	20954	76544	43815	179747
142161	12701	79					6	11563	6560	18239
12385603	1787289	279057	845298	462		6720251	258857	176652764	171987970	4827833
5320190	638640	207290	190715			2868239	70662	68053041	66381363	1465240
4456879	429812	183525					111544	165022		1505478
8789066	744022	379658		438344			73511	5607534		4032570
3968950	385641	11244		82927			16807	1849578	319467	864159

1-5 各级各类教育机构

学校类别	总计	国家财政性教育经费	一般公共预算安排的教育经费	一般公共预算教育经费	教育事业费	基本建设经费	教育费附加	科研经费
总计	**4105718043**	**3623304963**	**3520649041**	**3129762531**	**2911255131**	**68938278**	**149569123**	**22726911**
一、高等学校	1074987036	738450111	666563555	597966988	569656501	23329576	4980911	22446380
1.普通高等学校	1058932818	728867792	657376227	589950977	562006351	23281801	4662825	22443455
高等本科学校	871206364	592781998	525155056	467546686	444915922	20687675	1943090	22221857
高职高专学校	187726455	136085794	132221171	122404291	117090429	2594127	2719735	221598
2.成人高等学校	16054218	9582320	9187328	8016011	7650151	47775	318086	2925
二、中等职业学校	227428450	209211090	205309024	186665036	163824664	4804223	18036149	
1.中等专业学校	107832464	98088168	96496515	87781361	75864210	3267428	8649722	
2.职业高中	80541135	76705395	75072239	68552576	59835603	955174	7761799	
#农村	36204827	34706117	33560949	31016114	27673490	443064	2899561	
3.技工学校	29810812	25962439	25391389	23049781	21101677	573409	1374695	
4.成人中专学校	9244039	8455088	8348882	7281318	7023173	8213	249932	
三、中学	1150611228	1101124385	1087620305	982362825	905570086	19626372	57166367	
1.普通中学	1149876502	1100485276	1086983185	981780606	905070946	19623764	57085896	
普通高中	424381453	382607616	376292831	338518632	309365497	7925765	21227370	
#农村	172032229	153694571	152045197	138228706	130747913	2093882	5386912	
普通初中	725495048	717877660	710690354	643261974	595705449	11697999	35858526	
#农村	421153844	418074198	415577622	378139717	361084654	4128959	12926104	
2.成人中学	734726	639109	637120	582219	499140	2608	80471	
四、小学	1190135468	1179073343	1169768602	1055235996	987153463	14560725	53521808	
1.普通小学	1190123276	1179061151	1169756410	1055223888	987141355	14560725	53521808	
#农村	730227365	725412464	721597104	651269028	624855397	6799309	19614322	
2.成人小学	12192	12192	12192	12108	12108			
五、特殊教育	16543560	16308538	16113133	14310947	13182281	265865	862800	
1.特殊教育学校	15780207	15567057	15384353	13724327	12635717	261894	826716	
2.工读学校	763353	741481	728780	586619	546563	3972	36084	
六、幼儿园	209043096	162799678	161065377	148790217	136650393	2977116	9162708	
#农村	103374491	81541393	80921500	75688792	71372912	1382621	2933260	
七、教育行政单位	39347616	37565549	37135737	32515763	31300410	78629	1136723	
八、教育事业单位	87360217	72323236	71094621	62080960	58361307	630858	3088795	
九、其他	110261372	106449033	105978687	49833801	45556026	2664912	1612863	280531

教育经费收入情况(教育和其他部门)

单位：千元

其　他	政府性基金预算安排的教育经费	#彩　票公益金	国有及国有控股企业办学中的企业拨款	校办产业和社会服务收入中用于教育的经费	其　他属于国家财政性教育经费	民办学校中举办者投入	捐赠收入	事业收入	#学　费	其　他教育经费
368159599	**44798638**	**4733103**		**3907200**	**53950084**		**7741383**	**379123763**	**229659541**	**95547934**
46150188	14881040	697755		3055432	53950084		4519057	275956296	157813937	56061572
44981796	14626995	697748		2915098	53949472		4518034	270147875	153513007	55399118
35386513	11067007	373893		2696713	53863221		4415596	224115489	117424646	49893280
9595282	3559988	323855		218385	86250		102438	46032386	36088361	5505837
1168392	254045	7		140334	613		1023	5808421	4300930	662454
18643988	3701908	689519		200158			110704	12677991	5540151	5428664
8715154	1485630	572351		106024			71259	6940922	3102277	2732115
6519663	1619933	87878		13223			30467	2359231	851511	1446043
2544835	1140216	16933		4952			17934	977694	237502	503082
2341607	490970	14134		80081			7084	2757037	1398706	1084251
1067564	105376	15156		830			1894	620801	187656	166255
105257480	13421780	1095789		82300			1185944	35670736	24361439	12630162
105202579	13419967	1095739		82123			1185469	35620392	24350858	12585365
37774199	6232661	327771		82123			686651	34706011	24350858	6381176
13816491	1638704	108526		10670			334294	15827857	10924642	2175507
67428380	7187306	767967					498818	914381		6204189
37437905	2496576	292588					261410	139354		2678883
54900	1813	50		177			475	50344	10580	44798
114532606	9304741	1372935					954630	491051		9616444
114532522	9304741	1372935					954630	491051		9616444
70328076	3815360	998176					695079	156974		3962847
84										
1802187	195392	50713		13			17758	33698	1809	183566
1660026	182691	50634		13			17752	30071	1809	165327
142161	12701	79					6	3627		18239
12275160	1734301	251966					221592	42669883	41534570	3351943
5232707	619893	189434					57312	20722044	20363132	1053742
4619975	429812	183525					111544	165022		1505501
9013661	744022	379658		484593			603205	8782228		5651549
55864355	385641	11244		84705			16949	2676858	407636	1118533

1-6 各级各类教育机构

学校类别	总计	国家财政性教育经费	一般公共预算安排的教育经费	一般公共预算教育经费	教育事业费	基本建设经费	教育费附加	科研经费
总计	**423840761**	**300485178**	**253822531**	**176638064**	**169722912**	**6644625**	**270527**	**14080259**
一、高等学校	353207311	238469144	191854528	167144564	160275216	6623745	245603	13977259
1.普通高等学校	351913266	238043450	191579566	166948742	160079395	6623745	245603	13977259
高等本科学校	350833407	237314480	191044706	166441171	159696824	6498745	245603	13976739
高职高专学校	1079859	728970	534860	507571	382571	125000		520
2.成人高等学校	1294045	425694	274961	195822	195822			
二、中等职业学校	164404	96749	96749	91567	91567			
1.中等专业学校	162724	96428	96428	91246	91246			
2.职业高中								
#农村								
3.技工学校								
4.成人中专学校	1680	321	321	321	321			
三、中学	2448454	1633971	1633967	1598097	1574048		24049	
1.普通中学	2448454	1633971	1633967	1598097	1574048		24049	
普通高中	1776298	1158198	1158194	1130163	1110852		19312	
#农村	113754	91676	91676	91676	91676			
普通初中	672156	475773	475773	467934	463197		4737	
#农村	5624	5544	5544	5544	5544			
2.成人中学								
四、小学	666183	558537	558537	542533	541658		875	
1.普通小学	666183	558537	558537	542533	541658		875	
#农村	17553	17553	17553	17553	17553			
2.成人小学								
五、特殊教育								
1.特殊教育学校								
2.工读学校								
六、幼儿园	1667694	445247	445247	413893	405143	8750		
#农村	45165	21559	21559	21434	21434			
七、教育行政单位	334467	334445	334445	171349	171349			
八、教育事业单位	10216930	4893563	4847314	4622720	4610590	12130		
九、其他	55135318	54053523	54051745	2053341	2053341			103000

教育经费收入情况(中央教育和其他部门)

单位：千元

其　他	政府性基金预算安排的教育经费	#彩　票公益金	国有及国有控股企业办学中的企业拨款	校办产业和社会服务收入中用于教育的经费	其　他属于国家财 政 性教育经费	民办学校中举办者投入	捐赠收入	事业收入	#学　费	其　他教育经费
63104208	**3902496**	**35490**		**2437812**	**40322339**		**3525876**	**95873243**	**32202231**	**23956464**
10732704	3902496	35490		2389781	40322339		2975535	90560926	31051804	21201706
10653565	3802216	35490		2339329	40322339		2975535	89785044	30434131	21109237
10626795	3610246	19670		2337189	40322339		2973935	89450073	30179612	21094919
26769	191970	15820		2140			1600	334971	254519	14318
79140	100280			50453				775883	617673	92469
5182								59481	15284	8174
5182								59363	15284	6933
								118		1241
35870				4			5712	265506	151401	543265
35870				4			5712	265506	151401	543265
28031				4			5484	234192	151401	378424
							1030	9789	6520	11258
7839							228	31313		164841
										80
16003							1524	1602		104520
16003							1524	1602		104520
31354							13269	983754	895572	225425
125							120	21448	21143	2037
163095										23
224595				46249			529694	3174694		1618978
51895405				1778			142	827280	88169	254373

1-7 各级各类教育机构

学校类别	总 计	国家财政性教育经费	一般公共预算安排的教育经费	一般公共预算教育经费	教育事业费	基本建设经费	教育费附加	科研经费
总 计	**3681877282**	**3322819785**	**3266826510**	**2953124468**	**2741532219**	**62293653**	**149298596**	**8646652**
一、高等学校	721779725	499980967	474709028	430822424	409381285	16705831	4735308	8469120
1.普通高等学校	707019552	490824342	465796661	423002234	401926956	16658056	4417222	8466195
高等本科学校	520372957	355467518	334110350	301105515	285219098	14188930	1697487	8245118
高职高专学校	186646595	135356824	131686310	121896720	116707858	2469127	2719735	221078
2.成人高等学校	14760173	9156626	8912367	7820189	7454329	47775	318086	2925
二、中等职业学校	227264046	209114342	205212276	186573469	163733097	4804223	18036149	
1.中等专业学校	107669740	97991740	96400087	87690115	75772964	3267428	8649722	
2.职业高中	80541135	76705395	75072239	68552576	59835603	955174	7761799	
#农村	36204827	34706117	33560949	31016114	27673490	443064	2899561	
3.技工学校	29810812	25962439	25391389	23049781	21101677	573409	1374695	
4.成人中专学校	9242359	8454767	8348561	7280997	7022852	8213	249932	
三、中 学	1148162774	1099490414	1085986337	980764728	903996038	19626372	57142318	
1.普通中学	1147428048	1098851305	1085349218	980182509	903496897	19623764	57061847	
普通高中	422605155	381449418	375134637	337388469	308254645	7925765	21208058	
#农村	171918475	153602895	151953521	138137030	130656237	2093882	5386912	
普通初中	724822893	717401887	710214581	642794040	595242252	11697999	35853789	
#农村	421148220	418068654	415572078	378134173	361079109	4128959	12926104	
2.成人中学	734726	639109	637120	582219	499140	2608	80471	
四、小 学	1189469285	1178514806	1169210065	1054693462	986611805	14560725	53520933	
1.普通小学	1189457093	1178502614	1169197873	1054681354	986599697	14560725	53520933	
#农村	730209813	725394912	721579552	651251476	624837844	6799309	19614322	
2.成人小学	12192	12192	12192	12108	12108			
五、特殊教育	16543560	16308538	16113133	14310947	13182281	265865	862800	
1.特殊教育学校	15780207	15567057	15384353	13724327	12635717	261894	826716	
2.工读学校	763353	741481	728780	586619	546563	3972	36084	
六、幼儿园	207375401	162354432	160620131	148376324	136245250	2968366	9162708	
#农村	103329326	81519834	80899940	75667358	71351477	1382621	2933260	
七、教育行政单位	39013149	37231105	36801293	32344413	31129061	78629	1136723	
八、教育事业单位	77143287	67429672	66247306	57458240	53750718	618728	3088795	
九、其 他	55126054	52395510	51926942	47780460	43502685	2664912	1612863	177531

教育经费收入情况(地方教育和其他部门)

单位：千元

其他	政府性基金预算安排的教育经费	#彩票公益金	国有及国有控股企业办学中的企业拨款	校办产业和社会服务收入中用于教育的经费	其他属于国家财政性教育经费	民办学校中举办者投入	捐赠收入	事业收入	#学费	其他教育经费
305055390	**40896142**	**4697613**		**1469388**	**13627745**		**4215507**	**283250520**	**197457310**	**71591469**
35417483	10978544	662265		665650	13627745		1543521	185395370	126762133	34859866
34328231	10824779	662258		575769	13627133		1542498	180362831	123078876	34289881
24759718	7456761	354223		359524	13540883		1441661	134665417	87245033	28798361
9568513	3368018	308035		216245	86250		100838	45697415	35833842	5491519
1089252	153765	7		89881	613		1023	5032539	3683257	569986
18638806	3701908	689519		200158			110704	12618511	5524867	5420490
8709973	1485630	572351		106024			71259	6881559	3086993	2725182
6519663	1619933	87878		13223			30467	2359231	851511	1446043
2544835	1140216	16933		4952			17934	977694	237502	503082
2341607	490970	14134		80081			7084	2757037	1398706	1084251
1067564	105376	15156		830			1894	620683	187656	165014
105221610	13421780	1095789		82296			1180232	35405230	24210037	12086897
105166709	13419967	1095739		82119			1179757	35354887	24199457	12042099
37746169	6232661	327771		82119			681167	34471819	24199457	6002752
13816491	1638704	108526		10670			333264	15818068	10918122	2164249
67420540	7187306	767967					498591	883068		6039348
37437905	2496576	292588					261410	139354		2678803
54900	1813	50		177			475	50344	10580	44798
114516603	9304741	1372935					953106	489449		9511924
114516519	9304741	1372935					953106	489449		9511924
70328076	3815360	998176					695079	156974		3962847
84										
1802187	195392	50713		13			17758	33698	1809	183566
1660026	182691	50634		13			17752	30071	1809	165327
142161	12701	79					6	3627		18239
12243807	1734301	251966					208323	41686129	40638998	3126518
5232582	619893	189434					57192	20700596	20341988	1051705
4456879	429812	183525					111544	165022		1505478
8789066	744022	379658		438344			73511	5607534		4032570
3968950	385641	11244		82927			16807	1849578	319467	864159

1-8 各级各类教育机构

学校类别	总计	国家财政性教育经费	一般公共预算安排的教育经费	一般公共预算教育经费	教育事业费	基本建设经费	教育费附加	科研经费
总计	**21583107**	**15395701**	**12488415**	**11625753**	**11007044**	**524961**	**93747**	**98915**
一、高等学校	6601057	3655719	2775903	2402666	2280725	104071	17870	98915
1.普通高等学校	6356213	3551886	2701462	2335359	2213418	104071	17870	98915
高等本科学校	1998757	1502373	1293358	1055803	968803	87000		98820
高职高专学校	4357457	2049514	1408104	1279556	1244615	17071	17870	95
2.成人高等学校	244844	103832	74441	67307	67307			
二、中等职业学校	2861974	1944731	1475605	1355645	1292566	32469	30610	
1.中等专业学校	1296739	1042420	917308	827780	783225	20000	24556	
2.职业高中	246879	119986	58029	43065	42065		1000	
#农村	45625	32894	16873	16873	16873			
3.技工学校	1233898	705899	481299	467658	450189	12469	5000	
4.成人中专学校	84459	76425	18969	17142	17088		54	
三、中　学	3852899	3615765	3299222	3159364	2980427	165542	13395	
1.普通中学	3852899	3615765	3299222	3159364	2980427	165542	13395	
普通高中	1591673	1458818	1238168	1190094	1089613	98456	2026	
#农村	548406	501955	474426	464578	414258	49468	852	
普通初中	2261226	2156947	2061054	1969270	1890814	67086	11370	
#农村	1564090	1524356	1459885	1401687	1354815	44003	2869	
2.成人中学								
四、小　学	3508749	3397074	3273360	3136244	3031107	81782	23356	
1.普通小学	3508749	3397074	3273360	3136244	3031107	81782	23356	
#农村	2805218	2743631	2671728	2575297	2489210	81596	4491	
2.成人小学								
五、特殊教育	5973	5973	5947	4665	4665			
1.特殊教育学校	5973	5973	5947	4665	4665			
2.工读学校								
六、幼儿园	4226367	2311512	1202275	1173462	1079022	86598	7842	
#农村	1346258	1114050	890127	874306	784985	86598	2723	
七、教育行政单位	142357	109812	109812	101668	68805	32189	675	
八、教育事业单位	109208	95834	90844	80292	80292			
九、其　他	274522	259281	255447	211746	189436	22310		

教育经费收入情况(国有及国有控股企业办)

单位：千元

其 他	政府性基金预算安排的教育经费	#彩 票 公益金	国有及国有控股企业办学中的企业拨款	校办产业和社会服务收入中用于教育的经费	其 他 属于国家财政性教育经费	民办学校中举办者投入	捐赠收入	事业收入	#学 费	其 他 教育经费
763748	**212104**	**65522**	**2302906**	**300699**	**91576**		**56875**	**5287504**	**3955050**	**843028**
274323			702830	85409	91576		7685	2527174	1622973	410480
267188			678319	80529	91576		7674	2391068	1540810	405584
138735			101110	18382	89523		4125	432869	318772	59391
128453			577209	62147	2054		3549	1958200	1222038	346193
7135			24511	4880			10	136106	82163	4896
119960	25000	25000	229461	214665			1100	750850	404458	165293
89528	25000	25000	34741	65371			35	204917	104456	49366
14965			56856	5101				126606	35435	286
			16021					12731		
13641			132131	92470			1065	412793	261047	114140
1827			5733	51723				6534	3520	1500
139857	157270	12850	159273				17167	113336	89410	106631
139857	157270	12850	159273				17167	113336	89410	106631
48074	147194	2774	73456				33	78660	65755	54162
9848	2650	2650	24879				14	34807	27813	11630
91784	10076	10076	85817				17135	34676	23655	52469
58198	8905	8905	55566				13074	13516	11092	13144
137116	21342	20201	102373				24515	55631	35393	31529
137116	21342	20201	102373				24515	55631	35393	31529
96430	20577	19435	51327				24453	11525	8278	25609
1282			26							
1282			26							
28814	8410	7389	1100365	462			2583	1829652	1802816	82620
15821	8410	7389	215512				2136	209280	205302	20792
8144							3805			28740
10551			4990				20	3180		10174
43701	82	82	3589	163				7681		7561

1-9 各级各类教育机构

学校类别	总计	国家财政性教育经费	一般公共预算安排的教育经费	一般公共预算教育经费	教育事业费	基本建设经费	教育费附加	科研经费
总计	**13048991**	**11394322**	**10283317**	**9555616**	**9005322**	**512492**	**37802**	**98820**
一、高等学校	3315551	2236747	1814534	1504625	1400553	104071		98820
1.普通高等学校	3206079	2177936	1756849	1449173	1345101	104071		98820
高等本科学校	1949325	1491808	1289294	1051739	964739	87000		98820
高职高专学校	1256754	686128	467556	397434	380363	17071		
2.成人高等学校	109472	58811	57684	55452	55452			
二、中等职业学校	730269	598603	482743	430672	410626	20000	46	
1.中等专业学校	557179	495204	416898	365491	345445	20000	46	
2.职业高中	13892	13815	13815	13815	13815			
#农村	13892	13815	13815	13815	13815			
3.技工学校	132628	63254	43836	43836	43836			
4.成人中专学校	26570	26330	8194	7530	7530			
三、中学	3674798	3513411	3275483	3136628	2958107	165542	12979	
1.普通中学	3674798	3513411	3275483	3136628	2958107	165542	12979	
普通高中	1522325	1427569	1233350	1185298	1084817	98456	2026	
#农村	528419	497385	473847	463999	413679	49468	852	
普通初中	2152473	2085842	2042134	1951330	1873290	67086	10953	
#农村	1511409	1484568	1449214	1391969	1345513	44003	2453	
2.成人中学								
四、小学	3348212	3291380	3228703	3091973	2988189	81782	22003	
1.普通小学	3348212	3291380	3228703	3091973	2988189	81782	22003	
#农村	2754674	2703772	2651504	2555443	2470563	81596	3284	
2.成人小学								
五、特殊教育	5973	5973	5947	4665	4665			
1.特殊教育学校	5973	5973	5947	4665	4665			
2.工读学校								
六、幼儿园	1448100	1283281	1019804	993347	904649	86598	2100	
#农村	945091	901316	868108	852572	763874	86598	2100	
七、教育行政单位	142357	109812	109812	101668	68805	32189	675	
八、教育事业单位	109208	95834	90844	80292	80292			
九、其他	274522	259281	255447	211746	189436	22310		

教育经费收入情况(中央国有及国有控股企业办)

单位：千元

其　他	政府性基金预算安排的教育经费	#彩　票公益金	国有及国有控股企业办学中的企业拨款	校办产业和社会服务收入中用于教育的经费	其　他属于国家财政性教育经费	民办学校中举办者投入	捐赠收入	事业收入	#学　费	其　他教育经费
628881	**212104**	**65522**	**709912**	**99466**	**89523**		**47794**	**1278305**	**891813**	**328570**
211089			301229	31461	89523		4300	969902	642981	104602
208857			301229	30335	89523		4300	919605	612293	104237
138735			94610	18382	89523		4125	405479	300929	47912
70121			206619	11953			176	514125	311364	56325
2233				1126				50297	30688	365
52071	25000	25000	23019	67842				100442	64372	31224
51407	25000	25000	6519	46787				51126	25279	10850
								77		
								77		
			16500	2918				49068	38927	20306
664				18137				171	166	68
138855	157270	12850	80657				13117	41975	32366	106295
138855	157270	12850	80657				13117	41975	32366	106295
48051	147194	2774	47026				33	40767	32360	53956
9848	2650	2650	20887				14	19455	13455	11565
90804	10076	10076	33632				13085	1207	7	52339
57245	8905	8905	26449				13074	640	7	13127
136729	21342	20201	41335				24403	916	11	31514
136729	21342	20201	41335				24403	916	11	31514
96061	20577	19435	31691				24391	916	11	25596
1282			26							
1282			26							
26457	8410	7389	255066				2148	154210	152084	8461
15536	8410	7389	24798				2016	34316	32190	7442
8144							3805			28740
10551			4990				20	3180		10174
43701	82	82	3589	163				7681		7561

1-10　各级各类教育机构

学校类别	总　计	国家财政性教育经费	一般公共预算安排的教育经费	一般公共预算教育经费	教　育事业费	基本建设经　费	教育费附　加	科研经费
总　　计	**8534116**	**4001379**	**2205098**	**2070136**	**2001723**	**12469**	**55945**	**95**
一、高等学校	3285506	1418972	961369	898041	880172		17870	95
1.普通高等学校	3150135	1373950	944613	886186	868317		17870	95
高等本科学校	49432	10565	4065	4065	4065			
高职高专学校	3100703	1363386	940548	882122	864252		17870	95
2.成人高等学校	135372	45021	16757	11855	11855			
二、中等职业学校	2131705	1346127	992862	924974	881940	12469	30564	
1.中等专业学校	739559	547216	500410	462289	437779		24510	
2.职业高中	232987	106172	44215	29250	28250		1000	
#农村	31733	19079	3058	3058	3058			
3.技工学校	1101270	642645	437463	423822	406353	12469	5000	
4.成人中专学校	57889	50094	10775	9612	9558		54	
三、中　学	178101	102354	23738	22736	22320		416	
1.普通中学	178101	102354	23738	22736	22320		416	
普通高中	69348	31249	4818	4796	4796			
#农村	19987	4570	579	579	579			
普通初中	108753	71105	18920	17940	17524		416	
#农村	52680	39788	10671	9718	9301		416	
2.成人中学								
四、小　学	160537	105695	44657	44271	42918		1353	
1.普通小学	160537	105695	44657	44271	42918		1353	
#农村	50544	39859	20224	19854	18647		1207	
2.成人小学								
五、特殊教育								
1.特殊教育学校								
2.工读学校								
六、幼儿园	2778267	1028231	182471	180114	174373		5742	
#农村	401168	212733	22019	21733	21110		623	
七、教育行政单位								
八、教育事业单位								
九、其　他								

教育经费收入情况(地方国有及国有控股企业办)

单位：千元

其 他	政府性基金预算安排的教育经费	#彩 票公益金	国有及国有控股企业办学中的企业拨款	校办产业和社会服务收入中用于教育的经费	其 他属于国家财政性教育经费	民办学校中举办者投入	捐赠收入	事业收入	#学 费	其 他教育经费
134867			**1592994**	**201233**	**2054**		**9081**	**4009199**	**3063236**	**514457**
63233			401601	53948	2054		3384	1557273	979992	305878
58331			377090	50194	2054		3374	1471464	928517	301347
			6500					27389	17844	11478
58331			370590	50194	2054		3374	1444075	910674	289868
4902			24511	3754			10	85809	51475	4531
67889			206442	146823			1100	650408	340087	134069
38121			28222	18584			35	153792	79177	38517
14965			56856	5101				126529	35435	286
			16021					12654		
13641			115631	89552			1065	363725	222121	93834
1163			5733	33587				6363	3353	1432
1002			78616				4050	71361	57044	336
1002			78616				4050	71361	57044	336
22			26431					37893	33395	206
			3991					15351	14359	65
980			52185				4050	33468	23648	130
953			29117					12875	11086	17
386			61038				112	54715	35382	15
386			61038				112	54715	35382	15
369			19636				62	10609	8267	13
2357			845298	462			434	1675442	1650732	74160
285			190715				120	174965	173111	13350

1-11 各级各类教育机构

学校类别	总计	国家财政性教育经费	一般公共预算安排的教育经费	一般公共预算教育经费	教育事业费	基本建设经费	教育费附加	科研经费
总计	**486998648**	**60876380**	**59856783**	**57884697**	**53051493**	**1152952**	**3680252**	**292169**
一、高等学校	120594902	12492058	11932092	10912990	9638077	1115138	159775	292169
1.普通高等学校	120587831	12491661	11931695	10912593	9637680	1115138	159775	292169
高等本科学校	96743935	9632653	9346848	8359650	7186576	1065910	107164	288720
高职高专学校	23843896	2859007	2584847	2552942	2451103	49227	52612	3449
2.成人高等学校	7071	397	397	397	397			
二、中等职业学校	16131993	5501795	5498673	5453516	5024507	1652	427356	
1.中等专业学校	6267669	2529704	2529418	2527007	2306582	1652	218772	
2.职业高中	6104987	1853191	1852315	1811054	1705461		105593	
#农村	2364200	791137	790987	774533	720699		53833	
3.技工学校	2859332	989621	987662	986677	886908		99768	
4.成人中专学校	900006	129278	129278	128779	125556		3223	
三、中学	117489053	16519273	16261975	15712120	14638969	32324	1040828	
1.普通中学	117489053	16519273	16261975	15712120	14638969	32324	1040828	
普通高中	46491629	5056681	5000475	4783548	4363318	31641	388590	
#农村	17356065	2489573	2443878	2331816	2142580	544	188692	
普通初中	70997424	11462593	11261500	10928572	10275651	683	652238	
#农村	25514981	4943705	4829379	4660273	4563640	402	96230	
2.成人中学								
四、小学	78671032	14021866	13876682	13658856	12516105		1142751	
1.普通小学	78671032	14021866	13876682	13658856	12516105		1142751	
#农村	24680240	4931443	4914449	4810643	4646008		164635	
2.成人小学								
五、特殊教育	140195	58615	57576	56869	56327		541	
1.特殊教育学校	131103	57458	56419	55712	55471		241	
2.工读学校	9093	1157	1157	1157	857		300	
六、幼儿园	153971473	12282774	12229786	12090346	11177508	3838	909000	
#农村	55198921	4739665	4720919	4633597	4471828	3838	157930	
七、教育行政单位								
八、教育事业单位								
九、其他								

教育经费收入情况(民办)

单位：千元

其　他	政府性基金预算安排的教育经费	#彩　票公益金	国有及国有控股企业办学中的企业拨款	校办产业和社会服务收入中用于教育的经费	其　他属于国家财政性教育经费	民办学校中举办者投入	捐赠收入	事业收入	#学　费	其　他教育经费
1679917	**889677**	**53666**			**129920**	**24062098**	**1677487**	**389413719**	**355968842**	**10968965**
726933	430046				129920	2619234	597568	100681666	89965727	4204375
726933	430046				129920	2619234	597568	100675065	89959229	4204302
698478	157194				128612	1305547	485623	82003880	73686561	3316231
28455	272853				1308	1313687	111945	18671185	16272668	888071
								6601	6498	73
45157	3122					1505220	27462	8559908	6702094	537608
2412	285					348215	12037	3176712	2498561	201001
41261	877					984586	1766	3082540	2478119	182904
16454	150					337669	919	1187755	956986	46719
985	1960					120936	743	1631100	1253616	116932
500						51482	12916	669557	471797	36772
549855	257298	24282				8510731	613821	88869354	77599499	2975873
549855	257298	24282				8510731	613821	88869354	77599499	2975873
216926	56206	734				3544761	288607	36159748	31319115	1441832
112061	45695	53				2019360	37703	12206913	10178905	602516
332928	201092	23548				4965970	325214	52709606	46280384	1534041
169106	114326	231				2582663	60175	17550357	14652861	378081
217825	145184	1253				4697112	385335	57957187	51954715	1609533
217825	145184	1253				4697112	385335	57957187	51954715	1609533
103806	16994	528				2139540	41579	17244410	14616492	323268
707	1039	1039				9550	3201	54410	48567	14420
707	1039	1039				9550	3201	46473	42007	14420
								7936	6560	
139440	52988	27092				6720251	50099	133291194	129698240	1627155
87323	18746	17856				2868239	13350	47177481	45866261	400185

1-12 各级各类教育机构

学校类别	合 计	个人部分	工资福利支出	对个人和家庭的补助支出	#助学金
总 计	**4504463901**	**2793409295**	**2385527390**	**407881905**	**189207535**
一、高等学校	1165646815	584476679	446627348	137849331	86397930
1.普通高等学校	1150430246	576115598	439309168	136806429	86175180
高等本科学校	939877582	468182934	350858550	117324384	73461242
高职高专学校	210552664	107932664	88450618	19482045	12713938
2.成人高等学校	15216568	8361081	7318180	1042901	222750
二、中等职业学校	244798886	138495433	117657405	20838028	10074852
1.中等专业学校	115048197	64070106	53723206	10346899	5281794
2.职业高中	86270509	50011555	42931502	7080053	3648071
#农村	38359280	21799495	18802099	2997396	1961999
3.技工学校	33352538	17496519	14937422	2559097	1043600
4.成人中专学校	10127642	6917253	6065275	851978	101387
三、中 学	1263567424	864146760	764528398	99618362	43928704
1.普通中学	1262834764	863686077	764096084	99589993	43928545
普通高中	466828849	310576681	277955335	32621345	14028132
#农村	187733932	129067206	114980337	14086869	8101397
普通初中	796005915	553109397	486140749	66968648	29900414
#农村	446668748	324068987	283375007	40693980	21178148
2.成人中学	732659	460683	432314	28369	158
四、小 学	1268799479	889863071	768948949	120914122	41623907
1.普通小学	1268787287	889856253	768942131	120914122	41623907
#农村	757648567	555245641	475472552	79773089	30504646
2.成人小学	12192	6818	6818		
五、特殊教育	16504131	10756038	9583749	1172289	347535
1.特殊教育学校	15784453	10254153	9129606	1124547	341922
2.工读学校	719678	501885	454142	47743	5613
六、幼儿园	365287094	225505839	211723849	13781990	6801196
#农村	160331031	101244611	93632713	7611897	4909363
七、教育行政单位	37513936	21190832	16919824	4271008	
八、教育事业单位	84108784	40551840	34390033	6161807	
九、其 他	58237353	18422803	15147835	3274968	33411

教育经费支出明细(全国)

单位：千元

公用部分	商品和服务支出	其他资本性支出	专项公用支出	专项项目支出	基本建设支出
1635006207	**888164820**	**746841387**	**272509020**	**474332367**	**76048399**
555077592	333729674	221347918	114284836	107063081	26092544
548275294	328666229	219609066	113484193	106124872	26039355
448638071	281285437	167352634	87800851	79551784	23056577
99637223	47380792	52256431	25683343	26573088	2982777
6802298	5063446	1738852	800643	938209	53189
100952129	49965158	50986971	21146215	29840757	5351324
47430088	24261518	23168570	10212372	12956198	3548003
35164154	15702861	19461293	6981230	12480063	1094799
16081378	6710715	9370663	3194436	6176227	478407
15156124	7683417	7472707	3637707	3834999	699895
3201762	2317361	884401	314905	569496	8627
377878020	175767073	202110947	56971879	145139068	21542643
377608652	175602237	202006415	56952579	145053835	21540035
147092641	72721955	74370686	23359044	51011642	9159528
56347512	27824138	28523374	7612500	20910874	2319214
230516011	102880282	127635729	33593535	94042193	12380507
118411346	50510672	67900674	15754403	52146272	4188415
269368	164836	104533	19300	85233	2608
363454084	169712416	193741668	52604404	141137264	15482324
363448711	169707693	193741018	52604307	141136710	15482324
195507303	87033579	108473724	25979087	82494637	6895623
5374	4723	651	97	554	
5375165	2848583	2526581	1002211	1524371	372928
5163794	2695458	2468336	968550	1499786	366506
211371	153125	58246	33661	24585	6422
136259865	86793719	49466145	16085565	33380581	3521391
57465508	33465526	23999982	6524972	17475010	1620912
16241198	13177348	3063849	1725875	1337974	81906
42928862	32677703	10251159	4916780	5334379	628083
36839293	23493145	13346148	3771255	9574892	2975257

1-13 各级各类教育机构

学校类别	合 计	个人部分	工资福利支出	对个人和家庭的补助支出	#助学金
总 计	**373422287**	**174455845**	**118819936**	**55635909**	**33371587**
一、高等学校	344858813	162432961	108516248	53916713	33013098
1.普通高等学校	343847435	162035935	108157600	53878335	33013098
高等本科学校	341596854	160793892	107118140	53675752	32905743
高职高专学校	2250581	1242043	1039460	202583	107356
2.成人高等学校	1011378	397026	358648	38378	
二、中等职业学校	934927	522416	410199	112217	56214
1.中等专业学校	749258	376139	299206	76933	34476
2.职业高中	13892	9862	6762	3100	29
#农村	13892	9862	6762	3100	29
3.技工学校	130434	100331	87377	12954	3148
4.成人中专学校	41344	36084	16854	19230	18561
三、中 学	6038565	4082509	3483431	599078	140359
1.普通中学	6038565	4082509	3483431	599078	140359
普通高中	3329952	2168357	1847806	320551	71022
#农村	627635	465618	388586	77032	12761
普通初中	2708613	1914152	1635625	278527	69338
#农村	1417118	1067603	931640	135962	40631
2.成人中学					
四、小 学	3920043	2896523	2485801	410722	84814
1.普通小学	3920043	2896523	2485801	410722	84814
#农村	2580616	1939226	1677921	261306	71563
2.成人小学					
五、特殊教育	5858	4432	3092	1339	77
1.特殊教育学校	5858	4432	3092	1339	77
2.工读学校					
六、幼儿园	3549403	2529300	2299108	230192	53461
#农村	936450	539701	387921	151780	45312
七、教育行政单位	433714	242634	187227	55408	
八、教育事业单位	8896461	1029818	937850	91968	
九、其 他	4784502	715252	496980	218272	23563

教育经费支出明细(中央)

单位：千元

公用部分	商品和服务支出	其他资本性支出			基本建设支出
			专项公用支出	专项项目支出	
191662427	**137624500**	**54037927**	**31055292**	**22982635**	**7304015**
175323388	123406632	51916756	30076064	21840691	7102464
174709035	122836151	51872884	30036099	21836786	7102464
173821839	122175440	51646399	29960288	21686111	6981123
887196	660711	226486	75811	150675	121341
614352	570481	43871	39966	3906	
366297	260596	105701	51203	54499	46214
326904	225301	101603	48279	53325	46214
4030	2568	1462	1142	320	
4030	2568	1462	1142	320	
30103	28420	1683	1683		
5260	4307	953	99	854	
1921587	1058346	863240	399161	464079	34469
1921587	1058346	863240	399161	464079	34469
1141947	641626	500321	241652	258669	19647
154998	80062	74936	33139	41797	7019
779639	416720	362920	157510	205410	14821
339084	160846	178238	66800	111438	10431
1000385	528246	472139	199949	272190	23135
1000385	528246	472139	199949	272190	23135
621013	295490	325523	129905	195618	20377
1427	859	568	568		
1427	859	568	568		
955419	614365	341054	91105	249949	64684
335750	117323	218428	24848	193580	60998
190250	169491	20759	17858	2901	830
7866260	7690863	175398	156929	18469	383
4037415	3895104	142311	62454	79857	31836

1-14　各级各类教育机构

学校类别	合　计	个人部分	工资福利支出	对个人和家庭的补助支出	#助学金
总　计	**4131041614**	**2618953450**	**2266707454**	**352245996**	**155835948**
一、高等学校	820788001	422043718	338111100	83932618	53384832
1.普通高等学校	806582812	414079662	331151568	82928094	53162081
高等本科学校	598280728	307389042	243740410	63648632	40555499
高职高专学校	208302083	106690621	87411159	19279462	12606582
2.成人高等学校	14205190	7964055	6959532	1004524	222750
二、中等职业学校	243863958	137973017	117247207	20725811	10018638
1.中等专业学校	114298939	63693967	53424001	10269966	5247318
2.职业高中	86256617	50001693	42924740	7076953	3648042
#农村	38345388	21789633	18795337	2994296	1961970
3.技工学校	33222104	17396188	14850045	2546143	1040452
4.成人中专学校	10086299	6881169	6048421	832748	82826
三、中　学	1257528859	860064251	761044967	99019284	43788345
1.普通中学	1256796199	859603568	760612653	98990915	43788186
普通高中	463498898	308408323	276107529	32300794	13957110
#农村	187106297	128601588	114591750	14009837	8088636
普通初中	793297302	551195245	484505124	66690121	29831076
#农村	445251630	323001384	282443367	40558018	21137517
2.成人中学	732659	460683	432314	28369	158
四、小　学	1264879436	886966548	766463148	120503400	41539093
1.普通小学	1264867244	886959730	766456330	120503400	41539093
#农村	755067951	553306415	473794631	79511784	30433083
2.成人小学	12192	6818	6818		
五、特殊教育	16498272	10751606	9580656	1170950	347458
1.特殊教育学校	15778595	10249722	9126514	1123208	341845
2.工读学校	719678	501885	454142	47743	5613
六、幼儿园	361737691	222976539	209424741	13551798	6747735
#农村	159394582	100704910	93244793	7460117	4864051
七、教育行政单位	37080222	20948198	16732597	4215600	
八、教育事业单位	75212323	39522022	33452183	6069839	
九、其　他	53452850	17707551	14650855	3056697	9848

教育经费支出明细(地方)

单位：千元

公用部分	商品和服务支出	其他资本性支出	专项公用支出	专项项目支出	基本建设支出
1443343780	**750540320**	**692803460**	**241453728**	**451349732**	**68744384**
379754204	210323042	169431162	84208772	85222390	18990080
373566259	205830077	167736181	83448095	84288086	18936891
274816232	159109996	115706236	57840563	57865673	16075454
98750026	46720081	52029945	25607532	26422414	2861436
6187945	4492965	1694981	760677	934304	53189
100585831	49704561	50881270	21095012	29786258	5305110
47103184	24036217	23066967	10164093	12902874	3501788
35160125	15700293	19459831	6980089	12479743	1094799
16077348	6708147	9369201	3193294	6175907	478407
15126021	7654997	7471024	3636025	3834999	699895
3196502	2313054	883448	314806	568642	8627
375956433	174708727	201247707	56572718	144674989	21508174
375687065	174543891	201143174	56553418	144589756	21505566
145950694	72080329	73870365	23117392	50752972	9139880
56192514	27744076	28448438	7579361	20869077	2312195
229736371	102463562	127272809	33436026	93836784	12365686
118072262	50349826	67722436	15687602	52034834	4177984
269368	164836	104533	19300	85233	2608
362453699	169184170	193269529	52404455	140865074	15459189
362448325	169179447	193268878	52404358	140864520	15459189
194886290	86738089	108148200	25849182	82299018	6875246
5374	4723	651	97	554	
5373738	2847725	2526013	1001643	1524371	372928
5162367	2694599	2467768	967982	1499786	366506
211371	153125	58246	33661	24585	6422
135304446	86179355	49125091	15994459	33130632	3456706
57129758	33348204	23781554	6500124	17281430	1539914
16050948	13007858	3043090	1708017	1335073	81076
35062602	24986840	10075761	4759851	5315911	627700
32801878	19598042	13203837	3708801	9495035	2943421

1-15 各级各类教育机构

学校类别	合 计	个人部分	工资福利支出	对个人和家庭的补助支出	#助学金
总 计	**4008194417**	**2519632349**	**2137195956**	**382436393**	**169822201**
一、高等学校	1049130471	537512662	408942655	128570007	78348775
1.普通高等学校	1034162378	529306302	401774140	127532162	78126089
高等本科学校	851970352	433271808	322873660	110398147	67287581
高职高专学校	182192026	96034494	78900480	17134014	10838508
2.成人高等学校	14968093	8206360	7168515	1037845	222686
二、中等职业学校	226086241	128977780	110246670	18731110	8257175
1.中等专业学校	107442876	60199376	50881188	9318188	4394002
2.职业高中	80145033	46918169	40556909	6361260	2970535
#农村	36010683	20514636	17805098	2709538	1696098
3.技工学校	29327162	15426573	13144407	2282167	862923
4.成人中专学校	9171170	6433661	5664166	769495	29715
三、中 学	1144066507	795235682	701195740	94039942	39773850
1.普通中学	1143333847	794774998	700763426	94011573	39773691
普通高中	421091216	284245642	253528677	30716966	12630477
#农村	170138179	119105239	105816997	13288241	7471451
普通初中	722242632	510529356	447234749	63294607	27143214
#农村	419604044	308389610	269291402	39098208	19880314
2.成人中学	732659	460683	432314	28369	158
四、小 学	1186658732	843194874	726890157	116304717	38631807
1.普通小学	1186646540	843188056	726883339	116304717	38631807
#农村	730193157	538824951	460910472	77914479	29070654
2.成人小学	12192	6818	6818		
五、特殊教育	16359237	10667909	9505996	1161914	339656
1.特殊教育学校	15650428	10173183	9058156	1115028	334900
2.工读学校	708809	494726	447840	46886	4756
六、幼儿园	206521604	124087789	114116477	9971312	4437527
#农村	102622486	62493642	56668491	5825151	3639553
七、教育行政单位	37419548	21144692	16895858	4248833	
八、教育事业单位	83991741	40491788	34343799	6147989	
九、其 他	57960336	18319174	15058605	3260569	33411

教育经费支出明细(教育和其他部门)

单位：千元

公用部分	商品和服务支出	其他资本性支出	专项公用支出	专项项目支出	基本建设支出
1414379505	**751618210**	**662761295**	**243072318**	**419688977**	**74182563**
487031952	300940881	186091071	101866388	84224683	24585857
480323409	295964869	184358540	101071994	83286546	24532668
397119587	255954018	141165569	78416471	62749098	21578958
83203822	40010851	43192971	22655523	20537448	2953710
6708543	4976012	1732531	794394	938137	53189
91926538	44152887	47773651	19957126	27816525	5181923
43852429	21795893	22056536	9726679	12329857	3391071
32132065	14018574	18113491	6600593	11512898	1094799
15017640	6096068	8921573	3067187	5854385	478407
13213163	6360660	6852503	3356643	3495860	687426
2728881	1977760	751121	273211	477910	8627
327354036	146267587	181086449	51105469	129980981	21476789
327084668	146102751	180981917	51086169	129895748	21474181
127736949	61814000	65922950	21195019	44727931	9108624
48720745	24272972	24447772	6777304	17670469	2312195
199347719	84288751	115058967	29891150	85167817	12365557
107036483	44423788	62612695	14470046	48142649	4177951
269368	164836	104533	19300	85233	2608
328004702	146019588	181985114	48453953	133531161	15459156
327999328	146014865	181984464	48453857	133530607	15459156
184492993	80123751	104369242	24686736	79682506	6875213
5374	4723	651	97	554	
5318400	2809861	2508538	990946	1517593	372928
5110738	2659213	2451525	957385	1494140	366506
207662	150648	57013	33561	23453	6422
78980484	42188059	36792425	10324820	26467606	3453330
38572769	19513514	19059255	4574743	14484512	1556075
16193781	13147907	3045874	1710801	1335073	81076
42871871	32653971	10217899	4901989	5315911	628083
36697741	23437470	13260272	3760827	9499445	2943421

1-16 各级各类教育机构

学校类别	合计	个人部分	工资福利支出	对个人和家庭的补助支出	#助学金
总计	**360832455**	**166332240**	**112116745**	**54215495**	**32871695**
一、高等学校	341522733	160613285	107017116	53596169	32825131
1.普通高等学校	340606546	160272742	106712512	53560229	32825131
高等本科学校	339598913	159774771	106290997	53483774	32784148
高职高专学校	1007633	497971	421515	76455	40983
2.成人高等学校	916187	340543	304604	35940	
二、中等职业学校	187993	94025	84440	9586	4549
1.中等专业学校	186484	92628	83080	9548	4537
2.职业高中					
#农村					
3.技工学校					
4.成人中专学校	1509	1397	1360	37	12
三、中学	2584144	1672873	1490467	182406	12802
1.普通中学	2584144	1672873	1490467	182406	12802
普通高中	1919443	1247676	1108996	138680	11437
#农村	160657	131946	102772	29174	51
普通初中	664702	425197	381471	43726	1365
#农村	5520	5031	4990	41	41
2.成人中学					
四、小学	748361	530364	466138	64227	817
1.普通小学	748361	530364	466138	64227	817
#农村	18078	13705	13615	90	90
2.成人小学					
五、特殊教育					
1.特殊教育学校					
2.工读学校					
六、幼儿园	2162993	1643810	1595958	47852	4833
#农村	68972	55427	55003	424	110
七、教育行政单位	339327	196494	163261	33233	
八、教育事业单位	8779418	969766	891616	78150	
九、其他	4507486	611623	407750	203872	23563

教育经费支出明细(中央教育和其他部门)

单位：千元

公用部分	商品和服务支出	其他资本性支出	专项公用支出	专项项目支出	基本建设支出
187556769	**135311565**	**52245204**	**30385186**	**21860018**	**6943446**
173966847	122362465	51604382	29862564	21741818	6942601
173391203	121826854	51564349	29826437	21737912	6942601
172984420	121573123	51411297	29783799	21627497	6839722
406783	253731	153052	42637	110415	102880
575644	535611	40033	36127	3906	
93968	89668	4300	4300		
93856	89556	4300	4300		
112	112				
911271	655402	255869	213533	42336	
911271	655402	255869	213533	42336	
671767	493428	178339	151909	26429	
28711	24320	4391	4265	126	
239505	161974	77531	61624	15907	
488	152	336	162	174	
217996	156348	61648	46731	14917	
217996	156348	61648	46731	14917	
4373	1128	3246	996	2250	
518721	401073	117648	61111	56537	462
13545	6888	6657	2273	4383	
142833	140049	2784	2784		
7809269	7667131	142138	142138		383
3895863	3839428	56435	52025	4410	

1-17 各级各类教育机构

学校类别	合　计	个人部分	工资福利支　出	对个人和家庭的补助支出	#助学金
总　　计	**3647361962**	**2353300109**	**2025079211**	**328220898**	**136950506**
一、高等学校	707607738	376899377	301925539	74973838	45523644
1.普通高等学校	693555832	369033560	295061628	73971932	45300958
高等本科学校	512371439	273497037	216582663	56914373	34503433
高职高专学校	181184393	95536523	78478964	17057559	10797525
2.成人高等学校	14051905	7865817	6863911	1001906	222686
二、中等职业学校	225898248	128883754	110162230	18721524	8252626
1.中等专业学校	107256391	60106748	50798108	9308640	4389465
2.职业高中	80145033	46918169	40556909	6361260	2970535
#农村	36010683	20514636	17805098	2709538	1696098
3.技工学校	29327162	15426573	13144407	2282167	862923
4.成人中专学校	9169661	6432264	5662807	769458	29703
三、中　学	1141482363	793562809	699705273	93857536	39761048
1.普通中学	1140749703	793102126	699272959	93829167	39760889
普通高中	419171773	282997967	252419681	30578286	12619040
#农村	169977522	118973293	105714225	13259068	7471400
普通初中	721577930	510104159	446853278	63250881	27141849
#农村	419598524	308384578	269286412	39098166	19880273
2.成人中学	732659	460683	432314	28369	158
四、小　学	1185910371	842664509	726424019	116240490	38630989
1.普通小学	1185898179	842657691	726417201	116240490	38630989
#农村	730175079	538811246	460896857	77914389	29070564
2.成人小学	12192	6818	6818		
五、特殊教育	16359237	10667909	9505996	1161914	339656
1.特殊教育学校	15650428	10173183	9058156	1115028	334900
2.工读学校	708809	494726	447840	46886	4756
六、幼儿园	204358611	122443980	112520520	9923460	4432694
#农村	102553515	62438214	56613488	5824726	3639442
七、教育行政单位	37080222	20948198	16732597	4215600	
八、教育事业单位	75212323	39522022	33452183	6069839	
九、其　他	53452850	17707551	14650855	3056697	9848

教育经费支出明细(地方教育和其他部门)

单位：千元

公用部分	商品和服务支出	其他资本性支出	专项公用支出	专项项目支出	基本建设支出
1226822736	**616306646**	**610516091**	**212687132**	**397828958**	**67239117**
313065106	178578416	134486689	72003824	62482865	17643256
306932206	174138015	132794191	71245557	61548634	17590066
224135167	134380895	89754272	48632672	41121600	14739236
82797039	39757120	43039919	22612886	20427034	2850830
6132899	4440401	1692498	758267	934231	53189
91832571	44063219	47769351	19952826	27816525	5181923
43758573	21706336	22052236	9722379	12329857	3391071
32132065	14018574	18113491	6600593	11512898	1094799
15017640	6096068	8921573	3067187	5854385	478407
13213163	6360660	6852503	3356643	3495860	687426
2728770	1977648	751121	273211	477910	8627
326442764	145612184	180830580	50891936	129938645	21476789
326173396	145447349	180726048	50872636	129853412	21474181
127065182	61320571	65744611	21043109	44701502	9108624
48692034	24248652	24443382	6773039	17670343	2312195
199108214	84126777	114981437	29829527	85151910	12365557
107035995	44423636	62612359	14469884	48142475	4177951
269368	164836	104533	19300	85233	2608
327786706	145863239	181923466	48407222	133516244	15459156
327781332	145858516	181922816	48407125	133515690	15459156
184488620	80122623	104365996	24685740	79680256	6875213
5374	4723	651	97	554	
5318400	2809861	2508538	990946	1517593	372928
5110738	2659213	2451525	957385	1494140	366506
207662	150648	57013	33561	23453	6422
78461763	41786986	36674777	10263709	26411068	3452868
38559225	19506626	19052598	4572470	14480128	1556075
16050948	13007858	3043090	1708017	1335073	81076
35062602	24986840	10075761	4759851	5315911	627700
32801878	19598042	13203837	3708801	9495035	2943421

1-18　各级各类教育机构

学校类别	合　计	个人部分	工资福利支　出	对个人和家庭的补助支出	#助学金
总　计	**21370608**	**13895453**	**11958974**	**1936478**	**787563**
一、高等学校	6691680	3946172	3302272	643899	370304
1.普通高等学校	6457357	3795161	3155811	639350	370239
高等本科学校	2047376	1053635	852981	200654	127378
高职高专学校	4409981	2741526	2302830	438696	242861
2.成人高等学校	234323	151011	146462	4549	65
二、中等职业学校	2972876	1779625	1531898	247727	136932
1.中等专业学校	1420336	803395	678642	124753	68245
2.职业高中	207890	105220	95876	9344	4508
#农村	46820	28089	24922	3167	87
3.技工学校	1248399	793749	704158	89592	45463
4.成人中专学校	96251	77260	53222	24038	18716
三、中　学	3645977	2521700	2100656	421044	130129
1.普通中学	3645977	2521700	2100656	421044	130129
普通高中	1492912	967532	784474	183058	60057
#农村	484849	344172	295970	48202	13055
普通初中	2153065	1554168	1316182	237987	70072
#农村	1464716	1085834	948155	137679	42087
2.成人中学					
四、小　学	3332974	2486513	2129293	357221	88735
1.普通小学	3332974	2486513	2129293	357221	88735
#农村	2612289	1957875	1693560	264314	74496
2.成人小学					
五、特殊教育	5858	4432	3092	1339	77
1.特殊教育学校	5858	4432	3092	1339	77
2.工读学校					
六、幼儿园	4232795	2947190	2732333	214857	61386
#农村	1275690	792781	636597	156184	48546
七、教育行政单位	94387	46141	23966	22175	
八、教育事业单位	117043	60052	46234	13817	
九、其　他	277016	103629	89230	14399	

教育经费支出明细(国有及国有控股企业办)

单位：千元

公用部分	商品和服务支出	其他资本性支出	专项公用支出	专项项目支出	基本建设支出
7101828	**4418257**	**2683571**	**1130864**	**1552707**	**373328**
2585646	1898616	687030	447511	239519	159863
2502333	1821625	680709	441262	239446	159863
852340	616028	236312	177498	58814	141401
1649993	1205597	444397	263764	180633	18462
83312	76991	6321	6248	73	
1134278	737527	396751	195983	200768	58973
570436	339619	230817	131898	98918	46504
102670	50361	52309	6791	45517	
18731	15969	2762	1142	1620	
442181	329508	112673	57194	55478	12469
18991	18038	953	99	854	
1089809	425837	663971	205255	458716	34469
1089809	425837	663971	205255	458716	34469
505733	157116	348617	100353	248263	19647
133658	60162	73497	31698	41799	7019
584076	268721	315355	104902	210453	14821
368451	167105	201346	72522	128824	10431
823326	399646	423680	158672	265008	23135
823326	399646	423680	158672	265008	23135
634038	302585	331453	130839	200614	20377
1427	859	568	568		
1427	859	568	568		
1221383	846922	374461	82581	291879	64222
421911	194514	227397	30575	196822	60998
47417	29442	17975	15074	2901	830
56991	23732	33260	14791	18469	
141551	55676	85876	10429	75447	31836

1-19 各级各类教育机构

学校类别	合 计	个人部分	工资福利支出	对个人和家庭的补助支出	#助学金
总 计	**12589832**	**8123605**	**6703192**	**1420414**	**499892**
一、高等学校	3336080	1819676	1499132	320544	187967
1.普通高等学校	3240889	1763194	1445088	318106	187967
高等本科学校	1997941	1019121	827144	191977	121595
高职高专学校	1242948	744073	617944	126128	66373
2.成人高等学校	95191	56482	54044	2438	
二、中等职业学校	746934	428390	325759	102631	51665
1.中等专业学校	562774	283511	216126	67385	29939
2.职业高中	13892	9862	6762	3100	29
#农村	13892	9862	6762	3100	29
3.技工学校	130434	100331	87377	12954	3148
4.成人中专学校	39835	34687	15494	19192	18549
三、中 学	3454421	2409637	1992965	416672	127557
1.普通中学	3454421	2409637	1992965	416672	127557
普通高中	1410509	920682	738810	181871	59584
#农村	466978	333672	285814	47858	12711
普通初中	2043911	1488955	1254154	234801	67973
#农村	1411598	1062571	926650	135921	40590
2.成人中学					
四、小 学	3171682	2366159	2019663	346496	83997
1.普通小学	3171682	2366159	2019663	346496	83997
#农村	2562538	1925521	1664306	261215	71472
2.成人小学					
五、特殊教育	5858	4432	3092	1339	77
1.特殊教育学校	5858	4432	3092	1339	77
2.工读学校					
六、幼儿园	1386410	885491	703150	182340	48628
#农村	867478	484274	332917	151356	45201
七、教育行政单位	94387	46141	23966	22175	
八、教育事业单位	117043	60052	46234	13817	
九、其 他	277016	103629	89230	14399	

教育经费支出明细(中央国有及国有控股企业办)

单位：千元

公用部分	商品和服务支出	其他资本性支出			基本建设支出
			专项公用支出	专项项目支出	
4105658	**2312936**	**1792722**	**670106**	**1122617**	**360569**
1356541	1044167	312374	213500	98874	159863
1317833	1009297	308535	209662	98874	159863
837419	602317	235102	176488	58614	141401
480414	406980	73434	33174	40260	18462
38709	34870	3839	3839		
272329	170928	101401	46903	54499	46214
233049	135745	97304	43979	53325	46214
4030	2568	1462	1142	320	
4030	2568	1462	1142	320	
30103	28420	1683	1683		
5148	4195	953	99	854	
1010315	402944	607371	185628	421743	34469
1010315	402944	607371	185628	421743	34469
470180	148198	321982	89742	232240	19647
126287	55741	70545	28874	41672	7019
540135	254746	285389	95886	189503	14821
338596	160694	177902	66639	111263	10431
782389	371898	410491	153218	257273	23135
782389	371898	410491	153218	257273	23135
616640	294362	322278	128909	193368	20377
1427	859	568	568		
1427	859	568	568		
436698	213291	223406	29994	193412	64222
322206	110435	211771	22575	189196	60998
47417	29442	17975	15074	2901	830
56991	23732	33260	14791	18469	
141551	55676	85876	10429	75447	31836

1-20 各级各类教育机构

学校类别	合　计	个人部分			
			工资福利支　　出	对个人和家庭的补助支出	
					#助学金
总　　计	**8780776**	**5771847**	**5255783**	**516065**	**287671**
一、高等学校	3355600	2126496	1803140	323356	182337
1.普通高等学校	3216468	2031967	1710723	321244	182272
高等本科学校	49435	34514	25837	8677	5784
高职高专学校	3167033	1997453	1684886	312568	176488
2.成人高等学校	139132	94529	92417	2111	63
二、中等职业学校	2225942	1351234	1206139	145095	85267
1.中等专业学校	857562	519885	462517	57368	38306
2.职业高中	193998	95358	89114	6244	4478
#农村	32928	18227	18160	67	58
3.技工学校	1117965	693418	616781	76638	42315
4.成人中专学校	56416	42573	37727	4846	167
三、中　学	191557	112064	107692	4372	2572
1.普通中学	191557	112064	107692	4372	2572
普通高中	82403	46850	45664	1186	473
#农村	17871	10500	10156	344	344
普通初中	109154	65213	62028	3186	2099
#农村	53118	23263	21505	1758	1497
2.成人中学					
四、小　学	161292	120355	109630	10725	4738
1.普通小学	161292	120355	109630	10725	4738
#农村	49751	32353	29254	3099	3024
2.成人小学					
五、特殊教育					
1.特殊教育学校					
2.工读学校					
六、幼儿园	2846385	2061699	2029183	32517	12758
#农村	408212	308507	303679	4828	3345
七、教育行政单位					
八、教育事业单位					
九、其　他					

教育经费支出明细(地方国有及国有控股企业办)

单位：千元

公用部分					基本建设支出
	商品和服务支出	其他资本性支出			
			专项公用支出	专项项目支出	
2996169	**2105321**	**890849**	**460758**	**430090**	**12759**
1229104	854449	374656	234010	140645	
1184501	812328	372173	231601	140573	
14921	13711	1210	1010	200	
1169580	798617	370963	230590	140373	
44604	42121	2482	2410	73	
861949	566599	295350	149080	146269	12759
337388	203875	133513	87919	45594	290
98640	47794	50847	5649	45197	
14701	13401	1300		1300	
412078	301088	110990	55511	55478	12469
13843	13843				
79493	22894	56600	19627	36973	
79493	22894	56600	19627	36973	
35553	8918	26634	10611	16023	
7372	4420	2951	2824	127	
43941	13975	29966	9016	20950	
29855	6411	23444	5883	17561	
40937	27748	13189	5454	7736	
40937	27748	13189	5454	7736	
17398	8223	9175	1929	7245	
784685	633631	151055	52587	98468	
99705	84079	15626	8000	7625	

1-21 各级各类教育机构

学校类别	合计	个人部分	工资福利支出	对个人和家庭的补助支出	#助学金
总计	**474898875**	**259881494**	**236372460**	**23509034**	**18597772**
一、高等学校	109824664	43017845	34382421	8635424	7678851
1.普通高等学校	109810511	43014135	34379218	8634918	7678851
高等本科学校	85859854	33857491	27131909	6725582	6046283
高职高专学校	23950657	9156644	7247309	1909335	1632569
2.成人高等学校	14153	3710	3203	507	
二、中等职业学校	15739768	7738029	5878838	1859191	1680745
1.中等专业学校	6184985	3067334	2163376	903958	819547
2.职业高中	5917585	2988166	2278717	709449	673028
#农村	2301777	1256771	972080	284691	265814
3.技工学校	2776976	1276196	1088858	187339	135213
4.成人中专学校	860221	406332	347887	58445	52956
三、中学	115854939	66389379	61232002	5157376	4024725
1.普通中学	115854939	66389379	61232002	5157376	4024725
普通高中	44244722	25363506	23642184	1721322	1337597
#农村	17110904	9617795	8867370	750426	616891
普通初中	71610218	41025872	37589818	3436054	2687128
#农村	25599988	14593544	13135450	1458093	1255747
2.成人中学					
四、小学	78807773	44181684	39929499	4252185	2903366
1.普通小学	78807773	44181684	39929499	4252185	2903366
#农村	24843121	14462816	12868520	1594296	1359495
2.成人小学					
五、特殊教育	139035	83697	74661	9037	7802
1.特殊教育学校	128167	76538	68358	8180	6945
2.工读学校	10868	7159	6302	857	857
六、幼儿园	154532696	98470860	94875039	3595821	2302282
#农村	56432855	37958188	36327626	1630563	1221264
七、教育行政单位					
八、教育事业单位					
九、其他					

教育经费支出明细(民办)

单位：千元

公用部分	商品和服务支出	其他资本性支出	专项公用支出	专项项目支出	基本建设支出
213524874	**132128353**	**81396520**	**28305837**	**53090683**	**1492508**
65459994	30890177	34569817	11970937	22598880	1346824
65449552	30879735	34569817	11970937	22598880	1346824
50666145	24715391	25950754	9206881	16743873	1336218
14783407	6164344	8619063	2764056	5855007	10606
10443	10443				
7891312	5074743	2816569	993106	1823463	110427
3007223	2126006	881217	353794	527423	110427
2929419	1633926	1295493	373846	921647	
1045007	598678	446329	126107	320222	
1500780	993248	507532	223870	283661	
453889	321562	132327	41595	90732	
49434176	29073649	20360527	5661155	14699372	31385
49434176	29073649	20360527	5661155	14699372	31385
18849959	10750840	8099120	2063672	6035448	31256
7493109	3491004	4002105	803499	3198607	
30584216	18322809	12261407	3597483	8663924	129
11006412	5919779	5086633	1211834	3874799	32
34626056	23293182	11332874	3991779	7341094	33
34626056	23293182	11332874	3991779	7341094	33
10380272	6607243	3773029	1161512	2611517	33
55338	37863	17475	10697	6778	
51629	35386	16243	10597	5646	
3709	2477	1232	100	1132	
56057998	43758738	12299259	5678164	6621096	3838
18470828	13757498	4713330	1919654	2793677	3838

1-22 各级各类教育机构

学校类别	合 计	个人部分	工资福利支出	对个人和家庭的补助支出	#助学金
总 计	**3557716788**	**2332478827**	**1971926943**	**360551884**	**164288880**
一、高等学校	686733921	375471031	275423084	100047947	65678011
1.普通高等学校	677541436	369471199	270242164	99229035	65507503
高等本科学校	538826257	294279730	210806102	83473627	54850269
高职高专学校	138715179	75191470	59436062	15755408	10657234
2.成人高等学校	9192485	5999832	5180920	818912	170507
二、中等职业学校	214170292	125386564	105632853	19753710	9602521
1.中等专业学校	100841169	57843307	48098619	9744688	5018571
2.职业高中	78214367	47104554	40246601	6857953	3518851
#农村	35176902	20713812	17809707	2904106	1908450
3.技工学校	26597347	14173751	11836717	2337034	972853
4.成人中专学校	8517409	6264951	5450916	814035	92246
三、中 学	1114822445	789912844	694850889	95061955	41492986
1.普通中学	1114181640	789475702	694440375	95035327	41492827
普通高中	387243907	274821930	244886459	29935471	12638398
#农村	155900402	115808184	102885959	12922224	7482423
普通初中	726937732	514653772	449553916	65099856	28854429
#农村	422388136	310986753	271018513	39968240	20717569
2.成人中学	640806	437142	410514	26628	158
四、小 学	1190914914	847873133	728650347	119222786	40899922
1.普通小学	1190902722	847866314	728643528	119222786	40899922
#农村	731773726	541330863	462297767	79033096	30169643
2.成人小学	12192	6818	6818		
五、特殊教育	16163537	10622638	9471708	1150930	338786
1.特殊教育学校	15472256	10137068	9033352	1103716	333367
2.工读学校	691281	485570	438357	47213	5419
六、幼儿园	173709614	105804194	93704660	12099533	6246962
#农村	86917626	55361008	48439874	6921134	4626471
七、教育行政单位	35836372	20924868	16778173	4146695	
八、教育事业单位	70754276	38695818	32772122	5923696	
九、其 他	54611417	17787738	14643107	3144631	29693

财政补助支出明细(全国)

单位：千元

公用部分	商品和服务支出	其他资本性支出			基本建设支出
			专项公用支出	专项项目支出	
1149189561	**566623846**	**582565716**	**210737989**	**371827726**	**76048399**
285170346	160132057	125038288	76733913	48304376	26092544
282030882	158232175	123798707	76189206	47609501	26039355
221489949	130643930	90846019	57734060	33111959	23056577
60540932	27588244	32952688	18455147	14497542	2982777
3139464	1899883	1239581	544706	694875	53189
83432404	39148950	44283454	18562568	25720886	5351324
39449859	19341116	20108744	8995699	11113044	3548003
30015013	12848587	17166426	6204440	10961986	1094799
13984684	5521920	8462764	2872137	5590627	478407
11723701	5402202	6321499	3133047	3188452	699895
2243831	1557045	686786	229382	457404	8627
303366958	130152057	173214902	47881126	125333776	21542643
303165903	130047648	173118255	47867133	125251123	21540035
103262450	43519756	59742694	18187806	41554888	9159528
37773004	15764915	22008089	5504360	16503729	2319214
199903453	86527892	113375561	29679327	83696235	12380507
107212968	45326439	61886529	14417762	47468768	4188415
201055	104409	96646	13993	82653	2608
327559458	148820181	178739277	47977412	130761865	15482324
327554084	148815458	178738626	47977315	130761311	15482324
183547240	81077654	102469586	24467854	78001732	6895623
5374	4723	651	97	554	
5167970	2741491	2426479	971300	1455179	372928
4968682	2598709	2369972	938434	1431538	366506
199289	142782	56507	32866	23641	6422
64384029	29567525	34816504	9282210	25534294	3521391
29935705	11706871	18228835	4010710	14218124	1620912
14829598	11967462	2862137	1628142	1233995	81906
31430376	23055773	8374603	4159604	4214999	628083
33848422	21038350	12810072	3541715	9268357	2975257

1-23 各级各类教育机构

学校类别	合 计	个人部分	工资福利支出	对个人和家庭的补助支出	#助学金
总 计	**214119555**	**112175328**	**72032325**	**40143003**	**25016525**
一、高等学校	194198786	103650829	64977692	38673138	24683523
1.普通高等学校	193838850	103503652	64850614	38653038	24683523
高等本科学校	192746676	102948502	64448130	38500372	24593180
高职高专学校	1092173	555150	402483	152666	90343
2.成人高等学校	359936	147178	127078	20099	
二、中等职业学校	646656	364260	262216	102045	50500
1.中等专业学校	560876	290869	222491	68378	28858
2.职业高中	13815	9860	6762	3098	29
#农村	13815	9860	6762	3098	29
3.技工学校	45930	39565	28201	11365	3051
4.成人中专学校	26036	23967	4762	19204	18561
三、中 学	4862004	3407213	2883227	523986	127311
1.普通中学	4862004	3407213	2883227	523986	127311
普通高中	2410211	1616421	1361477	254943	60168
#农村	510302	364782	309008	55774	11939
普通初中	2451793	1790792	1521750	269042	67143
#农村	1374426	1061432	929183	132249	38925
2.成人中学					
四、小 学	3657136	2758004	2362490	395514	83472
1.普通小学	3657136	2758004	2362490	395514	83472
#农村	2517173	1930504	1674013	256491	70898
2.成人小学					
五、特殊教育	5858	4432	3092	1339	77
1.特殊教育学校	5858	4432	3092	1339	77
2.工读学校					
六、幼儿园	1459216	927776	743614	184162	51388
#农村	823138	454854	304368	150487	45155
七、教育行政单位	415192	232667	186227	46441	
八、教育事业单位	4963268	327343	278087	49256	
九、其 他	3911441	502804	335680	167124	20255

财政补助支出明细(中央)

单位：千元

公用部分					基本建设支出
	商品和服务支出	其他资本性支出			
			专项公用支出	专项项目支出	
94640212	**62404282**	**32235930**	**21900972**	**10334958**	**7304015**
83445492	52815924	30629568	21208790	9420778	7102464
83232734	52624541	30608193	21189783	9418409	7102464
82817051	52381020	30436032	21141137	9294895	6981123
415683	243521	172161	48646	123515	121341
212758	191383	21375	19007	2368	
236181	159392	76790	38540	38249	46214
223793	148517	75276	37347	37929	46214
3955	2493	1462	1142	320	
3955	2493	1462	1142	320	
6365	6365				
2069	2017	52	52		
1420322	806596	613726	259806	353920	34469
1420322	806596	613726	259806	353920	34469
774142	439518	334624	141276	193349	19647
138501	71090	67412	27407	40005	7019
646180	367078	279101	118531	160571	14821
302562	155695	146868	57593	89274	10431
875996	471966	404030	170316	233715	23135
875996	471966	404030	170316	233715	23135
566293	285217	281076	116112	164964	20377
1427	859	568	568		
1427	859	568	568		
466756	225785	240971	47891	193079	64684
307285	101303	205982	20836	185146	60998
181694	165919	15776	12875	2901	830
4635542	4496051	139492	121234	18257	383
3376801	3261791	115010	40951	74059	31836

1-24 各级各类教育机构

学校类别	合 计	个人部分	工资福利支出	对个人和家庭的补助支出	#助学金
总 计	**3343597233**	**2220303499**	**1899894619**	**320408881**	**139272355**
一、高等学校	492535135	271820202	210445392	61374810	40994488
1.普通高等学校	483702586	265967548	205391551	60575997	40823981
高等本科学校	346079580	191331228	146357972	44973256	30257089
高职高专学校	137623006	74636320	59033578	15602741	10566891
2.成人高等学校	8832549	5852654	5053842	798813	170507
二、中等职业学校	213523636	125022303	105370638	19651666	9552021
1.中等专业学校	100280293	57552438	47876128	9676310	4989713
2.职业高中	78200552	47094695	40239839	6854856	3518822
#农村	35163087	20703952	17802944	2901008	1908421
3.技工学校	26551417	14134186	11808516	2325670	969803
4.成人中专学校	8491374	6240985	5446154	794831	73684
三、中 学	1109960442	786505631	691967661	94537970	41365675
1.普通中学	1109319636	786068489	691557147	94511341	41365517
普通高中	384833697	273205509	243524981	29680528	12578230
#农村	155390099	115443401	102576951	12866450	7470484
普通初中	724485939	512862980	448032166	64830814	28787287
#农村	421013710	309925321	270089330	39835990	20678643
2.成人中学	640806	437142	410514	26628	158
四、小 学	1187257778	845115128	726287856	118827272	40816450
1.普通小学	1187245586	845108310	726281038	118827272	40816450
#农村	729256553	539400359	460623754	78776605	30098746
2.成人小学	12192	6818	6818		
五、特殊教育	16157678	10618206	9468616	1149590	338709
1.特殊教育学校	15466397	10132636	9030259	1102377	333290
2.工读学校	691281	485570	438357	47213	5419
六、幼儿园	172250398	104876418	92961047	11915371	6195574
#农村	86094488	54906154	48135506	6770647	4581316
七、教育行政单位	35421181	20692201	16591947	4100254	
八、教育事业单位	65791008	38368475	32494035	5874440	
九、其 他	50699976	17284935	14307427	2977507	9437

财政补助支出明细(地方)

单位：千元

公用部分	商品和服务支出	其他资本性支出	专项公用支出	专项项目支出	基本建设支出
1054549349	**504219563**	**550329786**	**188837017**	**361492768**	**68744384**
201724853	107316133	94408721	55525123	38883598	18990080
198798148	105607634	93190515	54999423	38191092	18936891
138672898	78262911	60409988	36592923	23817065	16075454
60125250	27344723	32780527	18406500	14374027	2861436
2926705	1708499	1218206	525700	692506	53189
83196223	38989559	44206664	18524027	25682637	5305110
39226066	19192599	20033467	8958352	11075115	3501788
30011058	12846094	17164964	6203298	10961666	1094799
13980729	5519427	8461302	2870995	5590307	478407
11717337	5395838	6321499	3133047	3188452	699895
2241762	1555028	686734	229330	457404	8627
301946636	129345461	172601176	47621320	124979856	21508174
301745581	129241051	172504529	47607326	124897203	21505566
102488307	43080238	59408070	18046530	41361539	9139880
37634503	15693825	21940677	5476953	16463725	2312195
199257274	86160814	113096460	29560796	83535664	12365686
106910406	45170744	61739662	14360169	47379493	4177984
201055	104409	96646	13993	82653	2608
326683461	148348215	178335246	47807096	130528150	15459189
326678088	148343492	178334596	47807000	130527596	15459189
182980947	80792438	102188510	24351741	77836768	6875246
5374	4723	651	97	554	
5166544	2740632	2425911	970732	1455179	372928
4967255	2597851	2369404	937866	1431538	366506
199289	142782	56507	32866	23641	6422
63917273	29341740	34575533	9234318	25341215	3456706
29628420	11605568	18022852	3989871	14032979	1559914
14647904	11801543	2846361	1615267	1231094	81076
26794834	18559722	8235112	4038370	4196741	627700
30471620	17776559	12695061	3500764	9194298	2943421

1-25 各级各类教育机构

学校类别	合 计	个人部分	工资福利支出	对个人和家庭的补助支出	#助学金
总 计	**3484849682**	**2293324309**	**1951064117**	**342260192**	**149978444**
一、高等学校	671887342	367174657	273117709	94056947	60165251
1.普通高等学校	662763114	361232514	267993172	93239342	59994744
高等本科学校	528475508	288567867	209398665	79169203	50844434
高职高专学校	134287606	72664647	58594507	14070139	9150310
2.成人高等学校	9124228	5942142	5124537	817605	170507
二、中等职业学校	207040549	121409147	103574338	17834809	7902153
1.中等专业学校	97248895	55969459	47174374	8795085	4179646
2.职业高中	76309225	45916884	39713289	6203595	2889424
#农村	34373101	20179047	17535470	2643577	1661668
3.技工学校	25125577	13355491	11263843	2091648	805128
4.成人中专学校	8356852	6167313	5422831	744482	27955
三、中 学	1095067530	778914648	687426528	91488120	38815587
1.普通中学	1094426724	778477506	687016014	91461492	38815429
普通高中	381009247	270862145	241944474	28917671	11896879
#农村	152979283	113815174	101346592	12468583	7103708
普通初中	713417477	507615360	445071540	62543820	26918550
#农村	416020548	307313269	268535183	38778086	19708909
2.成人中学	640806	437142	410514	26628	158
四、小 学	1173783522	838904610	723483982	115420628	38444725
1.普通小学	1173771330	838897792	723477164	115420628	38444725
#农村	724277011	537121849	459674424	77447425	28922255
2.成人小学	12192	6818	6818		
五、特殊教育	16099603	10590921	9448197	1142723	332544
1.特殊教育学校	15409479	10106207	9009840	1096367	327981
2.工读学校	690125	484714	438357	46357	4563
六、幼儿园	160212101	99118097	89977714	9140383	4288491
#农村	81248546	52346028	46832256	5513773	3530083
七、教育行政单位	35760507	20888694	16755208	4133487	
八、教育事业单位	70650144	38639085	32726275	5912810	
九、其 他	54348384	17684450	14554165	3130284	29693

财政补助支出明细(教育和其他部门)

单位：千元

公用部分	商品和服务支出	其他资本性支出	专项公用支出	专项项目支出	基本建设支出
1117342810	**545505570**	**571837241**	**205547967**	**366289274**	**74182563**
280126829	157746773	122380056	74905660	47474397	24585857
276997933	155857257	121140676	74361154	46779522	24532668
218328683	129296965	89031718	56371778	32659939	21578958
58669250	26560291	32108958	17989376	14119583	2953710
3128896	1889516	1239380	544506	694875	53189
80449478	37058491	43390987	18057600	25333387	5181923
37888365	18254453	19633912	8743123	10890789	3391071
29297541	12320916	16976625	6103495	10873130	1094799
13715648	5327238	8388410	2829469	5558940	478407
11082660	4978270	6104390	2989787	3114603	687426
2180912	1504852	676060	221196	454865	8627
294676092	124351339	170324753	47044099	123280655	21476789
294475037	124246930	170228107	47030105	123198001	21474181
101038478	42494556	58543921	17953904	40590017	9108624
36851914	15440680	21411233	5408736	16002497	2312195
193436559	81752374	111684186	29076201	82607984	12365557
104529328	43331633	61197694	14162799	47034895	4177951
201055	104409	96646	13993	82653	2608
319419757	142561311	176858445	47166228	129692217	15459156
319414383	142556588	176857795	47166131	129691664	15459156
180279948	78548645	101731303	24144687	77586616	6875213
5374	4723	651	97	554	
5135755	2716934	2418821	964710	1454110	372928
4936766	2574152	2362614	931845	1430769	366506
198989	142782	56207	32866	23341	6422
57640674	25095151	32545522	8113147	24432376	3453330
27346442	10144481	17201961	3553747	13648214	1556075
14790737	11941592	2849145	1618051	1231094	81076
31382976	23039608	8343368	4146627	4196741	628083
33720513	20994371	12726143	3531845	9194298	2943421

1-26 各级各类教育机构

学校类别	合 计	个人部分	工资福利支 出	对个人和家庭的补助支出	#助学金
总 计	**204096098**	**105428575**	**66541957**	**38886619**	**24569971**
一、高等学校	192457800	102676303	64208507	38467796	24540389
1.普通高等学校	192149826	102574909	64126622	38448286	24540389
高等本科学校	191484444	102323251	63918430	38404821	24514515
高职高专学校	665383	251658	208192	43465	25874
2.成人高等学校	307974	101394	81885	19509	
二、中等职业学校	109706	65298	57984	7314	2648
1.中等专业学校	109385	65089	57787	7302	2636
2.职业高中					
#农村					
3.技工学校					
4.成人中专学校	321	209	197	12	12
三、中 学	1613467	1052226	925266	126960	3075
1.普通中学	1613467	1052226	925266	126960	3075
普通高中	1147208	742953	654628	88325	2144
#农村	86618	61307	49482	11825	38
普通初中	466260	309273	270638	38635	931
#农村	5437	5031	4990	41	41
2.成人中学					
四、小 学	564897	403731	348204	55526	388
1.普通小学	564897	403731	348204	55526	388
#农村	16936	13705	13615	90	90
2.成人小学					
五、特殊教育					
1.特殊教育学校					
2.工读学校					
六、幼儿园	503358	364400	359756	4643	3216
#农村	18727	12629	12375	254	73
七、教育行政单位	339327	196494	163261	33233	
八、教育事业单位	4859135	270610	232240	38369	
九、其 他	3648408	399515	246738	152777	20255

财政补助支出明细(中央教育和其他部门)

单位：千元

公用部分	商品和服务支出	其他资本性支出			基本建设支出
			专项公用支出	专项项目支出	
91724076	**60946836**	**30777240**	**21347301**	**9429939**	**6943446**
82838896	52412243	30426653	21028569	9398084	6942601
82632317	52227039	30405278	21009563	9395715	6942601
82321471	52059833	30261639	20976338	9285301	6839722
310845	167206	143639	33224	110415	102880
206580	185205	21375	19007	2368	
44408	43572	836	836		
44297	43461	836	836		
112	112				
561241	431342	129899	119826	10073	
561241	431342	129899	119826	10073	
404255	310088	94167	84269	9898	
25310	21580	3731	3605	126	
156986	121254	35732	35557	174	
405	149	256	82	174	
161166	113558	47608	32711	14897	
161166	113558	47608	32711	14897	
3231	891	2341	111	2230	
138496	108373	30123	23238	6885	462
6098	2127	3971	1251	2717	
142833	140049	2784	2784		
4588142	4479886	108257	108257		383
3248893	3217811	31081	31081		

1-27 各级各类教育机构

学校类别	合计	个人部分	工资福利支出	对个人和家庭的补助支出	#助学金
总计	**3280753585**	**2187895733**	**1884522160**	**303373573**	**125408473**
一、高等学校	479429542	264498354	208909202	55589151	35624862
1.普通高等学校	470613288	258657606	203866550	54791056	35454355
高等本科学校	336991064	186244617	145480235	40764382	26329919
高职高专学校	133622224	72412989	58386315	14026674	9124436
2.成人高等学校	8816254	5840748	5042652	798096	170507
二、中等职业学校	206930843	121343850	103516354	17827496	7899505
1.中等专业学校	97139510	55904370	47116587	8787783	4177010
2.职业高中	76309225	45916884	39713289	6203595	2889424
#农村	34373101	20179047	17535470	2643577	1661668
3.技工学校	25125577	13355491	11263843	2091648	805128
4.成人中专学校	8356531	6167104	5422634	744470	27943
三、中学	1093454062	777862422	686501262	91361160	38812512
1.普通中学	1092813257	777425279	686090748	91334532	38812354
普通高中	379862040	270119193	241289846	28829346	11894735
#农村	152892666	113753867	101297110	12456758	7103670
普通初中	712951217	507306087	444800901	62505185	26917619
#农村	416015111	307308238	268530193	38778045	19708867
2.成人中学	640806	437142	410514	26628	158
四、小学	1173218626	838500879	723135778	115365101	38444337
1.普通小学	1173206434	838494061	723128959	115365101	38444337
#农村	724260075	537108145	459660810	77447335	28922165
2.成人小学	12192	6818	6818		
五、特殊教育	16099603	10590921	9448197	1142723	332544
1.特殊教育学校	15409479	10106207	9009840	1096367	327981
2.工读学校	690125	484714	438357	46357	4563
六、幼儿园	159708744	98753698	89617958	9135740	4285275
#农村	81229819	52333400	46819881	5513519	3530010
七、教育行政单位	35421181	20692201	16591947	4100254	
八、教育事业单位	65791008	38368475	32494035	5874440	
九、其他	50699976	17284935	14307427	2977507	9437

财政补助支出明细(地方教育和其他部门)

单位：千元

公用部分	商品和服务支出	其他资本性支出	专项公用支出	专项项目支出	基本建设支出
1025618734	**484558734**	**541060000**	**184200665**	**356859335**	**67239117**
197287933	105334529	91953403	53877091	38076313	17643256
194365616	103630218	90735398	53351591	37383807	17590066
136007212	77237133	58770079	35395440	23374639	14739236
58358404	26393085	31965319	17956151	14009168	2850830
2922317	1704311	1218005	525499	692506	53189
80405070	37014919	43390151	18056764	25333387	5181923
37844069	18210993	19633076	8742287	10890789	3391071
29297541	12320916	16976625	6103495	10873130	1094799
13715648	5327238	8388410	2829469	5558940	478407
11082660	4978270	6104390	2989787	3114603	687426
2180800	1504740	676060	221196	454865	8627
294114851	123919997	170194855	46924273	123270582	21476789
293913796	123815588	170098208	46910280	123187929	21474181
100634223	42184469	58449754	17869636	40580119	9108624
36826603	15419101	21407503	5405131	16002372	2312195
193279573	81631119	111648454	29040644	82607810	12365557
104528922	43331484	61197438	14162717	47034721	4177951
201055	104409	96646	13993	82653	2608
319258591	142447753	176810838	47133517	129677320	15459156
319253217	142443030	176810187	47133420	129676767	15459156
180276717	78547754	101728962	24144577	77584386	6875213
5374	4723	651	97	554	
5135755	2716934	2418821	964710	1454110	372928
4936766	2574152	2362614	931845	1430769	366506
198989	142782	56207	32866	23341	6422
57502177	24986778	32515399	8089909	24425490	3452868
27340344	10142354	17197990	3552494	13645496	1556075
14647904	11801543	2846361	1615267	1231094	81076
26794834	18559722	8235112	4038370	4196741	627700
30471620	17776559	12695061	3500764	9194298	2943421

1-28 各级各类教育机构

学校类别	合计	个人部分	工资福利支出	对个人和家庭的补助支出	#助学金
总　计	**12393987**	**8175651**	**6579702**	**1595949**	**688415**
一、高等学校	2853094	1644157	1249482	394675	291091
1.普通高等学校	2785234	1586558	1193190	393368	291091
高等本科学校	1267329	630348	529701	100648	83742
高职高专学校	1517905	956210	663489	292720	207350
2.成人高等学校	67860	57599	56292	1307	
二、中等职业学校	1534240	910567	699919	210649	124280
1.中等专业学校	964265	560349	452759	107590	62191
2.职业高中	47031	23111	15799	7312	2941
#农村	14373	9918	6762	3156	87
3.技工学校	486926	294156	218401	75755	40523
4.成人中专学校	36018	32952	12960	19992	18624
三、中　学	3273285	2372895	1973785	399110	125993
1.普通中学	3273285	2372895	1973785	399110	125993
普通高中	1267821	877303	710493	166809	58215
#农村	424263	303746	259640	44106	12059
普通初中	2005464	1495593	1263291	232301	67778
#农村	1380670	1065101	931366	133736	40160
2.成人中学					
四、小　学	3137391	2388504	2039681	348822	87087
1.普通小学	3137391	2388504	2039681	348822	87087
#农村	2520954	1930098	1671036	259062	73404
2.成人小学					
五、特殊教育	5858	4432	3092	1339	77
1.特殊教育学校	5858	4432	3092	1339	77
2.工读学校					
六、幼儿园	1147088	658901	455988	202913	59886
#农村	825566	452490	299178	153312	48128
七、教育行政单位	75865	36174	22966	13208	
八、教育事业单位	104132	56733	45846	10886	
九、其　他	263033	103289	88942	14347	

财政补助支出明细(国有及国有控股企业办)

单位：千元

公用部分	商品和服务支出	其他资本性支出	专项公用支出	专项项目支出	基本建设支出
3845008	**2028240**	**1816769**	**810025**	**1006744**	**373328**
1049075	663218	385857	325130	60727	159863
1038814	653157	385656	324929	60727	159863
495580	321187	174393	164799	9594	141401
543234	331970	211264	160130	51133	18462
10261	10060	201	201		
564699	344720	219979	131109	88870	58973
357412	211675	145736	90816	54920	46504
23920	13564	10356	3551	6805	
4455	2993	1462	1142	320	
180301	116467	63834	36690	27144	12469
3066	3014	52	52		
865921	379551	486370	142473	343897	34469
865921	379551	486370	142473	343897	34469
370871	130163	240708	57258	183450	19647
113498	49817	63681	23802	39879	7019
495050	249388	245662	85215	160446	14821
305138	157753	147385	58235	89150	10431
725752	366633	359119	139932	219187	23135
725752	366633	359119	139932	219187	23135
570479	290082	280397	117472	162924	20377
1427	859	568	568		
1427	859	568	568		
423965	187245	236720	37875	198845	64222
312078	107212	204866	21652	183214	60998
38861	25870	12992	10091	2901	830
47400	16165	31235	12978	18257	
127908	43979	83929	9870	74059	31836

1-29 各级各类教育机构

学校类别	合 计	个人部分	工资福利支出	对个人和家庭的补助支出	#助学金
总 计	**10023458**	**6746752**	**5490368**	**1256384**	**446554**
一、高等学校	1740985	974527	769185	205342	143134
1.普通高等学校	1689023	928743	723991	204752	143134
高等本科学校	1262232	625251	529701	95551	78664
高职高专学校	426791	303492	194291	109201	64469
2.成人高等学校	51962	45784	45193	590	
二、中等职业学校	536950	298962	204232	94731	47851
1.中等专业学校	451491	225780	164704	61076	26222
2.职业高中	13815	9860	6762	3098	29
#农村	13815	9860	6762	3098	29
3.技工学校	45930	39565	28201	11365	3051
4.成人中专学校	25715	23758	4565	19192	18549
三、中 学	3248536	2354986	1957961	397025	124235
1.普通中学	3248536	2354986	1957961	397025	124235
普通高中	1263003	873468	706850	166618	58024
#农村	423685	303475	259526	43949	11902
普通初中	1985533	1481519	1251111	230407	66212
#农村	1368989	1056401	924193	132208	38884
2.成人中学					
四、小 学	3092239	2354274	2014286	339987	83084
1.普通小学	3092239	2354274	2014286	339987	83084
#农村	2500237	1916799	1660399	256400	70808
2.成人小学					
五、特殊教育	5858	4432	3092	1339	77
1.特殊教育学校	5858	4432	3092	1339	77
2.工读学校					
六、幼儿园	955858	563376	383857	179519	48172
#农村	804411	442226	291993	150233	45082
七、教育行政单位	75865	36174	22966	13208	
八、教育事业单位	104132	56733	45846	10886	
九、其 他	263033	103289	88942	14347	

财政补助支出明细(中央国有及国有控股企业办)

单位：千元

公用部分	商品和服务支出	其他资本性支出	专项公用支出	专项项目支出	基本建设支出
2916136	**1457447**	**1458690**	**553671**	**905019**	**360569**
606596	403681	202915	180221	22694	159863
600417	397502	202915	180221	22694	159863
495580	321187	174393	164799	9594	141401
104837	76315	28522	15422	13100	18462
6179	6179				
191773	115819	75954	37704	38249	46214
179496	105056	74440	36511	37929	46214
3955	2493	1462	1142	320	
3955	2493	1462	1142	320	
6365	6365				
1957	1905	52	52		
859081	375254	483827	139981	343847	34469
859081	375254	483827	139981	343847	34469
369888	129430	240458	57007	183450	19647
113191	49510	63681	23802	39879	7019
489193	245824	243370	82973	160396	14821
302157	155546	146611	57511	89100	10431
714830	358408	356422	137605	218818	23135
714830	358408	356422	137605	218818	23135
563062	284326	278736	116002	162734	20377
1427	859	568	568		
1427	859	568	568		
328260	117412	210848	24654	186194	64222
301187	99176	202011	19583	182429	60998
38861	25870	12992	10091	2901	830
47400	16165	31235	12978	18257	
127908	43979	83929	9870	74059	31836

1-30 各级各类教育机构

学校类别	合计	个人部分	工资福利支出	对个人和家庭的补助支出	#助学金
总计	**2370530**	**1428899**	**1089334**	**339565**	**241860**
一、高等学校	1112109	669630	480297	189333	147958
1.普通高等学校	1096211	657815	469199	188616	147958
高等本科学校	5097	5097		5097	5077
高职高专学校	1091114	652718	469199	183519	142880
2.成人高等学校	15898	11815	11099	717	
二、中等职业学校	997290	611605	495687	115918	76428
1.中等专业学校	512774	334569	288055	46514	35969
2.职业高中	33216	13251	9037	4214	2912
#农村	558	58		58	58
3.技工学校	440996	254591	190200	64391	37472
4.成人中专学校	10304	9194	8395	800	75
三、中学	24749	17909	15824	2085	1758
1.普通中学	24749	17909	15824	2085	1758
普通高中	4818	3835	3644	191	191
#农村	579	271	114	158	158
普通初中	19930	14074	12180	1894	1567
#农村	11681	8700	7173	1528	1277
2.成人中学					
四、小学	45152	34230	25395	8835	4002
1.普通小学	45152	34230	25395	8835	4002
#农村	20716	13299	10637	2662	2596
2.成人小学					
五、特殊教育					
1.特殊教育学校					
2.工读学校					
六、幼儿园	191230	95525	72131	23394	11714
#农村	21155	10264	7185	3079	3046
七、教育行政单位					
八、教育事业单位					
九、其他					

财政补助支出明细(地方国有及国有控股企业办)

单位：千元

公用部分	商品和服务支出	其他资本性支出			基本建设支出
			专项公用支出	专项项目支出	
928872	**570793**	**358079**	**256355**	**101724**	**12759**
442479	259537	182942	144909	38033	
438396	255655	182741	144708	38033	
438396	255655	182741	144708	38033	
4082	3881	201	201		
372926	228901	144025	93405	50620	12759
177915	106619	71296	54306	16991	290
19965	11071	8895	2409	6485	
500	500				
173936	110102	63834	36690	27144	12469
1109	1109				
6840	4297	2543	2493	50	
6840	4297	2543	2493	50	
984	733	251	251		
307	307				
5856	3564	2292	2242	50	
2981	2208	773	723	50	
10922	8225	2697	2327	370	
10922	8225	2697	2327	370	
7417	5756	1661	1471	190	
95705	69833	25873	13221	12651	
10890	8036	2855	2069	785	

1-31 各级各类教育机构

学校类别	合计	个人部分	工资福利支出	对个人和家庭的补助支出	#助学金
总计	**60473118**	**30978867**	**14283125**	**16695742**	**13622021**
一、高等学校	11993484	6652218	1055892	5596325	5221668
1.普通高等学校	11993087	6652127	1055802	5596325	5221668
高等本科学校	9083419	5081514	877737	4203777	3922093
高职高专学校	2909668	1570613	178065	1392548	1299575
2.成人高等学校	397	91	91		
二、中等职业学校	5595503	3066849	1358597	1708252	1576088
1.中等专业学校	2628009	1313499	471486	842013	776734
2.职业高中	1858111	1164559	517513	647047	626486
#农村	789428	524847	267474	257373	246695
3.技工学校	984844	524104	354473	169631	127203
4.成人中专学校	124538	64686	15125	49561	45666
三、中学	16481631	8625301	5450576	3174725	2551405
1.普通中学	16481631	8625301	5450576	3174725	2551405
普通高中	4966839	3082482	2231491	850990	683304
#农村	2496855	1689263	1279728	409535	366656
普通初中	11514792	5542819	3219084	2323734	1868101
#农村	4986917	2608383	1551965	1056418	968500
2.成人中学					
四、小学	13994001	6580019	3126683	3453336	2368110
1.普通小学	13994001	6580019	3126683	3453336	2368110
#农村	4975762	2278915	952307	1326608	1173984
2.成人小学					
五、特殊教育	58075	27286	20419	6867	6165
1.特殊教育学校	56918	26429	20419	6010	5309
2.工读学校	1157	857		857	857
六、幼儿园	12350424	6027195	3270958	2756237	1898584
#农村	4843514	2562490	1308440	1254050	1048260
七、教育行政单位					
八、教育事业单位					
九、其他					

财政补助支出明细(民办)

单位：千元

公用部分	商品和服务支出	其他资本性支出	专项公用支出	专项项目支出	基本建设支出
28001743	**19090036**	**8911706**	**4379998**	**4531709**	**1492508**
3994442	1722067	2272375	1503124	769252	1346824
3994136	1721761	2272375	1503124	769252	1346824
2665687	1025778	1639909	1197483	442426	1336218
1328449	695983	632466	305641	326825	10606
307	307				
2418227	1745739	672488	373858	298630	110427
1204083	874987	329095	161760	167335	110427
693552	514107	179444	97394	82050	
264581	191689	72892	41526	31367	
460741	307465	153275	106570	46705	
59852	49179	10674	8134	2539	
7824945	5421166	2403779	694554	1709225	31385
7824945	5421166	2403779	694554	1709225	31385
1853101	895036	958065	176644	781421	31256
807592	274417	533175	71822	461353	
5971844	4526130	1445714	517910	927804	129
2378502	1837052	541450	196728	344722	32
7413949	5892237	1521712	671252	850460	33
7413949	5892237	1521712	671252	850460	33
2696813	2238927	457886	205694	252192	33
30789	23698	7091	6022	1069	
30489	23698	6791	6022	769	
300		300		300	
6319391	4285129	2034262	1131188	903074	3838
2277186	1455178	822008	435311	386697	3838

1-32 各级各类教育机构一般公共预算

学校类别	合计	个人部分	工资福利支出	对个人和家庭的补助支出	#助学金
总　　计	**3022097645**	**2023093728**	**1722682063**	**300411665**	**159136623**
一、高等学校	598735253	334848363	241769215	93079148	64125444
1.普通高等学校	591078906	329849322	237386571	92462751	63956032
高等本科学校	468393234	263066713	184629703	78437010	53639704
高职高专学校	122685672	66782610	52756869	14025741	10316328
2.成人高等学校	7656348	4999040	4382644	616397	169412
二、中等职业学校	173713635	106684597	90701510	15983087	8969900
1.中等专业学校	81681210	48969668	40942442	8027226	4648682
2.职业高中	62335235	40157118	34636134	5520984	3335069
#农村	28703729	18112969	15567064	2545905	1839222
3.技工学校	22599289	12331652	10416188	1915464	895783
4.成人中专学校	7097900	5226158	4706746	519412	90366
三、中　学	938346054	683450623	605414495	78036129	40182578
1.普通中学	937841842	683069689	605053553	78016137	40182420
普通高中	321486068	236314252	211925796	24388456	12203801
#农村	134553740	101718986	90551446	11167540	7254265
普通初中	616355774	446755437	393127756	53627681	27978619
#农村	369369585	273463322	239463407	33999915	20192029
2.成人中学	504212	380934	360942	19992	158
四、小　学	1013843396	732186133	639712027	92474106	39448918
1.普通小学	1013831288	732179399	639705293	92474106	39448918
#农村	637417783	470555821	408756292	61799529	29207281
2.成人小学	12108	6734	6734		
五、特殊教育	13296311	8944155	8084445	859710	301225
1.特殊教育学校	12749427	8552814	7724031	828782	295817
2.工读学校	546884	391341	360413	30928	5408
六、幼儿园	149181606	92876288	82326094	10550194	6079466
#农村	77778562	49958752	43599481	6359271	4508463
七、教育行政单位	30036322	17126199	14394844	2731355	
八、教育事业单位	58062501	32255799	27784972	4470827	
九、其　他	46882567	14721571	12494461	2227110	29093

教育事业费和基本建设支出明细(全国)

单位：千元

公用部分	商品和服务支出	其他资本性支出			基本建设支出
			专项公用支出	专项项目支出	
930401729	**498885121**	**431516608**	**165514694**	**266001914**	**68602188**
240740320	138797576	101942744	67871682	34071062	23146571
238119058	137188148	100930910	67426702	33504208	23110525
184819397	111433364	73386033	51447181	21938852	20507124
53299661	25754784	27544877	15979521	11565356	2603401
2621261	1609428	1011833	444980	566854	36046
62201100	32979825	29221274	12927572	16293702	4827938
29411951	15628741	13783210	6642133	7141077	3299591
21240463	11011337	10229127	3898252	6330875	937654
10148171	4866835	5281336	1891101	3390235	442588
9685156	5013428	4671728	2203411	2468317	582480
1863529	1326319	537210	183777	353433	8213
235092224	115568102	119524122	33534581	85989541	19803207
234971553	115478130	119493423	33526374	85967049	19800599
76827404	37949209	38878195	12800667	26077527	8344412
30648658	14365993	16282665	4448899	11833767	2186096
158144149	77528921	80615228	20725707	59889521	11456187
91906767	42427101	49479666	11652752	37826914	3999497
120670	89972	30699	8207	22492	2608
267518822	134731806	132787015	35585812	97201204	14138441
267513448	134727083	132786365	35585715	97200650	14138441
160261491	76096945	84164545	20134364	64030181	6600471
5374	4723	651	97	554	
4083100	2448422	1634678	730913	903765	269056
3931689	2323489	1608200	712091	896110	264924
151411	124933	26478	18823	7655	4132
53171289	26258997	26912292	7305928	19606364	3134028
26264989	10931929	15333061	3426991	11906070	1554820
12830962	10499839	2331123	1295482	1035642	79161
25224079	19312348	5911731	3035812	2875919	582623
29539833	18288204	11251629	3226912	8024717	2621163

1-33 各级各类教育机构一般公共预算

学校类别	合计	个人部分	工资福利支出	对个人和家庭的补助支出	#助学金
总　计	**181646192**	**101816625**	**63419287**	**38397338**	**24232329**
一、高等学校	164471595	93945940	56829677	37116263	23900572
1.普通高等学校	164233877	93827935	56731244	37096692	23900572
高等本科学校	163406955	93386680	56385605	37001075	23820242
高职高专学校	826922	441255	345638	95617	80330
2.成人高等学校	237718	118005	98433	19572	
二、中等职业学校	578237	333608	243328	90279	50449
1.中等专业学校	493202	260716	203931	56786	28807
2.职业高中	13815	9860	6762	3098	29
#农村	13815	9860	6762	3098	29
3.技工学校	45930	39565	28201	11365	3051
4.成人中专学校	25291	23467	4435	19032	18561
三、中　学	4539119	3236895	2759948	476947	126220
1.普通中学	4539119	3236895	2759948	476947	126220
普通高中	2211471	1539585	1300561	239025	59481
#农村	494329	355772	303863	51909	11903
普通初中	2327648	1697310	1459387	237922	66739
#农村	1310678	1009446	895414	114032	38888
2.成人中学					
四、小　学	3466327	2615646	2278407	337238	83377
1.普通小学	3466327	2615646	2278407	337238	83377
#农村	2406304	1843128	1619874	223253	70872
2.成人小学					
五、特殊教育	4795	3437	2684	753	77
1.特殊教育学校	4795	3437	2684	753	77
2.工读学校					
六、幼儿园	1407061	889910	711703	178207	51378
#农村	808179	448365	299606	148759	45145
七、教育行政单位	252387	115638	103902	11736	
八、教育事业单位	4634065	188313	163380	24932	
九、其　他	2292605	487239	326257	160982	20255

教育事业费和基本建设支出明细(中央)

单位：千元

公用部分	商品和服务支出	其他资本性支出			基本建设支出
			专项公用支出	专项项目支出	
73476680	**49079298**	**24397382**	**18923625**	**5473757**	**6352887**
64372723	41356904	23015819	18277626	4738193	6152932
64253010	41237461	23015548	18277355	4738193	6152932
63987294	41007309	22979985	18254892	4725093	6032981
265716	230152	35564	22464	13100	119951
119713	119443	270	270		
198415	144248	54167	34203	19964	46214
186271	133618	52653	33009	19644	46214
3955	2493	1462	1142	320	
3955	2493	1462	1142	320	
6365	6365				
1824	1772	52	52		
1268418	775490	492928	244003	248925	33806
1268418	775490	492928	244003	248925	33806
652802	418657	234145	135635	98511	19083
132023	69423	62599	26805	35794	6535
615616	356833	258782	108368	150414	14723
290900	148722	142177	54635	87542	10333
827585	451268	376317	163099	213218	23096
827585	451268	376317	163099	213218	23096
542839	268678	274161	111099	163062	20338
1358	790	568	568		
1358	790	568	568		
453211	219748	233462	46372	187091	63941
299559	100346	199214	19979	179234	60255
135920	120333	15586	12686	2901	830
4445369	4340630	104740	104580	159	383
1773681	1669886	103795	40489	63306	31685

1-34 各级各类教育机构一般公共预算

学校类别	合 计	个人部分	工资福利支出	对个人和家庭的补助支出	#助学金
总 计	**2840451454**	**1921277103**	**1659262776**	**262014327**	**134904295**
一、高等学校	434263659	240902423	184939538	55962884	40224872
1.普通高等学校	426845029	236021387	180655327	55366060	40055460
高等本科学校	304986280	169680033	128244097	41435936	29819462
高职高专学校	121858749	66341354	52411230	13930124	10235998
2.成人高等学校	7418630	4881036	4284211	596825	169412
二、中等职业学校	173135397	106350989	90458182	15892807	8919452
1.中等专业学校	81188008	48708952	40738511	7970441	4619875
2.职业高中	62321420	40147259	34629372	5517886	3335040
#农村	28689914	18103110	15560302	2542808	1839192
3.技工学校	22553359	12292087	10387988	1904099	892732
4.成人中专学校	7072610	5202691	4702311	500381	71805
三、中 学	933806935	680213728	602654547	77559181	40056358
1.普通中学	933302723	679832794	602293605	77539190	40056199
普通高中	319274597	234774667	210625236	24149431	12144319
#农村	134059411	101363214	90247583	11115631	7242363
普通初中	614028125	445058128	391668369	53389759	27911880
#农村	368058907	272453876	238567992	33885883	20153141
2.成人中学	504212	380934	360942	19992	158
四、小 学	1010377069	729570487	637433620	92136867	39365541
1.普通小学	1010364961	729563753	637426886	92136867	39365541
#农村	635011479	468712693	407136417	61576276	29136409
2.成人小学	12108	6734	6734		
五、特殊教育	13291516	8940718	8081761	858957	301147
1.特殊教育学校	12744632	8549377	7721348	828029	295739
2.工读学校	546884	391341	360413	30928	5408
六、幼儿园	147774545	91986379	81614391	10371987	6028088
#农村	76970383	49510388	43299875	6210512	4463318
七、教育行政单位	29783935	17010561	14290942	2719619	
八、教育事业单位	53428436	32067486	27621592	4445895	
九、其 他	44589962	14234332	12168204	2066128	8837

教育事业费和基本建设支出明细(地方)

单位：千元

公用部分	商品和服务支出	其他资本性支出			基本建设支出
			专项公用支出	专项项目支出	
856925049	**449805823**	**407119226**	**146591069**	**260528157**	**62249302**
176367597	97440672	78926925	49594056	29332869	16993639
173866049	95950687	77915362	49149347	28766015	16957593
120832103	70426055	50406048	33192289	17213759	14474144
53033945	25524632	27509314	15957058	11552256	2483449
2501548	1489986	1011563	444709	566854	36046
62002685	32835577	29167107	12893369	16273738	4781724
29225680	15495123	13730556	6609123	7121433	3253377
21236508	11008843	10227665	3897110	6330555	937654
10144216	4864342	5279874	1889960	3389915	442588
9678792	5007064	4671728	2203411	2468317	582480
1861705	1324547	537158	183725	353433	8213
233823806	114792612	119031194	33290578	85740616	19769401
233703135	114702640	119000495	33282372	85718124	19766793
76174602	37530553	38644049	12665032	25979017	8325328
30516636	14296569	16220066	4422093	11797973	2179561
157528533	77172087	80356446	20617339	59739107	11441465
91615867	42278379	49337488	11598117	37739371	3989164
120670	89972	30699	8207	22492	2608
266691237	134280538	132410698	35422713	96987985	14115345
266685863	134275815	132410048	35422616	96987431	14115345
159718652	75828267	83890384	20023265	63867119	6580134
5374	4723	651	97	554	
4081742	2447632	1634110	730345	903765	269056
3930331	2322699	1607632	711523	896110	264924
151411	124933	26478	18823	7655	4132
52718078	26039249	26678829	7259556	19419273	3070088
25965430	10831583	15133847	3407012	11726836	1494565
12695043	10379506	2315537	1282796	1032741	78331
20778710	14971719	5806991	2931231	2875760	582240
27766152	16618318	11147834	3186423	7961411	2589478

1-35 各级各类教育机构一般公共预算

学校类别	合计	个人部分	工资福利支出	对个人和家庭的补助支出	#助学金
总计	**2956599494**	**1986945580**	**1704052915**	**282892665**	**145143699**
一、高等学校	585521912	327099366	239875817	87223549	58651653
1.普通高等学校	577927643	322153443	235545629	86607815	58482241
高等本科学校	459137599	257725444	183534654	74190790	49662604
高职高专学校	118790044	64428000	52010975	12417025	8819636
2.成人高等学校	7594269	4945923	4330188	615734	169412
二、中等职业学校	167223079	102973290	88842734	14130556	7318442
1.中等专业学校	78432103	47221634	40101328	7120307	3839977
2.职业高中	60596833	39056471	34169934	4886537	2722789
#农村	27975864	17619972	15329659	2290314	1596273
3.技工学校	21251200	11562671	9889147	1673523	729596
4.成人中专学校	6942944	5132514	4682325	450189	26079
三、中学	920816827	673492108	598844958	74647150	37579851
1.普通中学	920312614	673111174	598484016	74627159	37579693
普通高中	316123111	232763587	209338195	23425392	11473905
#农村	131997215	99914012	89182270	10731741	6881756
普通初中	604189503	440347587	389145821	51201767	26105788
#农村	363463309	270053298	237197409	32855889	19203760
2.成人中学	504212	380934	360942	19992	158
四、小学	998392490	723952999	635029393	88923606	37109338
1.普通小学	998380382	723946265	635022659	88923606	37109338
#农村	630333030	466592006	406308669	60283337	27984283
2.成人小学	12108	6734	6734		
五、特殊教育	13235757	8914960	8062747	852213	295104
1.特殊教育学校	12689730	8524475	7702334	822141	290553
2.工读学校	546027	390485	360413	30071	4551
六、幼儿园	136815308	86587390	78872348	7715043	4160219
#农村	72404891	47070619	42078980	4991639	3439532
七、教育行政单位	29963997	17092219	14372456	2719764	
八、教育事业单位	57982121	32203063	27741183	4461880	
九、其他	46648003	14630185	12411280	2218905	29093

教育事业费和基本建设支出明细(教育和其他部门)

单位：千元

公用部分	商品和服务支出	其他资本性支出	专项公用支出	专项项目支出	基本建设支出
902804627	**479673752**	**423130875**	**161202023**	**261928851**	**66849287**
236671755	136751387	99920368	66394866	33525502	21750791
234059455	135150920	98908535	65949886	32958649	21714745
182274513	110362945	71911568	50377645	21533923	19137643
51784942	24787975	26996967	15572241	11424726	2577102
2612300	1600467	1011833	444980	566854	36046
59591252	31017198	28574054	12572366	16001688	4658537
28067810	14612046	13455764	6471597	6984167	3142659
20602708	10528095	10074613	3806480	6268132	937654
9913303	4692506	5220797	1850822	3369974	442588
9118518	4602467	4516051	2118410	2397641	570011
1802217	1274590	527627	175878	351748	8213
227586272	110207858	117378414	32821644	84556770	19738447
227465601	110117886	117347715	32813437	84534278	19735839
75065021	37022373	38042647	12623783	25418865	8294503
29903642	14065319	15838324	4382270	11456053	2179561
152400581	73095513	79305068	20189655	59115413	11441336
89420879	40471754	48949126	11419429	37529696	3989132
120670	89972	30699	8207	22492	2608
260324179	129022639	131301539	34889367	96412172	14115312
260318805	129017916	131300889	34889270	96411618	14115312
157160923	73635002	83525921	19840076	63685845	6580101
5374	4723	651	97	554	
4051741	2424312	1627429	724354	903076	269056
3900330	2299379	1600951	705531	895420	264924
151411	124933	26478	18823	7655	4132
47161207	22227808	24933399	6273666	18659732	3066711
23843545	9433027	14410518	3015730	11394788	1490727
12793447	10475295	2318152	1285411	1032741	78331
25196435	19297830	5898605	3022845	2875760	582623
29428340	18249425	11178915	3217504	7961411	2589478

1-36 各级各类教育机构一般公共预算

学校类别	合 计	个人部分	工资福利支 出	对个人和家庭的补助支出	#助学金
总 计	**172461206**	**95551459**	**58248482**	**37302977**	**23787986**
一、高等学校	162994785	93137123	56179427	36957696	23758926
1.普通高等学校	162806894	93062797	56124610	36938187	23758926
高等本科学校	162324598	92855106	55933020	36922086	23743065
高职高专学校	482296	207691	191590	16101	15861
2.成人高等学校	187891	74326	54816	19509	
二、中等职业学校	104495	60086	54263	5823	2648
1.中等专业学校	104174	59877	54066	5811	2636
2.职业高中					
#农村					
3.技工学校					
4.成人中专学校	321	209	197	12	12
三、中 学	1546117	1010103	887722	122382	2553
1.普通中学	1546117	1010103	887722	122382	2553
普通高中	1096011	710655	623989	86667	1622
#农村	86615	61307	49482	11825	38
普通初中	450105	299448	263733	35715	931
#农村	5435	5031	4990	41	41
2.成人中学					
四、小 学	546995	387720	343825	43895	388
1.普通小学	546995	387720	343825	43895	388
#农村	16936	13705	13615	90	90
2.成人小学					
五、特殊教育					
1.特殊教育学校					
2.工读学校					
六、幼儿园	477026	343339	339065	4274	3216
#农村	18586	12551	12375	176	73
七、教育行政单位	180062	81658	81513	145	
八、教育事业单位	4553685	135577	119591	15986	
九、其 他	2058041	395853	243076	152777	20255

教育事业费和基本建设支出明细(中央教育和其他部门)

单位：千元

公用部分	商品和服务支出	其他资本性支出			基本建设支出
			专项公用支出	专项项目支出	
70911550	**47761814**	**23149736**	**18402159**	**4747577**	**5998196**
63860310	41035243	22825067	18109269	4715799	5997351
63746745	40921948	22824797	18108998	4715799	5997351
63575020	40763592	22811428	18095629	4715799	5894472
171725	158356	13369	13369		102880
113565	113295	270	270		
44408	43572	836	836		
44297	43461	836	836		
112	112				
536013	414109	121904	111831	10073	
536013	414109	121904	111831	10073	
385356	293515	91841	81942	9898	
25308	21577	3731	3605	126	
150657	120594	30063	29889	174	
403	147	256	82	174	
159275	112150	47125	32228	14897	
159275	112150	47125	32228	14897	
3231	891	2341	111	2230	
133225	103732	29493	22685	6808	462
6035	2064	3971	1254	2717	
98404	95789	2615	2615		
4417725	4326111	91614	91614		383
1662188	1631107	31081	31081		

1-37 各级各类教育机构一般公共预算

学校类别	合计	个人部分	工资福利支出	对个人和家庭的补助支出	#助学金
总计	**2784138288**	**1891394121**	**1645804433**	**245589688**	**121355713**
一、高等学校	422527127	233962243	183696390	50265853	34892726
1.普通高等学校	415120749	229090646	179421018	49669628	34723315
高等本科学校	296813001	164870337	127601634	37268703	25919539
高职高专学校	118307748	64220309	51819384	12400924	8803776
2.成人高等学校	7406378	4871597	4275372	596225	169412
二、中等职业学校	167118584	102913203	88788471	14124732	7315793
1.中等专业学校	78327930	47161757	40047262	7114496	3837341
2.职业高中	60596833	39056471	34169934	4886537	2722789
#农村	27975864	17619972	15329659	2290314	1596273
3.技工学校	21251200	11562671	9889147	1673523	729596
4.成人中专学校	6942623	5132304	4682128	450177	26067
三、中学	919270710	672482005	597957236	74524769	37577298
1.普通中学	918766498	672101071	597596294	74504777	37577140
普通高中	315027100	232052931	208714206	23338725	11472283
#农村	131910600	99852704	89132788	10719916	6881719
普通初中	603739398	440048139	388882088	51166052	26104857
#农村	363457875	270048267	237192419	32855848	19203719
2.成人中学	504212	380934	360942	19992	158
四、小学	997845495	723565279	634685568	88879711	37108950
1.普通小学	997833386	723558545	634678834	88879711	37108950
#农村	630316094	466578301	406295054	60283247	27984193
2.成人小学	12108	6734	6734		
五、特殊教育	13235757	8914960	8062747	852213	295104
1.特殊教育学校	12689730	8524475	7702334	822141	290553
2.工读学校	546027	390485	360413	30071	4551
六、幼儿园	136338282	86244051	78533283	7710769	4157003
#农村	72386305	47058069	42066606	4991463	3439459
七、教育行政单位	29783935	17010561	14290942	2719619	
八、教育事业单位	53428436	32067486	27621592	4445895	
九、其他	44589962	14234332	12168204	2066128	8837

教育事业费和基本建设支出明细(地方教育和其他部门)

单位：千元

公用部分	商品和服务支出	其他资本性支出	专项公用支出	专项项目支出	基本建设支出
831893077	**431911939**	**399981139**	**142799864**	**257181274**	**60851090**
172811445	95716144	77095301	48285597	28809704	15753439
170312710	94228972	76083738	47840888	28242850	15717394
118699493	69599353	49100140	32282016	16818124	13243171
51613217	24629619	26983598	15558872	11424726	2474222
2498735	1487172	1011563	444709	566854	36046
59546843	30973625	28573218	12571530	16001688	4658537
28023513	14568585	13454928	6470761	6984167	3142659
20602708	10528095	10074613	3806480	6268132	937654
9913303	4692506	5220797	1850822	3369974	442588
9118518	4602467	4516051	2118410	2397641	570011
1802105	1274478	527627	175878	351748	8213
227050259	109793749	117256510	32709813	84546697	19738447
226929588	109703777	117225811	32701607	84524205	19735839
74679665	36728858	37950807	12541841	25408966	8294503
29878335	14043742	15834593	4378665	11455928	2179561
152249923	72974919	79275004	20159766	59115239	11441336
89420476	40471607	48948869	11419347	37529522	3989132
120670	89972	30699	8207	22492	2608
260164903	128910489	131254414	34857139	96397275	14115312
260159530	128905766	131253763	34857042	96396721	14115312
157157692	73634111	83523580	19839965	63683615	6580101
5374	4723	651	97	554	
4051741	2424312	1627429	724354	903076	269056
3900330	2299379	1600951	705531	895420	264924
151411	124933	26478	18823	7655	4132
47027981	22124076	24903905	6250981	18652924	3066249
23837510	9430963	14406547	3014476	11392071	1490727
12695043	10379506	2315537	1282796	1032741	78331
20778710	14971719	5806991	2931231	2875760	582240
27766152	16618318	11147834	3186423	7961411	2589478

1-38 各级各类教育机构一般公共预算

学校类别	合 计	个人部分	工资福利支出	对个人和家庭的补助支出	#助学金
总 计	**11368649**	**7577637**	**6183241**	**1394396**	**685180**
一、高等学校	2500705	1419252	1104471	314782	289583
1.普通高等学校	2439023	1366225	1052106	314119	289583
高等本科学校	1087453	536671	452585	84085	82254
高职高专学校	1351570	829555	599520	230034	207330
2.成人高等学校	61682	53027	52365	662	
二、中等职业学校	1383662	832580	637047	195533	123583
1.中等专业学校	842227	499284	404626	94658	61498
2.职业高中	38221	20329	13017	7312	2941
#农村	14373	9918	6762	3156	87
3.技工学校	469070	281645	207744	73901	40523
4.成人中专学校	34144	31322	11660	19662	18620
三、中 学	3016316	2243310	1886762	356548	125322
1.普通中学	3016316	2243310	1886762	356548	125322
普通高中	1120256	832765	680216	152549	58050
#农村	408293	294736	254495	40241	12023
普通初中	1896060	1410546	1206547	203999	67272
#农村	1315538	1011733	896309	115424	40030
2.成人中学					
四、小 学	2962732	2261099	1959129	301970	86784
1.普通小学	2962732	2261099	1959129	301970	86784
#农村	2408495	1841744	1616049	225695	73248
2.成人小学					
五、特殊教育	4795	3437	2684	753	77
1.特殊教育学校	4795	3437	2684	753	77
2.工读学校					
六、幼儿园	1113170	639857	443789	196067	59831
#农村	808560	445669	294007	151662	48118
七、教育行政单位	72326	33980	22389	11591	
八、教育事业单位	80380	52736	43789	8947	
九、其 他	234564	91386	83181	8205	

教育事业费和基本建设支出明细(国有及国有控股企业办)

单位：千元

公用部分	商品和服务支出	其他资本性支出			基本建设支出
			专项公用支出	专项项目支出	
3423562	**1845152**	**1578410**	**765022**	**813388**	**367449**
925872	554658	371214	310787	60427	155580
917218	546003	371214	310787	60427	155580
412274	243717	168556	159262	9294	138509
504944	302286	202658	151525	51133	17071
8655	8655				
492108	318456	173652	117221	56432	58973
296439	188980	107459	76976	30483	46504
17892	12414	5478	3551	1927	
4455	2993	1462	1142	320	
174956	114293	60663	36642	24022	12469
2821	2770	52	52		
739199	365633	373567	134665	238902	33806
739199	365633	373567	134665	238902	33806
268408	125852	142555	53943	88612	19083
107022	48153	58869	23200	35668	6535
470791	239780	231011	80721	150290	14723
293472	150778	142694	55277	87418	10333
678537	347063	331473	132872	198601	23096
678537	347063	331473	132872	198601	23096
546413	273347	273066	112134	160932	20338
1358	790	568	568		
1358	790	568	568		
409835	180711	229124	36465	192659	63479
302635	105140	197495	20444	177051	60255
37516	24544	12972	10071	2901	830
27644	14518	13126	12967	159	
111493	38779	72714	9408	63306	31685

1-39 各级各类教育机构一般公共预算

学校类别	合计	个人部分	工资福利支出	对个人和家庭的补助支出	#助学金
总计	**9184986**	**6265166**	**5170805**	**1094361**	**444342**
一、高等学校	1476810	808817	650250	158567	141646
1.普通高等学校	1426983	765138	606633	158505	141646
高等本科学校	1082356	531574	452585	78988	77176
高职高专学校	344627	233564	154048	79516	64469
2.成人高等学校	49827	43679	43617	62	
二、中等职业学校	473743	273522	189065	84456	47800
1.中等专业学校	389028	200839	149865	50974	26171
2.职业高中	13815	9860	6762	3098	29
#农村	13815	9860	6762	3098	29
3.技工学校	45930	39565	28201	11365	3051
4.成人中专学校	24970	23258	4238	19020	18549
三、中学	2993003	2226792	1872226	354566	123667
1.普通中学	2993003	2226792	1872226	354566	123667
普通高中	1115460	828930	676572	152358	57859
#农村	407714	294465	254381	40083	11865
普通初中	1877543	1397862	1195654	202208	65808
#农村	1305244	1004415	890424	113990	38847
2.成人中学					
四、小学	2919332	2227926	1934582	293344	82990
1.普通小学	2919332	2227926	1934582	293344	82990
#农村	2389368	1829423	1606260	223163	70781
2.成人小学					
五、特殊教育	4795	3437	2684	753	77
1.特殊教育学校	4795	3437	2684	753	77
2.工读学校					
六、幼儿园	930035	546571	372638	173933	48162
#农村	789593	435814	287231	148583	45072
七、教育行政单位	72326	33980	22389	11591	
八、教育事业单位	80380	52736	43789	8947	
九、其他	234564	91386	83181	8205	

教育事业费和基本建设支出明细(中央国有及国有控股企业办)

单位：千元

公用部分	商品和服务支出	其他资本性支出	专项公用支出	专项项目支出	基本建设支出
2565130	**1317484**	**1247646**	**521466**	**726180**	**354691**
512412	321661	190751	168357	22394	155580
506265	315513	190751	168357	22394	155580
412274	243717	168556	159262	9294	138509
93991	71796	22195	9095	13100	17071
6148	6148				
154007	100675	53331	33367	19964	46214
141975	90157	51817	32173	19644	46214
3955	2493	1462	1142	320	
3955	2493	1462	1142	320	
6365	6365				
1712	1660	52	52		
732405	361381	371024	132172	238852	33806
732405	361381	371024	132172	238852	33806
267447	125142	142305	53693	88612	19083
106715	47846	58869	23200	35668	6535
464958	236239	228719	78479	150240	14723
290496	148575	141921	54553	87368	10333
668310	339118	329192	130870	198322	23096
668310	339118	329192	130870	198322	23096
539608	267787	271820	110989	160832	20338
1358	790	568	568		
1358	790	568	568		
319985	116016	203969	23687	180282	63479
293524	98282	195242	18726	176517	60255
37516	24544	12972	10071	2901	830
27644	14518	13126	12967	159	
111493	38779	72714	9408	63306	31685

1-40 各级各类教育机构一般公共预算

学校类别	合　计	个人部分	工资福利支　出	对个人和家庭的补助支出	#助学金
总　　计	**2183663**	**1312472**	**1012437**	**300035**	**240838**
一、高等学校	1023895	610435	454221	156215	147938
1.普通高等学校	1012040	601087	445472	155615	147938
高等本科学校	5097	5097		5097	5077
高职高专学校	1006943	595990	445472	150518	142860
2.成人高等学校	11855	9348	8748	600	
二、中等职业学校	909919	559058	447982	111077	75782
1.中等专业学校	453199	298445	254761	43684	35327
2.职业高中	24406	10469	6255	4214	2912
#农村	558	58		58	58
3.技工学校	423140	242080	179544	62536	37472
4.成人中专学校	9174	8064	7422	643	71
三、中　学	23313	16519	14536	1983	1655
1.普通中学	23313	16519	14536	1983	1655
普通高中	4796	3835	3644	191	191
#农村	579	271	114	158	158
普通初中	18517	12684	10892	1792	1464
#农村	10295	7319	5885	1434	1183
2.成人中学					
四、小　学	43400	33173	24547	8626	3794
1.普通小学	43400	33173	24547	8626	3794
#农村	19127	12321	9789	2532	2467
2.成人小学					
五、特殊教育					
1.特殊教育学校					
2.工读学校					
六、幼儿园	183135	93286	71151	22134	11669
#农村	18966	9855	6776	3079	3046
七、教育行政单位					
八、教育事业单位					
九、其　他					

教育事业费和基本建设支出明细(地方国有及国有控股企业办)

单位：千元

公用部分	商品和服务支出	其他资本性支出			基本建设支出
			专项公用支出	专项项目支出	
858432	**527668**	**330764**	**243556**	**87208**	**12759**
413460	232997	180463	142430	38033	
410953	230490	180463	142430	38033	
410953	230490	180463	142430	38033	
2507	2507				
338101	217780	120321	83854	36468	12759
154464	98822	55642	44803	10839	290
13937	9921	4016	2409	1607	
500	500				
168591	107928	60663	36642	24022	12469
1109	1109				
6795	4252	2543	2493	50	
6795	4252	2543	2493	50	
961	711	251	251		
307	307				
5833	3541	2292	2242	50	
2976	2203	773	723	50	
10227	7945	2282	2002	280	
10227	7945	2282	2002	280	
6806	5560	1246	1146	100	
89850	64694	25155	12778	12377	
9111	6838	2253	1719	534	

1-41 各级各类教育机构一般公共预算

学校类别	合 计	个人部分	工资福利支出	对个人和家庭的补助支出	#助学金
总 计	**54129503**	**28570511**	**12445907**	**16124604**	**13307744**
一、高等学校	10712636	6329745	788928	5540817	5184208
1.普通高等学校	10712239	6329654	788837	5540817	5184208
高等本科学校	8168181	4804599	642464	4162135	3894846
高职高专学校	2544058	1525055	146373	1378682	1289362
2.成人高等学校	397	91	91		
二、中等职业学校	5106894	2878727	1221729	1656998	1527876
1.中等专业学校	2406880	1248750	436488	812261	747207
2.职业高中	1700182	1080318	453183	627135	609339
#农村	713493	483079	230643	252436	242861
3.技工学校	879019	487337	319297	168040	125664
4.成人中专学校	120813	62322	12761	49561	45666
三、中 学	14512911	7715205	4682775	3032430	2477404
1.普通中学	14512911	7715205	4682775	3032430	2477404
普通高中	4242701	2717900	1907386	810514	671845
#农村	2148232	1510239	1114681	395558	360486
普通初中	10270210	4997304	2775389	2221916	1805559
#农村	4590737	2398290	1369688	1028602	948239
2.成人中学					
四、小 学	12488174	5972035	2723505	3248530	2252796
1.普通小学	12488174	5972035	2723505	3248530	2252796
#农村	4676258	2122071	831574	1290497	1149750
2.成人小学					
五、特殊教育	55759	25758	19013	6745	6043
1.特殊教育学校	54902	24902	19013	5888	5187
2.工读学校	857	857		857	857
六、幼儿园	11253127	5649041	3009957	2639084	1859416
#农村	4565111	2442464	1226493	1215970	1020813
七、教育行政单位					
八、教育事业单位					
九、其 他					

教育事业费和基本建设支出明细(民办)

单位：千元

公用部分	商品和服务支出	其他资本性支出			基本建设支出
			专项公用支出	专项项目支出	
24173540	**17366216**	**6807323**	**3547648**	**3259675**	**1385452**
3142692	1491531	1651161	1166029	485132	1240199
3142386	1491225	1651161	1166029	485132	1240199
2132610	826702	1305909	910273	395635	1230972
1009775	664523	345252	255756	89497	9227
307	307				
2117740	1644172	473568	237986	235583	110427
1047702	827716	219986	93559	126427	110427
619864	470827	149036	88221	60815	
230413	171336	59078	39137	19940	
391683	296669	95014	48359	46655	
58491	48960	9532	7847	1685	
6766752	4994611	1772141	578272	1193869	30954
6766752	4994611	1772141	578272	1193869	30954
1493976	800984	692992	122941	570051	30825
637994	252521	385473	43428	342045	
5272777	4193627	1079149	455331	623818	129
2192415	1804570	387846	178046	209800	32
6516106	5362104	1154003	563573	590430	33
6516106	5362104	1154003	563573	590430	33
2554154	2188596	365559	182154	183405	33
30001	23320	6681	5992	689	
30001	23320	6681	5992	689	
5600248	3850479	1749769	995797	753972	3838
2118810	1393762	725048	390817	334231	3838

1-42 各级各类学校生均教育经费支出(教育和其他部门)

单位: 元

学校类别	教育经费支出	个人和公用部分支出			基本建设支出
			个人部分	公用部分	
总 计	**18778.17**	**18430.62**	**11804.34**	**6626.29**	**347.54**
一、高等学校	35537.53	34704.73	18207.34	16497.39	832.80
1.普通高等学校	36286.97	35426.16	18572.44	16853.72	860.81
高等本科学校	40944.35	39907.30	20822.36	19084.94	1037.05
高职高专学校	23687.32	23303.29	12485.72	10817.57	384.02
2.成人高等学校	14642.87	14590.84	8028.06	6562.78	52.03
二、中等职业学校	19749.54	19296.87	11266.72	8030.15	452.66
1.中等专业学校	19085.00	18482.65	10693.17	7789.48	602.35
2.职业高中	20550.31	20269.59	12030.48	8239.11	280.72
#农村	17318.83	17088.75	9866.22	7222.52	230.08
3.技工学校	16918.86	16522.28	8899.60	7622.68	396.58
4.成人中专学校	49673.78	49627.05	34846.62	14780.43	46.73
三、中 学	19193.31	18833.01	13341.19	5491.82	360.30
1.普通中学	19189.37	18828.95	13339.26	5489.69	360.42
普通高中	20458.45	20015.91	13809.89	6206.02	442.54
#农村	15785.64	15571.11	11050.74	4520.37	214.53
普通初中	18519.57	18202.50	13090.87	5111.63	317.07
#农村	16239.51	16077.82	11935.29	4142.52	161.70
2.成人中学	28245.84	28145.29	17760.48	10384.81	100.55
四、小 学	12739.01	12573.05	9051.86	3521.19	165.96
1.普通小学	12738.90	12572.94	9051.80	3521.14	165.96
#农村	11826.96	11715.60	8727.36	2988.24	111.36
2.成人小学	69011.77	69011.77	38594.03	30417.73	
五、特殊教育	63345.61	61901.58	41307.87	20593.70	1444.04
1.特殊教育学校	62511.69	61047.78	40634.22	20413.56	1463.92
2.工读学校	89794.69	88981.13	62673.76	26307.37	813.56
六、幼儿园	10648.56	10470.50	6398.15	4072.35	178.06
#农村	7468.35	7355.11	4547.97	2807.13	113.24

1-43　各级各类学校生均一般公共预算教育事业费和基本建设支出（教育和其他部门）

单位：元

学校类别	一般公共预算教育事业费和基本建设支出	事业费支出			基本建设支出
			个人部分	公用部分	
总　计	**14040.22**	**13722.77**	**9435.56**	**4287.22**	**317.45**
一、高等学校	21968.58	21152.50	12272.66	8879.84	816.08
1.普通高等学校	21792.44	20973.62	12147.73	8825.89	818.82
高等本科学校	24172.13	23164.59	13568.42	9596.17	1007.54
高职高专学校	15785.76	15443.30	8561.70	6881.59	342.47
2.成人高等学校	-	-	-	-	-
二、中等职业学校	14607.60	14200.66	8995.13	5205.53	406.94
1.中等专业学校	13931.84	13373.61	8387.95	4985.66	558.23
2.职业高中	15537.88	15297.45	10014.63	5282.82	240.43
#农村	13454.60	13241.74	8474.08	4767.66	212.86
3.技工学校	12259.83	11930.99	6670.51	5260.48	328.84
4.成人中专学校	37605.04	37560.56	27799.22	9761.34	44.49
三、中　学	15447.98	15116.84	11298.77	3818.08	331.14
1.普通中学	15446.25	15115.01	11297.29	3817.71	331.24
普通高中	15358.64	14955.66	11308.67	3646.99	402.98
#农村	12246.87	12044.65	9270.15	2774.50	202.22
普通初中	15492.48	15199.11	11291.29	3907.82	293.38
#农村	14066.75	13912.37	10451.60	3460.77	154.39
2.成人中学	19438.64	19338.09	14685.95	4652.15	100.55
四、小　学	10717.93	10566.40	7771.77	2794.63	151.53
1.普通小学	10717.82	10566.29	7771.72	2794.58	151.53
#农村	10209.52	10102.94	7557.40	2545.54	106.58
2.成人小学	68536.29	68536.29	38118.56	30417.73	
五、特殊教育	51250.99	50209.17	34520.17	15689.00	1041.83
1.特殊教育学校	50685.93	49627.76	34048.87	15578.89	1058.17
2.工读学校	69172.84	68649.41	49468.10	19181.31	523.43
六、幼儿园	7054.40	6896.28	4464.57	2431.70	158.12
#农村	5269.27	5160.78	3425.56	1735.21	108.49

1-44 各级各类学校生均教育经费支出(中央教育和其他部门)

单位：元

学校类别	教育经费支出	个人和公用部分支出			基本建设支出
			个人部分	公用部分	
总　计	**66555.00**	**65274.29**	**30679.73**	**34594.56**	**1280.71**
一、高等学校	65849.21	64510.61	30967.95	33542.66	1338.61
1.普通高等学校	65788.51	64447.54	30956.85	33490.69	1340.97
高等本科学校	66021.29	64691.58	31061.75	33629.83	1329.71
高职高专学校	30063.64	26994.13	14857.40	12136.73	3069.51
2.成人高等学校	-	-	-	-	-
二、中等职业学校	50808.98	50808.98	25412.26	25396.72	
1.中等专业学校	51926.21	51926.21	25792.20	26134.01	
2.职业高中					
#农村					
3.技工学校					
4.成人中专学校	13885.68	13885.68	12855.74	1029.94	
三、中　学	40215.34	40215.34	26033.82	14181.52	
1.普通中学	40215.34	40215.34	26033.82	14181.52	
普通高中	46013.61	46013.61	29909.76	16103.86	
#农村	29797.26	29797.26	24472.19	5325.07	
普通初中	29485.94	29485.94	18861.60	10624.34	
#农村	20468.76	20468.76	18657.90	1810.86	
2.成人中学					
四、小　学	16688.71	16688.71	11827.31	4861.40	
1.普通小学	16688.71	16688.71	11827.31	4861.40	
#农村	18566.90	18566.90	14075.44	4491.46	
2.成人小学					
五、特殊教育					
1.特殊教育学校					
2.工读学校					
六、幼儿园	18106.72	18102.86	13760.57	4342.29	3.87
#农村	14375.12	14375.12	11552.17	2822.95	

1-45 各级各类学校生均一般公共预算教育事业费和基本建设支出(中央教育和其他部门)

单位：元

学校类别	一般公共预算教育事业费和基本建设支出	事业费支出			基本建设支出
			个人部分	公用部分	
总　计	**34725.55**	**33517.80**	**19239.56**	**14278.24**	**1207.75**
一、高等学校	34450.51	33182.91	19685.42	13497.49	1267.60
1.普通高等学校	34442.97	33174.18	19688.10	13486.08	1268.78
高等本科学校	34586.17	33330.25	19784.45	13545.80	1255.92
高职高专学校	14389.73	11320.22	6196.65	5123.57	3069.51
2.成人高等学校	-	-	-	-	-
二、中等职业学校	28241.77	28241.77	16239.48	12002.30	
1.中等专业学校	29006.93	29006.93	16672.63	12334.30	
2.职业高中					
#农村					
3.技工学校					
4.成人中专学校	2953.99	2953.99	1924.05	1029.94	
三、中　学	24061.20	24061.20	15719.58	8341.62	
1.普通中学	24061.20	24061.20	15719.58	8341.62	
普通高中	26274.00	26274.00	17036.11	9237.89	
#农村	16064.66	16064.66	11370.77	4693.89	
普通初中	19966.53	19966.53	13283.41	6683.12	
#农村	20152.67	20152.67	18657.90	1494.76	
2.成人中学					
四、小　学	12198.19	12198.19	8646.29	3551.90	
1.普通小学	12198.19	12198.19	8646.29	3551.90	
#农村	17394.12	17394.12	14075.44	3318.67	
2.成人小学					
五、特殊教育					
1.特殊教育学校					
2.工读学校					
六、幼儿园	3993.26	3989.39	2874.14	1115.25	3.87
#农村	3873.63	3873.63	2615.82	1257.80	

1-46 各级各类学校生均教育经费支出(地方教育和其他部门)

单位：元

学校类别	教育经费支出	个人和公用部分支出			基本建设支出
			个人部分	公用部分	
总　计	**17533.02**	**17209.80**	**11312.41**	**5897.39**	**323.22**
一、高等学校	29077.39	28352.38	15487.75	12864.64	725.01
1.普通高等学校	29737.94	28983.72	15823.24	13160.49	754.22
高等本科学校	32709.65	31768.70	17459.98	14308.73	940.95
高职高专学校	23659.41	23287.14	12475.34	10811.80	372.27
2.成人高等学校	13870.62	13818.12	7764.34	6053.78	52.50
二、中等职业学校	19739.49	19286.69	11262.15	8024.54	452.81
1.中等专业学校	19064.04	18461.30	10683.53	7777.77	602.74
2.职业高中	20550.31	20269.59	12030.48	8239.11	280.72
#农村	17318.83	17088.75	9866.22	7222.52	230.08
3.技工学校	16918.86	16522.28	8899.60	7622.68	396.58
4.成人中专学校	49694.85	49648.10	34859.57	14788.53	46.75
三、中　学	19170.62	18809.93	13327.49	5482.44	360.69
1.普通中学	19166.67	18805.86	13325.56	5480.31	360.81
普通高中	20406.55	19963.12	13777.20	6185.92	443.44
#农村	15778.63	15563.99	11044.02	4519.97	214.64
普通初中	18513.23	18195.97	13087.54	5108.44	317.26
#农村	16239.47	16077.77	11935.22	4142.55	161.70
2.成人中学	28245.84	28145.29	17760.48	10384.81	100.55
四、小　学	12737.11	12571.07	9050.52	3520.55	166.04
1.普通小学	12737.00	12570.96	9050.46	3520.50	166.04
#农村	11826.85	11715.49	8727.28	2988.21	111.36
2.成人小学	69011.77	69011.77	38594.03	30417.73	
五、特殊教育	63345.61	61901.58	41307.87	20593.70	1444.04
1.特殊教育学校	62511.69	61047.78	40634.22	20413.56	1463.92
2.工读学校	89794.69	88981.13	62673.76	26307.37	813.56
六、幼儿园	10602.34	10423.20	6352.52	4070.68	179.14
#农村	7465.94	7352.65	4545.53	2807.13	113.28

1-47 各级各类学校生均一般公共预算教育事业费和基本建设支出（地方教育和其他部门）

单位：元

学校类别	一般公共预算教育事业费和基本建设支出	事业费支出	个人部分	公用部分	基本建设支出
总　计	**13540.59**	**13244.64**	**9198.75**	**4045.89**	**295.95**
一、高等学校	19274.62	18555.99	10672.77	7883.22	718.63
1.普通高等学校	19048.54	18327.32	10512.22	7815.10	721.22
高等本科学校	20754.46	19828.44	11528.45	8299.99	926.02
高职高专学校	15792.01	15461.74	8572.28	6889.46	330.27
2.成人高等学校	-	-	-	-	-
二、中等职业学校	14603.20	14196.12	8992.79	5203.34	407.07
1.中等专业学校	13922.22	13363.63	8382.66	4980.97	558.58
2.职业高中	15537.88	15297.45	10014.63	5282.82	240.43
#农村	13454.60	13241.74	8474.08	4767.66	212.86
3.技工学校	12259.83	11930.99	6670.51	5260.48	328.84
4.成人中专学校	37625.45	37580.94	27814.45	9766.48	44.51
三、中　学	15438.69	15107.19	11294.00	3813.19	331.50
1.普通中学	15436.95	15105.35	11292.52	3812.83	331.60
普通高中	15336.47	14932.67	11297.04	3635.63	403.80
#农村	12244.96	12042.64	9269.10	2773.54	202.32
普通初中	15489.90	15196.35	11290.14	3906.21	293.55
#农村	14066.69	13912.30	10451.51	3460.79	154.39
2.成人中学	19438.64	19338.09	14685.95	4652.15	100.55
四、小　学	10717.22	10565.62	7771.35	2794.26	151.60
1.普通小学	10717.11	10565.51	7771.29	2794.21	151.60
#农村	10209.41	10102.83	7557.30	2545.53	106.58
2.成人小学	68536.29	68536.29	38118.56	30417.73	
五、特殊教育	51250.99	50209.17	34520.17	15689.00	1041.83
1.特殊教育学校	50685.93	49627.76	34048.87	15578.89	1058.17
2.工读学校	69172.84	68649.41	49468.10	19181.31	523.43
六、幼儿园	7073.37	6914.29	4474.43	2439.86	159.08
#农村	5269.75	5161.23	3425.85	1735.38	108.53

第二部分

各地区按来源分类教育经费收入

2-1　教育经费总收入

单位：千元

地区	总计			教育部门和其他部门			国有及国有控股企业办学			民办学校
	合计	中央	地方	合计	中央	地方	合计	中央	地方	地方
合　计	**4563891799**	**366465304**	**4197426495**	**4056492302**	**353598723**	**3702893578**	**21385735**	**12866581**	**8519154**	**486013763**
北　京	246029431	110775428	135254004	233318505	110758277	122560228	407673	17151	390522	12303254
天　津	74304364	10787244	63517121	69638023	10758747	58879276	547121	28497	518624	4119221
河　北	175946312	2050059	173896253	155587769	1966015	153621754	741950	84044	657906	19616593
山　西	91517240	175191	91342049	81315190	175191	81139999	433002		433002	9769048
内蒙古	77800030	209889	77590140	74552902	209889	74343012	118492		118492	3128636
辽　宁	107644863	10051072	97593790	97549615	10051072	87498543	228810		228810	9866437
吉　林	77023275	8358328	68664946	70405730	8358328	62047402	92833		92833	6524711
黑龙江	87845792	11724063	76121729	81681798	10431954	71249843	1806819	1292109	514710	4357175
上　海	168070536	33942134	134128402	151660213	33913636	117746578	264899	28498	236402	16145423
江　苏	308969168	26205426	282763743	280730667	26178130	254552537	266940	27295	239645	27971561
浙　江	251653984	11563866	240090118	212103216	11563866	200539351	104903		104903	39445864
安　徽	157388125	7270336	150117789	141780533	7269701	134510832	484491	635	483856	15123101
福　建	131911851	6432338	125479512	118444865	6432338	112012526	30619		30619	13436367
江　西	131764215	234521	131529694	118911089	228052	118683037	132216	6469	125747	12720910
山　东	274307062	10814331	263492731	247462389	10814331	236648058	1645840		1645840	25198833
河　南	244311550	1376525	242935024	205574639	1269696	204304943	597035	106829	490206	38139876
湖　北	173430746	27647350	145783396	155369946	27414503	127955443	417456	232846	184610	17643343
湖　南	171288195	8282164	163006031	148517997	8282164	140235832	251791		251791	22518407
广　东	441478122	14635546	426842576	351335366	14376383	336958983	371601	259163	112438	89771155
广　西	128545914	179738	128366176	117525254	179738	117345515	33223		33223	10987438
海　南	37833715	58922	37774792	32648044	58922	32589122	22079		22079	5163591
重　庆	110276300	8113560	102162739	98743139	7936603	90806536	233697	176957	56740	11299464
四　川	226525267	18845394	207679873	197817636	18582697	179234938	710515	262697	447818	27997117
贵　州	127515506	187823	127327683	118313026	187823	118125203	102670		102670	9099811
云　南	145857342	419508	145437834	134433260	419508	134013752	298742		298742	11125340
西　藏	25630009	426	25629584	25461984	426	25461558				168026
陕　西	134376768	20625957	113750811	119178540	20616329	98562210	365669	9628	356041	14832559
甘　肃	78107817	4058900	74048917	75072106	4058860	71013245	125584	40	125544	2910128
青　海	26473029	69941	26403088	25680848	69941	25610907	33205		33205	758976
宁　夏	24354277	884500	23469777	22481042	884500	21596542	80173		80173	1793062
新　疆	105710994	10484822	95226172	93196969	151098	93045871	10435687	10333724	101963	2078338
大　连	15662598	48017	15614580	14355095	48017	14307078	20026		20026	1287477
宁　波	32300301	111775	32188526	26432842	111775	26321068				5867458
厦　门	18315110	12494	18302616	16367636	12494	16355142				1947474
青　岛	32129280		32129280	28229472		28229472	157500		157500	3742307
深　圳	86648885	458658	86190227	66785863	458658	66327205				19863022

注：辽宁数据包含大连，浙江数据包含宁波，福建数据包含厦门，山东数据包含青岛，广东数据包含深圳，以下同。

2-2　国家财政性教育经费

单位：千元

地　区	总　计			教育部门和其他部门			国有及国有控股企业办学			民办学校
	合计	中央	地方	合计	中央	地方	合计	中央	地方	地方
合　计	**3649169044**	**241455052**	**3407713992**	**3574079222**	**230243140**	**3343836082**	**15198328**	**11211912**	**3986416**	**59891494**
北　京	185970365	69353623	116616742	185482119	69342354	116139765	249822	11269	238554	238424
天　津	61103477	7668783	53434694	60592807	7650646	52942161	331010	18137	312874	179660
河　北	145738430	1455953	144282476	142965099	1418733	141546366	330020	37220	292800	2443311
山　西	75378104	167210	75210894	73822910	167210	73655700	244693		244693	1310501
内蒙古	69083492	204187	68879306	68569100	204187	68364913	59233		59233	455160
辽　宁	85155019	7028864	78126155	84831416	7028864	77802552	46228		46228	277375
吉　林	62274614	5869980	56404634	61804887	5869980	55934907	61528		61528	408199
黑龙江	73753419	7640171	66113248	72359228	6634163	65725065	1270648	1006007	264641	123542
上　海	129878098	20797226	109080872	128121728	20768737	107352991	141080	28489	112591	1615290
江　苏	243252369	17831264	225421106	240534680	17822187	222712493	100586	9077	91510	2617103
浙　江	184841807	7231945	177609862	178989949	7231945	171758004	29422		29422	5822436
安　徽	129070671	5918759	123151912	127461429	5918126	121543302	176659	633	176027	1432583
福　建	105096858	4042496	101054362	103845804	4042496	99803309	27298		27298	1223756
江　西	110435552	232688	110202864	109217002	228052	108988950	35475	4636	30839	1183075
山　东	224034685	7047324	216987361	219365322	7047324	212317998	918256		918256	3751108
河　南	191468346	1248930	190219416	185742636	1197800	184544836	199530	51131	148399	5526180
湖　北	134226841	19478065	114748776	133093959	19434584	113659375	126490	43481	83009	1006392
湖　南	130730803	5542056	125188746	128685981	5542056	123143925	133682		133682	1911139
广　东	328274077	9355920	318918156	313183493	9132552	304050941	243435	223369	20067	14847149
广　西	105209720	179205	105030515	103959907	179205	103780702	4070		4070	1245744
海　南	30635334	40302	30595032	30344774	40302	30304471	7107		7107	283454
重　庆	87812545	4966695	82845850	85848360	4886517	80961843	105137	80178	24959	1859048
四　川	179702160	11196133	168506027	175901531	11026169	164875362	357278	169964	187314	3443351
贵　州	107312130	187823	107124306	106348465	187823	106160642	60258		60258	903406
云　南	127353530	413800	126939730	125617182	413800	125203381	91166		91166	1645183
西　藏	25285336	426	25284910	25174186	426	25173760				111150
陕　西	103509953	12904747	90605206	100584632	12903352	87681280	140107	1395	138712	2785214
甘　肃	69700555	3076873	66623682	69116288	3076833	66039454	57605	40	57565	526663
青　海	24176675	60804	24115872	23940127	60804	23879323	23887		23887	212661
宁　夏	20896209	650631	20245578	20651550	650631	20000920	19014		19014	225644
新　疆	97807869	9662168	88145702	87922671	135280	87787391	9607602	9526887	80714	277597
大　连	13740007	27321	13712686	13640634	27321	13613313	7483		7483	91890
宁　波	24816463	111775	24704688	23855543	111775	23743768				960920
厦　门	15599667	8794	15590874	15193694	8794	15184901				405973
青　岛	27595405		27595405	27109799		27109799	60226		60226	425379
深　圳	70034000	458658	69575342	63393918	458658	62935260				6640083

2-3 一般公共预算安排的教育经费

单位：千元

地区	总计			教育部门和其他部门			国有及国有控股企业办学			民办学校
	合计	中央	地方	合计	中央	地方	合计	中央	地方	地方
合计	**3542586239**	**194177562**	**3348408677**	**3471423293**	**184002823**	**3287420470**	**12291043**	**10174739**	**2116304**	**58871904**
北京	171742436	57503271	114239165	171376598	57503271	113873327	127419		127419	238419
天津	56029238	6113738	49915500	55577536	6113738	49463798	272688		272688	179014
河北	142763070	1193115	141569954	140170644	1193115	138977529	263283		263283	2329143
山西	72833292	68594	72764698	71497035	68594	71428441	28813		28813	1307444
内蒙古	68634345	147739	68486607	68178726	147739	68030987	460		460	455160
辽宁	83376941	5741529	77635412	83072584	5741529	77331055	31630		31630	272727
吉林	60616859	5204939	55411920	60207929	5204939	55002989	2300		2300	406631
黑龙江	71628016	5757696	65870320	70691179	5207029	65484151	813349	550668	262681	123488
上海	124459400	16652786	107806614	122783378	16652786	106130591	64884		64884	1611139
江苏	234457071	13296978	221160093	231763198	13291643	218471555	90904	5335	85569	2602968
浙江	176729807	3965441	172764366	171208795	3965441	167243354	3241		3241	5517772
安徽	126035146	4134615	121900530	124515406	4133983	120381423	113233	633	112601	1406506
福建	101875522	3182282	98693241	100655133	3182282	97472852	79		79	1220310
江西	109912678	24020	109888658	108716277	23635	108692642	14767	385	14382	1181635
山东	214164645	5320711	208843934	210151831	5320711	204831121	318572		318572	3694242
河南	187968130	538170	187429960	182430230	536174	181894056	52829	1995	50833	5485071
湖北	129343499	15841204	113502295	128261313	15811388	112449925	77735	29816	47919	1004451
湖南	129458031	4968474	124489558	127438255	4968474	122469781	109026		109026	1910750
广东	323429046	8297404	315131642	308521814	8108795	300413020	198068	188610	9458	14709164
广西	102041469	8312	102033157	100795626	8312	100787315	231		231	1245611
海南	29908217	22554	29885663	29625317	22554	29602763	5002		5002	277898
重庆	86326004	4197788	82128216	84366263	4117610	80248653	100703	80178	20525	1859038
四川	174508427	9098912	165409515	171096957	8955941	162141017	256682	142971	113711	3154787
贵州	106299033	37708	106261324	105369990	37708	105332282	26654		26654	902388
云南	124721176	39951	124681226	123035989	39951	122996038	40961		40961	1644226
西藏	24852130	3	24852128	24740981	3	24740978				111150
陕西	98676500	10324272	88352228	95828615	10322878	85505738	69678	1395	68283	2778207
甘肃	68900916	2722286	66178630	68371708	2722286	65649423	2545		2545	526663
青海	23349397	8663	23340734	23114888	8663	23106224	21848		21848	212661
宁夏	20685638	586448	20099189	20450899	586448	19864450	9094		9094	225644
新疆	96860160	9177960	87682200	87408199	5206	87402993	9174364	9172754	1610	277597
大连	13714826	11000	13703826	13615453	11000	13604453	7483		7483	91890
宁波	24223865	111775	24112091	23297482	111775	23185707				926384
厦门	15229300	1200	15228100	14823701	1200	14822501				405599
青岛	27488778		27488778	27051933		27051933	11466		11466	425379
深圳	69230873		69230873	62608059		62608059				6622814

2-4 一般公共预算教育经费

单位：千元

地区	总计			教育部门和其他部门			国有及国有控股企业办学			民办学校
	合计	中央	地方	合计	中央	地方	合计	中央	地方	地方
合计	**3199272981**	**170671192**	**3028601789**	**3130906526**	**161224134**	**2969682392**	**11432216**	**9447058**	**1985158**	**56934239**
北京	153671739	51599447	102072292	153306081	51599447	101706634	127419		127419	238239
天津	50359683	5555607	44804077	49949543	5555607	44393937	231126		231126	179014
河北	136607484	1157429	135450055	134042674	1157429	132885245	258696		258696	2306114
山西	66895548	11	66895537	65585023	11	65585012	26299		26299	1284227
内蒙古	56703125	37683	56665442	56260509	37683	56222825	460		460	442157
辽宁	70622616	5252817	65369799	70328456	5252817	65075640	31630		31630	262530
吉林	55750470	4890852	50859619	55349570	4890852	50458718	2077		2077	398824
黑龙江	63404416	4631974	58772441	62505868	4082897	58422971	775059	549077	225982	123488
上海	102652896	13657059	88995838	101003306	13657059	87346248	54131		54131	1595459
江苏	215851373	11804188	204047185	213200306	11798853	201401453	90758	5335	85423	2560308
浙江	160219535	3478869	156740666	155161736	3478869	151682867	3241		3241	5054558
安徽	114078356	2929786	111148570	112583201	2929153	109654048	95132	633	94500	1400023
福建	95279375	2895390	92383986	94071735	2895390	91176346	79		79	1207560
江西	104859426	8905	104850522	103687273	8520	103678753	14712	385	14327	1157441
山东	204848666	4727338	200121328	200874074	4727338	196146736	317613		317613	3656979
河南	162613365	511725	162101639	157335159	509730	156825429	42321	1995	40326	5235885
湖北	119275847	14179770	105096077	118243621	14149955	104093667	77735	29816	47919	954491
湖南	121881799	4104449	117777351	119888394	4104449	115783946	109026		109026	1884379
广东	286148879	5618373	280530506	271945494	5434621	266510872	192889	183751	9138	14010496
广西	92783710	1633	92782077	91546378	1633	91544745	231		231	1237100
海南	24920172	22554	24897618	24641596	22554	24619041	4962		4962	273615
重庆	71871037	3987700	67883338	69984617	3932844	66051773	74473	54855	19618	1811947
四川	155396230	8396067	147000163	152082581	8270696	143811886	238845	125371	113474	3074804
贵州	98422752	36329	98386423	97510099	36329	97473770	23405		23405	889248
云南	106983604	34221	106949383	105343594	34221	105309373	40961		40961	1599048
西藏	22901572		22901572	22790422		22790422				111150
陕西	95098356	9530555	85567801	92259098	9529160	82729938	69392	1395	67998	2769866
甘肃	61855475	2559351	59296125	61331592	2559351	58772242	2545		2545	521338
青海	19894263	529	19893734	19662534	529	19662005	21848		21848	209880
宁夏	17362945	566044	16796901	17146803	566044	16580759	9094		9094	207047
新疆	90058266	8494542	81563724	81285188	96	81285092	8496055	8494445	1610	277022
大连	11080561	10000	11070561	10981188	10000	10971188	7483		7483	91890
宁波	21950541	102424	21848117	21036146	102424	20933722				914395
厦门	13676915	1200	13675715	13282370	1200	13281170				394544
青岛	26107612		26107612	25670842		25670842	11466		11466	425304
深圳	58809257		58809257	52691020		52691020				6118237

2-5 教育事业费

单位：千元

地区	总计			教育部门和其他部门			国有及国有控股企业办学			民办学校
	合计	中央	地方	合计	中央	地方	合计	中央	地方	地方
合 计	**2975313669**	**163648092**	**2811665577**	**2912348302**	**154748839**	**2757599463**	**10815997**	**8899253**	**1916744**	**52149370**
北 京	145188217	49615762	95572455	144823969	49615762	95208207	127419		127419	236829
天 津	48087821	5497017	42590804	47689678	5497017	42192662	221834		221834	176308
河 北	130242714	1146054	129096659	127820921	1146054	126674867	258696		258696	2163096
山 西	62551805	11	62551795	61281088	11	61281077	24576		24576	1246141
内蒙古	53030662	37683	52992978	52604370	37683	52566687	460		460	425832
辽 宁	65453197	5027717	60425480	65180912	5027717	60153195	12996		12996	259289
吉 林	52416057	4753602	47662455	52015305	4753602	47261703	2073		2073	398679
黑龙江	61012109	4562124	56449985	60113562	4013047	56100514	775059	549077	225982	123488
上 海	84079684	13067609	71012075	82875122	13067609	69807514	54131		54131	1150431
江 苏	197692090	11409648	186282442	195360344	11404313	183956031	90758	5335	85423	2240987
浙 江	145837230	3460869	142376361	141386972	3460869	137926102	2966		2966	4447292
安 徽	106414229	2914786	103499443	105015023	2914153	102100870	94132	633	93500	1305073
福 建	88246100	2747890	85498210	87133522	2747890	84385633	79		79	1112498
江 西	98924158	8905	98915254	97779985	8520	97771465	14712	385	14327	1129462
山 东	189866500	4543278	185323223	186198525	4543278	181655247	284737		284737	3383238
河 南	153204623	211725	152992897	148026506	209730	147816776	42321	1995	40326	5135795
湖 北	118304547	13208470	105096077	117272321	13178655	104093667	77735	29816	47919	954491
湖 南	115040219	3856959	111183260	113171010	3856959	109314051	107026		107026	1762183
广 东	253769930	5388737	248381193	241588529	5204986	236383544	191865	183751	8114	11989536
广 西	87707159	1633	87705526	86469952	1633	86468319	231		231	1236975
海 南	23445529	13804	23431725	23166952	13804	23153148	4962		4962	273615
重 庆	67282644	3902310	63380334	65430557	3847454	61583103	74473	54855	19618	1777613
四 川	146269698	8074987	138194712	143038624	7949616	135089009	237351	125371	111979	2993724
贵 州	93661548	36329	93625219	92764473	36329	92728144	23405		23405	873671
云 南	103058322	34221	103024101	101630169	34221	101595948	40928		40928	1387225
西 藏	20854898		20854898	20743749		20743749				111150
陕 西	88508596	9173175	79335421	85739414	9171780	76567634	69332	1395	67938	2699850
甘 肃	58925810	2439481	56486329	58404079	2439481	55964599	2545		2545	519186
青 海	17991652	529	17991123	17767980	529	17767451	21848		21848	201823
宁 夏	16592213	566044	16026169	16416471	566044	15850428	9094		9094	166647
新 疆	81653710	7946736	73706973	73438216	96	73438120	7948250	7946640	1610	267244
大 连	10019981	10000	10009981	9920807	10000	9910807	7480		7480	91694
宁 波	20379482	102424	20277058	19659989	102424	19557565				719492
厦 门	11970773	1200	11969573	11634163	1200	11632963				336609
青 岛	22615158		22615158	22267138		22267138	11466		11466	336554
深 圳	41250882		41250882	36709575		36709575				4541307

2-6 基本建设经费

单位：千元

地区	总计			教育部门和其他部门			国有及国有控股企业办学			民办学校
	合计	中央	地方	合计	中央	地方	合计	中央	地方	地方
合计	**70616191**	**6985298**	**63630892**	**68958937**	**6475295**	**62483642**	**522472**	**510003**	**12469**	**1134781**
北京	5357806	1983685	3374122	5357806	1983685	3374122				
天津	278737	58590	220147	278737	58590	220147				
河北	1383209	11375	1371835	1383209	11375	1371835				
山西	739702		739702	739702		739702				
内蒙古	620125		620125	620125		620125				
辽宁	1198440	225100	973340	1185971	225100	960871	12469		12469	
吉林	980835	137250	843585	980835	137250	843585				
黑龙江	569234	69850	499384	569234	69850	499384				
上海	3564493	589450	2975043	3564493	589450	2975043				
江苏	1197287	394540	802747	1195067	394540	800527				2221
浙江	4357424	18000	4339424	4326600	18000	4308600				30824
安徽	1953211	15000	1938211	1953211	15000	1938211				
福建	2099524	147500	1952024	2099524	147500	1952024				
江西	1943430		1943430	1935828		1935828				7602
山东	739981	184060	555921	739981	184060	555921				
河南	3303552	300000	3003552	3303552	300000	3003552				
湖北	971300	971300		971300	971300					
湖南	1408730	247490	1161240	1368630	247490	1121140				40100
广东	13760599	229636	13530963	12779099	229636	12549463				981500
广西	2295449		2295449	2295449		2295449				
海南	827458	8750	818708	827458	8750	818708				
重庆	2135466	85390	2050076	2135466	85390	2050076				
四川	2696968	321080	2375888	2696968	321080	2375888				
贵州	1412974		1412974	1412974		1412974				
云南	1219272		1219272	1219272		1219272				
西藏	1931673		1931673	1931673		1931673				
陕西	3263868	357380	2906488	3244010	357380	2886630				19858
甘肃	1167002	119870	1047132	1167002	119870	1047132				
青海	1426332		1426332	1422494		1422494				3838
宁夏	312600		312600	272600		272600				40000
新疆	5499509	510003	4989505	4980668		4980668	510003	510003		8838
大连	310290		310290	310290		310290				
宁波	125361		125361	125361		125361				
厦门	431200		431200	431200		431200				
青岛										
深圳	11835120		11835120	10853620		10853620				981500

2-7 教育费附加

单位：千元

地区	总计			教育部门和其他部门			国有及国有控股企业办学			民办学校
	合计	中央	地方	合计	中央	地方	合计	中央	地方	地方
合 计	**153343122**	**37802**	**153305319**	**149599287**		**149599287**	**93747**	**37802**	**55945**	**3650088**
北 京	3125716		3125716	3124305		3124305				1410
天 津	1993126		1993126	1981128		1981128	9292		9292	2706
河 北	4981562		4981562	4838543		4838543				143018
山 西	3604041		3604041	3564233		3564233	1722		1722	38086
内蒙古	3052339		3052339	3036014		3036014				16325
辽 宁	3970979		3970979	3961573		3961573	6165		6165	3241
吉 林	2353579		2353579	2353430		2353430	4		4	144
黑龙江	1823073		1823073	1823073		1823073				
上 海	15008719		15008719	14563691		14563691				445028
江 苏	16961996		16961996	16644895		16644895				317101
浙 江	10024881		10024881	9448164		9448164	274		274	576442
安 徽	5710916		5710916	5614966		5614966	1000		1000	94950
福 建	4933751		4933751	4838689		4838689				95062
江 西	3991837		3991837	3971460		3971460				20377
山 东	14242185		14242185	13935568		13935568	32876		32876	273741
河 南	6105190		6105190	6005101		6005101				100089
湖 北										
湖 南	5432851		5432851	5348755		5348755	2000		2000	82096
广 东	18618350		18618350	17577866		17577866	1024		1024	1039460
广 西	2781102		2781102	2780977		2780977				125
海 南	647185		647185	647185		647185				
重 庆	2452928		2452928	2418594		2418594				34334
四 川	6429564		6429564	6346989		6346989	1494		1494	81080
贵 州	3348230		3348230	3332652		3332652				15578
云 南	2706010		2706010	2494153		2494153	33		33	211824
西 藏	115000		115000	115000		115000				
陕 西	3325892		3325892	3275674		3275674	60		60	50158
甘 肃	1762663		1762663	1760511		1760511				2152
青 海	476279		476279	472060		472060				4219
宁 夏	458132		458132	457732		457732				400
新 疆	2905048	37802	2867246	2866305		2866305	37802	37802		941
大 连	750291		750291	750092		750092	2		2	196
宁 波	1445699		1445699	1250797		1250797				194903
厦 门	1274942		1274942	1217007		1217007				57935
青 岛	3492454		3492454	3403703		3403703				88750
深 圳	5723254		5723254	5127825		5127825				595430

2-8 其他一般公共预算安排的教育经费

单位：千元

地区	总计			教育部门和其他部门			国有及国有控股企业办学			民办学校
	合计	中央	地方	合计	中央	地方	合计	中央	地方	地方
合计	**343313259**	**23506370**	**319806889**	**340516767**	**22778689**	**317738078**	**858826**	**727681**	**131146**	**1937665**
北京	18070697	5903824	12166873	18070517	5903824	12166693				180
天津	5669554	558131	5111423	5627992	558131	5069861	41562		41562	
河北	6155585	35686	6119899	6127971	35686	6092284	4586		4586	23028
山西	5937744	68583	5869161	5912012	68583	5843429	2515		2515	23217
内蒙古	11931220	110055	11821165	11918217	110055	11808162				13003
辽宁	12754325	488712	12265613	12744128	488712	12255415				10198
吉林	4866389	314087	4552301	4858359	314087	4544271	223		223	7807
黑龙江	8223601	1125722	7097879	8185311	1124131	7061180	38290	1591	36699	
上海	21806504	2995728	18810777	21780071	2995728	18784344	10753		10753	15680
江苏	18605698	1492790	17112908	18562892	1492790	17070102	146		146	42660
浙江	16510272	486572	16023700	16047059	486572	15560487				463214
安徽	11956789	1204830	10751960	11932205	1204830	10727376	18101		18101	6483
福建	6596147	286892	6309255	6583398	286892	6296506				12749
江西	5053252	15115	5038137	5029004	15115	5013889	55		55	24193
山东	9315979	593373	8722606	9277758	593373	8684385	959		959	37262
河南	25354765	26444	25328320	25095071	26444	25068626	10508		10508	249186
湖北	10067651	1661433	8406218	10017691	1661433	8356258				49960
湖南	7576232	864025	6712207	7549861	864025	6685835				26371
广东	37280168	2679032	34601136	36576320	2674173	33902147	5179	4858	321	698668
广西	9257759	6679	9251080	9249248	6679	9242569				8511
海南	4988045		4988045	4983722		4983722	40		40	4283
重庆	14454967	210088	14244878	14381646	184766	14196880	26230	25323	907	47091
四川	19112197	702845	18409352	19014376	685245	18329131	17837	17600	237	79984
贵州	7876281	1379	7874901	7859891	1379	7858512	3249		3249	13140
云南	17737573	5730	17731843	17692395	5730	17686665				45178
西藏	1950559	3	1950556	1950559	3	1950556				
陕西	3578144	793718	2784427	3569518	793718	2775800	285		285	8341
甘肃	7045441	162935	6882506	7040116	162935	6877181				5325
青海	3455134	8134	3447000	3452353	8134	3444219				2781
宁夏	3322693	20405	3302288	3304096	20405	3283691				18597
新疆	6801894	683419	6118475	6123011	5110	6117901	678309	678309		574
大连	2634265	1000	2633265	2634265	1000	2633265				
宁波	2273324	9351	2263973	2261335	9351	2251985				11989
厦门	1552386		1552386	1541331		1541331				11055
青岛	1381166		1381166	1381091		1381091				75
深圳	10421616		10421616	9917039		9917039				504577

2-9 科研经费

单位：千元

地 区	总 计			教育部门和其他部门			国有及国有控股企业办学			民办学校
	合计	中央	地方	合计	中央	地方	合计	中央	地方	地方
合 计	**23117995**	**12379998**	**10737997**	**22736070**	**12281178**	**10454891**	**98875**	**98820**	**55**	**283050**
北 京	2558223	2082768	475455	2558223	2082768	475455				
天 津	363039	198967	164072	363039	198967	164072				
河 北	194803		194803	194803		194803				
山 西	451903	66562	385340	451903	66562	385340				
内蒙古	524781	107770	417011	524781	107770	417011				
辽 宁	156137	73743	82393	156137	73743	82393				
吉 林	287745	139339	148407	287638	139339	148300				107
黑龙江	977224	937095	40129	977224	937095	40129				
上 海	3369996	2285230	1084766	3369996	2285230	1084766				
江 苏	1033582	615695	417887	1031632	615695	415937				1950
浙 江	805472	243004	562468	788491	243004	545487				16982
安 徽	1206721	1068945	137776	1206721	1068945	137776				
福 建	350176	128599	221576	350176	128599	221576				
江 西	263263	11879	251384	262284	11879	250404	55		55	925
山 东	1470293	84844	1385448	1470293	84844	1385448				
河 南	324003		324003	323947		323947				56
湖 北	793230	587629	205601	793065	587629	205436				165
湖 南	1058254	701564	356690	1057115	701564	355551				1139
广 东	5047977	2253601	2794376	4791428	2253601	2537827				256549
广 西	21644	6679	14965	18906	6679	12227				2738
海 南	99089		99089	98256		98256				833
重 庆	42301	39738	2563	41158	39738	1420				1143
四 川	390291	181004	209287	390291	181004	209287				
贵 州	16245		16245	16221		16221				24
云 南	348508		348508	348508		348508				
西 藏	6835		6835	6835		6835				
陕 西	457557	402883	54674	457557	402883	54674				
甘 肃	97228	63639	33589	96788	63639	33149				440
青 海	112400		112400	112400		112400				
宁 夏	134828		134828	134828		134828				
新 疆	154251	98820	55431	55431		55431	98820	98820		
大 连	10498		10498	10498		10498				
宁 波	29526		29526	24591		24591				4935
厦 门	47		47	47		47				
青 岛	65724		65724	65724		65724				
深 圳	1186261		1186261	946821		946821				239440

2-10 其他经费

单位：千元

地区	总计			教育部门和其他部门			国有及国有控股企业办学			民办学校
	合计	中央	地方	合计	中央	地方	合计	中央	地方	地方
合 计	**320195264**	**11126372**	**309068892**	**317780698**	**10497511**	**307283187**	**759951**	**628861**	**131091**	**1654615**
北 京	15512474	3821056	11691418	15512294	3821056	11691238				180
天 津	5306515	359164	4947351	5264953	359164	4905789	41562		41562	
河 北	5960783	35686	5925096	5933168	35686	5897482	4586		4586	23028
山 西	5485842	2021	5483821	5460110	2021	5458089	2515		2515	23217
内蒙古	11406440	2285	11404154	11393437	2285	11391151				13003
辽 宁	12598188	414969	12183220	12587991	414969	12173022				10198
吉 林	4578644	174749	4403895	4570721	174749	4395972	223		223	7700
黑龙江	7246377	188627	7057750	7208087	187036	7021051	38290	1591	36699	
上 海	18436508	710497	17726011	18410075	710497	17699578	10753		10753	15680
江 苏	17572116	877095	16695021	17531260	877095	16654165	146		146	40710
浙 江	15704800	243568	15461232	15258568	243568	15015000				446232
安 徽	10750069	135885	10614184	10725485	135885	10589600	18101		18101	6483
福 建	6245971	158293	6087679	6233222	158293	6074930				12749
江 西	4789989	3236	4786753	4766720	3236	4763484				23269
山 东	7845686	508528	7337158	7807465	508528	7298937	959		959	37262
河 南	25030762	26444	25004318	24771124	26444	24744680	10508		10508	249130
湖 北	9274422	1073804	8200618	9224627	1073804	8150822				49795
湖 南	6517979	162461	6355517	6492746	162461	6330285				25232
广 东	32232191	425431	31806760	31784893	420572	31364321	5179	4858	321	442119
广 西	9236115		9236115	9230342		9230342				5773
海 南	4888956		4888956	4885466		4885466	40		40	3450
重 庆	14412665	170350	14242315	14340488	145027	14195460	26230	25323	907	45948
四 川	18721906	521842	18200064	18624086	504242	18119844	17837	17600	237	79984
贵 州	7860036	1379	7858656	7843671	1379	7842291	3249		3249	13116
云 南	17389065	5730	17383335	17343887	5730	17338157				45178
西 藏	1943724	3	1943721	1943724	3	1943721				
陕 西	3120588	390835	2729753	3111961	390835	2721127	285		285	8341
甘 肃	6948213	99296	6848917	6943328	99296	6844032				4885
青 海	3342735	8134	3334601	3339954	8134	3331820				2781
宁 夏	3187864	20405	3167460	3169267	20405	3148863				18597
新 疆	6647643	584599	6063044	6067580	5110	6062470	579489	579489		574
大 连	2623767	1000	2622767	2623767	1000	2622767				
宁 波	2243798	9351	2234448	2236744	9351	2227394				7054
厦 门	1552339		1552339	1541284		1541284				11055
青 岛	1315442		1315442	1315367		1315367				75
深 圳	9235355		9235355	8970218		8970218				265137

2-11 政府性基金预算安排的教育经费

单位：千元

地 区	总 计			教育部门和其他部门			国有及国有控股企业办学			民办学校
	合计	中央	地方	合计	中央	地方	合计	中央	地方	地方
合 计	**45900419**	**884141**	**45016278**	**44798644**	**672037**	**44126607**	**212104**	**212104**		**889671**
北 京	785848	210980	574868	785843	210980	574863				5
天 津	3404421	114580	3289841	3404421	114580	3289841				
河 北	2562796	3197	2559599	2448670	3197	2445473				114126
山 西	2121502		2121502	2119779		2119779				1723
内蒙古	288714		288714	288714		288714				
辽 宁	105627		105627	105487		105487				140
吉 林	524274		524274	524274		524274				
黑龙江	180172	15120	165052	180052	15000	165052	120	120		
上 海	277068	157620	119448	277068	157620	119448				
江 苏	2964172	21710	2942462	2955724	21710	2934014				8449
浙 江	3975047	4970	3970077	3716936	4970	3711966				258112
安 徽	754425		754425	728348		728348				26077
福 建	1916184		1916184	1915750		1915750				435
江 西	219906		219906	219906		219906				
山 东	6832715	1200	6831515	6779547	1200	6778347				53168
河 南	2486749	4000	2482749	2459625	4000	2455625				27124
湖 北	509281		509281	508583		508583				698
湖 南	392714		392714	392614		392614				100
广 东	3056048	57780	2998268	2944854	57780	2887074				111194
广 西	2599700		2599700	2599614		2599614				86
海 南	696495		696495	696495		696495				
重 庆	512222		512222	512222		512222				
四 川	2386549	81000	2305549	2100619	81000	2019619				285930
贵 州	668669		668669	667669		667669				1000
云 南	1980683		1980683	1980357		1980357				326
西 藏	425208		425208	425208		425208				
陕 西	1628009		1628009	1627030		1627030				979
甘 肃	211224		211224	211224		211224				
青 海	763682		763682	763682		763682				
宁 夏	130693		130693	130693		130693				
新 疆	539622	211984	327637	327637		327637	211984	211984		
大 连	6714		6714	6714		6714				
宁 波	493069		493069	492664		492664				404
厦 门	328244		328244	328244		328244				
青 岛	57866		57866	57866		57866				
深 圳	74276		74276	73667		73667				608

2-12 彩票公益金

单位：千元

地区	总计			教育部门和其他部门			国有及国有控股企业办学			民办学校
	合计	中央	地方	合计	中央	地方	合计	中央	地方	地方
合计	**4852291**	**146719**	**4705572**	**4733109**	**81197**	**4651912**	**65522**	**65522**		**53660**
北京	64424	29820	34604	64420	29820	34600				5
天津	12435		12435	12435		12435				
河北	220238	3157	217081	220188	3157	217031				50
山西	264383		264383	264293		264293				90
内蒙古	156652		156652	156652		156652				
辽宁	74389		74389	74249		74249				140
吉林	82811		82811	82811		82811				
黑龙江	151791	120	151671	151671		151671	120	120		
上海	63869	39250	24619	63869	39250	24619				
江苏	198453		198453	198300		198300				153
浙江	175963	4970	170993	175467	4970	170497				496
安徽	232047		232047	205970		205970				26077
福建	75229		75229	74797		74797				432
江西	158362		158362	158362		158362				
山东	212401		212401	212356		212356				45
河南	373344	4000	369344	350770	4000	346770				22574
湖北	89524		89524	89524		89524				
湖南	104979		104979	104879		104879				100
广东	173946		173946	173057		173057				888
广西	94941		94941	94855		94855				86
海南	18059		18059	18059		18059				
重庆	117285		117285	117285		117285				
四川	239887		239887	239567		239567				320
贵州	276823		276823	275823		275823				1000
云南	157441		157441	157216		157216				226
西藏	78244		78244	78244		78244				
陕西	81862		81862	80883		80883				979
甘肃	63561		63561	63561		63561				
青海	416168		416168	416168		416168				
宁夏	93583		93583	93583		93583				
新疆	329195	65402	263793	263793		263793	65402	65402		
大连	6150		6150	6150		6150				
宁波	22428		22428	22428		22428				
厦门	3933		3933	3933		3933				
青岛	9617		9617	9617		9617				
深圳	36509		36509	35901		35901				608

2-13 国有及国有控股企业办学中的企业拨款

单位：千元

地区	总计			教育部门和其他部门			国有及国有控股企业办学			民办学校
	合计	中央	地方	合计	中央	地方	合计	中央	地方	地方
合计	**2302906**	**709912**	**1592994**				**2302906**	**709912**	**1592994**	
北京	115172	11269	103904				115172	11269	103904	
天津	38743		38743				38743		38743	
河北	54772	26521	28250				54772	26521	28250	
山西	199598		199598				199598		199598	
内蒙古	56293		56293				56293		56293	
辽宁	14598		14598				14598		14598	
吉林	59228		59228				59228		59228	
黑龙江	457180	455219	1960				457180	455219	1960	
上海	15922		15922				15922		15922	
江苏	9682	3742	5940				9682	3742	5940	
浙江	26181		26181				26181		26181	
安徽	60924		60924				60924		60924	
福建	27219		27219				27219		27219	
江西	5636	4252	1384				5636	4252	1384	
山东	572675		572675				572675		572675	
河南	134040	49045	84995				134040	49045	84995	
湖北	36801	1712	35089				36801	1712	35089	
湖南	22926		22926				22926		22926	
广东	37859	27251	10608				37859	27251	10608	
广西	3839		3839				3839		3839	
海南	698		698				698		698	
重庆	4415		4415				4415		4415	
四川	34634	24075	10560				34634	24075	10560	
贵州	33604		33604				33604		33604	
云南	32754		32754				32754		32754	
西藏										
陕西	69967		69967				69967		69967	
甘肃	54746		54746				54746		54746	
青海	820		820				820		820	
宁夏	9919		9919				9919		9919	
新疆	112060	106827	5232				112060	106827	5232	
大连										
宁波										
厦门										
青岛	48760		48760				48760		48760	
深圳										

2-14 校办产业和社会服务收入用于教育的经费

单位：千元

地区	总计			教育部门和其他部门			国有及国有控股企业办学			民办学校
	合计	中央	地方	合计	中央	地方	合计	中央	地方	地方
合 计	**4207899**	**2537278**	**1670621**	**3907200**	**2437812**	**1469388**	**300699**	**99466**	**201233**	
北 京	1032823	903681	129142	1025592	903681	121911	7231		7231	
天 津	64215	36576	27639	44636	18440	26197	19579	18137	1442	
河 北	18037	11021	7017	6071	322	5750	11966	10699	1267	
山 西	33422		33422	17141		17141	16281		16281	
内蒙古	7831		7831	5351		5351	2480		2480	
辽 宁	83872	4824	79048	83872	4824	79048				
吉 林	11583		11583	11583		11583				
黑龙江	37000	33345	3655	37000	33345	3655				
上 海	436318	385483	50835	376043	356994	19049	60275	28489	31785	
江 苏	317763	53293	264469	317763	53293	264469				
浙 江	663491	443454	220037	663491	443454	220037				
安 徽	150321	139421	10900	147818	139421	8397	2503		2503	
福 建	63396	36577	26819	63396	36577	26819				
江 西	18419		18419	3346		3346	15072		15072	
山 东	263966	168475	95491	236977	168475	68502	26989		26989	
河 南	135703	91	135613	123041		123041	12662	91	12571	
湖 北	204780	126986	77793	192826	115033	77793	11953	11953		
湖 南	60588	35500	25088	60578	35500	25078	10		10	
广 东	83545	21367	62179	76037	13858	62179	7508	7508		
广 西	41388		41388	41388		41388				
海 南	1645		1645	238		238	1407		1407	
重 庆	40416	22519	17896	40397	22519	17878	19		19	
四 川	174842	35699	139144	108880	32781	76100	65962	2918	63044	
贵 州	8053		8053	8053		8053				
云 南	87423		87423	69973		69973	17450		17450	
西 藏										
陕 西	93802	48017	45785	93340	48017	45323	462		462	
甘 肃	16898	11280	5619	16898	11280	5619				
青 海	1292		1292	73		73	1219		1219	
宁 夏										
新 疆	55068	19671	35397	35397		35397	19671	19671		
大 连										
宁 波	45427		45427	45427		45427				
厦 门	8476		8476	8476		8476				
青 岛										
深 圳	1875		1875	1875		1875				

2-15 其他属于国家财政性教育经费

单位：千元

地区	总计			教育部门和其他部门			国有及国有控股企业办学			民办学校
	合计	中央	地方	合计	中央	地方	合计	中央	地方	地方
合计	**54171580**	**43146159**	**11025422**	**53950084**	**43130468**	**10819616**	**91576**	**15691**	**75886**	**129920**
北京	12294086	10724423	1569664	12294086	10724423	1569664				
天津	1566860	1403889	162971	1566214	1403889	162325				646
河北	339755	222100	117656	339713	222100	117614				42
山西	190290	98616	91673	188956	98616	90339				1334
内蒙古	96308	56448	39860	96308	56448	39860				
辽宁	1573981	1282512	291470	1569474	1282512	286962				4508
吉林	1062670	665041	397629	1061101	665041	396060				1568
黑龙江	1451051	1378790	72261	1450997	1378790	72207				54
上海	4689390	3601337	1088053	4685239	3601337	1083902				4151
江苏	5503681	4455540	1048141	5497995	4455540	1042455				5686
浙江	3447280	2818081	629200	3400728	2818081	582647				46552
安徽	2069856	1644722	425134	2069856	1644722	425134				
福建	1214537	823637	390899	1211526	823637	387888				3011
江西	278913	204417	74496	277472	204417	73056				1440
山东	2200684	1556939	643745	2196966	1556939	640028	20		20	3698
河南	743724	657625	86099	729740	657625	72115				13984
湖北	4132480	3508163	624317	4131238	3508163	623075				1242
湖南	796543	538082	258460	794534	538082	256452	1720		1720	289
广东	1667578	952119	715459	1640787	952119	688669				26791
广西	523325	170893	352432	523278	170893	352385				47
海南	28279	17748	10531	22724	17748	4975				5556
重庆	929488	746388	183100	929478	746388	183090				10
四川	2597708	1956448	641260	2595075	1956448	638627				2633
贵州	302771	150115	152657	302753	150115	152639				18
云南	531494	373850	157644	530863	373850	157013				631
西藏	7998	423	7575	7998	423	7575				
陕西	3041675	2532458	509217	3035646	2532458	503189				6028
甘肃	516771	343308	173463	516457	343268	173189	314	40	274	
青海	61485	52141	9344	61485	52141	9344				
宁夏	69959	64183	5776	69959	64183	5776				
新疆	240960	145725	95236	151438	130074	21364	89523	15651	73872	
大连	18468	16321	2147	18468	16321	2147				
宁波	54102		54102	19970		19970				34132
厦门	33648	7594	26054	33273	7594	25680				374
青岛										
深圳	726977	458658	268319	710317	458658	251659				16660

2-16 民办学校中举办者投入

单位：千元

地区	总计			教育部门和其他部门			国有及国有控股企业办学			民办学校
	合计	中央	地方	合计	中央	地方	合计	中央	地方	地方
合计	**24062098**		**24062098**							**24062098**
北京	87108		87108							87108
天津	60988		60988							60988
河北	572901		572901							572901
山西	447809		447809							447809
内蒙古	175365		175365							175365
辽宁	165672		165672							165672
吉林	208943		208943							208943
黑龙江	95383		95383							95383
上海	102107		102107							102107
江苏	1528001		1528001							1528001
浙江	3164943		3164943							3164943
安徽	959446		959446							959446
福建	649897		649897							649897
江西	642289		642289							642289
山东	1147842		1147842							1147842
河南	2156126		2156126							2156126
湖北	699352		699352							699352
湖南	2546588		2546588							2546588
广东	2936356		2936356							2936356
广西	443835		443835							443835
海南	659224		659224							659224
重庆	366924		366924							366924
四川	2237749		2237749							2237749
贵州	495788		495788							495788
云南	653755		653755							653755
西藏										
陕西	470615		470615							470615
甘肃	225921		225921							225921
青海	53651		53651							53651
宁夏	66843		66843							66843
新疆	40676		40676							40676
大连	30693		30693							30693
宁波	134276		134276							134276
厦门	48909		48909							48909
青岛	87181		87181							87181
深圳	313862		313862							313862

2-17 捐赠收入

单位：千元

地区	总计			教育部门和其他部门			国有及国有控股企业办学			民办学校
	合计	中央	地方	合计	中央	地方	合计	中央	地方	地方
合计	**9475745**	**3573670**	**5902075**	**7741383**	**3525876**	**4215507**	**56875**	**47794**	**9081**	**1677487**
北京	2105287	2040254	65033	2075754	2040254	35500	40		40	29493
天津	109312	72171	37141	97037	72171	24866	169		169	12106
河北	116268	6925	109344	103156	6925	96231				13112
山西	25525		25525	17756		17756	4154		4154	3615
内蒙古	77090		77090	74363		74363				2727
辽宁	53014	27133	25882	50558	27133	23426				2456
吉林	129235	19485	109750	63910	19485	44425				65325
黑龙江	34643	19688	14955	34051	19654	14398	75	35	40	517
上海	582655	456860	125794	466090	456860	9229	406		406	116159
江苏	915523	178911	736613	566759	178911	387849				348764
浙江	649251	23990	625261	243312	23990	219322				405938
安徽	226691	8572	218119	203860	8572	195288	23		23	22808
福建	705855	113385	592469	670035	113385	556650				35819
江西	97895		97895	77787		77787				20108
山东	234399	52894	181505	187495	52894	134601	3322		3322	43582
河南	101888		101888	79542		79542	6		6	22340
湖北	283461	99158	184303	269422	99158	170264	61		61	13978
湖南	157750	21580	136170	92494	21580	70914				65256
广东	1191490	176188	1015302	948363	176184	772179	32	4	28	243095
广西	138622		138622	108101		108101				30520
海南	23593		23593	14304		14304				9289
重庆	178278	37508	140771	108948	37508	71440				69331
四川	493846	63923	429923	427253	63747	363506	223	176	47	66370
贵州	71650		71650	65895		65895				5754
云南	275719		275719	265881		265881	700		700	9139
西藏	55030		55030	55030		55030				
陕西	178108	95227	82882	165737	95227	70510	84		84	12287
甘肃	52576	12239	40337	50753	12239	38514				1823
青海	19656		19656	19656		19656				
宁夏	20107		20107	14687		14687				5420
新疆	171329	47580	123749	123395		123395	47580	47580		354
大连	3356		3356	2591		2591				766
宁波	30451		30451	22715		22715				7736
厦门	10872		10872	9893		9893				979
青岛	47596		47596	40925		40925				6671
深圳	157228		157228	79364		79364				77865

2-18 港澳台及海外捐赠

单位：千元

地区	总计			教育部门和其他部门			国有及国有控股企业办学			民办学校
	合计	中央	地方	合计	中央	地方	合计	中央	地方	地方
合 计	**717889**	**164943**	**552946**	**569995**	**164943**	**405052**				**147894**
北 京	101937	100151	1785	100277	100151	125				1660
天 津	219		219	219		219				
河 北	5720		5720	5720		5720				
山 西	280		280	280		280				
内蒙古	708		708	708		708				
辽 宁	1528	1414	113	1528	1414	113				
吉 林	8383	56	8326	8383	56	8326				
黑龙江	30		30	30		30				
上 海	49914	45895	4020	46370	45895	475				3545
江 苏	2775	74	2701	1544	74	1470				1231
浙 江	141454	14	141440	14507	14	14494				126946
安 徽	178		178	50		50				128
福 建	62482	191	62291	62294	191	62103				187
江 西										
山 东	264	140	124	264	140	124				
河 南	2747		2747	2747		2747				
湖 北	2226	1341	885	2226	1341	885				
湖 南	1629	865	764	1629	865	764				
广 东	299748	2994	296754	287551	2994	284557				12197
广 西	4038		4038	2058		2058				1980
海 南										
重 庆	11581	11581		11581	11581					
四 川	473		473	473		473				
贵 州	3143		3143	3143		3143				
云 南	12498		12498	12498		12498				
西 藏										
陕 西	573		573	553		553				20
甘 肃	2046	227	1819	2046	227	1819				
青 海										
宁 夏	1317		1317	1317		1317				
新 疆										
大 连										
宁 波	11537		11537	11497		11497				40
厦 门										
青 岛	69		69	69		69				
深 圳	265		265							265

2-19 事业收入

单位：千元

地区	总计			教育部门和其他部门			国有及国有控股企业办学			民办学校
	合计	中央	地方	合计	中央	地方	合计	中央	地方	地方
合计	**773824986**	**97151548**	**676673438**	**379123763**	**95873243**	**283250520**	**5287504**	**1278305**	**4009199**	**389413719**
北京	46231975	29716812	16515163	34658752	29710934	4947818	138266	5878	132388	11434957
天津	11196059	2683151	8512907	7249096	2680531	4568565	162209	2621	159588	3784754
河北	28759749	513464	28246285	11937662	466641	11471021	388345	46823	341521	16433742
山西	14990002	5095	14984907	6888049	5095	6882954	171014		171014	7930939
内蒙古	7036425	5703	7030723	4506744	5703	4501041	55742		55742	2473939
辽宁	21203529	2644436	18559093	11832704	2644436	9188268	182246		182246	9188578
吉林	12552775	1926111	10626664	6792411	1926111	4866300	25007		25007	5735358
黑龙江	13037557	3606931	9430626	8479680	3332880	5146800	477671	274050	203621	4080206
上海	31044428	10251317	20793111	17548079	10251317	7296762	106067		106067	13390282
江苏	53019079	6721219	46297860	30429122	6710793	23718328	127047	10426	116621	22462910
浙江	48765427	3498317	45267110	20539602	3498317	17041285	72452		72452	28153373
安徽	23997047	1011362	22985685	11158532	1011361	10147171	285646	1	285645	12552869
福建	22394319	1926096	20468223	11202838	1926096	9276741	3313		3313	11188168
江西	19244438	666	19243772	8594321		8594321	86744	666	86078	10563374
山东	44961710	3246324	41715387	24355545	3246324	21109221	577776		577776	20028390
河南	47157715	115466	47042248	16665385	59768	16605617	376822	55698	321124	30115507
湖北	34019768	6285907	27733861	18089876	6101523	11988353	275186	184384	90802	15654706
湖南	33862808	1938746	31924062	16156029	1938746	14217283	114018		114018	17592761
广东	102538681	3974434	98564247	32202468	3942986	28259482	115035	31449	83587	70221178
广西	20668465	533	20667932	11642117	533	11641583	28939		28939	8997409
海南	5672075	16764	5655311	1559760	16764	1542995	14972		14972	4097344
重庆	18980141	2712892	16267249	10311702	2640072	7671630	91111	72820	18292	8577327
四川	40609470	6436324	34173146	18750568	6346840	12403729	332166	89484	242682	21526735
贵州	13949882		13949882	6370461		6370461	42000		42000	7537421
云南	15574965	5707	15569257	6743726	5707	6738018	183820		183820	8647419
西藏	253655		253655	197444		197444				56211
陕西	27045019	6390932	20654088	15541691	6387466	9154225	195704	3465	192239	11307624
甘肃	6946480	791106	6155374	4756249	791106	3965142	67759		67759	2122472
青海	1385748	6503	1379244	916333	6503	909830	9308		9308	460107
宁夏	2546512	206849	2339663	1030190	206849	823341	61159		61159	1455163
新疆	4179082	512379	3666704	2016629	11839	2004790	519958	500540	19418	1642496
大连	1781610	20638	1760972	613272	20638	592634	12544		12544	1155794
宁波	6617185		6617185	2123602		2123602				4493582
厦门	2171979	3700	2168279	742550	3700	738849				1429429
青岛	4208037		4208037	970053		970053	75453		75453	3162531
深圳	15206732		15206732	2640030		2640030				12566703

2-20 学费

单位：千元

地区	总计			教育部门和其他部门			国有及国有控股企业办学			民办学校
	合计	中央	地方	合计	中央	地方	合计	中央	地方	地方
合 计	**589583432**	**33094044**	**556489388**	**229659541**	**32202231**	**197457310**	**3955050**	**891813**	**3063236**	**355968842**
北 京	21932780	8619205	13313576	11059070	8618395	2440674	115958	809	115149	10757752
天 津	8307224	1055824	7251400	4585442	1053612	3531830	124964	2212	122753	3596818
河 北	24128738	306117	23822621	8809942	259988	8549954	254432	46129	208303	15064364
山 西	12164076	3295	12160781	4777696	3295	4774401	155199		155199	7231181
内蒙古	5786950	5703	5781247	3357640	5703	3351937	54124		54124	2375186
辽 宁	16393112	1188644	15204468	7824146	1188644	6635502	137810		137810	8431156
吉 林	10063535	844021	9219514	4620219	844021	3776198	25007		25007	5418309
黑龙江	8889898	751851	8138047	4785314	605904	4179410	322938	145946	176991	3781646
上 海	20441131	3173327	17267803	7744153	3173327	4570826	57737		57737	12639241
江 苏	39004255	2187022	36817234	18170481	2178479	15992002	90838	8542	82296	20742936
浙 江	37406212	701155	36705058	11425668	701155	10724513	70184		70184	25910361
安 徽	19154357	581695	18572661	7751168	581695	7169472	146701		146701	11256488
福 建	17501537	630793	16870743	6981169	630793	6350376	3281		3281	10517086
江 西	15430395	435	15429960	5910373		5910373	78313	435	77877	9441710
山 东	36886510	1089193	35797317	18034014	1089193	16944822	425064		425064	18427431
河 南	40037243	101085	39936157	12610895	49038	12561857	342089	52047	290042	27084259
湖 北	25962394	3051271	22911123	11483216	2924548	8558668	201177	126723	74454	14278001
湖 南	26636743	810083	25826660	10975642	810083	10165559	58291		58291	15602810
广 东	86260872	1576359	84684513	21857426	1556901	20300525	91389	19458	71931	64312058
广 西	15684663	533	15684129	7344016	533	7343482	26050		26050	8314597
海 南	4486463	15155	4471308	1032629	15155	1017474	6216		6216	3447618
重 庆	14099599	1174611	12924988	5992950	1118355	4874595	74134	56257	17877	8032516
四 川	30097292	2320676	27776617	10283936	2245259	8038678	266735	75417	191318	19546621
贵 州	10636637		10636637	4232037		4232037	36194		36194	6368406
云 南	12729106	5707	12723398	4624705	5707	4618997	149119		149119	7955282
西 藏	143443		143443	97813		97813				45630
陕 西	17721433	1872009	15849424	7381006	1869343	5511663	185592	2666	182926	10154835
甘 肃	5550887	547078	5003809	3465536	547078	2918458	64350		64350	2021001
青 海	934619	5191	929428	477745	5191	472554	9302		9302	447572
宁 夏	2060338	111323	1949014	678788	111323	567465	7419		7419	1374130
新 疆	3050991	364684	2686307	1284708	9512	1275196	374443	355172	19271	1391840
大 连	1630402	20638	1609764	500393	20638	479755	12544		12544	1117466
宁 波	5744187		5744187	1493101		1493101				4251087
厦 门	1988889	3700	1985189	630308	3700	626608				1358581
青 岛	3890342		3890342	864282		864282	41355		41355	2984705
深 圳	12826717		12826717	1412033		1412033				11414684

2-21 其他教育经费

单位：千元

地区	总计			教育部门和其他部门			国有及国有控股企业办学			民办学校
	合计	中央	地方	合计	中央	地方	合计	中央	地方	地方
合计	**107359927**	**24285035**	**83074892**	**95547934**	**23956464**	**71591469**	**843028**	**328570**	**514457**	**10968965**
北京	11634697	9664740	1969957	11101880	9664736	1437144	19544	4	19540	513273
天津	1834528	363138	1471390	1699084	355399	1343685	53732	7739	45993	81713
河北	758965	73717	685248	581852	73717	508135	23585		23585	153528
山西	675800	2886	672914	586475	2886	583590	13141		13141	76183
内蒙古	1427657		1427657	1402695		1402695	3516		3516	21445
辽宁	1067629	350640	716989	834936	350640	484297	336		336	232357
吉林	1857707	542752	1314955	1744523	542752	1201771	6298		6298	106886
黑龙江	924790	457274	467516	808838	445257	363581	58425	12017	46408	57527
上海	6463248	2436730	4026518	5524316	2436721	3087595	17345	8	17337	921586
江苏	10254196	1474032	8780163	9200107	1466239	7733867	39307	7793	31514	1014782
浙江	14232556	809614	13422942	12330353	809614	11520740	3029		3029	1899173
安徽	3134270	331644	2802626	2956712	331642	2625070	22163	2	22162	155394
福建	3064922	350361	2714561	2726187	350361	2375826	8		8	338727
江西	1344041	1166	1342875	1021979		1021979	9997	1166	8831	312065
山东	3928426	467789	3460637	3554027	467789	3086238	146487		146487	227911
河南	3427475	12129	3415346	3087077	12129	3074948	20676		20676	319722
湖北	4201324	1784220	2417104	3916690	1779239	2137451	15719	4981	10738	268915
湖南	3990246	779781	3210465	3583492	779781	2803711	4090		4090	402663
广东	6537518	1129004	5408514	5001042	1124661	3876381	13099	4342	8756	1523377
广西	2085272		2085272	1815129		1815129	214		214	269929
海南	843488	1856	841632	729207	1856	727351	1		1	114280
重庆	2938412	396466	2541946	2474130	372507	2101623	37448	23960	13489	426834
四川	3482043	1149014	2333029	2738283	1145941	1592342	20848	3073	17775	722912
贵州	5686057		5686057	5528204		5528204	411		411	157442
云南	1999373		1999373	1806472		1806472	23056		23056	169845
西藏	35989		35989	35324		35324				665
陕西	3173072	1235052	1938020	2886479	1230284	1656195	29774	4768	25006	256819
甘肃	1182284	178681	1003603	1148816	178681	970135	220		220	33248
青海	837298	2634	834664	804732	2634	802098	10		10	32556
宁夏	824606	27020	797586	784615	27020	757594				39992
新疆	3512037	262696	3249341	3134275	3979	3130296	260547	258717	1831	117214
大连	106932	58	106874	98598	58	98540				8334
宁波	701927		701927	430982		430982				270944
厦门	483683		483683	421499		421499				62184
青岛	191061		191061	108696		108696	21821		21821	60545
深圳	937061		937061	672552		672552				264510

第三部分

各地区各级各类教育机构教育经费收入

3-1 教育经费收入情况

地区	总计	国家财政性教育经费	一般公共预算安排的教育经费	一般公共预算教育经费	教育事业费	基本建设经费	教育费附加	科研经费	其他
合计	**4563891799**	**3649169044**	**3542586239**	**3199272981**	**2975313669**	**70616191**	**153343122**	**23117995**	**320195264**
北京	246029431	185970365	171742436	153671739	145188217	5357806	3125716	2558223	15512474
天津	74304364	61103477	56029238	50359683	48087821	278737	1993126	363039	5306515
河北	175946312	145738430	142763070	136607484	130242714	1383209	4981562	194803	5960783
山西	91517240	75378104	72833292	66895548	62551805	739702	3604041	451903	5485842
内蒙古	77800030	69083492	68634345	56703125	53030662	620125	3052339	524781	11406440
辽宁	107644863	85155019	83376941	70622616	65453197	1198440	3970979	156137	12598188
吉林	77023275	62274614	60616859	55750470	52416057	980835	2353579	287745	4578644
黑龙江	87845792	73753419	71628016	63404416	61012109	569234	1823073	977224	7246377
上海	168070536	129878098	124459400	102652896	84079684	3564493	15008719	3369996	18436508
江苏	308969168	243252369	234457071	215851373	197692090	1197287	16961996	1033582	17572116
浙江	251653984	184841807	176729807	160219535	145837230	4357424	10024881	805472	15704800
安徽	157388125	129070671	126035146	114078356	106414229	1953211	5710916	1206721	10750069
福建	131911851	105096858	101875522	95279375	88246100	2099524	4933751	350176	6245971
江西	131764215	110435552	109912678	104859426	98924158	1943430	3991837	263263	4789989
山东	274307062	224034685	214164645	204848666	189866500	739981	14242185	1470293	7845686
河南	244311550	191468346	187968130	162613365	153204623	3303552	6105190	324003	25030762
湖北	173430746	134226841	129343499	119275847	118304547	971300		793230	9274422
湖南	171288195	130730803	129458031	121881799	115040219	1408730	5432851	1058254	6517979
广东	441478122	328274077	323429046	286148879	253769930	13760599	18618350	5047977	32232191
广西	128545914	105209720	102041469	92783710	87707159	2295449	2781102	21644	9236115
海南	37833715	30635334	29908217	24920172	23445529	827458	647185	99089	4888956
重庆	110276300	87812545	86326004	71871037	67282644	2135466	2452928	42301	14412665
四川	226525267	179702160	174508427	155396230	146269698	2696968	6429564	390291	18721906
贵州	127515506	107312130	106299033	98422752	93661548	1412974	3348230	16245	7860036
云南	145857342	127353530	124721176	106983604	103058322	1219272	2706010	348508	17389065
西藏	25630009	25285336	24852130	22901572	20854898	1931673	115000	6835	1943724
陕西	134376768	103509953	98676500	95098356	88508596	3263868	3325892	457557	3120588
甘肃	78107817	69700555	68900916	61855475	58925810	1167002	1762663	97228	6948213
青海	26473029	24176675	23349397	19894263	17991652	1426332	476279	112400	3342735
宁夏	24354277	20896209	20685638	17362945	16592213	312600	458132	134828	3187864
新疆	105710994	97807869	96860160	90058266	81653710	5499509	2905048	154251	6647643
大连	15662598	13740007	13714826	11080561	10019981	310290	750291	10498	2623767
宁波	32300301	24816463	24223865	21950541	20379482	125361	1445699	29526	2243798
厦门	18315110	15599667	15229300	13676915	11970773	431200	1274942	47	1552339
青岛	32129280	27595405	27488778	26107612	22615158		3492454	65724	1315442
深圳	86648885	70034000	69230873	58809257	41250882	11835120	5723254	1186261	9235355

(各级各类教育机构)

单位：千元

政府性基金预算安排的教育经费	#彩票公益金	国有及国有控股企业办学中的企业拨款	校办产业和社会服务收入中用于教育的经费	其他属于国家财政性教育经费	民办学校中举办者投入	捐赠收入	事业收入	#学费	其他教育经费
45900419	**4852291**	**2302906**	**4207899**	**54171580**	**24062098**	**9475745**	**773824986**	**589583432**	**107359927**
785848	64424	115172	1032823	12294086	87108	2105287	46231975	21932780	11634697
3404421	12435	38743	64215	1566860	60988	109312	11196059	8307224	1834528
2562796	220238	54772	18037	339755	572901	116268	28759749	24128738	758965
2121502	264383	199598	33422	190290	447809	25525	14990002	12164076	675800
288714	156652	56293	7831	96308	175365	77090	7036425	5786950	1427657
105627	74389	14598	83872	1573981	165672	53014	21203529	16393112	1067629
524274	82811	59228	11583	1062670	208943	129235	12552775	10063535	1857707
180172	151791	457180	37000	1451051	95383	34643	13037557	8889898	924790
277068	63869	15922	436318	4689390	102107	582655	31044428	20441131	6463248
2964172	198453	9682	317763	5503681	1528001	915523	53019079	39004255	10254196
3975047	175963	26181	663491	3447280	3164943	649251	48765427	37406212	14232556
754425	232047	60924	150321	2069856	959446	226691	23997047	19154357	3134270
1916184	75229	27219	63396	1214537	649897	705855	22394319	17501537	3064922
219906	158362	5636	18419	278913	642289	97895	19244438	15430395	1344041
6832715	212401	572675	263966	2200684	1147842	234399	44961710	36886510	3928426
2486749	373344	134040	135703	743724	2156126	101888	47157715	40037243	3427475
509281	89524	36801	204780	4132480	699352	283461	34019768	25962394	4201324
392714	104979	22926	60588	796543	2546588	157750	33862808	26636743	3990246
3056048	173946	37859	83545	1667578	2936356	1191490	102538681	86260872	6537518
2599700	94941	3839	41388	523325	443835	138622	20668465	15684663	2085272
696495	18059	698	1645	28279	659224	23593	5672075	4486463	843488
512222	117285	4415	40416	929488	366924	178278	18980141	14099599	2938412
2386549	239887	34634	174842	2597708	2237749	493846	40609470	30097292	3482043
668669	276823	33604	8053	302771	495788	71650	13949882	10636637	5686057
1980683	157441	32754	87423	531494	653755	275719	15574965	12729106	1999373
425208	78244			7998		55030	253655	143443	35989
1628009	81862	69967	93802	3041675	470615	178108	27045019	17721433	3173072
211224	63561	54746	16898	516771	225921	52576	6946480	5550887	1182284
763682	416168	820	1292	61485	53651	19656	1385748	934619	837298
130693	93583	9919		69959	66843	20107	2546512	2060338	824606
539622	329195	112060	55068	240960	40676	171329	4179082	3050991	3512037
6714	6130			18468	30693	3356	1781610	1630402	106932
493069	22428		45427	54102	134276	30451	6617185	5744187	701927
328244	3933		8476	33648	48909	10872	2171979	1988889	483683
57866	9617	48760			87181	47596	4208037	3890342	191061
74276	36509		1875	726977	313862	157228	15206732	12826717	937061

3-2 教育经费收入情况

地区	总计	国家财政性教育经费	一般公共预算安排的教育经费	一般公共预算教育经费	教育事业费	基本建设经费	教育费附加	科研经费	其他
合计	**4177410047**	**3387697544**	**3328888391**	**3013079301**	**2796585435**	**63459073**	**153034793**	**8938916**	**306870175**
北京	129320590	110683329	109145516	98394878	91895041	3374122	3125716	84588	10666049
天津	59888818	49806392	49386987	44305352	42092080	220147	1993126	188080	4893555
河北	174101956	144488179	141579240	135457341	129103945	1371835	4981562	194803	5927096
山西	91502085	75370929	72826118	66888885	62545142	739702	3604041	451903	5485330
内蒙古	77793966	69083131	68633984	56703125	53030662	620125	3052339	524781	11406078
辽宁	97887367	78419732	77692638	65411188	60473569	966640	3970979	88822	12192628
吉林	68309364	56049051	55297299	50744338	47547174	843585	2353579	148537	4404425
黑龙江	76063847	66055367	65783886	58686008	56366040	496895	1823073	40129	7057750
上海	129438592	104391062	102662173	85470833	67590257	2945153	14935422	131713	17059626
江苏	282102152	224759515	219823512	202760090	184995346	802747	16961996	387953	16675469
浙江	238768042	176287786	171408667	155608329	141446254	4334424	9827651	385793	15414545
安徽	149943600	122977723	121739221	110961176	103312048	1938211	5710916	137776	10640270
福建	125261576	100836426	98327869	92112456	85226680	1952024	4933751	163516	6051897
江西	131757314	110430484	109911862	104859042	98923774	1943430	3991837	263263	4789557
山东	263144017	216638647	208430794	199750814	184952709	555921	14242185	1407793	7272187
河南	243607572	190891963	187441955	162113634	153004892	3003552	6105190	324003	25004318
湖北	144613675	113579055	112785326	104308052	104308052			263705	8213569
湖南	162894157	125076872	124536245	117686664	111092573	1161240	5432851	597157	6252424
广东	424144052	316219632	311544615	277808408	245659095	13530963	18618350	2045771	31690436
广西	128545381	105209720	102041469	92783710	87707159	2295449	2781102	21644	9236115
海南	37805251	30625491	29898373	24910329	23444436	818708	647185	99089	4888956
重庆	101677554	82360665	81657473	67412595	62909591	2050076	2452928	2563	14242315
四川	207494087	168320241	165330570	146872124	138081672	2360888	6429564	215562	18242884
贵州	127514428	107311051	106297954	98422752	93661548	1412974	3348230	16245	7858957
云南	145848649	127350545	124718191	106981878	103056596	1219272	2706010	348508	17387805
西藏	25630009	25285336	24852130	22901572	20854898	1931673	115000	6835	1943724
陕西	112984900	89839296	87880066	85241781	79122141	2793748	3325892	62138	2576147
甘肃	74116927	66691693	66153579	59274560	56464764	1047132	1762663	33589	6845431
青海	26455228	24168012	23340734	19893734	17991123	1426332	476279	112400	3334601
宁夏	23514396	20290197	20079626	16796901	16026169	312600	458132	134828	3147896
新疆	95280493	88200023	87680319	81556754	73700003	4989505	2867246	55431	6068134
大连	15629881	13727986	13702805	11068541	10007960	310290	750291	10498	2623767
宁波	32199877	24716039	24123441	21850117	20279058	125361	1445699	29526	2243798
厦门	18310210	15598467	15228100	13675715	11969573	431200	1274942	47	1552339
青岛	32129280	27595405	27488778	26107612	22615158		3492454	65724	1315442
深圳	86648885	70034000	69230873	58809257	41250882	11835120	5723254	1186261	9235355

（地方各级各类教育机构）

单位：千元

政府性基金预算安排的教育经费	#彩票公益金	国有及国有控股企业办学中的企业拨款	校办产业和社会服务收入中用于教育的经费	其他属于国家财政性教育经费	民办学校中举办者投入	捐赠收入	事业收入	#学费	其他教育经费
41785819	**4751279**	**1592994**	**1670621**	**13759719**	**24062098**	**5902075**	**676673438**	**556489388**	**83074892**
574868	34604	103904	129142	729899	87108	65033	16515163	13313576	1969957
12435	12435	38743	27639	340587	60988	37141	8512907	7251400	1471390
2562796	220238	28250	7017	310876	572901	109344	28246285	23822621	685248
2121502	264383	199598	33422	190290	447809	25525	14984907	12160781	672914
288714	156652	56293	7831	96308	175365	77090	7030723	5781247	1427657
105627	74389	14598	79048	527821	165672	25882	18559093	15204468	716989
524274	82811	59228	11583	156667	208943	109750	10626664	9219514	1314955
165052	151671	1960	3655	100813	95383	14955	9430626	8138047	467516
158698	63869	15922	50835	1503435	102107	125794	20793111	17267803	4026518
2942462	198453	5940	264469	1723131	1528001	736613	46297860	36817234	8780163
3970077	170993	26181	220037	662823	3164943	625261	45267110	36705058	13422942
754425	232047	60924	10900	412254	959446	218119	22985685	18572661	2802626
1915484	74529	27219	26819	539035	649897	592469	20468223	16870743	2714561
219906	158362	1384	18419	278913	642289	97895	19243772	15429960	1342875
6832715	212401	572675	95491	706972	1147842	181505	41715387	35797317	3460637
2486749	373344	84995	135613	742652	2156126	101888	47042248	39936157	3415346
509281	89524	35089	77793	171565	699352	184303	27733861	22911123	2417104
392714	104979	22926	25088	99899	2546588	136170	31924062	25826660	3210465
2998268	173946	10608	62179	1603962	2936356	1015302	98564247	84684513	5408514
2599700	94941	3839	41388	523325	443835	138622	20667932	15684129	2085272
696495	18059	698	1645	28279	659224	23593	5655311	4471308	841632
512222	117285	4415	17896	168658	366924	140771	16267249	12924988	2541946
2305549	239887	10560	139144	534419	2237749	429923	34173146	27776617	2333029
668669	276823	33604	8053	302771	495788	71650	13949882	10636637	5686057
1980683	157441	32754	87423	531494	653755	275719	15569257	12723398	1999373
425208	78244			7998		55030	253655	143443	35989
1628009	81862	69967	45785	215468	470615	82882	20654088	15849424	1938020
211224	63561	54746	5619	266524	225921	40337	6155374	5003809	1003603
763682	416168	820	1292	61485	53651	19656	1379244	929428	834664
130693	93583	9919		69959	66843	20107	2339663	1949014	797586
327637	263793	5232	35397	151438	40676	123749	3666704	2686307	3249341
6714	6150			18468	30693	3356	1760972	1609764	106874
493069	22428		45427	54102	134276	30451	6617185	5744187	701927
328244	3933		8476	33648	48909	10872	2168279	1985189	483683
57866	9617	48760			87181	47596	4208037	3890342	191061
74276	36509		1875	726977	313862	157228	15206732	12826717	937061

3-3 教育经费收入情况

地区	总计	国家财政性教育经费	一般公共预算安排的教育经费	一般公共预算教育经费	教育事业费	基本建设经费	教育费附加	科研经费	其他
合计	**1202182996**	**754597888**	**681271550**	**611282643**	**581575303**	**24548785**	**5158555**	**22837464**	**47151443**
北京	126430243	86024117	72567606	66696831	63622528	3051300	23002	2442449	3428327
天津	31975246	22417714	17421769	15601912	15463071	103590	35251	362609	1457248
河北	33228554	20803723	20152780	19656275	19137744	486339	32192	194505	302001
山西	21028941	13860730	12045814	10692174	10297032	225000	170142	448193	905448
内蒙古	16198289	11927183	11812078	9942729	9868287	58214	16228	522025	1347324
辽宁	37020693	22774896	21168467	17855071	17104582	674952	75536	155942	3157454
吉林	27425087	18106587	16627488	15970545	15485673	375431	109441	286606	370337
黑龙江	28116741	18003040	16164186	14709426	14417660	238152	53615	977164	477596
上海	71933023	48729323	43555797	36480483	33409209	3014434	56840	3349189	3726124
江苏	87594816	53373790	47505724	42567058	41416369	457236	693452	1025760	3912906
浙江	61346580	34740498	30108974	24985092	23045091	844974	1095027	799094	4324788
安徽	34587263	23408862	21133438	18709451	18080645	576818	51989	1204333	1219654
福建	30678370	17566025	15988922	14223824	13640814	205073	377937	348463	1416635
江西	28473021	17913813	17617340	17096928	16540417	551236	5275	257582	262831
山东	61144171	37669946	33893683	31370714	30506212	475260	389242	1470293	1052677
河南	50616858	31133096	29909766	26668029	25453556	919047	295425	314823	2926914
湖北	60132136	36640161	32225896	29651412	28680112	971300		757907	1816577
湖南	40377099	24078133	23223718	21022692	20288502	470883	263307	1055707	1145319
广东	98629371	61137058	59143000	50335365	43627097	5768892	939376	5034742	3772893
广西	28225972	15885754	13270076	12446750	12017071	398830	30850	20083	803243
海南	6898056	3867765	3832244	3426562	3127505	299058		91917	313765
重庆	27942276	15298894	14327072	13363229	13246482	115390	1357	40881	922961
四川	53417635	30497176	26643618	25014583	24218609	688076	107898	382311	1246724
贵州	22352169	13331755	12979634	12154773	11579552	479174	96047	8555	816306
云南	22314915	13469338	11812503	10199619	10016196	164784	18639	347998	1264887
西藏	2731482	2517045	2142827	2014274	1729220	285054			128553
陕西	51419015	29981482	25865297	23746365	22460393	1266486	19486	457347	1661585
甘肃	17950246	13313946	12732043	11504805	11085862	406470	12473	96678	1130560
青海	4397551	3547918	3186360	2540637	2421145	108491	11000	110860	534864
宁夏	4908941	3456957	3365669	2679123	2554296	96600	28227	134828	551718
新疆	12688232	9121162	8847760	7955914	7034369	772241	149303	138621	753225
大连	1090327	838498	820031	684319	633020	27179	24119	10498	125214
宁波	5464651	2493574	2368496	2151804	2084047	38719	29037	29526	187166
厦门	2642130	1576297	1538446	1364381	1107017	47073	210292	47	174018
青岛	2350931	1138555	1089795	981925	852970		128955	65724	42146
深圳	20145358	17395933	16668012	13447663	7680338	5370469	396857	1176971	2043378

(高等学校)

单位：千元

政府性基金预算安排的教育经费	#彩票公益金	国有及国有控股企业办学中的企业拨款	校办产业和社会服务收入中用于教育的经费	其他属于国家财政性教育经费	民办学校中举办者投入	捐赠收入	事业收入	#学费	其他教育经费
15311086	**697755**	**702830**	**3140841**	**54171580**	**2619234**	**5124310**	**379165137**	**249402637**	**60676427**
210980	29820	6500	944945	12294086		1498963	31015743	11240436	7891420
3400011	8025		29074	1566860	4462	98766	7973520	5280741	1480784
309733	69816		1455	339755	6711	14547	12001836	9676731	401737
1545547	86778	56509	22569	190290	45000	6078	6817365	5134577	299769
18447	10559		350	96308	9298	5648	3597597	2833292	658563
27371	27371		5076	1573981	22570	43224	13419757	9420683	760245
407400	400	3143	5886	1062670		62690	8176188	6006039	1079623
76210	61210	275518	36075	1451051	32000	23842	9416403	5631358	641456
118370			365766	4689390		539828	18920217	9091115	3743655
198617	2134		165768	5503681		616783	27392432	16879677	6211811
565190	34058		619054	3447280	194665	237857	20570597	12302695	5602964
22414	22414	36541	146612	2069856	59405	98500	9593086	6995068	1427410
316257	17820		46309	1214537	399281	233198	11203829	7602949	1276037
1983	228		15578	278913	191846	22709	9546879	7415692	797774
1131208	17853	255017	189354	2200684	114535	92608	20544343	15178121	2722738
411430	31215	15390	52787	743724	207420	68678	16710867	13785021	2496796
140540	31588	1712	139533	4132480	11724	230694	20194640	14013153	3054917
12143	11273		45730	796543	10000	94955	14297505	10616913	1896506
269007	11073		57472	1667578	221650	737911	32778125	23717339	3754627
2084331	3414		8022	523325	103740	8898	11134680	7856241	1092900
7005	7005		238	28279	293000	3705	2321818	1777612	411767
4137			38197	929488	134000	45778	10747093	7247708	1716511
1159720	94896	29493	66636	2597708	187024	89202	20631840	13171370	2012393
44800	4800		4550	302771	42663	21862	5028221	3669910	3927668
1066552	15445	20000	38789	531494	224786	32211	7726450	5917403	862130
366220	33097			7998		6142	181665	89332	26631
1016480	36480		58031	3041675	103454	151448	18692005	10602829	2490626
50845	845	3007	11280	516771		15015	4188893	3224096	432393
300000			73	61485		388	703165	380330	146079
21328	21328			69959		1567	1248805	916676	201613
6810	6810		25632	240960		20617	2389570	1727530	1156884
				18468			242775	171050	9053
25550			45427	54102		19109	2634838	2009435	317130
			4203	33648		4818	943380	801534	117635
		48760					1164112	1000500	48265
			944	726977		144077	2324333	1286100	281016

3-4 教育经费收入情况

地区	总计	国家财政性教育经费	一般公共预算安排的教育经费	一般公共预算教育经费	教育事业费	基本建设经费	教育费附加	科研经费	其他
合计	**845660134**	**513891997**	**487602489**	**442633455**	**419899533**	**17820969**	**4912953**	**8761384**	**36207650**
北京	26814913	20702915	19879003	19507417	18404669	1079746	23002	71814	299772
天津	17669151	11174724	10815478	9580280	9500030	45000	35251	187650	1047548
河北	31508186	19605481	18983739	18517154	18009998	474964	32192	194505	272080
山西	21028941	13860730	12045814	10692174	10297032	225000	170142	448193	905448
内蒙古	16198289	11927183	11812078	9942729	9868287	58214	16228	522025	1347324
辽宁	27357914	16056405	15500961	12655948	12137260	443152	75536	88627	2756386
吉林	18898227	11976758	11403662	11059247	10711625	238181	109441	147397	197018
黑龙江	17171044	11092125	10927372	10574008	10352092	168302	53615	40069	313295
上海	34324030	23765218	22251229	19707035	17303474	2395094	8467	110907	2433288
江苏	60884629	34946190	32933677	29507747	28751599	62696	693452	380131	3045799
浙江	48469385	26189992	24791350	20373886	18654114	821974	897797	379415	4038049
安徽	27158536	17317057	16838657	15592957	14979151	561818	51989	135388	1110311
福建	24265679	13363358	12499033	11110800	10675291	57573	377937	161804	1226429
江西	28473021	17913813	17617340	17096928	16540417	551236	5275	257582	262831
山东	49987621	30280403	28166327	26272862	25592421	291200	389242	1407793	485672
河南	50094859	30639934	29417676	26189157	25274685	619047	295425	314823	2913696
湖北	31754653	16318346	15993694	14992787	14992787			228382	772525
湖南	32041732	18443598	18321327	16844786	16358085	223393	263307	594610	881931
广东	81570131	49305982	47447179	42178646	35700014	5539256	939376	2032537	3235996
广西	28225972	15885754	13270076	12446750	12017071	398830	30850	20083	803243
海南	6898056	3867765	3832244	3426562	3127505	299058		91917	313765
重庆	19557343	9979069	9790596	9035412	9004055	30000	1357	1143	754041
四川	34503971	19138780	17486292	16498060	16038166	351996	107898	207582	780651
贵州	22352169	13331755	12979634	12154773	11579552	479174	96047	8555	816306
云南	22314915	13469338	11812503	10199619	10016196	164784	18639	347998	1264887
西藏	2731482	2517045	2142827	2014274	1729220	285054			128553
陕西	30340001	16572662	15330700	14133598	13317745	796366	19486	61928	1135174
甘肃	14009920	10346146	10025770	8958769	8659696	286600	12473	33039	1033962
青海	4397551	3547918	3186360	2540637	2421145	108491	11000	110860	534864
宁夏	4071129	2850945	2759658	2113079	1988253	96600	28227	134828	511750
新疆	10586682	7504606	7340234	6715375	5897901	668170	149303	39801	585058
大连	1090327	838498	820031	684319	633020	27179	24119	10498	125214
宁波	5364227	2393150	2268072	2051380	1983623	38719	29037	29526	187166
厦门	2642130	1576297	1538446	1364381	1107017	47073	210292	47	174018
青岛	2350931	1138555	1089795	981925	852970		128955	65724	42146
深圳	20145358	17395933	16668012	13447663	7680338	5370469	396857	1176971	2043378

(地方高等学校)

单位：千元

政府性基金预算安排的教育经费	#彩票公益金	国有及国有控股企业办学中的企业拨款	校办产业和社会服务收入中用于教育的经费	其他属于国家财政性教育经费	民办学校中举办者投入	捐赠收入	事业收入	#学费	其他教育经费
11408590	**662265**	**401601**	**719598**	**13759719**	**2619234**	**2144474**	**287634309**	**217707852**	**39370120**
		6500	87513	729899		2676	5435899	3122963	673423
8025	8025		10634	340587	4462	26595	5329748	4263887	1133622
309733	69816		1133	310876	6711	7622	11560353	9427184	328020
1545547	86778	56509	22569	190290	45000	6078	6817365	5134577	299769
18447	10559		350	96308	9298	5648	3597597	2833292	658563
27371	27371		253	527821	22570	16091	10849578	8301940	413269
407400	400	3143	5886	156667		43205	6306048	5215329	572215
61210	61210		2730	100813	32000	4154	5858079	4927733	184686
			10554	1503435		83299	9133097	6101602	1342416
176907	2134		112475	1723131		437872	20736315	14746242	4764252
560220	29088		175600	662823	194665	213867	17074413	11603674	4796448
22414	22414	36541	7191	412254	59405	89929	8591162	6422809	1100984
315557	17120		9732	539035	399281	120193	9452293	6982973	930555
1983	228		15578	278913	191846	22709	9546879	7415692	797774
1131208	17853	255017	20879	706972	114535	39714	17298019	14088928	2254949
411430	31215	15390	52787	742652	207420	68678	16689120	13768903	2489707
140540	31588		12546	171565	11724	132986	13982985	11017667	1308612
12143	11273		10230	99899	10000	74711	12380483	9823898	1132940
211227	11073		43613	1603962	221650	561727	28850806	22174713	2629966
2084331	3414		8022	523325	103740	8898	11134680	7856241	1092900
7005	7005		238	28279	293000	3705	2321818	1777612	411767
4137			15678	168658	134000	10662	8066739	6100789	1366873
1078720	94896	5493	33856	534419	187024	25279	14237675	10887178	915213
44800	4800		4550	302771	42663	21862	5028221	3669910	3927668
1066552	15445	20000	38789	531494	224786	32211	7726450	5917403	862130
366220	33097			7998		6142	181665	89332	26631
1016480	36480		10014	215468	103454	56706	12323266	8740978	1283913
50845	845	3007		266524		2775	3407127	2686290	253871
300000			73	61485		388	703165	380330	146079
21328	21328			69959		1567	1044026	806579	174592
6810	6810		6125	151438		16527	1969237	1421205	1096313
				18468			242775	171050	9053
25550			45427	54102		19109	2634838	2009435	317130
			4203	33648		4818	943380	801534	117635
		48760					1164112	1000500	48265
			944	726977		144077	2324333	1286100	281016

3-5 教育经费收入情况

地区	总计								
		国家财政性教育经费							
			一般公共预算安排的教育经费						
				一般公共预算教育经费				科研经费	其他
					教育事业费	基本建设经费	教育费附加		
合计	**1185876862**	**744911339**	**672009384**	**603198928**	**573857448**	**24501010**	**4840470**	**22834539**	**45975917**
北京	124142972	84769113	71507013	65785330	62735850	3049209	270	2442449	3279234
天津	31550518	22130851	17141781	15392357	15256551	103590	32216	362609	1386814
河北	32601885	20385026	19734152	19261417	18768043	470655	22719	194447	278288
山西	20823656	13710052	11911045	10573374	10179146	225000	169228	448183	889488
内蒙古	16000700	11830545	11715439	9856949	9782507	58214	16228	522025	1336465
辽宁	36542342	22504871	20898690	17621130	16872805	674952	73373	155942	3121617
吉林	26837273	17688278	16212322	15593318	15111900	375431	105987	286546	332458
黑龙江	27633826	17658870	15820559	14440324	14158157	238152	44015	977164	403071
上海	70821762	47916852	42748376	35818363	32755556	3014434	48373	3349189	3580823
江苏	87436874	53284084	47416018	42484759	41339931	457236	687592	1025760	3905499
浙江	59858339	33848231	29259215	24216093	22304555	844974	1066564	796755	4246367
安徽	34088139	23134533	20859109	18475761	17846954	576818	51989	1204317	1179031
福建	30087728	17256368	15680058	13956248	13429179	205073	321996	348463	1375347
江西	27966829	17610457	17313984	16800372	16244945	551236	4191	257482	256131
山东	60832838	37537656	33761508	31242866	30378884	475260	388721	1470293	1048350
河南	50375645	30997345	29774014	26558554	25345082	919047	294425	314709	2900751
湖北	59983963	36557514	32143249	29573445	28602145	971300		757907	1811897
湖南	39796656	23829272	22978942	20806630	20097849	470883	237897	1055707	1116606
广东	97046986	60175968	58182046	49503368	42844620	5768892	889856	5034742	3643936
广西	27327549	15228404	12713208	11927038	11522458	373830	30750	20083	766087
海南	6811840	3808042	3772571	3388149	3089091	299058		91917	292505
重庆	27907783	15274598	14302776	13343379	13226632	115390	1357	40881	918515
四川	52749869	30141988	26292316	24714310	23986938	683076	44296	382259	1195747
贵州	22045898	13141167	12829046	12014171	11439060	479174	95936	8555	806321
云南	21897573	13255865	11599291	10016624	9833201	164784	18639	347821	1234847
西藏	2731482	2517045	2142827	2014274	1729220	285054			128553
陕西	50731644	29655177	25540680	23466449	22193227	1266486	6737	457347	1616884
甘肃	17727268	13209660	12630765	11425529	11012975	406470	6084	96678	1108558
青海	4357950	3520231	3158673	2522238	2402746	108491	11000	110860	525576
宁夏	4908941	3456957	3365669	2679123	2554296	96600	28227	134828	551718
新疆	12250132	8876319	8604043	7726988	6812943	772241	141803	138621	738434
大连	910589	716711	698243	576895	527450	27179	22266	10498	110850
宁波	5131092	2279397	2186695	1990259	1924220	38719	27320	29526	166910
厦门	2639078	1573245	1535394	1361627	1104563	47073	209992	47	173720
青岛	2287562	1110217	1061457	957914	829480		128435	65724	37819
深圳	19983568	17270337	16542416	13346577	7609675	5370469	366433	1176971	2018868

(普通高等学校)

单位：千元

政府性基金预算安排的教育经费	#彩票公益金	国有及国有控股企业办学中的企业拨款	校办产业和社会服务收入中用于教育的经费	其他属于国家财政性教育经费	民办学校中举办者投入	捐赠收入	事业收入	#学费	其他教育经费
15057042	**697748**	**678319**	**2995627**	**54170968**	**2619234**	**5123276**	**373214009**	**245013046**	**60009004**
110700	29820	6500	850814	12294086		1498963	30096983	10496716	7777914
3400011	8025		22199	1566860	4462	98766	7871329	5187983	1445110
309733	69816		1387	339755	6711	14547	11796517	9489938	399084
1545547	86778	40663	22507	190290	45000	6078	6763959	5112552	298567
18447	10559		350	96308	9298	5648	3496653	2744961	658557
27371	27371		4829	1573981	22570	43224	13211727	9352485	759949
407400	400		5886	1062670		62690	8091989	5934440	994316
76210	61210	275518	35533	1451051	32000	23832	9324047	5570621	595077
118370			360716	4689390		539828	18660840	9017600	3704242
198617	2134		165768	5503681		616783	27325425	16838336	6210581
551861	34058		589875	3447280	194665	237857	20150709	12041974	5426876
22414	22414	36541	146612	2069856	59405	98500	9374915	6826423	1420786
316257	17820		45516	1214537	399281	233198	10933856	7384547	1265025
1983	228		15578	278913	191846	22709	9362328	7243810	779490
1131208	17853	255017	189354	2200569	114535	92608	20367657	15021751	2720382
411430	31215	15390	52787	743724	207420	68678	16632509	13715415	2469693
140540	31588	1712	139533	4132480	11724	230300	20133170	13960377	3051256
11713	11273		42074	796543	10000	94955	13971934	10356944	1890496
269001	11067		57421	1667500	221650	737911	32163555	23195076	3747901
1984331	3414		7910	522955	103740	8898	10924962	7680075	1061546
7005	7005		238	28229	293000	3705	2299360	1755154	407732
4137			38197	929488	134000	45778	10736897	7237512	1716511
1159720	94896	26978	65266	2597708	187024	89200	20339939	12948603	1991718
4800	4800		4550	302771	42663	21862	4912856	3557677	3927350
1066552	15445	20000	38527	531494	224786	32211	7525760	5867020	858951
366220	33097			7998		6142	181665	89332	26631
1016480	36480		56342	3041675	103454	151448	18347685	10349739	2473881
50845	845		11280	516771		15015	4072579	3125713	430014
300000			73	61485		388	691641	368806	145691
21328	21328			69959		1567	1248805	916676	201613
6810	6810		24506	240960		19990	2201759	1624790	1152064
				18468			184851	131546	9027
22352			16248	54102		19109	2523847	1925258	308739
			4203	33648		4818	943380	801534	117635
		48760					1129112	965500	48234
			944	726977		144077	2288148	1253432	281007

3-6 教育经费收入情况

地区	总计	国家财政性教育经费	一般公共预算安排的教育经费	一般公共预算教育经费	教育事业费	基本建设经费	教育费附加	科研经费	其他
合计	**830757518**	**504689953**	**478672968**	**434801013**	**412432952**	**17773194**	**4594867**	**8758459**	**35113496**
北京	25815931	19873604	19093371	18791738	17713813	1077655	270	71814	229819
天津	17244422	10887862	10535490	9370726	9293510	45000	32216	187650	977114
河北	30881518	19186784	18565110	18122296	17640297	459281	22719	194447	248368
山西	20823656	13710052	11911045	10573374	10179146	225000	169228	448183	889488
内蒙古	16000700	11830545	11715439	9856949	9782507	58214	16228	522025	1336465
辽宁	26885319	15786380	15231181	12422000	11905482	443132	73373	88627	2720549
吉林	18310412	11558450	10988496	10682020	10337852	238181	105987	147337	159139
黑龙江	16688129	10747955	10583744	10304906	10092589	168302	44015	40069	238770
上海	33212769	22952747	21443808	19044914	16649820	2395094		110907	2287987
江苏	60726687	34856484	32843971	29425449	28675160	62696	687592	380131	3038391
浙江	46981143	25297726	23941591	19604886	17913579	821974	869334	377076	3959628
安徽	26659411	17042728	16564328	15359267	14745461	561818	51989	135372	1069688
福建	23675037	13053700	12190169	10843224	10463656	57573	321996	161804	1185141
江西	27966829	17610457	17313984	16800372	16244945	551236	4191	257482	256131
山东	49676288	30148113	28034152	26145014	25465093	291200	388721	1407793	481345
河南	49853647	30504182	29281924	26079683	25166210	619047	294425	314709	2887533
湖北	31606479	16235699	15911046	14914820	14914820			228382	767844
湖南	31461290	18194737	18076551	16628724	16167433	223393	237897	594610	853217
广东	79987745	48344892	46486224	41346648	34917536	5539256	889856	2032537	3107039
广西	27327549	15228404	12713208	11927038	11522458	373830	30750	20083	766087
海南	6811840	3808042	3772571	3388149	3089091	299058		91917	292505
重庆	19522851	9954773	9766300	9015562	8984205	30000	1357	1143	749595
四川	33836205	18783592	17134990	16197787	15806494	346996	44296	207531	729673
贵州	22045898	13141167	12829046	12014171	11439060	479174	95936	8555	806321
云南	21897573	13255865	11599291	10016624	9833201	164784	18639	347821	1234847
西藏	2731482	2517045	2142827	2014274	1729220	285054			128553
陕西	29652630	16246357	15006083	13853682	13050579	796366	6737	61928	1090473
甘肃	13786942	10241860	9924491	8879492	8586808	286600	6084	33039	1011960
青海	4357950	3520231	3158673	2522238	2402746	108491	11000	110860	525576
宁夏	4071129	2850945	2759658	2113079	1988253	96600	28227	134828	511750
新疆	10258054	7318574	7154202	6541901	5731927	668170	141803	39801	572500
大连	910589	716711	698243	576895	527450	27179	22266	10498	110850
宁波	5030668	2178973	2086271	1889835	1823796	38719	27320	29526	166910
厦门	2639078	1573245	1535394	1361627	1104563	47073	209992	47	173720
青岛	2287562	1110217	1061457	957914	829480		128435	65724	37819
深圳	19983568	17270337	16542416	13346577	7609675	5370469	366433	1176971	2018868

(地方普通高等学校)

单位：千元

政府性基金预算安排的教育经费	#彩票公益金	国有及国有控股企业办学中的企业拨款	校办产业和社会服务收入中用于教育的经费	其他属于国家财政性教育经费	民办学校中举办者投入	捐赠收入	事业收入	#学费	其他教育经费
11254825	**662258**	**377090**	**625963**	**13759106**	**2619234**	**2143440**	**282509361**	**213966622**	**38795530**
		6500	43835	729899		2676	5287460	2992011	652191
8025	8025		3760	340587	4462	26595	5227556	4171129	1097948
309733	69816		1065	310876	6711	7622	11355033	9240391	325368
1545547	86778	40663	22507	190290	45000	6078	6763959	5112552	298567
18447	10559		350	96308	9298	5648	3496653	2744961	658557
27371	27371		5	527821	22570	16091	10647110	8238647	413168
407400	400		5886	156667		43205	6221849	5143730	486909
61210	61210		2188	100813	32000	4144	5765723	4866996	138307
			5504	1503435		83299	8873721	6028086	1303003
176907	2134		112475	1723131		437872	20669308	14704901	4763022
546891	29088		146421	662823	194665	213867	16654526	11342953	4620359
22414	22414	36541	7191	412254	59405	89929	8372990	6254164	1094360
315557	17120		8939	539035	399281	120193	9182320	6764572	919543
1983	228		15578	278913	191846	22709	9362328	7243810	779490
1131208	17853	255017	20879	706857	114535	39714	17121333	13932558	2252593
411430	31215	15390	52787	742652	207420	68678	16610762	13699297	2462604
140540	31588		12546	171565	11724	132592	13921515	10964891	1304950
11713	11273		6574	99899	10000	74711	12054911	9563929	1126931
211221	11067		43563	1603884	221650	561727	28236236	21652450	2623240
1984331	3414		7910	522955	103740	8898	10924962	7680075	1061546
7005	7005		238	28229	293000	3705	2299360	1755154	407732
4137			15678	168658	134000	10662	8056543	6090593	1366873
1078720	94896	2978	32485	534419	187024	25277	13945773	10664410	894538
4800	4800		4550	302771	42663	21862	4912856	3557677	3927350
1066552	15445	20000	38527	531494	224786	32211	7525760	5867020	858951
366220	33097			7998		6142	181665	89332	26631
1016480	36480		8325	215468	103454	56706	11978946	8487888	1267167
50845	845			266524		2775	3290813	2587907	251493
300000			73	61485		388	691641	368806	145691
21328	21328			69959		1567	1044026	806579	174592
6810	6810		6125	151438		15900	1831723	1349152	1091858
				18468			184851	131546	9027
22352			16248	54102		19109	2523847	1925258	308739
			4203	33648		4818	943380	801534	117635
		48760					1129112	965500	48234
			944	726977		144077	2288148	1253432	281007

3-7 教育经费收入情况

地区	总计	国家财政性教育经费	一般公共预算安排的教育经费	一般公共预算教育经费	教育事业费	基本建设经费	教育费附加	科研经费	其他
合计	**969949055**	**603917024**	**535795262**	**476962139**	**453071301**	**21840585**	**2050253**	**22609396**	**36223727**
北京	119624112	81005462	67773734	62241822	59543998	2697825		2440249	3091662
天津	27982180	19666877	14684831	13148191	13044601	103590		361959	1174681
河北	24595766	15442841	14831919	14444577	13999826	440858	3894	189685	197657
山西	15941425	10164201	8807698	7647832	7418468	201000	28364	446093	713773
内蒙古	10745956	7824852	7720482	6372984	6338729	22643	11612	512741	834757
辽宁	31698387	19061256	17455799	14692175	14057388	593159	41628	155942	2607682
吉林	23542620	15388439	13985688	13431678	13064481	367197		286514	267497
黑龙江	23595271	15081628	13431535	12175169	11986619	188550		977162	279204
上海	66922063	45472925	40425670	33651944	30639138	2964434	48373	3349189	3424536
江苏	69465130	41615919	35944429	32021865	31192889	449240	379736	969202	2953362
浙江	49188409	27758994	23450953	19312170	17772320	719722	820127	761978	3376805
安徽	25132982	16564135	14353597	12352765	12091595	222910	38260	1201388	799445
福建	24353366	14030533	12510944	10999279	10721905	194573	82802	347534	1164130
江西	20727380	12549445	12270081	11889803	11382445	503460	3899	243685	136593
山东	46572306	28095181	24679917	22296521	21774637	452660	69224	1457853	925543
河南	37059716	21567033	20755025	18344714	17469498	750125	125090	306267	2104044
湖北	50642988	30510859	26144146	23889515	22918215	971300		756372	1498259
湖南	28430890	16648001	15816281	13926216	13585626	332964	7626	1051010	839054
广东	76398746	48372754	46675993	38994873	33216915	5567978	209980	4990017	2691103
广西	20664397	11466363	9226794	8585356	8322086	256291	6980	18187	623251
海南	5356873	3103214	3075895	2743429	2474019	269410		91687	240779
重庆	21424966	12082895	11117923	10387632	10270885	115390	1357	40190	690100
四川	41771917	23133394	20392794	19289872	18726814	532811	30246	375539	727383
贵州	16530728	9367921	9062165	8520638	8042132	444617	33889	6564	534963
云南	17295653	10444161	9057142	7699758	7536736	160784	2238	345762	1011623
西藏	1980160	1798290	1757658	1657548	1484717	172830			100110
陕西	44180933	25427487	21335201	19676721	18496579	1178907	1235	456375	1202104
甘肃	13078788	9509159	8984263	8077074	7689204	387870		95675	811513
青海	2992409	2362154	2000722	1481837	1480059	1778		109060	409825
宁夏	3568239	2388402	2318443	1891220	1816220	75000		128808	298415
新疆	8484299	6012251	5747542	5116959	4512557	500710	103692	136711	493871
大连	668694	526770	508305	420868	373689	27179	20000	10498	76939
宁波	4015064	1560694	1475908	1382752	1318902	36530	27320	27843	65314
厦门	1903058	1231921	1198388	1040767	955624	47073	38070		157621
青岛	1665423	735209	735209	656365	646365		10000	65724	13121
深圳	17266218	14972681	14253119	11623967	6329522	5294128	317	1153491	1475661

(普通高等本科学校)

单位：千元

政府性基金预算安排的教育经费	#彩票公益金	国有及国有控股企业办学中的企业拨款	校办产业和社会服务收入中用于教育的经费	其他属于国家财政性教育经费	民办学校中举办者投入	捐赠收入	事业收入	#学费	其他教育经费
11224201	**373893**	**101110**	**2715094**	**54081356**	**1305547**	**4905344**	**306552238**	**191429979**	**53268902**
94880	14000	6500	836975	12293373		1497160	29471490	10049391	7649999
3397831	5845		18747	1565468	2	93969	6879672	4391533	1341659
269816	69816		1362	339743	2000	14014	8850998	7071474	285912
1164252	71630		1982	190270	45000	3907	5517338	4107823	210980
8191	303		16	96163		5254	2447168	1912403	468681
26650	26650		4829	1573978	17437	42865	11853519	8221935	723310
337400	400		2681	1062670		62690	7140486	5087320	951005
71119	56119	94610	33433	1450931	32000	22321	7957301	4455903	502021
			359704	4687551		538137	17436444	8026156	3474558
29814	2104		159587	5482089		580404	22085103	12896081	5183704
397926	5440		474072	3436042	190000	231741	16316727	9167123	4690948
348	348		141654	2068536	55305	97026	7240467	5165723	1176049
267522	4285		39723	1212343	157081	228967	8826700	5705926	1110085
1255	200		179	277930		3802	7521998	5725049	652136
1041848	14548		176267	2197150	33043	73482	16105358	11436022	2265242
30090	30090		40527	741391		63776	13223368	10812126	2205539
109031	14615		127580	4130101	11724	226467	16973822	11601290	2920117
750	750		37709	793261		31723	10109411	7161822	1641755
1543	216		52926	1642293	150000	728538	23985006	16480515	3162447
1712860	1698		3936	522773		6404	8280907	5513676	910723
				27319	180000		1766699	1328471	306960
137			38197	926638		43702	8097127	5052711	1201241
83800	266		59241	2597559	139778	81452	16570940	9911805	1846353
			4065	301691	42663	15706	3427531	2443299	3676907
847561	4993		8968	530489	146060	30307	5929367	4505133	745759
33097	33097			7535		3142	152098	78671	26631
996480	16480		55058	3040749	103454	149219	16188357	8622472	2312416
			11280	513617		14089	3170331	2410157	385210
300000				61432			537556	259497	92699
				69959		1225	1019210	784287	159403
			24399	240310		13856	1469739	1044185	988453
				18465			134090	99397	7833
14661			16248	53877		18726	2194212	1649332	241433
				33532		4212	593347	494656	73578
							904439	815916	25775
			944	718619		144077	1888119	980471	261341

3-8 教育经费收入情况

地区	总计	国家财政性教育经费	一般公共预算安排的教育经费	一般公共预算教育经费	教育事业费	基本建设经费	教育费附加	科研经费	其他
合计	**617166324**	**365110736**	**343461263**	**309469229**	**292409739**	**15254840**	**1804650**	**8533837**	**25458196**
北京	21544386	16314903	15549093	15422323	14621053	801270		69614	57155
天津	13676084	8423888	8078540	7126559	7081559	45000		187000	764981
河北	22875398	14244599	13662878	13305457	12872080	429483	3894	189685	167736
山西	15941425	10164201	8807698	7647832	7418468	201000	28364	446093	713773
内蒙古	10745956	7824852	7720482	6372984	6338729	22643	11612	512741	834757
辽宁	22041365	12342766	11788293	9493052	9090065	361359	41628	88627	2206613
吉林	15015759	9258610	8761862	8520379	8290433	229947		147305	94178
黑龙江	13017923	8394891	8237991	8083021	7964321	118700		40067	114903
上海	29618585	20722750	19215650	16965462	14620368	2345094		110907	2139281
江苏	42754943	23188319	21372382	18962554	18528118	54700	379736	323573	2086254
浙江	36311214	19208488	18133329	14700964	13381344	696722	622897	342299	3090066
安徽	17704254	10472330	10058815	9236271	8990101	207910	38260	132443	690101
福建	17940675	9827865	9021055	7886256	7756381	47073	82802	160875	973925
江西	20727380	12549445	12270081	11889803	11382445	503460	3899	243685	136593
山东	35415756	20705638	18952561	17198669	16860845	268600	69224	1395353	358539
河南	36537717	21073871	20262935	17865842	17290627	450125	125090	306267	2090826
湖北	22503517	10227705	9936941	9255887	9255887			226847	454207
湖南	20251152	11101344	11001767	9831389	9688289	135474	7626	590433	579945
广东	59695911	36763890	35143604	31001586	25453264	5338342	209980	1987811	2154207
广西	20664397	11466363	9226794	8585356	8322086	256291	6980	18187	623251
海南	5356873	3103214	3075895	2743429	2474019	269410		91687	240779
重庆	13216246	6842948	6661324	6114370	6083013	30000	1357	452	546503
四川	23108464	11957861	11394331	10914612	10687634	196731	30246	200810	278909
贵州	16530728	9367921	9062165	8520638	8042132	444617	33889	6564	534963
云南	17295653	10444161	9057142	7699758	7536736	160784	2238	345762	1011623
西藏	1980160	1798290	1757658	1657548	1484717	172830			100110
陕西	23101918	12018667	10800604	10063954	9353932	708787	1235	60956	675694
甘肃	9138462	6541359	6277989	5531038	5263038	268000		32036	714915
青海	2992409	2362154	2000722	1481837	1480059	1778		109060	409825
宁夏	2730427	1782390	1712431	1325176	1250176	75000		128808	258447
新疆	6731184	4615053	4458248	4065221	3547819	413710	103692	37891	355136
大连	668694	526770	508305	420868	373689	27179	20000	10498	76939
宁波	3914640	1460270	1375484	1282328	1218478	36530	27320	27843	65314
厦门	1903058	1231921	1198388	1040767	955624	47073	38070		157621
青岛	1665423	735209	735209	656365	646365		10000	65724	13121
深圳	17266218	14972681	14253119	11623967	6329522	5294128	317	1153491	1475661

（地方普通高等本科学校）

单位：千元

政府性基金预算安排的教育经费	#彩票公益金	国有及国有控股企业办学中的企业拨款	校办产业和社会服务收入中用于教育的经费	其他属于国家财政性教育经费	民办学校中举办者投入	捐赠收入	事业收入	#学费	其他教育经费
7613955	**354223**	**6500**	**359524**	**13669495**	**1305547**	**1927284**	**216696686**	**160949438**	**32126071**
		6500	30125	729186		2473	4700572	2578752	526438
5845	5845		308	339195	2	21798	4235900	3374679	994497
269816	69816		1041	310864	2000	7089	8409515	6821928	212196
1164252	71630		1982	190270	45000	3907	5517338	4107823	210980
8191	303		16	96163		5254	2447168	1912403	468681
26650	26650		5	527818	17437	15732	9288901	7108097	376528
337400	400		2681	156667		43205	5270346	4296610	443598
56119	56119		88	100693	32000	2633	4538180	3791616	50218
			5504	1501596		81608	7734325	5095139	1079902
8104	2104		106294	1701539		401493	15428986	10762646	3736145
392956	470		30618	651585	190000	207751	12820543	8468102	3884431
348	348		2233	410933	55305	88454	6238542	4593464	849623
266822	3585		3146	536841	157081	115962	7075164	5085950	764603
1255	200		179	277930		3802	7521998	5725049	652136
1041848	14548		7792	703438	33043	20587	12859034	10346830	1797453
30090	30090		40527	740319		63776	13201621	10796007	2198450
109031	14615		12546	169186	11724	128758	10955692	8735417	1179638
750	750		2209	96617		11479	8260139	6418622	878190
1543	216		40066	1578677	150000	552354	20187153	15043146	2042514
1712860	1698		3936	522773		6404	8280907	5513676	910723
				27319	180000		1766699	1328471	306960
137			15678	165809		8587	5489148	3961614	875563
2800	266		26460	534270	139778	17705	10240874	7679721	752246
			4065	301691	42663	15706	3427531	2443299	3676907
847561	4993		8968	530489	146060	30307	5929367	4505133	745759
33097	33097			7535		3142	152098	78671	26631
996480	16480		7041	214542	103454	54478	9819618	6760621	1105702
				263370		1849	2388565	1872351	206688
300000				61432			537556	259497	92699
				69959		1225	814430	674189	132383
			6017	150788		9766	1158776	809915	947589
				18465			134090	99397	7835
14661			16248	53877		18726	2194212	1649332	241433
				33532		4212	593347	494656	73578
							904439	815916	25775
			944	718619		144077	1888119	980471	261341

3-9 教育经费收入情况

地区	总计	国家财政性教育经费	一般公共预算安排的教育经费	一般公共预算教育经费	教育事业费	基本建设经费	教育费附加	科研经费	其他
合计	**215927807**	**140994315**	**136214121**	**126236789**	**120786147**	**2660425**	**2790216**	**225142**	**9752190**
北京	4518861	3763651	3733279	3543507	3191853	351385	270	2200	187572
天津	3568338	2463974	2456950	2244167	2211951		32216	650	212133
河北	8006120	4942186	4902233	4816839	4768217	29798	18825	4762	80631
山西	4882230	3545851	3103347	2925542	2760678	24000	140864	2090	175715
内蒙古	5254744	4005692	3994957	3483965	3443778	35571	4616	9284	501708
辽宁	4813955	3113615	3112891	2928955	2815417	81793	31745		513935
吉林	3294653	2299840	2226634	2161641	2047419	8235	105987	32	64961
黑龙江	4038555	2577242	2389023	2265155	2171538	49602	44015	2	123867
上海	3899699	2443927	2322706	2166419	2116419	50000			156288
江苏	17971744	11668166	11471589	10462894	10147042	7996	307856	56558	952137
浙江	10669930	6089238	5808262	4903923	4532235	125252	246437	34777	869561
安徽	8955157	6570398	6505512	6122996	5755360	353908	13729	2929	379587
福建	5734363	3225835	3169113	2956968	2707275	10500	239194	929	211216
江西	7239449	5061013	5043903	4910568	4862500	47776	292	13797	119538
山东	14260532	9442475	9081591	8946345	8604247	22600	319497	12440	122806
河南	13315929	9430311	9018989	8213841	7875583	168923	169335	8442	796707
湖北	9340975	6046655	5999102	5683930	5683930			1535	313638
湖南	11365766	7181271	7162662	6880414	6512224	137919	230271	4697	277551
广东	20648240	11803214	11506053	10508495	9627704	200914	679877	44726	952832
广西	6663152	3762041	3486414	3341682	3200373	117539	23770	1896	142836
海南	1454966	704828	696675	644720	615072	29648		230	51726
重庆	6482818	3191702	3184853	2955747	2955747			691	228415
四川	10977953	7008595	5899522	5424438	5260124	150265	14050	6721	468363
贵州	5515170	3773246	3766882	3493533	3396928	34557	62047	1991	271358
云南	4601920	2811704	2542149	2316865	2296465	4000	16401	2059	223224
西藏	751322	718755	385169	356727	244503	112224			28443
陕西	6550712	4227690	4205479	3789728	3696648	87579	5502	972	414780
甘肃	4648479	3700501	3646502	3348454	3323771	18600	6084	1003	297044
青海	1365541	1158077	1157951	1040400	922687	106714	11000	1800	115751
宁夏	1340702	1068555	1047226	787903	738076	21600	28227	6020	253303
新疆	3765833	2864068	2856501	2610028	2300386	271531	38111	1910	244563
大连	241894	189941	189938	156027	153761		2266		33912
宁波	1116027	718703	710787	607507	605318	2189		1683	101597
厦门	736020	341325	337006	320861	148939		171922	47	16098
青岛	622140	375008	326248	301550	183115		118435		24698
深圳	2717351	2297655	2289297	1722610	1280153	76341	366115	23480	543208

（普通高职高专学校）

单位：千元

政府性基金预算安排的教育经费	#彩票公益金	国有及国有控股企业办学中的企业拨款	校办产业和社会服务收入中用于教育的经费	其他属于国家财政性教育经费	民办学校中举办者投入	捐赠收入	事业收入	#学费	其他教育经费
3832841	**323855**	**577209**	**280533**	**89611**	**1313687**	**217932**	**66661771**	**53583067**	**6740102**
15820	15820		13839	713		1803	625492	447325	127915
2180	2180		3452	1392	4460	4797	991657	796451	103451
39917			24	12	4711	533	2945518	2418464	113172
381295	15148	40663	20525	20		2171	1246621	1004730	87588
10256	10256		335	145	9298	393	1049485	832558	189876
721	721			3	5133	359	1358209	1130550	36639
70000			3206				951502	847120	43311
5091	5091	180907	2100	120		1511	1366746	1114718	93056
118370			1013	1839		1691	1224396	991443	229684
168803	30		6181	21592		36379	5240322	3942255	1026877
153935	28618		115803	11238	4665	6117	3833983	2874851	735928
22066	22066	36541	4958	1321	4099	1475	2134448	1660700	244737
48735	13535		5793	2194	242200	4232	2107156	1678621	154940
728	28		15399	982	191846	18907	1840330	1518761	127353
89361	3306	255017	13087	3419	81492	19126	4262299	3585729	455140
381340	1125	15390	12260	2333	207420	4902	3409141	2903290	264154
31509	16974	1712	11953	2379		3834	3159347	2359087	131139
10963	10523		4365	3282	10000	63232	3862523	3195122	248741
267458	10851		4496	25207	71650	9373	8178549	6714561	585454
271472	1716		3973	182	103740	2493	2644055	2166399	150823
7005	7005		238	911	113000	3705	532661	426683	100771
4000				2849	134000	2075	2639770	2184801	515269
1075920	94630	26978	6025	149	47246	7748	3768999	3036797	145366
4800	4800		484	1080		6156	1485325	1114378	250443
218991	10452	20000	29559	1005	78726	1904	1596394	1361887	113193
333123				463		3000	29567	10661	
20000	20000		1285	926		2229	2159328	1727267	161465
50845	845			3154		926	902248	715556	44804
			73	53		388	154085	109309	52991
21328	21328					342	229596	132389	42210
6810	6810		107	650		6134	732019	580605	163612
				3			50761	32149	1192
7691				225		383	329636	275926	67306
			4203	115		606	350033	306878	44057
		48760					224673	149584	22458
				8358			400029	272961	19666

3-10 教育经费收入情况

地区	总计	国家财政性教育经费	一般公共预算安排的教育经费	一般公共预算教育经费				科研经费	其他
					教育事业费	基本建设经费	教育费附加		
合计	213591194	139579217	135211706	125331784	120023213	2518354	2790216	224622	9655300
北京	4271545	3558701	3544278	3369414	3092760	276385	270	2200	172664
天津	3568338	2463974	2456950	2244167	2211951		32216	650	212133
河北	8006120	4942186	4902233	4816839	4768217	29798	18825	4762	80631
山西	4882230	3545851	3103347	2925542	2760678	24000	140864	2090	175715
内蒙古	5254744	4005692	3994957	3483965	3443778	35571	4616	9284	501708
辽宁	4843955	3443615	3442891	2928955	2815417	81793	31745		313933
吉林	3294653	2299840	2226634	2161641	2047419	8235	105987	32	64961
黑龙江	3670206	2353064	2345753	2221885	2128267	49602	44015	2	123867
上海	3594184	2229996	2228157	2079452	2029452	50000			148705
江苏	17971744	11668166	11471589	10462894	10147042	7996	307856	56558	952137
浙江	10669930	6089238	5808262	4903923	4532235	125252	246437	34777	869561
安徽	8955157	6570398	6505512	6122996	5755360	353908	13729	2929	379587
福建	5734363	3225835	3169113	2956968	2707275	10500	239194	929	211216
江西	7239449	5061013	5043903	4910568	4862500	47776	292	13797	119538
山东	14260532	9442475	9081591	8946345	8604247	22600	319497	12440	122806
河南	13315929	9430311	9018989	8213841	7875583	168923	169335	8442	796707
湖北	9102962	6007993	5974105	5658933	5658933			1535	313638
湖南	11210138	7093393	7074784	6797335	6479145	87919	230271	4177	273272
广东	20291834	11581002	11342620	10345062	9464272	200914	679877	44726	952832
广西	6663152	3762041	3486414	3341682	3200373	117539	23770	1896	142836
海南	1454966	704828	696675	644720	615072	29648		230	51726
重庆	6306605	3111825	3104976	2901192	2901192			691	203092
四川	10727741	6825731	5740659	5283175	5118860	150265	14050	6721	450763
贵州	5515170	3773246	3766882	3493533	3396928	34557	62047	1991	271358
云南	4601920	2811704	2542149	2316865	2296465	4000	16401	2059	223224
西藏	751322	718755	385169	356727	244503	112224			28443
陕西	6550712	4227690	4205479	3789728	3696648	87579	5502	972	414780
甘肃	4648479	3700501	3646502	3348454	3323771	18600	6084	1003	297044
青海	1365541	1158077	1157951	1040400	922687	106714	11000	1800	115751
宁夏	1340702	1068555	1047226	787903	738076	21600	28227	6020	253303
新疆	3526870	2703520	2695953	2476680	2184109	254460	38111	1910	217364
大连	241894	189941	189938	156027	153761		2266		33912
宁波	1116027	718703	710787	607507	605318	2189		1683	101597
厦门	736020	341325	337006	320861	148939		171922	47	16098
青岛	622140	375008	326248	301550	183115		118435		24698
深圳	2717351	2297655	2289297	1722610	1280153	76341	366115	23480	543208

(地方普通高职高专学校)

单位：千元

政府性基金预算安排的教育经费	#彩票公益金	国有及国有控股企业办学中的企业拨款	校办产业和社会服务收入中用于教育的经费	其他属于国家财政性教育经费	民办学校中举办者投入	捐赠收入	事业收入	#学费	其他教育经费
3640871	**308035**	**370590**	**266439**	**89611**	**1313687**	**216157**	**65812674**	**53017184**	**6669459**
			13710	713		203	586888	413258	125753
2180	2180		3452	1392	4460	4797	991657	796451	103451
39917			24	12	4711	533	2945518	2418464	113172
381295	15148	40663	20525	20		2171	1246621	1004730	87588
10256	10256		335	145	9298	393	1049485	832558	189876
721	721			3	5133	359	1358209	1130550	36639
70000			3206				951502	847120	43311
5091	5091		2100	120		1511	1227543	1075380	88088
				1839		1691	1139396	932948	223101
168803	30		6181	21592		36379	5240322	3942255	1026877
153935	28618		115803	11238	4665	6117	3833983	2874851	735928
22066	22066	36541	4958	1321	4099	1475	2134448	1660700	244737
48735	13535		5793	2194	242200	4232	2107156	1678621	154940
728	28		15399	982	191846	18907	1840330	1518761	127353
89361	3306	255017	13087	3419	81492	19126	4262299	3585729	455140
381340	1125	15390	12260	2333	207420	4902	3409141	2903290	264154
31509	16974			2379		3834	2965823	2229474	125313
10963	10523		4365	3282	10000	63232	3794772	3145307	248741
209678	10851		3497	25207	71650	9373	8049083	6609304	580726
271472	1716		3973	182	103740	2493	2644055	2166399	150823
7005	7005		238	911	113000	3705	532661	426683	100771
4000				2849	134000	2075	2567395	2128979	491310
1075920	94630	2978	6025	149	47246	7572	3704900	2984689	142293
4800	4800		484	1080		6156	1485325	1114378	250443
218991	10452	20000	29559	1005	78726	1904	1596394	1361887	113193
333123				463		3000	29567	10661	
20000	20000		1285	926		2229	2159328	1727267	161465
50845	845			3154		926	902248	715556	44804
			73	53		388	154085	109309	52991
21328	21328					342	229596	132389	42210
6810	6810		107	650		6134	672947	539238	144268
				3			50761	32149	1192
7691				225		383	329636	275926	67306
			4203	115		606	350033	306878	44057
		48760					224673	149584	22458
				8358			400029	272961	19666

3-11 教育经费收入情况

地区	总计	国家财政性教育经费	一般公共预算安排的教育经费	一般公共预算教育经费	教育事业费	基本建设经费	教育费附加	科研经费	其他
合计	**16306134**	**9686549**	**9262167**	**8083715**	**7717854**	**47775**	**318086**	**2925**	**1175527**
北京	2287271	1255004	1060593	911501	886678	2091	22732		149092
天津	424728	286863	279988	209555	206520		3035		70434
河北	626669	418696	418628	394858	369701	15684	9473	58	23712
山西	205286	150678	134769	118800	117886		913	10	15960
内蒙古	197590	96639	96639	85780	85780				10859
辽宁	478351	270025	269777	233941	231778		2163		35837
吉林	587815	418309	415166	377227	373773		3454	60	37879
黑龙江	482915	344170	343627	269102	259503		9599		74525
上海	1111261	812471	807421	662120	653653		8467		145301
江苏	157943	89706	89706	82298	76439		5860		7408
浙江	1488242	892266	849759	768999	740536		28463	2339	78422
安徽	499124	274329	274329	233690	233690			16	40623
福建	590642	309658	308864	267576	211635		55941		41288
江西	506192	303356	303356	296556	295472		1084	100	6700
山东	311333	132290	132175	127848	127328		520		4327
河南	241213	135752	135752	109474	108474		1000	114	26163
湖北	148173	82648	82648	77967	77967				4681
湖南	580442	248862	244775	216062	190652		25410		28714
广东	1582385	961090	960955	831997	782477		49520		128957
广西	898423	657350	556868	519712	494612	25000	100		37156
海南	86216	59723	59673	38413	38413				21260
重庆	34492	24296	24296	19850	19850				4446
四川	667766	355188	351302	300273	231672	5000	63602	51	50978
贵州	306270	190588	150588	140602	140492		110		9985
云南	417342	213473	213212	182995	182995			177	30040
西藏									
陕西	687371	326305	324617	279916	267166		12750		44701
甘肃	222978	104286	101279	79276	72887		6389		22002
青海	39600	27687	27687	18399	18399				9288
宁夏									
新疆	438100	244843	243717	228926	221426		7500		14791
大连	179738	121788	121788	107424	105570		1854		14364
宁波	333559	214178	181800	161545	159827		1717		20256
厦门	3052	3052	3052	2754	2454		300		298
青岛	63369	28338	28338	24010	23490		520		4327
深圳	161790	125596	125596	101086	70662		30424		24510

(成人高等学校)

单位：千元

政府性基金预算安排的教育经费	#彩票公益金	国有及国有控股企业办学中的企业拨款	校办产业和社会服务收入中用于教育的经费	其他属于国家财政性教育经费	民办学校中举办者投入	捐赠收入	事业收入	#学费	其他教育经费
254045	**7**	**24511**	**145214**	**613**		**1033**	**5951128**	**4389591**	**667423**
100280			94131				918760	743721	113506
			6874				102192	92758	35674
			68				205320	186792	2652
		15846	63				53407	22025	1201
							100945	88331	6
			248				208030	68198	296
		3143					84199	71600	85307
			543			10	92356	60737	46379
			5050				259377	73515	39413
							67007	41341	1230
13328			29179				419887	260721	176088
							218171	168645	6624
			793				269973	218402	11011
							184551	171882	18285
				115			176686	156370	2356
							78358	69606	27103
						394	61470	52776	3661
430			3656				325571	259969	6009
7	7		50	78			614570	522263	6726
100000			112	370			209719	176166	31354
				50			22458	22458	4035
							10196	10196	
		2515	1370			2	291901	222768	20675
40000							115365	112234	318
			261				200690	50382	3179
			1688				344320	253090	16746
		3007					116314	98383	2379
							11525	11525	389
			1126			627	187811	102740	4820
							57924	39501	26
3198			29179				110991	84177	8391
							35000	35000	31
							36185	32668	8

3-12 教育经费收入情况

地区	总计	国家财政性教育经费	一般公共预算安排的教育经费	一般公共预算教育经费	教育事业费	基本建设经费	教育费附加	科研经费	其他
合计	**14902616**	**9202044**	**8929521**	**7832441**	**7466581**	**47775**	**318086**	**2925**	**1094154**
北京	998981	829311	785632	715679	690856	2091	22732		69953
天津	424728	286863	279988	209555	206520		3035		70434
河北	626669	418696	418628	394858	369701	15684	9473	58	23712
山西	205286	150678	134769	118800	117886		913	10	15960
内蒙古	197590	96639	96639	85780	85780				10859
辽宁	472595	270025	269777	233941	231778		2163		35037
吉林	587815	418309	415166	377227	373773		3454	60	37879
黑龙江	482915	344170	343627	269102	259503		9599		74525
上海	1111261	812471	807421	662120	653653		8467		145301
江苏	157943	89706	89706	82298	76439		5860		7408
浙江	1488242	892266	849759	768999	740536		28463	2339	78422
安徽	499124	274329	274329	233690	233690			16	40623
福建	590642	309658	308864	267576	211635		55941		41288
江西	506192	303356	303356	296556	295472		1084	100	6700
山东	311333	132290	132175	127848	127328		520		4327
河南	241213	135752	135752	109474	108474		1000	114	26163
湖北	148173	82648	82648	77967	77967				4681
湖南	580442	248862	244775	216062	190652		25410		28714
广东	1582385	961090	960955	831997	782477		49520		128957
广西	898423	657350	556868	519712	494612	25000	100		37156
海南	86216	59723	59673	38413	38413				21260
重庆	34492	24296	24296	19850	19850				4446
四川	667766	355188	351302	300273	231672	5000	63602	51	50978
贵州	306270	190588	150588	140602	140492		110		9985
云南	417342	213473	213212	182995	182995			177	30040
西藏									
陕西	687371	326305	324617	279916	267166		12750		44701
甘肃	222978	104286	101279	79276	72887		6389		22002
青海	39600	27687	27687	18399	18399				9288
宁夏									
新疆	328628	186032	186032	173474	165974		7500		12558
大连	179738	121788	121788	107424	105570		1854		14364
宁波	333559	214178	181800	161545	159827		1717		20256
厦门	3052	3052	3052	2754	2454		300		298
青岛	63369	28338	28338	24010	23490		520		4327
深圳	161790	125596	125596	101086	70662		30424		24510

(地方成人高等学校)

单位：千元

政府性基金预算安排的教育经费	#彩票公益金	国有及国有控股企业办学中的企业拨款	校办产业和社会服务收入中用于教育的经费	其他属于国家财政性教育经费	民办学校中举办者投入	捐赠收入	事业收入	#学费	其他教育经费
153765	**7**	**24511**	**93635**	**613**		**1033**	**5124948**	**3741230**	**574590**
			43678				148439	130953	21232
			6874				102192	92758	35674
			68				205320	186792	2652
		15846	63				53407	22025	1201
							100945	88331	6
			248				202468	63293	101
		3143					84199	71600	85307
			543			10	92356	60737	46379
			5050				259377	73515	39413
							67007	41341	1230
13328			29179				419887	260721	176088
							218171	168645	6624
			793				269973	218402	11011
							184551	171882	18285
				115			176686	156370	2356
							78358	69606	27103
						394	61470	52776	3661
430			3656				325571	259969	6009
7	7		50	78			614570	522263	6726
100000			112	370			209719	176166	31354
				50			22458	22458	4035
							10196	10196	
		2515	1370			2	291901	222768	20675
40000							115365	112234	318
			261				200690	50382	3179
			1688				344320	253090	16746
		3007					116314	98383	2379
							11525	11525	389
						627	137514	72052	4455
							57924	39504	26
3198			29179				110991	84177	8391
							35000	35000	31
							36185	32668	8

3-13 教育经费收入情况

地区	总计	国家财政性教育经费	一般公共预算安排的教育经费	一般公共预算教育经费	教育事业费	基本建设经费	教育费附加	科研经费	其他
合计	**246422417**	**216657616**	**212283302**	**193474197**	**170141737**	**4838345**	**18494115**		**18809105**
北京	6535441	6117142	6038165	5298710	4910758	203949	184003		739455
天津	2907029	2637958	2578880	2299541	2116306		183235		279339
河北	12298976	11206488	10984802	10551678	9529465	97213	925000		433124
山西	5739690	5350868	5249622	4805412	4305024	76512	423876		444210
内蒙古	4352491	4087286	4030268	3374884	3207920	26648	140316		655384
辽宁	5650519	5121196	5089748	4275984	3529432	145623	600928		813764
吉林	4214448	3917917	3899174	3569488	3250968	39153	279366		329686
黑龙江	4096070	3697596	3657712	3185789	2983245	9846	192698		471923
上海	6866695	6350258	6258498	5474535	2956667	2000	2515868		783963
江苏	19422038	16582052	16332176	14840570	13344385	21761	1474424		1491606
浙江	15595538	13935656	13675010	12560410	10867224	561736	1131450		1114601
安徽	9091474	7934985	7850268	7284313	5923400	656950	703963		565954
福建	7403532	6892871	6725830	6259523	5271051	58720	929752		466307
江西	6005978	5060000	5041727	4787746	4304534	42111	441102		253980
山东	18581018	16799597	16457831	15807713	13278634	53190	2475889		650119
河南	14526034	12695724	11973627	10427083	9270552	433560	722971		1546544
湖北	7386041	6541493	6401810	5805134	5805134				596677
湖南	10142363	7838211	7798686	7501371	6661538	88101	751733		297315
广东	27090866	23311940	22974193	20765371	17466237	784249	2514886		2208822
广西	7309296	6406674	6168844	5664467	5054041	315966	294460		504376
海南	2070215	1954677	1946073	1695571	1590243	70771	34557		250501
重庆	6688163	5476250	5391341	4636724	4242435	123560	270729		754617
四川	10686624	8964387	8854413	8033472	7473651	126330	433491		820941
贵州	5038296	4369333	4296277	4024785	3857664	58948	108172		271492
云南	9399979	8234097	7589073	6653174	6347470	85876	219828		935899
西藏	1163594	1162474	1149572	1100681	783211	267470	50000		48891
陕西	4933586	3768664	3706478	3537488	3310072	75291	152125		168990
甘肃	3819091	3571043	3544460	3205343	3069836	43366	92141		339117
青海	1324357	1177303	1174695	1014475	948009	53220	13247		160220
宁夏	1202772	1129787	1127548	1015317	971375	20000	23941		112231
新疆	4880204	4363688	4316500	4017443	3511255	296222	209965		299057
大连	1299342	1256302	1254843	1082882	846985	110262	125635		171961
宁波	2712036	2605387	2580208	2241351	2107198	35819	98335		338857
厦门	1238471	1206571	1172121	1067398	853322	550	213526		104723
青岛	3427496	3153948	3121233	2916155	2030107		886048		205078
深圳	3198632	2780554	2774243	2313349	1765777	105540	442033		460894

(中等职业学校)

单位：千元

政府性基金预算安排的教育经费	#彩票公益金	国有及国有控股企业办学中的企业拨款	校办产业和社会服务收入中用于教育的经费	其他属于国家财政性教育经费	民办学校中举办者投入	捐赠收入	事业收入	#学费	其他教育经费
3730030	**714519**	**229461**	**414823**		**1505220**	**139266**	**21988749**	**12646703**	**6131566**
49822	1191	11269	17886		1834	10997	313725	172972	91743
760	760	38743	19575		6000	154	121465	89796	141453
194319	14926	13334	14033		26753	1836	962225	622211	101674
71958	25541	19171	10116		14531	855	316392	108079	57045
32211	26837	18468	6338		8738	3778	192060	131070	60631
17670	17670	200	13579		23264		456847	307832	49212
14174	12822	4567	2		5067	2168	172934	134065	116362
38354	38354	1490	40		9166	505	325938	257769	62866
22804	22737	11622	57334			973	329210	243943	186254
242240	76678	3742	3894		21157	13952	2008281	1162924	796596
250257	45537		10389		265101	5613	839525	351228	549642
82148	26543	204	2365		34444	8692	913085	520247	200267
154752	9286		12290		12011	4632	330080	90601	163938
13231	11730	4252	790		15036	3122	844593	525848	83227
251009	42669	16270	74487		227264	5441	1312807	701218	235908
680873	48580	20811	20413		102844	4145	1405760	720207	317560
135929	18906	3101	653		10945	3939	681895	368944	147770
27347	3547	7928	4250		341981	3485	1676919	998598	281768
311531	32238	4242	21974		179883	15203	3289930	2149456	293910
227481	2048		10349		2312	2855	641522	176896	255933
7196			1407		4924	2193	67354	28288	41068
81085	31112	3495	329		18723	5425	660730	315870	527034
40959	27589	2128	66888		94516	6149	1402442	858843	219130
38387	15930	33075	1594		41585	4010	354586	101001	268781
634750	71257		10274		13210	4405	965469	650072	182797
12902	12902						1120		
23264	20264	6800	32122		8016	147	965790	678837	190969
23019	10419	3563			11862	2109	161737	59438	72340
870	870	520	1219		2571	243	60782	32749	83457
2239	2239				1484	3998	57567	29527	9936
46490	43340	467	231			18244	155979	58175	342293
1459	1459				100		40874	20271	2066
25178	12269					650	68208	27489	37790
30195			4256			12	22281	5467	9607
32715					54000	143	171902	138753	47503
6311	3869						375882	230025	42196

3-14 教育经费收入情况

地区	总计	国家财政性教育经费	一般公共预算安排的教育经费	一般公共预算教育经费	教育事业费	基本建设经费	教育费附加	科研经费	其他
合计	**245527744**	**215962264**	**211703811**	**192951959**	**169639545**	**4818345**	**18494069**		**18751852**
北京	6385695	6014606	5946898	5212624	4824672	203949	184003		734273
天津	2878532	2619821	2578880	2299541	2116306		183235		279339
河北	12252199	11188881	10979694	10546570	9524357	97213	925000		433124
山西	5739690	5350868	5249622	4805412	4305024	76512	423876		444210
内蒙古	4352491	4087286	4030268	3374884	3207920	26648	140316		655384
辽宁	5650519	5121196	5089748	4275984	3529432	145623	600928		813764
吉林	4214448	3917917	3899174	3569488	3250968	39153	279366		329686
黑龙江	4040017	3645091	3606697	3134774	2932231	9846	192698		471923
上海	6835967	6319539	6256268	5472305	2954437	2000	2515868		783963
江苏	19393063	16572655	16326520	14834914	13338729	21761	1474424		1491606
浙江	15595538	13935656	13675010	12560410	10867224	561736	1131450		1114601
安徽	9090839	7934353	7849635	7283681	5922767	656950	703963		565954
福建	7403532	6892871	6725830	6259523	5271051	58720	929752		466307
江西	5999509	5055364	5041342	4787362	4304150	42111	441102		253980
山东	18581018	16799597	16457831	15807713	13278634	53190	2475889		650119
河南	14518807	12693696	11971690	10425146	9268614	433560	722971		1546544
湖北	7368202	6536821	6397138	5800462	5800462				596677
湖南	10142363	7838211	7798686	7501371	6661538	88101	751733		297315
广东	27036310	23266980	22936742	20727920	17428786	784249	2514886		2208822
广西	7309296	6406674	6168844	5664467	5054041	315966	294460		504376
海南	2070215	1954677	1946073	1695571	1590243	70771	34557		250501
重庆	6687418	5475950	5391040	4636423	4242134	123560	270729		754617
四川	10654111	8954129	8847072	8026132	7466310	126330	433491		820941
贵州	5038296	4369333	4296277	4024785	3857664	58948	108172		271492
云南	9399979	8234097	7589073	6653174	6347470	85876	219828		935899
西藏	1163594	1162474	1149572	1100681	783211	267470	50000		48891
陕西	4923958	3767269	3705083	3536093	3308678	75291	152125		168990
甘肃	3818971	3570991	3544408	3205292	3069785	43366	92141		339117
青海	1324357	1177303	1174695	1014475	948009	53220	13247		160220
宁夏	1202772	1129787	1127548	1015317	971375	20000	23941		112231
新疆	4456038	3968171	3946450	3699464	3213322	276222	209919		246986
大连	1299342	1256302	1254843	1082882	846985	110262	125635		171961
宁波	2712036	2605387	2580208	2241351	2107198	35819	98335		338857
厦门	1238471	1206571	1172121	1067398	853322	550	213526		104723
青岛	3427496	3153948	3121233	2916155	2030107		886048		205078
深圳	3198632	2780554	2774243	2313349	1765777	105540	442033		460894

(地方中等职业学校)

单位：千元

政府性基金预算安排的教育经费	#彩 票公益金	国有及国有控股企业办学中的企业拨款	校办产业和社会服务收入中用于教育的经费	其 他属于国家财 政 性教育经费	民办学校中举办者投入	捐赠收入	事业收入	#学 费	其 他教育经费
3705030	**689519**	**206442**	**346981**		**1505220**	**139266**	**21828827**	**12567047**	**6092167**
49822	1191		17886		1834	10997	273121	157496	85137
760	760	38743	1438		6000	154	118845	87585	133713
194319	14926	11534	3333		26753	1836	933056	608452	101674
71958	25541	19171	10116		14531	855	316392	108079	57045
32211	26837	18468	6338		8738	3778	192060	131070	60631
17670	17670	200	13579		23264		456847	307832	49212
14174	12822	4567	2		5067	2168	172934	134065	116362
38354	38354		40		9166	505	322389	254297	62866
22804	22737	11622	28844			973	329210	243943	186246
242240	76678		3894		21157	13952	1997738	1154382	787562
250257	45537		10389		265101	5613	839525	351228	549642
82148	26543	204	2365		34444	8692	913084	520247	200266
154752	9286		12290		12011	4632	330080	90601	163938
13231	11730		790		15036	3122	843926	525413	82061
251009	42669	16270	74487		227264	5441	1312807	701218	235908
680873	48580	20811	20323		102844	4145	1400561	718659	317560
135929	18906	3101	653		10945	3939	669059	366359	147439
27347	3547	7928	4250		341981	3485	1676919	998598	281768
311531	32238	4242	14466		179883	15203	3282206	2148863	292037
227481	2048		10349		2312	2855	641522	176896	255933
7196			1407		4924	2193	67354	28288	41068
81085	31112	3495	329		18723	5425	660287	315435	527034
40959	27589	2128	63970		94516	6149	1380188	838665	219130
38387	15930	33075	1594		41585	4010	354586	101001	268781
634750	71257		10274		13210	4405	965469	650072	182797
12902	12902						1120		
23264	20264	6800	32122		8016	147	962325	676170	186202
23019	10419	3563			11862	2109	161669	59438	72340
870	870	520	1219		2571	243	60782	32749	83457
2239	2239				1484	3998	57567	29527	9936
21490	18340		231			18244	135200	50421	334423
1459	1459				100		40874	20271	2066
25178	12269					650	68208	27489	37790
30195			4256			12	22281	5467	9607
32715					54000	143	171902	138753	47503
6311	3869						375882	230025	42196

3-15 教育经费收入情况

地区	总计	国家财政性教育经费	一般公共预算安排的教育经费	一般公共预算教育经费	教育事业费	基本建设经费	教育费附加	科研经费	其他
合计	**115396871**	**101660292**	**99943242**	**91136148**	**78954017**	**3289081**	**8893050**		**8807094**
北京	2481324	2289083	2284052	1934369	1749924	184415	30		349683
天津	1664639	1531574	1512178	1373041	1270693		102348		139138
河北	3619759	2950994	2904137	2813288	2609626	64953	138709		90849
山西	2232039	2047479	2003124	1768967	1612537	42220	114210		234158
内蒙古	1759007	1604319	1591117	1309201	1301683	283	7235		281916
辽宁	3087706	2868367	2839685	2385320	1838865	117183	429272		454365
吉林	1596244	1483319	1477597	1394225	1198927	6740	188558		83372
黑龙江	1280413	1054799	1017574	918370	871261	7705	39404		99204
上海	4410430	4105463	4047514	3571340	1894936	2000	1674404		476174
江苏	13643791	11839328	11655856	10476101	9361601	18219	1096281		1179755
浙江	2709410	2362219	2306205	1982381	1717494	166438	98449		323824
安徽	6920020	6143351	6094441	5733496	4529421	656950	547124		360946
福建	5559301	5245303	5115063	4746618	4052477	46220	647921		368445
江西	3279226	2845500	2829044	2683642	2459494	17701	206447		145402
山东	8577915	7697667	7526900	7199087	5893641	34190	1271256		327813
河南	5578330	4848148	4599260	4152044	3578934	380348	192762		447216
湖北	4786913	4206471	4146788	3767480	3767480				379308
湖南	1900508	1404680	1400335	1374308	1306763	20500	47045		26027
广东	12441700	11078820	10993349	10026661	8203000	520855	1302806		966688
广西	5334251	4757878	4558678	4197279	3710608	208592	278079		361399
海南	1101341	1039585	1037302	921065	893956	27109			116237
重庆	1118135	666747	643144	552359	495243	22892	34225		90784
四川	3916732	3129360	3095081	2859847	2630266	47848	181732		235234
贵州	2034792	1832149	1818225	1708504	1659875	24800	23830		109721
云南	3965997	3176021	3104934	2789519	2702516	61876	25127		315415
西藏	1163594	1162474	1149572	1100681	783211	267470	50000		48891
陕西	877194	737041	713881	627324	625436	1887			86557
甘肃	2961393	2783294	2756781	2496052	2396918	40101	59033		260729
青海	1313414	1167265	1164656	1012310	945844	53220	13247		152346
宁夏	518632	471634	471634	404868	375509	20000	9359		66766
新疆	3562720	3129962	3085134	2856402	2515878	226366	114158		228733
大连	664222	649357	647978	577160	409301	96013	71847		70818
宁波	687307	672635	660472	535178	515711	19467			125294
厦门	1064403	1037682	1036815	944903	748807	550	195546		91912
青岛	671248	609681	579404	514815	206670		308146		64589
深圳	698382	666614	660631	527134	382436	18091	126607		133497

(中等专业学校)

单位：千元

政府性基金预算安排的教育经费	#彩票公益金	国有及国有控股企业办学中的企业拨款	校办产业和社会服务收入中用于教育的经费	其他属于国家财政性教育经费	民办学校中举办者投入	捐赠收入	事业收入	#学费	其他教育经费
1510915	**597351**	**34741**	**171395**		**348215**	**83330**	**10322551**	**5705295**	**2982482**
1174	1174		3857			396	164517	84419	27328
760	760	18610	26		6000	154	60930	39591	65981
33348	13814	2064	11445		19867	282	613222	460885	35395
34089	10138	150	10116		2083	115	148904	19349	33458
12767	12767		435		4917	1205	137168	103393	11398
15104	15104		13579				194666	133298	24673
5722	5722				16	110	82899	66425	29901
37185	37185		40		8908	195	184697	146184	31814
22804	22737		35144				216253	142833	88715
179724	75821		3748		7359	13101	1259346	760596	524658
55996	42591		18			134	224348	105219	122709
46341	11433	204	2365		5731	7050	635104	401650	128783
122252	6786		7989		6953	2547	188132	37540	116365
11548	11150	4252	656		68	3122	378720	175782	51815
114671	42120	1810	54287		145595	3033	627484	331797	104136
248689	34897		199		24182	1656	517293	251842	187051
55929	18906	3101	653		2339	3407	482599	254386	92097
570	550		3775		3700		427884	210786	64244
76847	30615		8624		36473	12221	1209970	720725	104215
195984	2048		3216		2307	1061	411346	98903	161658
875			1407			2193	32016	7053	27548
23603	9093					48	203141	84547	248199
29694	27399		4585		62120	4797	611927	360384	108528
12330	12330		1594		441	1622	160073	19837	40507
68669	66722		2417		3853	895	720350	495574	64879
12902	12902						1120		
23161	20161					80	84103	47457	55971
22949	10349	3563			1610	1792	115276	39405	59421
870	870	520	1219		2211	243	60782	32749	82913
					1484	3852	37525	21362	4137
44360	41210	467				18020	130754	51324	283984
1379	1379						14618	6183	247
12163	11879						10552	3161	4119
195			672			12	17319	5205	9391
30277							40014	35512	21553
5983	3541						10324	4301	21444

3-16 教育经费收入情况

地区	总计	国家财政性教育经费	一般公共预算安排的教育经费	一般公共预算教育经费	教育事业费	基本建设经费	教育费附加	科研经费	其他
合计	**114676968**	**101068660**	**99429916**	**90679411**	**78517325**	**3269081**	**8893005**		**8750505**
北京	2348728	2197816	2192785	1848283	1663838	184415	30		344501
天津	1664639	1531574	1512178	1373041	1270693		102348		139138
河北	3572982	2933386	2899029	2808180	2604518	64953	138709		90849
山西	2232039	2047479	2003124	1768967	1612537	42220	114210		234158
内蒙古	1759007	1604319	1591117	1309201	1301683	283	7235		281916
辽宁	3087706	2868367	2839685	2385320	1838865	117183	429272		454365
吉林	1596244	1483319	1477597	1394225	1198927	6740	188558		83372
黑龙江	1280413	1054799	1017574	918370	871261	7705	39404		99204
上海	4379703	4074743	4045284	3569110	1892706	2000	1674404		476174
江苏	13643791	11839328	11655856	10476101	9361601	18219	1096281		1179755
浙江	2709410	2362219	2306205	1982381	1717494	166438	98449		323824
安徽	6920020	6143351	6094441	5733496	4529421	656950	547124		360946
福建	5559301	5245303	5115063	4746618	4052477	46220	647921		368445
江西	3272757	2840864	2828659	2683257	2459109	17701	206447		145402
山东	8577915	7697667	7526900	7199087	5893641	34190	1271256		327813
河南	5574244	4848057	4599260	4152044	3578934	380348	192762		447216
湖北	4769074	4201799	4142116	3762808	3762808				379308
湖南	1900508	1404680	1400335	1374308	1306763	20500	47045		26027
广东	12387143	11033861	10955897	9989209	8165549	520855	1302806		966688
广西	5334251	4757878	4558678	4197279	3710608	208592	278079		361399
海南	1101341	1039585	1037302	921065	893956	27109			116237
重庆	1118135	666747	643144	552359	495243	22892	34225		90784
四川	3908867	3122019	3087740	2852506	2622926	47848	181732		235234
贵州	2034792	1832149	1818225	1708504	1659875	24800	23830		109721
云南	3965997	3176021	3104934	2789519	2702516	61876	25127		315415
西藏	1163594	1162474	1149572	1100681	783211	267470	50000		48891
陕西	877194	737041	713881	627324	625436	1887			86557
甘肃	2961273	2783242	2756730	2496000	2396866	40101	59033		260729
青海	1313414	1167265	1164656	1012310	945844	53220	13247		152346
宁夏	518632	471634	471634	404868	375509	20000	9359		66766
新疆	3143852	2739675	2720314	2542989	2222511	206366	114112		177325
大连	664222	649357	647978	577160	409301	96013	71847		70818
宁波	687307	672635	660472	535178	515711	19467			125294
厦门	1064403	1037682	1036815	944903	748807	550	195546		91912
青岛	671248	609681	579404	514815	206670		308146		64589
深圳	698382	666614	660631	527134	382436	18091	126607		133497

(地方中等专业学校)

单位：千元

政府性基金预算安排的教育经费	#彩票公益金	国有及国有控股企业办学中的企业拨款	校办产业和社会服务收入中用于教育的经费	其他属于国家财政性教育经费	民办学校中举办者投入	捐赠收入	事业收入	#学费	其他教育经费
1485915	**572351**	**28222**	**124608**		**348215**	**83330**	**10212063**	**5664731**	**2964699**
1174	1174		3857			396	129791	69751	20726
760	760	18610	26		6000	154	60930	39591	65981
33348	13814	264	746		19867	282	584053	447126	35395
34089	10138	150	10116		2083	115	148904	19349	33458
12767	12767		435		4917	1205	137168	103393	11398
15104	15104		13579				194666	133298	24673
5722	5722				16	110	82899	66425	29901
37185	37185		40		8908	195	184697	146184	31814
22804	22737		6655				216253	142833	88706
179724	75821		3748		7359	13101	1259346	760596	524658
55996	42591		18			134	224348	105219	122709
46341	11433	204	2365		5731	7050	635104	401650	128783
122252	6786		7989		6953	2547	188132	37540	116365
11548	11150		656		68	3122	378054	175347	50649
114671	42120	1810	54287		145595	3033	627484	331797	104136
248689	34897		108		24182	1656	513298	251073	187051
55929	18906	3101	653		2339	3407	469763	251801	91766
570	550		3775		3700		427884	210786	64244
76847	30615		1116		36473	12221	1202246	720132	102342
195984	2048		3216		2307	1061	411346	98903	161658
875			1407			2193	32016	7053	27548
23603	9093					48	203141	84547	248199
29694	27399		4585		62120	4797	611403	360384	108528
12330	12330		1594		441	1622	160073	19837	40507
68669	66722		2417		3853	895	720350	495574	64879
12902	12902						1120		
23161	20161					80	84103	47457	55971
22949	10349	3563			1610	1792	115207	39405	59421
870	870	520	1219		2211	243	60782	32749	82913
					1484	3852	37525	21362	4137
19360	16210					18020	109975	43570	276182
1379	1379						14618	6183	217
12163	11879						10552	3161	4119
195			672			12	17319	5205	9391
30277							40014	35512	21553
5983	3541						10324	4301	21444

3-17 教育经费收入情况

地区	总计	国家财政性教育经费	一般公共预算安排的教育经费	一般公共预算教育经费	教育事业费	基本建设经费	教育费附加	科研经费	其他
合计	**86893000**	**78678572**	**76982583**	**70406695**	**61583129**	**955174**	**7868392**		**6575888**
北京	2235441	2119093	2070440	1695100	1491593	19534	183973		375340
天津	698652	659291	659291	572523	520424		52099		86768
河北	6555393	6374906	6214546	5990003	5230038	32260	727705		224543
山西	2711526	2536414	2493034	2349341	2019407	34000	295934		143693
内蒙古	2150056	2059925	2040905	1775476	1621954	26365	127157		265429
辽宁	1993371	1748172	1745406	1457598	1348879	1723	106997		287808
吉林	1610695	1481048	1472594	1348898	1252110	22613	74175		123697
黑龙江	1732065	1696502	1696300	1494637	1421486	500	72651		201663
上海	1991780	1874681	1874681	1615160	817988		797172		259521
江苏	3164745	2794067	2741353	2606786	2350464	3542	252781		134567
浙江	11090561	10062893	9877441	9218589	7958634	313223	946731		658852
安徽	1683169	1411082	1385385	1252337	1107855		144482		133048
福建	836646	814182	811682	796926	550820	3500	242605		14756
江西	1938937	1517542	1515958	1476463	1222190	24410	229864		39495
山东	6004130	5532423	5435139	5241408	4115128	4000	1122280		193730
河南	5120721	4707678	4412773	3873430	3475291		398139		539343
湖北	2062081	1868305	1868305	1698875	1698875				169429
湖南	7044365	5546778	5521295	5302721	4575503	67601	659618		218573
广东	5502452	5089476	5042978	4313900	3775195	87449	451256		729078
广西	94594	89933	89933	78056	70392		7665		11876
海南	645931	608697	602376	528716	493842	317	34557		73660
重庆	3569182	3345812	3304756	2845612	2547285	80369	217959		459144
四川	5554331	4878522	4869509	4385470	4091465	58482	235523		484039
贵州	2671552	2278190	2219057	2068829	1950338	34148	84342		150229
云南	3530122	3342467	2781724	2365541	2220490	24000	121052		416183
西藏									
陕西	2361888	2033967	2033864	1995140	1784698	65190	145252		38724
甘肃	732138	675267	675196	622029	585656	3265	33108		53167
青海	3273	2369	2369	2165	2165				204
宁夏	684140	658153	655914	610448	595866		14582		45466
新疆	919062	870738	868377	824514	687099	48682	88733		43863
大连	507338	480991	480911	399384	345595		53789		81527
宁波	1600975	1559624	1553628	1374007	1295199	4247	74562		179621
厦门									
青岛	2423740	2228878	2226440	2101631	1532659		568972		124808
深圳	1472015	1385756	1385428	1163986	928783	87449	147755		221442

(职业高中)

单位：千元

政府性基金预算安排的教育经费	#彩票公益金	国有及国有控股企业办学中的企业拨款	校办产业和社会服务收入中用于教育的经费	其他属于国家财政性教育经费	民办学校中举办者投入	捐赠收入	事业收入	#学费	其他教育经费
1620809	**87878**	**56856**	**18324**		**984586**	**32232**	**5568377**	**3365066**	**1629233**
48648	17		6		1834	30	84090	70483	30393
							28893	26141	10469
160360	1112				3021	1554	156957	72645	18954
24358	2012	19021			12449	740	143294	83417	18631
19020	14070				3821	2395	38328	23860	45587
2566	2566	200			23264		198810	155150	23125
8452	7100		2		5051	1671	72183	57204	50742
202	202				8	300	33337	22752	1919
						635	59764	55134	56700
52713	54				13698	711	169871	79339	186398
185452	2946				265101	5315	428011	161205	329241
25697	15110				19964	1627	226372	110809	24123
2500	2500					2033	16547	9229	3885
1583	580				14968		393587	320293	12840
90090	300	4560	2635		66104	2338	343895	199053	59370
282184	13683		12721		46988	247	288499	139128	77308
					8000	504	140600	91511	44672
25484	2997				328454	3459	1033557	672213	132118
46498	593				50348	1140	275546	160108	85942
							2591	225	2070
6321					4924		27842	17913	4469
41056	9319				17858	574	155020	72529	49917
9012	40				29833	1262	583476	354838	61239
26058	3600	33075			41145	2387	188766	80581	161064
558014	4535		2728		9126	2614	113822	76284	62094
103	103				8016	10	295879	222099	24017
70	70				10252	317	34455	16139	11848
					360				544
2239	2239					146	20042	8164	5799
2130	2130		231			223	14344	6621	33756
80	80				100		24570	13788	1677
5996	390					536	21342	2215	19473
2438					54000	143	117066	92670	23653
328	328						71074	49148	15185

3-18 教育经费收入情况

地区	总计	国家财政性教育经费	一般公共预算安排的教育经费	一般公共预算教育经费	教育事业费	基本建设经费	教育费附加	科研经费	其他
合计	**86879109**	**78664757**	**76968768**	**70392880**	**61569314**	**955174**	**7868392**		**6575888**
北京	2235441	2119093	2070440	1695100	1491593	19534	183973		375340
天津	698652	659291	659291	572523	520424		52099		86768
河北	6555393	6374906	6214546	5990003	5230038	32260	727705		224543
山西	2711526	2536414	2493034	2349341	2019407	34000	295934		143693
内蒙古	2150056	2059925	2040905	1775476	1621954	26365	127157		265429
辽宁	1993371	1748172	1745406	1457598	1348879	1723	106997		287808
吉林	1610695	1481048	1472594	1348898	1252110	22613	74175		123697
黑龙江	1718173	1682687	1682485	1480822	1407671	500	72651		201663
上海	1991780	1874681	1874681	1615160	817988		797172		259521
江苏	3164745	2794067	2741353	2606786	2350464	3542	252781		134567
浙江	11090561	10062893	9877441	9218589	7958634	313223	946731		658852
安徽	1683169	1411082	1385385	1252337	1107855		144482		133048
福建	836646	814182	811682	796926	550820	3500	242605		14756
江西	1938937	1517542	1515958	1476463	1222190	24410	229864		39495
山东	6004130	5532423	5435139	5241408	4115128	4000	1122280		193730
河南	5120721	4707678	4412773	3873430	3475291		398139		539343
湖北	2062081	1868305	1868305	1698875	1698875				169429
湖南	7044365	5546778	5521295	5302721	4575503	67601	659618		218573
广东	5502452	5089476	5042978	4313900	3775195	87449	451256		729078
广西	94594	89933	89933	78056	70392		7665		11876
海南	645931	608697	602376	528716	493842	317	34557		73660
重庆	3569182	3345812	3304756	2845612	2547285	80369	217959		459144
四川	5554331	4878522	4869509	4385470	4091465	58482	235523		484039
贵州	2671552	2278190	2219057	2068829	1950338	34148	84342		150229
云南	3530122	3342467	2781724	2365541	2220490	24000	121052		416183
西藏									
陕西	2361888	2033967	2033864	1995140	1784698	65190	145252		38724
甘肃	732138	675267	675196	622029	585656	3265	33108		53167
青海	3273	2369	2369	2165	2165				204
宁夏	684140	658153	655914	610448	595866		14582		45466
新疆	919062	870738	868377	824514	687099	48682	88733		43863
大连	507338	480991	480911	399384	345595		53789		81527
宁波	1600975	1559624	1553628	1374007	1295199	4247	74562		179621
厦门									
青岛	2423740	2228878	2226440	2101631	1532659		568972		124808
深圳	1472015	1385756	1385428	1163986	928783	87449	147755		221442

(地方职业高中)

单位：千元

政府性基金预算安排的教育经费	#彩票公益金	国有及国有控股企业办学中的企业拨款	校办产业和社会服务收入中用于教育的经费	其他属于国家财政性教育经费	民办学校中举办者投入	捐赠收入	事业收入	#学费	其他教育经费
1620809	**87878**	**56856**	**18324**		**984586**	**32232**	**5568300**	**3365066**	**1629233**
48648	17		6		1834	30	84090	70483	30393
							28893	26141	10469
160360	1112				3021	1554	156957	72645	18954
24358	2012	19021			12449	740	143294	83417	18631
19020	14070				3821	2395	38328	23860	45587
2566	2566	200			23264		198810	155150	23125
8452	7100		2		5051	1671	72183	57204	50742
202	202				8	300	33260	22752	1919
						635	59764	55134	56700
52713	54				13698	711	169871	79339	186398
185452	2946				265101	5315	428011	161205	329241
25697	15110				19964	1627	226372	110809	24123
2500	2500					2033	16547	9229	3885
1583	580				14968		393587	320293	12840
90090	300	4560	2635		66104	2338	343895	199053	59370
282184	13683		12721		46988	247	288499	139128	77308
					8000	504	140600	91511	44672
25484	2997				328454	3459	1033557	672213	132118
46498	593				50348	1140	275546	160108	85942
							2591	225	2070
6321					4924		27842	17913	4469
41056	9319				17858	574	155020	72529	49917
9012	40				29833	1262	583476	354838	61239
26058	3600	33075			41145	2387	188766	80581	161064
558014	4535		2728		9126	2614	113822	76284	62094
103	103				8016	10	295879	222099	24017
70	70				10252	317	34455	16139	11848
					360				544
2239	2239					146	20042	8164	5799
2130	2130		231			223	14344	6621	33756
80	80				100		24570	13788	1677
5996	390					536	21342	2215	19473
2438					54000	143	117066	92670	23653
328	328						71074	49148	15185

3-19 教育经费收入情况

地区	总计	国家财政性教育经费	一般公共预算安排的教育经费	一般公共预算教育经费	教育事业费	基本建设经费	教育费附加	科研经费	其他
合计	**38614652**	**35530148**	**34368809**	**31807520**	**28411062**	**443064**	**2953394**		**2561289**
北京	138714	111287	111287	91549	91549				19737
天津	93676	91738	91738	80217	77239		2978		11521
河北	3137193	3060839	2927393	2821289	2498722	14260	308307		106104
山西	1733876	1623343	1586173	1483445	1202309	26800	254337		102728
内蒙古	1420908	1369867	1365613	1209305	1096861	22645	89799		156308
辽宁	595697	549013	549003	459256	432512	1723	25021		89747
吉林	620552	575433	575433	554397	510721	21400	22276		21036
黑龙江	718113	708674	708472	641522	609021	500	32001		66950
上海	168814	162939	162939	137293	39265		98028		25646
江苏	1458764	1368140	1328140	1289305	1203251		86054		38834
浙江	4243552	3927656	3908055	3671743	3218560	90003	363180		236312
安徽	1109821	1015112	1004525	920376	790390		129987		84149
福建	146910	140769	138269	137235	87012		50223		1034
江西	1197168	1031667	1030084	1001457	789934	24410	187113		28627
山东	1698874	1537241	1499774	1467317	1232434		234883		32457
河南	3115594	2913076	2677248	2348933	2030248		318684		328316
湖北	689455	618190	618190	576361	576361				41829
湖南	3600017	2982474	2961717	2831237	2456802	58531	315904		130481
广东	578361	532774	531366	472554	425944		46610		58812
广西	93899	89238	89238	77361	69697		7665		11876
海南	225760	218262	218262	189213	177358	317	11538		29050
重庆	1282716	1217156	1189956	1027239	1002938		24301		162717
四川	3094723	2670293	2661979	2419778	2313073	20873	85833		242200
贵州	1676179	1513922	1487865	1386395	1338388	21603	26404		101470
云南	2640529	2543319	1992786	1684910	1600183	24000	60726		307876
西藏									
陕西	1383482	1289680	1289680	1270828	1140923	65190	64715		18852
甘肃	586815	551952	551930	509434	481454	3265	24715		42496
青海	3273	2369	2369	2165	2165				204
宁夏	352172	335332	333093	308037	307347		690		25057
新疆	809044	778364	776234	737370	608402	47544	81424		38864
大连	124187	120713	120673	92183	90625		1558		28489
宁波	529867	513211	509140	443887	410021	4247	29619		65253
厦门									
青岛	110886	47529	47529	37010	20151		16860		10519
深圳									

(农村职业高中)

单位：千元

政府性基金预算安排的教育经费	#彩票公益金	国有及国有控股企业办学中的企业拨款	校办产业和社会服务收入中用于教育的经费	其他属于国家财政性教育经费	民办学校中举办者投入	捐赠收入	事业收入	#学费	其他教育经费
1140366	**16933**	**16021**	**4952**		**337669**	**18853**	**2178180**	**1194488**	**549801**
					1834		24826	19597	767
							1938	2	
133446	1016				821	1554	61027	20380	12952
21148	2	16021			3097	116	90962	49111	16358
4254	110				3188	1841	24544	16241	21468
40	40				548		44970	30192	1135
					1401	1621	27642	21376	14455
202	202						8127	4137	1313
									5875
40000					12000	207	64311	17613	14106
19601	210				12101	4380	184211	90154	115204
10586					7139	1038	82179	51183	4353
2500	2500						6141	5162	
1583	580				11419		146149	114276	7934
37467	115				55890	65	85669	43359	20008
230876	3275		4952		7612	237	170325	76424	24343
						357	55039	36233	15869
20757	767				179230	2757	374680	191170	60875
1408	105				2225	135	40004	28519	3223
							2591	225	2070
					4560		2495	1729	443
27200							48056	14839	17504
8314					21555	1147	358188	227453	43541
26058	3600					854	101085	42797	60318
550534	20				3967	1997	60742	36916	30505
					1616	10	74510	40302	17667
22	22				7106	167	17063	4995	10528
					360				544
2239	2239					146	13465	3540	3229
2130	2130					223	7242	6563	23215
40	40						2425	861	1049
4071						16	11178	1780	5462
					54000		7152	5633	2205

3-20 教育经费收入情况

地区	总计	国家财政性教育经费	一般公共预算安排的教育经费	一般公共预算教育经费	教育事业费	基本建设经费	教育费附加	科研经费	其他
合计	**38600760**	**35516333**	**34354994**	**31793705**	**28397247**	**443064**	**2953394**		**2561289**
北京	138714	111287	111287	91549	91549				19737
天津	93676	91738	91738	80217	77239		2978		11521
河北	3137193	3060839	2927393	2821289	2498722	14260	308307		106104
山西	1733876	1623343	1586173	1483445	1202309	26800	254337		102728
内蒙古	1420908	1369867	1365613	1209305	1096861	22645	89799		156308
辽宁	595697	549043	549003	459256	432512	1723	25021		89747
吉林	620552	575433	575433	554397	510721	21400	22276		21036
黑龙江	704222	694859	694657	627707	595206	500	32001		66950
上海	168814	162939	162939	137293	39265		98028		25646
江苏	1458764	1368140	1328140	1289305	1203251		86054		38834
浙江	4243552	3927656	3908055	3671743	3218560	90003	363180		236312
安徽	1109821	1015112	1004525	920376	790390		129987		84149
福建	146910	140769	138269	137235	87012		50223		1034
江西	1197168	1031667	1030084	1001457	789934	24410	187113		28627
山东	1698874	1537241	1499774	1467317	1232434		234883		32457
河南	3115594	2913076	2677248	2348933	2030248		318684		328316
湖北	689455	618190	618190	576361	576361				41829
湖南	3600017	2982474	2961717	2831237	2456802	58531	315904		130481
广东	578361	532774	531366	472554	425944		46610		58812
广西	93899	89238	89238	77361	69697		7665		11876
海南	225760	218262	218262	189213	177358	317	11538		29050
重庆	1282716	1217156	1189956	1027239	1002938		24301		162717
四川	3094723	2670293	2661979	2419778	2313073	20873	85833		242200
贵州	1676179	1513922	1487865	1386395	1338388	21603	26404		101470
云南	2640529	2543319	1992786	1684910	1600183	24000	60726		307876
西藏									
陕西	1383482	1289680	1289680	1270828	1140923	65190	64715		18852
甘肃	586815	551952	551930	509434	481454	3265	24715		42496
青海	3273	2369	2369	2165	2165				204
宁夏	352172	335332	333093	308037	307347		690		25057
新疆	809044	778364	776234	737370	608402	47544	81424		38864
大连	124187	120713	120673	92183	90625		1558		28489
宁波	529867	513211	509140	443887	410021	4247	29619		65253
厦门									
青岛	110886	47529	47529	37010	20151		16860		10519
深圳									

(地方农村职业高中)

单位：千元

政府性基金预算安排的教育经费	#彩票公益金	国有及国有控股企业办学中的企业拨款	校办产业和社会服务收入中用于教育的经费	其他属于国家财政性教育经费	民办学校中举办者投入	捐赠收入	事业收入	#学费	其他教育经费
1140366	**16933**	**16021**	**4952**		**337669**	**18853**	**2178103**	**1194488**	**549801**
					1834		24826	19597	767
							1938	2	
133446	1016				821	1554	61027	20380	12952
21148	2	16021			3097	116	90962	49111	16358
4254	110				3188	1841	24544	16241	21468
40	40				548		44970	30192	1135
					1401	1621	27642	21376	14455
202	202						8050	4137	1313
									5875
40000					12000	207	64311	17613	14106
19601	210				12101	4380	184211	90154	115204
10586					7139	1038	82179	51183	4353
2500	2500						6141	5162	
1583	580				11419		146149	114276	7934
37467	115				55890	65	85669	43359	20008
230876	3275		4952		7612	237	170325	76424	24343
						357	55039	36233	15869
20757	767				179230	2757	374680	191170	60875
1408	105				2225	135	40004	28519	3223
							2591	225	2070
					4560		2495	1729	443
27200							48056	14839	17504
8314					21555	1147	358188	227453	43541
26058	3600					854	101085	42797	60318
550534	20				3967	1997	60742	36916	30505
					1616	10	74510	40302	17667
22	22				7106	167	17063	4995	10528
					360				544
2239	2239					146	13465	3540	3229
2130	2130					223	7242	6563	23215
40	40						2425	861	1049
4071						16	11178	1780	5462
					54000		7152	5633	2205

3-21 教育经费收入情况

地区	总计	国家财政性教育经费	一般公共预算安排的教育经费	一般公共预算教育经费	教育事业费	基本建设经费	教育费附加	科研经费	其他
合计	**33904042**	**27657960**	**26860349**	**24504116**	**22438775**	**585878**	**1479464**		**2356233**
北京	1718793	1630068	1604776	1596211	1596211				8565
天津	434761	341977	320431	274433	245645		28788		45997
河北	982576	832767	818909	772856	736135		36722		46053
山西	429538	407561	406125	373824	365095	292	8437		32301
内蒙古	113338	105664	82123	59165	58926		239		22958
辽宁	546785	482452	482452	423176	332743	26718	63714		59277
吉林	239104	209731	209731	191103	172139	9800	9164		18628
黑龙江	780132	654003	651545	516034	441790	1641	72603		135511
上海	280324	219178	185367	152744	109201		43543		32624
江苏	2260035	1705238	1692350	1542720	1424251		118469		149630
浙江	1265966	1041918	1029092	931741	794569	82075	55097		97351
安徽	279630	220456	210345	150321	144329		5993		60024
福建	975800	807056	772755	692526	645343	9000	38183		80229
江西	263742	213805	213671	175013	175013				38658
山东	3540854	3181345	3107880	2991166	2900413	15000	75753		116714
河南	2457245	2271549	2094411	1679873	1519449	53212	107212		414538
湖北	405168	349420	349420	311367	311367				38053
湖南	560512	392070	383387	354990	319882		35108		28397
广东	8847066	6883742	6677964	6201509	5294982	175945	730581		476456
广西	1823032	1506963	1468333	1353116	1237061	107374	8682		115217
海南	303768	292995	292995	244291	200946	43345			48704
重庆	1337627	942532	924281	837745	817445	20300			86536
四川	720601	565453	534000	486748	453471	20000	13277		47251
贵州	259504	192374	192374	192374	192374				
云南	1338154	1161934	1148843	1048592	1027748		20844		100251
西藏									
陕西	1389657	722634	683712	649227	649227				34485
甘肃	44879	43336	43336	36339	36339				6997
青海									
宁夏									
新疆	305451	279741	279741	264911	236680	21174	7056		14830
大连	126023	124195	124195	105058	90809	14249			19137
宁波	111459	85465	84800	69313	57207	12106			15488
厦门	174068	168890	135306	122495	104515		17980		12811
青岛	330097	313092	313092	298484	289554		8930		14608
深圳	991920	694584	694584	590158	422847		167311		104426

(技工学校)

单位：千元

政府性基金预算安排的教育经费	#彩票公益金	国有及国有控股企业办学中的企业拨款	校办产业和社会服务收入中用于教育的经费	其他属于国家财政性教育经费	民办学校中举办者投入	捐赠收入	事业收入	#学费	其他教育经费
492930	**14134**	**132131**	**172550**		**120936**	**8893**	**4800930**	**2913370**	**1315322**
		11269	14023				56983	17717	31742
		20134	1412				28431	21620	64354
		11270	2587		3865		110196	67455	35748
1436	1436						17768	4579	4209
		18468	5073				4723	2924	2951
							62920	19383	1413
							8227	7428	21147
967	967	1490			250		99285	83396	26595
		11622	22189			338	39932	34011	20876
9000		3742	146		100	50	488393	294653	66254
2454			10371			50	151753	80383	72245
10111							14184	3069	44990
30000			4301		5057	52	120010	40352	43624
			134				38426	21997	11512
46000		9900	17565		15565	71	278108	140504	65764
150000		19645	7493				140083	19268	45613
							48600	16427	7149
280		7928	475				93904	41075	74538
188186	1030	4242	13350		93062	1023	1767781	1259283	101458
31497			7133		5	1794	224092	74689	90178
							7407	3233	3366
14426	10700	3495	329		800	4706	188764	100981	200826
609		2128	28716		2000		121392	84900	31756
									67130
7963			5128		232	752	123781	77516	51455
		6800	32122			57	559493	396517	107473
							1507		36
							4787	8	20923
							1686		142
665							24353	21849	1641
30000			3583				4962	262	216
							14709	10490	2296
							291786	175948	5551

3-22 教育经费收入情况

地区	总计	国家财政性教育经费	一般公共预算安排的教育经费	一般公共预算教育经费	教育事业费	基本建设经费	教育费附加	科研经费	其他
合计	**33771414**	**27594706**	**26816513**	**24460280**	**22394939**	**585878**	**1479464**		**2356233**
北京	1701643	1618800	1604776	1596211	1596211				8565
天津	424427	341977	320431	274433	245645		28788		45997
河北	982576	832767	818909	772856	736135		36722		46053
山西	429538	407561	406125	373824	365095	292	8437		32301
内蒙古	113338	105664	82123	59165	58926		239		22958
辽宁	546785	482452	482452	423176	332743	26718	63714		59277
吉林	239104	209731	209731	191103	172139	9800	9164		18628
黑龙江	741079	618277	617309	481798	407554	1641	72603		135511
上海	280324	219178	185367	152744	109201		43543		32624
江苏	2232740	1696161	1687015	1537385	1418916		118469		149630
浙江	1265966	1041918	1029092	931741	794569	82075	55097		97351
安徽	278995	219823	209712	149689	143696		5993		60024
福建	975800	807056	772755	692526	645343	9000	38183		80229
江西	263742	213805	213671	175013	175013				38658
山东	3540854	3181345	3107880	2991166	2900413	15000	75753		116714
河南	2454104	2269612	2092474	1677936	1517512	53212	107212		414538
湖北	405168	349420	349420	311367	311367				38053
湖南	560512	392070	383387	354990	319882		35108		28397
广东	8847066	6883742	6677964	6201509	5294982	175945	730581		476456
广西	1823032	1506963	1468333	1353116	1237061	107374	8682		115217
海南	303768	292995	292995	244291	200946	43345			48704
重庆	1336883	942232	923981	837445	817145	20300			86536
四川	695953	562535	534000	486748	453471	20000	13277		47251
贵州	259504	192374	192374	192374	192374				
云南	1338154	1161934	1148843	1048592	1027748		20844		100251
西藏									
陕西	1380029	721239	682317	647832	647832				34485
甘肃	44879	43336	43336	36339	36339				6997
青海									
宁夏									
新疆	305451	279741	279741	264911	236680	21174	7056		14830
大连	126023	124195	124195	105058	90809	14249			19137
宁波	111459	85465	84800	69313	57207	12106			15488
厦门	174068	168890	135306	122495	104515		17980		12811
青岛	330097	313092	313092	298484	289554		8930		14608
深圳	991920	694584	694584	590158	422847		167311		104426

(地方技工学校)

单位：千元

	政府性基金预算安排的教育经费	#彩票公益金	国有及国有控股企业办学中的企业拨款	校办产业和社会服务收入中用于教育的经费	其他属于国家财政性教育经费	民办学校中举办者投入	捐赠收入	事业收入	#学费	其他教育经费
	492930	**14134**	**115631**	**169632**		**120936**	**8893**	**4751862**	**2874444**	**1295016**
				14023				51105	16908	31738
			20134	1412				25836	19430	56614
			11270	2587		3865		110196	67455	35748
	1436	1436						17768	4579	4209
			18468	5073				4723	2924	2951
								62920	19383	1413
								8227	7428	21147
	967	967				250		95958	80070	26595
			11622	22189			338	39932	34011	20876
	9000			146		100	50	477968	286111	58461
	2454			10371			50	151753	80383	72245
	10111							14183	3069	44989
	30000			4301		5057	52	120010	40352	43624
				134				38426	21997	11512
	46000		9900	17565		15565	71	278108	140504	65764
	150000		19645	7493				138879	18489	45613
								48600	16427	7149
	280		7928	475				93904	41075	74538
	188186	1030	4242	13350		93062	1023	1767781	1259283	101458
	31497			7133		5	1794	224092	74689	90178
								7407	3233	3366
	14426	10700	3495	329		800	4706	188320	100546	200826
	609		2128	25799		2000		99662	64722	31756
										67130
	7963			5128		232	752	123781	77516	51455
			6800	32122			57	556027	393851	102705
								1507		36
								4787	8	20923
								1686		142
	665							24353	21849	1641
	30000			3583				4962	262	216
								14709	10490	2296
								291786	175948	5551

3-23 教育经费收入情况

地区	总计	国家财政性教育经费	一般公共预算安排的教育经费	一般公共预算教育经费	教育事业费	基本建设经费	教育费附加	科研经费	其他
合计	**10228504**	**8660791**	**8497129**	**7427239**	**7165817**	**8213**	**253209**		**1069890**
北京	99883	78897	78897	73030	73030				5867
天津	108977	105117	86980	79544	79544				7436
河北	1141248	1047821	1047210	975530	953666		21864		71680
山西	366587	359414	347339	313281	307985		5296		34059
内蒙古	330091	317378	316123	231041	225357		5684		85082
辽宁	22657	22204	22204	9890	8945		945		12314
吉林	768405	743819	739252	635262	627792		7470		103989
黑龙江	303460	292292	292292	256747	248708		8039		35545
上海	184161	150936	150936	135291	134542		749		15645
江苏	353467	243420	242617	214963	208069		6894		27654
浙江	529600	468626	462272	427698	396526		31172		34574
安徽	208655	160096	160096	148159	141795		6364		11937
福建	31785	26331	26331	23453	22410		1043		2878
江西	524073	483154	483054	452628	447837		4791		30426
山东	458119	388161	387912	376051	369452		6599		11861
河南	1369738	868348	867182	721736	696877		24859		145447
湖北	131879	117298	37298	27411	27411				9886
湖南	636978	494683	493670	469353	459391		9962		24317
广东	299649	259902	259902	223302	193060		30242		36600
广西	57420	51900	51900	36016	35981		35		15884
海南	19175	13400	13400	1500	1500				11900
重庆	663219	521159	519159	401007	382462		18545		118153
四川	494960	391053	355824	301408	298448		2959		54416
贵州	72447	66620	66620	55078	55078				11542
云南	565706	553676	553572	449522	396717		52805		104050
西藏									
陕西	304847	275021	275021	265797	250711	8213	6873		9224
甘肃	80681	69146	69146	50924	50924				18223
青海	7669	7669	7669						7669
宁夏									
新疆	92970	83247	83247	71616	71598		18		11632
大连	1759	1759	1759	1280	1280				479
宁波	312295	287662	281308	262854	239081		23772		18454
厦门									
青岛	2411	2297	2297	1224	1224				1073
深圳	36314	33600	33600	32071	31711		360		1529

(成人中等专业学校)

单位：千元

政府性基金预算安排的教育经费	#彩票公益金	国有及国有控股企业办学中的企业拨款	校办产业和社会服务收入中用于教育的经费	其他属于国家财政性教育经费	民办学校中举办者投入	捐赠收入	事业收入	#学费	其他教育经费
105376	**15156**	**5733**	**52554**		**51482**	**14811**	**1296891**	**662972**	**204528**
						10571	8135	353	2280
			18137				3212	2445	648
611							81850	21226	11577
12075	11955						6425	735	747
424			830			177	11841	893	695
							451		2
		4567				388	9626	3008	14572
						10	8619	5436	2538
							13261	11965	19964
803	803					90	90671	28336	19286
6354						114	35414	4421	25446
					8749	15	37425	4719	2371
							5390	3481	64
100							33859	7775	7060
249	249						63320	29864	6638
		1166			31674	2242	459885	309969	7589
80000					605	28	10096	6619	3852
1013					9827	26	121574	74524	10868
						818	36633	9340	2295
							3492	3079	2028
							89	89	5686
2000	2000				64	98	113805	57814	28092
1643	150		33587		563	90	85647	58721	17607
							5747	583	80
104						144	7516	698	4370
							26316	12764	3509
							10499	3894	1035
							6094	222	3629
6354						114	11961	264	12557
							113	80	1
							2698	628	16

3-24 教育经费收入情况

地区	总计	国家财政性教育经费	一般公共预算安排的教育经费	一般公共预算教育经费	教育事业费	基本建设经费	教育费附加	科研经费	其他
合计	**10200254**	**8634140**	**8488614**	**7419388**	**7157966**	**8213**	**253209**		**1069226**
北京	99883	78897	78897	73030	73030				5867
天津	90814	86980	86980	79544	79544				7436
河北	1141248	1047821	1047210	975530	953666		21864		71680
山西	366587	359414	347339	313281	307985		5296		34059
内蒙古	330091	317378	316123	231041	225357		5684		85082
辽宁	22657	22204	22204	9890	8945		945		12314
吉林	768405	743819	739252	635262	627792		7470		103989
黑龙江	300351	289328	289328	253783	245744		8039		35545
上海	184161	150936	150936	135291	134542		749		15645
江苏	351787	243099	242296	214642	207748		6894		27654
浙江	529600	468626	462272	427698	396526		31172		34574
安徽	208655	160096	160096	148159	141795		6364		11937
福建	31785	26331	26331	23453	22410		1043		2878
江西	524073	483154	483054	452628	447837		4791		30426
山东	458119	388161	387912	376051	369452		6599		11861
河南	1369738	868348	867182	721736	696877		24859		145447
湖北	131879	117298	37298	27411	27411				9886
湖南	636978	494683	493670	469353	459391		9962		24317
广东	299649	259902	259902	223302	193060		30242		36600
广西	57420	51900	51900	36016	35981		35		15884
海南	19175	13400	13400	1500	1500				11900
重庆	663219	521159	519159	401007	382462		18545		118153
四川	494960	391053	355824	301408	298448		2959		54416
贵州	72447	66620	66620	55078	55078				11542
云南	565706	553676	553572	449522	396717		52805		104050
西藏									
陕西	304847	275021	275021	265797	250711	8213	6873		9224
甘肃	80681	69146	69146	50924	50924				18223
青海	7669	7669	7669						7669
宁夏									
新疆	87672	78017	78017	67049	67032		18		10968
大连	1759	1759	1759	1280	1280				479
宁波	312295	287662	281308	262854	239081		23772		18454
厦门									
青岛	2411	2297	2297	1224	1224				1073
深圳	36314	33600	33600	32071	31711		360		1529

(地方成人中等专业学校)

单位：千元

政府性基金预算安排的教育经费	#彩票公益金	国有及国有控股企业办学中的企业拨款	校办产业和社会服务收入中用于教育的经费	其他属于国家财政性教育经费	民办学校中举办者投入	捐赠收入	事业收入	#学费	其他教育经费
105376	**15156**	**5733**	**34417**		**51482**	**14811**	**1296602**	**662806**	**203219**
						10571	8135	353	2280
							3185	2423	648
611							81850	21226	11577
12075	11955						6425	735	747
424			830			177	11841	893	695
							451		2
		4567				388	9626	3008	14572
						10	8474	5291	2538
							13261	11965	19964
803	803					90	90553	28336	18045
6354						114	35414	4421	25446
					8749	15	37425	4719	2371
							5390	3481	64
100							33859	7775	7060
249	249						63320	29864	6638
		1166			31674	2242	459885	309969	7589
80000					605	28	10096	6619	3852
1013					9827	26	121574	74524	10868
						818	36633	9340	2295
							3492	3079	2028
							89	89	5686
2000	2000				64	98	113805	57814	28092
1643	150		33587		563	90	85647	58721	17607
							5747	583	80
104						144	7516	698	4370
							26316	12764	3509
							10499	3894	1035
							6094	222	3561
6354						114	11961	264	12557
							113	80	1
							2698	628	16

3-25 教育经费收入情况

地区	总计	国家财政性教育经费	一般公共预算安排的教育经费	一般公共预算教育经费	教育事业费	基本建设经费	教育费附加	科研经费	其他
合计	**1271953179**	**1121259423**	**1107181501**	**1001234309**	**923189482**	**19824238**	**58220590**		**105947192**
北京	35176388	31345953	30840216	26886168	24455168	1206857	1224142		3954048
天津	16274144	15334680	15334480	13836988	13149802		687185		1497493
河北	52828664	46365826	45156840	43174138	40948813	421973	1803351		1982702
山西	28150661	24136339	23872125	22111704	20462916	176713	1472075		1760420
内蒙古	22000240	21192179	21112877	18037756	16611396	255836	1170524		3075121
辽宁	27892166	25764577	25747128	21708101	19828068	129413	1750620		4039027
吉林	18533583	16893312	16853016	15325037	14165884	295860	863293		1527979
黑龙江	25162052	23962745	23939090	21228755	20141839	188849	898067		2710335
上海	33501204	28661764	28648689	23812149	17628677	386508	5796965		4836540
江苏	84337806	74708904	73678420	67836450	60970982	474944	6390525		5841970
浙江	70975757	55842946	54495185	50164449	45738430	1466007	2960013		4330735
安徽	49525473	41531789	41281864	37395301	34581708	361069	2452523		3886564
福建	37308383	32960579	32142139	30410201	28166665	515835	1727701		1731938
江西	40706296	36958455	36873562	34970900	32663060	672678	1635163		1902661
山东	88094462	79680664	76561669	73408046	67735787	127952	5544308		3153623
河南	76822930	66333051	65496613	56362842	52935253	891210	2536379		9133771
湖北	45269615	39866508	39702818	36590525	36590525				3112293
湖南	52500112	43765535	43623245	41355077	38672585	389724	2292767		2268167
广东	123762461	102429313	100871478	89701327	79386193	4296714	6018420		11170151
广西	37430566	34403207	34258140	30904759	28953060	788501	1163199		3353381
海南	11462644	10479923	10025226	8327238	7817957	259427	249854		1697989
重庆	33023392	29695668	29429320	23976257	21973065	1014859	988333		5453063
四川	66421547	57791488	57279794	50051283	47429633	431163	2190487		7228510
贵州	42238236	37485833	37216040	34292941	32276899	428656	1587386		2923099
云南	46101561	42997448	42922599	36996503	35517111	399072	1080320		5926096
西藏	6799014	6782508	6777191	6182279	5470312	686412	25555		594912
陕西	30659360	28243230	28082497	27558666	24758851	1381793	1418021		523831
甘肃	21991429	20824712	20742830	18887701	17674908	331497	881297		1855129
青海	8374089	7928037	7658160	6494717	5835048	432896	226773		1163443
宁夏	7776542	7166908	7128613	6015726	5739573	97020	179133		1112886
新疆	30852402	29725341	29429637	27230323	24909314	1314798	1006210		2199315
大连	5392827	4917654	4915815	3802662	3541618	24562	236482		1113153
宁波	9548005	7910951	7815334	7100991	6520882	18020	562089		714343
厦门	5025915	4601244	4549094	4106353	3477038	202799	426517		442741
青岛	10920482	9962128	9951351	9359720	8431072		928648		591631
深圳	23253466	19997386	19950985	17108029	11528111	4086438	1493480		2842956

(中学)

单位：千元

政府性基金预算安排的教育经费	#彩票公益金	国有及国有控股企业办学中的企业拨款	校办产业和社会服务收入中用于教育的经费	其他属于国家财政性教育经费	民办学校中举办者投入	捐赠收入	事业收入	#学费	其他教育经费
13836349	**1132921**	**159273**	**82300**		**8510731**	**1816933**	**124653426**	**102050348**	**15712666**
457427	19899	41951	6359		21678	42857	2943426	2536586	822474
200	200				18082	2279	836294	792876	82809
1208985	36523				227061	21244	6075197	4928110	139336
259034	36436	4580	600		239049	9514	3608184	3090535	157576
79302	50533				33400	12799	502619	320956	259243
17449	6526				50497	3512	1967520	1696019	106060
40296	25423				32075	20973	1343257	1210981	243967
22743	15112	912			12270	4809	1051372	963243	130856
13071	523		4		35220	22769	4264016	4138588	517435
1030483	37452				684562	149662	7261530	6207334	1533149
1330060	31822	17525	177		1319347	244508	10533223	9110159	3035732
247519	39826	2406			453781	93200	6937817	5520955	508886
810403	22048	8037			51161	201698	3484826	3093173	610119
84894	49499				207747	49744	3299005	2475274	191345
3118995	60567				336963	73660	7565931	6446053	437243
833176	111782	3262			892048	17035	9307440	7427885	273355
98928	17898	168	64594		271666	28054	4624764	3645000	478622
134291	40522		8000		1308854	23942	6631559	4651255	770221
1536788	57000	20737	311		754903	249611	19189787	16090033	1138847
145067	28365				60083	57137	2582210	1883735	327930
454697	7569				85680	13515	814232	627166	69293
264462	11567		1886		35961	69980	2875064	2133297	346718
511694	23422				873675	165898	7090169	5437436	500318
269792	36448				211747	25578	3592488	2557367	922590
74129	16227	351	370		119475	125043	2503099	2093924	356496
5317	5267					4199	8191	5095	4115
160733	5253				39580	18581	2131284	1620870	226686
81882	12748				124164	17469	788224	689443	236859
269877	239327				4524	6378	136628	96199	298522
38296	22694				3845	6522	348031	298603	251235
236359	64442	59344			1630	34763	356041	262197	734628
1839	1414				14565	158	405146	374950	55304
95617	2916				22145	5230	1466701	1368325	142978
52150	417				115	5033	300472	277913	119051
10777	376				18867	31163	858354	777275	49971
46401	14511				157145	3589	2791011	2490183	304334

3-26 教育经费收入情况

地区	总计	国家财政性教育经费	一般公共预算安排的教育经费	一般公共预算教育经费	教育事业费	基本建设经费	教育费附加	科研经费	其他
合计	**1265829927**	**1116112041**	**1102272050**	**996499584**	**918657327**	**19658696**	**58183562**		**105772466**
北京	33752615	30447633	29941895	25997891	23566891	1206857	1224142		3944004
天津	16274144	15334680	15334480	13836988	13149802		687185		1497493
河北	52828664	46365826	45156840	43174138	40948813	421973	1803351		1982702
山西	28150661	24136339	23872125	22111704	20462916	176713	1472075		1760420
内蒙古	22000240	21192179	21112877	18037756	16611396	255836	1170524		3075121
辽宁	27892166	25764577	25747128	21708101	19828068	129413	1750620		4039027
吉林	18373596	16798478	16758181	15230202	14071049	295860	863293		1527979
黑龙江	24893071	23697003	23673951	20964034	19877118	188849	898067		2709917
上海	33250962	28479949	28466878	23652651	17493227	386508	5772916		4814226
江苏	84337806	74708904	73678420	67836450	60970982	474944	6390525		5841970
浙江	70975757	55842946	54495185	50164449	45738430	1466007	2960013		4330735
安徽	49525473	41531789	41281864	37395301	34581708	361069	2452523		3886564
福建	37308383	32960579	32142139	30410201	28166665	515835	1727701		1731938
江西	40706296	36958455	36873562	34970900	32663060	672678	1635163		1902661
山东	88094462	79680664	76561669	73408046	67735787	127952	5544308		3153623
河南	76814304	66325701	65489263	56359005	52931415	891210	2536379		9130258
湖北	45025834	39666761	39503071	36390778	36390778				3112293
湖南	52479311	43765321	43623031	41354863	38672371	389724	2292767		2268167
广东	123667626	102347020	100809921	89642089	79326955	4296714	6018420		11167832
广西	37430566	34403207	34258140	30904759	28953060	788501	1163199		3353381
海南	11462644	10479923	10025226	8327238	7817957	259427	249854		1697989
重庆	32884670	29593849	29327501	23874438	21871246	1014859	988333		5453063
四川	66394288	57791488	57279794	50051283	47429633	431163	2190487		7228510
贵州	42238236	37485833	37216040	34292941	32276899	428656	1587386		2923099
云南	46101561	42997448	42922599	36996503	35517111	399072	1080320		5926096
西藏	6799014	6782508	6777191	6182279	5470312	686412	25555		594912
陕西	30493823	28102541	27941808	27417977	24618162	1381793	1418021		523831
甘肃	21981705	20815531	20733649	18878520	17665727	331497	881297		1855129
青海	8374089	7928037	7658160	6494717	5835048	432896	226773		1163443
宁夏	7776542	7166908	7128613	6015726	5739573	97020	179133		1112886
新疆	27541419	26559965	26480849	24417653	22275166	1149256	993231		2063196
大连	5392827	4917654	4915815	3802662	3541618	24562	236482		1113153
宁波	9548005	7910951	7815334	7100991	6520882	18020	562089		714343
厦门	5025915	4601244	4549094	4106353	3477038	202799	426517		442741
青岛	10920482	9962128	9951351	9359720	8431072		928648		591631
深圳	23253466	19997386	19950985	17108029	11528111	4086438	1493480		2842956

(地方中学)

单位：千元

政府性基金预算安排的教育经费	#彩票公益金	国有及国有控股企业办学中的企业拨款	校办产业和社会服务收入中用于教育的经费	其他属于国家财政性教育经费	民办学校中举办者投入	捐赠收入	事业收入	#学费	其他教育经费
13679078	**1120071**	**78616**	**82296**		**8510731**	**1798104**	**124345945**	**101866581**	**15063106**
457427	19899	41951	6359		21678	38600	2838904	2518534	405799
200	200				18082	2279	836294	792876	82809
1208985	36523				227061	21244	6075197	4928110	139336
259034	36436	4580	600		239049	9514	3608184	3090535	157576
79302	50533				33400	12799	502619	320956	259243
17449	6526				50497	3512	1967520	1696019	106060
40296	25423				32075	20973	1306513	1174297	215558
22716	15085	336			12270	4809	1048132	960309	130856
13071	523				35220	22644	4200270	4076207	512880
1030483	37452				684562	149662	7261530	6207334	1533149
1330060	31822	17525	177		1319347	244508	10533223	9110159	3035732
247519	39826	2406			453781	93200	6937817	5520955	508886
810403	22048	8037			51161	201698	3484826	3093173	610119
84894	49499				207747	49744	3299005	2475274	191345
3118995	60567				336963	73660	7565931	6446053	437243
833176	111782	3262			892048	17035	9307440	7427885	272080
98928	17898	168	64594		271666	27024	4606589	3633924	453794
134291	40522		8000		1308854	23942	6618045	4642118	763148
1536788	57000		311		754903	249607	19179081	16083051	1137015
145067	28365				60083	57137	2582210	1883735	327930
454697	7569				85680	13515	814232	627166	69293
261462	11567		1886		35961	69980	2858434	2119976	326445
511694	23422				873675	165898	7089525	5437068	473703
269792	36448				211747	25578	3592488	2557367	922590
74129	16227	351	370		119475	125043	2503099	2093924	356496
5317	5267					4199	8191	5095	4115
160733	5253				39580	18281	2120136	1620870	213286
81882	12748				124164	17469	787842	689061	236699
269877	239327				4524	6378	136628	96199	298522
38296	22694				3845	6522	348031	298603	251235
79116	51619				1630	21649	328011	239747	630165
1839	1414				14565	158	405146	374950	55304
95617	2916				22145	5230	1466701	1368325	142978
52150	417				115	5033	300472	277913	119051
10777	376				18867	31163	858354	777275	49971
46401	14511				157145	3589	2791011	2490183	304334

3-27 教育经费收入情况

地区	总计	国家财政性教育经费	一般公共预算安排的教育经费	一般公共预算教育经费	教育事业费	基本建设经费	教育费附加	科研经费	其他
合计	**1271218454**	**1120620314**	**1106544381**	**1000652090**	**922690342**	**19821630**	**58140119**		**105892291**
北京	35128651	31302158	30796421	26852755	24422942	1206857	1222956		3943666
天津	16244874	15305415	15305215	13811374	13124189		687185		1493841
河北	52828664	46365826	45156840	43174138	40948813	421973	1803351		1982702
山西	28150661	24136339	23872125	22111704	20462916	176713	1472075		1760420
内蒙古	22000240	21192179	21112877	18037756	16611396	255836	1170524		3075121
辽宁	27892166	25764577	25747128	21708101	19828068	129413	1750620		4039027
吉林	18530615	16890460	16850164	15322480	14163327	295860	863293		1527684
黑龙江	25162052	23962745	23939090	21228755	20141839	188849	898067		2710335
上海	33465873	28626904	28613829	23783841	17602355	386508	5794978		4829988
江苏	84113125	74512913	73482552	67660375	60847586	474944	6337845		5822176
浙江	70697147	55614156	54266717	49937924	45520579	1463399	2953945		4328793
安徽	49525473	41531789	41281864	37395301	34581708	361069	2452523		3886564
福建	37308383	32960579	32142139	30410201	28166665	515835	1727701		1731938
江西	40706296	36958455	36873562	34970900	32663060	672678	1635163		1902661
山东	88076078	79662304	76543309	73389686	67717427	127952	5544308		3153623
河南	76822930	66333051	65496613	56362842	52935253	891210	2536379		9133771
湖北	45262446	39859340	39695650	36583357	36583357				3112293
湖南	52495393	43762712	43620472	41352654	38671131	389724	2291799		2267817
广东	123679397	102356900	100800561	89642343	79344791	4296714	6000838		11158218
广西	37427774	34400415	34255348	30901967	28950268	788501	1163199		3353381
海南	11462644	10479923	10025226	8327238	7817957	259427	249854		1697989
重庆	33023392	29695668	29429320	23976257	21973065	1014859	988333		5453063
四川	66421547	57791488	57279794	50051283	47429633	431163	2190487		7228510
贵州	42238236	37485833	37216040	34292941	32276899	428656	1587386		2923099
云南	46101561	42997448	42922599	36996503	35517111	399072	1080320		5926096
西藏	6799014	6782508	6777191	6182279	5470312	686412	25555		594912
陕西	30659360	28243230	28082497	27558666	24758851	1381793	1418021		523831
甘肃	21991429	20824712	20742830	18887701	17674908	331497	881297		1855129
青海	8374089	7928037	7658160	6494717	5835048	432896	226773		1163443
宁夏	7776542	7166908	7128613	6015726	5739573	97020	179133		1112886
新疆	30852402	29725341	29429637	27230323	24909314	1314798	1006210		2199315
大连	5392827	4917654	4915815	3802662	3541618	24562	236482		1113153
宁波	9548005	7910951	7815334	7100991	6520882	18020	562089		714343
厦门	5025915	4601244	4549094	4106353	3477038	202799	426517		442741
青岛	10920482	9962128	9951351	9359720	8431072		928648		591631
深圳	23253466	19997386	19950985	17108029	11528111	4086438	1493480		2842956

(普通中学)

单位：千元

政府性基金预算安排的教育经费	#彩票公益金	国有及国有控股企业办学中的企业拨款	校办产业和社会服务收入中用于教育的经费	其他属于国家财政性教育经费	民办学校中举办者投入	捐赠收入	事业收入	#学费	其他教育经费
13834536	**1132871**	**159273**	**82123**		**8510731**	**1816458**	**124603082**	**102039768**	**15667869**
457427	19899	41951	6359		21678	42857	2939483	2532697	822474
200	200				18082	2279	836294	792876	82804
1208985	36523				227061	21244	6075197	4928110	139336
259034	36436	4580	600		239049	9514	3608184	3090535	157576
79302	50533				33400	12799	502619	320956	259243
17449	6526				50497	3512	1967520	1696019	106060
40296	25423				32075	20973	1343257	1210981	243851
22743	15112	912			12270	4809	1051372	963243	130856
13071	523		4		35220	22767	4263572	4138555	517410
1030361	37452				684562	149192	7233910	6204181	1532548
1329915	31822	17525			1319347	244505	10527356	9108975	2991782
247519	39826	2406			453781	93200	6937817	5520955	508886
810403	22048	8037			51161	201698	3484826	3093173	610119
84894	49499				207747	49744	3299005	2475274	191345
3118995	60567				336963	73660	7565907	6446053	437243
833176	111782	3262			892048	17035	9307440	7427885	273355
98928	17898	168	64594		271666	28054	4624764	3645000	478622
134241	40472		8000		1308854	23942	6629662	4649556	770221
1535292	57000	20737	311		754903	249611	19179237	16089412	1138747
145067	28365				60083	57137	2582210	1883735	327930
454697	7569				85680	13515	814232	627166	69293
264462	11567		1886		35961	69980	2875064	2133297	346718
511694	23422				873675	165898	7090169	5437436	500318
269792	36448				211747	25578	3592488	2557367	922590
74129	16227	351	370		119475	125043	2503099	2093924	356496
5317	5267					4199	8191	5095	4115
160733	5253				39580	18581	2131284	1620870	226686
81882	12748				124164	17469	788224	689443	236859
269877	239327				4524	6378	136628	96199	298522
38296	22694				3845	6522	348031	298603	251235
236359	64442	59344			1630	34763	356041	262197	734628
1839	1414				14565	158	405146	374950	55304
95617	2916				22145	5230	1466701	1368325	142978
52150	417				115	5033	300472	277913	119051
10777	376				18867	31163	858354	777275	49971
46401	14511				157145	3589	2791011	2490183	304334

3-28 教育经费收入情况

地区	总计	国家财政性教育经费	一般公共预算安排的教育经费	一般公共预算教育经费	教育事业费	基本建设经费	教育费附加	科研经费	其他
合计	**1265095202**	**1115472932**	**1101634931**	**995917365**	**918158186**	**19656088**	**58103091**		**105717566**
北京	33704877	30403837	29898100	25964478	23534665	1206857	1222956		3933622
天津	16244874	15305415	15305215	13811374	13124189		687185		1493841
河北	52828664	46365826	45156840	43174138	40948813	421973	1803351		1982702
山西	28150661	24136339	23872125	22111704	20462916	176713	1472075		1760420
内蒙古	22000240	21192179	21112877	18037756	16611396	255836	1170524		3075121
辽宁	27892166	25764577	25747128	21708101	19828068	129413	1750620		1039027
吉林	18370627	16795625	16755329	15227645	14068492	295860	863293		1527684
黑龙江	24893071	23697003	23673951	20964034	19877118	188849	898067		2709917
上海	33215630	28445089	28432017	23624343	17466906	386508	5770929		4807674
江苏	84113125	74512913	73482552	67660375	60847586	474944	6337845		5822176
浙江	70697147	55614156	54266717	49937924	45520579	1463399	2953945		4328793
安徽	49525473	41531789	41281864	37395301	34581708	361069	2452523		3886564
福建	37308383	32960579	32142139	30410201	28166665	515835	1727701		1731938
江西	40706296	36958455	36873562	34970900	32663060	672678	1635163		1902661
山东	88076078	79662304	76543309	73389686	67717427	127952	5544308		3153623
河南	76814304	66325701	65489263	56359005	52931415	891210	2536379		9130258
湖北	45018666	39659593	39495903	36383610	36383610				3112293
湖南	52474591	43762498	43620258	41352440	38670917	389724	2291799		2267817
广东	123584562	102274607	100739004	89583106	79285554	4296714	6000838		11155899
广西	37427774	34400415	34255348	30901967	28950268	788501	1163199		3353381
海南	11462644	10479923	10025226	8327238	7817957	259427	249854		1697989
重庆	32884670	29593849	29327501	23874438	21871246	1014859	988333		5453063
四川	66394288	57791488	57279794	50051283	47429633	431163	2190487		7228510
贵州	42238236	37485833	37216040	34292941	32276899	428656	1587386		2923099
云南	46101561	42997448	42922599	36996503	35517111	399072	1080320		5926096
西藏	6799014	6782508	6777191	6182279	5470312	686412	25555		594912
陕西	30493823	28102541	27941808	27417977	24618162	1381793	1418021		523831
甘肃	21981705	20815531	20733649	18878520	17665727	331497	881297		1855129
青海	8374089	7928037	7658160	6494717	5835048	432896	226773		1163443
宁夏	7776542	7166908	7128613	6015726	5739573	97020	179133		1112886
新疆	27541419	26559965	26480849	24417653	22275166	1149256	993231		2063196
大连	5392827	4917654	4915815	3802662	3541618	24562	236482		1113153
宁波	9548005	7910951	7815334	7100991	6520882	18020	562089		714343
厦门	5025915	4601244	4549094	4106353	3477038	202799	426517		442741
青岛	10920482	9962128	9951351	9359720	8431072		928648		591631
深圳	23253466	19997386	19950985	17108029	11528111	4086438	1493480		2842956

(地方普通中学)

单位：千元

政府性基金预算安排的教育经费	#彩票公益金	国有及国有控股企业办学中的企业拨款	校办产业和社会服务收入中用于教育的经费	其他属于国家财政性教育经费	民办学校中举办者投入	捐赠收入	事业收入	#学费	其他教育经费
13677266	**1120021**	**78616**	**82119**		**8510731**	**1797629**	**124295602**	**101856000**	**15018308**
457427	19899	41951	6359		21678	38600	2834962	2514644	405799
200	200				18082	2279	836294	792876	82804
1208985	36523				227061	21244	6075197	4928110	139336
259034	36436	4580	600		239049	9514	3608184	3090535	157576
79302	50533				33400	12799	502619	320956	259243
17449	6526				50497	3512	1967520	1696019	106060
40296	25423				32075	20973	1306513	1174297	215442
22716	15085	336			12270	4809	1048132	960309	130856
13071	523				35220	22642	4199825	4076174	512855
1030361	37452				684562	149192	7233910	6204181	1532548
1329915	31822	17525			1319347	244505	10527356	9108975	2991782
247519	39826	2406			453781	93200	6937817	5520955	508886
810403	22048	8037			51161	201698	3484826	3093173	610119
84894	49499				207747	49744	3299005	2475274	191345
3118995	60567				336963	73660	7565907	6446053	437243
833176	111782	3262			892048	17035	9307440	7427885	272080
98928	17898	168	64594		271666	27024	4606589	3633924	453794
134241	40472		8000		1308854	23942	6616148	4640420	763148
1535292	57000		311		754903	249607	19168531	16082429	1136914
145067	28365				60083	57137	2582210	1883735	327930
454697	7569				85680	13515	814232	627166	69293
264462	11567		1886		35961	69980	2858434	2119976	326445
511694	23422				873675	165898	7089525	5437068	473703
269792	36448				211747	25578	3592488	2557367	922590
74129	16227	351	370		119475	125043	2503099	2093924	356496
5317	5267					4199	8191	5095	4115
160733	5253				39580	18281	2120136	1620870	213286
81882	12748				124164	17469	787842	689061	236699
269877	239327				4524	6378	136628	96199	298522
38296	22694				3845	6522	348031	298603	251235
79116	51619				1630	21649	328011	239747	630165
1839	1414				14565	158	405146	374930	55304
95617	2916				22145	5230	1466701	1368325	142978
52150	417				115	5033	300472	277913	119051
10777	376				18867	31163	858354	777275	49971
46401	14511				157145	3589	2791011	2490183	304334

3-29 教育经费收入情况

地区	总计	国家财政性教育经费	一般公共预算安排的教育经费	一般公共预算教育经费	教育事业费	基本建设经费	教育费附加	科研经费	其他
合计	**472464755**	**389123115**	**382531474**	**344492275**	**314818428**	**8055862**	**21617985**		**38039200**
北京	14640906	12751186	12620071	11037640	9803971	792117	441552		1582432
天津	6700375	6139531	6139531	5540708	5262947		277762		598823
河北	19658945	16231331	15328896	14644636	13880616	144264	619755		684260
山西	11829204	9633798	9532528	8833132	7988794	111239	733100		699396
内蒙古	8821972	8379920	8334933	7192907	6759311	132599	300997		1142026
辽宁	10426136	8888487	8884927	7452885	6667130	44190	741565		1432042
吉林	6475100	5534759	5527963	5051144	4594407	179492	277245		476819
黑龙江	8543180	7752014	7745721	6817049	6303483	150134	363432		928672
上海	12205704	10069454	10069397	8204558	5698098	160473	2345986		1864840
江苏	31080366	26402247	26328609	24028795	21044816	359915	2624064		2299813
浙江	27751203	19876827	19246580	17674141	15735059	818635	1120448		1572438
安徽	17948995	13507456	13402635	12034314	10852074	215658	966583		1368321
福建	14033250	11570906	11072569	10461870	9536210	190514	735146		610699
江西	14786988	12328821	12270728	11627572	10691767	301512	634293		643156
山东	30672823	25719532	24240616	23194630	21530394	56006	1608230		1045986
河南	26548786	20436804	19933028	17279214	16258191	238445	782578		2653814
湖北	17468022	14069182	13936929	12781329	12781329				1155600
湖南	19421025	14427901	14382388	13663970	12695200	129943	838827		718418
广东	48319572	37733568	36909349	32339338	29267177	935030	2137131		4570011
广西	12862054	10856954	10794200	9591377	8768478	350909	471990		1202824
海南	3974325	3388647	3375379	2827188	2713868	36088	77232		548191
重庆	12914289	10931170	10782669	8713539	8074430	271724	367385		2069130
四川	23262973	18986990	18678565	16310956	15351183	178228	781545		2367609
贵州	16735561	13506618	13399751	12409993	11474278	225560	710155		989759
云南	14858650	12851512	12835368	10907962	10368841	179774	359346		1927406
西藏	2242086	2233088	2228255	2025568	1794826	220742	10000		202687
陕西	12681440	11565573	11535098	11308522	9887537	822182	598803		226576
甘肃	8585818	7653005	7596175	6820623	6443742	169530	207351		775552
青海	3315033	2915140	2814675	2387249	2154496	160578	72175		427425
宁夏	2784967	2453245	2446104	2019938	1949724	30080	40133		426166
新疆	10915008	10327447	10137836	9309527	8486050	450301	373175		828310
大连	2016779	1608069	1607381	1214930	1136463		78467		392451
宁波	3670600	2803883	2801956	2459968	2322564		137404		341988
厦门	1810832	1545029	1544880	1382911	1191174	6514	185223		161969
青岛	3683684	3090745	3090645	2852454	2660833		191621		238191
深圳	8660392	6776837	6753461	5638737	4310313	856740	471684		1114725

（普通高中）

单位：千元

政府性基金预算安排的教育经费	#彩票公益金	国有及国有控股企业办学中的企业拨款	校办产业和社会服务收入中用于教育的经费	其他属于国家财政性教育经费	民办学校中举办者投入	捐赠收入	事业收入	#学费	其他教育经费
6436061	**331279**	**73456**	**82123**		**3544761**	**975291**	**70944419**	**55735729**	**7877170**
104501	3503	20254	6359		12589	32069	1367218	1128965	477844
					2055	606	510527	478100	47656
902435	15187				46106	8963	3302824	2626522	69721
98370	14756	2300	600		121036	2956	1973848	1648324	97565
44987	29498				27148	8895	315090	148823	90919
3560	1099				17177	3305	1437501	1230587	79667
6795	6795				22661	4391	797874	693741	115417
5717	2993	576			9678	3799	706061	639767	71628
53	53		4		8285	4824	1853178	1780039	269963
73638	9218				132745	54437	3564631	2989279	926306
630247	3633				778907	106933	5761896	4842610	1226640
102636	8750	2185			97206	45611	4107875	3139165	190848
498338	6192				22817	105207	2056160	1779982	278160
58093	35168				86038	30047	2234219	1586926	107863
1478916	8036				42481	47273	4651176	3887782	212361
502084	24019	1691			482846	10758	5459379	4214914	158999
67659	3261		64594		118866	22842	2977661	2220227	279471
37514	13570		8000		632549	13046	4077774	2834986	269755
804457	19678	19452	311		240223	193821	9506418	7710413	645542
62754	2414				40348	37599	1825971	1286168	101181
13268	5150				53500	7173	507235	402437	17769
146616	5763		1886			20886	1775214	1170222	187020
308424	5687				230191	117850	3668652	2482329	259290
106867	5989				76992	18407	2479365	1727384	654179
15774	2074		370		94021	35396	1695504	1367942	182218
4834	4834						5596	5095	3402
30475	1335				17918	8693	969479	611263	119777
56830	3558				123744	12578	707695	617615	88794
100466	74109				4058	5818	133598	94037	256418
7141	7091				1341	3330	224754	178962	102296
162612	7866	26998			1238	7779	290045	211124	288499
688	263				1540	30	335341	330693	51778
1927	447				6812	2341	795218	733380	62345
149	149					2424	220450	198080	42929
100	100				7865	27154	520670	460693	37251
23376	4027				143850		1561098	1361019	178608

3-30 教育经费收入情况

地区	总计	国家财政性教育经费	一般公共预算安排的教育经费	一般公共预算教育经费	教育事业费	基本建设经费	教育费附加	科研经费	其他
合计	**469166132**	**386537347**	**380139930**	**342176813**	**312622759**	**7957406**	**21596648**		**37963117**
北京	13676097	12149716	12018602	10442859	9209190	792117	441552		1575743
天津	6700375	6139531	6139531	5540708	5262947		277762		598823
河北	19658945	16231331	15328896	14644636	13880616	144264	619755		684260
山西	11829204	9633798	9532528	8833132	7988794	111239	733100		699396
内蒙古	8821972	8379920	8334933	7192907	6759311	132599	300997		1142026
辽宁	10426136	8888487	8884927	7452885	6667130	44190	741565		1432042
吉林	6315113	5439924	5433129	4956310	4499572	179492	277245		476819
黑龙江	8421589	7633662	7627945	6699274	6185707	150134	363432		928672
上海	11997780	9928799	9928746	8085248	5598100	160473	2326675		1843497
江苏	31080366	26402247	26328609	24028795	21044816	359915	2624064		2299813
浙江	27751203	19876827	19246580	17674141	15735059	818635	1120448		1572438
安徽	17948995	13507456	13402635	12034314	10852074	215658	966583		1368321
福建	14033250	11570906	11072569	10461870	9536210	190514	735146		610699
江西	14786988	12328821	12270728	11627572	10691767	301512	634293		643156
山东	30672823	25719532	24240616	23194630	21530394	56006	1608230		1045986
河南	26548786	20436804	19933028	17279214	16258191	238445	782578		2653814
湖北	17258555	13903516	13771264	12615664	12615664				1155600
湖南	19408014	14427829	14382315	13663898	12695128	129943	838827		718418
广东	48288265	37713139	36908372	32338361	29266200	935030	2137131		4570011
广西	12862054	10856954	10794200	9591377	8768478	350909	471990		1202824
海南	3974325	3388647	3375379	2827188	2713868	36088	77232		548191
重庆	12829678	10874478	10725977	8656847	8017738	271724	367385		2069130
四川	23249797	18986990	18678565	16310956	15351183	178228	781545		2367609
贵州	16735561	13506618	13399751	12409993	11474278	225560	710155		989759
云南	14858650	12851512	12835368	10907962	10368841	179774	359346		1927406
西藏	2242086	2233088	2228255	2025568	1794826	220742	10000		202687
陕西	12562226	11470401	11439926	11213350	9792365	822182	598803		226576
甘肃	8581718	7649368	7592538	6816986	6440106	169530	207351		775552
青海	3315033	2915140	2814675	2387249	2154496	160578	72175		427425
宁夏	2784967	2453245	2446104	2019938	1949724	30080	40133		426166
新疆	9545580	9038658	9023240	8242982	7519987	351845	371150		780258
大连	2016779	1608069	1607381	1214930	1136463		78467		392451
宁波	3670600	2803883	2801956	2459968	2322564		137404		341988
厦门	1810832	1545029	1544880	1382911	1191174	6514	185223		161969
青岛	3683684	3090745	3090645	2852454	2660833		191621		238191
深圳	8660392	6776837	6753461	5638737	4310313	856740	471684		1114725

(地方普通高中)

单位：千元

政府性基金预算安排的教育经费	#彩票公益金	国有及国有控股企业办学中的企业拨款	校办产业和社会服务收入中用于教育的经费	其他属于国家财政性教育经费	民办学校中举办者投入	捐赠收入	事业收入	#学费	其他教育经费
6288867	**328505**	**26431**	**82119**		**3544761**	**969774**	**70669460**	**55551968**	**7444789**
104501	3503	20254	6359		12589	27915	1293262	1110912	192615
					2055	606	510527	478100	47656
902435	15187				46106	8963	3302824	2626522	69721
98370	14756	2300	600		121036	2956	1973848	1648324	97565
44987	29498				27148	8895	315090	148823	90919
3560	1099				17177	3305	1437501	1230587	79667
6795	6795				22661	4391	761130	657057	87008
5717	2993				9678	3799	702822	636833	71628
53	53				8285	4824	1789431	1717659	266441
73638	9218				132745	54437	3564631	2989279	926306
630247	3633				778907	106933	5761896	4842610	1226640
102636	8750	2185			97206	45611	4107875	3139165	190848
498338	6192				22817	105207	2056160	1779982	278160
58093	35168				86038	30047	2234219	1586926	107863
1478916	8036				42481	47273	4651176	3887782	212361
502084	24019	1691			482846	10758	5459379	4214914	158999
67659	3261		64594		118866	21812	2959486	2209151	254875
37514	13570		8000		632549	13046	4064838	2825850	269752
804457	19678		311		240223	193821	9496722	7703436	644360
62754	2414				40348	37599	1825971	1286168	101181
13268	5150				53500	7173	507235	402437	17769
146616	5763		1886			20886	1758583	1156901	175731
308424	5687				230191	117850	3668152	2481961	246615
106867	5989				76992	18407	2479365	1727384	654179
15774	2074		370		94021	35396	1695504	1367942	182218
4834	4834						5596	5095	3402
30475	1335				17918	8393	958357	611263	107157
56830	3558				123744	12578	707313	617232	88714
100466	74109				4058	5818	133598	94037	256418
7141	7091				1341	3330	224754	178962	102296
15418	5092				1238	7746	262213	188674	235725
688	263				1340	50	355341	330693	51778
1927	447				6812	2341	795218	733380	62345
149	149					2424	220450	198080	42929
100	100				7865	27154	520670	460693	37251
23376	4027				143850		1561098	1361019	178608

3-31 教育经费收入情况

地区	总计	国家财政性教育经费	一般公共预算安排的教育经费	一般公共预算教育经费	教育事业费	基本建设经费	教育费附加	科研经费	其他
合计	**189936700**	**156686099**	**154963501**	**141025101**	**133304751**	**2143893**	**5576456**		**13938400**
北京	966834	674666	674276	591631	574131		17499		82645
天津	830736	742739	742739	662279	661811		468		80460
河北	9856692	8079173	7709904	7335039	7039818	64184	231037		374865
山西	5878373	4889792	4856294	4484778	4109543	85448	289786		371516
内蒙古	4220203	4025671	4018737	3521501	3353917	29886	137698		497236
辽宁	2440985	1963316	1963040	1671583	1601410	41590	28583		291457
吉林	1985746	1794302	1787507	1679574	1589185	56744	33644		107933
黑龙江	3366792	3072632	3071562	2789734	2595553	142067	52113		281828
上海	951126	776726	776673	604992	458684		146308		171681
江苏	10539824	8852084	8837823	8187528	7287240		900289		650295
浙江	10713067	7849025	7755622	7180008	6487505	301510	390993		575614
安徽	10480870	7733223	7641547	6994877	6572885	47923	374069		646670
福建	6211695	5173520	5098046	4863558	4666863	4500	192195		234488
江西	7738071	6512814	6464594	6117747	5738394	113188	266165		346848
山东	10931083	8627159	8243713	7988212	7330293	55000	602919		255501
河南	14791153	10946897	10842207	9450903	9008936	114631	327336		1391304
湖北	5014855	3984712	3982099	3656100	3656100				326000
湖南	11100114	8212831	8181469	7726618	7366673	119093	240852		454851
广东	10044797	8041648	7919307	7044370	6780140	24412	239818		874937
广西	6210401	5306677	5301728	4724396	4554465	74250	95681		577332
海南	1544545	1408047	1398940	1147076	1104282	24756	18038		251864
重庆	4330871	3789260	3747976	3057350	2998630	28813	29907		690626
四川	11436111	9737809	9633455	8388226	7991420	139197	257609		1245230
贵州	9148493	7407081	7301080	6700155	6372814	150059	177283		600924
云南	8401744	7529217	7524958	6385871	6208048	53295	124528		1139086
西藏	1056851	1055020	1054745	949176	907817	41358			105569
陕西	6329878	5944257	5914415	5840061	5489103	112085	238874		74354
甘肃	5464652	4892758	4865915	4457262	4247404	127380	82478		408653
青海	1690833	1588825	1585505	1362763	1330354	15833	16576		222742
宁夏	884037	798718	798618	654857	641429		13427		143761
新疆	5375269	5275501	5269008	4806878	4579904	176692	50282		462129
大连	368477	153925	153885	109026	108301		725		44859
宁波	1215879	988241	986885	864277	829893		34384		122608
厦门	172827	161535	161531	140242	121227	1500	17515		21289
青岛	436410	386090	386090	364314	350027		14288		21776
深圳									

(农村高中)

单位：千元

政府性基金预算安排的教育经费	#彩票公益金	国有及国有控股企业办学中的企业拨款	校办产业和社会服务收入中用于教育的经费	其他属于国家财政性教育经费	民办学校中举办者投入	捐赠收入	事业收入	#学费	其他教育经费
1687049	**111229**	**24879**	**10670**		**2019360**	**372011**	**28069577**	**21131361**	**2789654**
389	389				302	19543	264867	245150	7457
							86713	73648	1284
369269	6131				38253	4359	1708135	1300842	26771
30598	3432	2300	600		13251	2718	946919	728703	25693
6933	4737				24644	3038	99506	21201	67344
276	60				1414		460779	388318	15477
6795	6795				7653	1675	161965	144419	20150
1070	1070				8878	821	222035	186009	62425
53	53						159338	143368	15062
14260	1067				11689	7613	1221267	1011670	447171
93403	1323				526850	26016	1787339	1495577	523837
91676	7790				53112	14361	2606493	2026168	73681
75475	661				18768	76778	864128	729784	78501
48220	33015				13157	2387	1156724	771415	52989
383446	1292				15181	15959	2186995	1800835	85788
102999	12043	1691			394217	9265	3356166	2526157	84607
913	913		1700		5746	7139	970261	663688	46997
23362	6827		8000		408733	9558	2299794	1555570	169197
102890	1100	19452			34250	49269	1810710	1444258	108919
4949	1999				36944	26367	766740	526323	73673
9107	2128				50000	2949	75520	53200	8028
41285	2104					5691	528864	282452	7056
104353	2058				183209	45726	1354080	806192	115287
106001	5129				40845	9082	1331119	958225	360366
3889	981		370		2580	10957	753627	626590	105363
275	275						1676	1365	155
29842	702				4598	7027	329468	153044	44528
26843	1245				123744	11640	394528	353320	41982
3320	993					983	49949	26007	51076
100	100				1341	1028	75522	62966	7428
5058	4818	1436				60	38347	24894	61360
40	40						200099	185603	14454
1356						1661	216266	196009	9711
4	4						11198	10072	94
						2438	47606	42033	275

3-32 教育经费收入情况

地区	总计	国家财政性教育经费	一般公共预算安排的教育经费	一般公共预算教育经费	教育事业费	基本建设经费	教育费附加	科研经费	其他
合计	**189294528**	**156097038**	**154397977**	**140469425**	**132799395**	**2094425**	**5575604**		**13928552**
北京	966834	674666	674276	591631	574131		17499		82645
天津	830736	742739	742739	662279	661811		468		80460
河北	9856692	8079173	7709904	7335039	7039818	64184	231037		374865
山西	5878373	4889792	4856294	4484778	4109543	85448	289786		371516
内蒙古	4220203	4025671	4018737	3521501	3353917	29886	137698		497236
辽宁	2440985	1963316	1963040	1671583	1601410	41590	28583		291457
吉林	1985746	1794302	1787507	1679574	1589185	56744	33644		107933
黑龙江	3333637	3040367	3039297	2757469	2563289	142067	52113		281828
上海	951126	776726	776673	604992	458684		146308		171681
江苏	10539824	8852084	8837823	8187528	7287240		900289		650295
浙江	10713067	7849025	7755622	7180008	6487505	301510	390993		575614
安徽	10480870	7733223	7641547	6994877	6572885	47923	374069		646670
福建	6211695	5173520	5098046	4863558	4666863	4500	192195		234488
江西	7738071	6512814	6464594	6117747	5738394	113188	266165		346848
山东	10931083	8627159	8243713	7988212	7330293	55000	602919		255501
河南	14791153	10946897	10842207	9450903	9008936	114631	327336		1391304
湖北	4905201	3896673	3894060	3568060	3568060				326000
湖南	11100114	8212831	8181469	7726618	7366673	119093	240852		454851
广东	10013490	8021219	7918329	7043392	6779162	24412	239818		874937
广西	6210401	5306677	5301728	4724396	4554465	74250	95681		577332
海南	1544545	1408047	1398940	1147076	1104282	24756	18038		251864
重庆	4330871	3789260	3747976	3057350	2998630	28813	29907		690626
四川	11436111	9737809	9633455	8388226	7991420	139197	257609		1245230
贵州	9148493	7407081	7301080	6700155	6372814	150059	177283		600924
云南	8401744	7529217	7524958	6385871	6208048	53295	124528		1139086
西藏	1056851	1055020	1054745	949176	907817	41358			105569
陕西	6329878	5944257	5914415	5840061	5489103	112085	238874		74354
甘肃	5460552	4889121	4862278	4453625	4243767	127380	82478		408653
青海	1690833	1588825	1585505	1362763	1330354	15833	16576		222742
宁夏	884037	798718	798618	654857	641429		13427		143761
新疆	4911312	4830810	4828403	4376121	4199467	127224	49430		452282
大连	368477	153925	153885	109026	108301		725		44859
宁波	1215879	988241	986885	864277	829893		34384		122608
厦门	172827	161535	161531	140242	121227	1500	17515		21289
青岛	436410	386090	386090	364314	350027		14288		21776
深圳									

（地方农村高中）

单位：千元

政府性基金预算安排的教育经费	#彩票公益金	国有及国有控股企业办学中的企业拨款	校办产业和社会服务收入中用于教育的经费	其他属于国家财政性教育经费	民办学校中举办者投入	捐赠收入	事业收入	#学费	其他教育经费
1684399	**108579**	**3991**	**10670**		**2019360**	**370967**	**28040332**	**21111386**	**2766831**
389	389				302	19543	264867	245150	7457
							86713	73648	1284
369269	6131				38253	4359	1708135	1300842	26771
30598	3432	2300	600		13251	2718	946919	728703	25693
6933	4737				24644	3038	99506	21201	67344
276	60				1414		460779	388318	15477
6795	6795				7653	1675	161965	144419	20150
1070	1070				8878	821	221146	185265	62425
53	53						159338	143368	15062
14260	1067				11689	7613	1221267	1011670	447171
93403	1323				526850	26016	1787339	1495577	523837
91676	7790				53112	14361	2606493	2026168	73681
75475	661				18768	76778	864128	729784	78501
48220	33015				13157	2387	1156724	771415	52989
383446	1292				15181	15959	2186995	1800835	85788
102999	12043	1691			394217	9265	3356166	2526157	84607
913	913		1700		5746	6109	960854	657551	35819
23362	6827		8000		408733	9558	2299794	1555570	169197
102890	1100				34250	49269	1801014	1437282	107737
4949	1999				36944	26367	766740	526323	73673
9107	2128				50000	2949	75520	53200	8028
41285	2104					5691	528864	282452	7056
104353	2058				183209	45726	1354080	806192	115287
106001	5129				40845	9082	1331119	958225	360366
3889	981		370		2580	10957	753627	626590	105363
275	275						1676	1365	155
29842	702				4598	7027	329468	153044	44528
26843	1245				123744	11640	394146	352937	41902
3320	993					983	49949	26007	51076
100	100				1341	1028	75522	62966	7428
2407	2167					47	29478	19160	50977
40	40						200099	185603	14454
1356						1661	216266	196009	9711
4	4						11198	10072	94
						2438	47606	42033	275

3-33 教育经费收入情况

地区	总计	国家财政性教育经费	一般公共预算安排的教育经费	一般公共预算教育经费	教育事业费	基本建设经费	教育费附加	科研经费	其他
合计	**798753698**	**731497199**	**724012907**	**656159816**	**607871914**	**11765768**	**36522134**		**67853092**
北京	20487745	18550972	18176349	15815115	14618971	414741	781403		2361234
天津	9544500	9165884	9165684	8270666	7861242		409424		895018
河北	33169719	30134494	29827945	28529502	27068198	277709	1183596		1298442
山西	16321458	14502541	14339597	13278572	12474123	65475	738975		1061025
内蒙古	13178268	12812259	12777944	10844849	9852085	123237	869527		1933095
辽宁	17466029	16876090	16862201	14255216	13160938	85223	1009055		2606985
吉林	12055514	11355701	11322200	10271335	9568920	116368	586047		1050865
黑龙江	16618872	16210731	16193369	14411706	13838356	38715	534635		1781663
上海	21260168	18557450	18544432	15579283	11904257	226035	3448992		2965148
江苏	53032759	48110666	47153943	43631580	39802770	115029	3713781		3522363
浙江	42945944	35737329	35020137	32263783	29785521	644765	1833497		2756355
安徽	31576477	28024333	27879229	25360986	23729634	145411	1485941		2518243
福建	23275133	21389672	21069570	19948331	18630456	325321	992555		1121239
江西	25919308	24629634	24602834	23343329	21971293	371166	1000869		1259505
山东	57403255	53942772	52302693	50195056	46187032	71946	3936078		2107636
河南	50274144	45896248	45563585	39083628	36677061	652765	1753802		6479957
湖北	27794424	25790158	25758720	23802028	23802028				1956693
湖南	33074367	29334811	29238084	27688684	25975930	259782	1452972		1549400
广东	75359825	64623333	63891212	57303005	50077614	3361684	3863707		6588207
广西	24565720	23543460	23461148	21310591	20181790	437592	691209		2150557
海南	7488318	7091276	6649847	5500050	5104089	223339	172622		1149798
重庆	20109103	18764498	18646651	15262718	13898635	743135	620948		3383934
四川	43158575	38804498	38601229	33740328	32078450	252936	1408942		4860901
贵州	25502675	23979215	23816289	21882948	20802622	203096	877231		1933341
云南	31242911	30145937	30087231	26088541	25148269	219298	720974		3998689
西藏	4556928	4549420	4548936	4156711	3675486	465670	15555		392225
陕西	17977920	16677657	16547399	16250144	14871314	559612	819218		297255
甘肃	13405611	13171707	13146655	12067078	11231165	161966	673946		1079577
青海	5059056	5012897	4843485	4107467	3680551	272318	154598		736018
宁夏	4991575	4713663	4682508	3995789	3789849	66940	139000		686720
新疆	19937394	19397894	19291801	17920796	16423264	864497	633035		1371005
大连	3376049	3309585	3308434	2587732	2405155	24562	158015		720702
宁波	5877405	5107068	5013378	4641023	4198318	18020	424685		372355
厦门	3215083	3056215	3004214	2723443	2285864	196284	241294		280771
青岛	7236798	6871383	6860706	6507266	5770239		737027		353440
深圳	14593073	13220549	13197524	11469292	7217799	3229698	1021796		1728231

(普通初中)

单位：千元

政府性基金预算安排的教育经费	#彩票公益金	国有及国有控股企业办学中的企业拨款	校办产业和社会服务收入中用于教育的经费	其他属于国家财政性教育经费	民办学校中举办者投入	捐赠收入	事业收入	#学费	其他教育经费
7398475	**801592**	**85817**			**4965970**	**841167**	**53658663**	**46304039**	**7790699**
352926	16396	21697			9089	10788	1572265	1403732	344631
200	200				16028	1673	325767	314776	35148
306550	21336				180955	12281	2772373	2301588	69616
160664	21680	2280			118013	6558	1634336	1442211	60011
34315	21035				6252	3905	187529	172133	168323
13889	5427				33321	207	530019	465432	26393
33501	18628				9414	16582	545383	517240	128434
17026	12119	336			2592	1010	345311	323476	59228
13019	470				26935	17943	2410394	2358516	247447
956723	28234				551817	94755	3669279	3214902	606242
699668	28188	17525			540440	137573	4765460	4266365	1765142
144883	31076	221			356575	47589	2829942	2381790	318038
312065	15856	8037			28344	96492	1428666	1313191	331959
26800	14331				121709	19697	1064786	888349	83482
1640079	52531				294482	26388	2914731	2558271	224882
331092	87763	1571			409202	6277	3848061	3212971	114356
31269	14637	168			152801	5213	1647103	1424773	199151
96727	26902				676305	10896	2551888	1814570	500466
730835	37322	1286			514680	55790	9672819	8378999	493204
82313	25951				19735	19537	756239	597566	226748
441429	2420				32180	6342	306997	224730	51524
117846	5804				35961	49095	1099851	963075	159699
203269	17735				643484	48048	3421517	2955106	241028
162925	30458				134755	7171	1113123	829984	268411
58355	14152	351			25454	89647	807595	725982	174278
483	433					4199	2596		714
130258	3918				21663	9887	1161805	1009607	106908
25052	9190				420	4891	80529	71828	148065
169411	165218				466	560	3029	2162	42104
31155	15603				2504	3191	123277	119641	148939
73747	56577	32346			391	26984	65996	51073	446128
1151	1151				13025	108	49805	44258	3526
93690	2469				15333	2888	671483	634945	80632
52000	267				115	2609	80022	79833	76122
10677	276				11001	4009	337684	316582	12720
23025	10485				13295	3589	1229914	1129164	125727

3-34 教育经费收入情况

地区	总计	国家财政性教育经费	一般公共预算安排的教育经费	一般公共预算教育经费	教育事业费	基本建设经费	教育费附加	科研经费	其他
合计	**795929070**	**728935585**	**721495001**	**653740552**	**605535427**	**11698682**	**36506443**		**67754448**
北京	20028781	18254121	17879498	15521619	14325475	414741	781403		2357879
天津	9544500	9165884	9165684	8270666	7861242		409424		895018
河北	33169719	30134494	29827945	28529502	27068198	277709	1183596		1298442
山西	16321458	14502541	14339597	13278572	12474123	65475	738975		1061025
内蒙古	13178268	12812259	12777944	10844849	9852085	123237	869527		1933095
辽宁	17466029	16876090	16862201	14255216	13160938	83223	1009055		2606985
吉林	12055514	11355701	11322200	10271335	9568920	116368	586047		1050865
黑龙江	16471482	16063341	16046006	14264760	13691411	38715	534635		1781245
上海	21217850	18516290	18503272	15539095	11868805	226035	3444255		2964177
江苏	53032759	48110666	47153943	43631580	39802770	115029	3713781		3522363
浙江	42945944	35737329	35020137	32263783	29785521	644765	1833497		2756355
安徽	31576477	28024333	27879229	25360986	23729634	145411	1485941		2518243
福建	23275133	21389672	21069570	19948331	18630456	325321	992555		1121239
江西	25919308	24629634	24602834	23343329	21971293	371166	1000869		1259505
山东	57403255	53942772	52302693	50195056	46187032	71946	3936078		2107636
河南	50265519	45888897	45556235	39079791	36673224	652765	1753802		6476444
湖北	27760111	25756076	25724639	23767946	23767946				1956693
湖南	33066577	29334669	29237942	27688542	25975788	259782	1452972		1549400
广东	75296297	64561468	63830633	57244745	50019354	3361684	3863707		6585888
广西	24565720	23543460	23461148	21310591	20181790	437592	691209		2150557
海南	7488318	7091276	6649847	5500050	5104089	223339	172622		1149798
重庆	20054991	18719371	18601524	15217591	13853508	743135	620948		3383934
四川	43144491	38804498	38601229	33740328	32078450	252936	1408942		4860901
贵州	25502675	23979215	23816289	21882948	20802622	203096	877231		1933341
云南	31242911	30145937	30087231	26088541	25148269	219298	720974		3998689
西藏	4556928	4549420	4548936	4156711	3675486	465670	15555		392225
陕西	17931596	16632140	16501882	16204627	14825797	559612	819218		297255
甘肃	13399987	13166163	13141111	12061533	11225621	161966	673946		1079577
青海	5059056	5012897	4843485	4107467	3680551	272318	154598		736018
宁夏	4991575	4713663	4682508	3995789	3789849	66940	139000		686720
新疆	17995839	17521307	17457610	16174672	14755179	797411	622082		1282938
大连	3376049	3309585	3308434	2587732	2405155	24562	158015		720702
宁波	5877405	5107068	5013378	4641023	4198318	18020	424685		372355
厦门	3215083	3056215	3004214	2723443	2285864	196284	241294		280771
青岛	7236798	6871383	6860706	6507266	5770239		737027		353440
深圳	14593073	13220549	13197524	11469292	7217799	3229698	1021796		1728231

（地方普通初中）

单位：千元

政府性基金预算安排的教育经费	#彩票公益金	国有及国有控股企业办学中的企业拨款	校办产业和社会服务收入中用于教育的经费	其他属于国家财政性教育经费	民办学校中举办者投入	捐赠收入	事业收入	#学费	其他教育经费
7388399	**791516**	**52185**			**4965970**	**827855**	**53626142**	**46304033**	**7573519**
352926	16396	21697			9089	10685	1541701	1403732	213184
200	200				16028	1673	325767	314776	35148
306550	21336				180955	12281	2772373	2301588	69616
160664	21680	2280			118013	6558	1634336	1442211	60011
34315	21035				6252	3905	187529	172133	168323
13889	5427				33321	207	530019	465432	26393
33501	18628				9414	16582	545383	517240	128434
16999	12092	336			2592	1010	345311	323476	59228
13019	470				26935	17818	2410394	2358516	246413
956723	28234				551817	94755	3669279	3214902	606242
699668	28188	17525			540440	137573	4765460	4266365	1765142
144883	31076	221			356575	47589	2829942	2381790	318038
312065	15856	8037			28344	96492	1428666	1313191	331959
26800	14331				121709	19697	1064786	888349	83482
1640079	52531				294482	26388	2914731	2558271	224882
331092	87763	1571			409202	6277	3848061	3212971	113081
31269	14637	168			152801	5213	1647103	1424773	198919
96727	26902				676305	10896	2551310	1814570	493397
730835	37322				514680	55786	9671809	8378993	492554
82313	25951				19735	19537	756239	597566	226748
441429	2420				32180	6342	306997	224730	51524
117846	5804				35961	49095	1099851	963075	150714
203269	17735				643484	48048	3421373	2955106	227088
162925	30458				134755	7171	1113123	829984	268411
58355	14152	351			25454	89647	807595	725982	174278
483	433					4199	2596		714
130258	3918				21663	9887	1161778	1009607	106129
25052	9190				420	4891	80529	71828	147985
169411	165218				466	560	3029	2162	42104
31155	15603				2504	3191	123277	119641	148939
63697	46527				391	13903	65798	51073	394439
1151	1151				13025	108	49805	44258	3526
93690	2469				15333	2888	671483	634945	80632
52000	267				115	2609	80022	79833	76122
10677	276				11001	4009	337684	316582	12720
23025	10485				13295	3589	1229914	1129164	125727

3-35 教育经费收入情况

地区	总计	国家财政性教育经费	一般公共预算安排的教育经费	一般公共预算教育经费	教育事业费	基本建设经费	教育费附加	科研经费	其他
合计	**448232915**	**424542259**	**421866886**	**384201677**	**367003109**	**4173364**	**13025204**		**37665209**
北京	3938262	3613960	3450110	3058686	2957631	23530	77526		391424
天津	2393547	2359286	2359086	2144917	2124676		20241		214169
河北	21880822	20320304	20077123	19209809	18463585	167181	579044		867314
山西	10128672	9295042	9192793	8497146	8110851	49301	336994		695647
内蒙古	8238287	8106727	8097285	6912401	6393580	69141	449680		1184885
辽宁	7142000	7036303	7033335	5998576	5645377	42184	311015		1034759
吉林	7090210	6863353	6846084	6268818	5942072	116368	210378		577266
黑龙江	9387331	9254091	9244293	8420484	8254671	29957	135856		823809
上海	2537918	2296957	2296570	1780404	1519353		261050		516166
江苏	23854165	21950260	21737582	20309492	18638743	400	1670349		1428090
浙江	19902574	17502897	17252785	16153675	14882691	557262	713723		1099110
安徽	23223609	21068937	21024219	19099484	18159601	121426	818457		1924735
福建	13205258	12418807	12292056	11789076	11354104	64099	370873		502980
江西	18403225	17700262	17681646	16752133	16024987	161931	565215		929513
山东	31208728	29594080	29069514	28187709	26435432	71330	1680947		881805
河南	33802498	30867391	30621677	26152018	24994144	232178	925696		4469659
湖北	15316010	14863893	14842174	13843646	13843646				998529
湖南	22879059	21075896	20990286	19912165	19068277	164667	679221		1078121
广东	25368919	23788350	23756343	21350047	20928442	11000	410605		2406296
广西	18009513	17544278	17517539	15828674	15287035	244441	297198		1688866
海南	4450529	4373198	4340369	3556805	3265109	202307	89389		783564
重庆	11097707	10900011	10832823	8846944	8569675	86203	191066		1985879
四川	29109343	27838427	27699079	24208029	23352860	239676	615493		3491050
贵州	19025013	18268788	18134037	16628588	15994482	148423	485683		1505449
云南	23671417	23346883	23302031	20178549	19718373	138277	321900		3123482
西藏	3212656	3208905	3208620	2894598	2555261	328782	10555		314022
陕西	10804630	10526637	10523615	10357126	9872760	186863	297503		166489
甘肃	10035817	9954409	9937133	9157116	8863275	110293	183548		780016
青海	3298399	3260524	3246247	2832847	2669846	102946	60056		413400
宁夏	2784760	2696563	2686728	2295829	2217901	19940	57987		390899
新疆	12832037	12646841	12573703	11575886	10894669	483260	197956		997817
大连	722709	717590	717408	546662	516085		30577		170746
宁波	2122444	1986824	1955820	1788570	1650160		138411		167250
厦门	464467	458298	420296	373451	343258	785	29407		46845
青岛	2135739	2130765	2130504	1988819	1826236		162583		141685
深圳									

（农村初中）

单位：千元

政府性基金预算安排的教育经费	#彩票公益金	国有及国有控股企业办学中的企业拨款	校办产业和社会服务收入中用于教育的经费	其他属于国家财政性教育经费	民办学校中举办者投入	捐赠收入	事业收入	#学费	其他教育经费
2619807	**301724**	**55566**			**2582663**	**334659**	**17703227**	**14663953**	**3070107**
163850	782				1324	1570	276973	255669	44435
200	200					43	28065	24617	6152
243181	18157				108345	10288	1430800	1212707	11083
101119	9801	1130			55359	1978	757161	626829	19132
9442	7122				4504	662	35117	29352	91278
2968	2575				563	92	96946	81198	8095
17269	17269				3504	7344	153034	144247	62974
9462	6267	336			1936	241	84528	70753	46534
387	387				986	4863	202216	194021	32896
212678	11246				417785	22163	1272684	1036609	191273
232587	10369	17525			355421	30398	1404453	1286308	609405
44718	24690				323374	6963	1790650	1481720	33684
118713	7024	8037			22477	71174	557006	495020	135794
18616	8992				49951	6511	589905	450894	56596
524566	29046				139537	14508	1379940	1206587	80662
244143	17789	1571			354729	2181	2541663	2064035	36534
21551	5038	168			20495	4910	354232	298080	72479
85611	21070				213468	9378	1178224	807587	402093
30721	1865	1286			100557	20370	1297038	1098299	162604
26738	2932				3911	15554	253270	191552	192499
32829	503				3649	5121	48847	38155	19715
67188	3905				7883	5214	150298	103179	34302
139347	10944				291965	41718	883013	745167	54221
134752	17119				94622	5444	478398	337500	177761
44501	8278	351			3788	8882	176974	151089	134890
285	285					3699			52
3022	2822				1517	1488	231611	191446	43377
17276	8683				420	4628	14552	12313	61807
14277	10083					218	984	300	36672
9835	5281				564	1281	28781	26423	57572
47975	31200	25164			25	25772	5865	2294	153534
182	182					26	3940	3793	1153
31004	345				12994	657	102442	97113	19527
38002	28					200	5900	5900	68
260	260					930	3501	3134	543

3-36 教育经费收入情况

地区	总计	国家财政性教育经费	一般公共预算安排的教育经费	一般公共预算教育经费	教育事业费	基本建设经费	教育费附加	科研经费	其他
合计	**446715881**	**423052147**	**420412128**	**382804164**	**365652051**	**4129361**	**13022751**		**37607964**
北京	3938262	3613960	3450110	3058686	2957631	23530	77526		391424
天津	2393547	2359286	2359086	2144917	2124676		20241		214169
河北	21880822	20320304	20077123	19209809	18463585	167181	579044		867314
山西	10128672	9295042	9192793	8497146	8110851	49301	336994		695647
内蒙古	8238287	8106727	8097285	6912401	6393580	69141	449680		1184885
辽宁	7142000	7036303	7033335	5998576	5645377	42184	311015		1034739
吉林	7090210	6863353	6846084	6268818	5942072	116368	210378		577266
黑龙江	9313572	9180332	9170561	8347170	8181357	29957	135856		823391
上海	2537918	2296957	2296570	1780404	1519353		261050		516166
江苏	23854165	21950260	21737582	20309492	18638743	400	1670349		1428090
浙江	19902574	17502897	17252785	16153675	14882691	557262	713723		1099110
安徽	23223609	21068937	21024219	19099484	18159601	121426	818457		1924735
福建	13205258	12418807	12292056	11789076	11354104	64099	370873		502980
江西	18403225	17700262	17681646	16752133	16024987	161931	565215		929513
山东	31208728	29594080	29069514	28187709	26435432	71330	1680947		881805
河南	33802498	30867391	30621677	26152018	24994144	232178	925696		4469659
湖北	15316010	14863893	14842174	13843646	13843646				998529
湖南	22879059	21075896	20990286	19912165	19068277	164667	679221		1078121
广东	25308529	23729144	23698423	21294445	20872840	11000	410605		2403977
广西	18009513	17544278	17517539	15828674	15287035	244441	297198		1688866
海南	4450529	4373198	4340369	3556805	3265109	202307	89389		783564
重庆	11097707	10900011	10832823	8846944	8569675	86203	191066		1985879
四川	29109343	27838427	27699079	24208029	23352860	239676	615493		3491050
贵州	19025013	18268788	18134037	16628588	15994482	148423	485683		1505449
云南	23671417	23346883	23302031	20178549	19718373	138277	321900		3123482
西藏	3212656	3208905	3208620	2894598	2555261	328782	10555		314022
陕西	10804630	10526637	10523615	10357126	9872760	186863	297503		166489
甘肃	10030193	9948865	9931589	9151572	8857731	110293	183548		780016
青海	3298399	3260524	3246247	2832847	2669846	102946	60056		413400
宁夏	2784760	2696563	2686728	2295829	2217901	19940	57987		390899
新疆	11454776	11295238	11256142	10312833	9678072	439257	195504		943309
大连	722709	717590	717408	546662	516085		30577		170746
宁波	2122444	1986824	1955820	1788570	1650160		138411		167250
厦门	464467	458298	420296	373451	343258	785	29407		46845
青岛	2135739	2130765	2130504	1988819	1826236		162583		141685
深圳									

(地方农村初中)

单位：千元

政府性基金预算安排的教育经费	#彩票公益金	国有及国有控股企业办学中的企业拨款	校办产业和社会服务收入中用于教育的经费	其他属于国家财政性教育经费	民办学校中举办者投入	捐赠收入	事业收入	#学费	其他教育经费
2610902	**292818**	**29117**			**2582663**	**321585**	**17702586**	**14663947**	**3056901**
163850	782				1324	1570	276973	255669	44435
200	200					43	28065	24617	6152
243181	18157				108345	10288	1430800	1212707	11083
101119	9801	1130			55359	1978	757161	626829	19132
9442	7122				4504	662	35117	29352	91278
2968	2575				563	92	96946	81198	8095
17269	17269				3504	7344	153034	144247	62974
9435	6240	336			1936	241	84528	70753	46534
387	387				986	4863	202216	194021	32896
212678	11246				417785	22163	1272684	1036609	191273
232587	10369	17525			355421	30398	1404453	1286308	609405
44718	24690				323374	6963	1790650	1481720	33684
118713	7024	8037			22477	71174	557006	495020	135794
18616	8992				49951	6511	589905	450894	56596
524566	29046				139537	14508	1379940	1206587	80662
244143	17789	1571			354729	2181	2541663	2064035	36534
21551	5038	168			20495	4910	354232	298080	72479
85611	21070				213468	9378	1178224	807587	402093
30721	1865				100557	20370	1296459	1098292	162000
26738	2932				3911	15554	253270	191552	192499
32829	503				3649	5121	48847	38155	19715
67188	3905				7883	5214	150298	103179	34302
139347	10944				291965	41718	883013	745167	54221
134752	17119				94622	5444	478398	337500	177761
44501	8278	351			3788	8882	176974	151089	134890
285	285					3699			52
3022	2822				1517	1488	231611	191446	43377
17276	8683				420	4628	14552	12313	61728
14277	10083					218	984	300	36672
9835	5281				564	1281	28781	26423	57572
39096	22321				25	12698	5804	2294	141011
182	182					26	3940	3793	1153
31004	345				12994	657	102442	97113	19527
38002	28					200	5900	5900	68
260	260					930	3501	3134	543

3-37 教育经费收入情况

地区	总计	国家财政性教育经费	一般公共预算安排的教育经费	一般公共预算教育经费	教育事业费	基本建设经费	教育费附加	科研经费	其他
合计	**734726**	**639109**	**637120**	**582219**	**499140**	**2608**	**80471**		**54900**
北京	47737	43795	43795	33413	32226		1187		10382
天津	29270	29265	29265	25613	25613				3652
河北									
山西									
内蒙古									
辽宁									
吉林	2968	2852	2852	2557	2557				295
黑龙江									
上海	35332	34860	34860	28308	26322		1987		6552
江苏	224681	195991	195869	176075	123395		52680		19794
浙江	278610	228790	228468	226526	217850	2608	6067		1942
安徽									
福建									
江西									
山东	18384	18360	18360	18360	18360				
河南									
湖北	7168	7168	7168	7168	7168				
湖南	4720	2823	2773	2423	1455		969		350
广东	83063	72413	70917	58984	41402		17582		11933
广西	2792	2792	2792	2792	2792				
海南									
重庆									
四川									
贵州									
云南									
西藏									
陕西									
甘肃									
青海									
宁夏									
新疆									
大连									
宁波									
厦门									
青岛									
深圳									

(成人中学)

单位：千元

政府性基金预算安排的教育经费	#彩票公益金	国有及国有控股企业办学中的企业拨款	校办产业和社会服务收入中用于教育的经费	其他属于国家财政性教育经费	民办学校中举办者投入	捐赠收入	事业收入	#学费	其他教育经费
1813	**50**		**177**			**475**	**50344**	**10580**	**44798**
							3942	3890	
									5
									116
						2	445	33	25
122						470	27620	3153	601
145			177			3	5867	1185	43950
							24		
50	50						1897	1699	
1496							10550	621	101

3-38 教育经费收入情况

地区	总计	国家财政性教育经费	一般公共预算安排的教育经费	一般公共预算教育经费	教育事业费	基本建设经费	教育费附加	科研经费	其他
合计	**1272315249**	**1196492283**	**1186918643**	**1072031097**	**1002700675**	**14642507**	**54687915**		**114887547**
北京	35692304	32421320	32337390	28351198	26491027	722204	1137968		3986192
天津	14923089	14412085	14410655	13028451	12159732	42000	826719		1382204
河北	58278681	55442231	54664310	52096428	49771911	277699	2046818		2567883
山西	26553052	25269940	25127301	23320715	21944660	132196	1243859		1806586
内蒙古	24226077	23800216	23723692	18670741	17227445	180074	1263221		5052951
辽宁	24273610	23820609	23789125	20187398	18897121	180535	1109742		3601727
吉林	19596609	18798103	18760112	16764007	15540018	232211	991778		1996105
黑龙江	22431712	22301272	22281569	19528998	18826877	116053	586068		2752571
上海	26827727	23825987	23824210	19757480	15380379	29416	4347685		4066730
江苏	80318411	75577227	74357005	69540708	63179752	92181	6268775		4816297
浙江	64593008	56748480	55777341	51321368	47180633	1057668	3083066		4455973
安徽	49690015	47356320	47145412	42778015	40660247	197328	1920439		4367397
福建	37067743	35584328	35041354	33110465	31245387	360578	1504500		1930889
江西	42741991	41720722	41672621	39631478	37495718	448465	1687295		2041144
山东	76516753	72849189	70880155	68401630	63413926	50523	4937181		2478525
河南	74856515	68784311	68542026	58688205	55529090	822358	2336757		9853821
湖北	41119437	39220032	39132716	36272836	36272836				2859881
湖南	49568307	46418260	46237607	43913240	41701880	412911	1798449		2324367
广东	133599880	114611647	113859433	101336372	91957251	2476584	6902537		12523061
广西	43193953	42022422	41925983	37894756	36130219	572461	1192076		4031226
海南	12706913	11675368	11449739	9307661	8786789	176930	343942		2142078
重庆	32303524	31608610	31485632	25036345	23133434	860036	1042875		6449287
四川	68359118	64670547	64137632	56613760	52936231	928531	2748998		7523872
贵州	42511550	41143202	41008122	37951697	36318511	396332	1236853		3056425
云南	53527180	52636173	52544727	44684986	43329834	370445	984706		7859741
西藏	10343314	10292059	10263423	9421216	8834822	556950	29445		842207
陕西	30927161	29439264	29027240	28604667	26960779	398702	1245187		422572
甘肃	24999419	24642053	24601225	21560159	20608279	300581	651299		3041066
青海	8765881	8679435	8491669	7321170	6512980	620636	187554		1170499
宁夏	7804416	7446516	7385526	6247976	5934848	98980	214148		1137550
新疆	33997901	33274356	33033691	30686971	28338060	1530937	817974		2346720
大连	5118026	5026614	5023278	4065846	3721942	119296	224608		957432
宁波	9100248	8296539	8095070	7340037	6889439	1460	449138		755033
厦门	5916646	5583215	5344607	4729105	4218258	144635	366212		615503
青岛	10771650	10323649	10314726	9909528	8599002		1310526		405198
深圳	27689547	23437352	23417291	20029314	15391349	2021018	2616947		3387977

(小学)

单位：千元

政府性基金预算安排的教育经费	#彩票公益金	国有及国有控股企业办学中的企业拨款	校办产业和社会服务收入中用于教育的经费	其他属于国家财政性教育经费	民办学校中举办者投入	捐赠收入	事业收入	#学费	其他教育经费
9471267	**1394389**	**102373**			**4697112**	**1364479**	**58503869**	**51990107**	**11257505**
53367	13048	30562			26928	10403	2772187	2629264	461467
1430	1430				16294	6883	439733	429984	48093
777920	79928				145107	76041	2556374	2237228	58928
137041	62854	5597			83473	7197	1122200	964272	70243
76524	42796				11722	12184	127697	116825	274258
31484	13904				27384	4097	380048	324415	41472
37991	30346				11347	39482	541112	526088	206564
18455	17416	1248			2866	2390	73737	66292	51448
1777	1360				39544	14934	2496404	2450094	450859
1220223	47320				279578	113206	3371759	3018462	976641
963577	35084	7562			474223	134761	4815431	4389875	2420112
209605	41156	1303			210618	19071	1453794	1243390	650211
542973	18922				19305	255514	739718	686992	468878
48101	45957				92840	12080	789384	633489	126965
1961419	65325	7615			320340	32391	3059940	2742020	254893
235954	42079	6331			453727	4800	5411852	4463600	201826
87316	14977				190252	14808	1402442	1180797	291903
180653	35423				595233	25866	1833262	1334250	695686
746205	54027	6010			613939	107720	17604727	16223536	661848
96439	40936				151682	61502	755009	619406	203338
225628	2611				86658	857	702708	514070	241322
122979	62649				19365	22196	563940	479639	89412
532915	56586				535554	163347	2759738	2413068	229931
135080	49689				100657	11336	883076	706812	373280
90316	37400	1129			20260	82075	467370	418295	321302
28636	24596					42585	6516	4420	2153
412024	12545				135165	5447	1211874	1043895	135411
40828	29466				1435	15426	68362	59588	272142
187766	174186				380	1954	4557	3852	79554
60990	39885				30369	6232	31826	29861	289474
205652	200486	35014			870	57694	57091	36327	607889
3336	3198				14030	2891	58671	50794	15820
201469	6163				36346	2797	645282	616730	119284
238607	406				1178	855	188724	188355	142674
8923	8886				7736	11691	419637	406024	8938
20061	17226				35571	4833	3974871	3773475	236920

3-39 教育经费收入情况

地区	总计	国家财政性教育经费							
			一般公共预算安排的教育经费						
				一般公共预算教育经费				科研经费	其他
					教育事业费	基本建设经费	教育费附加		
合计	**1268300853**	**1192642367**	**1183131404**	**1068396590**	**999170828**	**14560725**	**54665037**		**114734814**
北京	35388355	32179750	32095821	28111179	26251007	722204	1137968		3984642
天津	14884593	14381612	14380182	12997977	12129258	42000	826719		1382204
河北	58278681	55442231	54664310	52096428	49771911	277699	2046818		2567883
山西	26550462	25267350	25124711	23318125	21942070	132196	1243859		1806586
内蒙古	24226077	23800216	23723692	18670741	17227445	180074	1263221		5052951
辽宁	24273610	23820609	23789125	20187398	18897121	180535	1109742		3601727
吉林	19596609	18798103	18760112	16764007	15540018	232211	991778		1996105
黑龙江	22256167	22125726	22106428	19354929	18652808	116053	586068		2751500
上海	26815983	23814317	23812541	19746471	15370246	29416	4346810		4066069
江苏	80318411	75577227	74357005	69540708	63179752	92181	6268775		4816297
浙江	64593008	56748480	55777341	51321368	47180633	1057668	3083066		4455973
安徽	49690015	47356320	47145412	42778015	40660247	197328	1920439		4367397
福建	37067743	35584328	35041354	33110465	31245387	360578	1504500		1930889
江西	42741991	41720722	41672621	39631478	37495718	448465	1687295		2041144
山东	76516753	72849189	70880155	68401630	63413926	50523	4937181		2478525
河南	74845834	68775239	68532954	58683362	55524248	822358	2336757		9849592
湖北	41003899	39117089	39029773	36169892	36169892				2859881
湖南	49550832	46410795	46230141	43905775	41694414	412911	1798449		2324367
广东	133502851	114516035	113769830	101249309	91870188	2476584	6902537		12520521
广西	43193953	42022422	41925983	37894756	36130219	572461	1192076		4031226
海南	12706913	11675368	11449739	9307661	8786789	176930	343942		2142078
重庆	32271214	31578675	31455696	25007839	23104928	860036	1042875		6447857
四川	68351281	64670461	64137545	56613673	52936144	928531	2748998		7523872
贵州	42511550	41143202	41008122	37951697	36318511	396332	1236853		3056425
云南	53527180	52636173	52544727	44684986	43329834	370445	984706		7859741
西藏	10343314	10292059	10263423	9421216	8834822	556950	29445		842207
陕西	30824695	29339630	28927605	28505033	26861144	398702	1245187		422572
甘肃	24984456	24627090	24586262	21545197	20593316	300581	651299		3041066
青海	8757746	8671301	8483535	7321170	6512980	620636	187554		1162365
宁夏	7804416	7446516	7385526	6247976	5934848	98980	214148		1137550
新疆	30922264	30254134	30069731	27856129	25611003	1449155	795971		2213601
大连	5118026	5026614	5023278	4065846	3721942	119296	224608		957432
宁波	9100248	8296539	8095070	7340037	6889439	1460	449138		755033
厦门	5916646	5583215	5344607	4729105	4218258	144635	366212		615503
青岛	10771650	10323649	10314726	9909528	8599002		1310526		405198
深圳	27689547	23437352	23417291	20029314	15391349	2021018	2616947		3387977

(地方小学)

单位：千元

政府性基金预算安排的教育经费	#彩票公益金	国有及国有控股企业办学中的企业拨款	校办产业和社会服务收入中用于教育的经费	其他属于国家财政性教育经费	民办学校中举办者投入	捐赠收入	事业收入	#学费	其他教育经费
9449925	**1374189**	**61038**			**4697112**	**1338552**	**58501351**	**51990096**	**11121472**
53367	13048	30562			26928	10403	2772187	2629264	399087
1430	1430				16294	6883	439733	429984	40070
777920	79928				145107	76041	2556374	2237228	58928
137041	62854	5597			83473	7197	1122200	964272	70243
76524	42796				11722	12184	127697	116825	274258
31484	13904				27384	4097	380048	324415	41472
37991	30346				11347	39482	541112	526088	206564
18362	17323	936			2866	2390	73737	66292	51448
1777	1360				39544	14859	2496404	2450094	450859
1220223	47320				279578	113206	3371759	3018462	976641
963577	35084	7562			474223	134761	4815431	4389875	2420112
209605	41156	1303			210618	19071	1453794	1243390	650211
542973	18922				19305	255514	739718	686992	468878
48101	45957				92840	12080	789384	633489	126965
1961419	65325	7615			320340	32391	3059940	2742020	254893
235954	42079	6331			453727	4800	5411852	4463600	200217
87316	14977				190252	14808	1402442	1180797	279308
180653	35423				595233	24530	1833186	1334250	687088
746205	54027				613939	107720	17603944	16223525	661213
96439	40936				151682	61502	755009	619406	203338
225628	2611				86658	857	702708	514070	241322
122979	62649				19365	22083	562414	479639	88677
532915	56586				535554	163347	2759738	2413068	222181
135080	49689				100657	11336	883076	706812	373280
90316	37400	1129			20260	82075	467370	418295	321302
28636	24596					42585	6516	4420	2153
412024	12545				135165	5447	1211874	1043895	132580
40828	29466				1435	15426	68362	59588	272142
187766	174186				380	1954	4557	3852	79554
60990	39885				30369	6232	31826	29861	289474
184403	180378				870	33291	56959	36327	577010
3336	3198				14030	2891	58671	50794	15820
201469	6163				36346	2797	645282	616730	119284
238607	406				1178	855	188724	188355	142674
8923	8886				7736	11691	419637	406024	8938
20061	17226				35571	4833	3974871	3773475	236920

3-40 教育经费收入情况

地区	总计	国家财政性教育经费	一般公共预算安排的教育经费	一般公共预算教育经费	教育事业费	基本建设经费	教育费附加	科研经费	其他
合计	**1272303057**	**1196480091**	**1186906451**	**1072018988**	**1002688567**	**14642507**	**54687915**		**114887463**
北京	35688573	32417588	32333659	28347467	26487295	722204	1137968		3986192
天津	14923089	14412085	14410655	13028451	12159732	42000	826719		1382204
河北	58278681	55442231	54664310	52096428	49771911	277699	2046818		2567883
山西	26553052	25269940	25127301	23320715	21944660	132196	1243859		1806586
内蒙古	24226077	23800216	23723692	18670741	17227445	180074	1263221		5052951
辽宁	24273610	23820609	23789125	20187398	18897121	180535	1109742		3601727
吉林	19596609	18798103	18760112	16764007	15540018	232211	991778		1996105
黑龙江	22431712	22301272	22281569	19528998	18826877	116053	586068		2752571
上海	26827727	23825987	23824210	19757480	15380379	29416	4347685		4066730
江苏	80318411	75577227	74357005	69540708	63179752	92181	6268775		4816297
浙江	64593008	56748480	55777341	51321368	47180633	1057668	3083066		4455973
安徽	49690015	47356320	47145412	42778015	40660247	197328	1920439		4367397
福建	37059639	35576224	35033251	33102384	31237305	360578	1504500		1930867
江西	42741991	41720722	41672621	39631478	37495718	448465	1687295		2041144
山东	76516753	72849189	70880155	68401630	63413926	50523	4937181		2478525
河南	74856515	68784311	68542026	58688205	55529090	822358	2336757		9853821
湖北	41119437	39220032	39132716	36272836	36272836				2859881
湖南	49568307	46418260	46237607	43913240	41701880	412911	1798449		2324367
广东	133599880	114611647	113859433	101336372	91957251	2476584	6902537		12523061
广西	43193903	42022372	41925933	37894706	36130169	572461	1192076		4031226
海南	12706913	11675368	11449739	9307661	8786789	176930	343942		2142078
重庆	32303217	31608303	31485324	25036099	23133188	860036	1042875		6449225
四川	68359118	64670547	64137632	56613760	52936231	928531	2748998		7523872
贵州	42511550	41143202	41008122	37951697	36318511	396332	1236853		3056425
云南	53527180	52636173	52544727	44684986	43329834	370445	984706		7859741
西藏	10343314	10292059	10263423	9421216	8834822	556950	29445		842207
陕西	30927161	29439264	29027240	28604667	26960779	398702	1245187		422572
甘肃	24999419	24642053	24601225	21560159	20608279	300581	651299		3041066
青海	8765881	8679435	8491669	7321170	6512980	620636	187554		1170499
宁夏	7804416	7446516	7385526	6247976	5934848	98980	214148		1137550
新疆	33997901	33274356	33033691	30686971	28338060	1530937	817974		2346720
大连	5118026	5026614	5023278	4065846	3721942	119296	224608		957432
宁波	9100248	8296539	8095070	7340037	6889439	1460	449138		755033
厦门	5916646	5583215	5344607	4729105	4218258	144635	366212		615503
青岛	10771650	10323649	10314726	9909528	8599002		1310526		405198
深圳	27689547	23437352	23417291	20029314	15391349	2021018	2616947		3387977

(普通小学)

单位：千元

政府性基金预算安排的教育经费	#彩票公益金	国有及国有控股企业办学中的企业拨款	校办产业和社会服务收入中用于教育的经费	其他属于国家财政性教育经费	民办学校中举办者投入	捐赠收入	事业收入	#学费	其他教育经费
9471267	**1394389**	**102373**			**4697112**	**1364479**	**58503869**	**51990107**	**11257505**
53367	13048	30562			26928	10403	2772187	2629264	461467
1430	1430				16294	6883	439733	429984	48093
777920	79928				145107	76041	2556374	2237228	58928
137041	62854	5597			83473	7197	1122200	964272	70243
76524	42796				11722	12184	127697	116825	274258
31484	13904				27384	4097	380048	324415	41472
37991	30346				11347	39482	541112	526088	206564
18455	17416	1248			2866	2390	73737	66292	51448
1777	1360				39544	14934	2496404	2450094	450859
1220223	47320				279578	113206	3371759	3018462	976641
963577	35084	7562			474223	134761	4815431	4389875	2420112
209605	41156	1303			210618	19071	1453794	1243390	650211
542973	18922				19305	255514	739718	686992	468878
48101	45957				92840	12080	789384	633489	126965
1961419	65325	7615			320340	32391	3059940	2742020	254893
235954	42079	6331			453727	4800	5411852	4463600	201826
87316	14977				190252	14808	1402442	1180797	291903
180653	35423				595233	25866	1833262	1334250	695686
746205	54027	6010			613939	107720	17604727	16223536	661848
96439	40936				151682	61502	755009	619406	203338
225628	2611				86658	857	702708	514070	241322
122979	62649				19365	22196	563940	479639	89412
532915	56586				535554	163347	2759738	2413068	229931
135080	49689				100657	11336	883076	706812	373280
90316	37400	1129			20260	82075	467370	418295	321302
28636	24596					42585	6516	4420	2153
412024	12545				135165	5447	1211874	1043895	135411
40828	29466				1435	15426	68362	59588	272142
187766	174186				380	1954	4557	3852	79554
60990	39885				30369	6232	31826	29861	289474
205652	200486	35014			870	57694	57091	36327	607889
3336	3198				14030	2891	58671	50794	15820
201469	6163				36346	2797	645282	616730	119284
238607	406				1178	855	188724	188355	142674
8923	8886				7736	11691	419637	406024	8938
20061	17226				35571	4833	3974871	3773475	236920

3-41 教育经费收入情况

地区	总计	国家财政性教育经费	一般公共预算安排的教育经费	一般公共预算教育经费	教育事业费	基本建设经费	教育费附加	科研经费	其他
合计	**1268288661**	**1192630175**	**1183119212**	**1068384482**	**999158720**	**14560725**	**54665037**		**114734730**
北京	35384624	32176019	32092089	28107448	26247276	722204	1137968		3984642
天津	14884593	14381612	14380182	12997977	12129258	42000	826719		1382204
河北	58278681	55442231	54664310	52096428	49771911	277699	2046818		2567883
山西	26550462	25267350	25124711	23318125	21942070	132196	1243859		1806586
内蒙古	24226077	23800216	23723692	18670741	17227445	180074	1263221		5052951
辽宁	24273610	23820609	23789125	20187398	18897121	180535	1109742		3601727
吉林	19596609	18798103	18760112	16764007	15540018	232211	991778		1996105
黑龙江	22256167	22125726	22106428	19354929	18652808	116053	586068		2751500
上海	26815983	23814317	23812541	19746471	15370246	29416	4346810		4066069
江苏	80318411	75577227	74357005	69540708	63179752	92181	6268775		4816297
浙江	64593008	56748480	55777341	51321368	47180633	1057668	3083066		4455973
安徽	49690015	47356320	47145412	42778015	40660247	197328	1920439		4367397
福建	37059639	35576224	35033251	33102384	31237305	360578	1504500		1930867
江西	42741991	41720722	41672621	39631478	37495718	448465	1687295		2041144
山东	76516753	72849189	70880155	68401630	63413926	50523	4937181		2478525
河南	74845834	68775239	68532954	58683362	55524248	822358	2336757		9849592
湖北	41003899	39117089	39029773	36169892	36169892				2859881
湖南	49550832	46410795	46230141	43905775	41694414	412911	1798449		2324367
广东	133502851	114516035	113769830	101249309	91870188	2476584	6902537		12520521
广西	43193903	42022372	41925933	37894706	36130169	572461	1192076		4031226
海南	12706913	11675368	11449739	9307661	8786789	176930	343942		2142078
重庆	32270907	31578368	31455389	25007594	23104683	860036	1042875		6447795
四川	68351281	64670461	64137545	56613673	52936144	928531	2748998		7523872
贵州	42511550	41143202	41008122	37951697	36318511	396332	1236853		3056425
云南	53527180	52636173	52544727	44684986	43329834	370445	984706		7859741
西藏	10343314	10292059	10263423	9421216	8834822	556950	29445		842207
陕西	30824695	29339630	28927605	28505033	26861144	398702	1245187		422572
甘肃	24984456	24627090	24586262	21545197	20593316	300581	651299		3041066
青海	8757746	8671301	8483535	7321170	6512980	620636	187554		1162365
宁夏	7804416	7446516	7385526	6247976	5934848	98980	214148		1137550
新疆	30922264	30254134	30069731	27856129	25611003	1449155	795971		2213601
大连	5118026	5026614	5023278	4065846	3721942	119296	224608		957432
宁波	9100248	8296539	8095070	7340037	6889439	1460	449138		755033
厦门	5916646	5583215	5344607	4729105	4218258	144635	366212		615503
青岛	10771650	10323649	10314726	9909528	8599002		1310526		405198
深圳	27689547	23437352	23417291	20029314	15391349	2021018	2616947		3387977

(地方普通小学)

单位：千元

政府性基金预算安排的教育经费	#彩票公益金	国有及国有控股企业办学中的企业拨款	校办产业和社会服务收入中用于教育的经费	其他属于国家财政性教育经费	民办学校中举办者投入	捐赠收入	事业收入	#学费	其他教育经费
9449925	**1374189**	**61038**			**4697112**	**1338552**	**58501351**	**51990096**	**11121472**
53367	13048	30562			26928	10403	2772187	2629264	399087
1430	1430				16294	6883	439733	429984	40070
777920	79928				145107	76041	2556374	2237228	58928
137041	62854	5597			83473	7197	1122200	964272	70243
76524	42796				11722	12184	127697	116825	274258
31484	13904				27384	4097	380048	324415	41472
37991	30346				11347	39482	541112	526088	206564
18362	17323	936			2866	2390	73737	66292	51448
1777	1360				39544	14859	2496404	2450094	450859
1220223	47320				279578	113206	3371759	3018462	976641
963577	35084	7562			474223	134761	4815431	4389875	2420112
209605	41156	1303			210618	19071	1453794	1243390	650211
542973	18922				19305	255514	739718	686992	468878
48101	45957				92840	12080	789384	633489	126965
1961419	65325	7615			320340	32391	3059940	2742020	254893
235954	42079	6331			453727	4800	5411852	4463600	200217
87316	14977				190252	14808	1402442	1180797	279308
180653	35423				595233	24530	1833186	1334250	687088
746205	54027				613939	107720	17603944	16223525	661213
96439	40936				151682	61502	755009	619406	203338
225628	2611				86658	857	702708	514070	241322
122979	62649				19365	22083	562414	479639	88677
532915	56586				535554	163347	2759738	2413068	222181
135080	49689				100657	11336	883076	706812	373280
90316	37400	1129			20260	82075	467370	418295	321302
28636	24596					42585	6516	4420	2153
412024	12545				135165	5447	1211874	1043895	132580
40828	29466				1435	15426	68362	59588	272142
187766	174186				380	1954	4557	3852	79554
60990	39885				30369	6232	31826	29861	289474
184403	180378				870	33291	56959	36327	577010
3336	3198				11030	2891	58671	50791	15820
201469	6163				36346	2797	645282	616730	119284
238607	406				1178	855	188724	188355	142674
8923	8886				7736	11691	419637	406024	8938
20061	17226				35571	4833	3974871	3773475	236920

3-42 教育经费收入情况

地区	总计	国家财政性教育经费	一般公共预算安排的教育经费	一般公共预算教育经费	教育事业费	基本建设经费	教育费附加	科研经费	其他
合计	**757712823**	**733087538**	**729183281**	**658654969**	**631990615**	**6880905**	**19783449**		**70528312**
北京	6320344	5854010	5838302	5166134	4895954	160750	109431		672167
天津	3440456	3406402	3405492	3114269	3063873		50396		291223
河北	43101351	41143439	40741663	38790885	37377329	187813	1225742		1950778
山西	17718724	17188547	17089225	15714654	15035950	70302	608403		1374571
内蒙古	17627616	17406370	17363659	13321487	12442227	114675	764585		4042172
辽宁	10665794	10565579	10555009	8946874	8658168	23464	265243		1608135
吉林	12457173	12113060	12087940	10770697	10302419	78985	389292		1317243
黑龙江	14000224	13951995	13935525	12379021	12197415	74047	107559		1556505
上海	3388776	3066303	3065801	2373636	1997817		375819		692165
江苏	36454082	34944569	34747776	32749069	30355058	1000	2393011		1998707
浙江	30715723	28654774	28171503	26071904	24138535	698856	1234512		2099599
安徽	37197921	35909953	35731425	32313191	31181639	136548	995004		3418234
福建	21408574	20787930	20635552	19735717	19011264	119166	605286		899835
江西	31852998	31298751	31256136	29587266	28400562	330485	856219		1668870
山东	43565428	41905724	41276279	40029690	37731589	42571	2255530		1246589
河南	53579270	49285626	49126235	41846202	40571196	214772	1060234		7280033
湖北	22959421	22446947	22415215	20947052	20947052				1468163
湖南	33711396	32123057	32026230	30437557	29333102	217189	887266		1588672
广东	46579095	44090935	43915820	38955769	38113701	33500	808568		4960050
广西	33271066	32847399	32775693	29575654	28629590	434442	511622		3200039
海南	8623168	8330105	8218306	6571627	6262177	164930	144519		1646680
重庆	18920035	18773421	18715882	14747614	14306542	151466	289606		3968268
四川	49168919	48171330	47900684	42269790	40238068	826879	1204844		5630894
贵州	33347337	32724758	32605165	30123357	29196172	295296	631889		2481807
云南	42794074	42399002	42332912	35817027	35089372	153943	573711		6515885
西藏	8139647	8092304	8079104	7347116	6972021	345650	29445		731988
陕西	19614879	19292968	19281815	19015352	18209292	154374	651686		266463
甘肃	20045632	19849701	19815674	17213028	16693600	237271	282157		2602646
青海	6857793	6788541	6646165	5792642	5162707	537040	92895		853523
宁夏	4731963	4633750	4601534	3847937	3738297	49660	59980		753597
新疆	25453945	25040288	24825563	23082752	21737929	1025830	318993		1742811
大连	1114904	1100739	1100327	887254	849320		37934		213073
宁波	3727683	3562425	3408138	3035156	2835904		199252		372982
厦门	932446	921978	910979	821969	730128	6217	85624		89010
青岛	3006858	2985878	2985057	2793824	2495642		298182		191234
深圳									

(农村小学)

单位：千元

政府性基金预算安排的教育经费	#彩票公益金	国有及国有控股企业办学中的企业拨款	校办产业和社会服务收入中用于教育的经费	其他属于国家财政性教育经费	民办学校中举办者投入	捐赠收入	事业收入	#学费	其他教育经费
3852930	**1018140**	**51327**			**2139540**	**761111**	**17412909**	**14624770**	**4311724**
15708	2035				2374	2619	365004	326859	96337
910	910				8000	86	24895	22084	1074
401776	58687				107065	71910	1767390	1537658	11548
96046	38204	3276			10256	7067	478901	400260	33953
42711	33138				2374	7462	28894	23297	182516
10570	9284					1844	83889	68108	14482
25120	25120				1766	21134	200792	191408	120422
15221	14222	1248			2866	1522	10356	8225	33487
502	502				2114	1139	164779	159138	154442
196793	25059				173252	13327	1060982	915100	261951
475709	17627	7562			200604	16733	1057743	971664	785869
178528	31750				139458	9137	1097400	933343	41973
152378	14843				8677	185420	267790	239050	158758
42615	40978				61159	5074	417102	301492	70912
629045	34797	400			140177	13376	1441801	1262360	64350
153060	33333	6331			386853	4100	3855529	3104401	47161
31733	12694				16398	9946	403692	338815	82437
96827	24778				254272	17374	801752	612440	514940
171261	16871	3855			196057	29165	2153767	1907110	109171
71706	33468				47685	40903	219742	140732	115337
111799	2608				25585	853	184645	129538	81979
57539	35555				9174	5312	77273	38207	54856
270646	50683				253224	92527	555138	451005	96699
119593	45422				69095	10352	324097	243150	219035
64961	32639	1129			1816	74296	81447	64050	237513
13201	9311					42585	4420	4420	338
11154	11088				17687	2418	234460	191417	67345
34027	22868				500	14322	27676	23291	153434
142376	128796					1438	258	20	67557
32216	28151				1027	2335	10984	9217	83867
187201	182716	27524			26	55338	10313	6911	347981
412	382					1537	10507	7689	2121
154287	2058				9213	886	137569	129662	17590
10999	66					7	10353	10353	108
821	784					1971	18099	17267	911

3-43 教育经费收入情况

地区	总计	国家财政性教育经费	一般公共预算安排的教育经费	一般公共预算教育经费	教育事业费	基本建设经费	教育费附加	科研经费	其他
合计	**754940596**	**730366214**	**726514224**	**656081973**	**629502499**	**6799309**	**19780165**		**70432251**
北京	6320344	5854010	5838302	5166134	4895954	160750	109431		672167
天津	3440456	3406402	3405492	3114269	3063873		50396		291223
河北	43101351	41143439	40741663	38790885	37377329	187813	1225742		1950778
山西	17716134	17185957	17086635	15712064	15033360	70302	608403		1374571
内蒙古	17627616	17406370	17363659	13321487	12442227	114675	764585		4042172
辽宁	10665794	10565579	10555009	8946874	8658168	23464	265243		1608135
吉林	12457173	12113060	12087940	10770697	10302419	78985	389292		1317243
黑龙江	13882999	13834770	13818705	12263271	12081665	74047	107559		1555434
上海	3388776	3066303	3065801	2373636	1997817		375819		692165
江苏	36454082	34944569	34747776	32749069	30355058	1000	2393011		1998707
浙江	30715723	28654774	28171503	26071904	24138535	698856	1234512		2099599
安徽	37197921	35909953	35731425	32313191	31181639	136548	995004		3418234
福建	21408574	20787930	20635552	19735717	19011264	119166	605286		899835
江西	31852998	31298751	31256136	29587266	28400562	330485	856219		1668870
山东	43565428	41905724	41276279	40029690	37731589	42571	2255530		1246589
河南	53579270	49285626	49126235	41846202	40571196	214772	1060234		7280033
湖北	22959421	22446947	22415215	20947052	20947052				1468163
湖南	33711396	32123057	32026230	30437557	29333102	217189	887266		1588672
广东	46494519	44007778	43836517	38878727	38036659	33500	808568		4957789
广西	33271066	32847399	32775693	29575654	28629590	434442	511622		3200039
海南	8623168	8330105	8218306	6571627	6262177	164930	144519		1646680
重庆	18920035	18773421	18715882	14747614	14306542	151466	289606		3968268
四川	49168919	48171330	47900684	42269790	40238068	826879	1204844		5630894
贵州	33347337	32724758	32605165	30123357	29196172	295296	631889		2481807
云南	42794074	42399002	42332912	35817027	35089372	153943	573711		6515885
西藏	8139647	8092304	8079104	7347116	6972021	345650	29445		731988
陕西	19614879	19292968	19281815	19015352	18209292	154374	651686		266463
甘肃	20030670	19834738	19800711	17198065	16678637	237271	282157		2602646
青海	6857793	6788541	6646165	5792642	5162707	537040	92895		853523
宁夏	4731963	4633750	4601534	3847937	3738297	49660	59980		753597
新疆	22901071	22536899	22370182	20720100	19460158	944234	315709		1650082
大连	1114904	1100739	1100327	887254	849320		37934		213073
宁波	3727683	3562425	3408138	3035156	2835904		199252		372982
厦门	932446	921978	910979	821969	730128	6217	85624		89010
青岛	3006858	2985878	2985057	2793824	2495642		298182		191234
深圳									

(地方农村小学)

单位：千元

政府性基金预算安排的教育经费	#彩票公益金	国有及国有控股企业办学中的企业拨款	校办产业和社会服务收入中用于教育的经费	其他属于国家财政性教育经费	民办学校中举办者投入	捐赠收入	事业收入	#学费	其他教育经费
3832354	**998705**	**19636**			**2139540**	**736720**	**17411994**	**14624759**	**4286128**
15708	2035				2374	2619	365004	326859	96337
910	910				8000	86	24895	22084	1074
401776	58687				107065	71910	1767390	1537658	11548
96046	38204	3276			10256	7067	478901	400260	33953
42711	33138				2374	7462	28894	23297	182516
10570	9284					1844	83889	68108	14482
25120	25120				1766	21134	200792	191408	120422
15128	14129	936			2866	1522	10356	8225	33487
502	502				2114	1139	164779	159138	154442
196793	25059				173252	13327	1060982	915100	261951
475709	17627	7562			200604	16733	1057743	971664	785869
178528	31750				139458	9137	1097400	933343	41973
152378	14843				8677	185420	267790	239050	158758
42615	40978				61159	5074	417102	301492	70912
629045	34797	400			140177	13376	1441801	1262360	64350
153060	33333	6331			386853	4100	3855529	3104401	47161
31733	12694				16398	9946	403692	338815	82437
96827	24778				254272	17374	801752	612440	514940
171261	16871				196057	29165	2152983	1907100	108536
71706	33468				47685	40903	219742	140732	115337
111799	2608				25585	853	184645	129538	81979
57539	35555				9174	5312	77273	38207	54856
270646	50683				253224	92527	555138	451005	96699
119593	45422				69095	10352	324097	243150	219035
64961	32639	1129			1816	74296	81447	64050	237513
13201	9311					42585	4420	4420	338
11154	11088				17687	2418	234460	191417	67345
34027	22868				500	14322	27676	23291	153434
142376	128796					1438	258	20	67557
32216	28151				1027	2335	10984	9217	83867
166717	163374				26	30947	10180	6911	323020
412	382					1537	10507	7689	2121
154287	2058				9213	886	137569	129662	17590
10999	66					7	10353	10353	108
821	784					1971	18099	17267	911

3-44 教育经费收入情况

地区	总计	国家财政性教育经费	一般公共预算安排的教育经费	一般公共预算教育经费	教育事业费	基本建设经费	教育费附加	科研经费	其他
合计	**12192**	**12192**	**12192**	**12108**	**12108**				**84**
北京	3731	3731	3731	3731	3731				
天津									
河北									
山西									
内蒙古									
辽宁									
吉林									
黑龙江									
上海									
江苏									
浙江									
安徽									
福建	8103	8103	8103	8081	8081				22
江西									
山东									
河南									
湖北									
湖南									
广东									
广西	50	50	50	50	50				
海南									
重庆	307	307	307	245	245				62
四川									
贵州									
云南									
西藏									
陕西									
甘肃									
青海									
宁夏									
新疆									
大连									
宁波									
厦门									
青岛									
深圳									

(成人小学)

单位：千元

政府性基金预算安排的教育经费	#彩　票公益金	国有及国有控股企业办学中的企业拨款	校办产业和社会服务收入中用于教育的经费	其　他属于国家财政性教育经费	民办学校中举办者投入	捐赠收入	事业收入	#学　费	其　他教育经费

3-45 教育经费收入情况

地区	总计	国家财政性教育经费	一般公共预算安排的教育经费	一般公共预算教育经费	教育事业费	基本建设经费	教育费附加	科研经费	其他
合计	**16689729**	**16373126**	**16176656**	**14372481**	**13243273**	**265865**	**863342**		**1804176**
北京	568385	556799	556786	482359	465650	3972	12737		74427
天津	304746	297790	297790	268669	264296		4374		29121
河北	635257	614617	598951	568289	560339	291	7659		30662
山西	335972	333127	331188	290253	283042		7212		40935
内蒙古	305699	301069	299138	250256	243690	2500	4066		48882
辽宁	593642	591038	590959	483621	458852	3257	21512		107339
吉林	340820	332330	332330	292575	258134		34441		39755
黑龙江	444920	444367	444117	380516	374686		5830		63601
上海	810787	799893	799893	645485	570218	604	74663		154407
江苏	1266671	1242604	1238842	1149292	977852	91856	79584		89550
浙江	947168	923453	898974	812265	690824	26562	94879		86709
安徽	645211	635803	594462	558040	451241		106799		36422
福建	625944	613706	612322	568524	505141	22208	41174		43799
江西	365917	354785	354159	335037	310045	4486	20506		19122
山东	1229102	1208489	1181147	1131266	1030310	15500	85456		49881
河南	726895	720930	720711	610481	598686		11795		110230
湖北	471380	465812	463421	409633	409633				53788
湖南	583435	561451	559469	540510	462832		77678		18959
广东	1885167	1852700	1809585	1551502	1420538	45555	85409		258082
广西	358138	353656	337504	301853	291295	915	9643		35650
海南	109116	109042	109042	95853	95201		652		13189
重庆	294443	292389	292315	240723	237025		3698		51592
四川	675272	668479	666380	576482	558000	500	17982		89898
贵州	463630	451723	451233	413859	388185		25673		37374
云南	516842	496082	495039	438238	428360		9878		56800
西藏	142831	142824	142794	133791	105691	28100			9003
陕西	344820	334824	333271	274488	268809		5679		58782
甘肃	173078	169513	169456	152086	141325		10761		17370
青海	147209	145639	143901	133901	113135	19560	1205		10001
宁夏	144789	140964	137358	81652	81652				55706
新疆	232442	217228	214120	200982	198588		2394		13138
大连	117255	117254	117254	92061	89644		2417		25194
宁波	100592	99041	99041	90139	86287	1062	2790		8902
厦门	98169	95635	95635	89051	52292	22208	14551		6584
青岛	252046	248767	248667	234061	172224		61837		14605
深圳	317105	316892	316869	264355	190999	40910	32446		52514

（特殊教育）

单位：千元

政府性基金预算安排的教育经费	#彩票公益金	国有及国有控股企业办学中的企业拨款	校办产业和社会服务收入中用于教育的经费	其他属于国家财政性教育经费	民办学校中举办者投入	捐赠收入	事业收入	#学费	其他教育经费
196431	**51752**	**26**	**13**		**9550**	**20960**	**88107**	**50376**	**197987**
			13			20	356	170	11211
						50	5		6901
15666	1321				651	497	18591	7151	902
1938	440					273	1552	1267	1020
1931	1312					771	488	488	3371
79	79					1105	533		965
					100	923	2056	1119	5412
250	250					135	91		327
						33	67		10794
3763	1633					1007	4853	1461	18206
24479	5927					601	3271	2698	19844
41341	75				630	454	740	657	7583
1384	586					1643	2041		8555
626	551				3315	1756	2153	1812	3908
27341	5514				2010	3478	9045	8471	6080
219	183					338	2760	2412	2866
2391	2291					1436	327	1	3804
1982	1618				650	1231	8781	6239	11322
43115	1921					1482	17005	12300	13981
16152	16125					233	1430	391	2819
									74
74	74					112	389	168	1554
2099	1994					1175	69		5548
490	490					510	2402	1100	8995
1043	1040					1127	660	504	18972
30	30								7
1554	1554				2194	189	5198	1914	2415
57	57					95			3470
1738						46			1524
3606	3606					128	3083	34	614
3082	3082	26				110	161	20	14943
									1
						84	3		1465
									2534
100	100					120			3159
22	22						97		116

3-46 教育经费收入情况

地区	总计	国家财政性教育经费	一般公共预算安排的教育经费	一般公共预算教育经费	教育事业费	基本建设经费	教育费附加	科研经费	其他
合计	**15917283**	**15630488**	**15446720**	**13784705**	**12695853**	**261894**	**826958**		**1662015**
北京	445831	441744	441731	383346	373500		9847		58384
天津	276807	276306	276306	249087	244713		4374		27220
河北	635257	614617	598951	568289	560339	291	7659		30662
山西	318412	315648	313740	273987	267721		6267		39753
内蒙古	305699	301069	299138	250256	243690	2500	4066		48882
辽宁	536610	534008	533929	435992	419723	3257	13012		97937
吉林	329740	321256	321256	282216	249228		32988		39040
黑龙江	437830	437278	437028	375274	370669		4605		61754
上海	655298	645637	645637	520108	453080	604	66424		125529
江苏	1266671	1242604	1238842	1149292	977852	91856	79584		89550
浙江	919992	896325	884468	799335	677895	26562	94879		85133
安徽	626815	618164	576823	544630	437835		106795		32193
福建	625944	613706	612322	568524	505141	22208	41174		43799
江西	356297	345165	344539	326253	301362	4486	20406		18285
山东	1229102	1208489	1181147	1131266	1030310	15500	85456		49881
河南	706282	700318	700099	593069	581888		11180		107031
湖北	453028	447460	445069	395910	395910				49160
湖南	564606	546275	544293	525334	447956		77378		18959
广东	1835796	1805715	1762622	1507887	1378964	45555	83367		254736
广西	352363	347915	331763	296614	286100	915	9598		35149
海南	109116	109042	109042	95853	95201		652		13189
重庆	285303	283249	283175	233857	230159		3698		49317
四川	623879	618691	616618	533062	514600	500	17962		83556
贵州	396294	387491	387001	354327	336723		17604		32674
云南	500032	479314	478270	424451	416240		8211		53819
西藏	142831	142824	142794	133791	105691	28100			9003
陕西	286063	278967	277413	266206	260797		5410		11207
甘肃	173078	169513	169456	152086	141325		10761		17370
青海	147209	145639	143901	133901	113135	19560	1205		10001
宁夏	144789	140964	137358	81652	81652				55706
新疆	230310	215096	211988	198850	196457		2394		13138
大连	107861	107861	107861	84570	82154		2417		23290
宁波	100592	99041	99041	90139	86287	1062	2790		8902
厦门	98169	95635	95635	89051	52292	22208	14551		6584
青岛	252046	248767	248667	234061	172224		61837		14605
深圳	306246	306229	306229	256541	183665	40910	31966		49687

(特殊教育学校)

单位：千元

政府性基金预算安排的教育经费	#彩票公益金	国有及国有控股企业办学中的企业拨款	校办产业和社会服务收入中用于教育的经费	其他属于国家财政性教育经费	民办学校中举办者投入	捐赠收入	事业收入	#学费	其他教育经费
183730	**51672**	**26**	**13**		**9550**	**20954**	**76544**	**43815**	**179747**
			13			20	206	170	3862
						50	5		446
15666	1321				651	497	18591	7151	902
1908	410					273	1472	1267	1019
1931	1312					771	488	488	3371
79	79					1105	533		964
					100	923	2056	1119	5405
250	250					135	91		326
						27			9635
3763	1633					1007	4853	1461	18206
11857	5927					601	3271	2698	19795
41341	75				630	454	740	657	6826
1384	586					1643	2041		8555
626	551				3315	1756	2153	1812	3908
27341	5514				2010	3478	9045	8471	6080
219	183					338	2760	2412	2865
2391	2291					1436	327	1	3804
1982	1618				650	1231	5128	2739	11322
43093	1898					1482	14716	10339	13883
16152	16125					233	1400	391	2815
									74
74	74					112	389	168	1554
2072	1967					1175	69		3944
490	490					510	50		8243
1043	1040					1127	619	504	18972
30	30								7
1554	1554				2194	189	2298	1914	2415
57	57					95			3470
1738						46			1524
3606	3606					128	3083	34	614
3082	3082	26				110	161	20	14943
									1
						84	3		1465
									2534
100	100					120			3159
									17

3-47 教育经费收入情况

地区	总计	国家财政性教育经费	一般公共预算安排的教育经费	一般公共预算教育经费	教育事业费	基本建设经费	教育费附加	科研经费	其他
合计	**772446**	**742638**	**729936**	**587776**	**547420**	**3972**	**36384**		**142161**
北京	122554	115055	115055	99012	92150	3972	2890		16043
天津	27939	21484	21484	19583	19583				1901
河北									
山西	17560	17478	17448	16266	15321		945		1182
内蒙古									
辽宁	57032	57030	57030	47629	39130		8499		9402
吉林	11080	11074	11074	10359	8906		1453		715
黑龙江	7090	7089	7089	5242	4017		1225		1847
上海	155489	154256	154256	125378	117138		8239		28879
江苏									
浙江	27176	27128	14506	12930	12930				1576
安徽	18395	17639	17639	13410	13406		4		4229
福建									
江西	9621	9621	9621	8783	8683		100		837
山东									
河南	20613	20612	20612	17412	16798		615		3200
湖北	18352	18352	18352	13724	13724				4629
湖南	18829	15176	15176	15176	14876		300		
广东	49372	46985	46962	43615	41574		2042		3347
广西	5775	5741	5741	5240	5195		45		501
海南									
重庆	9140	9140	9140	6866	6866				2275
四川	51393	49788	49761	43420	43400		20		6341
贵州	67336	64232	64232	59532	51462		8069		4700
云南	16810	16769	16769	13787	12120		1668		2981
西藏									
陕西	58757	55857	55857	8282	8012		270		47575
甘肃									
青海									
宁夏									
新疆	2132	2132	2132	2132	2132				
大连	9394	9394	9394	7491	7491				1903
宁波									
厦门									
青岛									
深圳	10859	10663	10641	7814	7334		479		2827

(工读学校)

单位：千元

政府性基金预算安排的教育经费	#彩票公益金	国有及国有控股企业办学中的企业拨款	校办产业和社会服务收入中用于教育的经费	其他属于国家财政性教育经费	民办学校中举办者投入	捐赠收入	事业收入	#学费	其他教育经费
12701	**79**					**6**	**11563**	**6560**	**18239**
							150		7349
									6455
30	30						80		2
									1
									6
									1
						6	67		1160
12622									48
									756
									2
							3654	3500	
22	22						2288	1960	98
							31		4
27	27								1605
							2352	1100	753
							41		
							2900		
22	22						97		98

3-48 教育经费收入情况

地区	总计	国家财政性教育经费	一般公共预算安排的教育经费	一般公共预算教育经费	教育事业费	基本建设经费	教育费附加	科研经费	其他
合计	**367240936**	**177393964**	**174497438**	**162054024**	**148906922**	**3067553**	**10079549**		**12443414**
北京	16921087	11190645	11152343	10283908	9910309	80053	293547		868435
天津	5249020	3472360	3472360	3085450	2867874		217576		386909
河北	14172770	7193579	7123797	6765831	6622285	7997	135550		357966
山西	5673093	2649239	2505074	2336209	2218126	12096	105986		168866
内蒙古	6816923	4214487	4175423	3664774	3300536	75794	288445		510649
辽宁	6976848	2026682	2012199	1853966	1621389	45934	186643		158233
吉林	4231133	1751575	1689238	1575411	1538644	11150	25617		113827
黑龙江	3921941	1794132	1615729	1409360	1364988	9845	34527		206369
上海	17682688	12863458	12824848	10857126	8714123	11244	2131759		1967721
江苏	26765625	13847541	13613401	13006848	11204660	56309	1745879		606553
浙江	26270215	12810791	12184432	11493845	10313547	170105	1010192		690587
安徽	9858765	4589196	4496564	4225187	3916400	44900	263886		271377
福建	13102522	6606381	6509637	6211572	5882852	76560	252159		298065
江西	9234720	4451428	4436763	4317587	4063443	96986	157157		119176
山东	20036725	7900021	7395537	7222478	6612232	1050	609196		173059
河南	19874376	5248833	5093705	4505727	4331587	69144	104996		587978
湖北	11368355	4086193	4037938	3704299	3704299				333639
湖南	12567098	2909246	2892722	2778832	2641029	14359	123443		113890
广东	40966683	10100133	10050555	9438977	8540975	126795	771207		611578
广西	8616980	3144789	3135864	2931981	2643201	206673	82107		203882
海南	3404229	1475528	1474746	1302485	1264235	21273	16977		172262
重庆	6987130	2692094	2665573	2408816	2336063	1449	71304		256757
四川	17991559	8743003	8689836	7940233	7098260	326888	515085		749603
贵州	11168551	7089939	6911349	6452998	6249312	49363	154323		458352
云南	9290274	5200019	5180749	4518449	4273701	33412	211335		662300
西藏	2704478	2649117	2639262	2470682	2449045	16637	5000		168580
陕西	11495115	7388071	7322033	7210104	6711566	115451	383086		111929
甘肃	6398272	4714075	4660665	4404009	4285064	64796	54149		256657
青海	1746315	1166233	1162582	1062357	982421	53574	26362		100225
宁夏	1773826	901742	891226	801144	792713		8431		90082
新疆	13973620	12523434	12481290	11813382	10452044	1267714	93624		667908
大连	1770236	727923	727923	664401	597778	28991	37632		63523
宁波	4124492	2260153	2149680	2008729	1767742		240987		140951
厦门	2544092	1739516	1737122	1620373	1590885	13935	15553		116749
青岛	3269576	1671573	1671573	1661485	1497536		163950		10088
深圳	8613643	2722635	2722595	2649074	2296980	78962	273132		73521

（幼儿园）

单位：千元

政府性基金预算安排的教育经费	#彩票公益金	国有及国有控股企业办学中的企业拨款	校办产业和社会服务收入中用于教育的经费	其他属于国家财政性教育经费	民办学校中举办者投入	捐赠收入	事业收入	#学费	其他教育经费
1795699	**286447**	**1100365**	**462**		**6720251**	**274274**	**177790728**	**173035626**	**5061718**
13412	47	24890			36668	11643	5368017	5267819	314113
					16149	931	1726625	1709752	32954
28345	2297	41437			166618	1014	6800997	6632738	10562
30424	5193	113740			65756	1060	2911445	2865345	45593
1239	689	37825			112208	2613	2371066	2353051	116549
85	85	14398			41956	343	4822626	4644163	85240
10819	257	51518			160354	1085	2223010	2185243	95109
390	390	178013			39082	1441	2077161	1971235	10125
34310		4300			27344	3489	4525289	4507635	263108
228200	290	5940			542704	20073	11912371	11711712	442936
625265	3266	1094			911607	19141	11436229	11246067	1092447
72164	63796	20469			200568	6407	4907519	4866576	155075
77562	50	19182			168139	8289	6084907	6022025	234807
13281	12474	1384			131503	773	4583197	4378280	67819
210711	1017	293773			146729	23815	11872494	11750113	93666
66883	1080	88246			500087	5435	14040686	13622993	79336
16435	300	31820			214766	2455	6941419	6749833	123522
1525	509	14999			289871	7226	9230982	9002557	129773
42707	7179	6871			1165981	71798	29208866	28030126	419904
5086	944	3839			126019	1086	5260611	5147279	84475
84	3	698			188962	20	1700307	1539326	39412
25601	235	920			158875	26201	3946195	3912663	163766
50153	2143	3014			546980	29677	8424099	8187285	247800
178060	167987	529			99136	4394	3880421	3597741	94661
7996	596	11274			276024	8861	3765991	3634355	39380
9855	105					804	53703	43122	854
2409	2406	63167	462		182207	1896	3855688	3772245	67252
5234	1214	48176			88460	2089	1531679	1517609	61969
3351	1706	300			46177	24	426711	421489	107170
597	501	9919			31145	1394	789643	778506	49902
33515	9689	8630			38176	8795	1110773	966742	292441
					1998	307	1016733	1013336	23276
110473	460				75784	2582	1739387	1722209	46586
2394					47615	155	717122	715620	39685
					6578	4413	1567899	1567790	19112
40	40				121146	4730	5698844	5046933	66288

3-49 教育经费收入情况

地区	总计	国家财政性教育经费	一般公共预算安排的教育经费	一般公共预算教育经费	教育事业费	基本建设经费	教育费附加	科研经费	其他
合计	**364125141**	**175665436**	**173032388**	**160646785**	**147597131**	**2972205**	**10077449**		**12385603**
北京	16072247	10902631	10864329	10015404	9641804	80053	293547		848925
天津	5209698	3470010	3470010	3083225	2865648		217576		386785
河北	14099476	7163096	7118035	6760069	6616523	7997	135550		357966
山西	5661039	2645166	2501002	2332136	2214054	12096	105986		168866
内蒙古	6811221	4214487	4175423	3664774	3300536	75794	288445		510649
辽宁	6885836	2013590	1999107	1841661	1609084	45934	186643		157446
吉林	4204971	1751575	1689238	1575411	1538644	11150	25617		113827
黑龙江	3648184	1562698	1561620	1355353	1310981	9845	34527		206267
上海	17496569	12807985	12769375	10811249	8668246	11244	2131759		1958126
江苏	26667311	13821225	13587085	12980532	11178344	56309	1745879		606553
浙江	26264984	12810791	12184432	11493845	10313547	170105	1010192		690587
安徽	9844058	4589142	4496509	4225132	3916346	44900	263886		271377
福建	13094014	6605181	6508437	6210372	5881652	76560	252159		298065
江西	9234720	4451428	4436763	4317587	4063443	96986	157157		119176
山东	20036725	7900021	7395537	7222478	6612232	1050	609196		173059
河南	19723202	5188334	5082250	4495485	4321345	69144	104996		586766
湖北	11322725	4084385	4036130	3702491	3702491				333639
湖南	12548869	2899695	2883171	2769282	2631479	14359	123443		113890
广东	40938275	10099629	10050555	9438977	8540975	126795	771207		611578
广西	8616446	3144789	3135864	2931981	2643201	206673	82107		203882
海南	3375766	1465685	1464903	1292641	1263142	12523	16977		172262
重庆	6945095	2692094	2665573	2408816	2336063	1449	71304		256757
四川	17954601	8742773	8689681	7940078	7098105	326888	515085		749603
贵州	11168551	7089939	6911349	6452998	6249312	49363	154323		458352
云南	9282841	5198293	5179023	4516723	4271975	33412	211335		662300
西藏	2704478	2649117	2639262	2470682	2449045	16637	5000		168580
陕西	11477922	7385982	7319944	7208015	6709478	115451	383086		111929
甘肃	6378574	4703267	4649856	4393325	4274380	64796	54149		256532
青海	1736648	1165704	1162053	1061828	981892	53574	26362		100225
宁夏	1771757	901742	891226	801144	792713		8431		90082
新疆	12948339	11544982	11514646	10873092	9600452	1181116	91524		641554
大连	1737519	715903	715903	652380	585758	28991	37632		63523
宁波	4124492	2260153	2149680	2008729	1767742		240987		140951
厦门	2539192	1738316	1735922	1619173	1589685	13935	15553		116749
青岛	3269576	1671573	1671573	1661485	1497536		163950		10088
深圳	8613643	2722635	2722595	2649074	2296980	78962	273132		73521

(地方幼儿园)

单位：千元

政府性基金预算安排的教育经费	#彩票公益金	国有及国有控股企业办学中的企业拨款	校办产业和社会服务收入中用于教育的经费	其他属于国家财政性教育经费	民办学校中举办者投入	捐赠收入	事业收入	#学费	其他教育经费
1787289	**279057**	**845298**	**462**		**6720251**	**258857**	**176652764**	**171987970**	**4827833**
13412	47	24890			36668	1627	4931502	4883898	199819
					16149	931	1689867	1672994	32741
28345	2297	16716			166618	1014	6758186	6589927	10562
30424	5193	113740			65756	1060	2906349	2862050	42708
1239	689	37825			112208	2613	2365363	2347348	116549
85	85	14398			41956	343	4748370	4574262	81576
10819	257	51518			160354	1085	2203783	2168616	88174
390	390	688			39082	1441	2035342	1929416	9622
34310		4300			27344	3489	4403855	4386201	253896
228200	290	5940			542704	20073	11857813	11666668	425496
625265	3266	1094			911607	19141	11434095	11243933	1089350
72164	63796	20469			200568	6407	4898082	4857139	149859
77562	50	19182			168139	7919	6077976	6015094	234800
13281	12474	1384			131503	773	4583197	4378280	67819
210711	1017	293773			146729	23815	11872494	11750113	93666
66883	1080	39201			500087	5435	13952166	13539574	77181
16435	300	31820			214766	2036	6898178	6707709	123360
1525	509	14999			289871	7226	9222848	8994626	129228
42707	7179	6367			1165981	71798	29180964	28003979	419902
5086	944	3839			126019	1086	5260078	5146746	84475
84	3	698			188962	20	1683543	1524171	37556
25601	235	920			158875	23923	3932258	3898727	137945
50153	2143	2939			546980	29677	8404838	8171349	230331
178060	167987	529			99136	4394	3880421	3597741	94661
7996	596	11274			276024	8861	3760284	3628648	39380
9855	105					804	53703	43122	854
2409	2406	63167	462		182207	1711	3848109	3764753	59913
5234	1214	48176			88460	2089	1522790	1508720	61969
3351	1706	300			46177	24	420207	416298	104536
597	501	9919			31145	1394	787574	777280	49902
25104	2300	5232			38176	6647	1078530	938587	280003
					1990	307	996094	992690	23217
110473	460				75784	2582	1739387	1722209	46586
2394					47615	155	713422	711920	39685
					6578	4413	1567899	1567790	19112
40	40				121146	4730	5698844	5046933	66288

3-50 教育经费收入情况

地区	总计	国家财政性教育经费	一般公共预算安排的教育经费	一般公共预算教育经费	教育事业费	基本建设经费	教育费附加	科研经费	其他
合计	**159919670**	**87395108**	**86532546**	**81196695**	**76629724**	**1473057**	**3093913**		**5335851**
北京	2743198	2355993	2348318	2198601	2138966	35566	24069		149717
天津	735156	604185	604185	591527	475178		116348		12659
河北	8842258	5059338	5033709	4773929	4678620	6089	89221		259780
山西	2913834	1666429	1612168	1503465	1413797	5578	84090		108703
内蒙古	3694117	2581817	2580578	2257239	2044356	58002	154881		323340
辽宁	1340540	453015	453015	417889	383278	16708	17903		35126
吉林	1576165	850921	800090	751254	743119	4027	4107		48836
黑龙江	1532869	827880	827727	748761	736161	9845	2754		78966
上海	2044152	1659952	1659952	1339363	1114806		224558		320589
江苏	9846121	5209741	5149841	4987220	4362332		624888		162621
浙江	10122508	5001942	4843433	4630480	4206909	103674	319898		212953
安徽	6292373	3204484	3146102	2954306	2794007	33200	127099		191796
福建	6115132	3145411	3072929	2982174	2804814	60825	116535		90755
江西	6052889	3194185	3191262	3106291	2977783	22246	106261		84971
山东	8708933	3722538	3660464	3609211	3349771		259440		51253
河南	11448889	2762339	2732352	2390418	2338614	13403	38401		341935
湖北	4559889	1784895	1761664	1620827	1620827				140836
湖南	7163531	1871858	1865770	1800161	1747876	8089	44196		65609
广东	9108558	2423414	2412857	2267551	2202553		64998		145306
广西	5078898	2042503	2034488	1904343	1752461	90799	61082		130145
海南	1795855	1021634	1020922	884215	868218	5088	10910		136707
重庆	2447948	1354490	1354390	1264835	1238929	1449	24457		89554
四川	9153322	5442822	5415041	4948474	4566322	255197	126956		466567
贵州	7281436	4940719	4782708	4420111	4271787	45135	103189		362597
云南	5235171	3199623	3193263	2792684	2723060	15178	54446		400578
西藏	1682693	1679377	1679347	1556936	1540300	16637			122411
陕西	6233880	4848387	4844111	4766816	4538577	25194	203045		77294
甘肃	4346237	3636857	3633627	3452075	3369884	56796	25395		181553
青海	1178783	919186	915835	845151	792827	38944	13380		70684
宁夏	814832	478345	477844	434198	430220		3978		43646
新疆	9829504	9450830	9424555	8996191	8403373	545388	47430		428364
大连	147286	73475	73475	67918	67067		850		5558
宁波	1438495	812292	736618	689109	631232		57876		47509
厦门	247232	196978	196978	186073	183887		2185		10905
青岛	519087	388171	388171	387005	372283		14722		1167
深圳									

（农村幼儿园）

单位：千元

政府性基金预算安排的教育经费	#彩票公益金	国有及国有控股企业办学中的企业拨款	校办产业和社会服务收入中用于教育的经费	其他属于国家财政性教育经费	民办学校中举办者投入	捐赠收入	事业收入	#学费	其他教育经费
647050	**214679**	**215512**			**2868239**	**72798**	**68108805**	**66434697**	**1474719**
7675	19				2180	513	347657	341721	36855
					1	8	130190	130104	771
19428	2289	6202			85353	990	3694299	3662314	2279
21711	596	32550			19637	610	1211136	1204110	16022
1239	689				71209	1863	994600	988475	44628
					3784	36	868527	832271	15178
257	257	50574			28509	543	674467	670313	21725
153	153				3710	1052	695194	667367	5033
					963	20	350472	348679	32745
59353	13	547			267752	6340	4250922	4216307	111367
158509	192				631046	4492	4093903	4019347	391124
54145	47118	4238			106415	2266	2945871	2919102	33337
67568	50	4914			52921	3883	2824854	2783988	88063
2763	2473	160			109807	281	2729110	2602785	19507
14650	709	47424			49142	7055	4911589	4870204	18609
5454		24533			236999	3288	8443486	8139482	2776
135		23097			47127	331	2692054	2601404	35482
685	105	5403			124440	3432	5114939	4993445	48861
9226		1330			290905	7877	6310817	6155271	75546
4176	344	3839			54956	693	2948836	2858458	31910
14	3	698			66389	20	690991	610123	16821
100	100				27385	1523	1025842	1018438	38710
27581	1069	200			250910	4637	3417598	3360095	37356
157482	147687	529			73398	4295	2205840	2030637	57185
3260	430	3101			145561	3992	1869246	1796698	16750
30	30					804	2512	2512	
43	40	4234			45105	1482	1316803	1286615	22103
3130	219	100			42369	832	645286	640642	20893
3351	1706				761	8	174971	172262	83858
501	501				11291	1147	304226	300948	19823
24433	7889	1842			18217	8486	222567	210579	129404
					200		60970	60970	12641
75674	15				22599	189	588985	584900	14429
					767		49436	49279	52
					871	793	129209	129209	43

3-51 教育经费收入情况

地区	总计	国家财政性教育经费	一般公共预算安排的教育经费	一般公共预算教育经费	教育事业费	基本建设经费	教育费附加	科研经费	其他
合计	**158929415**	**86472232**	**85642878**	**80322688**	**75844415**	**1386459**	**3091813**		**5320190**
北京	2731287	2348531	2340856	2191139	2131504	35566	24069		149717
天津	732723	604185	604185	591527	475178		116348		12659
河北	8830335	5053810	5033709	4773929	4678620	6089	89221		259780
山西	2909716	1662367	1608106	1499403	1409734	5578	84090		108703
内蒙古	3694117	2581817	2580578	2257239	2044356	58002	154881		323340
辽宁	1340540	453015	453015	417889	383278	16708	17903		35126
吉林	1576165	850921	800090	751254	743119	4027	4107		48836
黑龙江	1498333	794530	794377	715513	702913	9845	2754		78864
上海	2044152	1659952	1659952	1339363	1114806		224558		320589
江苏	9846121	5209741	5149841	4987220	4362332		624888		162621
浙江	10122508	5001942	4843433	4630480	4206909	103674	319898		212953
安徽	6292373	3204484	3146102	2954306	2794007	33200	127099		191796
福建	6114712	3145411	3072929	2982174	2804814	60825	116535		90755
江西	6052889	3194185	3191262	3106291	2977783	22246	106261		84971
山东	8708933	3722538	3660464	3609211	3349771		259440		51253
河南	11416978	2745410	2732347	2390412	2338608	13403	38401		341935
湖北	4559495	1784807	1761576	1620739	1620739				140836
湖南	7163299	1871838	1865750	1800141	1747856	8089	44196		65609
广东	9096507	2422910	2412857	2267551	2202553		64998		145306
广西	5078898	2042503	2034488	1904343	1752461	90799	61082		130145
海南	1793896	1021593	1020881	884174	868177	5088	10910		136707
重庆	2447948	1354490	1354390	1264835	1238929	1449	24457		89554
四川	9152480	5442822	5415041	4948474	4566322	255197	126956		466567
贵州	7281436	4940719	4782708	4420111	4271787	45135	103189		362597
云南	5235171	3199623	3193263	2792684	2723060	15178	54446		400578
西藏	1682693	1679377	1679347	1556936	1540300	16637			122411
陕西	6233056	4848347	4844070	4766776	4538537	25194	203045		77294
甘肃	4334904	3627107	3623877	3442449	3360259	56796	25395		181428
青海	1178783	919186	915835	845151	792827	38944	13380		70684
宁夏	814832	478345	477844	434198	430220		3978		43646
新疆	8964134	8605729	8589706	8176776	7672656	458790	45330		412930
大连	147286	73475	73475	67918	67067		850		5558
宁波	1438495	812292	736618	689109	631232		57876		47509
厦门	247232	196978	196978	186073	183887		2185		10905
青岛	519087	388171	388171	387005	372283		14722		1167
深圳									

(地方农村幼儿园)

单位：千元

政府性基金预算安排的教育经费	#彩票公益金	国有及国有控股企业办学中的企业拨款	校办产业和社会服务收入中用于教育的经费	其他属于国家财政性教育经费	民办学校中举办者投入	捐赠收入	事业收入	#学费	其他教育经费
638640	**207290**	**190715**			**2868239**	**70662**	**68053041**	**66381363**	**1465240**
7675	19				2180	513	344662	338746	35401
					1	8	127757	127672	771
19428	2289	674			85353	990	3687904	3655919	2279
21711	596	32550			19637	610	1211080	1204055	16022
1239	689				71209	1863	994600	988475	44628
					3784	36	868527	832271	15178
257	257	50574			28509	543	674467	670313	21725
153	153				3710	1052	694008	666180	5033
					963	20	350472	348679	32745
59353	13	547			267752	6340	4250922	4216307	111367
158509	192				631046	4492	4093903	4019347	391124
54145	47118	4238			106415	2266	2945871	2919102	33337
67568	50	4914			52921	3883	2824434	2783568	88063
2763	2473	160			109807	281	2729110	2602785	19507
14650	709	47424			49142	7055	4911589	4870204	18609
5454		7609			236999	3288	8428504	8124500	2776
135		23097			47127	331	2691748	2601098	35482
685	105	5403			124440	3432	5114728	4993406	48861
9226		826			290905	7877	6299272	6144203	75544
4176	344	3839			54956	693	2948836	2858458	31910
14	3	698			66389	20	689073	608205	16821
100	100				27385	1523	1025842	1018438	38710
27581	1069	200			250910	4637	3416756	3359253	37356
157482	147687	529			73398	4295	2205840	2030637	57185
3260	430	3101			145561	3992	1869246	1796698	16750
30	30					804	2512	2512	
43	40	4234			45105	1362	1316722	1286534	21520
3130	219	100			42369	832	643703	639059	20893
3351	1706				761	8	174971	172262	83858
501	501				11291	1147	304226	300948	19823
16023	500				18217	6469	211755	201528	121964
					200		60970	60970	12641
75674	15				22599	189	588985	584900	14429
					767		49436	49279	52
					871	793	129209	129209	43

3-52 教育经费收入情况

地区	总计	国家财政性教育经费	一般公共预算安排的教育经费	一般公共预算教育经费	教育事业费	基本建设经费	教育费附加	科研经费	其他
合计	**39489973**	**37675362**	**37245550**	**32617431**	**31369215**	**110818**	**1137397**		**4628119**
北京	1052131	1042455	1042230	774801	766185		8616		267429
天津	374308	369362	369362	342977	342977				26385
河北	905022	889354	886493	837976	837976				48518
山西	1071990	1027403	1021540	878225	855402		22823		143315
内蒙古	1094108	1048023	1037882	783313	722265		61047		254570
辽宁	633308	630236	625307	510742	506717		4026		114565
吉林	439122	412350	412350	378281	367106		11176		34069
黑龙江	1388944	1380922	1359033	1196482	1185603	2489	8390		162551
上海	402643	370169	370169	262511	262511				107658
江苏	1715341	1632998	1611010	1482941	1449419		33522		128069
浙江	1865886	1709988	1647685	1484002	1358995	2215	122792		163682
安徽	1244809	1181642	1160082	1040194	1009807	4810	25577		119888
福建	878439	799767	797457	725517	693463		32054		71940
江西	792066	762136	756700	700940	699324		1616		55759
山东	2635172	2532137	2515614	2409285	2382075		27211		106328
河南	1438491	1426808	1363412	1144701	1101700		43001		218711
湖北	1508974	1461146	1456916	1328113	1328113				128804
湖南	2599800	2426274	2424660	2281601	2255196		26405		143060
广东	5098880	4965552	4911600	4127787	3805676	13960	308151		783813
广西	564755	516155	516155	468984	468422		562		47171
海南	398456	382318	382318	273984	273984				108335
重庆	981659	965608	963663	818907	783627		35280		144756
四川	2578912	2483351	2422529	2038677	1868160	8627	161891		383851
贵州	1882777	1764108	1763044	1589691	1521656		68035		173353
云南	1709270	1563826	1510367	1226799	1124433	29940	72426		283569
西藏	442831	442831	442463	419008	415008	4000			23455
陕西	807769	787209	778762	747257	718304	3795	25158		31505
甘肃	1195853	1125665	1122907	988228	944043	11283	32902		134680
青海	438685	365078	365078	299420	299243		177		65658
宁夏	169644	160226	159919	118225	115671		2553		41694
新疆	1179925	1050263	1048842	937864	906156	29700	2009		110978
大连	101271	100725	100725	72584	70667		1917		28141
宁波	172870	156058	155573	130644	128697		1947		24929
厦门	204995	204187	202089	168261	146401		21860		33828
青岛	391779	385169	380073	364394	364394				15678
深圳	1003860	999450	998010	874414	735669	2078	136667		123596

(教育行政单位)

单位：千元

政府性基金预算安排的教育经费	#彩票公益金	国有及国有控股企业办学中的企业拨款	校办产业和社会服务收入中用于教育的经费	其他属于国家财政性教育经费	民办学校中举办者投入	捐赠收入	事业收入	#学费	其他教育经费
429812	**183525**					**115349**	**165022**		**1534241**
225									9676
									4946
2861	6					146			15521
5863	3660					198	14285		30103
10140	9360					21472	3656		20958
4929	4929						143		2929
						1193			25580
21890	17179					917			7105
									32474
21988	21002					840			81504
62303	8576					5601	2538		147760
21560	12442						10744		52422
2310	310								78672
5437	5207					6779			23151
16523	3320					1222	41476		60337
63397	61208					1	4875		6807
4230						1167	1714		44947
1613	1100					945	14109		158472
53952	7804					4117			129211
						200			48400
									16137
1945	850						2870		13180
60822	19903					27630	5363		62568
1064	520					3960	46425		68284
53458	2770					7010	11718		126716
368	368								
8447	262					400	160		20000
2758	2749					323	3323		66542
						5746	1186		66675
308						40	436		8942
1421						25442			104220
									546
485	280						1600		15212
2098	310								808
5096									6610
1440	840								4410

3-53 教育经费收入情况

地区	总计	国家财政性教育经费	一般公共预算安排的教育经费	一般公共预算教育经费	教育事业费	基本建设经费	教育费附加	科研经费	其他
合计	**39013149**	**37231105**	**36801293**	**32344413**	**31129061**	**78629**	**1136723**		**4456879**
北京	717664	708011	707786	603452	594836		8616		104333
天津	374308	369362	369362	342977	342977				26385
河北	905022	889354	886493	837976	837976				48518
山西	1071990	1027403	1021540	878225	855402		22823		143315
内蒙古	1094108	1048023	1037882	783313	722265		61047		254570
辽宁	633308	630236	625307	510742	506717		4026		114363
吉林	439122	412350	412350	378281	367106		11176		34069
黑龙江	1373079	1365057	1343167	1180616	1172226		8390		162551
上海	402643	370169	370169	262511	262511				107658
江苏	1715341	1632998	1611010	1482941	1449419		33522		128069
浙江	1865886	1709988	1647685	1484002	1358995	2215	122792		163682
安徽	1244809	1181642	1160082	1040194	1009807	4810	25577		119888
福建	878439	799767	797457	725517	693463		32054		71940
江西	792066	762136	756700	700940	699324		1616		55759
山东	2635172	2532137	2515614	2409285	2382075		27211		106328
河南	1438491	1426808	1363412	1144701	1101700		43001		218711
湖北	1508974	1461146	1456916	1328113	1328113				128804
湖南	2599800	2426274	2424660	2281601	2255196		26405		143060
广东	5098880	4965552	4911600	4127787	3805676	13960	308151		783813
广西	564755	516155	516155	468984	468422		562		47171
海南	398456	382318	382318	273984	273984				108335
重庆	981659	965608	963663	818907	783627		35280		144756
四川	2578912	2483351	2422529	2038677	1868160	8627	161891		383851
贵州	1882777	1764108	1763044	1589691	1521656		68035		173353
云南	1709270	1563826	1510367	1226799	1124433	29940	72426		283569
西藏	442831	442831	442463	419008	415008	4000			23455
陕西	807769	787209	778762	747257	718304	3795	25158		31505
甘肃	1195853	1125665	1122907	988228	944043	11283	32902		134680
青海	438685	365078	365078	299420	299243		177		65658
宁夏	169644	160226	159919	118225	115671		2553		41694
新疆	1053433	956316	954895	852062	850728		1334		102833
大连	101271	100725	100725	72584	70667		1917		28141
宁波	172870	156058	155573	130644	128697		1947		24929
厦门	204995	204187	202089	168261	146401		21860		33828
青岛	391779	385169	380073	364394	364394				15678
深圳	1003860	999450	998010	874414	735669	2078	136667		123596

(地方教育行政单位)

单位：千元

政府性基金预算安排的教育经费	#彩票公益金	国有及国有控股企业办学中的企业拨款	校办产业和社会服务收入中用于教育的经费	其他属于国家财政性教育经费	民办学校中举办者投入	捐赠收入	事业收入	#学费	其他教育经费
429812	**183525**					**111544**	**165022**		**1505478**
225									9653
									4946
2861	6					146			15521
5863	3660					198	14285		30103
10140	9360					21472	3656		20958
4929	4929						143		2929
						1193			25580
21890	17179					917			7105
									32474
21988	21002					840			81504
62303	8576					5601	2538		147760
21560	12442						10744		52422
2310	310								78672
5437	5207					6779			23151
16523	3320					1222	41476		60337
63397	61208					1	4875		6807
4230						1167	1714		44947
1613	1100					945	14109		158472
53952	7804					4117			129211
						200			48400
									16137
1945	850						2870		13180
60822	19903					27630	5363		62568
1064	520					3960	46425		68284
53458	2770					7010	11718		126716
368	368								
8447	262					400	160		20000
2758	2749					323	3323		66542
						5746	1186		66675
308						40	436		8942
1421						21637			75479
									546
485	280						1600		15212
2098	310								808
5096									6610
1440	840								4410

3-54 教育经费收入情况

地区	总计	国家财政性教育经费	一般公共预算安排的教育经费	一般公共预算教育经费	教育事业费	基本建设经费	教育费附加	科研经费	其他
合计	**87469425**	**72419070**	**71185465**	**62161252**	**58441600**	**630858**	**3088795**		**9024212**
北京	15677100	9968831	9904791	9137481	8827494	81235	228752		767310
天津	1605478	1480930	1473395	1269312	1246191		23121		204083
河北	2448751	2125088	2107017	1948106	1943249	4858			158911
山西	1605547	1435024	1371946	1215493	1087010	5000	123483		156452
内蒙古	1857054	1654857	1637828	1323422	1215530	10000	97891		314406
辽宁	2759111	2627962	2556185	2135635	2003317		132317		420551
吉林	1349735	1198223	1178934	1081064	1042597		38467		97871
黑龙江	1579293	1488396	1485631	1195753	1147875	4000	43878		289878
上海	8484750	7045693	6947521	4347723	4157516	105266	84940		2599798
江苏	5227177	4147126	3980936	3571100	3368492		202609		409836
浙江	6444451	4832467	4712913	4392289	4044208	24775	323306		320624
安徽	1377975	1201998	1174853	1053200	907498	15000	130701		121654
福建	2643295	2154195	2145237	1988595	1924089	8000	56506		156641
江西	1713857	1596987	1566945	1489740	1428995	33726	27018		77206
山东	3104919	2612180	2553687	2465752	2341275		124476		87935
河南	3053321	2816215	2645140	2195717	2079312	62800	53606		449423
湖北	3158251	2984527	2980015	2754567	2754567				225448
湖南	1516424	1364209	1349216	1252870	1140082	15000	97788		96347
广东	7455657	7033970	6993959	6470904	5391650	170656	908598		523055
广西	1755253	1456638	1432029	1278748	1262941	7603	8205		153281
海南	299840	223842	222971	180616	179414		1203		42354
重庆	1436515	1189961	1178024	902444	866260		36185		275580
四川	3258015	2942836	2881464	2480934	2286560	36143	158231		400530
贵州	560095	478377	477417	442823	422115		20708		34593
云南	1600647	1451977	1379937	1157028	1076599	11858	68570		222909
西藏	951463	947943	946063	876367	866128	5239	5000		69696
陕西	1907857	1779071	1772785	1725978	1678459	1000	46519		46806
甘肃	619375	486390	474174	407076	386565		20511		67097
青海	458943	409359	409279	335419	327528		7890		73860
宁夏	308934	259113	255783	203733	202035		1698		52051
新疆	1250344	1024684	989389	881363	836049	28699	16616		108026
大连	486448	474281	474201	393594	353938		39656		80607
宁波	859516	789413	782136	722088	660432	281	61375		60048
厦门	521626	470333	467533	428418	421985		6433		39116
青岛	500225	474389	474134	454668	442177		12491		19466
深圳	1706297	1691679	1691679	1515969	1144781	58749	312439		175710

（教育事业单位）

单位：千元

政府性基金预算安排的教育经费	#彩票公益金	国有及国有控股企业办学中的企业拨款	校办产业和社会服务收入中用于教育的经费	其他属于国家财政性教育经费	民办学校中举办者投入	捐赠收入	事业收入	#学费	其他教育经费
744022	**379658**	**4990**	**484593**			**603225**	**8785408**		**5661723**
420	420		63620			530404	3417020		1760844
2020	2020		5515			250	93185		31112
15521	15030		2550			943	294832		27888
62942	43482		136			350	158833		11341
15887	11534		1142			17380	152345		32471
6561	3825		65217			732	121207		9209
13593	13563		5695			722	90998		59792
1879	1879		885			214	83517		7167
86735	39250		11436			498	211744		1226816
18111	11945		148079				911526		168525
104533	11255		15020			1169	414643		1196173
25802	25796		1343			366	82020		93591
8763	4507		196			686	294185		194229
30037	28757		5			634	73913		42323
58369	16108		125			1711	436121		54905
119508	76546		51567			223	206710		30173
4512	3564					872	127485		45367
12386	10986		2607			99	124299		27816
38895	2704		1116			745	310563		110379
24609	3109					3711	234472		60432
871	871					3303	65092		7603
11934	10792		3			8585	173605		64364
22507	12916		38866			6742	183335		125101
960	960						78086		3633
40417	12125		31623			14079	60631		73960
1880	1880					1300			2220
3098	3098		3188				109956		18830
6600	6062		5616			50	115139		17795
80	80					4594	31570		13421
3330	3330						40715		9105
1264	1264	4990	29041			2862	87661		135137
80	80						11411		755
7277	339						54877		15226
2800	2800								51292
255	255					67	24629		1140
							13571		1046

3-55 教育经费收入情况

地区	总计	国家财政性教育经费	一般公共预算安排的教育经费	一般公共预算教育经费	教育事业费	基本建设经费	教育费附加	科研经费	其他
合计	**77143287**	**67429672**	**66247306**	**57458240**	**53750718**	**618728**	**3088795**		**8789066**
北京	5460376	5075474	5057684	4514914	4217057	69105	228752		542769
天津	1605478	1480930	1473395	1269312	1246191		23121		204083
河北	2448544	2124881	2106811	1947953	1943096	4858			158858
山西	1605547	1435024	1371946	1215493	1087010	5000	123483		156452
内蒙古	1857054	1654857	1637828	1323422	1215530	10000	97891		314406
辽宁	2759111	2627962	2556185	2135635	2003317		132317		420551
吉林	1349735	1198223	1178934	1081064	1042597		38467		97871
黑龙江	1558756	1467858	1465094	1175216	1127338	4000	43878		289878
上海	8484750	7045693	6947521	4347723	4157516	105266	84940		2599798
江苏	5227177	4147126	3980936	3571100	3368492		202609		409836
浙江	6444451	4832467	4712913	4392289	4044208	24775	323306		320624
安徽	1377975	1201998	1174853	1053200	907498	15000	130701		121654
福建	2643295	2154195	2145237	1988595	1924089	8000	56506		156641
江西	1713857	1596987	1566945	1489740	1428995	33726	27018		77206
山东	3104919	2612180	2553687	2465752	2341275		124476		87935
河南	3053321	2816215	2645140	2195717	2079312	62800	53606		449423
湖北	3158251	2984527	2980015	2754567	2754567				225448
湖南	1516424	1364209	1349216	1252870	1140082	15000	97788		96347
广东	7455657	7033970	6993959	6470904	5391650	170656	908598		523055
广西	1755253	1456638	1432029	1278748	1262941	7603	8205		153281
海南	299840	223842	222971	180616	179414		1203		42354
重庆	1436515	1189961	1178024	902444	866260		36185		275580
四川	3258015	2942836	2881464	2480934	2286560	36143	158231		400530
贵州	560095	478377	477417	442823	422115		20708		34593
云南	1600647	1451977	1379937	1157028	1076599	11858	68570		222909
西藏	951463	947943	946063	876367	866128	5239	5000		69696
陕西	1907857	1779071	1772785	1725978	1678459	1000	46519		46806
甘肃	619375	486390	474174	407076	386565		20511		67097
青海	458943	409359	409279	335419	327528		7890		73860
宁夏	308934	259113	255783	203733	202035		1698		52051
新疆	1161673	949387	919082	821608	776294	28699	16616		97474
大连	486448	474281	474201	393594	353938		39656		80607
宁波	859516	789413	782136	722088	660432	281	61375		60048
厦门	521626	470333	467533	428418	421985		6433		39116
青岛	500225	474389	474134	454668	442177		12491		19466
深圳	1706297	1691679	1691679	1515969	1144781	58749	312439		175710

(地方教育事业单位)

单位：千元

政府性基金预算安排的教育经费	#彩票公益金	国有及国有控股企业办学中的企业拨款	校办产业和社会服务收入中用于教育的经费	其他属于国家财政性教育经费	民办学校中举办者投入	捐赠收入	事业收入	#学费	其他教育经费
744022	**379658**		**438344**			**73511**	**5607534**		**4032570**
420	420		17371			710	242326		141866
2020	2020		5515			250	93185		31112
15521	15030		2550			943	294832		27888
62942	43482		136			350	158833		11341
15887	11534		1142			17380	152345		32471
6561	3825		65217			732	121207		9209
13593	13563		5695			722	90998		59792
1879	1879		885			214	83517		7167
86735	39250		11436			498	211744		1226816
18111	11945		148079				911526		168525
104533	11255		15020			1169	414643		1196173
25802	25796		1343			366	82020		93591
8763	4507		196			686	294185		194229
30037	28757		5			634	73913		42323
58369	16108		125			1711	436121		54905
119508	76546		51567			223	206710		30173
4512	3564					872	127485		45367
12386	10986		2607			99	124299		27816
38895	2704		1116			745	310563		110379
24609	3109					3711	234472		60432
871	871					3303	65092		7603
11934	10792		3			8585	173605		64364
22507	12916		38866			6742	183335		125101
960	960						78086		3633
40417	12125		31623			14079	60631		73960
1880	1880					1300			2220
3098	3098		3188				109956		18830
6600	6062		5616			50	115139		17795
80	80					4594	31570		13421
3330	3330						40715		9105
1264	1264		29041			2842	84481		124963
80	80						11411		755
7277	339						54877		15226
2800	2800								51292
255	255					67	24629		1140
							13571		1046

3-56 教育经费收入情况

地区	总计	国家财政性教育经费	一般公共预算安排的教育经费	一般公共预算教育经费	教育事业费	基本建设经费	教育费附加	科研经费	其他
合计	**60127894**	**56300313**	**55826133**	**50045547**	**45745462**	**2687222**	**1612863**	**280531**	**5500056**
北京	7976353	7303103	7302908	5760282	5739098	8236	12949	115774	1426851
天津	691304	680598	670546	626383	477572	133147	15664	430	43733
河北	1149639	1097526	1088079	1008765	890933	86840	30992	298	79016
山西	1358293	1315436	1308681	1245362	1098593	112184	34585	3710	59609
内蒙古	949148	858192	805160	655251	633593	11058	10600	2756	147153
辽宁	1844968	1797822	1797822	1612098	1503718	18725	89655	195	185529
吉林	892737	864217	864217	794062	767034	27028		1140	69015
黑龙江	704119	680951	680951	569337	569337			60	111554
上海	1561018	1231553	1229775	1015403	1000383	15020		20807	193565
江苏	2321282	2140127	2139557	1856405	1780178	3000	73227	7822	275330
浙江	3615380	3297528	3229294	3005815	2598278	203382	204156	6379	217100
安徽	1367141	1230074	1198203	1034657	883282	96336	55039	2387	161158
福建	2203622	1919005	1912624	1781155	916637	852550	11968	1712	129757
江西	1730368	1617225	1592862	1529071	1418622	93743	16706	5681	58110
山东	2964741	2782462	2725322	2631782	2566049	16507	49227		93540
河南	2396128	2309376	2223129	2010580	1904887	105432	260	9180	203370
湖北	3016557	2960967	2941967	2759330	2759330			35322	147315
湖南	1433558	1369484	1348709	1235606	1216576	17750	1280	2547	110556
广东	2989156	2831765	2815243	2421273	2174313	77194	169766	13234	380736
广西	1091000	1020426	996874	891409	886909	4500		1561	103904
海南	484247	466871	465858	310202	310202			7172	148483
重庆	619198	593070	593065	487593	464254	20171	3168	1420	104052
四川	3136585	2940893	2932762	2646804	2400595	150710	95499	7980	277977
贵州	1300201	1197860	1195916	1099185	1047653	500	51032	7690	89041
云南	1396674	1304570	1286182	1108809	944617	123884	40308	510	176863
西藏	351002	348535	348535	283273	201461	81812		6835	58427
陕西	1882085	1788138	1788138	1693342	1641362	21350	30630	210	94587
甘肃	961054	853158	853156	746068	729928	9010	7130	550	106538
青海	819999	757673	757673	692168	552143	137955	2070	1540	63964
宁夏	264412	233995	233995	200049	200049				33946
新疆	6655924	6507713	6498931	6334025	5467874	259197	606953	15630	149277
大连	286866	280755	280755	222213	164388		57825		58542
宁波	217891	205347	178328	164759	134759	30000			13570
厦门	123067	122670	122653	103575	103575				19078
青岛	245095	237227	237227	225676	225676				11552
深圳	720978	692120	691189	607091	516879	70957	19254	9290	74808

(其他教育机构)

单位：千元

政府性基金预算安排的教育经费	#彩票公益金	国有及国有控股企业办学中的企业拨款	校办产业和社会服务收入中用于教育的经费	其他属于国家财政性教育经费	民办学校中举办者投入	捐赠收入	事业收入	#学费	其他教育经费
385723	**11326**	**3589**	**84868**			**16949**	**2684539**	**407636**	**1126093**
195							401502	85533	271748
			10051				5231	4074	5475
9447	392						49696	24569	2417
6755							39746		3110
53033	3033					446	88897	31268	1613
							34848		12298
							3221		25299
						390	9338		13440
			1778			132	297481	9757	31852
549			21				156327	22685	24829
49383	438		18851				149971	3490	167882
31872							98242	7464	38825
1780	1700		4601			195	254733	5797	29689
22317	3960		2046			300	105314		7529
57140	28					72	119552	60513	62655
75310	670		10937			1233	66764	15125	18755
19000						35	45082	4666	10473
20775							45392	26931	18682
13849			2672			2903	139678	38083	14810
535			23017			3000	58530	715	9044
1014							564		16812
6	6						10254	10254	15874
5680	438		2452			4025	112414	29289	79253
35			1909				84177	2707	18164
12021	580		6367			908	73578	14552	17619
							2459	1476	8
							73065	843	20882
			3				89122	713	18774
						282	21149		40895
						227	26405	7132	3785
5029	82	3589	163			2802	21806		123603
							6000		111
27018							6288		6256
			17						397
							1504		6364
			931				28123		735

3-57 教育经费收入情况

地区	总计	国家财政性教育经费	一般公共预算安排的教育经费	一般公共预算教育经费	教育事业费	基本建设经费	教育费附加	科研经费	其他
合计	**55126054**	**52395510**	**51926942**	**47780460**	**43502685**	**2664912**	**1612863**	**177531**	**3968950**
北京	4160341	4095511	4095316	3949638	3928454	8236	12949	12774	132903
天津	688168	677462	667411	626383	477572	133147	15664	430	40597
河北	1145927	1093814	1084367	1008765	890933	86840	30992	298	75304
山西	1357781	1314924	1308169	1245362	1098593	112184	34585	3710	59097
内蒙古	948787	857831	804799	655251	633593	11058	10600	2756	146792
辽宁	1841263	1794117	1794117	1612098	1503718	18725	89655	195	181824
吉林	891837	863317	863317	794062	767034	27028		1140	68115
黑龙江	678609	655440	655440	566561	566561			60	88819
上海	1016901	988299	988299	825402	810382	15020		20807	142090
江苏	2291742	2110587	2110017	1856405	1780178	3000	73227	7822	245790
浙江	3611864	3294012	3225778	3005815	2598278	203382	204156	6379	213584
安徽	1366685	1229618	1197747	1034657	883282	96336	55039	2387	160702
福建	1974546	1862440	1856059	1728459	863941	852550	11968	1712	125888
江西	1729936	1616793	1592430	1529071	1418622	93743	16706	5681	57678
山东	2958247	2775967	2718827	2631782	2566049	16507	49227		87045
河南	2391856	2305104	2218857	2010580	1904887	105432	260	9180	199098
湖北	2999757	2944167	2925167	2759330	2759330			35322	130515
湖南	1431392	1367317	1346543	1235606	1216576	17750	1280	2547	108389
广东	2989156	2831765	2815243	2421273	2174313	77194	169766	13234	380736
广西	1091000	1020426	996874	891409	886909	4500		1561	103904
海南	484247	466871	465858	310202	310202			7172	148483
重庆	619198	593070	593065	487593	464254	20171	3168	1420	104052
四川	3123637	2927945	2919814	2646804	2400595	150710	95499	7980	265029
贵州	1299123	1196782	1194838	1099185	1047653	500	51032	7690	87962
云南	1395414	1303310	1284922	1108809	944617	123884	40308	510	175603
西藏	351002	348535	348535	283273	201461	81812		6835	58427
陕西	1864055	1770108	1770108	1693342	1641362	21350	30630	210	76557
甘肃	954996	847100	847097	746068	729928	9010	7130	550	100479
青海	819999	757673	757673	692168	552143	137955	2070	1540	63964
宁夏	264412	233995	233995	200049	200049				33946
新疆	6384177	6251208	6246260	6125055	5281214	236887	606953	15630	105576
大连	286866	280755	280755	222213	164388		57825		58542
宁波	217891	205347	178328	164759	134759	30000			13570
厦门	123067	122670	122653	103575	103575				19078
青岛	245095	237227	237227	225676	225676				11552
深圳	720978	692120	691189	607091	516879	70957	19254	9290	74808

(地方其他教育机构)

单位：千元

政府性基金预算安排的教育经费	#彩票公益金	国有及国有控股企业办学中的企业拨款	校办产业和社会服务收入中用于教育的经费	其他属于国家财政性教育经费	民办学校中举办者投入	捐赠收入	事业收入	#学费	其他教育经费
385641	**11244**		**82927**			**16807**	**1849578**	**319467**	**864159**
195							20868	1251	43962
			10051				5231	4074	5475
9447	392						49696	24569	2417
6755							39746		3110
53033	3033					446	88897	31268	1613
							34848		12298
							3221		25299
						390	9338		13440
							18464	9757	10137
549			21				156327	22685	24829
49383	438		18851				149971	3490	167882
31872							98242	7464	38825
1780	1700		4601			185	87104	1910	24817
22317	3960		2046			300	105314		7529
57140	28					72	119552	60513	62655
75310	670		10937			1233	66764	15125	18755
19000						35	45082	4666	10473
20775							45392	26931	18682
13849			2672			2903	139678	38083	14810
535			23017			3000	58530	715	9044
1014							564		16812
6	6						10254	10254	15874
5680	438		2452			4025	112414	29289	79253
35			1909				84177	2707	18164
12021	580		6367			908	73578	14552	17619
							2459	1476	8
							73065	843	20882
			3				89122	713	18774
						282	21149		40895
						227	26405	7132	3785
4947						2802	14125		116042
							6000		111
27018							6288		6256
			17						397
							1504		6364
			931				28123		735

第四部分

各地区各级各类教育机构教育经费支出明细

4-1 教育经费支出明细

地区	合计				
		个人部分			
			工资福利支出	对个人和家庭的补助支出	
					#助学金
合计	**4504463901**	**2793409295**	**2385527390**	**407881905**	**189207535**
北京	236922389	121266579	97702711	23563868	15469497
天津	74841208	44044883	39381436	4663446	1840732
河北	173891326	114667010	102026194	12640816	5389594
山西	90974266	58730605	52153139	6577467	3270205
内蒙古	75822003	50677583	40015803	10661781	3455896
辽宁	104331903	68303651	60992105	7311546	3259916
吉林	73144429	45885169	34868028	11017142	2466796
黑龙江	86877221	59159758	46956812	12202945	2640219
上海	164753349	84282894	76877935	7404959	5859026
江苏	306765371	197488336	175780503	21707833	8862265
浙江	248842026	150301434	137820278	12481155	6405363
安徽	156340208	97954051	82129601	15824451	6454643
福建	134696124	81648197	73928961	7719235	3509907
江西	129518123	73060595	63431443	9629152	5251591
山东	271888611	172066189	152963168	19103021	7086081
河南	239247611	145378557	127720039	17658519	10837547
湖北	170839380	111028208	93803653	17224555	7197374
湖南	170922714	105307864	89367883	15939982	8166215
广东	441765849	276480175	226771866	49708309	10319524
广西	127155364	76569213	65604433	10964780	7083226
海南	36631120	21166902	19334081	1832821	1169204
重庆	109404840	70607175	59650109	10957065	6017945
四川	224294684	143601828	120837352	22764476	13014813
贵州	124024729	82366117	66468265	15897852	8937859
云南	142467655	102373759	86782223	15591536	11827366
西藏	24520298	15629024	12071437	3557587	2932575
陕西	132404798	73551890	61142093	12409797	7425839
甘肃	76857461	51157060	36162354	14994706	4540373
青海	26089738	16181627	13726741	2454886	1327938
宁夏	23023236	14200918	12516798	1684120	1120115
新疆	105205867	68272044	56539946	11732098	6067892
大连	15337777	10926088	10216332	709756	149026
宁波	33461938	22223890	20780902	1442988	723401
厦门	17815283	10976851	9759330	1217520	233502
青岛	31968181	20492565	18498187	1994377	406666
深圳	84405013	44886440	35685040	9201400	1359183

(各级各类教育机构)

单位: 千元

公用部分					基本建设支出
	商品和服务支出	其他资本性支出			
			专项公用支出	专项项目支出	
1635006207	**888164820**	**746841387**	**272509020**	**474332367**	**76048399**
110333360	83662327	26671034	17116859	9554175	5322449
30369533	16496329	13873205	4611115	9262089	426792
57940469	29213990	28726479	9762284	18964195	1283847
31450378	16531132	14919245	4480462	10438783	793284
24328235	12417935	11910299	4605536	7304763	816185
34640029	22982459	11657570	5017884	6639686	1388223
26428540	15066060	11362480	4721804	6640676	830720
26713019	17058745	9654273	3668685	5985588	1004445
76498594	56379037	20119556	12753284	7366273	3971861
107857584	55319142	52538441	17201903	35336538	1419452
92535355	49453628	43081728	14552338	28529390	6005237
56070224	24526597	31543627	10294860	21248766	2315933
50888476	23561695	27326781	10276631	17050150	2159451
54585710	17881471	36704239	8775156	27929084	1871818
99007444	45795147	53212298	14861056	38351242	814978
90822670	45727636	45095034	13974861	31120173	3046384
58921000	32163230	26757770	9323041	17434729	890172
64292756	32273259	32019497	10869121	21150376	1322094
150708214	96467834	54240381	27958759	26281622	14577459
48031989	20704911	27327079	10368119	16958960	2554161
14660049	6457586	8202463	4109748	4092715	804169
36389759	22069305	14320455	5525168	8795287	2407906
77797727	41910115	35887612	12541711	23345901	2895130
40213937	18260614	21953323	6457613	15495711	1444675
38631140	18919280	19711860	5460887	14250973	1462756
6885793	2883840	4001953	972870	3029083	2005480
55791322	30327637	25463685	8464141	16999544	3061586
24490476	11164035	13326441	4712986	8613455	1209924
8122817	3359732	4763084	2163063	2600022	1785294
8509718	4057338	4452381	1596427	2855954	312600
31089888	15072774	16017114	5310649	10706465	5843934
4079526	2976349	1103177	565104	538073	332163
11099264	5998952	5100312	1643166	3457146	138784
6399621	3602858	2796763	1556068	1240696	438811
11475616	5388942	6086674	1972036	4114639	
27691872	21622145	6069727	4896394	1173333	11826702

4-2 教育经费支出明细

地区	合计	个人部分	工资福利支出	对个人和家庭的补助支出	#助学金
合计	**4131041614**	**2618953450**	**2266707454**	**352245996**	**155835948**
北京	127002286	72477547	67526330	4951217	1645174
天津	60150543	39018940	35926533	3092407	1139851
河北	171978755	113606154	101206995	12399160	5295330
山西	90959570	58719575	52142405	6577170	3270195
内蒙古	75811109	50669275	40007585	10661690	3455896
辽宁	94570147	63616245	57807495	5808750	2494044
吉林	65198923	41660922	31925710	9735212	1831630
黑龙江	75008321	54266281	43592323	10673958	1911386
上海	127302927	68691006	64370345	4320661	3163347
江苏	280437578	183924532	166628241	17296290	6597359
浙江	237481966	146175950	134800911	11375039	5489798
安徽	149604783	95019702	80388160	14631542	5734876
福建	127123505	78319701	71604582	6715120	2914972
江西	129511223	73055841	63427179	9628662	5251544
山东	261350265	167110418	149626069	17484350	6381469
河南	238736714	145115315	127486483	17628833	10835211
湖北	142525353	95609155	83533180	12075974	4807181
湖南	162755418	100963601	86367361	14596240	7433619
广东	424360263	268258680	221111654	47147026	9255541
广西	127154833	76568916	65604136	10964780	7083226
海南	36602398	21142557	19311417	1831141	1167784
重庆	101043649	66340977	56839583	9501395	5366224
四川	204943040	133548928	113703991	19844937	11452479
贵州	124023650	82366117	66468265	15897852	8937859
云南	142458053	102366678	86775148	15591530	11827366
西藏	24520298	15629024	12071437	3557587	2932575
陕西	112063262	63789948	54502057	9287891	5939630
甘肃	72722010	48969656	34609524	14360131	4194885
青海	26069958	16163591	13717421	2446169	1327577
宁夏	22299659	13811218	12198208	1613009	1066891
新疆	95271156	61976998	51426727	10550272	5631029
大连	15303307	10897603	10188044	709559	148978
宁波	33361514	22223890	20780902	1442988	723401
厦门	17810355	10973322	9755802	1217520	233502
青岛	31968181	20492565	18498187	1994377	406666
深圳	84405013	44886440	35685040	9201400	1359183

(地方各级各类教育机构)

单位：千元

公用部分	商品和服务支出	其他资本性支出			基本建设支出
			专项公用支出	专项项目支出	
1443343780	**750540320**	**692803460**	**241453728**	**451349732**	**68744384**
51256382	37742899	13513483	9098680	4414803	3268357
20770431	12629847	8140584	3612151	4528433	361172
57128156	28742341	28385815	9564873	18820942	1244445
31446711	16529721	14916990	4480327	10436663	793284
24325649	12416410	11909238	4605356	7303883	816185
29843776	19656885	10186890	4067588	6119302	1110127
22820432	12131302	10689129	4160883	6528246	717569
20157881	12026730	8131151	2757360	5373791	584159
55475500	41122026	14353474	9152638	5200836	3136421
95610388	46194542	49415846	14828584	34587261	902658
85332442	44612838	40719604	13384942	27334662	5973574
52365817	21945525	30420291	9268520	21151771	2219264
46786352	21550691	25235661	9545783	15689878	2017451
54583563	17879614	36703949	8775151	27928799	1871818
93629064	41806619	51822444	13976963	37845482	610783
90691580	45608989	45082590	13963138	31119452	2929819
46806447	23408214	23398233	7072580	16325653	109751
60671365	29496699	31174666	10234883	20939784	1120452
141739413	90121078	51618335	25875003	25743331	14362170
48031756	20704677	27327079	10368119	16958960	2554161
14656134	6454848	8201286	4108722	4092563	803707
32380155	18791981	13588174	4918961	8669213	2322516
68815912	35785530	33030382	11216368	21814014	2578200
40212859	18259535	21953323	6457613	15495711	1444675
38628618	18917224	19711395	5460599	14250796	1462756
6885793	2883840	4001953	972870	3029083	2005480
45532876	22439294	23093583	6768884	16324698	2740437
22652010	9995768	12656242	4355496	8300746	1100344
8121074	3358358	4762716	2162694	2600022	1785294
8175841	3872639	4303202	1536220	2766982	312600
27809403	13453654	14355749	4701775	9653974	5484755
4073541	2970917	1102625	564842	537783	332163
10998840	5998528	5000312	1643166	3357146	138784
6398221	3601458	2796763	1556068	1240696	438811
11475616	5388942	6086674	1972036	4114639	
27691872	21622145	6069727	4896394	1173333	11826702

4-3 教育经费支出明细

地区	合计	个人部分	工资福利支出	对个人和家庭的补助支出	#助学金
合计	**1165646815**	**584476679**	**446627348**	**137849331**	**86397930**
北京	120347485	58298140	38192699	20105441	14979457
天津	32823212	13851995	11045232	2806762	1639345
河北	32858912	18515209	14614969	3900240	2151176
山西	20648806	10808808	8559854	2248955	1485946
内蒙古	14947567	7935414	5879008	2056406	1375827
辽宁	36182704	18790720	15047371	3743348	2423361
吉林	24535563	12198366	8564473	3633893	1615337
黑龙江	27354554	14673504	11158501	3515002	1877497
上海	68891755	29504823	24206516	5298307	4541833
江苏	87163573	47137509	37304009	9833500	5842920
浙江	58433108	27593459	22959673	4633786	3235022
安徽	33610365	17170154	12726307	4443847	2685113
福建	32805248	15984006	12766141	3217865	2141784
江西	26281136	15080271	12233754	2846517	1834986
山东	59066379	32282346	25032046	7250299	3827720
河南	48259862	24524973	19505011	5019963	3344259
湖北	57648408	32072679	23376264	8696416	4435497
湖南	40327965	20612923	15982334	4630589	2729067
广东	96572087	45430925	34448307	10982618	4538299
广西	26527397	11593745	8888201	2705544	2150065
海南	6074530	2961518	2502960	458558	395524
重庆	27458064	14441049	10792199	3648849	2411452
四川	53365064	27476178	21383196	6092982	4067176
贵州	21567926	9801306	6788339	3012967	2006591
云南	20655389	11120200	8976731	2143469	1758970
西藏	2446675	1164018	865941	298077	249658
陕西	49750743	24329204	18249519	6079684	3715309
甘肃	17700352	8409837	6050305	2359532	1483242
青海	4138101	1760687	1426307	334380	108624
宁夏	4411486	2236767	1786270	450497	330526
新疆	12792399	6715945	5314908	1401037	1016347
大连	997345	606478	526182	80296	41340
宁波	6378261	3108996	2612355	496640	318753
厦门	2830113	1118909	956683	162226	115949
青岛	2207328	815032	698756	116276	80871
深圳	18505898	5893489	4848348	1045141	478334

（高等学校）

单位：千元

公用部分	商品和服务支出	其他资本性支出			基本建设支出
			专项公用支出	专项项目支出	
555077592	**333729674**	**221347918**	**114284836**	**107063081**	**26092544**
59034925	42797359	16237566	10021815	6215751	3014419
18836676	9053033	9783643	2933956	6849687	134541
13904751	7785105	6119646	2844457	3275189	438952
9671392	4561851	5109540	1701204	3408336	168606
6938346	3322520	3615826	1853194	1762633	73807
16626802	10837410	5789392	3044848	2744544	765182
11978253	7341373	4636880	2449503	2187377	358944
12054817	8442158	3612658	1873752	1738906	626233
35951991	27120165	8831826	6181578	2650248	3434942
39440590	26204258	13236332	7246313	5990019	585474
28993026	17850431	11142595	5906914	5235682	1846622
15671462	8050104	7621359	4257393	3363966	768749
16472126	8456662	8015464	3886181	4129283	349116
10812185	5836039	4976146	2415590	2560556	388680
26291170	15908785	10382384	5468505	4913879	492864
23185029	11848656	11336373	6044303	5292071	549859
24694193	15912749	8781444	5011886	3769559	881535
19339450	10399415	8940035	3747240	5192795	375593
45175468	27081139	18094329	11074506	7019823	5965694
14420942	6274632	8146310	4336247	3810063	512709
2919323	1613803	1305520	922760	382760	193688
12882986	8042663	4840323	2335362	2504961	134029
25050597	14326983	10723614	5335385	5388229	838288
11360166	4783959	6576208	2026462	4549746	406454
9335216	5001967	4333249	1935887	2397362	199973
1005782	435035	570747	172882	397865	276876
24363892	15582053	8781839	4290979	4490860	1057647
8882218	4195415	4686803	2458607	2228196	408297
2360253	746842	1613411	1126961	486450	17161
2078120	1230127	847992	484820	363172	96600
5345446	2686983	2658463	895347	1763115	731009
352143	240653	111490	82973	28510	38723
3228548	1814686	1413862	494131	919731	40717
1559090	978411	580679	255565	325115	152113
1392296	760989	631306	155461	475845	
7241501	4990374	2251126	2202205	48922	5370909

4-4 教育经费支出明细

地区	合计	个人部分	工资福利支出	对个人和家庭的补助支出	#助学金
合计	**820788001**	**422043718**	**338111100**	**83932618**	**53384832**
北京	26343830	13132025	11182064	1949961	1184226
天津	18285786	8937251	7692057	1245194	938503
河北	31081337	17551710	13892783	3658927	2057099
山西	20648806	10808808	8559854	2248955	1485946
内蒙古	14947567	7935414	5879008	2056406	1375827
辽宁	26549906	14208653	11964847	2243806	1657578
吉林	16786376	8105101	5741632	2363469	980281
黑龙江	16349606	10420359	8333010	2087349	1153120
上海	32378425	14299845	12072141	2227704	1853087
江苏	61009970	33692687	28265184	5427503	3579248
浙江	47083111	23473771	19945730	3528041	2319457
安徽	26905626	14261535	11009768	3251768	1965498
福建	25430189	12713849	10497521	2216328	1548538
江西	26281136	15080271	12233754	2846517	1834986
山东	48534528	27326575	21694947	5631628	3123108
河南	47941919	24422277	19424184	4998094	3343027
湖北	29850862	17040382	13423636	3616746	2048821
湖南	32288033	16359287	13071756	3287530	1997077
广东	79438752	37435486	28991644	8443842	3477407
广西	26527397	11593745	8888201	2705544	2150065
海南	6074530	2961518	2502960	458558	395524
重庆	19335973	10361436	8153141	2208295	1760486
四川	34137586	17513287	14337814	3175472	2505973
贵州	21567926	9801306	6788339	3012967	2006591
云南	20655389	11120200	8976731	2143469	1758970
西藏	2446675	1164018	865941	298077	249658
陕西	29735768	14798696	11824490	2974207	2231487
甘肃	13617353	6260356	4533792	1726564	1139048
青海	4138101	1760687	1426307	334380	108624
宁夏	3691243	1850278	1470892	379386	277302
新疆	10724295	5652904	4466974	1185930	878269
大连	997345	606478	526182	80296	41340
宁波	6277837	3108996	2612355	496640	318753
厦门	2830113	1118909	956683	162226	115949
青岛	2207328	815032	698756	116276	80871
深圳	18505898	5893489	4848348	1045141	478334

(地方高等学校)

单位：千元

公用部分	商品和服务支　出	其他资本性支　出			基本建设支　出
			专项公用支　出	专项项目支　出	
379754204	**210323042**	**169431162**	**84208772**	**85222390**	**18990080**
12251095	8736190	3514905	2391480	1123425	960710
9279613	5222989	4056624	1936803	2119821	68922
13130078	7344281	5785797	2648911	3136886	399549
9671392	4561851	5109540	1701204	3408336	168606
6938346	3322520	3615826	1853194	1762633	73807
11854168	7530246	4323921	2096078	2227843	487085
8435482	4454495	3980987	1898645	2082342	245792
5723300	3582112	2141188	988417	1152771	205947
15479078	12337748	3141330	2625209	516121	2599502
27248602	17129676	10118926	4876104	5242821	68681
21794381	13013763	8780618	4739606	4041011	1814959
11972011	5471488	6500523	3232333	3268190	672080
12509225	6575844	5933381	3164211	2769170	207116
10812185	5836039	4976146	2415590	2560556	388680
20919284	11926753	8992531	4584412	4408119	288669
23086348	11760522	11325826	6033756	5292071	433294
12709365	7261686	5447680	2787138	2660542	101114
15754795	7653396	8101399	3119196	4982203	173951
36252861	20770153	15482708	8999370	6483339	5750404
14420942	6274632	8146310	4336247	3810063	512709
2919323	1613803	1305520	922760	382760	193688
8925899	4801380	4124519	1743617	2380902	48639
16102941	8234737	7868204	4011156	3857048	521359
11360166	4783959	6576208	2026462	4549746	406454
9335216	5001967	4333249	1935887	2397362	199973
1005782	435035	570747	172882	397865	276876
14200573	7766992	6433581	2607618	3825963	736498
7058280	3036669	4021611	2103030	1918581	298717
2360253	746842	1613411	1126961	486450	17161
1744365	1045551	698814	424614	274200	96600
4498856	2089723	2409133	705882	1703250	572536
352143	240653	111490	82973	28518	38723
3128124	1814262	1313862	494131	819731	40717
1559090	978411	580679	255565	325115	152113
1392296	760989	631306	155461	475845	
7241501	4990374	2251126	2202205	48922	5370909

4-5 教育经费支出明细

地区	合计	个人部分	工资福利支出	对个人和家庭的补助支出	#助学金
合计	**1150430246**	**576115598**	**439309168**	**136806429**	**86175180**
北京	118458873	57335041	37312066	20022975	14979457
天津	32437321	13586015	10806214	2779801	1630836
河北	32227565	18097551	14233426	3864125	2143164
山西	20449182	10651935	8413709	2238226	1484060
内蒙古	14785607	7849757	5807833	2041924	1367914
辽宁	35690129	18502768	14772013	3730755	2423207
吉林	23955772	11829996	8316004	3513992	1593079
黑龙江	26881301	14319863	10868075	3451788	1876505
上海	67810398	28946682	23669097	5277585	4538795
江苏	86999871	47033952	37211890	9822062	5841298
浙江	56953161	26912439	22318992	4593447	3223131
安徽	33121239	16882377	12479264	4403113	2677238
福建	32292291	15733715	12532337	3201378	2140947
江西	25807284	14789887	11992795	2797092	1811553
山东	58806149	32134623	24901862	7232761	3826182
河南	48014720	24359863	19355648	5004216	3344259
湖北	57509785	31980170	23299261	8680909	4429085
湖南	39764459	20369836	15782368	4587468	2724380
广东	95036948	44513232	33738886	10774345	4521040
广西	25747318	11291644	8629200	2662445	2125829
海南	5989383	2906150	2452639	453511	390710
重庆	27423572	14423688	10776139	3647549	2411449
四川	52733327	27166888	21093631	6073257	4065085
贵州	21379703	9691177	6705522	2985654	1988900
云南	20247327	10928593	8808358	2120235	1736966
西藏	2446675	1164018	865941	298077	249658
陕西	49080818	23994219	17955292	6038927	3691906
甘肃	17488891	8292176	5947351	2344824	1483144
青海	4090704	1732221	1400940	331281	108624
宁夏	4411486	2236767	1786270	450497	330526
新疆	12388985	6458355	5076146	1382209	1016252
大连	818722	491917	416103	75814	41186
宁波	6064302	2922672	2436461	486212	313081
厦门	2827061	1117806	955629	162177	115949
青岛	2153756	783596	670028	113568	80871
深圳	18357334	5799005	4782960	1016045	477463

(普通高等学校)

单位：千元

公用部分	商品和服务支出	其他资本性支出			基本建设支出
			专项公用支出	专项项目支出	
548275294	**328666229**	**219609066**	**113484193**	**106124872**	**26039355**
58111504	41962356	16149148	9942949	6206199	3012328
18716764	8956281	9760483	2920636	6839847	134541
13691623	7636997	6054626	2825637	3228989	438391
9628642	4522418	5106223	1697887	3408336	168606
6862044	3262372	3599672	1837039	1762633	73807
16426112	10671804	5754308	3013731	2740577	761249
11767188	7190797	4576392	2407889	2168503	358588
11935205	8351182	3584023	1860889	1723134	626233
35428774	26686453	8742322	6120728	2621593	3434942
39380445	26156158	13224287	7236017	5988270	585474
28210348	17416719	10793629	5851862	4941767	1830373
15470113	7885200	7584912	4226635	3358277	768749
16209460	8227071	7982389	3866729	4115660	349116
10628717	5707974	4920743	2390638	2530105	388680
26178662	15810180	10368482	5454813	4913669	492864
23104998	11783842	11321156	6039075	5282081	549859
24648079	15870959	8777121	5009205	3767916	881535
19019030	10135552	8883479	3723239	5160239	375593
44558023	26596341	17961682	10987437	6974245	5965694
13967965	6119607	7848358	4244465	3603893	487709
2889545	1594398	1295146	915289	379858	193688
12865854	8025941	4839913	2334952	2504961	134029
24733151	14123064	10610087	5309911	5300176	833288
11282073	4722686	6559387	2013105	4546282	406454
9118761	4840309	4278453	1914324	2364129	199973
1005782	435035	570747	172882	397865	276876
24028952	15307319	8721633	4236150	4485483	1057647
8788419	4123736	4664682	2443626	2221057	408297
2341322	738386	1602936	1118414	484522	17161
2078120	1230127	847992	484820	363172	96600
5199621	2574967	2624655	883220	1741434	731009
288081	187574	100507	75566	24942	38723
3100912	1719488	1381424	478768	902656	40717
1557142	976797	580345	255230	325115	152113
1370160	739768	630392	154547	475845	
7187420	4950114	2237306	2188849	48457	5370909

4-6 教育经费支出明细

地区	合计	个人部分	工资福利支出	对个人和家庭的补助支出	#助学金
合计	**806582812**	**414079662**	**331151568**	**82928094**	**53162081**
北京	25359047	12499872	10596437	1903435	1184226
天津	17899895	8671271	7453038	1218233	929995
河北	30449990	17134051	13511240	3622812	2049086
山西	20449182	10651935	8413709	2238226	1484060
内蒙古	14785607	7849757	5807833	2041924	1367914
辽宁	26069691	13930299	11699086	2231213	1657424
吉林	16206585	7736731	5493163	2243568	958023
黑龙江	15876354	10066719	8042584	2024135	1152128
上海	31297068	13741704	11534722	2206982	1850049
江苏	60846268	33589130	28173065	5416064	3577626
浙江	45603164	22792751	19305048	3487702	2307566
安徽	26416500	13973759	10762724	3211034	1957623
福建	24917232	12463558	10263717	2199841	1547701
江西	25807284	14789887	11992795	2797092	1811553
山东	48274298	27178853	21564763	5614090	3121570
河南	47696778	24257167	19274821	4982346	3343027
湖北	29712239	16947872	13346633	3601239	2042409
湖南	31724526	16116200	12871790	3244410	1992389
广东	77903613	36517793	28282223	8235570	3460147
广西	25747318	11291644	8629200	2662445	2125829
海南	5989383	2906150	2452639	453511	390710
重庆	19301481	10344076	8137081	2206995	1760483
四川	33505849	17203996	14048249	3155747	2503882
贵州	21379703	9691177	6705522	2985654	1988900
云南	20247327	10928593	8808358	2120235	1736966
西藏	2446675	1164018	865941	298077	249658
陕西	29065843	14463712	11530262	2933450	2208085
甘肃	13405892	6142694	4430838	1711856	1138951
青海	4090704	1732221	1400940	331281	108624
宁夏	3691243	1850278	1470892	379386	277302
新疆	10416072	5451796	4282256	1169540	878174
大连	818722	491917	416103	75814	41186
宁波	5963878	2922672	2436461	486212	313081
厦门	2827061	1117806	955629	162177	115949
青岛	2153756	783596	670028	113568	80871
深圳	18357334	5799005	4782960	1016045	477463

(地方普通高等学校)

单位：千元

公用部分	商品和服务支出	其他资本性支出	专项公用支出	专项项目支出	基本建设支出
373566259	**205830077**	**167736181**	**83448095**	**84288086**	**18936891**
11900557	8434785	3465771	2348367	1117404	958619
9159701	5126237	4033465	1923484	2109981	68922
12916950	7196173	5720777	2630091	3090686	398988
9628642	4522418	5106223	1697887	3408336	168606
6862044	3262372	3599672	1837039	1762633	73807
11656239	7366653	4289586	2065335	2224251	483153
8224417	4303919	3920498	1857031	2063468	245437
5603689	3491135	2112553	975553	1137000	205947
14955862	11904036	3051826	2564359	487466	2599502
27188457	17081576	10106881	4865808	5241073	68681
21011703	12580052	8431651	4684555	3747096	1798710
11770661	5306585	6464076	3201574	3262502	672080
12246558	6346252	5900306	3144760	2755546	207116
10628717	5707974	4920743	2390638	2530105	388680
20806776	11828147	8978629	4570720	4407909	288669
23006317	11695708	11310609	6028528	5282081	433294
12663252	7219896	5443356	2784457	2658899	101114
15434376	7389533	8044842	3095195	4949647	173951
35635416	20285355	15350061	8912301	6437761	5750404
13967965	6119607	7848358	4244465	3603893	487709
2889545	1594398	1295146	915289	379858	193688
8908767	4784658	4124109	1743207	2380902	48639
15785494	8030818	7754676	3985682	3768994	516359
11282073	4722686	6559387	2013105	4546282	406454
9118761	4840309	4278453	1914324	2364129	199973
1005782	435035	570747	172882	397865	276876
13865633	7492258	6373375	2552789	3820586	736498
6964481	2964990	3999490	2088048	1911442	298717
2341322	738386	1602936	1118414	484522	17161
1744365	1045551	698814	424614	274200	96600
4391740	2012576	2379163	697594	1681570	572536
288081	187574	100507	75566	24942	38723
3000488	1719064	1281424	478768	802656	40717
1557142	976797	580345	255230	325115	152113
1370160	739768	630392	154547	475845	
7187420	4950114	2237306	2188849	48457	5370909

4-7 教育经费支出明细

地区	合计	个人部分	工资福利支出	对个人和家庭的补助支出	#助学金
合计	**939877582**	**468182934**	**350858550**	**117324384**	**73461242**
北京	114134477	55158362	35374741	19783621	14849701
天津	28722087	11500199	8974824	2525375	1461922
河北	24362918	13771863	10589936	3181927	1686306
山西	15630894	8179727	6398143	1781584	1187160
内蒙古	9951464	5307861	3869048	1438813	994448
辽宁	30955922	15947088	12519325	3427764	2196385
吉林	21138068	10511505	7384731	3126774	1454813
黑龙江	22878284	11818172	8841765	2976406	1656168
上海	64208440	27741201	22589839	5151362	4435941
江苏	69062512	37214966	28614962	8600004	5029929
浙江	46471972	20989091	17034538	3954553	2741537
安徽	24364982	12775082	9212201	3562881	2159290
福建	25944424	12873759	10146953	2726806	1774873
江西	18913303	11078530	8914170	2164360	1373075
山东	45232929	24709865	18993487	5716378	2834188
河南	35131337	18206444	14171123	4035321	2692540
湖北	48341573	26824671	19392959	7431711	3685692
湖南	28646270	14784920	11147174	3637745	2132468
广东	75193491	33805225	25165137	8640088	3571890
广西	19016368	8334320	6237498	2096822	1656264
海南	4617808	2214526	1868112	346413	295226
重庆	21115090	11253813	8276666	2977147	1867160
四川	41290410	21926405	16738732	5187673	3416405
贵州	16203825	6800329	4695575	2104754	1343141
云南	16108439	8673059	6952224	1720835	1392009
西藏	1683913	957362	690444	266918	224616
陕西	42879902	20786501	15357265	5429235	3209331
甘肃	12906443	6632965	4829257	1803708	1151324
青海	2760386	1316630	1046037	270593	82455
宁夏	3340158	1601355	1288697	312658	215301
新疆	8669492	4487138	3542984	944154	689687
大连	597660	356901	297420	59481	29464
宁波	4890026	2306351	1885160	421191	262391
厦门	2023800	832686	704707	127979	91480
青岛	1541558	469099	400128	68972	57687
深圳	15694557	4069062	3276501	792562	358119

（普通高等本科学校）

单位：千元

公用部分	商品和服务支出	其他资本性支出	专项公用支出	专项项目支出	基本建设支出
448638071	**281285437**	**167352634**	**87800851**	**79551784**	**23056577**
56183861	40642993	15540868	9447819	6093049	2792254
17094347	7904550	9189797	2461700	6728096	127541
10153577	5864091	4289486	2000769	2288717	437478
7315248	3393897	3921351	1183109	2738242	135919
4608907	2277761	2331146	1283975	1047171	34696
14435498	9511403	4924095	2513410	2410686	573336
10276210	6494638	3781571	2054204	1727367	350353
10494650	7324423	3170226	1627241	1542985	565463
33053732	24714674	8339059	5855967	2483092	3413507
31270068	21872716	9397352	5563550	3833801	577478
23805614	14722613	9083002	4946946	4136056	1677267
11205687	6252619	4953068	2834011	2119057	384213
12776552	6914788	5861764	3068756	2793008	294113
7582723	4390454	3192268	1748152	1444116	252050
20071560	12885963	7185597	4163347	3022250	451504
16538796	9192315	7346481	3902471	3444010	386097
20635367	13916275	6719092	4222650	2496442	881535
13562674	7778519	5784156	2381048	3403107	298675
35835004	22099676	13735328	8743287	4992041	5553262
10308552	4839592	5468961	2888519	2580442	373495
2211796	1182989	1028808	745269	283539	191486
9727248	6567125	3160123	1681337	1478786	134029
18748971	11871366	6877604	3449890	3427715	615035
9031703	3786766	5244937	1146447	4098490	371793
7247461	3832665	3414796	1381593	2033203	187918
574075	355183	218893	161317	57576	152475
21138848	13799944	7338905	3534882	3804023	954553
5883780	3457788	2425992	1374289	1051703	389697
1439340	550510	888831	437396	451434	4416
1663803	978851	684952	363302	321650	75000
3762416	1908291	1854125	634196	1219930	419937
202036	120257	81778	59430	22348	38723
2547145	1389072	1158073	378131	779942	36530
1039001	754868	284134	199284	84850	152113
1072459	565735	506724	116917	389808	
6330927	4346293	1984634	1936177	48457	5294568

4-8 教育经费支出明细

地区	合计	个人部分	工资福利支出	对个人和家庭的补助支出	#助学金
合计	**598280728**	**307389042**	**243740410**	**63648632**	**40555499**
北京	21293899	10406391	8717996	1688395	1071077
天津	14184661	6585455	5621648	963807	761081
河北	22585343	12808363	9867750	2940613	1592228
山西	15630894	8179727	6398143	1781584	1187160
内蒙古	9951464	5307861	3869048	1438813	994448
辽宁	21335483	11374619	9446398	1928222	1430602
吉林	13388881	6418240	4561890	1856350	819757
黑龙江	12317365	7830565	6265999	1564566	936030
上海	27987255	12630181	10535456	2094726	1754882
江苏	42908909	23770145	19576138	4194007	2766256
浙江	35121975	16869402	14020595	2848808	1825971
安徽	17660243	9866464	7495662	2370802	1439675
福建	18569366	9603602	7878333	1725269	1181627
江西	18913303	11078530	8914170	2164360	1373075
山东	34701078	19754095	15656388	4097707	2129576
河南	34813395	18103748	14090296	4013452	2691308
湖北	20760299	11939360	9563809	2375551	1319784
湖南	20752770	10644753	8345755	2298998	1404098
广东	58359794	26012453	19877902	6134551	2523440
广西	19016368	8334320	6237498	2096822	1656264
海南	4617808	2214526	1868112	346413	295226
重庆	13150369	7256796	5696056	1560740	1226620
四川	22300379	12090987	9783699	2307288	1867441
贵州	16203825	6800329	4695575	2104754	1343141
云南	16108439	8673059	6952224	1720835	1392009
西藏	1683913	957362	690444	266918	224616
陕西	22864926	11255993	8932236	2323758	1725509
甘肃	8823444	4483484	3312744	1170740	807131
青海	2760386	1316630	1046037	270593	82455
宁夏	2619916	1214867	973319	241548	162078
新疆	6894580	3606734	2849091	757643	570933
大连	597660	356901	297420	59481	29464
宁波	4789602	2306351	1885160	421191	262391
厦门	2023800	832686	704707	127979	91480
青岛	1541558	469099	400128	68972	57687
深圳	15694557	4069062	3276501	792562	358119

(地方普通高等本科学校)

单位：千元

公用部分					基本建设支出
	商品和服务支出	其他资本性支出	专项公用支出	专项项目支出	
274816232	**159109996**	**115706236**	**57840563**	**57865673**	**16075454**
10048248	7188472	2859776	1855522	1004254	839261
7537284	4074506	3462778	1464547	1998230	61922
9378905	5423268	3955637	1805223	2150414	398075
7315248	3393897	3921351	1183109	2738242	135919
4608907	2277761	2331146	1283975	1047171	34696
9665625	6206252	3459373	1565014	1894359	295239
6733438	3607761	3125678	1503346	1622332	237202
4340232	2606100	1734132	742913	991219	146567
12779007	10008496	2770511	2315892	454619	2578067
19078080	12798134	6279946	3193342	3086604	60685
16606969	9885945	6721024	3779639	2941385	1645604
7506235	3674003	3832232	1808950	2023282	287544
8813651	5033969	3779682	2346787	1432895	152113
7582723	4390454	3192268	1748152	1444116	252050
14699674	8903930	5795744	3279254	2516490	247309
16440115	9104181	7335934	3891924	3444010	269532
8719824	5326531	3393293	2001228	1392066	101114
10009628	5064109	4945519	1753004	3192515	98388
27008560	15856398	11152162	6691844	4460318	5338782
10308552	4839592	5468961	2888519	2580442	373495
2211796	1182989	1028808	745269	283539	191486
5844934	3400615	2444319	1089592	1354727	48639
9911287	5878143	4033144	2136611	1896533	298105
9031703	3786766	5244937	1146447	4098490	371793
7247461	3832665	3414796	1381593	2033203	187918
574075	355183	218893	161317	57576	152475
10975529	5984883	4990646	1851521	3139125	633404
4059842	2299042	1760800	1018712	742088	280117
1439340	550510	888831	437396	451434	4416
1330049	794275	535774	303096	232678	75000
3009309	1381168	1628142	466826	1161316	278536
202036	120257	81778	59430	22348	38723
2446721	1388648	1058073	378131	679942	36530
1039001	754868	284134	199284	84850	152113
1072459	565735	506724	116917	389808	
6330927	4346293	1984634	1936177	48457	5294568

4-9 教育经费支出明细

地区	合计	个人部分	工资福利支出	对个人和家庭的补助支出	#助学金
合计	**210552664**	**107932664**	**88450618**	**19482045**	**12713938**
北京	4324396	2176679	1937325	239354	129756
天津	3715234	2085816	1831390	254426	168914
河北	7864647	4325688	3643490	682199	456858
山西	4818289	2472208	2015566	456642	296900
内蒙古	4834143	2541896	1938785	603111	373466
辽宁	4734207	2555680	2252689	302991	226822
吉林	2817704	1318490	931273	387217	138266
黑龙江	4003017	2501692	2026310	475382	220336
上海	3601958	1205481	1079258	126223	102854
江苏	17937359	9818985	8596928	1222057	811369
浙江	10481189	5923349	5284454	638895	481594
安徽	8756257	4107295	3267063	840232	517949
福建	6347866	2859956	2385384	474572	366074
江西	6893982	3711357	3078624	632732	438478
山东	13573220	7424758	5908375	1516383	991994
河南	12883383	6153419	5184525	968895	651719
湖北	9168211	5155499	3906301	1249198	743394
湖南	11118190	5584917	4635193	949723	591912
广东	19843457	10708007	8573749	2134257	949150
广西	6730950	2957324	2391702	565622	469566
海南	1371575	691624	584526	107098	95483
重庆	6308482	3169876	2499473	670403	544289
四川	11442916	5240483	4354899	885584	648681
贵州	5175878	2890848	2009947	880901	645759
云南	4138888	2255533	1856133	399400	344957
西藏	762763	206656	175497	31159	25043
陕西	6200917	3207718	2598026	609692	482575
甘肃	4582448	1659210	1118094	541116	331821
青海	1330318	415591	354903	60687	26169
宁夏	1071328	635412	497573	137839	115224
新疆	3719493	1971217	1533162	438055	326565
大连	221062	135016	118683	16333	11722
宁波	1174275	616321	551301	65021	50689
厦门	803260	285119	250921	34198	24469
青岛	612197	314497	269900	44596	23184
深圳	2662777	1729943	1506459	223483	119343

(普通高职高专学校)

单位：千元

公用部分	商品和服务支出	其他资本性支出			基本建设支出
			专项公用支出	专项项目支出	
99637223	**47380792**	**52256431**	**25683343**	**26573088**	**2982777**
1927644	1319364	608280	495130	113150	220073
1622417	1051731	570687	458936	111751	7000
3538045	1772905	1765140	824868	940272	913
2313394	1128522	1184872	514778	670094	32687
2253137	984611	1268526	553064	715462	39111
1990614	1160401	830213	500322	329891	187914
1490979	696158	794820	353685	441136	8235
1440555	1026758	413797	233648	180149	60770
2375042	1971779	403263	264762	138502	21435
8110377	4283442	3826935	1672466	2154469	7996
4404734	2694107	1710627	904916	805711	153106
4264426	1632582	2631844	1392624	1239220	384536
3432907	1312283	2120624	797973	1322652	55003
3045995	1317520	1728475	642486	1085989	136630
6107102	2924217	3182885	1291466	1891419	41360
6566201	2591527	3974674	2136604	1838071	163763
4012712	1954683	2058029	786555	1271474	
5456356	2357033	3099323	1342191	1757132	76917
8723018	4496665	4226354	2244150	1982204	412432
3659412	1280015	2379397	1355947	1023451	114213
677748	411410	266339	170020	96319	2202
3138606	1458816	1679790	653615	1026175	
5984180	2251698	3732482	1860021	1872461	218254
2250370	935920	1314450	866658	447792	34660
1871300	1007643	863657	532731	330926	12055
431706	79852	351854	11565	340289	124401
2890104	1507376	1382728	701268	681461	103094
2904638	665948	2238690	1069337	1169354	18600
901982	187876	714106	681017	33088	12745
414316	251276	163040	121518	41522	21600
1437205	666676	770529	249025	521505	311071
86045	67316	18729	16136	2593	
553767	330416	223351	100637	122714	4187
518141	221929	296212	55947	240265	
297701	174033	123667	37630	86037	
856493	603820	252672	252672		76341

4-10 教育经费支出明细

地区	合计	个人部分	工资福利支出	对个人和家庭的补助支出	#助学金
合计	**208302083**	**106690621**	**87411159**	**19279462**	**12606582**
北京	4065148	2093481	1878441	215040	113149
天津	3715234	2085816	1831390	254426	168914
河北	7864647	4325688	3643490	682199	456858
山西	4818289	2472208	2015566	456642	296900
内蒙古	4834143	2541896	1938785	603111	373466
辽宁	4734207	2555680	2252689	302991	226822
吉林	2817704	1318490	931273	387217	138266
黑龙江	3558989	2236153	1776584	459569	216098
上海	3309813	1111523	999267	112256	95167
江苏	17937359	9818985	8596928	1222057	811369
浙江	10481189	5923349	5284454	638895	481594
安徽	8756257	4107295	3267063	840232	517949
福建	6347866	2859956	2385384	474572	366074
江西	6893982	3711357	3078624	632732	438478
山东	13573220	7424758	5908375	1516383	991994
河南	12883383	6153419	5184525	968895	651719
湖北	8951940	5008512	3782824	1225688	722625
湖南	10971757	5471446	4526035	945412	588291
广东	19543819	10505340	8404321	2101019	936707
广西	6730950	2957324	2391702	565622	469566
海南	1371575	691624	584526	107098	95483
重庆	6151112	3087279	2441024	646255	533863
四川	11205470	5113009	4264550	848459	636440
贵州	5175878	2890848	2009947	880901	645759
云南	4138888	2255533	1856133	399400	344957
西藏	762763	206656	175497	31159	25043
陕西	6200917	3207718	2598026	609692	482575
甘肃	4582448	1659210	1118094	541116	331821
青海	1330318	415591	354903	60687	26169
宁夏	1071328	635412	497573	137839	115224
新疆	3521492	1845062	1433165	411897	307242
大连	221062	135016	118683	16333	11722
宁波	1174275	616321	551301	65021	50689
厦门	803260	285119	250921	34198	24469
青岛	612197	314497	269900	44596	23184
深圳	2662777	1729943	1506459	223483	119343

(地方普通高职高专学校)

单位：千元

公用部分	商品和服务支出	其他资本性支出	专项公用支出	专项项目支出	基本建设支出
98750026	**46720081**	**52029945**	**25607532**	**26422414**	**2861436**
1852309	1246313	605996	492846	113150	119358
1622417	1051731	570687	458936	111751	7000
3538045	1772905	1765140	824868	940272	913
2313394	1128522	1184872	514778	670094	32687
2253137	984611	1268526	553064	715462	39111
1990614	1160401	830213	500322	329891	187914
1490979	696158	794820	353685	441136	8235
1263456	885035	378421	232640	145781	59380
2176855	1895540	281315	248467	32848	21435
8110377	4283442	3826935	1672466	2154469	7996
4404734	2694107	1710627	904916	805711	153106
4264426	1632582	2631844	1392624	1239220	384536
3432907	1312283	2120624	797973	1322652	55003
3045995	1317520	1728475	642486	1085989	136630
6107102	2924217	3182885	1291466	1891419	41360
6566201	2591527	3974674	2136604	1838071	163763
3943428	1893365	2050063	783229	1266833	
5424747	2325424	3099323	1342191	1757132	75563
8626856	4428956	4197900	2220457	1977443	411623
3659412	1280015	2379397	1355947	1023451	114213
677748	411410	266339	170020	96319	2202
3063833	1384042	1679790	653615	1026175	
5874207	2152675	3721532	1849071	1872461	218254
2250370	935920	1314450	866658	447792	34660
1871300	1007643	863657	532731	330926	12055
431706	79852	351854	11565	340289	124401
2890104	1507376	1382728	701268	681461	103094
2904638	665948	2238690	1069337	1169354	18600
901982	187876	714106	681017	33088	12745
414316	251276	163040	121518	41522	21600
1382430	631409	751022	230768	520254	294000
86045	67316	18729	16136	2593	
553767	330416	223351	100637	122714	4187
518141	221929	296212	55947	240265	
297701	174033	123667	37630	86037	
856493	603820	252672	252672		76341

4-11 教育经费支出明细

地区	合计	个人部分	工资福利支出	对个人和家庭的补助支出	#助学金
合计	**15216568**	**8361081**	**7318180**	**1042901**	**222750**
北京	1888611	963099	880633	82466	
天津	385891	265980	239018	26961	8509
河北	631347	417658	381543	36115	8013
山西	199623	156873	146145	10728	1886
内蒙古	161959	85657	71175	14482	7913
辽宁	492574	287951	275358	12593	154
吉林	579791	368370	248469	119902	22259
黑龙江	473252	353640	290426	63214	992
上海	1081357	558141	537419	20722	3038
江苏	163702	103557	92119	11439	1622
浙江	1479947	681020	640681	40338	11891
安徽	489126	287777	247043	40733	7875
福建	512957	250291	233804	16487	837
江西	473851	290384	240959	49424	23433
山东	260230	147723	130184	17538	1538
河南	245142	165110	149363	15747	
湖北	138623	92510	77003	15507	6411
湖南	563506	243087	199967	43120	4688
广东	1535139	917694	709421	208272	17259
广西	780079	302101	259001	43100	24236
海南	85147	55368	50322	5047	4814
重庆	34492	17360	16060	1300	3
四川	631737	309290	289565	19725	2091
贵州	188223	110129	82816	27313	17691
云南	408062	191608	168374	23234	22004
西藏					
陕西	669925	334985	294228	40757	23402
甘肃	211461	117662	102954	14708	97
青海	47397	28466	25367	3100	
宁夏					
新疆	403414	257590	238763	18828	95
大连	178624	114561	110079	4483	154
宁波	313959	186323	175895	10429	5672
厦门	3052	1104	1055	49	
青岛	53572	31436	28728	2708	
深圳	148564	94484	65388	29096	872

(成人高等学校)

单位：千元

公用部分	商品和服务支出	其他资本性支出	专项公用支出	专项项目支出	基本建设支出
6802298	**5063446**	**1738852**	**800643**	**938209**	**53189**
923421	835003	88418	78866	9553	2091
119912	96752	23160	13320	9840	
213128	148108	65020	18820	46200	561
42750	39433	3317	3317		
76302	60148	16154	16154		
200690	165606	35084	31117	3967	3933
211065	150576	60489	41614	18874	356
119612	90977	28635	12863	15772	
523216	433712	89504	60850	28654	
60145	48100	12045	10296	1748	
782678	433712	348966	55051	293915	16249
201350	164903	36447	30759	5688	
262666	229591	33075	19451	13623	
183467	128065	55403	24952	30451	
112508	98606	13902	13692	210	
80032	64814	15218	5228	9990	
46113	41790	4323	2681	1643	
320419	263863	56557	24001	32556	
617445	484798	132647	87069	45578	
452978	155025	297953	91782	206171	25000
29779	19405	10374	7471	2903	
17132	16722	410	410		
317447	203919	113527	25474	88054	5000
78094	61273	16821	13357	3464	
216455	161659	54796	21563	33232	
334940	274734	60206	54829	5377	
93799	71679	22120	14981	7139	
18931	8456	10475	8548	1928	
145824	112016	33808	12127	21681	
64062	53079	10983	7407	3576	
127636	95198	32438	15363	17075	
1948	1614	334	334		
22136	21221	915	915		
54081	40261	13820	13355	465	

4-12 教育经费支出明细

地区	合计	个人部分	工资福利支出	对个人和家庭的补助支出	#助学金
合计	**14205190**	**7964055**	**6959532**	**1004524**	**222750**
北京	984783	632153	585627	46526	
天津	385891	265980	239018	26961	8509
河北	631347	417658	381543	36115	8013
山西	199623	156873	146145	10728	1886
内蒙古	161959	85657	71175	14482	7913
辽宁	480215	278354	265761	12593	154
吉林	579791	368370	248469	119902	22259
黑龙江	473252	353640	290426	63214	992
上海	1081357	558141	537419	20722	3038
江苏	163702	103557	92119	11439	1622
浙江	1479947	681020	640681	40338	11891
安徽	489126	287777	247043	40733	7875
福建	512957	250291	233804	16487	837
江西	473851	290384	240959	49424	23433
山东	260230	147723	130184	17538	1538
河南	245142	165110	149363	15747	
湖北	138623	92510	77003	15507	6411
湖南	563506	243087	199967	43120	4688
广东	1535139	917694	709421	208272	17259
广西	780079	302101	259001	43100	24236
海南	85147	55368	50322	5047	4814
重庆	34492	17360	16060	1300	3
四川	631737	309290	289565	19725	2091
贵州	188223	110129	82816	27313	17691
云南	408062	191608	168374	23234	22004
西藏					
陕西	669925	334985	294228	40757	23402
甘肃	211461	117662	102954	14708	97
青海	47397	28466	25367	3100	
宁夏					
新疆	308223	201108	184718	16389	95
大连	178624	114561	110079	4483	154
宁波	313959	186323	175895	10429	5672
厦门	3052	1104	1055	49	
青岛	53572	31436	28728	2708	
深圳	148564	94484	65388	29096	872

(地方成人高等学校)

单位：千元

公用部分	商品和服务支出	其他资本性支出			基本建设支出
			专项公用支出	专项项目支出	
6187945	**4492965**	**1694981**	**760677**	**934304**	**53189**
350538	301405	49134	43112	6021	2091
119912	96752	23160	13320	9840	
213128	148108	65020	18820	46200	561
42750	39433	3317	3317		
76302	60148	16154	16154		
197929	163593	34336	30743	3593	3933
211065	150576	60489	41614	18874	356
119612	90977	28635	12863	15772	
523216	433712	89504	60850	28654	
60145	48100	12045	10296	1748	
782678	433712	348966	55051	293915	16249
201350	164903	36447	30759	5688	
262666	229591	33075	19451	13623	
183467	128065	55403	24952	30451	
112508	98606	13902	13692	210	
80032	64814	15218	5228	9990	
46113	41790	4323	2681	1643	
320419	263863	56557	24001	32556	
617445	484798	132647	87069	45578	
452978	155025	297953	91782	206171	25000
29779	19405	10374	7471	2903	
17132	16722	410	410		
317447	203919	113527	25474	88054	5000
78094	61273	16821	13357	3464	
216455	161659	54796	21563	33232	
334940	274734	60206	54829	5377	
93799	71679	22120	14981	7139	
18931	8456	10475	8548	1928	
107116	77146	29969	8289	21681	
64062	53079	10983	7407	3576	
127636	95198	32438	15363	17075	
1948	1614	334	334		
22136	21221	915	915		
54081	40261	13820	13355	465	

4-13　教育经费支出明细

地　区	合　计	个人部分	工资福利支　出	对个人和家庭的补助支出	#助学金
合　计	**244798886**	**138495433**	**117657405**	**20838028**	**10074852**
北　京	6508427	3797873	3492411	305462	72461
天　津	2966514	2010053	1828900	181153	55419
河　北	12099394	7277407	6560213	717194	350712
山　西	5806354	3479023	3139243	339781	183378
内蒙古	4406619	2731332	2103734	627598	279945
辽　宁	5618526	3371987	2962915	409072	168779
吉　林	4078254	2477439	1775919	701520	158196
黑龙江	4081320	2816746	2205774	610972	78057
上　海	6817879	3303778	3008874	294904	215514
江　苏	18865082	11601250	10720282	880968	276725
浙　江	15838143	9266374	8763598	502777	233458
安　徽	9124090	4442468	3417355	1025113	599009
福　建	7457863	3938423	3560729	377694	132557
江　西	6026878	2810088	2256384	553704	378134
山　东	18584108	9960457	8946517	1013940	309065
河　南	14144222	7217775	6327364	890411	539168
湖　北	7355416	4223918	3559667	664251	319836
湖　南	9989258	5265516	4309429	956086	631965
广　东	26995290	15840311	12545945	3294366	507069
广　西	7368370	3748492	3233674	514818	346586
海　南	2095530	1082947	959760	123187	96958
重　庆	6480480	3743000	2940900	802100	606558
四　川	10603151	6362319	5305682	1056637	710095
贵　州	5289311	3191526	2387047	804478	649476
云　南	8993262	5378586	4198279	1180307	964226
西　藏	1033221	496585	405757	90828	72929
陕　西	4746107	2752368	2304671	447697	281185
甘　肃	3749768	2138852	1527259	611593	227322
青　海	1426822	648379	476036	172343	123547
宁　夏	1192308	538481	443771	94710	71154
新　疆	5056919	2581682	1989316	592366	435370
大　连	1282147	673955	642325	31630	15819
宁　波	2756256	1770881	1700526	70355	30653
厦　门	1243865	699094	589693	109401	12547
青　岛	3440623	1837427	1656013	181414	30393
深　圳	3166220	1645077	1193928	451150	86415

(中等职业学校)

单位：千元

公用部分	商品和服务支出	其他资本性支出	专项公用支出	专项项目支出	基本建设支出
100952129	**49965158**	**50986971**	**21146215**	**29840757**	**5351324**
2638739	1646567	992171	738748	253423	71815
955989	600246	355743	253694	102048	473
4696322	2223373	2472949	681720	1791229	125665
2255501	1172529	1082972	370078	712894	71829
1511506	881556	629951	344585	285366	163781
2035233	1394875	640358	235055	405303	211305
1571548	770969	800580	418556	382024	29266
1248881	789559	459322	190482	268840	15694
3514102	2597520	916582	649447	267135	
7228385	3315050	3913335	1390225	2523109	35448
5877522	2943285	2934237	1065837	1868401	694247
4003046	1617033	2386014	826200	1559814	678576
3398197	1327816	2070381	849699	1220682	121242
3084368	927915	2156453	701625	1454828	132422
8545985	3478593	5067392	1658881	3408511	77666
6411833	3061184	3350650	1538262	1812387	514614
3125995	1273539	1852457	615681	1236775	5502
4615244	2313606	2301638	875763	1425875	108498
10414331	6008574	4405757	2533893	1871863	740649
3307879	1279531	2028348	1286814	741534	312000
942205	460656	481549	348997	132551	70379
2621846	1540638	1081208	395688	685520	115634
4125003	2322979	1802024	710840	1091184	115829
2021156	915051	1106105	387006	719099	76629
3539862	1678003	1861859	496146	1365713	74814
372989	115977	257012	29443	227569	163648
1918449	1198390	720059	294609	425449	75291
1550361	629252	921109	343724	577385	60555
698223	237660	460564	236912	223652	80220
633826	243142	390685	191000	199684	20000
2087603	1000092	1087511	486603	600909	387634
505406	315680	189726	42861	146865	102786
949556	603859	345698	178770	166928	35819
473084	278664	194420	148926	45494	71687
1603196	589423	1013772	439009	574763	
1415604	1044366	371238	314106	57132	105540

4-14 教育经费支出明细

地区	合计	个人部分			
			工资福利支出	对个人和家庭的补助支出	
					#助学金
合计	**243863958**	**137973017**	**117247207**	**20725811**	**10018638**
北京	6351049	3716954	3421248	295707	69059
天津	2940251	1992773	1811620	181153	55419
河北	12045760	7246626	6529596	717030	350703
山西	5806354	3479023	3139243	339781	183378
内蒙古	4406619	2731332	2103734	627598	279945
辽宁	5618526	3371987	2962915	409072	168779
吉林	4078254	2477439	1775919	701520	158196
黑龙江	4023216	2771244	2172706	598538	77478
上海	6791545	3285394	2990490	294904	215514
江苏	18836278	11581037	10701050	879986	275769
浙江	15838143	9266374	8763598	502777	233458
安徽	9123376	4441802	3416840	1024962	598858
福建	7457863	3938423	3560729	377694	132557
江西	6020409	2805335	2252120	553214	378087
山东	18584108	9960457	8946517	1013940	309065
河南	14137340	7211807	6321455	890351	539168
湖北	7334189	4210036	3551684	658352	316768
湖南	9989258	5265516	4309429	956086	631965
广东	26943245	15808800	12521001	3287799	505596
广西	7368370	3748492	3233674	514818	346586
海南	2095530	1082947	959760	123187	96958
重庆	6479760	3742363	2940284	802079	606537
四川	10570275	6340787	5285224	1055564	709022
贵州	5289311	3191526	2387047	804478	649476
云南	8993262	5378586	4198279	1180307	964226
西藏	1033221	496585	405757	90828	72929
陕西	4737485	2745418	2299263	446155	279794
甘肃	3749699	2138852	1527259	611593	227322
青海	1426822	648379	476036	172343	123547
宁夏	1192308	538481	443771	94710	71154
新疆	4602131	2358242	1838958	519284	391324
大连	1282147	673955	642325	31630	15819
宁波	2756256	1770881	1700526	70355	30653
厦门	1243865	699094	589693	109401	12547
青岛	3440623	1837427	1656013	181414	30393
深圳	3166220	1645077	1193928	451150	86415

(地方中等职业学校)

单位：千元

公用部分	商品和服务支出	其他资本性支出			基本建设支出
			专项公用支出	专项项目支出	
100585831	**49704561**	**50881270**	**21095012**	**29786258**	**5305110**
2562280	1573943	988337	734914	253423	71815
947005	592164	354841	253647	101194	473
4673469	2206004	2467465	679856	1787609	125665
2255501	1172529	1082972	370078	712894	71829
1511506	881556	629951	344585	285366	163781
2035233	1394875	640358	235055	405303	211305
1571548	770969	800580	418556	382024	29266
1236278	778418	457860	189340	268520	15694
3506151	2589569	916582	649447	267135	
7219793	3307885	3911908	1388799	2523109	35448
5877522	2943285	2934237	1065837	1868401	694247
4002998	1616984	2386014	826200	1559814	678576
3398197	1327816	2070381	849699	1220682	121242
3082653	926490	2156163	701620	1454543	132422
8545985	3478593	5067392	1658881	3408511	77666
6410919	3060269	3350650	1538262	1812387	514614
3118651	1266660	1851991	615216	1236775	5502
4615244	2313606	2301638	875763	1425875	108498
10393797	5992387	4401409	2529546	1871863	740649
3307879	1279531	2028348	1286814	741534	312000
942205	460656	481549	348997	132551	70379
2621763	1540555	1081208	395688	685520	115634
4113659	2311635	1802024	710840	1091184	115829
2021156	915051	1106105	387006	719099	76629
3539862	1678003	1861859	496146	1365713	74814
372989	115977	257012	29443	227569	163648
1916776	1196974	719802	294353	425449	75291
1550292	629183	921109	343724	577385	60555
698223	237660	460564	236912	223652	80220
633826	243142	390685	191000	199684	20000
1902470	902194	1000276	448788	551488	341420
505406	315680	189726	42861	146865	102786
949556	603859	345698	178770	166928	35819
473084	278664	194420	148926	45494	71687
1603196	589423	1013772	439009	574763	
1415604	1044366	371238	314106	57132	105540

4-15 教育经费支出明细

地区	合计	个人部分	工资福利支出	对个人和家庭的补助支出	#助学金
合计	**115048197**	**64070106**	**53723206**	**10346899**	**5281794**
北京	2379819	1381971	1273625	108346	37200
天津	1757888	1172332	1083731	88601	33042
河北	3655983	2245849	1938528	307321	164302
山西	2227650	1393976	1235483	158493	82755
内蒙古	1813220	1021666	765814	255852	136698
辽宁	3050501	1727181	1498616	228564	69630
吉林	1519442	835778	581846	253933	68236
黑龙江	1302528	883541	715286	168255	48409
上海	4332282	1998901	1804675	194226	153640
江苏	13410318	8369606	7719903	649703	190026
浙江	2748025	1640053	1538000	102052	53129
安徽	6997054	3300119	2530138	769981	456815
福建	5540057	2974529	2710054	264475	111310
江西	3341429	1690453	1303544	386909	265649
山东	8491690	4567955	4049515	518440	187070
河南	5581550	2737994	2279613	458381	294325
湖北	4754983	2640549	2208115	432435	206367
湖南	1813909	1009096	781458	227638	161529
广东	12534863	7519106	5972774	1546332	298917
广西	5356416	2692224	2317343	374882	251115
海南	1125908	605731	544762	60969	54190
重庆	1167765	592515	475902	116613	90275
四川	3803306	2230972	1841701	389271	253435
贵州	2216296	1277091	867311	409780	329794
云南	3759454	2271449	1664263	607185	520852
西藏	1033221	496585	405757	90828	72929
陕西	843129	493371	397516	95855	56613
甘肃	2890280	1529638	1094785	434853	154995
青海	1415586	639899	469080	170819	122389
宁夏	519490	279529	225917	53612	43041
新疆	3664153	1850446	1428152	422294	313117
大连	653417	277730	266679	11051	2083
宁波	688397	423950	407517	16432	8692
厦门	1073750	615997	547006	68992	10281
青岛	667908	218749	194822	23927	1627
深圳	696323	412432	324429	88003	22532

(中等专业学校)

单位：千元

公用部分	商品和服务支出	其他资本性支出	专项公用支出	专项项目支出	基本建设支出
47430088	**24261518**	**23168570**	**10212372**	**12956198**	**3548003**
945859	699832	246027	209769	36259	51989
585266	361028	224239	152774	71464	290
1312044	932950	379094	161328	217766	98091
810503	499184	311319	133741	177578	23171
672495	412568	259928	165916	94012	119058
1155039	771856	383183	160596	222588	168282
673341	359862	313479	201826	111653	10323
411282	282426	128856	59952	68904	7705
2333380	1866576	466805	333025	133780	
5008652	2338800	2669853	966546	1703307	32060
909277	541805	367472	250512	116960	198696
3022359	1197789	1824569	592131	1232438	674576
2453502	972620	1480882	577423	903458	112026
1542965	520113	1022852	467167	555685	108012
3889546	1588683	2300863	759755	1541108	34190
2461970	1352216	1109754	515684	594070	381585
2109434	899440	1209994	415382	794611	5000
766379	499950	266429	126969	139460	38434
4555638	2709819	1845819	1056137	789682	460119
2448055	894722	1553333	1010955	542378	216137
494370	264819	229552	156812	72740	25806
552358	259195	293163	61589	231574	22892
1542595	933396	609199	217561	391639	29738
896987	375691	521296	257520	263775	42218
1413546	802969	610576	214395	396182	74459
372989	115977	257012	29443	227569	163648
347870	218069	129801	50340	79460	1887
1303352	524316	779036	277666	501369	57290
695467	234982	460485	236833	223652	80220
219960	114894	105067	45808	59258	20000
1523606	714972	808635	346817	461817	290101
289169	139264	149905	35041	114863	86518
244980	126253	118727	82360	36367	19467
386066	245316	140750	126949	13801	71687
449159	119192	329967	142700	187267	
265799	200472	65327	46100	19227	18091

4-16 教育经费支出明细

地区	合计	个人部分	工资福利支出	对个人和家庭的补助支出	#助学金
合计	**114298939**	**63693967**	**53424001**	**10269966**	**5247318**
北京	2233855	1311969	1211945	100025	33890
天津	1757888	1172332	1083731	88601	33042
河北	3602349	2215067	1907911	307157	164293
山西	2227650	1393976	1235483	158493	82755
内蒙古	1813220	1021666	765814	255852	136698
辽宁	3050501	1727181	1498616	228564	69630
吉林	1519442	835778	581846	253933	68236
黑龙江	1302528	883541	715286	168255	48409
上海	4305947	1980518	1786291	194226	153640
江苏	13410318	8369606	7719903	649703	190026
浙江	2748025	1640053	1538000	102052	53129
安徽	6997054	3300119	2530138	769981	456815
福建	5540057	2974529	2710054	264475	111310
江西	3334961	1685699	1299280	386419	265602
山东	8491690	4567955	4049515	518440	187070
河南	5577536	2734428	2276106	458322	294325
湖北	4733757	2626667	2200132	426536	203298
湖南	1813909	1009096	781458	227638	161529
广东	12482818	7487595	5947830	1539765	297445
广西	5356416	2692224	2317343	374882	251115
海南	1125908	605731	544762	60969	54190
重庆	1167765	592515	475902	116613	90275
四川	3795649	2229899	1841701	388198	252362
贵州	2216296	1277091	867311	409780	329794
云南	3759454	2271449	1664263	607185	520852
西藏	1033221	496585	405757	90828	72929
陕西	843129	493371	397516	95855	56613
甘肃	2890211	1529638	1094785	434853	154995
青海	1415586	639899	469080	170819	122389
宁夏	519490	279529	225917	53612	43041
新疆	3232307	1648259	1280325	367934	287621
大连	653417	277730	266679	11051	2083
宁波	688397	423950	407517	16432	8692
厦门	1073750	615997	547006	68992	10281
青岛	667908	218749	194822	23927	1627
深圳	696323	412432	324429	88003	22532

(地方中等专业学校)

单位：千元

公用部分	商品和服务支出	其他资本性支出	专项公用支出	专项项目支出	基本建设支出
47103184	**24036217**	**23066967**	**10164093**	**12902874**	**3501788**
869897	627704	242193	205934	36259	51989
585266	361028	224239	152774	71464	290
1289192	915581	373610	159464	214146	98091
810503	499184	311319	133741	177578	23171
672495	412568	259928	165916	94012	119058
1155039	771856	383183	160596	222588	168282
673341	359862	313479	201826	111653	10323
411282	282426	128856	59952	68904	7705
2325429	1858625	466805	333025	133780	
5008652	2338800	2669853	966546	1703307	32060
909277	541805	367472	250512	116960	198696
3022359	1197789	1824569	592131	1232438	674576
2453502	972620	1480882	577423	903458	112026
1541250	518688	1022562	467162	555400	108012
3889546	1588683	2300863	759755	1541108	34190
2461522	1351768	1109754	515684	594070	381585
2102090	892561	1209528	414917	794611	5000
766379	499950	266429	126969	139460	38434
4535104	2693632	1841472	1051790	789682	460119
2448055	894722	1553333	1010955	542378	216137
494370	264819	229552	156812	72740	25806
552358	259195	293163	61589	231574	22892
1536011	926812	609199	217561	391639	29738
896987	375691	521296	257520	263775	42218
1413546	802969	610576	214395	396182	74459
372989	115977	257012	29443	227569	163648
347870	218069	129801	50340	79460	1887
1303283	524247	779036	277666	501369	57290
695467	234982	460485	236833	223652	80220
219960	114894	105067	45808	59258	20000
1340161	618709	721452	309055	412397	243887
289169	139264	149905	35041	114863	86518
244980	126253	118727	82360	36367	19467
386066	245316	140750	126949	13801	71687
449159	119192	329967	142700	187267	
265799	200472	65327	46100	19227	18091

4-17 教育经费支出明细

地区	合计	个人部分	工资福利支出	对个人和家庭的补助支出	#助学金
合计	**86270509**	**50011555**	**42931502**	**7080053**	**3648071**
北京	2350080	1591989	1453658	138331	10852
天津	665377	493342	433079	60262	10804
河北	6342743	3517013	3238170	278843	155578
山西	2810810	1528584	1401411	127173	85607
内蒙古	2152537	1332002	1048494	283507	140904
辽宁	1975607	1320551	1187779	132772	77011
吉林	1523721	841733	661281	180453	26329
黑龙江	1716536	1162383	876295	286088	26180
上海	2033474	1066947	983147	83800	55280
江苏	2965400	1922290	1796814	125475	50189
浙江	11176099	6552075	6205692	346383	161728
安徽	1660209	889933	709336	180597	119328
福建	851625	385656	346905	38751	6471
江西	1887197	710191	575289	134902	102655
山东	6028770	3416151	3118315	297836	73682
河南	5060909	2711243	2422194	289049	195519
湖北	2060265	1309754	1102387	207367	102905
湖南	7009962	3592809	2953131	639678	428753
广东	5442289	3524483	2637412	887071	73389
广西	87168	59819	51989	7830	2860
海南	640941	328613	276858	51755	33686
重庆	3555690	2251176	1729654	521522	419680
四川	5594502	3388087	2812928	575158	406700
贵州	2563266	1533768	1193604	340164	268051
云南	3434906	2006170	1626469	379701	296571
西藏					
陕西	2352827	1338724	1147190	191534	133382
甘肃	733500	499539	361639	137900	67822
青海	3357	2858	1689	1170	1158
宁夏	672818	258952	217854	41098	28113
新疆	917926	474722	360837	113885	86884
大连	505228	347973	330310	17663	12063
宁波	1614677	1085189	1042454	42735	20881
厦门					
青岛	2439842	1470299	1323067	147233	25567
深圳	1487727	762286	526988	235298	30056

（职业高中）

单位：千元

公用部分	商品和服务支出	其他资本性支出	专项公用支出	专项项目支出	基本建设支出
35164154	**15702861**	**19461293**	**6981230**	**12480063**	**1094799**
738264	460963	277301	131014	146288	19826
172035	106943	65092	62667	2425	
2798156	920801	1877355	424869	1452486	27574
1236968	525132	711836	188673	523162	45258
775814	412836	362978	172730	190248	44722
650770	455756	195014	64106	130907	4286
663443	262889	400555	157594	242960	18544
553653	317531	236122	102779	133343	500
966527	544926	421601	288245	133355	
1039723	402375	637348	240668	396679	3388
4226081	1937232	2288849	672018	1616831	397942
766276	302610	463666	174922	288744	4000
462469	119364	343105	156413	186692	3500
1152596	267473	885124	169207	715917	24410
2605819	973854	1631965	565794	1066171	6800
2349665	839033	1510633	676156	834477	
750260	288922	461338	184337	277000	251
3347088	1473801	1873287	689136	1184151	70065
1830358	1181222	649135	328830	320306	87449
27349	14850	12499	8386	4113	
312011	137593	174418	135324	39094	317
1213456	813882	399574	195773	203800	91058
2140325	1092673	1047652	436177	611475	66091
995087	422694	572393	117070	455323	34411
1428381	514285	914096	162598	751498	354
948914	488590	460323	193399	266924	65190
230696	90662	140034	64941	75092	3265
498	476	23	23		
413866	128248	285618	145192	140426	
367606	205246	162361	72188	90173	75598
157255	118000	39255	7254	32002	
525242	331144	194097	75859	118238	4247
969542	399666	569876	268478	301399	
637993	514653	123340	116941	6399	87449

4-18 教育经费支出明细

地区	合计	个人部分	工资福利支出	对个人和家庭的补助支出	#助学金
合计	**86256617**	**50001693**	**42924740**	**7076953**	**3648042**
北京	2350080	1591989	1453658	138331	10852
天津	665377	493342	433079	60262	10804
河北	6342743	3517013	3238170	278843	155578
山西	2810810	1528584	1401411	127173	85607
内蒙古	2152537	1332002	1048494	283507	140904
辽宁	1975607	1320551	1187779	132772	77011
吉林	1523721	841733	661281	180453	26329
黑龙江	1702645	1152521	869533	282988	26151
上海	2033474	1066947	983147	83800	55280
江苏	2965400	1922290	1796814	125475	50189
浙江	11176099	6552075	6205692	346383	161728
安徽	1660209	889933	709336	180597	119328
福建	851625	385656	346905	38751	6471
江西	1887197	710191	575289	134902	102655
山东	6028770	3416151	3118315	297836	73682
河南	5060909	2711243	2422194	289049	195519
湖北	2060265	1309754	1102387	207367	102905
湖南	7009962	3592809	2953131	639678	428753
广东	5442289	3524483	2637412	887071	73389
广西	87168	59819	51989	7830	2860
海南	640941	328613	276858	51755	33686
重庆	3555690	2251176	1729654	521522	419680
四川	5594502	3388087	2812928	575158	406700
贵州	2563266	1533768	1193604	340164	268051
云南	3434906	2006170	1626469	379701	296571
西藏					
陕西	2352827	1338724	1147190	191534	133382
甘肃	733500	499539	361639	137900	67822
青海	3357	2858	1689	1170	1158
宁夏	672818	258952	217854	41098	28113
新疆	917926	474722	360837	113885	86884
大连	505228	347973	330310	17663	12063
宁波	1614677	1085189	1042454	42735	20881
厦门					
青岛	2439842	1470299	1323067	147233	25567
深圳	1487727	762286	526988	235298	30056

(地方职业高中)

单位：千元

公用部分	商品和服务支出	其他资本性支出	专项公用支出	专项项目支出	基本建设支出
35160125	**15700293**	**19459831**	**6980089**	**12479743**	**1094799**
738264	460963	277301	131014	146288	19826
172035	106943	65092	62667	2425	
2798156	920801	1877355	424869	1452486	27574
1236968	525132	711836	188673	523162	45258
775814	412836	362978	172730	190248	44722
650770	455756	195014	64106	130907	4286
663443	262889	400555	157594	242960	18544
549624	314964	234660	101637	133023	500
966527	544926	421601	288245	133355	
1039723	402375	637348	240668	396679	3388
4226081	1937232	2288849	672018	1616831	397942
766276	302610	463666	174922	288744	4000
462469	119364	343105	156413	186692	3500
1152596	267473	885124	169207	715917	24410
2605819	973854	1631965	565794	1066171	6800
2349665	839033	1510633	676156	834477	
750260	288922	461338	184337	277000	251
3347088	1473801	1873287	689136	1184151	70065
1830358	1181222	649135	328830	320306	87449
27349	14850	12499	8386	4113	
312011	137593	174418	135324	39094	317
1213456	813882	399574	195773	203800	91058
2140325	1092673	1047652	436177	611475	66091
995087	422694	572393	117070	455323	34411
1428381	514285	914096	162598	751498	354
948914	488590	460323	193399	266924	65190
230696	90662	140034	64941	75092	3265
498	476	23	23		
413866	128248	285618	145192	140426	
367606	205246	162361	72188	90173	75598
157255	118000	39255	7254	32002	
525242	331144	194097	75859	118238	4247
969542	399666	569876	268478	301399	
637993	514653	123340	116941	6399	87449

4-19 教育经费支出明细

地区	合计	个人部分	工资福利支出	对个人和家庭的补助支出	#助学金
合计	**38359280**	**21799495**	**18802099**	**2997396**	**1961999**
北京	142291	101177	96738	4439	1690
天津	117909	71929	67233	4696	409
河北	3112835	1834248	1667862	166386	113769
山西	1738801	978306	890074	88233	59772
内蒙古	1446947	859297	684768	174529	90931
辽宁	585314	394084	372589	21495	12247
吉林	613450	317863	255488	62375	16171
黑龙江	692820	487994	382803	105191	15033
上海	173384	108381	98749	9632	8217
江苏	1440984	946773	873940	72834	36714
浙江	4297135	2498792	2323051	175740	81330
安徽	1095961	580926	462413	118514	80959
福建	150048	60891	57061	3830	2031
江西	1188780	395375	322562	72813	47871
山东	1720025	950979	900431	50548	17980
河南	3038488	1572551	1439297	133254	99484
湖北	673558	424568	362514	62054	47216
湖南	3584510	1785688	1453286	332402	258995
广东	573407	377322	328503	48819	11785
广西	86473	59819	51989	7830	2860
海南	225103	121651	102954	18696	16344
重庆	1287340	815809	651595	164213	127613
四川	3048868	1918393	1585484	332910	261090
贵州	1636063	956288	756391	199897	162636
云南	2594257	1436811	1198433	238378	180169
西藏					
陕西	1371462	782902	686453	96449	70430
甘肃	580429	400102	294276	105826	45063
青海	3357	2858	1689	1170	1158
宁夏	361923	161490	130159	31331	20626
新疆	777358	396229	303315	92913	71408
大连	118876	97094	95553	1541	35
宁波	517195	378522	363209	15313	8838
厦门					
青岛	110865	34660	33652	1009	691
深圳					

（农村职业高中）

单位：千元

公用部分	商品和服务支出	其他资本性支出	专项公用支出	专项项目支出	基本建设支出
16081378	**6710715**	**9370663**	**3194436**	**6176227**	**478407**
41114	30680	10434	9495	939	
45980	16646	29334	26909	2425	
1256793	482260	774533	230843	543690	21793
717386	319833	397553	135444	262109	43108
546647	288258	258389	125912	132477	41002
189508	137628	51880	9996	41884	1723
279836	94752	185084	57579	127505	15751
204326	107923	96403	49374	47029	500
65004	51974	13029	12482	547	
494210	194358	299852	112207	187646	
1686965	746062	940903	273290	667613	111378
515035	198482	316553	136963	179590	
89157	24894	64263	36617	27646	
768996	138105	630891	108033	522858	24410
769046	260009	509037	192545	316492	
1465937	471591	994346	442582	551764	
248991	90973	158017	72103	85914	
1737827	740288	997539	340040	657499	60995
196084	114183	81902	39239	42662	
26654	14550	12104	8386	3718	
103136	49110	54025	29135	24890	317
471532	336450	135081	94476	40605	
1109602	615293	494309	158080	336229	20873
666672	264552	402120	73917	328203	13103
1157092	371714	785378	124871	660507	354
523370	241883	281487	107226	174261	65190
177062	69109	107952	51265	56688	3265
498	476	23	23		
200433	65419	135014	69284	65730	
326485	173258	153227	66119	87108	54644
21781	20756	1025	1025		
134426	83898	50528	19127	31401	4247
76205	12831	63374	4692	58682	

4-20 教育经费支出明细

地区	合计	个人部分	工资福利支出	对个人和家庭的补助支出	#助学金
合计	**38345388**	**21789633**	**18795337**	**2994296**	**1961970**
北京	142291	101177	96738	4439	1690
天津	117909	71929	67233	4696	409
河北	3112835	1834248	1667862	166386	113769
山西	1738801	978306	890074	88233	59772
内蒙古	1446947	859297	684768	174529	90931
辽宁	585314	394084	372589	21495	12247
吉林	613450	317863	255488	62375	16171
黑龙江	678928	478131	376041	102091	15003
上海	173384	108381	98749	9632	8217
江苏	1440984	946773	873940	72834	36714
浙江	4297135	2498792	2323051	175740	81330
安徽	1095961	580926	462413	118514	80959
福建	150048	60891	57061	3830	2031
江西	1188780	395375	322562	72813	47871
山东	1720025	950979	900431	50548	17980
河南	3038488	1572551	1439297	133254	99484
湖北	673558	424568	362514	62054	47216
湖南	3584510	1785688	1453286	332402	258995
广东	573407	377322	328503	48819	11785
广西	86473	59819	51989	7830	2860
海南	225103	121651	102954	18696	16344
重庆	1287340	815809	651595	164213	127613
四川	3048868	1918393	1585484	332910	261090
贵州	1636063	956288	756391	199897	162636
云南	2594257	1436811	1198433	238378	180169
西藏					
陕西	1371462	782902	686453	96449	70430
甘肃	580429	400102	294276	105826	45063
青海	3357	2858	1689	1170	1158
宁夏	361923	161490	130159	31331	20626
新疆	777358	396229	303315	92913	71408
大连	118876	97094	95553	1541	35
宁波	517195	378522	363209	15313	8838
厦门					
青岛	110865	34660	33652	1009	691
深圳					

(地方农村职业高中)

单位:千元

公用部分	商品和服务支出	其他资本性支出			基本建设支出
			专项公用支出	专项项目支出	
16077348	**6708147**	**9369201**	**3193294**	**6175907**	**478407**
41114	30680	10434	9495	939	
45980	16646	29334	26909	2425	
1256793	482260	774533	230843	543690	21793
717386	319833	397553	135444	262109	43108
546647	288258	258389	125912	132477	41002
189508	137628	51880	9996	41884	1723
279836	94752	185084	57579	127505	15751
200297	105355	94942	48232	46709	500
65004	51974	13029	12482	547	
494210	194358	299852	112207	187646	
1686965	746062	940903	273290	667613	111378
515035	198482	316553	136963	179590	
89157	24894	64263	36617	27646	
768996	138105	630891	108033	522858	24410
769046	260009	509037	192545	316492	
1465937	471591	994346	442582	551764	
248991	90973	158017	72103	85914	
1737827	740288	997539	340040	657499	60995
196084	114183	81902	39239	42662	
26654	14550	12104	8386	3718	
103136	49110	54025	29135	24890	317
471532	336450	135081	94476	40605	
1109602	615293	494309	158080	336229	20873
666672	264552	402120	73917	328203	13103
1157092	371714	785378	124871	660507	354
523370	241883	281487	107226	174261	65190
177062	69109	107952	51265	56688	3265
498	476	23	23		
200433	65419	135014	69284	65730	
326485	173258	153227	66119	87108	54644
21781	20756	1025	1025		
134426	83898	50528	19127	31401	4247
76205	12831	63374	4692	58682	

4-21 教育经费支出明细

地区	合计	个人部分	工资福利支出	对个人和家庭的补助支出	#助学金
合计	**33352538**	**17496519**	**14937422**	**2559097**	**1043600**
北京	1680227	761152	705421	55732	23965
天津	440318	290831	264208	26623	11573
河北	956374	585559	520657	64902	29140
山西	403671	256135	223231	32904	14906
内蒙古	110185	85406	70766	14640	1573
辽宁	570020	308893	262395	46498	21984
吉林	246835	164297	73928	90369	63528
黑龙江	764562	534576	434498	100077	3275
上海	268340	177923	164468	13455	6586
江苏	2119770	1071532	992903	78629	32496
浙江	1372549	727518	691311	36207	18051
安徽	252388	131193	83246	47947	18165
福建	1035193	552253	479479	72773	14729
江西	269161	145114	133245	11870	9662
山东	3608777	1616441	1443557	172885	45671
河南	2221668	981395	896753	84642	25891
湖北	409338	238696	222120	16576	9026
湖南	544949	290990	258707	32283	18017
广东	8724924	4598441	3780066	818376	129661
广西	1868816	957311	828461	128850	92562
海南	312487	141651	131197	10454	9082
重庆	1112699	513359	387984	125375	94323
四川	728495	420499	357141	63358	43729
贵州	424838	340639	289986	50652	50652
云南	1241839	688115	520325	167790	144735
西藏					
陕西	1246043	700036	555833	144203	90032
甘肃	45361	40638	22277	18361	3807
青海					
宁夏					
新疆	372712	175927	143260	32667	16778
大连	121743	47004	44464	2540	1673
宁波	129985	56718	55137	1581	780
厦门	170115	83096	42687	40409	2266
青岛	330186	146781	136598	10183	3127
深圳	944718	449024	326288	122736	30391

(技工学校)

单位：千元

	公用部分					基本建设支出
		商品和服务支出	其他资本性支出			
				专项公用支出	专项项目支出	
	15156124	**7683417**	**7472707**	**3637707**	**3834999**	**699895**
	919074	454441	464633	393756	70877	
	149305	85342	63962	36750	27213	183
	370815	185975	184839	71381	113458	
	144137	88043	56093	45342	10751	3400
	24779	23609	1170	1170		
	222390	160269	62121	10312	51809	38737
	82139	38731	43408	36270	7138	400
	222497	145411	77087	23285	53801	7489
	90418	65090	25328	25328		
	1048238	492422	555816	163987	391830	
	547423	305643	241780	118702	123078	97608
	121195	47160	74034	49778	24256	
	477224	231160	246064	115782	130282	5716
	124046	33621	90426	41273	49153	
	1955659	848947	1106713	313386	793327	36676
	1107244	543017	564227	309344	254884	133029
	170392	73917	96475	13234	83240	251
	253960	137147	116813	38459	78354	
	3933402	2040970	1892431	1135018	757414	193081
	815643	354697	460946	266962	193984	95862
	126580	49335	77245	56527	20717	44256
	598069	258087	339982	113116	226866	1271
	287995	175416	112579	47939	64640	20000
	84199	84199				
	553724	259039	294685	100215	194470	
	546007	435761	110246	44193	66053	
	4723	4423	300	300		
	174849	61544	113305	65900	47405	21936
	58470	57911	560	560		16268
	61162	54324	6838	5395	1443	12106
	87019	33348	53670	21976	31694	
	183405	69723	113683	27584	86098	
	495694	321996	173698	142372	31326	

4-22 教育经费支出明细

地区	合计	个人部分	工资福利支出	对个人和家庭的补助支出	#助学金
合计	**33222104**	**17396188**	**14850045**	**2546143**	**1040452**
北京	1668813	750236	695938	54298	23873
天津	427840	284318	257695	26623	11573
河北	956374	585559	520657	64902	29140
山西	403671	256135	223231	32904	14906
内蒙古	110185	85406	70766	14640	1573
辽宁	570020	308893	262395	46498	21984
吉林	246835	164297	73928	90369	63528
黑龙江	723458	501603	410389	91214	2726
上海	268340	177923	164468	13455	6586
江苏	2092475	1052716	975031	77685	31552
浙江	1372549	727518	691311	36207	18051
安徽	251673	130527	82731	47796	18014
福建	1035193	552253	479479	72773	14729
江西	269161	145114	133245	11870	9662
山东	3608777	1616441	1443557	172885	45671
河南	2218800	978993	894352	84642	25891
湖北	409338	238696	222120	16576	9026
湖南	544949	290990	258707	32283	18017
广东	8724924	4598441	3780066	818376	129661
广西	1868816	957311	828461	128850	92562
海南	312487	141651	131197	10454	9082
重庆	1111979	512722	387368	125354	94303
四川	703276	400041	336682	63358	43729
贵州	424838	340639	289986	50652	50652
云南	1241839	688115	520325	167790	144735
西藏					
陕西	1237421	693086	550425	142661	88642
甘肃	45361	40638	22277	18361	3807
青海					
宁夏					
新疆	372712	175927	143260	32667	16778
大连	121743	47004	44464	2540	1673
宁波	129985	56718	55137	1581	780
厦门	170115	83096	42687	40409	2266
青岛	330186	146781	136598	10183	3127
深圳	944718	449024	326288	122736	30391

(地方技工学校)

单位：千元

公用部分	商品和服务支出	其他资本性支出			基本建设支出
			专项公用支出	专项项目支出	
15126021	**7654997**	**7471024**	**3636025**	**3834999**	**699895**
918577	453944	464633	393756	70877	
143339	79377	63962	36750	27213	183
370815	185975	184839	71381	113458	
144137	88043	56093	45342	10751	3400
24779	23609	1170	1170		
222390	160269	62121	10312	51809	38737
82139	38731	43408	36270	7138	400
214366	137280	77087	23285	53801	7489
90418	65090	25328	25328		
1039759	485368	554390	162560	391830	
547423	305643	241780	118702	123078	97608
121146	47112	74034	49778	24256	
477224	231160	246064	115782	130282	5716
124046	33621	90426	41273	49153	
1955659	848947	1106713	313386	793327	36676
1106778	542551	564227	309344	254884	133029
170392	73917	96475	13234	83240	251
253960	137147	116813	38459	78354	
3933402	2040970	1892431	1135018	757414	193081
815643	354697	460946	266962	193984	95862
126580	49335	77245	56527	20717	44256
597986	258004	339982	113116	226866	1271
283236	170657	112579	47939	64640	20000
84199	84199				
553724	259039	294685	100215	194470	
544334	434345	109989	43936	66053	
4723	4423	300	300		
174849	61544	113305	65900	47405	21936
58470	57911	560	560		16268
61162	54324	6838	5395	1443	12106
87019	33348	53670	21976	31694	
183405	69723	113683	27584	86098	
495694	321996	173698	142372	31326	

4-23 教育经费支出明细

地区	合计	个人部分	工资福利支出	对个人和家庭的补助支出	#助学金
合计	**10127642**	**6917253**	**6065275**	**851978**	**101387**
北京	98301	62760	59707	3053	444
天津	102931	53548	47881	5667	
河北	1144293	928986	862858	66128	1692
山西	364223	300329	279118	21211	110
内蒙古	330676	292258	218660	73598	770
辽宁	22398	15363	14124	1239	154
吉林	788256	635631	458865	176766	103
黑龙江	297694	236245	179694	56551	193
上海	183783	60006	56584	3422	8
江苏	369594	237822	210661	27161	4013
浙江	541470	346729	328594	18135	550
安徽	214439	121223	94635	26588	4701
福建	30988	25986	24291	1695	46
江西	529091	264331	244307	20024	168
山东	454871	359910	335131	24779	2642
河南	1280096	787143	728803	58339	23434
湖北	130829	34920	27046	7874	1539
湖南	620438	372621	316134	56487	23666
广东	293214	198281	155693	42587	5103
广西	55970	39137	35881	3256	50
海南	16195	6952	6943	9	
重庆	644326	385949	347359	38590	2279
四川	476848	322761	293912	28849	6230
贵州	84911	40028	36146	3882	978
云南	557064	412852	387222	25630	2068
西藏					
陕西	304108	220237	204132	16105	1158
甘肃	80627	69037	48559	20478	698
青海	7880	5622	5267	355	
宁夏					
新疆	102128	80587	57067	23520	18592
大连	1759	1247	871	376	
宁波	323197	205024	195417	9606	300
厦门					
青岛	2687	1598	1526	72	72
深圳	37452	21335	16222	5113	3436

(成人中等专业学校)

单位：千元

公用部分	商品和服务支出	其他资本性支出			基本建设支出
			专项公用支出	专项项目支出	
3201762	**2317361**	**884401**	**314905**	**569496**	**8627**
35541	31331	4210	4210		
49383	46934	2449	1503	946	
215307	183647	31661	24142	7518	
63894	60170	3724	2322	1402	
38419	32543	5876	4769	1106	
7035	6994	41	41		
152625	109487	43138	22865	20273	
61448	44191	17258	4466	12791	
123777	120928	2848	2848		
131772	81454	50318	19025	31293	
194741	158605	36136	24605	11531	
93216	69472	23744	9369	14375	
5002	4672	330	80	250	
264760	106709	158051	23978	134073	
94961	67109	27852	19946	7906	
492953	326918	166035	37078	128957	
95909	11259	84650	2727	81923	
247817	202707	45110	21200	23910	
94933	76562	18370	13909	4462	
16832	15263	1569	511	1058	
9243	8909	334	334		
257963	209473	48489	25210	23279	414
154087	121495	32593	9163	23429	
44883	32467	12416	12416		
144211	101709	42502	18939	23563	
75658	55969	19689	6677	13012	8213
11590	9850	1740	817	923	
2258	2202	56	56		
21542	18331	3211	1697	1513	
512	505	7	7		
118173	92138	26036	15156	10880	
1089	843	247	247		
16117	7244	8873	8693	180	

4-24 教育经费支出明细

地区	合计	个人部分			
			工资福利支出	对个人和家庭的补助支出	
					#助学金
合计	**10086299**	**6881169**	**6048421**	**832748**	**82826**
北京	98301	62760	59707	3053	444
天津	89146	42782	37114	5667	
河北	1144293	928986	862858	66128	1692
山西	364223	300329	279118	21211	110
内蒙古	330676	292258	218660	73598	770
辽宁	22398	15363	14124	1239	154
吉林	788256	635631	458865	176766	103
黑龙江	294585	233579	177498	56081	193
上海	183783	60006	56584	3422	8
江苏	368085	236425	209302	27123	4001
浙江	541470	346729	328594	18135	550
安徽	214439	121223	94635	26588	4701
福建	30988	25986	24291	1695	46
江西	529091	264331	244307	20024	168
山东	454871	359910	335131	24779	2642
河南	1280096	787143	728803	58339	23434
湖北	130829	34920	27046	7874	1539
湖南	620438	372621	316134	56487	23666
广东	293214	198281	155693	42587	5103
广西	55970	39137	35881	3256	50
海南	16195	6952	6943	9	
重庆	644326	385949	347359	38590	2279
四川	476848	322761	293912	28849	6230
贵州	84911	40028	36146	3882	978
云南	557064	412852	387222	25630	2068
西藏					
陕西	304108	220237	204132	16105	1158
甘肃	80627	69037	48559	20478	698
青海	7880	5622	5267	355	
宁夏					
新疆	79187	59334	54536	4798	42
大连	1759	1247	871	376	
宁波	323197	205024	195417	9606	300
厦门					
青岛	2687	1598	1526	72	72
深圳	37452	21335	16222	5113	3436

(地方成人中等专业学校)

单位：千元

公用部分					基本建设支出
	商品和服务支出	其他资本性支出			
			专项公用支出	专项项目支出	
3196502	**2313054**	**883448**	**314806**	**568642**	**8627**
35541	31331	4210	4210		
46365	44817	1548	1455	92	
215307	183647	31661	24142	7518	
63894	60170	3724	2322	1402	
38419	32543	5876	4769	1106	
7035	6994	41	41		
152625	109487	43138	22865	20273	
61007	43749	17258	4466	12791	
123777	120928	2848	2848		
131660	81342	50318	19025	31293	
194741	158605	36136	24605	11531	
93216	69472	23744	9369	14375	
5002	4672	330	80	250	
264760	106709	158051	23978	134073	
94961	67109	27852	19946	7906	
492953	326918	166035	37078	128957	
95909	11259	84650	2727	81923	
247817	202707	45110	21200	23910	
94933	76562	18370	13909	4462	
16832	15263	1569	511	1058	
9243	8909	334	334		
257963	209473	48489	25210	23279	414
154087	121495	32593	9163	23429	
44883	32467	12416	12416		
144211	101709	42502	18939	23563	
75658	55969	19689	6677	13012	8213
11590	9850	1740	817	923	
2258	2202	56	56		
19854	16695	3159	1646	1513	
512	505	7	7		
118173	92138	26036	15156	10880	
1089	843	247	247		
16117	7244	8873	8693	180	

4-25 教育经费支出明细

地区	合计	个人部分	工资福利支出	对个人和家庭的补助支出	#助学金
合计	**1263567424**	**864146760**	**764528398**	**99618362**	**43928704**
北京	35176286	21414915	20069551	1345364	202822
天津	16461711	12112489	11446656	665833	85605
河北	52260110	35899488	32760355	3139133	1526808
山西	28351335	19426889	17820830	1606059	836081
内蒙古	21568786	15361332	12836694	2524639	944883
辽宁	26665102	20262075	19163823	1098252	335746
吉林	18125455	12691013	10166837	2524176	405785
黑龙江	25049819	18843056	15774179	3068877	411053
上海	33237783	19810762	19039742	771020	487615
江苏	83838223	59526342	55310355	4215988	1281336
浙江	70970161	47670310	44821129	2849182	1333905
安徽	49450176	33948243	29680246	4267997	1655748
福建	37656228	25324401	23702311	1622090	638312
江西	40671345	22976453	20055565	2920888	1617221
山东	87897126	59440612	54520828	4919784	1598378
河南	75886873	48414542	42863721	5550822	3417128
湖北	45316136	33858608	30353861	3504747	1185201
湖南	52158500	34593556	30077924	4515632	2143284
广东	123268795	84456727	71378757	13077969	1974939
广西	37585102	24748146	21043980	3704166	2608753
海南	11201691	6633162	6165621	467541	309230
重庆	33072649	23613492	21072366	2541126	1412285
四川	65549857	47185849	40861184	6324664	3838609
贵州	41181384	28721695	23743535	4978160	3090491
云南	45699275	35144960	30022208	5122752	4277539
西藏	6860070	4693679	3776681	916998	792340
陕西	30698599	18968592	16608306	2360287	1506018
甘肃	21392337	15948119	11765915	4182204	1187539
青海	8313323	5702061	4931940	770121	467776
宁夏	7430514	5051153	4517000	534152	370478
新疆	30572672	21704038	18176298	3527740	1985797
大连	5302598	4231344	4095831	135513	39045
宁波	9600712	6986057	6614842	371215	200801
厦门	4670729	3342039	3022405	319634	45143
青岛	10932291	7735468	6989242	746226	167323
深圳	22786937	12993983	10141595	2852388	143945

(中学)

单位：千元

公用部分	商品和服务支出	其他资本性支出	专项公用支出	专项项目支出	基本建设支出
377878020	**175767073**	**202110947**	**56971879**	**145139068**	**21542643**
12347968	7994917	4353050	2728286	1624764	1413403
4243396	2552154	1691242	615471	1075771	105826
15964816	7312051	8652765	2480455	6172310	395805
8725459	4425169	4300290	988605	3311685	198988
5942375	2987816	2954559	968395	1986163	265079
6265385	3878270	2387116	720798	1666317	137642
5184125	2618575	2565550	792673	1772877	250318
6001474	3420587	2580887	693616	1887271	205289
13056713	8345356	4711357	2306472	2404885	370308
23741396	8916444	14824953	3247262	11577690	570484
21702229	10056295	11645934	2907051	8738883	1597621
15118554	6069500	9049055	2213873	6835182	383378
12054381	4529561	7524820	2362120	5162700	277446
17018913	4243234	12775679	2538267	10237412	675979
28302122	9969615	18332507	3538400	14794107	154392
26533613	11777877	14755736	3042446	11713290	938718
11457528	5138450	6319078	1396686	4922392	
17177690	7649538	9528153	2808848	6719304	387254
34104455	21924490	12179965	5494382	6685583	4707613
11988499	4848461	7140039	2003162	5136876	848457
4308190	1468256	2839934	1314075	1525859	260339
8342003	4877752	3464251	1198717	2265534	1117153
17894739	8991760	8902979	2577895	6325084	469269
11961621	4891849	7069772	2478223	4591549	498068
10020603	4548149	5472453	1156095	4316358	533713
1338526	710616	627910	212360	415550	827865
10344661	4482349	5862312	1550549	4311763	1385345
5091374	2245709	2845665	737834	2107830	352845
1881350	806121	1075228	292310	782919	729912
2282341	1029109	1253233	344314	908919	97020
7481521	3057045	4424477	1262236	3162241	1387113
1046693	769361	277331	120897	156435	24562
2591210	1272068	1319142	442389	876752	23446
1308265	748728	559536	423228	136309	20425
3196823	1455623	1741199	658433	1082766	
5712893	4565996	1146896	889144	257753	4080062

4-26 教育经费支出明细

地 区	合 计	个人部分	工资福利支出	对个人和家庭的补助支出	#助学金
合 计	**1257528859**	**860064251**	**761044967**	**99019284**	**43788345**
北 京	33736713	20572705	19322751	1249954	193782
天 津	16461711	12112489	11446656	665833	85605
河 北	52260110	35899488	32760355	3139133	1526808
山 西	28351335	19426889	17820830	1606059	836081
内蒙古	21568786	15361332	12836694	2524639	944883
辽 宁	26665102	20262075	19163823	1098252	335746
吉 林	17959599	12584478	10071689	2512789	403673
黑龙江	24778449	18630401	15605626	3024774	407619
上 海	32985132	19653662	18886146	767515	486625
江 苏	83838223	59526342	55310355	4215988	1281336
浙 江	70970161	47670310	44821129	2849182	1333905
安 徽	49450176	33948243	29680246	4267997	1655748
福 建	37656228	25324401	23702311	1622090	638312
江 西	40671345	22976453	20055565	2920888	1617221
山 东	87897126	59440612	54520828	4919784	1598378
河 南	75878248	48407458	42859553	5547905	3417128
湖 北	45025795	33625809	30168541	3457268	1184773
湖 南	52089703	34541204	30026208	4514996	2142683
广 东	123177885	84377625	71306555	13071070	1973788
广 西	37585102	24748146	21043980	3704166	2608753
海 南	11201691	6633162	6165621	467541	309230
重 庆	32918853	23494004	20962554	2531451	1411551
四 川	65522598	47160231	40835567	6324664	3838609
贵 州	41181384	28721695	23743535	4978160	3090491
云 南	45699275	35144960	30022208	5122752	4277539
西 藏	6860070	4693679	3776681	916998	792340
陕 西	30530755	18847187	16498219	2348969	1505197
甘 肃	21382936	15939837	11757712	4182125	1187460
青 海	8313323	5702061	4931940	770121	467776
宁 夏	7430514	5051153	4517000	534152	370478
新 疆	27480532	19586159	16424089	3162070	1862825
大 连	5302598	4231344	4095831	135513	39045
宁 波	9600712	6986057	6614842	371215	200801
厦 门	4670729	3342039	3022405	319634	45143
青 岛	10932291	7735468	6989242	746226	167323
深 圳	22786937	12993983	10141595	2852388	143945

（地方中学）

单位：千元

公用部分	商品和服务支出	其他资本性支出	专项公用支出	专项项目支出	基本建设支出
375956433	**174708727**	**201247707**	**56572718**	**144674989**	**21508174**
11750604	7574800	4175805	2583504	1592301	1413403
4243396	2552154	1691242	615471	1075771	105826
15964816	7312051	8652765	2480455	6172310	395805
8725459	4425169	4300290	988605	3311685	198988
5942375	2987816	2954559	968395	1986163	265079
6265385	3878270	2387116	720798	1666317	137642
5124803	2574076	2550727	783424	1767303	250318
5942759	3381043	2561716	684840	1876876	205289
12961162	8276322	4684840	2279955	2404885	370308
23741396	8916444	14824953	3247262	11577690	570484
21702229	10056295	11645934	2907051	8738883	1597621
15118554	6069500	9049055	2213873	6835182	383378
12054381	4529561	7524820	2362120	5162700	277446
17018913	4243234	12775679	2538267	10237412	675979
28302122	9969615	18332507	3538400	14794107	154392
26532071	11776353	14755718	3042429	11713290	938718
11399986	5091645	6308340	1385949	4922392	
17161245	7636257	9524989	2805685	6719304	387254
34092647	21915380	12177267	5492893	6684374	4707613
11988499	4848461	7140039	2003162	5136876	848457
4308190	1468256	2839934	1314075	1525859	260339
8307695	4854126	3453570	1188036	2265534	1117153
17893098	8990544	8902553	2577469	6325084	469269
11961621	4891849	7069772	2478223	4591549	498068
10020603	4548149	5472453	1156095	4316358	533713
1338526	710616	627910	212360	415550	827865
10298222	4447575	5850647	1542884	4307763	1385345
5090254	2245183	2845071	737541	2107530	352845
1881350	806121	1075228	292310	782919	729912
2282341	1029109	1253233	344314	908919	97020
6541730	2702755	3838975	1086873	2752102	1352644
1046693	769361	277331	120897	156435	21562
2591210	1272068	1319142	442389	876752	23446
1308265	748728	559536	423228	136309	20425
3196823	1455623	1741199	658433	1082766	
5712893	4565996	1146896	889144	257753	4080062

4-27 教育经费支出明细

地区	合计	个人部分	工资福利支出	对个人和家庭的补助支出	#助学金
合计	**1262834764**	**863686077**	**764096084**	**99589993**	**43928545**
北京	35125454	21385741	20041807	1343934	202822
天津	16431686	12083399	11418906	664493	85605
河北	52260110	35899488	32760355	3139133	1526808
山西	28351335	19426889	17820830	1606059	836081
内蒙古	21568786	15361332	12836694	2524639	944883
辽宁	26665102	20262075	19163823	1098252	335746
吉林	18122589	12688512	10165232	2523280	405783
黑龙江	25049819	18843056	15774179	3068877	411053
上海	33202546	19784753	19015033	769720	487464
江苏	83615448	59412496	55201353	4211143	1281329
浙江	70693836	47486385	44646881	2839504	1333905
安徽	49450176	33948243	29680246	4267997	1655748
福建	37656228	25324401	23702311	1622090	638312
江西	40671345	22976453	20055565	2920888	1617221
山东	87878742	59422562	54502844	4919719	1598378
河南	75886873	48414542	42863721	5550822	3417128
湖北	45308967	33852198	30347461	3504737	1185201
湖南	52153780	34591123	30075601	4515522	2143284
广东	123187258	84407482	71338209	13069274	1974939
广西	37582310	24748146	21043980	3704166	2608753
海南	11201691	6633162	6165621	467541	309230
重庆	33072649	23613492	21072366	2541126	1412285
四川	65549857	47185849	40861184	6324664	3838609
贵州	41181384	28721695	23743535	4978160	3090491
云南	45699275	35144960	30022208	5122752	4277539
西藏	6860070	4693679	3776681	916998	792340
陕西	30698599	18968592	16608306	2360287	1506018
甘肃	21392337	15948119	11765915	4182204	1187539
青海	8313323	5702061	4931940	770121	467776
宁夏	7430514	5051153	4517000	534152	370478
新疆	30572672	21704038	18176298	3527740	1985797
大连	5302598	4231344	4095831	135513	39045
宁波	9600712	6986057	6614842	371215	200801
厦门	4670729	3342039	3022405	319634	45143
青岛	10932291	7735468	6989242	746226	167323
深圳	22786937	12993983	10141595	2852388	143945

(普通中学)

单位：千元

公用部分	商品和服务支出	其他资本性支出	专项公用支出	专项项目支出	基本建设支出
377608652	**175602237**	**202006415**	**56952579**	**145053835**	**21540035**
12326311	7974921	4351389	2726664	1624725	1413403
4242461	2551363	1691097	615327	1075771	105826
15964816	7312051	8652765	2480455	6172310	395805
8725459	4425169	4300290	988605	3311685	198988
5942375	2987816	2954559	968395	1986163	265079
6265385	3878270	2387116	720798	1666317	137642
5183759	2618240	2565519	792643	1772877	250318
6001474	3420587	2580887	693616	1887271	205289
13047485	8336539	4710946	2306061	2404885	370308
23632468	8867994	14764474	3238545	11525930	570484
21612438	9983247	11629190	2900698	8728493	1595013
15118554	6069500	9049055	2213873	6835182	383378
12054381	4529561	7524820	2362120	5162700	277446
17018913	4243234	12775679	2538267	10237412	675979
28301788	9969294	18332494	3538387	14794107	154392
26533613	11777877	14755736	3042446	11713290	938718
11456769	5137864	6318905	1396640	4922265	
17175403	7648325	9527079	2808743	6718336	387254
34072163	21913209	12158954	5492527	6666427	4707613
11985707	4848461	7137247	2003162	5134084	848457
4308190	1468256	2839934	1314075	1525859	260339
8342003	4877752	3464251	1198717	2265534	1117153
17894739	8991760	8902979	2577895	6325084	469269
11961621	4891849	7069772	2478223	4591549	498068
10020603	4548149	5472453	1156095	4316358	533713
1338526	710616	627910	212360	415550	827865
10344661	4482349	5862312	1550549	4311763	1385345
5091374	2245709	2845665	737834	2107830	352845
1881350	806121	1075228	292310	782919	729912
2282341	1029109	1253233	344314	908919	97020
7481521	3057045	4424477	1262236	3162241	1387113
1046693	769361	277331	120897	156435	24562
2591210	1272068	1319142	442389	876752	23446
1308265	748728	559536	423228	136309	20425
3196823	1455623	1741199	658433	1082766	
5712893	4565996	1146896	889144	257753	4080062

4-28 教育经费支出明细

地区	合计	个人部分	工资福利支出	对个人和家庭的补助支出	#助学金
合计	**1256796199**	**859603568**	**760612653**	**98990915**	**43788186**
北京	33685881	20543531	19295007	1248523	193782
天津	16431686	12083399	11418906	664493	85605
河北	52260110	35899488	32760355	3139133	1526808
山西	28351335	19426889	17820830	1606059	836081
内蒙古	21568786	15361332	12836694	2524639	944883
辽宁	26665102	20262075	19163823	1098252	335746
吉林	17956733	12581977	10070085	2511893	405675
黑龙江	24778449	18630401	15605626	3024774	407619
上海	32949895	19627653	18861437	766216	486474
江苏	83615448	59412496	55201353	4211143	1281329
浙江	70693836	47486385	44646881	2839504	1333905
安徽	49450176	33948243	29680246	4267997	1655748
福建	37656228	25324401	23702311	1622090	638312
江西	40671345	22976453	20055565	2920888	1617221
山东	87878742	59422562	54502844	4919719	1598378
河南	75878248	48407458	42859553	5547905	3417128
湖北	45018626	33619399	30162141	3457258	1184773
湖南	52084984	34538771	30023885	4514886	2142683
广东	123096348	84328380	71266006	13062374	1973788
广西	37582310	24748146	21043980	3704166	2608753
海南	11201691	6633162	6165621	467541	309230
重庆	32918853	23494004	20962554	2531451	1411551
四川	65522598	47160231	40835567	6324664	3838609
贵州	41181384	28721695	23743535	4978160	3090491
云南	45699275	35144960	30022208	5122752	4277539
西藏	6860070	4693679	3776681	916998	792340
陕西	30530755	18847187	16498219	2348969	1505197
甘肃	21382936	15939837	11757712	4182125	1187460
青海	8313323	5702061	4931940	770121	467776
宁夏	7430514	5051153	4517000	534152	370478
新疆	27480532	19586159	16424089	3162070	1862825
大连	5302598	4231344	4095831	135513	39045
宁波	9600712	6986057	6614842	371215	200801
厦门	4670729	3342039	3022405	319634	45143
青岛	10932291	7735468	6989242	746226	167323
深圳	22786937	12993983	10141595	2852388	143945

(地方普通中学)

单位：千元

公用部分	商品和服务支出	其他资本性支出	专项公用支出	专项项目支出	基本建设支出
375687065	**174543891**	**201143174**	**56553418**	**144589756**	**21505566**
11728947	7554804	4174144	2581882	1592262	1413403
4242461	2551363	1691097	615327	1075771	105826
15964816	7312051	8652765	2480455	6172310	395805
8725459	4425169	4300290	988605	3311685	198988
5942375	2987816	2954559	968395	1986163	265079
6265385	3878270	2387116	720798	1666317	137642
5124438	2573741	2550697	783393	1767303	250318
5942759	3381043	2561716	684840	1876876	205289
12951934	8267506	4684429	2279544	2404885	370308
23632468	8867994	14764474	3238545	11525930	570484
21612438	9983247	11629190	2900698	8728493	1595013
15118554	6069500	9049055	2213873	6835182	383378
12054381	4529561	7524820	2362120	5162700	277446
17018913	4243234	12775679	2538267	10237412	675979
28301788	9969294	18332494	3538387	14794107	154392
26532071	11776353	14755718	3042429	11713290	938718
11399227	5091060	6308168	1385903	4922265	
17158959	7635044	9523915	2805579	6718336	387254
34060355	21904099	12156256	5491038	6665218	4707613
11985707	4848461	7137247	2003162	5134084	848457
4308190	1468256	2839934	1314075	1525859	260339
8307695	4854126	3453570	1188036	2265534	1117153
17893098	8990544	8902553	2577469	6325084	469269
11961621	4891849	7069772	2478223	4591549	498068
10020603	4548149	5472453	1156095	4316358	533713
1338526	710616	627910	212360	415550	827865
10298222	4447575	5850647	1542884	4307763	1385345
5090254	2245183	2845071	737541	2107530	352845
1881350	806121	1075228	292310	782919	729912
2282341	1029109	1253233	344314	908919	97020
6541730	2702755	3838975	1086873	2752102	1352644
1046693	769361	277331	120897	156435	24562
2591210	1272068	1319142	442389	876752	23446
1308265	748728	559536	423228	136309	20425
3196823	1455623	1741199	658433	1082766	
5712893	4565996	1146896	889144	257753	4080062

4-29 教育经费支出明细

地区	合计	个人部分	工资福利支出	对个人和家庭的补助支出	#助学金
合计	**466828849**	**310576681**	**277955335**	**32621345**	**14028132**
北京	14587863	8663219	8093938	569280	45299
天津	6862648	4809954	4575626	234328	31742
河北	19285060	13149497	12054852	1094645	599478
山西	12120974	7650740	6955959	694781	375322
内蒙古	8525441	5979958	4965309	1014649	483945
辽宁	9931124	7112867	6736816	376051	144573
吉林	6243610	4173625	3373525	800100	197184
黑龙江	8442830	6116644	5297671	818973	164667
上海	11894083	6854995	6646653	208342	106981
江苏	30855127	21308290	20030480	1277810	284147
浙江	27826139	18082005	17274515	807491	290139
安徽	17966224	12339283	11039250	1300033	481417
福建	13919561	8986844	8444464	542380	138942
江西	14591130	8123320	7120828	1002492	471361
山东	30474699	20107959	18819357	1288602	422281
河南	26015114	15822151	14365493	1456657	932862
湖北	17261668	12487701	11380545	1107156	390377
湖南	19065872	12298811	11017107	1281705	605495
广东	47625502	32504284	27380263	5124021	677708
广西	12874197	8108324	7067529	1040795	725967
海南	3859956	2297979	2167799	130180	82367
重庆	12933827	9155963	8236674	919289	540604
四川	22790388	16483183	14555038	1928144	1207326
贵州	16057484	10060008	8339884	1720124	1059406
云南	14725802	10961087	9524523	1436565	1104014
西藏	2301267	1603888	1330543	273345	228945
陕西	12683112	7352318	6506716	845602	520728
甘肃	8283958	6105434	4602102	1503332	441468
青海	3216489	2115331	1812406	302925	205452
宁夏	2719985	1950755	1772117	178638	128651
新疆	10887714	7810264	6467354	1342910	939286
大连	1917035	1517431	1478606	38825	9088
宁波	3707187	2624738	2521841	102897	51612
厦门	1783049	1232264	1097922	134342	9388
青岛	3715226	2610869	2435588	175282	47424
深圳	8280039	5053492	3904600	1148891	66144

(普通高中)

单位：千元

公用部分	商品和服务支出	其他资本性支出	专项公用支出	专项项目支出	基本建设支出
147092641	**72721955**	**74370686**	**23359044**	**51011642**	**9159528**
4897741	3059352	1838390	1092811	745579	1026903
2052694	1373030	679664	331845	347819	
6000939	3025919	2975020	744490	2230530	134624
4338137	1965462	2372675	467014	1905661	132097
2406424	1412824	993601	388334	605267	139059
2744217	1723135	1021082	307213	713869	74041
1890516	1103762	786753	294937	491816	179470
2176447	1360505	815942	222180	593763	149739
4894815	2791524	2103291	869613	1233678	144273
9132460	3520659	5611801	1230094	4381707	414377
8830823	4191304	4639519	1399496	3240023	913311
5385475	2433416	2952059	807522	2144537	241466
4783434	1908482	2874952	954328	1920624	149282
6172523	1775890	4396632	1132094	3264538	295287
10309895	4151098	6158797	1274254	4884543	56846
9937360	4994598	4942762	1243167	3699595	255603
4773966	2129418	2644548	661693	1982855	
6636836	3313544	3323292	1068305	2254987	130225
13946674	8864547	5082127	2407955	2674173	1174544
4355825	1827597	2528229	755384	1772844	410048
1523214	630636	892578	395642	496935	38763
3469574	2198288	1271286	436889	834398	308289
6114358	3621716	2492641	929625	1563017	192847
5742464	2154493	3587971	1745915	1842056	255011
3489843	1825953	1663890	460110	1203780	274872
401051	281556	119494	75622	43872	296329
4509242	2201694	2307548	660292	1647256	821552
2005687	1037435	968252	289819	678434	172836
819250	309449	509802	137544	372257	281908
739150	365836	373314	128178	245136	30080
2611606	1168832	1442773	446681	996092	465845
399604	294095	105509	28838	76671	
1081239	565632	515607	229390	286218	1210
545994	319138	226857	196464	30392	4790
1104356	578141	526215	206283	319932	
2369697	1902459	467238	387394	79845	856850

4-30　教育经费支出明细

地区	合计	个人部分	工资福利支出	对个人和家庭的补助支出	#助学金
合计	**463498898**	**308408323**	**276107529**	**32300794**	**13957110**
北京	13574826	8069755	7565621	504133	36614
天津	6862648	4809954	4575626	234328	31742
河北	19285060	13149497	12054852	1094645	599478
山西	12120974	7650740	6955959	694781	375322
内蒙古	8525441	5979958	4965309	1014649	483945
辽宁	9931124	7112867	6736816	376051	144573
吉林	6077754	4067090	3278378	788713	197074
黑龙江	8318849	6023017	5225410	797607	161373
上海	11686543	6726673	6521439	205234	105991
江苏	30855127	21308290	20030480	1277810	284147
浙江	27826139	18082005	17274515	807491	290139
安徽	17966224	12339283	11039250	1300033	481417
福建	13919561	8986844	8444464	542380	138942
江西	14591130	8123320	7120828	1002492	471361
山东	30474699	20107959	18819357	1288602	422281
河南	26015114	15822151	14365493	1456657	932862
湖北	17006095	12280196	11217412	1062784	390118
湖南	19036946	12277807	10996468	1281339	605131
广东	47598211	32480658	27359013	5121645	676858
广西	12874197	8108324	7067529	1040795	725967
海南	3859956	2297979	2167799	130180	82367
重庆	12823903	9068324	8155256	913067	540068
四川	22777212	16470844	14542700	1928144	1207326
贵州	16057484	10060008	8339884	1720124	1059406
云南	14725802	10961087	9524523	1436565	1104014
西藏	2301267	1603888	1330543	273345	228945
陕西	12561584	7264701	6427139	837563	520271
甘肃	8280076	6102184	4598889	1503295	441431
青海	3216489	2115331	1812406	302925	205452
宁夏	2719985	1950755	1772117	178638	128651
新疆	9628478	7006836	5822056	1184780	883846
大连	1917035	1517431	1478606	38825	9088
宁波	3707187	2624738	2521841	102897	51612
厦门	1783049	1232264	1097922	134342	9388
青岛	3715226	2610869	2435588	175282	47424
深圳	8280039	5053492	3904600	1148891	66144

(地方普通高中)

单位：千元

公用部分	商品和服务支出	其他资本性支出			基本建设支出
			专项公用支出	专项项目支出	
145950694	**72080329**	**73870365**	**23117392**	**50752972**	**9139880**
4478168	2760426	1717742	988893	728849	1026903
2052694	1373030	679664	331845	347819	
6000939	3025919	2975020	744490	2230530	134624
4338137	1965462	2372675	467014	1905661	132097
2406424	1412824	993601	388334	605267	139059
2744217	1723135	1021082	307213	713869	74041
1831194	1059263	771931	285687	486243	179470
2146094	1340121	805973	218820	587152	149739
4815596	2731188	2084408	850730	1233678	144273
9132460	3520659	5611801	1230094	4381707	414377
8830823	4191304	4639519	1399496	3240023	913311
5385475	2433416	2952059	807522	2144537	241466
4783434	1908482	2874952	954328	1920624	149282
6172523	1775890	4396632	1132094	3264538	295287
10309895	4151098	6158797	1274254	4884543	56846
9937360	4994598	4942762	1243167	3699595	255603
4725899	2089124	2636776	653920	1982855	
6628913	3306133	3322780	1067793	2254987	130225
13943008	8860966	5082043	2407870	2674173	1174544
4355825	1827597	2528229	755384	1772844	410048
1523214	630636	892578	395642	496935	38763
3447290	2182345	1264944	430547	834398	308289
6113521	3621085	2492437	929420	1563017	192847
5742464	2154493	3587971	1745915	1842056	255011
3489843	1825953	1663890	460110	1203780	274872
401051	281556	119494	75622	43872	296329
4475331	2176679	2298652	655396	1643256	821552
2005056	1037061	967995	289686	678308	172836
819250	309449	509802	137544	372257	281908
739150	365836	373314	128178	245136	30080
2175445	1044600	1130845	360382	770463	446197
399604	294095	105509	28838	76671	
1081239	565632	515607	229390	286218	1210
545994	319138	226857	196464	30392	4790
1104356	578141	526215	206283	319932	
2369697	1902459	467238	387394	79845	856850

4-31 教育经费支出明细

地区	合计	个人部分	工资福利支出	对个人和家庭的补助支出	#助学金
合计	**187733932**	**129067206**	**114980337**	**14086869**	**8101397**
北京	1038270	629454	597484	31971	9522
天津	846575	688827	659936	28891	5923
河北	9619611	6459814	5911052	548762	362755
山西	5844497	4027372	3659618	367754	235438
内蒙古	4053571	2796234	2284384	511850	253566
辽宁	2275330	1757596	1676656	80940	45539
吉林	1950118	1335888	1098240	237647	65396
黑龙江	3459552	2391637	2038275	353362	75073
上海	920413	672507	653711	18796	11200
江苏	10322680	7316739	6943603	373136	132028
浙江	10815472	7005701	6659946	345755	122791
安徽	10546372	7250243	6564810	685433	270005
福建	6215869	4497786	4257360	240426	82184
江西	7648932	4104041	3676637	427404	270086
山东	10980492	7278194	6912229	365965	166144
河南	14392966	8502823	7739661	763162	572880
湖北	5019792	3825745	3468981	356764	210414
湖南	10876282	7050353	6308970	741384	430096
广东	10027502	7130947	6272694	858254	240544
广西	6260402	4203034	3571938	631096	453249
海南	1543008	924523	847120	77403	51989
重庆	4293288	3242432	2867458	374975	262514
四川	11321532	8346408	7246885	1099523	735169
贵州	8584852	6072654	4992989	1079666	764316
云南	8303547	6637380	5661305	976074	768810
西藏	1132886	844423	699107	145316	121484
陕西	6309570	3826014	3330874	495140	335661
甘肃	5213431	3951496	3019971	931525	317819
青海	1665100	1327999	1163963	164035	113784
宁夏	859981	700557	632793	67764	52354
新疆	5392039	4268385	3561688	706696	562664
大连	307939	239033	235166	3867	1531
宁波	1248522	917125	883528	33597	17279
厦门	175393	127597	94529	33067	1710
青岛	472935	301162	291623	9539	4153
深圳					

(农村高中)

单位：千元

公用部分	商品和服务支出	其他资本性支出	专项公用支出	专项项目支出	基本建设支出
56347512	**27824138**	**28523374**	**7612500**	**20910874**	**2319214**
408816	304791	104024	69608	34416	
157749	103657	54092	9167	44925	
3105252	1579320	1525933	442466	1083466	54544
1747352	963109	784243	229004	555239	69772
1228102	678360	549742	157067	392675	29235
492844	376007	116838	45524	71313	24889
577468	317027	260441	94892	165550	36762
924122	568833	355289	123943	231346	143794
247906	196991	50915	44547	6368	
3005941	1062408	1943533	352688	1590845	
3502515	1345810	2156705	372660	1784045	307257
3248356	1504293	1744063	437935	1306128	47773
1713583	820491	893092	312502	580591	4500
3431704	986968	2444736	573414	1871322	113188
3647299	1529411	2117887	432054	1685833	55000
5743707	2961927	2781780	654188	2127592	146436
1194047	605445	588602	163657	424945	
3708836	1846515	1862321	432125	1430197	117093
2872143	1785222	1086921	513891	573030	24412
1974151	949906	1024245	273452	750794	83217
591053	229833	361221	189498	171723	27432
1009276	639817	369458	93823	275635	41581
2835527	1698701	1136826	274615	862211	139597
2368651	1151386	1217265	309202	908063	143547
1574667	918190	656477	228829	427648	91500
158025	126993	31032	17651	13381	130438
2372101	1156762	1215339	351929	863410	111455
1142504	603931	538573	193319	345254	119430
315249	152392	162857	69326	93531	21853
159424	109425	49999	25153	24846	
889143	550217	338926	124374	214552	234512
68906	55994	12912	5644	7268	
330187	174090	156097	43641	112456	1210
46296	29934	16363	11817	4546	1500
171774	59984	111790	9125	102665	

4-32 教育经费支出明细

地区	合计	个人部分	工资福利支出	对个人和家庭的补助支出	#助学金
合计	**187106297**	**128601588**	**114591750**	**14009837**	**8088636**
北京	1038270	629454	597484	31971	9522
天津	846575	688827	659936	28891	5923
河北	9619611	6459814	5911052	548762	362755
山西	5844497	4027372	3659618	367754	235438
内蒙古	4053571	2796234	2284384	511850	253566
辽宁	2275330	1757596	1676656	80940	45539
吉林	1950118	1335888	1098240	237647	65396
黑龙江	3426382	2372092	2021968	350125	74297
上海	920413	672507	653711	18796	11200
江苏	10322680	7316739	6943603	373136	132028
浙江	10815472	7005701	6659946	345755	122791
安徽	10546372	7250243	6564810	685433	270005
福建	6215869	4497786	4257360	240426	82184
江西	7648932	4104041	3676637	427404	270086
山东	10980492	7278194	6912229	365965	166144
河南	14392966	8502823	7739661	763162	572880
湖北	4863017	3697050	3369422	327628	210401
湖南	10876282	7050353	6308970	741384	430096
广东	10000211	7107321	6251443	855878	239695
广西	6260402	4203034	3571938	631096	453249
海南	1543008	924523	847120	77403	51989
重庆	4293288	3242432	2867458	374975	262514
四川	11321532	8346408	7246885	1099523	735169
贵州	8584852	6072654	4992989	1079666	764316
云南	8303547	6637380	5661305	976074	768810
西藏	1132886	844423	699107	145316	121484
陕西	6309570	3826014	3330874	495140	335661
甘肃	5209549	3948246	3016758	931487	317781
青海	1665100	1327999	1163963	164035	113784
宁夏	859981	700557	632793	67764	52354
新疆	4985523	3977883	3313432	664451	551579
大连	307939	239033	235166	3867	1531
宁波	1248522	917125	883528	33597	17279
厦门	175393	127597	94529	33067	1710
青岛	472935	301162	291623	9539	4153
深圳					

(地方农村高中)

单位：千元

公用部分	商品和服务支出	其他资本性支出			基本建设支出
			专项公用支出	专项项目支出	
56192514	**27744076**	**28448438**	**7579361**	**20869077**	**2312195**
408816	304791	104024	69608	34416	
157749	103657	54092	9167	44925	
3105252	1579320	1525933	442466	1083466	54544
1747352	963109	784243	229004	555239	69772
1228102	678360	549742	157067	392675	29235
492844	376007	116838	45524	71313	24889
577468	317027	260441	94892	165550	36762
910496	563900	346596	121861	224735	143794
247906	196991	50915	44547	6368	
3005941	1062408	1943533	352688	1590845	
3502515	1345810	2156705	372660	1784045	307257
3248356	1504293	1744063	437935	1306128	47773
1713583	820491	893092	312502	580591	4500
3431704	986968	2444736	573414	1871322	113188
3647299	1529411	2117887	432054	1685833	55000
5743707	2961927	2781780	654188	2127592	146436
1165967	581498	584469	159524	424945	
3708836	1846515	1862321	432125	1430197	117093
2868477	1781641	1086836	513807	573030	24412
1974151	949906	1024245	273452	750794	83217
591053	229833	361221	189498	171723	27432
1009276	639817	369458	93823	275635	41581
2835527	1698701	1136826	274615	862211	139597
2368651	1151386	1217265	309202	908063	143547
1574667	918190	656477	228829	427648	91500
158025	126993	31032	17651	13381	130438
2372101	1156762	1215339	351929	863410	111455
1141873	603557	538315	193186	345129	119430
315249	152392	162857	69326	93531	21853
159424	109425	49999	25153	24846	
780148	502990	277158	97667	179490	227493
68906	55994	12912	5644	7268	
330187	174090	156097	43641	112456	1210
46296	29934	16363	11817	4546	1500
171774	59984	111790	9125	102665	

4-33 教育经费支出明细

地区	合计				
		个人部分			
			工资福利支出	对个人和家庭的补助支出	
					#助学金
合计	**796005915**	**553109397**	**486140749**	**66968648**	**29900414**
北京	20537591	12722522	11947868	774654	157523
天津	9569038	7273445	6843280	430165	53863
河北	32975049	22749991	20705504	2044488	927330
山西	16230362	11776149	10864871	911278	460759
内蒙古	13043345	9381374	7871385	1509989	460938
辽宁	16733978	13149209	12427007	722202	191173
吉林	11878979	8514887	6791707	1723180	208601
黑龙江	16606989	12726412	10476508	2249904	246386
上海	21308463	12929758	12368380	561378	380483
江苏	52760321	38104206	35170873	2933333	997183
浙江	42867697	29404380	27372366	2032014	1043766
安徽	31483952	21608960	18640996	2967964	1174332
福建	23736667	16337557	15257847	1079710	499370
江西	26080215	14853134	12934737	1918396	1145860
山东	57404043	39314604	35683487	3631117	1176098
河南	49871759	32592392	28498228	4094164	2484266
湖北	28047300	21364497	18966916	2397581	794824
湖南	33087908	22292311	19058494	3233817	1537789
广东	75561756	51903198	43957945	7945253	1297231
广西	24708113	16639822	13976451	2663371	1882785
海南	7341735	4335183	3997822	337361	226863
重庆	20138822	14457529	12835692	1621836	871682
四川	42759470	30702666	26306146	4396520	2631283
贵州	25123901	18661687	15403651	3258036	2031085
云南	30973473	24183872	20497685	3686187	3173525
西藏	4558803	3089791	2446138	643653	563395
陕西	18015488	11616274	10101590	1514685	985290
甘肃	13108379	9842684	7163813	2678871	746071
青海	5096834	3586730	3119534	467196	262325
宁夏	4710529	3100398	2744884	355514	241827
新疆	19684957	13893774	11708943	2184830	1046511
大连	3385563	2713912	2617225	96688	29957
宁波	5893525	4361319	4093001	268318	149188
厦门	2887680	2109775	1924484	185292	35754
青岛	7217065	5124599	4553655	570944	119899
深圳	14506899	7940491	6236994	1703497	77801

(普通初中)

单位：千元

公用部分	商品和服务支出	其他资本性支出	专项公用支出	专项项目支出	基本建设支出
230516011	**102880282**	**127635729**	**33593535**	**94042193**	**12380507**
7428569	4915570	2512999	1633853	879146	386500
2189767	1178333	1011434	283482	727952	105826
9963877	4286132	5677745	1735965	3941780	261181
4387322	2459706	1927615	521591	1406024	66891
3535950	1574992	1960958	580061	1380897	126020
3521169	2155135	1366034	413586	952448	63601
3293244	1514477	1778766	497706	1281060	70848
3825026	2060082	1764945	471437	1293508	55551
8152670	5545015	2607655	1436448	1171206	226035
14500007	5347334	9152673	2008450	7144223	156107
12781615	5791944	6989671	1501202	5488470	681702
9733079	3636084	6096995	1406350	4690645	141913
7270947	2621079	4649868	1407792	3242076	128163
10846390	2467343	8379047	1406173	6972873	380692
17991893	5818196	12173697	2264133	9909564	97546
16596252	6783279	9812974	1799279	8013695	683115
6682803	3008446	3674357	734947	2939410	
10538568	4334781	6203787	1740438	4463349	257028
20125489	13048663	7076827	3084572	3992254	3533069
7629882	3020864	4609018	1247778	3361240	438409
2784977	837620	1947357	918433	1028923	221575
4872429	2679464	2192965	761829	1431136	808864
11780381	5370044	6410337	1648270	4762067	276423
6219156	2737356	3481801	732308	2749493	243057
6530760	2722196	3808564	695985	3112579	258841
937475	429059	508416	136739	371677	531537
5835420	2280655	3554765	890257	2664507	563794
3085686	1208274	1877412	448016	1429396	180009
1062100	496673	565427	154765	410661	448004
1543191	663272	879919	216135	663784	66940
4869916	1888212	2981703	815555	2166149	921268
647089	175266	171823	92059	79764	24562
1509971	706436	803534	213000	590535	22236
762270	429591	332680	226763	105916	15634
2092466	877482	1214984	452150	762834	
3343195	2663538	679658	501750	177908	3223212

4-34 教育经费支出明细

地区	合计	个人部分	工资福利支出	对个人和家庭的补助支出	#助学金
合计	**793297302**	**551195245**	**484505124**	**66690121**	**29831076**
北京	20111055	12473776	11729386	744390	157168
天津	9569038	7273445	6843280	430165	53863
河北	32975049	22749991	20705504	2044488	927330
山西	16230362	11776149	10864871	911278	460759
内蒙古	13043345	9381374	7871385	1509989	460938
辽宁	16733978	13149209	12427007	722202	191173
吉林	11878979	8514887	6791707	1723180	208601
黑龙江	16459599	12607384	10380216	2227168	246246
上海	21263352	12900979	12339998	560982	380483
江苏	52760321	38104206	35170873	2933333	997183
浙江	42867697	29404380	27372366	2032014	1043766
安徽	31483952	21608960	18640996	2967964	1174332
福建	23736667	16337557	15257847	1079710	499370
江西	26080215	14853134	12934737	1918396	1145860
山东	57404043	39314604	35683487	3631117	1176098
河南	49863134	32585308	28494060	4091248	2484266
湖北	28012531	21339203	18944729	2394474	794655
湖南	33048038	22260964	19027417	3233547	1537552
广东	75498138	51847723	43906993	7940729	1296930
广西	24708113	16639822	13976451	2663371	1882785
海南	7341735	4335183	3997822	337361	226863
重庆	20094950	14425681	12807297	1618383	871483
四川	42745386	30689387	26292867	4396520	2631283
贵州	25123901	18661687	15403651	3258036	2031085
云南	30973473	24183872	20497685	3686187	3173525
西藏	4558803	3089791	2446138	643653	563395
陕西	17969171	11582486	10071080	1511406	984926
甘肃	13102860	9837653	7158823	2678830	746029
青海	5096834	3586730	3119534	467196	262325
宁夏	4710529	3100398	2744884	355514	241827
新疆	17852055	12579323	10602033	1977290	978979
大连	3385563	2713912	2617225	96688	29957
宁波	5893525	4361319	4093001	268318	149188
厦门	2887680	2109775	1924484	185292	35754
青岛	7217065	5124599	4553655	570944	119899
深圳	14506899	7940491	6236994	1703497	77801

（地方普通初中）

单位：千元

公用部分	商品和服务支出	其他资本性支出	专项公用支出	专项项目支出	基本建设支出
229736371	**102463562**	**127272809**	**33436026**	**93836784**	**12365686**
7250780	4794378	2456402	1592988	863414	386500
2189767	1178333	1011434	283482	727952	105826
9963877	4286132	5677745	1735965	3941780	261181
4387322	2459706	1927615	521591	1406024	66891
3535950	1574992	1960958	580061	1380897	126020
3521169	2155135	1366034	413586	952448	63601
3293244	1514477	1778766	497706	1281060	70848
3796665	2040922	1755743	466019	1289724	55551
8136338	5536317	2600021	1428814	1171206	226035
14500007	5347334	9152673	2008450	7144223	156107
12781615	5791944	6989671	1501202	5488470	681702
9733079	3636084	6096995	1406350	4690645	141913
7270947	2621079	4649868	1407792	3242076	128163
10846390	2467343	8379047	1406173	6972873	380692
17991893	5818196	12173697	2264133	9909564	97546
16594711	6781755	9812956	1799262	8013695	683115
6673328	3001936	3671392	731983	2939410	
10530046	4328911	6201135	1737786	4463349	257028
20117346	13043133	7074213	3083168	3991045	3533069
7629882	3020864	4609018	1247778	3361240	438409
2784977	837620	1947357	918433	1028923	221575
4860406	2671780	2188626	757489	1431136	808864
11779576	5369459	6410117	1648049	4762067	276423
6219156	2737356	3481801	732308	2749493	243057
6530760	2722196	3808564	695985	3112579	258841
937475	429059	508416	136739	371677	531537
5822892	2270896	3551996	887488	2664507	563794
3085198	1208122	1877076	447854	1429222	180009
1062100	496673	565427	154765	410661	448004
1543191	663272	879919	216135	663784	66940
4366285	1658155	2708130	726491	1981639	906447
647089	475266	171823	92059	79764	24562
1509971	706436	803534	213000	590535	22236
762270	429591	332680	226763	105916	15634
2092466	877482	1214984	452150	762834	
3343195	2663538	679658	501750	177908	3223212

4-35 教育经费支出明细

地区	合计	个人部分	工资福利支出	对个人和家庭的补助支出	#助学金
合计	**446668748**	**324068987**	**283375007**	**40693980**	**21178148**
北京	3877191	2487842	2334511	153331	74989
天津	2411789	2093450	2014598	78852	119
河北	21760206	14995829	13671781	1324048	719140
山西	10137190	7697745	7115478	582267	325834
内蒙古	8186371	5920465	4892991	1027474	339577
辽宁	6799582	5593407	5248235	345172	106132
吉林	7048335	5058105	4115392	942714	146499
黑龙江	9448059	7044369	5766818	1277551	102439
上海	2566504	1959731	1877280	82451	49351
江苏	23739301	17378451	16284744	1093707	190890
浙江	19684248	13851846	12726801	1125045	578351
安徽	23199290	16362047	13960139	2401908	970937
福建	13335733	9975693	9451080	524613	213222
江西	18463864	10468356	9406116	1062240	616162
山东	31228076	22034725	20047247	1987478	720507
河南	33705723	22492919	19717870	2775049	1728701
湖北	15344456	12035345	10676501	1358844	595338
湖南	22869029	15980660	13422995	2557665	1296077
广东	25497787	19275789	17049742	2226048	555123
广西	18092379	12646753	10390377	2256376	1682424
海南	4364162	2712143	2534447	177696	109465
重庆	11081042	8530203	7524555	1005648	605633
四川	29030408	21447590	18364131	3083459	1813763
贵州	18702431	14655432	12013003	2642429	1844231
云南	23519450	19360444	16350021	3010423	2632017
西藏	3133106	2334847	1838243	496604	440615
陕西	10808012	7481761	6386364	1095398	761290
甘肃	9906059	7718417	5666005	2052412	678515
青海	3432051	2604864	2243335	361528	235755
宁夏	2640097	1955677	1725020	230657	165734
新疆	12656816	9914083	8559189	1354894	879322
大连	724032	604096	583364	20732	5036
宁波	2146949	1620506	1522973	97533	55189
厦门	425875	316264	274936	41328	7115
青岛	2142216	1641432	1415410	226023	66333
深圳					

(农村初中)

单位：千元

公用部分	商品和服务支出	其他资本性支出	专项公用支出	专项项目支出	基本建设支出
118411346	**50510672**	**67900674**	**15754403**	**52146272**	**4188415**
1328836	779807	549029	375723	173307	60513
318339	210140	108199	32083	76116	
6606905	2900337	3706568	1145114	2561454	157472
2400757	1375260	1025497	279650	745848	38688
2194725	946128	1248597	336861	911736	71181
1193301	697633	495669	171115	324553	12874
1919381	848841	1070540	286790	783750	70848
2361381	1226097	1135284	330923	804361	42309
606773	499098	107674	90738	16937	
6357894	2297141	4060753	802516	3258237	2956
5253800	2454625	2799175	719528	2079648	578602
6716220	2699831	4016389	1010462	3005927	121023
3312448	1365891	1946558	568160	1378398	47592
7833791	1758899	6074892	988419	5086473	161717
9122021	2813419	6308602	976832	5331770	71330
10982185	4495990	6486195	1152959	5333236	230619
3309112	1318877	1990234	285514	1704720	
6728691	2765995	3962696	778936	3183759	159679
6210966	3924424	2286542	1015196	1271346	11032
5203670	2243077	2960593	709127	2251466	241955
1441977	462784	979193	344065	635129	210043
2461997	1251700	1210297	402286	808011	88842
7335204	3229148	4106057	760293	3345763	247614
3899400	1920725	1978674	429432	1549242	147599
4022541	1967324	2055217	423062	1632155	136465
507048	234160	272888	65168	207720	291211
3135206	1263591	1871615	415435	1456179	191045
2091323	865704	1225619	302847	922772	96320
675123	340499	334624	108767	225857	152064
664480	328331	336149	96595	239554	19940
2215852	1025197	1190655	349807	840848	526882
119936	66580	53356	22911	30444	
526443	265601	260841	127456	133386	
108826	49198	59628	22465	37163	785
500783	162287	338497	59526	278971	

4-36 教育经费支出明细

地区	合计				
		个人部分			
			工资福利支出	对个人和家庭的补助支出	
					#助学金
合计	**445251630**	**323001384**	**282443367**	**40558018**	**21137517**
北京	3877191	2487842	2334511	153331	74989
天津	2411789	2093450	2014598	78852	119
河北	21760206	14995829	13671781	1324048	719140
山西	10137190	7697745	7115478	582267	325834
内蒙古	8186371	5920465	4892991	1027474	339577
辽宁	6799582	5593407	5248235	345172	106132
吉林	7048335	5058105	4115392	942714	146499
黑龙江	9374300	6985561	5720012	1265549	102395
上海	2566504	1959731	1877280	82451	49351
江苏	23739301	17378451	16284744	1093707	190890
浙江	19684248	13851846	12726801	1125045	578351
安徽	23199290	16362047	13960139	2401908	970937
福建	13335733	9975693	9451080	524613	213222
江西	18463864	10468356	9406116	1062240	616162
山东	31228076	22034725	20047247	1987478	720507
河南	33705723	22492919	19717870	2775049	1728701
湖北	15344456	12035345	10676501	1358844	595338
湖南	22869029	15980660	13422995	2557665	1296077
广东	25437294	19222980	17001447	2221533	554821
广西	18092379	12646753	10390377	2256376	1682424
海南	4364162	2712143	2534447	177696	109465
重庆	11081042	8530203	7524555	1005648	605633
四川	29030408	21447590	18364131	3083459	1813763
贵州	18702431	14655432	12013003	2642429	1844231
云南	23519450	19360444	16350021	3010423	2632017
西藏	3133106	2334847	1838243	496604	440615
陕西	10808012	7481761	6386364	1095398	761290
甘肃	9900540	7713386	5661015	2052371	678474
青海	3432051	2604864	2243335	361528	235755
宁夏	2640097	1955677	1725020	230657	165734
新疆	11379470	8963129	7727640	1235490	839077
大连	724032	604096	583364	20732	5036
宁波	2146949	1620506	1522973	97533	55189
厦门	425875	316264	274936	41328	7115
青岛	2142216	1641432	1415410	226023	66333
深圳					

(地方农村初中)

单位：千元

公用部分					基本建设支出
	商品和服务支出	其他资本性支出			
			专项公用支出	专项项目支出	
118072262	**50349826**	**67722436**	**15687602**	**52034834**	**4177984**
1328836	779807	549029	375723	173307	60513
318339	210140	108199	32083	76116	
6606905	2900337	3706568	1145114	2561454	157472
2400757	1375260	1025497	279650	745848	38688
2194725	946128	1248597	336861	911736	71181
1193301	697633	495669	171115	324553	12874
1919381	848841	1070540	286790	783750	70848
2346430	1218561	1127870	327293	800576	42309
606773	499098	107674	90738	16937	
6357894	2297141	4060753	802516	3258237	2956
5253800	2454625	2799175	719528	2079648	578602
6716220	2699831	4016389	1010462	3005927	121023
3312448	1365891	1946558	568160	1378398	47592
7833791	1758899	6074892	988419	5086473	161717
9122021	2813419	6308602	976832	5331770	71330
10982185	4495990	6486195	1152959	5333236	230619
3309112	1318877	1990234	285514	1704720	
6728691	2765995	3962696	778936	3183759	159679
6203282	3919354	2283928	1013791	1270137	11032
5203670	2243077	2960593	709127	2251466	241955
1441977	462784	979193	344065	635129	210043
2461997	1251700	1210297	402286	808011	88842
7335204	3229148	4106057	760293	3345763	247614
3899400	1920725	1978674	429432	1549242	147599
4022541	1967324	2055217	423062	1632155	136465
507048	234160	272888	65168	207720	291211
3135206	1263591	1871615	415435	1456179	191045
2090834	865552	1225282	302685	922597	96320
675123	340499	334624	108767	225857	152064
664480	328331	336149	96595	239554	19940
1899890	877109	1022781	288203	734578	516450
119936	66580	53356	22911	30444	
526443	265601	260841	127456	133386	
108826	49198	59628	22465	37163	785
500783	162287	338497	59526	278971	

4-37 教育经费支出明细

地区	合计	个人部分	工资福利支出	对个人和家庭的补助支出	#助学金
合计	**732659**	**460683**	**432314**	**28369**	**158**
北京	50831	29175	27744	1430	
天津	30025	29090	27750	1340	
河北					
山西					
内蒙古					
辽宁					
吉林	2866	2501	1605	896	
黑龙江					
上海	35237	26009	24709	1300	151
江苏	222775	113846	109002	4845	7
浙江	276325	183925	174248	9677	
安徽					
福建					
江西					
山东	18384	18050	17984	66	
河南					
湖北	7168	6410	6400	10	
湖南	4720	2433	2323	110	
广东	81536	49244	40549	8695	
广西	2792				
海南					
重庆					
四川					
贵州					
云南					
西藏					
陕西					
甘肃					
青海					
宁夏					
新疆					
大连					
宁波					
厦门					
青岛					
深圳					

(成人中学)

单位：千元

公用部分	商品和服务支出	其他资本性支出	专项公用支出	专项项目支出	基本建设支出
269368	**164836**	**104533**	**19300**	**85233**	**2608**
21657	19996	1661	1622	39	
935	791	144	144		
365	335	30	30		
9228	8817	411	411		
108929	48450	60479	8718	51761	
89791	73047	16744	6354	10390	2608
334	321	13	13		
759	586	173	46	127	
2287	1213	1074	105	969	
32292	11281	21011	1856	19156	
2792		2792		2792	

4-38 教育经费支出明细

地区	合计	个人部分			
			工资福利支出	对个人和家庭的补助支出	
					#助学金
合计	**1268799479**	**889863071**	**768948949**	**120914122**	**41623907**
北京	35180026	22533317	21578072	955245	191833
天津	14659040	11161342	10405502	755840	58600
河北	57628122	40499550	36199867	4299683	1303095
山西	26486395	19110326	17309864	1800462	615695
内蒙古	24172836	18242001	13742947	4499054	729564
辽宁	23692084	18397985	16797305	1600680	298500
吉林	19298912	14280116	10711583	3568533	255356
黑龙江	22462649	17797543	13548328	4249215	253346
上海	26833178	17478261	16682198	796063	541052
江苏	79918905	56658770	51094468	5564302	1204987
浙江	64934345	44783993	41297892	3486101	1515718
安徽	49647642	34279714	28826749	5452965	1368298
福建	37586087	25695144	23656905	2038239	533494
江西	42933006	25405378	22594225	2811153	1322483
山东	76549137	52821581	47998628	4822953	1043300
河南	74128219	49583476	44118430	5465045	3301614
湖北	41364639	29793848	26350931	3442917	1132137
湖南	49970750	33841686	28944537	4897149	2318905
广东	134738443	94070302	76928123	17142179	2613461
广西	43438803	29365604	25758595	3607008	1862203
海南	12738441	8160965	7528522	632442	296252
重庆	32197729	23476504	20117266	3359238	1285673
四川	67947669	47442969	39864720	7578250	3807930
贵州	41706546	31679419	25723212	5956207	2702753
云南	52857975	42213168	35801683	6411485	4523219
西藏	9899793	6747510	5045962	1701548	1492368
陕西	30985037	18910418	16037703	2872715	1633205
甘肃	24852796	18931919	12506124	6425796	1234486
青海	8731038	6230316	5369938	860377	515788
宁夏	7512076	4927543	4441814	485729	294098
新疆	33747160	25342403	21966854	3375549	1374493
大连	5115574	3778044	3358993	419051	45242
宁波	9193741	6797772	6385430	412343	162741
厦门	5808602	4012099	3526266	485833	56506
青岛	10722665	7341192	6546518	794674	104441
深圳	27426210	17097951	13686390	3411561	317990

（小学）

单位：千元

公用部分	商品和服务支出	其他资本性支出			基本建设支出
			专项公用支出	专项项目支出	
363454084	**169712416**	**193741668**	**52604404**	**141137264**	**15482324**
11959985	9190427	2769558	1852464	917094	686724
3447598	2246186	1201413	454672	746741	50100
16898910	7392949	9505960	3054562	6451398	229663
7159151	3885750	3273401	1040578	2232822	216918
5730943	2610547	3120395	978038	2142357	199892
5092039	3239628	1852411	588954	1263457	202060
4864200	2399073	2465127	712370	1752758	154596
4535416	2436587	2098830	562188	1536641	129690
9325501	6117927	3207575	2060792	1146783	29416
23164488	8831551	14332937	3372819	10960119	95647
18806375	9075058	9731318	2500694	7230624	1343976
15196983	5644828	9552154	2112505	7439649	170946
11538540	4724490	6814050	2056873	4757177	352404
17073687	4220105	12853581	2242198	10611384	453942
23659228	8720726	14938502	2928834	12009669	68328
23646781	10953838	12692942	2455166	10237776	897963
11570792	5239512	6331280	1230626	5100654	
15720715	6630494	9090221	2644656	6445565	408349
38052164	24731249	13320915	6080020	7240895	2615976
13398726	5129425	8269301	2109495	6159806	674473
4423842	1681947	2741895	1158879	1583016	153634
7705552	4200939	3504613	1138194	2366419	1015672
19537925	8696232	10841692	2631325	8210367	966775
9617968	4427541	5190426	1000300	4190126	409159
10209981	4394176	5815805	1181084	4634721	434827
2646321	892680	1753641	302608	1451033	505962
11672912	4815758	6857154	1502333	5354821	401707
5634475	2190086	3444389	778659	2665730	286402
1852561	805641	1046920	306683	740237	648162
2485553	923234	1562320	442833	1119487	98980
6824775	3263833	3560942	1123004	2437938	1579982
1200681	843269	357412	201886	155526	136849
2391508	1164560	1226948	355096	871852	4460
1644514	734151	910363	400944	509419	151988
3381473	1414765	1966708	444757	1521951	
8312967	6792474	1520493	1113746	406747	2015292

4-39 教育经费支出明细

地区	合计	个人部分	工资福利支出	对个人和家庭的补助支出	#助学金
合计	**1264879436**	**886966548**	**766463148**	**120503400**	**41539093**
北京	34831790	22305464	21371370	934094	191113
天津	14615821	11127057	10380551	746506	58600
河北	57628122	40499550	36199867	4299683	1303095
山西	26483805	19107841	17307379	1800462	615695
内蒙古	24172836	18242001	13742947	4499054	729564
辽宁	23692084	18397985	16797305	1600680	298500
吉林	19298912	14280116	10711583	3568533	255356
黑龙江	22287395	17654118	13441848	4212271	253163
上海	26821430	17469388	16673549	795839	541052
江苏	79918905	56658770	51094468	5564302	1204987
浙江	64934345	44783993	41297892	3486101	1515718
安徽	49647642	34279714	28826749	5452965	1368298
福建	37586087	25695144	23656905	2038239	533494
江西	42933006	25405378	22594225	2811153	1322483
山东	76549137	52821581	47998628	4822953	1043300
河南	74117538	49574740	44113375	5461365	3301614
湖北	41240461	29707761	26279010	3428751	1132137
湖南	49934921	33815189	28918084	4897105	2318905
广东	134641527	93983641	76849670	17133972	2612993
广西	43438803	29365604	25758595	3607008	1862203
海南	12738441	8160965	7528522	632442	296252
重庆	32161832	23447844	20092948	3354896	1285673
四川	67937780	47433831	39855588	7578242	3807923
贵州	41706546	31679419	25723212	5956207	2702753
云南	52857975	42213168	35801683	6411485	4523219
西藏	9899793	6747510	5045962	1701548	1492368
陕西	30882572	18832029	15962359	2869670	1633205
甘肃	24837308	18920700	12494994	6425706	1234395
青海	8722897	6222174	5369938	852236	515788
宁夏	7512076	4927543	4441814	485729	294098
新疆	30847648	23206331	20132126	3074205	1291146
大连	5115574	3778044	3358993	419051	45242
宁波	9193741	6797772	6385430	412343	162741
厦门	5808602	4012099	3526266	485833	56506
青岛	10722665	7341192	6546518	794674	104441
深圳	27426210	17097951	13686390	3411561	317990

(地方小学)

单位：千元

公用部分	商品和服务支出	其他资本性支出	专项公用支出	专项项目支出	基本建设支出
362453699	**169184170**	**193269529**	**52404455**	**140865074**	**15459189**
11839603	9100733	2738869	1827366	911504	686724
3438664	2240085	1198579	453459	745121	50100
16898910	7392949	9505960	3054562	6451398	229663
7159046	3885645	3273401	1040578	2232822	216918
5730943	2610547	3120395	978038	2142357	199892
5092039	3239628	1852411	588954	1263457	202060
4864200	2399073	2465127	712370	1752758	154596
4503587	2418375	2085212	553554	1531658	129690
9322626	6115569	3207057	2060274	1146783	29416
23164488	8831551	14332937	3372819	10960119	95647
18806375	9075058	9731318	2500694	7230624	1343976
15196983	5644828	9552154	2112505	7439649	170946
11538540	4724490	6814050	2056873	4757177	352404
17073687	4220105	12853581	2242198	10611384	453942
23659228	8720726	14938502	2928834	12009669	68328
23644835	10951915	12692920	2455143	10237776	897963
11532700	5214265	6318435	1217840	5100595	
15711383	6623211	9088172	2642607	6445565	408349
38041910	24723393	13318517	6077885	7240632	2615976
13398726	5129425	8269301	2109495	6159806	674473
4423842	1681947	2741895	1158879	1583016	153634
7698316	4194684	3503632	1137213	2366419	1015672
19537175	8695483	10841692	2631325	8210367	966775
9617968	4427541	5190426	1000300	4190126	409159
10209981	4394176	5815805	1181084	4634721	434827
2646321	892680	1753641	302608	1451033	505962
11648836	4800147	6848689	1499266	5349423	401707
5630207	2189063	3441144	777663	2663480	286402
1852561	805641	1046920	306683	740237	648162
2485553	923234	1562320	442833	1119487	98980
6084470	2918003	3166467	980555	2185912	1556847
1200681	843269	357412	201886	155526	136849
2391508	1164560	1226948	355096	871852	4460
1644514	734151	910363	400944	509419	151988
3381473	1414765	1966708	444757	1521951	
8312967	6792474	1520493	1113746	406747	2015292

4-40 教育经费支出明细

地区	合计	个人部分	工资福利支出	对个人和家庭的补助支出	#助学金
合计	**1268787287**	**889856253**	**768942131**	**120914122**	**41623907**
北京	35176295	22533317	21578072	955245	191833
天津	14659040	11161342	10405502	755840	58600
河北	57628122	40499550	36199867	4299683	1303095
山西	26486395	19110326	17309864	1800462	615695
内蒙古	24172836	18242001	13742947	4499054	729564
辽宁	23692084	18397985	16797305	1600680	298500
吉林	19298912	14280116	10711583	3568533	255356
黑龙江	22462649	17797543	13548328	4249215	253346
上海	26833178	17478261	16682198	796063	541052
江苏	79918905	56658770	51094468	5564302	1204987
浙江	64934345	44783993	41297892	3486101	1515718
安徽	49647642	34279714	28826749	5452965	1368298
福建	37577984	25688535	23650297	2038239	533494
江西	42933006	25405378	22594225	2811153	1322483
山东	76549137	52821581	47998628	4822953	1043300
河南	74128219	49583476	44118430	5465045	3301614
湖北	41364639	29793848	26350931	3442917	1132137
湖南	49970750	33841686	28944537	4897149	2318905
广东	134738443	94070302	76928123	17142179	2613461
广西	43438753	29365604	25758595	3607008	1862203
海南	12738441	8160965	7528522	632442	296252
重庆	32197421	23476294	20117056	3359238	1285673
四川	67947669	47442969	39864720	7578250	3807930
贵州	41706546	31679419	25723212	5956207	2702753
云南	52857975	42213168	35801683	6411485	4523219
西藏	9899793	6747510	5045962	1701548	1492368
陕西	30985037	18910418	16037703	2872715	1633205
甘肃	24852796	18931919	12506124	6425796	1234486
青海	8731038	6230316	5369938	860377	515788
宁夏	7512076	4927543	4441814	485729	294098
新疆	33747160	25342403	21966854	3375549	1374493
大连	5115574	3778044	3358993	419051	45242
宁波	9193741	6797772	6385430	412343	162741
厦门	5808602	4012099	3526266	485833	56506
青岛	10722665	7341192	6546518	794674	104441
深圳	27426210	17097951	13686390	3411561	317990

(普通小学)

单位：千元

公用部分	商品和服务支出	其他资本性支出	专项公用支出	专项项目支出	基本建设支出
363448711	**169707693**	**193741018**	**52604307**	**141136710**	**15482324**
11956254	9186696	2769558	1852464	917094	686724
3447598	2246186	1201413	454672	746741	50100
16898910	7392949	9505960	3054562	6451398	229663
7159151	3885750	3273401	1040578	2232822	216918
5730943	2610547	3120395	978038	2142357	199892
5092039	3239628	1852411	588954	1263457	202060
4864200	2399073	2465127	712370	1752758	154596
4535416	2436587	2098830	562188	1536641	129690
9325501	6117927	3207575	2060792	1146783	29416
23164488	8831551	14332937	3372819	10960119	95647
18806375	9075058	9731318	2500694	7230624	1343976
15196983	5644828	9552154	2112505	7439649	170946
11537045	4723645	6813400	2056776	4756624	352404
17073687	4220105	12853581	2242198	10611384	453942
23659228	8720726	14938502	2928834	12009669	68328
23646781	10953838	12692942	2455166	10237776	897963
11570792	5239512	6331280	1230626	5100654	
15720715	6630494	9090221	2644656	6445565	408349
38052164	24731249	13320915	6080020	7240895	2615976
13398676	5129375	8269301	2109495	6159806	674473
4423842	1681947	2741895	1158879	1583016	153634
7705455	4200842	3504613	1138194	2366419	1015672
19537925	8696232	10841692	2631325	8210367	966775
9617968	4427541	5190426	1000300	4190126	409159
10209981	4394176	5815805	1181084	4634721	434827
2646321	892680	1753641	302608	1451033	505962
11672912	4815758	6857154	1502333	5354821	401707
5634475	2190086	3444389	778659	2665730	286402
1852561	805641	1046920	306683	740237	648162
2485553	923234	1562320	442833	1119487	98980
6824775	3263833	3560942	1123004	2437938	1579982
1200681	843269	357412	201886	155526	136849
2391508	1164560	1226948	355096	871852	4460
1644514	734151	910363	400944	509419	151988
3381473	1414765	1966708	444757	1521951	
8312967	6792474	1520493	1113746	406747	2015292

4-41 教育经费支出明细

地区	合计	个人部分	工资福利支出	对个人和家庭的补助支出	#助学金
合计	**1264867244**	**886959730**	**766456330**	**120503400**	**41539093**
北京	34828059	22305464	21371370	934094	191113
天津	14615821	11127057	10380551	746506	58600
河北	57628122	40499550	36199867	4299683	1303095
山西	26483805	19107841	17307379	1800462	615695
内蒙古	24172836	18242001	13742947	4499054	729564
辽宁	23692084	18397985	16797305	1600680	298500
吉林	19298912	14280116	10711583	3568533	255356
黑龙江	22287395	17654118	13441848	4212271	253163
上海	26821430	17469388	16673549	795839	541052
江苏	79918905	56658770	51094468	5564302	1204987
浙江	64934345	44783993	41297892	3486101	1515718
安徽	49647642	34279714	28826749	5452965	1368298
福建	37577984	25688535	23650297	2038239	533494
江西	42933006	25405378	22594225	2811153	1322483
山东	76549137	52821581	47998628	4822953	1043300
河南	74117538	49574740	44113375	5461365	3301614
湖北	41240461	29707761	26279010	3428751	1132137
湖南	49934921	33815189	28918084	4897105	2318905
广东	134641527	93983641	76849670	17133972	2612993
广西	43438753	29365604	25758595	3607008	1862203
海南	12738441	8160965	7528522	632442	296252
重庆	32161525	23447634	20092738	3354896	1285673
四川	67937780	47433831	39855588	7578242	3807923
贵州	41706546	31679419	25723212	5956207	2702753
云南	52857975	42213168	35801683	6411485	4523219
西藏	9899793	6747510	5045962	1701548	1492368
陕西	30882572	18832029	15962359	2869670	1633205
甘肃	24837308	18920700	12494994	6425706	1234395
青海	8722897	6222174	5369938	852236	515788
宁夏	7512076	4927543	4441814	485729	294098
新疆	30847648	23206331	20132126	3074205	1291146
大连	5115574	3778044	3358993	419051	45242
宁波	9193741	6797772	6385430	412343	162741
厦门	5808602	4012099	3526266	485833	56506
青岛	10722665	7341192	6546518	794674	104441
深圳	27426210	17097951	13686390	3411561	317990

(地方普通小学)

单位：千元

公用部分	商品和服务支出	其他资本性支出	专项公用支出	专项项目支出	基本建设支出
362448325	**169179447**	**193268878**	**52404358**	**140864520**	**15459189**
11835871	9097002	2738869	1827366	911504	686724
3438664	2240085	1198579	453459	745121	50100
16898910	7392949	9505960	3054562	6451398	229663
7159046	3885645	3273401	1040578	2232822	216918
5730943	2610547	3120395	978038	2142357	199892
5092039	3239628	1852411	588954	1263457	202060
4864200	2399073	2465127	712370	1752758	154596
4503587	2418375	2085212	553554	1531658	129690
9322626	6115569	3207057	2060274	1146783	29416
23164488	8831551	14332937	3372819	10960119	95647
18806375	9075058	9731318	2500694	7230624	1343976
15196983	5644828	9552154	2112505	7439649	170946
11537045	4723645	6813400	2056776	4756624	352404
17073687	4220105	12853581	2242198	10611384	453942
23659228	8720726	14938502	2928834	12009669	68328
23644835	10951915	12692920	2455143	10237776	897963
11532700	5214265	6318435	1217840	5100595	
15711383	6623211	9088172	2642607	6445565	408349
38041910	24723393	13318517	6077885	7240632	2615976
13398676	5129375	8269301	2109495	6159806	674473
4423842	1681947	2741895	1158879	1583016	153634
7698218	4194587	3503632	1137213	2366419	1015672
19537175	8695483	10841692	2631325	8210367	966775
9617968	4427541	5190426	1000300	4190126	409159
10209981	4394176	5815805	1181084	4634721	434827
2646321	892680	1753641	302608	1451033	505962
11648836	4800147	6848689	1499266	5349423	401707
5630207	2189063	3441144	777663	2663480	286402
1852561	805641	1046920	306683	740237	648162
2485553	923234	1562320	442833	1119487	98980
6084470	2918003	3166467	980555	2185912	1556847
1200681	843269	357412	201886	155526	136849
2391508	1164560	1226948	355096	871852	4460
1644514	734151	910363	400944	509419	151988
3381473	1414765	1966708	444757	1521951	
8312967	6792474	1520493	1113746	406747	2015292

4-42 教育经费支出明细

地区	合计	个人部分	工资福利支出	对个人和家庭的补助支出	#助学金
合计	**757648567**	**555245641**	**475472552**	**79773089**	**30504646**
北京	6246759	4209468	3992120	217348	65713
天津	3454277	2922538	2712141	210396	259
河北	42979872	30252348	26966448	3285899	1131468
山西	17715527	13500761	12262045	1238716	433134
内蒙古	17670781	13596843	9880112	3716731	564032
辽宁	10390129	8682202	7818763	863439	165913
吉林	12452355	9504752	7220734	2284017	193468
黑龙江	14088191	11306094	8519731	2786363	107855
上海	3428788	2622960	2502337	120623	67734
江苏	36411648	26756429	24071157	2685272	340782
浙江	31010681	21921459	19792108	2129351	888005
安徽	37169739	26479421	22149407	4330014	1179211
福建	21755023	15662335	14509550	1152785	143148
江西	31800967	19142004	17339503	1802501	815616
山东	43789571	31657905	28809334	2848571	521932
河南	53350250	36961402	33131003	3830399	2436649
湖北	23160693	17318071	15350121	1967950	864341
湖南	33722910	24061997	20478882	3583115	1921070
广东	47353048	35384102	29173284	6210817	1016997
广西	33517300	23399590	20161672	3237918	1734936
海南	8863170	5854774	5492353	362421	151107
重庆	18883965	14848337	12501137	2347200	935629
四川	48983544	35391377	29502582	5888795	2992266
贵州	32714189	26141289	21148358	4992932	2534718
云南	42518009	35330479	30086370	5244109	3652159
西藏	7840878	5551807	4220955	1330852	1162658
陕西	19640159	12778115	10535355	2242760	1306059
甘肃	20061788	15559521	10391264	5168257	1148735
青海	6819964	4903047	4188478	714569	492942
宁夏	4617500	3436822	3089509	347313	215519
新疆	25236892	20107392	17475738	2631654	1320592
大连	1114962	915081	741769	173312	6628
宁波	3843983	2753314	2535397	217917	92624
厦门	995725	763098	555448	207650	6435
青岛	3022014	2343791	2101059	242732	25217
深圳					

(农村小学)

单位：千元

公用部分	商品和服务支出	其他资本性支出	专项公用支出	专项项目支出	基本建设支出
195507303	**87033579**	**108473724**	**25979087**	**82494637**	**6895623**
1878050	1262896	615154	301437	313717	159240
531739	399035	132704	56573	76130	
12559664	5435100	7124564	2246292	4878272	167860
4114552	2374125	1740427	499118	1241309	100214
3952066	1754263	2197803	628010	1569793	121872
1694782	1082649	612134	191242	420891	13145
2880763	1411041	1469722	395283	1074439	66840
2713852	1455505	1258346	303809	954538	68246
805828	688220	117608	96168	21441	
9650753	3753013	5897741	1349289	4548452	4466
8313610	3977341	4336269	1214532	3121737	775612
10553852	4312158	6241695	1584919	4656775	136466
5967877	2537438	3430438	1096666	2333773	124812
12328576	3117291	9211285	1648566	7562719	330387
12089914	4533749	7556165	1292573	6263592	41751
16171446	7998547	8172899	1588019	6584880	217401
5842622	2438818	3403803	502626	2901177	
9448525	4276082	5172443	1054159	4118285	212389
11924885	7034810	4890075	2111619	2778456	44061
9711480	3842401	5869079	1422284	4446795	406230
2857641	1035993	1821648	710946	1110702	150755
3863162	2056881	1806282	504487	1301795	172465
12779769	5514096	7265673	1230053	6035620	812397
6272492	3161604	3110887	595290	2515598	300408
7037147	3297349	3739798	785234	2954564	150384
2016141	645197	1370944	261064	1109880	272930
6705099	2715005	3990093	744764	3245329	156946
4273646	1665769	2607877	548780	2059097	228622
1387413	560855	826558	230321	596237	529503
1131018	555984	575034	176978	398056	49660
4048938	2140363	1908575	607986	1300589	1080562
199880	110434	89446	31459	57987	
1090669	480443	610226	210936	399290	
222295	96614	125681	74791	50889	10332
678223	290715	387509	37592	349917	

4-43 教育经费支出明细

地区	合计	个人部分	工资福利支出	对个人和家庭的补助支出	#助学金
合计	**755067951**	**553306415**	**473794631**	**79511784**	**30433083**
北京	6246759	4209468	3992120	217348	65713
天津	3454277	2922538	2712141	210396	259
河北	42979872	30252348	26966448	3285899	1131468
山西	17712937	13498276	12259560	1238716	433134
内蒙古	17670781	13596843	9880112	3716731	564032
辽宁	10390129	8682202	7818763	863439	165913
吉林	12452355	9504752	7220734	2284017	193468
黑龙江	13971278	11212954	8452964	2759991	107704
上海	3428788	2622960	2502337	120623	67734
江苏	36411648	26756429	24071157	2685272	340782
浙江	31010681	21921459	19792108	2129351	888005
安徽	37169739	26479421	22149407	4330014	1179211
福建	21755023	15662335	14509550	1152785	143148
江西	31800967	19142004	17339503	1802501	815616
山东	43789571	31657905	28809334	2848571	521932
河南	53350250	36961402	33131003	3830399	2436649
湖北	23160693	17318071	15350121	1967950	864341
湖南	33722910	24061997	20478882	3583115	1921070
广东	47268402	35308796	29105364	6203432	1016539
广西	33517300	23399590	20161672	3237918	1734936
海南	8863170	5854774	5492353	362421	151107
重庆	18883965	14848337	12501137	2347200	935629
四川	48983544	35391377	29502582	5888795	2992266
贵州	32714189	26141289	21148358	4992932	2534718
云南	42518009	35330479	30086370	5244109	3652159
西藏	7840878	5551807	4220955	1330852	1162658
陕西	19640159	12778115	10535355	2242760	1306059
甘肃	20046300	15548301	10380134	5168167	1148645
青海	6819964	4903047	4188478	714569	492942
宁夏	4617500	3436822	3089509	347313	215519
新疆	22875914	18350316	15946120	2404196	1249729
大连	1114962	915081	741769	173312	6628
宁波	3843983	2753314	2535397	217917	92624
厦门	995725	763098	555448	207650	6435
青岛	3022014	2343791	2101059	242732	25217
深圳					

(地方农村小学)

单位：千元

公用部分	商品和服务支出	其他资本性支出			基本建设支出
			专项公用支出	专项项目支出	
194886290	**86738089**	**108148200**	**25849182**	**82299018**	**6875246**
1878050	1262896	615154	301437	313717	159240
531739	399035	132704	56573	76130	
12559664	5435100	7124564	2246292	4878272	167860
4114447	2374020	1740427	499118	1241309	100214
3952066	1754263	2197803	628010	1569793	121872
1694782	1082649	612134	191242	420891	13145
2880763	1411041	1469722	395283	1074439	66840
2690078	1443819	1246259	296705	949554	68246
805828	688220	117608	96168	21441	
9650753	3753013	5897741	1349289	4548452	4466
8313610	3977341	4336269	1214532	3121737	775612
10553852	4312158	6241695	1584919	4656775	136466
5967877	2537438	3430438	1096666	2333773	124812
12328576	3117291	9211285	1648566	7562719	330387
12089914	4533749	7556165	1292573	6263592	41751
16171446	7998547	8172899	1588019	6584880	217401
5842622	2438818	3403803	502626	2901177	
9448525	4276082	5172443	1054159	4118285	212389
11915544	7027868	4887677	2109483	2778193	44061
9711480	3842401	5869079	1422284	4446795	406230
2857641	1035993	1821648	710946	1110702	150755
3863162	2056881	1806282	504487	1301795	172465
12779769	5514096	7265673	1230053	6035620	812397
6272492	3161604	3110887	595290	2515598	300408
7037147	3297349	3739798	785234	2954564	150384
2016141	645197	1370944	261064	1109880	272930
6705099	2715005	3990093	744764	3245329	156946
4269378	1664746	2604631	547784	2056847	228622
1387413	560855	826558	230321	596237	529503
1131018	555984	575034	176978	398056	49660
3465413	1864629	1600784	488316	1112468	1060186
199880	110434	89446	31459	57987	
1090669	480443	610226	210936	399290	
222295	96614	125681	74791	50889	10332
678223	290715	387509	37592	349917	

4-44 教育经费支出明细

地区	合计	个人部分	工资福利支出	对个人和家庭的补助支出	#助学金
合计	**12192**	**6818**	**6818**		
北京	3731				
天津					
河北					
山西					
内蒙古					
辽宁					
吉林					
黑龙江					
上海					
江苏					
浙江					
安徽					
福建	8103	6608	6608		
江西					
山东					
河南					
湖北					
湖南					
广东					
广西	50				
海南					
重庆	307	210	210		
四川					
贵州					
云南					
西藏					
陕西					
甘肃					
青海					
宁夏					
新疆					
大连					
宁波					
厦门					
青岛					
深圳					

（成人小学）

单位：千元

公用部分	商品和服务支出	其他资本性支出	专项公用支出	专项项目支出	基本建设支出
5374	**4723**	**651**	**97**	**554**	
3731	3731				
1495	844	651	97	554	
50	50				
97	97				

4-45 教育经费支出明细

地区	合计	个人部分	工资福利支出	对个人和家庭的补助支出	#助学金
合计	**16504131**	**10756038**	**9583749**	**1172289**	**347535**
北京	555713	423067	403525	19542	3285
天津	283063	194086	181725	12361	177
河北	643117	437583	414119	23464	7743
山西	335433	232353	216719	15634	4544
内蒙古	300854	215139	189783	25356	5717
辽宁	573492	422982	377205	45777	9725
吉林	353002	236858	173136	63722	6256
黑龙江	441178	321378	262800	58577	9209
上海	821887	593274	572010	21264	12963
江苏	1269906	820675	749894	70781	23714
浙江	935889	579349	541525	37824	17082
安徽	648140	291933	254753	37180	12221
福建	596235	386290	349532	36757	18878
江西	363761	198694	174257	24438	7629
山东	1232819	821770	734705	87064	30798
河南	719045	502880	461854	41026	14319
湖北	472269	343115	302910	40205	11968
湖南	579425	358822	321393	37429	14143
广东	1883813	1120320	912046	208274	17892
广西	361712	229536	209390	20146	9570
海南	105784	56753	52226	4527	3199
重庆	292415	205352	184068	21284	10619
四川	682687	460623	406572	54051	23209
贵州	447932	333469	271743	61725	27714
云南	509194	319114	289790	29324	19849
西藏	125189	69077	61406	7671	6214
陕西	299055	198527	187242	11285	6265
甘肃	189708	124865	96971	27894	3303
青海	117476	48390	43666	4724	1954
宁夏	139050	64930	55696	9234	2671
新疆	224885	144835	131086	13749	4704
大连	117559	93909	90454	3454	1035
宁波	99642	73965	69901	4064	2377
厦门	97347	42669	38460	4209	620
青岛	251181	153162	128189	24973	6943
深圳	317632	180341	132629	47712	26

(特殊教育)

单位：千元

公用部分	商品和服务支出	其他资本性支出			基本建设支出
			专项公用支出	专项项目支出	
5375165	**2848583**	**2526581**	**1002211**	**1524371**	**372928**
128732	99954	28778	18410	10368	3914
88977	51531	37446	30954	6492	
205244	95891	109353	37558	71795	291
101951	62662	39289	25859	13429	1129
83680	52995	30685	17168	13516	2035
145301	99215	46086	21162	24924	5208
116144	49942	66202	34008	32194	
119800	64309	55492	29625	25867	
228008	176583	51425	38913	12512	604
358019	165641	192377	65412	126965	91212
332173	173030	159143	35812	123332	24367
265553	84292	181261	43481	137781	90654
186825	78720	108106	38607	69499	23120
160581	72922	87659	43923	43735	4486
393912	171455	222457	79960	142497	17138
216165	132470	83695	31851	51844	
126967	73626	53342	24377	28965	2187
220603	106175	114428	27881	86547	
717938	353639	364298	128901	235397	45555
131261	70240	61021	24883	36138	915
49030	21666	27364	9439	17925	
87064	59887	27177	15060	12117	
221564	160010	61554	26454	35100	500
114207	87675	26531	18273	8258	257
190080	111239	78840	30555	48286	
28012	7974	20038	9076	10962	28100
100528	56413	44116	17945	26171	
53647	33610	20037	5896	14141	11196
49527	16798	32729	13843	18886	19560
74121	30673	43448	38571	4877	
79550	27343	52207	18354	33853	500
23650	19598	4052	2773	1280	
24615	19186	5429	4128	1300	1062
31558	14334	17224	15076	2147	23120
98019	46067	51952	34057	17895	
96381	83275	13105	13105		40910

4-46 教育经费支出明细

地区	合计	个人部分	工资福利支出	对个人和家庭的补助支出	#助学金
合计	**15784453**	**10254153**	**9129606**	**1124547**	**341922**
北京	436670	335770	322245	13524	2546
天津	263066	176137	166287	9850	177
河北	643117	437583	414119	23464	7743
山西	317873	220940	206437	14504	4544
内蒙古	300854	215139	189783	25356	5717
辽宁	522088	381164	338648	42517	9676
吉林	338969	229688	168779	60908	5837
黑龙江	434411	317263	259203	58060	9194
上海	663535	481083	463398	17685	11901
江苏	1269906	820675	749894	70781	23714
浙江	908244	568478	531167	37311	16787
安徽	629741	277871	244043	33828	12221
福建	596235	386290	349532	36757	18878
江西	354140	192146	167711	24435	7629
山东	1232819	821770	734705	87064	30798
河南	698538	490040	450515	39525	14204
湖北	453917	329263	291655	37608	11030
湖南	560596	343090	307267	35823	14126
广东	1833797	1088892	888898	199995	17892
广西	355587	224599	204610	19988	9570
海南	105784	56753	52226	4527	3199
重庆	283275	198024	177400	20624	10607
四川	632625	425323	372707	52616	22932
贵州	378543	287349	232497	54852	26360
云南	492666	307378	278904	28474	19532
西藏	125189	69077	61406	7671	6214
陕西	283279	190389	179188	11201	6265
甘肃	189708	124865	96971	27894	3303
青海	117476	48390	43666	4724	1954
宁夏	139050	64930	55696	9234	2671
新疆	222753	143796	130047	13749	4704
大连	108541	86016	82720	3296	1035
宁波	99642	73965	69901	4064	2377
厦门	97347	42669	38460	4209	620
青岛	251181	153162	128189	24973	6943
深圳	306942	172035	126768	45267	26

(特殊教育学校)

单位：千元

公用部分	商品和服务支出	其他资本性支出	专项公用支出	专项项目支出	基本建设支出
5163794	**2695458**	**2468336**	**968550**	**1499786**	**366506**
100900	78744	22156	11838	10318	
86929	49496	37434	30941	6492	
205244	95891	109353	37558	71795	291
95803	58253	37551	25396	12155	1129
83680	52995	30685	17168	13516	2035
137967	92659	45309	20703	24606	2957
109281	45584	63697	31503	32194	
117149	62623	54526	29625	24901	
181848	137774	44074	31807	12266	604
358019	165641	192377	65412	126965	91212
315400	170249	145151	35198	109953	24367
261216	80963	180252	42476	137777	90654
186825	78720	108106	38607	69499	23120
157509	71065	86444	43923	42520	4486
393912	171455	222457	79960	142497	17138
208499	127651	80848	30273	50575	
122467	69377	53090	24125	28965	2187
217506	103734	113772	27525	86247	
699349	338626	360723	125326	235397	45555
130073	69070	61003	24865	36138	915
49030	21666	27364	9439	17925	
85251	58197	27054	15031	12022	
206802	146992	59810	25368	34442	500
91194	72532	18662	12864	5798	
185287	109456	75831	28442	47389	
28012	7974	20038	9076	10962	28100
92890	50737	42153	17437	24715	
53647	33610	20037	5896	14141	11196
49527	16798	32729	13843	18886	19560
74121	30673	43448	38571	4877	
78458	26251	52207	18354	33853	500
22525	18516	4009	2730	1280	
24615	19186	5429	4128	1300	1062
31558	14334	17224	15076	2147	23120
98019	46067	51952	34057	17895	
93997	81177	12820	12820		40910

4-47 教育经费支出明细

地区	合计	个人部分	工资福利支出	对个人和家庭的补助支出	#助学金
合计	**719678**	**501885**	**454142**	**47743**	**5613**
北京	119043	87297	81279	6018	739
天津	19998	17949	15439	2511	
河北					
山西	17560	11413	10282	1131	
内蒙古					
辽宁	51403	41818	38557	3261	49
吉林	14033	7170	4356	2813	420
黑龙江	6767	4115	3597	518	15
上海	158352	112191	108612	3579	1062
江苏					
浙江	27645	10872	10358	513	295
安徽	18399	14062	10710	3352	
福建					
江西	9621	6548	6545	3	
山东					
河南	20507	12840	11339	1501	116
湖北	18352	13852	11255	2597	938
湖南	18829	15732	14126	1606	18
广东	50017	31428	23149	8279	
广西	6125	4937	4780	157	
海南					
重庆	9140	7327	6667	660	13
四川	50062	35300	33865	1435	278
贵州	69389	46120	39246	6874	1353
云南	16529	11736	10887	850	318
西藏					
陕西	15776	8138	8053	84	
甘肃					
青海					
宁夏					
新疆	2132	1039	1039		
大连	9018	7893	7734	159	
宁波					
厦门					
青岛					
深圳	10690	8306	5861	2445	

（工读学校）

单位：千元

公用部分	商品和服务支出	其他资本性支出			基本建设支出
			专项公用支出	专项项目支出	
211371	**153125**	**58246**	**33661**	**24585**	**6422**
27832	21210	6622	6572	50	3914
2048	2036	13	13		
6147	4410	1738	463	1274	
7334	6557	777	460	318	2251
6863	4357	2505	2505		
2652	1686	966		966	
46161	38809	7351	7106	246	
16773	2782	13992	614	13378	
4337	3329	1009	1005	4	
3072	1857	1215		1215	
7667	4820	2847	1578	1269	
4501	4248	252	252		
3097	2440	657	357	300	
18589	15014	3575	3575		
1188	1170	18	18		
1813	1690	123	29	95	
14763	13018	1744	1086	658	
23012	15143	7869	5409	2460	257
4792	1783	3009	2113	896	
7638	5676	1963	507	1455	
1093	1093				
1125	1082	43	43		
2384	2098	286	286		

4-48 教育经费支出明细

地区	合计	个人部分	工资福利支出	对个人和家庭的补助支出	#助学金
合计	**365287094**	**225505839**	**211723849**	**13781990**	**6801196**
北京	16011715	9305426	9015556	289870	2594
天津	4994188	3128565	3001941	126624	1586
河北	14119650	9208757	8956566	252191	50060
山西	5659709	3570821	3350303	220519	144562
内蒙古	6875226	4034818	3619555	415263	119960
辽宁	6576396	4143317	4039757	103560	23804
吉林	4155313	2589230	2437641	151589	25460
黑龙江	3902760	2531943	2386901	145041	10672
上海	17661057	10611641	10500655	110986	53092
江苏	26613984	16965089	16436039	529050	231512
浙江	26118632	15599459	15226511	372948	69078
安徽	9949949	6086715	5790271	296444	134253
福建	13162920	8112071	7922035	190036	43194
江西	9170968	4882481	4675576	206905	91138
山东	20055397	12153454	11658647	494808	276820
河南	19487570	12053731	11707539	346192	221059
湖北	11295870	7174577	6891833	282744	112073
湖南	12515486	7733541	7275130	458411	327383
广东	43089777	28582483	26352481	2230002	666261
广西	8534942	5301808	5068172	233637	106050
海南	3265918	1838391	1735125	103266	68041
重庆	6880966	3915023	3564340	350683	291358
四川	17808172	10540119	9654007	886112	566766
贵州	10423849	6737250	5993396	743854	460834
云南	9176751	5879907	5473144	406763	283563
西藏	2577516	1559633	1195888	363744	319065
陕西	11513193	6645230	6240266	404964	283857
甘肃	6288298	4135052	3222039	913014	404482
青海	1871178	992685	829225	163460	110249
宁夏	1607561	920905	836108	84797	51188
新疆	13922181	8571718	6667206	1904512	1251182
大连	1677283	1088655	1075837	12818	6545
宁波	4193053	2827135	2786119	41016	8077
厦门	2464573	1424780	1360496	64284	2737
青岛	3274637	1892194	1842877	49317	16695
深圳	8816351	5804188	4761982	1042206	332472

(幼儿园)

单位：千元

公用部分	商品和服务支出	其他资本性支出	专项公用支出	专项项目支出	基本建设支出
136259865	**86793719**	**49466145**	**16085565**	**33380581**	**3521391**
6636079	5255151	1380928	968792	412136	70210
1860531	1174378	686152	210130	476022	5093
4903908	3298253	1605654	550733	1054921	6985
2063681	1463129	600552	203524	397028	25207
2745883	1704632	1041251	264475	776776	94526
2384497	1905440	479057	225920	253137	48583
1553987	934289	619698	192890	426808	12096
1360712	1020575	340138	103240	236897	10105
7038172	5552993	1485178	762005	723173	11244
9610507	4758086	4852421	1440955	3411467	38388
10284933	5823268	4461666	1067800	3393865	234240
3818334	1811857	2006477	532106	1474371	44900
4983405	2817475	2165930	847124	1318806	67444
4192582	1568915	2623667	573744	2049924	95905
7900893	4815365	3085528	900645	2184883	1050
7390205	5452748	1937457	538927	1398531	43634
4121294	2757937	1363357	520485	842872	
4771785	3420463	1351323	477978	873345	10159
14269777	10998665	3271112	1700785	1570327	237517
3048717	1915098	1133618	392952	740666	184418
1417976	733677	684299	299377	384922	9552
2961087	2137182	823904	333890	490015	4856
6945842	4355029	2590813	701534	1889280	322211
3636512	1945728	1690784	372822	1317962	50087
3237554	1863508	1374047	381208	992838	59290
994667	354147	640520	177472	463048	23216
4752512	2726090	2026422	565839	1460583	115451
2083091	1190332	892758	252433	640326	70155
686432	405998	280434	66422	214012	192061
686656	395763	290893	67093	223800	
3917654	2237549	1680105	392266	1287839	1432808
559637	478239	81399	71367	10031	28991
1362918	760982	601936	116881	485054	3000
1025597	541450	484147	282325	201822	14196
1382442	801802	580641	177402	403239	
2933202	2618371	314831	185997	128834	78962

4-49 教育经费支出明细

地区	合计	个人部分	工资福利支出	对个人和家庭的补助支出	#助学金
合计	**361737691**	**222976539**	**209424741**	**13551798**	**6747735**
北京	14877208	8462470	8199179	263292	2594
天津	4913567	3068930	2942443	126487	1546
河北	14042206	9142379	8890366	252013	49882
山西	5648114	3562276	3342054	220222	144552
内蒙古	6864694	4026510	3611337	415173	119960
辽宁	6451143	4037977	3937671	100306	23715
吉林	4125730	2564782	2413312	151471	23460
黑龙江	3605454	2320894	2178671	142223	10412
上海	17478400	10507407	10397774	109633	53092
江苏	26498138	16866320	16341833	524486	231234
浙江	26112084	15593663	15221086	372577	69078
安徽	9920434	6061651	5765885	295766	134253
福建	13152816	8104120	7914297	189823	43194
江西	9170968	4882481	4675576	206905	91138
山东	20055397	12153454	11658647	494808	276820
河南	19325077	11914973	11569941	345032	219954
湖北	11231935	7120589	6839211	281378	112052
湖南	12494914	7721763	7263356	458407	327379
广东	43057396	28553701	26324532	2229169	666261
广西	8534411	5301510	5067874	233637	106050
海南	3237196	1814046	1712461	101585	66622
重庆	6832277	3877224	3527619	349604	291358
四川	17766978	10506398	9621235	885163	566716
贵州	10423849	6737250	5993396	743854	460834
云南	9168409	5872827	5466070	406757	283563
西藏	2577516	1559633	1195888	363744	319065
陕西	11483593	6620539	6216098	404441	283681
甘肃	6266864	4116631	3205055	911577	403356
青海	1859541	982790	819905	162885	109888
宁夏	1604227	917694	832896	84797	51188
新疆	12957137	8003658	6279074	1724584	1202837
大连	1642813	1060169	1047549	12621	6497
宁波	4193053	2827135	2786119	41016	8077
厦门	2459645	1421252	1356968	64284	2737
青岛	3274637	1892194	1842877	49317	16695
深圳	8816351	5804188	4761982	1042206	332472

(地方幼儿园)

单位：千元

公用部分	商品和服务支出	其他资本性支出	专项公用支出	专项项目支出	基本建设支出
135304446	**86179355**	**49125091**	**15994459**	**33130632**	**3456706**
6344527	5010923	1333604	929462	404143	70210
1839544	1155259	684285	209579	474706	5093
4892842	3288519	1604323	550732	1053591	6985
2060631	1462334	598297	203389	394908	25207
2743658	1703468	1040190	264294	775895	94526
2364583	1890734	473848	224395	249453	48583
1548871	931808	617064	192078	424986	12096
1274455	946485	327971	98417	229554	10105
6959749	5506332	1453417	758143	695274	11244
9593430	4744773	4848658	1439271	3409387	38388
10284181	5822662	4461519	1067712	3393807	234240
3813883	1809905	2003978	530827	1473151	44900
4981253	2815589	2165663	847015	1318648	67444
4192582	1568915	2623667	573744	2049924	95905
7900893	4815365	3085528	900645	2184883	1050
7366470	5430869	1935601	537791	1397810	43634
4111346	2749714	1361632	518760	842872	
4762991	3412651	1350341	476996	873345	10159
14266178	10996048	3270130	1700137	1569993	237517
3048483	1914865	1133618	392952	740666	184418
1414060	730938	683122	298352	384770	9090
2950198	2131107	819090	331091	488000	4856
6938368	4348948	2589420	700846	1888574	322211
3636512	1945728	1690784	372822	1317962	50087
3236293	1862711	1373581	380920	992661	59290
994667	354147	640520	177472	463048	23216
4747604	2722639	2024965	564932	1460033	115451
2080077	1188487	891590	251810	639781	70155
684689	404624	280065	66054	214012	192061
686533	395640	290893	67093	223800	
3584892	2117166	1467726	366732	1100994	1368586
553652	472806	80846	71105	9741	28991
1362918	760982	601936	116881	485054	3000
1024197	540050	484147	282325	201822	14196
1382442	801802	580641	177402	403239	
2933202	2618371	314831	185997	128834	78962

4-50 教育经费支出明细

地区	合计	个人部分	工资福利支出	对个人和家庭的补助支出	#助学金
合计	160331031	101244611	93632713	7611897	4909363
北京	2575166	1502966	1489457	13509	919
天津	681059	394236	378167	16069	913
河北	8775345	5819453	5714579	104874	23044
山西	2876535	1919576	1768234	151342	111484
内蒙古	3752154	2263718	1986113	277605	70696
辽宁	1269612	818704	800304	18400	7029
吉林	1624729	988782	948484	40298	10973
黑龙江	1595570	1064644	1018828	45816	6725
上海	2046192	1461212	1443025	18187	7266
江苏	9806306	6101005	5880581	220424	143655
浙江	10054831	6055277	5852524	202754	31240
安徽	6353570	3855586	3671591	183995	78364
福建	6056787	3797952	3701008	96945	32545
江西	6020789	3019155	2877841	141314	72290
山东	8721992	5431938	5157199	274739	169824
河南	11306112	7218367	7024915	193452	148246
湖北	4515543	2902840	2774425	128415	89564
湖南	7163221	4482813	4167289	315524	242202
广东	10563173	7538093	7231918	306174	193475
广西	4989275	3096237	2916161	180077	94036
海南	1724666	955414	889735	65679	47512
重庆	2428038	1378458	1133647	244811	226803
四川	9132729	5481314	4857537	623777	465570
贵州	7087978	4881424	4297788	583636	399676
云南	5208724	3435434	3154289	281145	216580
西藏	1608262	1125703	833593	292110	260659
陕西	6222736	3790311	3505597	284714	198269
甘肃	4310227	2894405	2281623	612782	251217
青海	1293978	667822	547685	120137	93103
宁夏	773894	433246	377065	56180	35854
新疆	9791840	6468526	4951512	1517014	1179628
大连	139947	95191	93076	2115	1567
宁波	1458747	966791	951667	15124	3891
厦门	213743	113057	95262	17795	569
青岛	520246	318030	309201	8828	7306
深圳					

（农村幼儿园）

单位：千元

公用部分	商品和服务支出	其他资本性支出			基本建设支出
			专项公用支出	专项项目支出	
57465508	**33465526**	**23999982**	**6524972**	**17475010**	**1620912**
1048145	742415	305730	254628	51102	24055
286822	117554	169268	8366	160902	
2950814	1929929	1020885	360112	660773	5077
943204	656728	286476	98614	187862	13755
1410702	852261	558441	141578	416863	77734
434200	354537	79663	33818	45845	16708
630974	341735	289239	64884	224354	4973
520820	360139	160681	48792	111889	10105
584980	493202	91777	77437	14340	
3705301	1595773	2109528	500029	1609499	
3859058	1964773	1894285	438071	1456214	140496
2464783	1139831	1324953	313582	1011370	33200
2207460	1268037	939423	310734	628690	51375
2980429	992021	1988408	404377	1584031	21205
3290055	2010570	1279485	339637	939848	
4074947	3148917	926030	198735	727295	12798
1612703	956543	656160	154133	502027	
2672319	1904433	767885	252302	515583	8089
3025078	2085483	939595	502852	436743	2
1826248	1059824	766423	222242	544181	66790
763795	336788	427006	172526	254481	5457
1048516	728880	319637	128776	190861	1064
3429560	1958102	1471458	288462	1182995	221856
2160695	1213611	947084	224134	722950	45859
1748182	967204	780978	191416	589562	25108
465923	173633	292290	111654	180636	16637
2407230	1415047	992183	234991	757192	25194
1361767	708882	652885	155150	497734	54056
468831	247286	221545	43250	178295	157325
340649	190807	149842	31290	118552	
2741320	1550582	1190739	218399	972340	581993
44755	39449	5306	4384	922	
491956	266253	225703	39578	186126	
100686	81504	19182	18414	767	
202216	98126	104091	32144	71946	

4-51 教育经费支出明细

地区	合计	个人部分	工资福利支出	对个人和家庭的补助支出	#助学金
合计	**159394582**	**100704910**	**93244793**	**7460117**	**4864051**
北京	2560466	1491994	1478485	13509	919
天津	669567	386307	370238	16069	913
河北	8763021	5808972	5704097	104874	23044
山西	2872417	1917713	1766371	151342	111484
内蒙古	3752154	2263718	1986113	277605	70696
辽宁	1269612	818704	800304	18400	7029
吉林	1624729	988782	948484	40298	10973
黑龙江	1560930	1042396	997719	44677	6509
上海	2046192	1461212	1443025	18187	7266
江苏	9806306	6101005	5880581	220424	143655
浙江	10054831	6055277	5852524	202754	31240
安徽	6353570	3855586	3671591	183995	78364
福建	6056276	3797712	3700767	96945	32545
江西	6020789	3019155	2877841	141314	72290
山东	8721992	5431938	5157199	274739	169824
河南	11264083	7180862	6987438	193424	148240
湖北	4515149	2902562	2774147	128415	89564
湖南	7162989	4482634	4167111	315523	242201
广东	10555628	7531913	7225739	306174	193475
广西	4989275	3096237	2916161	180077	94036
海南	1721071	952052	886373	65679	47512
重庆	2428038	1378458	1133647	244811	226803
四川	9132004	5480624	4856847	623777	465570
贵州	7087978	4881424	4297788	583636	399676
云南	5208724	3435434	3154289	281145	216580
西藏	1608262	1125703	833593	292110	260659
陕西	6221912	3789522	3504815	284707	198262
甘肃	4298675	2884283	2271800	612483	251150
青海	1293978	667822	547685	120137	93103
宁夏	773894	433246	377065	56180	35854
新疆	9000070	6041664	4674956	1366709	1134613
大连	139947	95191	93076	2115	1567
宁波	1458747	966791	951667	15124	3891
厦门	213743	113057	95262	17795	569
青岛	520246	318030	309201	8828	7306
深圳					

(地方农村幼儿园)

单位：千元

公用部分	商品和服务支出	其他资本性支出	专项公用支出	专项项目支出	基本建设支出
57129758	**33348204**	**23781554**	**6500124**	**17281430**	**1559914**
1044416	740152	304264	253506	50758	24055
283260	115695	167565	7979	159586	
2948973	1928088	1020885	360112	660773	5077
940949	656654	284295	98533	185762	13755
1410702	852261	558441	141578	416863	77734
434200	354537	79663	33818	45845	16708
630974	341735	289239	64884	224354	4973
508430	355605	152824	46199	106625	10105
584980	493202	91777	77437	14340	
3705301	1595773	2109528	500029	1609499	
3859058	1964773	1894285	438071	1456214	140496
2464783	1139831	1324953	313582	1011370	33200
2207189	1267950	939239	310670	628570	51375
2980429	992021	1988408	404377	1584031	21205
3290055	2010570	1279485	339637	939848	
4070423	3144417	926007	198712	727295	12798
1612587	956427	656160	154133	502027	
2672266	1904403	767863	252280	515583	8089
3023712	2084452	939260	502600	436661	2
1826248	1059824	766423	222242	544181	66790
763562	336597	426964	172492	254472	5457
1048516	728880	319637	128776	190861	1064
3429524	1958066	1471458	288462	1182995	221856
2160695	1213611	947084	224134	722950	45859
1748182	967204	780978	191416	589562	25108
465923	173633	292290	111654	180636	16637
2407195	1415013	992182	234990	757192	25194
1360336	708479	651857	154617	497239	54056
468831	247286	221545	43250	178295	157325
340649	190807	149842	31290	118552	
2437411	1450258	987153	198663	788490	520995
44755	39449	5306	4384	922	
491956	266253	225703	39578	186126	
100686	81504	19182	18414	767	
202216	98126	104091	32144	71946	

4-52 教育经费支出明细

地区	合计	个人部分	工资福利支出	对个人和家庭的补助支出	#助学金
合计	**37513936**	**21190832**	**16919824**	**4271008**	
北京	1067882	660887	580156	80731	
天津	356291	264697	244033	20664	
河北	844198	603567	498221	105346	
山西	986229	673368	580287	93082	
内蒙古	882372	553312	361344	191968	
辽宁	602566	405379	336911	68468	
吉林	458393	246067	178449	67618	
黑龙江	1295562	620355	422846	197508	
上海	399712	273241	256597	16644	
江苏	1677506	1013832	872138	141694	
浙江	1709870	938897	833567	105330	
安徽	1238681	648598	509424	139175	
福建	696047	384415	330468	53948	
江西	730230	381529	286307	95222	
山东	2577615	1671937	1476381	195555	
河南	1338917	691374	571133	120241	
湖北	1439022	879675	723584	156091	
湖南	2485556	1475571	1205703	269868	
广东	5053487	2171871	1480998	690873	
广西	477406	266357	227281	39076	
海南	389961	208615	171237	37378	
重庆	959586	366338	280333	86005	
四川	2494131	1316394	959898	356496	
贵州	1781620	1104084	897553	206531	
云南	1633518	872977	726011	146967	
西藏	366527	256249	224099	32150	
陕西	774733	363814	312314	51500	
甘肃	1144189	683121	418038	265084	
青海	378200	264717	181245	83472	
宁夏	197549	149403	140377	9026	
新疆	1076379	780193	632894	147299	
大连	98544	79585	69685	9900	
宁波	168580	119614	112461	7154	
厦门	85998	49791	41327	8464	
青岛	368714	220412	204601	15811	
深圳	976057	355344	206299	149045	

(教育行政单位)

单位：千元

公用部分	商品和服务支出	其他资本性支出			基本建设支出
			专项公用支出	专项项目支出	
16241198	**13177348**	**3063849**	**1725875**	**1337974**	**81906**
406995	394431	12565	12515	50	
91594	81302	10293	10121	172	
240631	212373	28257	22081	6177	
312861	261337	51524	36439	15085	
329060	289567	39493	26094	13400	
197187	175929	21258	16437	4821	
212325	193215	19111	12663	6447	
675191	368193	306998	113873	193125	17
126471	120733	5738	3289	2449	
663675	568919	94756	64973	29783	
768758	651102	117656	43401	74255	2215
583206	444222	138984	96874	42110	6876
311631	271656	39975	28041	11934	
348701	266135	82566	39942	42625	
905678	767773	137905	100981	36924	
647543	597904	49639	37373	12266	
559347	413539	145808	66420	79388	
1009985	852139	157845	77914	79932	
2868129	2438808	429321	303570	125751	13488
211048	181768	29281	23459	5821	
181346	146978	34369	27001	7368	
593249	384539	208709	27029	181680	
1169110	946280	222831	153500	69331	8627
677536	615037	62499	49383	13116	
730125	487343	242783	144960	97823	30415
106148	78950	27198	8851	18347	4131
407125	285931	121194	57026	64168	3795
449985	301025	148960	59555	89406	11083
113053	84787	28266	24028	4238	430
48146	40031	8115	2013	6102	
295356	255402	39954	36073	3881	830
18959	18277	682	573	109	
48966	43928	5038	4318	719	
36208	32768	3440	1652	1788	
148301	102175	46126	40730	5396	
618508	440754	177755	116891	60863	2206

4-53 教育经费支出明细

地区	合计	个人部分	工资福利支出	对个人和家庭的补助支出	#助学金
合计	**37080222**	**20948198**	**16732597**	**4215600**	
北京	728556	464393	416895	47499	
天津	356291	264697	244033	20664	
河北	844198	603567	498221	105346	
山西	986229	673368	580287	93082	
内蒙古	882372	553312	361344	191968	
辽宁	602566	405379	336911	68468	
吉林	458393	246067	178449	67618	
黑龙江	1279693	613015	417364	195651	
上海	399712	273241	256597	16644	
江苏	1677506	1013832	872138	141694	
浙江	1709870	938897	833567	105330	
安徽	1238681	648598	509424	139175	
福建	696047	384415	330468	53948	
江西	730230	381529	286307	95222	
山东	2577615	1671937	1476381	195555	
河南	1338917	691374	571133	120241	
湖北	1439022	879675	723584	156091	
湖南	2485556	1475571	1205703	269868	
广东	5053487	2171871	1480998	690873	
广西	477406	266357	227281	39076	
海南	389961	208615	171237	37378	
重庆	959586	366338	280333	86005	
四川	2494131	1316394	959898	356496	
贵州	1781620	1104084	897553	206531	
云南	1633518	872977	726011	146967	
西藏	366527	256249	224099	32150	
陕西	774733	363814	312314	51500	
甘肃	1144189	683121	418038	265084	
青海	378200	264717	181245	83472	
宁夏	197549	149403	140377	9026	
新疆	997861	741392	614411	126981	
大连	98544	79585	69685	9900	
宁波	168580	119614	112461	7154	
厦门	85998	49791	41327	8464	
青岛	368714	220412	204601	15811	
深圳	976057	355344	206299	149045	

(地方教育行政单位)

单位：千元

公用部分	商品和服务支出	其他资本性支出			基本建设支出
			专项公用支出	专项项目支出	
16050948	**13007858**	**3043090**	**1708017**	**1335073**	**81076**
264163	254382	9781	9731	50	
91594	81302	10293	10121	172	
240631	212373	28257	22081	6177	
312861	261337	51524	36439	15085	
329060	289567	39493	26094	13400	
197187	175929	21258	16437	4821	
212325	193215	19111	12663	6447	
666661	364596	302065	111429	190636	17
126471	120733	5738	3289	2449	
663675	568919	94756	64973	29783	
768758	651102	117656	43401	74255	2215
583206	444222	138984	96874	42110	6876
311631	271656	39975	28041	11934	
348701	266135	82566	39942	42625	
905678	767773	137905	100981	36924	
647543	597904	49639	37373	12266	
559347	413539	145808	66420	79388	
1009985	852139	157845	77914	79932	
2868129	2438808	429321	303570	125751	13488
211048	181768	29281	23459	5821	
181346	146978	34369	27001	7368	
593249	384539	208709	27029	181680	
1169110	946280	222831	153500	69331	8627
677536	615037	62499	49383	13116	
730125	487343	242783	144960	97823	30415
106148	78950	27198	8851	18347	4131
407125	285931	121194	57026	64168	3795
449985	301025	148960	59555	89406	11083
113053	84787	28266	24028	4238	430
48146	40031	8115	2013	6102	
256469	229557	26912	23442	3469	
18959	18277	682	573	109	
48966	43928	5038	4318	719	
36208	32768	3440	1652	1788	
148301	102175	46126	40730	5396	
618508	440754	177755	116891	60863	2206

4-54 教育经费支出明细

地区	合计	个人部分	工资福利支出	对个人和家庭的补助支出	#助学金
合计	**84108784**	**40551840**	**34390033**	**6161807**	
北京	14179895	3939123	3709474	229650	
天津	1633042	1076237	1000273	75964	
河北	2299935	1621229	1492580	128649	
山西	1577499	921217	756134	165082	
内蒙古	1730626	1154146	929066	225080	
辽宁	2639896	1869121	1769519	99602	
吉林	1300512	780132	578520	201611	
黑龙江	1566161	1108806	855068	253739	
上海	8622903	2304779	2229960	74818	
江苏	5118168	2787876	2424650	363226	
浙江	6245526	2735200	2553956	181244	
安徽	1345997	625834	532684	93150	
福建	2543980	1277535	1148700	128835	
江西	1636208	895125	772772	122353	
山东	3077920	1822189	1596411	225778	
河南	2973793	1664481	1515012	149469	
湖北	2996625	1725249	1468362	256886	
湖南	1493227	759984	665875	94109	
广东	7156608	3677608	1914144	1763464	
广西	1796821	938226	828732	109494	
海南	295163	143413	138782	4631	
重庆	1410304	566910	453703	113208	
四川	3157027	1902744	1658464	244280	
贵州	556401	285615	238066	47549	
云南	1497645	774125	669770	104355	
西藏	836577	514121	370977	143144	
陕西	1896663	1055312	898864	156448	
甘肃	577781	364472	276052	88420	
青海	429037	300106	255886	44221	
宁夏	281797	190225	182547	7678	
新疆	1235047	770701	505030	265671	
大连	468648	282541	273462	9079	
宁波	855547	442047	407807	34240	
厦门	493163	222468	172131	50337	
青岛	526739	363601	310973	52628	
深圳	1673372	715447	576627	138820	

(教育事业单位)

单位：千元

公用部分					基本建设支出
	商品和服务支出	其他资本性支出			
			专项公用支出	专项项目支出	
42928862	**32677703**	**10251159**	**4916780**	**5334379**	**628083**
10184228	9602507	581720	498868	82853	56544
556350	457390	98960	94460	4500	455
673848	552123	121725	69883	51842	4858
648042	419700	228343	82893	145449	8240
576473	338716	237757	130188	107569	7
770775	591555	179220	103424	75796	
520381	378423	141958	87578	54380	
439939	312860	127078	75275	51803	17416
6212839	5372506	840334	688433	151901	105285
2330292	1803572	526720	314927	211793	
3476492	1798025	1678467	363397	1315070	33834
700163	460460	239703	132862	106842	20000
1253445	899452	353993	148086	205907	13000
714421	474546	239875	112940	126936	26662
1255731	1003251	252479	123499	128981	
1246512	880699	365813	189067	176746	62800
1270428	623312	647116	234545	412571	948
718243	411976	306267	92042	214225	15000
3308346	1906230	1402115	542227	859888	170655
842001	647174	194827	132014	62813	16594
151750	129240	22510	20362	2148	
843387	510294	333093	63140	269953	7
1233452	926830	306622	161227	145395	20831
270786	252479	18307	17045	1262	
723268	559428	163840	87194	76646	252
319295	245815	73480	55228	18252	3161
840352	466809	373542	168890	204652	1000
213310	154237	59072	34038	25035	
126597	85141	41456	39812	1644	2333
91571	76282	15289	13562	1727	
416145	336670	79475	39674	39801	48201
186107	125439	60668	36407	24260	
413219	261217	152002	43877	108125	281
265695	227956	37739	25546	12193	5000
163138	144450	18688	16819	1870	
899178	634505	264672	52539	212133	58748

4-55 教育经费支出明细

地区	合计	个人部分	工资福利支出	对个人和家庭的补助支出	#助学金
合计	**75212323**	**39522022**	**33452183**	**6069839**	
北京	5400684	2969554	2818054	151499	
天津	1633042	1076237	1000273	75964	
河北	2299729	1621033	1492384	128649	
山西	1577499	921217	756134	165082	
内蒙古	1730626	1154146	929066	225080	
辽宁	2639896	1869121	1769519	99602	
吉林	1300512	780132	578520	201611	
黑龙江	1545624	1090801	839897	250904	
上海	8622903	2304779	2229960	74818	
江苏	5118168	2787876	2424650	363226	
浙江	6245526	2735200	2553956	181244	
安徽	1345997	625834	532684	93150	
福建	2543980	1277535	1148700	128835	
江西	1636208	895125	772772	122353	
山东	3077920	1822189	1596411	225778	
河南	2973793	1664481	1515012	149469	
湖北	2996625	1725249	1468362	256886	
湖南	1493227	759984	665875	94109	
广东	7156608	3677608	1914144	1763464	
广西	1796821	938226	828732	109494	
海南	295163	143413	138782	4631	
重庆	1410304	566910	453703	113208	
四川	3157027	1902744	1658464	244280	
贵州	556401	285615	238066	47549	
云南	1497645	774125	669770	104355	
西藏	836577	514121	370977	143144	
陕西	1896663	1055312	898864	156448	
甘肃	577781	364472	276052	88420	
青海	429037	300106	255886	44221	
宁夏	281797	190225	182547	7678	
新疆	1138542	728655	473967	254688	
大连	468648	282541	273462	9079	
宁波	855547	442047	407807	34240	
厦门	493163	222468	172131	50337	
青岛	526739	363601	310973	52628	
深圳	1673372	715447	576627	138820	

（地方教育事业单位）

单位：千元

公用部分	商品和服务支出	其他资本性支出			基本建设支出
			专项公用支出	专项项目支出	
35062602	**24986840**	**10075761**	**4759851**	**5315911**	**627700**
2374969	1935387	439582	356729	82853	56161
556350	457390	98960	94460	4500	455
673838	552113	121725	69883	51842	4858
648042	419700	228343	82893	145449	8240
576473	338716	237757	130188	107569	7
770775	591555	179220	103424	75796	
520381	378423	141958	87578	54380	
437406	310630	126777	75106	51671	17416
6212839	5372506	840334	688433	151901	105285
2330292	1803572	526720	314927	211793	
3476492	1798025	1678467	363397	1315070	33834
700163	460460	239703	132862	106842	20000
1253445	899452	353993	148086	205907	13000
714421	474546	239875	112940	126936	26662
1255731	1003251	252479	123499	128981	
1246512	880699	365813	189067	176746	62800
1270428	623312	647116	234545	412571	948
718243	411976	306267	92042	214225	15000
3308346	1906230	1402115	542227	859888	170655
842001	647174	194827	132014	62813	16594
151750	129240	22510	20362	2148	
843387	510294	333093	63140	269953	7
1233452	926830	306622	161227	145395	20831
270786	252479	18307	17045	1262	
723268	559428	163840	87194	76646	252
319295	245815	73480	55228	18252	3161
840352	466809	373542	168890	204652	1000
213310	154237	59072	34038	25035	
126597	85141	41456	39812	1644	2333
91571	76282	15289	13562	1727	
361686	315169	46517	25052	21464	48201
186107	125439	60668	36407	24260	
413219	261217	152002	43877	108125	281
265695	227956	37739	25546	12193	5000
163138	144450	18688	16819	1870	
899178	634505	264672	52539	212133	58748

4-56 教育经费支出明细

地区	合计	个人部分	工资福利支出	对个人和家庭的补助支出	#助学金
合计	**58237353**	**18422803**	**15147835**	**3274968**	**33411**
北京	7894960	893831	661268	232563	17045
天津	664145	245420	227175	18245	
河北	1137888	604219	529303	74916	
山西	1122507	507800	419906	87893	
内蒙古	937116	450089	353672	96417	
辽宁	1781138	640085	497299	142786	
吉林	839024	385948	281469	104479	406
黑龙江	723217	446428	342414	104013	385
上海	1467194	402336	381383	20952	6955
江苏	2300023	976993	868667	108326	1070
浙江	3656353	1134392	822428	311964	1100
安徽	1325168	460393	391812	68581	
福建	2191517	545911	492140	53772	1689
江西	1704592	430575	382604	47972	
山东	2848111	1091844	999005	92839	
河南	2309109	725325	649976	75350	
湖北	2950996	956540	776242	180298	663
湖南	1402548	666266	585557	80709	1467
广东	3007548	1129628	811064	318564	1603
广西	1064811	377299	346408	30891	
海南	464102	81138	79848	1291	
重庆	652647	279507	244934	34573	
四川	2686927	914634	743629	171004	1028
贵州	1069759	511754	425374	86380	
云南	1444645	670721	624606	46114	
西藏	374729	128154	124727	3427	
陕西	1740667	328426	303209	25217	
甘肃	962231	420823	299651	121171	
青海	684561	234285	212498	21788	
宁夏	250895	121511	113214	8297	
新疆	6578224	1660529	1156353	504176	
大连	278080	91578	83563	8015	
宁波	216146	97423	91462	5961	
厦门	120894	65001	51869	13133	
青岛	244004	134076	121019	13057	
深圳	736335	200621	137243	63378	

(其他教育机构)

单位：千元

公用部分	商品和服务支出	其他资本性支出	专项公用支出	专项项目支出	基本建设支出
36839293	**23493145**	**13346148**	**3771255**	**9574892**	**2975257**
6995709	6681012	314697	276961	37736	5420
288422	280108	8314	7657	657	130303
452040	341871	110170	20836	89334	81629
512341	279006	233335	31280	202055	102366
469969	229586	240383	23400	216982	17058
1122809	860138	262671	61285	201386	18244
427576	380203	47374	21562	25812	25500
276790	203918	72872	26633	46238	
1044797	975255	69542	62354	7188	20061
1320233	755621	564611	59018	505593	2798
2293846	1083134	1210711	661433	549279	228115
712921	344302	368619	79567	289052	151854
689926	455864	234062	59901	174161	955679
1180273	271661	908613	106928	801685	93743
1752726	959583	793143	61352	731791	3541
1544988	1022259	522729	97466	425263	38796
1994456	730567	1263890	222336	1041554	
719041	489454	229586	116799	112788	17241
1797608	1025040	772568	100474	672094	80312
682916	358581	324335	59092	265242	4596
266386	201364	65023	8857	56166	116577
352586	315410	37176	18088	19088	20555
1619494	1184011	435483	243552	191931	152799
553985	341294	212691	108098	104593	4020
644451	275467	368984	47757	321227	129474
74054	42647	31408	4952	26456	172521
1390891	713844	677047	15971	661076	21350
532017	224369	307648	42240	265407	9391
354821	170743	184077	56093	127984	95455
129384	88977	40407	12221	28186	
4641838	2207857	2433980	1057093	1376888	275857
186250	165833	20417	5368	15049	251
88723	58465	30258	3576	26682	30000
55610	46395	9215	2807	6408	283
109928	73646	36281	5368	30913	
461639	452029	9610	8660	950	74075

4-57 教育经费支出明细

地区	合计	个人部分	工资福利支出	对个人和家庭的补助支出	#助学金
合计	**53452850**	**17707551**	**14650855**	**3056697**	**9848**
北京	4176745	430915	391245	39670	1115
天津	661010	245420	227175	18245	
河北	1134176	604219	529303	74916	
山西	1121995	507800	419906	87893	
内蒙古	936755	450089	353672	96417	
辽宁	1777433	640085	497299	142786	
吉林	838124	385948	281469	104479	406
黑龙江	697707	444072	340403	103670	385
上海	1003493	304016	291677	12339	1012
江苏	2270484	976993	868667	108326	1070
浙江	3652837	1134392	822428	311964	1100
安徽	1324712	460393	391812	68581	
福建	2004060	495525	444119	51406	
江西	1704160	430575	382604	47972	
山东	2841616	1091844	999005	92839	
河南	2304837	725325	649976	75350	
湖北	2934196	956540	776242	180298	663
湖南	1400382	666266	585557	80709	1467
广东	3007548	1129628	811064	318564	1603
广西	1064811	377299	346408	30891	
海南	464102	81138	79848	1291	
重庆	652647	279507	244934	34573	
四川	2673979	914634	743629	171004	1028
贵州	1068681	511754	425374	86380	
云南	1443385	670721	624606	46114	
西藏	374729	128154	124727	3427	
陕西	1722637	328426	303209	25217	
甘肃	956172	420823	299651	121171	
青海	684561	234285	212498	21788	
宁夏	250895	121511	113214	8297	
新疆	6303983	1559255	1069135	490120	
大连	278080	91578	83563	8015	
宁波	216146	97423	91462	5961	
厦门	120894	65001	51869	13133	
青岛	244004	134076	121019	13057	
深圳	736335	200621	137243	63378	

(地方其他教育机构)

单位: 千元

公用部分	商品和服务支出	其他资本性支出			基本建设支出
			专项公用支出	专项项目支出	
32801878	**19598042**	**13203837**	**3708801**	**9495035**	**2943421**
3740410	3456588	283822	247085	36736	5420
285286	276972	8314	7657	657	130303
448328	338159	110170	20836	89334	81629
511829	278494	233335	31280	202055	102366
469608	229225	240383	23400	216982	17058
1119104	856433	262671	61285	201386	18244
426676	379303	47374	21562	25812	25500
253635	180763	72872	26633	46238	
679415	626663	52752	48975	3778	20061
1290693	726082	564611	59018	505593	2798
2290330	1079618	1210711	661433	549279	228115
712465	343846	368619	79567	289052	151854
552856	327564	225292	51131	174161	955679
1179841	271229	908613	106928	801685	93743
1746231	953089	793143	61352	731791	3541
1540716	1017987	522729	97466	425263	38796
1977656	713767	1263890	222336	1041554	
716874	487288	229586	116799	112788	17241
1797608	1025040	772568	100474	672094	80312
682916	358581	324335	59092	265242	4596
266386	201364	65023	8857	56166	116577
352586	315410	37176	18088	19088	20555
1606546	1171063	435483	243552	191931	152799
552907	340216	212691	108098	104593	4020
643191	274207	368984	47757	321227	129474
74054	42647	31408	4952	26456	172521
1372861	695814	677047	15971	661076	21350
525958	218311	307648	42240	265407	9391
354821	170743	184077	56093	127984	95455
129384	88977	40407	12221	28186	
4500707	2152602	2348105	1046664	1301441	244021
186250	165833	20417	5368	15049	251
88723	58465	30258	3576	26682	30000
55610	46395	9215	2807	6408	283
109928	73646	36281	5368	30913	
461639	452029	9610	8660	950	74075

第五部分

各地区各级各类教育机构财政补助支出明细

5-1 财政补助支出明细

地区	合计	个人部分	工资福利支出	对个人和家庭的补助支出	#助学金
合计	**3557716788**	**2332478827**	**1971926943**	**360551884**	**164288880**
北京	167609397	95052352	75828492	19223860	12952624
天津	59050254	36685804	32865788	3820016	1422162
河北	143935524	98726185	87374111	11352074	4742174
山西	74072358	49865350	43867293	5998058	2973043
内蒙古	67434816	47483918	37105846	10378072	3292088
辽宁	81485542	57845465	51614543	6230922	2526385
吉林	59038135	38944588	28753123	10191465	2001906
黑龙江	71105197	51967843	40820031	11147811	2062241
上海	124305132	67710205	62215294	5494911	4309122
江苏	236966760	160006849	142195313	17811535	6814114
浙江	180921192	119148727	108942887	10205840	4971850
安徽	126307905	81145637	66774665	14370972	5723597
福建	104158053	66585267	60536100	6049167	2376983
江西	108822631	62001473	53602156	8399317	4803623
山东	219586116	148000722	131263592	16737130	6045701
河南	187151604	118289093	102568078	15721015	9985048
湖北	129626176	88773112	74945354	13827759	6051709
湖南	129795684	86567894	72512265	14055630	7568243
广东	324963183	215113006	169934514	45178493	7910710
广西	104781948	64170096	53964195	10205900	6662473
海南	30187666	17640853	15943352	1697501	1098477
重庆	86203385	58917858	49330619	9587239	5315531
四川	175242791	119189320	99041633	20147687	11332899
贵州	104293669	74712354	59808459	14903895	8419866
云南	124117309	94183619	79443346	14740273	11229273
西藏	24174678	15563230	12022265	3540965	2926240
陕西	103324345	58275741	47983201	10292540	6321640
甘肃	68284596	46924639	32393070	14531570	4381400
青海	23888309	15442817	13180634	2262183	1214013
宁夏	19926542	12797610	11222910	1574700	1058008
新疆	96955889	64747197	53873815	10873382	5795738
大连	13591177	9958386	9271922	686464	131292
宁波	24643937	17300635	16180059	1120576	487377
厦门	15007212	9583855	8543135	1040720	136227
青岛	27416311	18116512	16185774	1930737	384157
深圳	67860462	36078274	27412103	8666171	1025268

(各级各类教育机构)

单位：千元

公用部分	商品和服务支出	其他资本性支出	专项公用支出	专项项目支出	基本建设支出
1149189561	**566623846**	**582565716**	**210737989**	**371827726**	**76048399**
67234595	49052224	18182371	13476872	4705499	5322449
21937658	10537302	11400356	3742215	7658140	426792
43925492	19629758	24295733	8049964	16245770	1283847
23413724	11639136	11774587	3697067	8077520	793284
19134713	9246827	9887885	3968219	5919667	816185
22251854	14243377	8008476	3586550	4421926	1388223
19262827	10359964	8902863	3975738	4927125	830720
18132910	10340508	7792402	2895118	4897283	1004445
52623066	37115623	15507444	10586014	4921430	3971861
75540460	33270527	42269933	13131771	29138162	1419452
55767228	27738233	28028995	9701581	18327414	6005237
42846335	16455793	26390543	8220250	18170292	2315933
35413335	15174370	20238964	8075119	12163846	2159451
44949340	12687259	32262081	6891102	25370979	1871818
70770416	26771608	43998807	10616147	33382661	814978
65816127	30816436	34999691	10433562	24566130	3046384
39962892	18969912	20992980	6335375	14657605	890172
41905696	20091107	21814589	8043619	13770970	1322094
95272718	56828172	38444546	20211166	18233380	14577459
38057691	14330683	23727008	8574198	15152810	2554161
11742644	4704888	7037757	3474443	3563314	804169
24877621	14562795	10314826	4287019	6027807	2407906
53158341	26230997	26927344	9700137	17227207	2895130
28136640	12901246	15235393	5084564	10150829	1444675
28470933	12571778	15899156	3847169	12051987	1462756
6605968	2711495	3894474	930496	2963977	2005480
41987017	20970936	21016081	7002145	14013936	3061586
20150033	8412655	11737378	4088784	7648594	1209924
6660198	2487800	4172398	1963724	2208674	1785294
6816332	2968109	3848223	1430558	2417665	312600
26364758	12802327	13562431	4717303	8845128	5843934
3300628	2294007	1006620	500151	506469	332163
7204518	3590237	3614281	1181190	2433091	138784
4984545	2654346	2330199	1307435	1022764	438811
9299799	3816353	5483446	1715899	3767547	
19955486	15123249	4832237	4004432	827805	11826702

5-2 财政补助支出明细

地区	合计	个人部分	工资福利支出	对个人和家庭的补助支出	#助学金
合计	**3343597233**	**2220303499**	**1899894619**	**320408881**	**139272355**
北京	107126831	63063756	58752728	4311028	1326286
天津	49697242	33741469	30998395	2743074	905937
河北	142754743	98057945	86878887	11179059	4688178
山西	74065183	49860992	43862945	5998047	2973032
内蒙古	67434455	47483918	37105846	10378072	3292088
辽宁	75980035	54802005	49607140	5194864	2052106
吉林	53833093	35901951	26664554	9237396	1575210
黑龙江	65201404	48928820	38839832	10088989	1616250
上海	102860132	58093502	54677384	3416119	2426487
江苏	222754770	151991204	137141785	14849419	5209957
浙江	175245501	116290231	106788530	9501701	4412318
安徽	122145585	78973636	65627547	13346088	5143646
福建	100712391	64842895	59377586	5465309	2072439
江西	108821815	62001426	53602156	8399270	4803576
山东	213899223	144633695	129092863	15540832	5540456
河南	186806404	118167463	102469409	15698054	9982712
湖北	113521229	79687356	69013283	10674073	4355927
湖南	125019569	83881632	70805791	13075841	6854170
广东	314100547	209973059	166566743	43406316	7250774
广西	104781948	64170096	53964195	10205900	6662473
海南	30185950	17640686	15943352	1697334	1098310
重庆	81811499	56301163	47726959	8574204	4833265
四川	166188173	113869250	95352644	18516606	10629385
贵州	104292590	74712354	59808459	14903895	8419866
云南	124114359	94182288	79442020	14740267	11229273
西藏	24174678	15563230	12022265	3540965	2926240
陕西	89345419	51512120	43377279	8134841	5275241
甘肃	65586146	45284696	31287295	13997401	4084247
青海	23879638	15434146	13180466	2253680	1213652
宁夏	19254388	12417576	10908310	1509267	1010462
新疆	88002292	58838939	49007970	9830969	5408391
大连	13579156	9948980	9262546	686434	131262
宁波	24543513	17300635	16180059	1120576	487377
厦门	15005712	9582405	8541685	1040720	136227
青岛	27416311	18116512	16185774	1930737	384157
深圳	67860462	36078274	27412103	8666171	1025268

(地方各级各类教育机构)

单位：千元

公用部分	商品和服务支出	其他资本性支出			基本建设支出
			专项公用支出	专项项目支出	
1054549349	**504219563**	**550329786**	**188837017**	**361492768**	**68744384**
40794718	29612624	11182094	8076655	3105440	3268357
15594601	9017327	6577275	3027902	3549373	361172
43452353	19384327	24068026	7875439	16192588	1244445
23410908	11638501	11772406	3696986	8075420	793284
19134352	9246466	9887885	3968219	5919667	816185
20067903	12827200	7240703	2978200	4262503	1110127
17213573	8746901	8466672	3546333	4920340	717569
15688425	8957633	6730792	2340610	4390183	584159
41630209	29139674	12490535	7978627	4511909	3136421
69860908	29792804	40068104	11310096	28758008	902658
52981696	26171425	26810271	8917521	17892750	5973574
40952685	15269102	25683583	7513290	18170292	2219264
33852045	14292899	19559146	7545088	12014058	2017451
44948571	12686489	32262081	6891102	25370979	1871818
68654745	25305736	43349009	10084068	33264941	610783
65709122	30720405	34988717	10422588	24566130	2929819
33724122	14904490	18819632	4852257	13967375	109751
40017485	18691164	21326321	7565241	13761080	1120452
89765318	52810981	36954337	18762187	18192150	14362170
38057691	14330683	23727008	8574198	15152810	2554161
11741557	4703993	7037563	3474258	3563305	803707
23187820	13343457	9844363	3817032	6027330	2322516
49740722	23998171	25742552	8749539	16993013	2578200
28135561	12900168	15235393	5084564	10150829	1444675
28469314	12570279	15899035	3847056	12051980	1462756
6605968	2711495	3894474	930496	2963977	2005480
35092862	15838227	19254635	5628692	13625943	2740437
19201106	7792209	11408897	3846247	7562650	1100344
6660198	2487800	4172398	1963724	2208674	1785294
6524212	2821539	3702673	1373703	2328970	312600
23678597	11505395	12173202	4195099	7978103	5484755
3298013	2291393	1006620	500151	506469	332163
7104094	3589813	3514281	1181190	2333091	138784
4984495	2654296	2330199	1307435	1022764	438811
9299799	3816353	5483446	1715899	3767547	
19955486	15123249	4832237	4004432	827805	11826702

5-3 财政补助支出明细

地区	合计	个人部分	工资福利支出	对个人和家庭的补助支出	#助学金
合计	**686733921**	**375471031**	**275423084**	**100047947**	**65678011**
北京	69992393	40402820	24350824	16051996	12550764
天津	20706645	8277815	6273363	2004452	1224896
河北	20843837	12123657	9225489	2898168	1709589
山西	13430810	6829114	5037717	1791397	1237435
内蒙古	11020211	6511469	4691561	1819908	1231674
辽宁	21252929	12699746	9945339	2754407	1722688
吉林	15506088	8061341	5144691	2916650	1198684
黑龙江	16201555	9936974	7345783	2591191	1319487
上海	43267649	19930250	16375043	3555207	3121192
江苏	47564387	27768996	21365312	6403684	3914401
浙江	30896620	16671212	13749467	2921746	2079659
安徽	21293948	11073202	7533701	3539500	2192891
福建	16970637	8223194	6432850	1790344	1085874
江西	16197920	10226036	8185531	2040505	1595805
山东	34259006	22669868	17473519	5196348	2881810
河南	28940761	15751632	12315844	3435788	2703798
湖北	32439530	18995984	13351451	5644533	3422294
湖南	23136705	14181364	10869833	3311531	2354734
广东	57414801	28314462	20343737	7970725	2814764
广西	14888718	5393726	3210163	2183563	1833233
海南	3588686	1616417	1237819	378598	348322
重庆	14063398	8490234	5946193	2544040	1859152
四川	27355089	16015987	12111109	3904878	2617925
贵州	13094639	7787296	5182637	2604659	1794273
云南	11810802	7499572	5938645	1560927	1341482
西藏	2219589	1126860	843978	282882	244030
陕西	30078132	14622982	10493537	4129445	2676496
甘肃	12758174	5803938	3728845	2075093	1356630
青海	3408677	1567976	1302833	265143	89989
宁夏	3185306	1719732	1321234	398497	302632
新疆	8946280	5177176	4095034	1082142	851408
大连	771009	516683	450071	66612	29559
宁波	2321802	1086204	819705	266500	154244
厦门	1537624	558817	503730	55087	27931
青岛	1089795	341475	250014	91462	71353
深圳	15653817	4865340	4105011	760329	272970

（高等学校）

单位：千元

公用部分	商品和服务支出	其他资本性支出	专项公用支出	专项项目支出	基本建设支出
285170346	**160132057**	**125038288**	**76733913**	**48304376**	**26092544**
26575155	17313366	9261789	7159435	2102354	3014419
12294288	4500238	7794051	2266531	5527519	134541
8281228	4318138	3963090	1987267	1975822	438952
6433090	2732870	3700220	1322440	2377780	168606
4434935	1969885	2465050	1435872	1029178	73807
7788000	5058135	2729865	1899110	830755	765182
7085804	4340265	2745539	1936072	809467	358944
5638347	3351907	2286440	1241983	1044457	626233
19902457	14645091	5257366	4660400	596966	3434942
19209917	11626975	7582942	4930073	2652869	585474
12378785	6637985	5740800	3330349	2410451	1846622
9451997	4576638	4875359	3031872	1843487	768749
8398327	4283910	4114417	2772325	1342093	349116
5583204	3255929	2327275	1263070	1064205	388680
11096274	5913041	5183233	2928804	2254429	492864
12639270	7660129	4979141	3809505	1169635	549859
12562010	7032081	5529929	2976131	2553798	881535
8579748	4854965	3724783	2256228	1468555	375593
23134644	13258027	9876618	6923520	2953098	5965694
8982283	3127863	5854419	3108518	2745901	512709
1778581	989399	789181	535398	253783	193688
5439135	3665760	1773375	1472203	301172	134029
10500814	5477681	5023133	3579834	1443299	838288
4900888	2898390	2002498	1282713	719785	406454
4111257	1866503	2244754	969831	1274922	199973
815854	300297	515557	140049	375507	276876
14397503	8894141	5503362	3265225	2238136	1057647
6545939	2848747	3697192	2064537	1632654	408297
1823540	354398	1469142	1050111	419031	17161
1368974	763430	605544	427720	177824	96600
3038096	1615869	1422227	706786	715441	731009
215602	116693	98910	73989	24921	38723
1194881	661884	532997	251749	281248	40717
826695	538027	288668	143546	145122	152113
748319	343108	405211	82971	322240	
5417568	3529316	1888253	1864222	24031	5370909

5-4 财政补助支出明细

地 区	合 计	个人部分	工资福利支出	对个人和家庭的补助支出	#助学金
合 计	**492535135**	**271820202**	**210445392**	**61374810**	**40994488**
北 京	19484003	10245064	8790277	1454787	942663
天 津	11389607	5358324	4424435	933889	708671
河 北	19677845	11466439	8741286	2725154	1655593
山 西	13430810	6829114	5037717	1791397	1237435
内蒙古	11020211	6511469	4691561	1819908	1231674
辽 宁	15763933	9666385	7948006	1718379	1248439
吉 林	10396781	5081879	3112641	1969238	772081
黑龙江	10913597	7366000	5732321	1633679	877952
上 海	22319460	10522604	9038524	1484080	1241923
江 苏	33413960	19775140	16332327	3442812	2311477
浙 江	25224445	13812717	11595110	2217606	1520128
安 徽	17132770	8901787	6387017	2514770	1613091
福 建	13584300	6493881	5285811	1208070	782914
江 西	16197920	10226036	8185531	2040505	1595805
山 东	28578609	19302841	15302790	4000050	2376565
河 南	28629169	15655212	12235017	3420195	2702566
湖 北	16674046	10134136	7600717	2533419	1730016
湖 南	18381022	11504318	9172467	2331851	1640771
广 东	46737888	23334233	17117647	6216586	2157226
广 西	14888718	5393726	3210163	2183563	1833233
海 南	3588686	1616417	1237819	378598	348322
重 庆	9800431	5968043	4426313	1541729	1377350
四 川	18321001	10696994	8422120	2274874	1915488
贵 州	13094639	7787296	5182637	2604659	1794273
云 南	11810802	7499572	5938645	1560927	1341482
西 藏	2219589	1126860	843978	282882	244030
陕 西	16361036	8039767	6052243	1987524	1632370
甘 肃	10099721	4193554	2651216	1542338	1060769
青 海	3408677	1567976	1302833	265143	89989
宁 夏	2513152	1339697	1006634	333064	255086
新 疆	7478309	4402721	3439589	963131	755107
大 连	771009	516683	450071	66612	29559
宁 波	2221378	1086204	819705	266500	154244
厦 门	1537624	558817	503730	55087	27931
青 岛	1089795	341475	250014	91462	71353
深 圳	15653817	4865340	4105011	760329	272970

(地方高等学校)

单位：千元

公用部分	商品和服务支出	其他资本性支出			基本建设支出
			专项公用支出	专项项目支出	
201724853	**107316133**	**94408721**	**55525123**	**38883598**	**18990080**
8278229	5769646	2508583	1997514	511069	960710
5962361	2988578	2973784	1553412	1420372	68922
7811856	4076474	3735382	1812742	1922640	399549
6433090	2732870	3700220	1322440	2377780	168606
4434935	1969885	2465050	1435872	1029178	73807
5610463	3648371	1962092	1290760	671332	487085
5069109	2749288	2319821	1511566	808255	245792
3341650	2067089	1274561	712522	562039	205947
9197355	6931956	2265399	2077954	187445	2599502
13570139	8186782	5383357	3109257	2274100	68681
9596769	5074694	4522076	2546288	1975787	1814959
7558903	3390504	4168399	2324912	1843487	672080
6883304	3445679	3437624	2245319	1192305	207116
5583204	3255929	2327275	1263070	1064205	388680
8987098	4453664	4533435	2396725	2136710	288669
12540662	7572069	4968593	3798958	1169635	433294
6438795	3058914	3379881	1516254	1863627	101114
6702753	3465581	3237172	1778507	1458665	173951
17653251	9262010	8391240	5477909	2913331	5750404
8982283	3127863	5854419	3108518	2745901	512709
1778581	989399	789181	535398	253783	193688
3783750	2470065	1313685	1012989	300696	48639
7102648	3264308	3838340	2629236	1209104	521359
4900888	2898390	2002498	1282713	719785	406454
4111257	1866503	2244754	969831	1274922	199973
815854	300297	515557	140049	375507	276876
7584771	3823495	3761275	1901734	1859541	736498
5607449	2235584	3371865	1822224	1549641	298717
1823540	354398	1469142	1050111	419031	17161
1076855	616860	459994	370865	89129	96600
2503051	1268986	1234065	529469	704596	572536
215602	116693	98910	73989	24921	38723
1094457	661460	432997	251749	181248	40717
826695	538027	288668	143546	145122	152113
748319	343108	405211	82971	322240	
5417568	3529316	1888253	1864222	24031	5370909

5-5 财政补助支出明细

地区	合计	个人部分			
			工资福利支出	对个人和家庭的补助支出	
					#助学金
合计	**677541436**	**369471199**	**270242164**	**99229035**	**65507503**
北京	68901012	39782383	23789145	15993237	12550764
天津	20425893	8058322	6077646	1980676	1216727
河北	20429279	11787614	8920321	2867293	1702091
山西	13298343	6716195	4933529	1782665	1235667
内蒙古	10923213	6452727	4642350	1810378	1228360
辽宁	20973493	12479496	9736473	2743022	1722628
吉林	15084728	7757206	4957387	2799818	1176973
黑龙江	15861140	9656425	7119904	2536521	1318717
上海	42467432	19441054	15899940	3541115	3120928
江苏	47476195	27703862	21304767	6399095	3913030
浙江	30031633	16179400	13287849	2891550	2072513
安徽	21021452	10907196	7403473	3503723	2185104
福建	16685751	8049139	6269358	1779780	1085558
江西	15921910	10010957	7993524	2017433	1582623
山东	34127718	22569363	17386656	5182707	2881143
河南	28798417	15642703	12216366	3426337	2703798
湖北	32333355	18915497	13286148	5629349	3415885
湖南	22889419	14003547	10722290	3281257	2351560
广东	56436560	27628590	19828643	7799947	2801552
广西	14346320	5240923	3092326	2148598	1811661
海南	3534866	1583471	1209811	373660	343533
重庆	14039102	8472874	5930133	2542740	1859150
四川	26997540	15821374	11930327	3891046	2616276
贵州	13007071	7711606	5126468	2585138	1782861
云南	11595313	7334914	5793501	1541414	1323042
西藏	2219589	1126860	843978	282882	244030
陕西	29786835	14460973	10358629	4102344	2660705
甘肃	12667169	5743019	3681027	2061992	1356595
青海	3373396	1542423	1280197	262226	89989
宁夏	3185306	1719732	1321234	398497	302632
新疆	8701982	4971357	3898762	1072595	851408
大连	650270	418447	355827	62619	29499
宁波	2136804	958539	697641	260898	151631
厦门	1534573	557713	502675	55038	27931
青岛	1061457	318350	229362	88988	71353
深圳	15528221	4788907	4046517	742390	272098

(普通高等学校)

单位：千元

公用部分	商品和服务支出	其他资本性支出			基本建设支出
			专项公用支出	专项项目支出	
282030882	**158232175**	**123798707**	**76189206**	**47609501**	**26039355**
26106302	16910258	9196044	7102080	2093964	3012328
12233029	4457627	7775402	2257722	5517680	134541
8203275	4262788	3940487	1977152	1963335	438391
6413543	2714253	3699290	1321510	2377780	168606
4396679	1945458	2451221	1422043	1029178	73807
7732748	5025920	2706828	1876359	830469	761249
6968934	4260585	2708350	1905316	803034	358588
5578482	3315140	2263342	1233129	1030213	626233
19591436	14405437	5185999	4615079	570920	3434942
19186858	11609508	7577351	4924481	2652869	585474
12021860	6529289	5492571	3305393	2187178	1830373
9345507	4495129	4850379	3007928	1842451	768749
8287497	4193794	4093703	2761889	1331814	349116
5522273	3204226	2318047	1258980	1059067	388680
11065492	5890974	5174518	2920298	2254219	492864
12605855	7635839	4970017	3804371	1165645	549859
12536323	7008735	5527587	2974536	2553051	881535
8510280	4809665	3700615	2243250	1457365	375593
22842276	13062246	9780029	6856917	2923112	5965694
8617687	3053155	5564533	3024632	2539901	487709
1757707	976390	781317	530436	250881	193688
5432200	3659234	1772965	1471793	301172	134029
10342878	5400758	4942120	3565467	1376653	833288
4889011	2892667	1996344	1280023	716321	406454
4060426	1847784	2212642	967941	1244701	199973
815854	300297	515557	140049	375507	276876
14268215	8822646	5445569	3212022	2233547	1057647
6515854	2835537	3680317	2054359	1625958	408297
1813812	354050	1459762	1041807	417954	17161
1368974	763430	605544	427720	177824	96600
2999616	1589356	1410260	704524	705736	731009
193100	97973	95127	70493	24634	38723
1137548	626649	510899	244469	266430	40717
824747	536413	288334	143212	145122	152113
743107	338461	404646	82406	322240	
5368405	3493956	1874449	1850882	23567	5370909

5-6 财政补助支出明细

地区	合计	个人部分	工资福利支出	对个人和家庭的补助支出	#助学金
合计	**483702586**	**265967548**	**205391551**	**60575997**	**40823981**
北京	18700596	9726021	8310484	1415537	942663
天津	11108855	5138831	4228718	910113	700502
河北	19263287	11130396	8436117	2694278	1648095
山西	13298343	6716195	4933529	1782665	1235667
内蒙古	10923213	6452727	4642350	1810378	1228360
辽宁	15484498	9446135	7739140	1706995	1248379
吉林	9975421	4777744	2925337	1852407	750370
黑龙江	10573183	7085451	5506442	1579009	877183
上海	21519243	10033408	8563420	1469988	1241659
江苏	33325768	19710006	16271783	3438224	2310106
浙江	24359458	13320904	11133493	2187411	1512981
安徽	16860275	8735781	6256789	2478993	1605303
福建	13299415	6319825	5122319	1197506	782599
江西	15921910	10010957	7993524	2017433	1582623
山东	28447321	19202336	15215927	3986409	2375898
河南	28486825	15546283	12135539	3410745	2702566
湖北	16567872	10053649	7535413	2518236	1723607
湖南	18133736	11326501	9024924	2301577	1637596
广东	45759647	22648360	16602553	6045808	2144014
广西	14346320	5240923	3092326	2148598	1811661
海南	3534866	1583471	1209811	373660	343533
重庆	9776135	5950682	4410253	1540429	1377347
四川	17963452	10502381	8241338	2261043	1913840
贵州	13007071	7711606	5126468	2585138	1782861
云南	11595313	7334914	5793501	1541414	1323042
西藏	2219589	1126860	843978	282882	244030
陕西	16069739	7877758	5917336	1960422	1616580
甘肃	10008716	4132634	2603398	1529237	1060734
青海	3373396	1542423	1280197	262226	89989
宁夏	2513152	1339697	1006634	333064	255086
新疆	7285972	4242686	3288511	954175	755107
大连	650270	418447	355827	62619	29499
宁波	2036380	958539	697641	260898	151631
厦门	1534573	557713	502675	55038	27931
青岛	1061457	318350	229362	88988	71353
深圳	15528221	4788907	4046517	742390	272098

(地方普通高等学校)

单位：千元

公用部分	商品和服务支出	其他资本性支出	专项公用支出	专项项目支出	基本建设支出
198798148	**105607634**	**93190515**	**54999423**	**38191092**	**18936891**
8015956	5551743	2464213	1959165	505048	958619
5901102	2945967	2955135	1544603	1410532	68922
7733903	4021124	3712780	1802627	1910153	398988
6413543	2714253	3699290	1321510	2377780	168606
4396679	1945458	2451221	1422043	1029178	73807
5555210	3616155	1939055	1268009	671046	483153
4952240	2669608	2282632	1480810	801822	245437
3281785	2030322	1251463	703668	547795	205947
8886334	6692301	2194032	2032634	161399	2599502
13547081	8169315	5377766	3103666	2274100	68681
9239844	4965997	4273847	2521332	1752514	1798710
7452413	3308995	4143419	2300968	1842451	672080
6772473	3355563	3416910	2234883	1182026	207116
5522273	3204226	2318047	1258980	1059067	388680
8956316	4431596	4524720	2388220	2136500	288669
12507248	7547778	4959470	3793824	1165645	433294
6413108	3035569	3377539	1514659	1862880	101114
6633284	3420280	3213004	1765530	1447475	173951
17360882	9066230	8294652	5411307	2883345	5750404
8617687	3053155	5564533	3024632	2539901	487709
1757707	976390	781317	530436	250881	193688
3776814	2463539	1313275	1012579	300696	48639
6944713	3187385	3757328	2614869	1142459	516359
4889011	2892667	1996344	1280023	716321	406454
4060426	1847784	2212642	967941	1244701	199973
815854	300297	515557	140049	375507	276876
7455482	3752000	3703483	1848531	1854952	736498
5577364	2222374	3354990	1812046	1542944	298717
1813812	354050	1459762	1041807	417954	17161
1076855	616860	459994	370865	89129	96600
2470750	1248652	1222099	527207	694891	572536
193100	97973	95127	70493	24634	38723
1037124	626225	410899	244469	166430	40717
824747	536413	288334	143212	145122	152113
743107	338461	404646	82406	322240	
5368405	3493956	1874449	1850882	23567	5370909

5-7 财政补助支出明细

地区	合计				
		个人部分			
			工资福利支出	对个人和家庭的补助支出	
					#助学金
合计	**538826257**	**294279730**	**210806102**	**83473627**	**54850269**
北京	65441771	37946576	22143919	15802656	12443274
天津	17874595	6552784	4771138	1781646	1079152
河北	15345117	8888498	6569551	2318946	1317674
山西	9830030	4932082	3550513	1381569	964851
内蒙古	7141066	4165697	2935698	1229999	870132
辽宁	17534740	10596613	8119398	2477214	1529415
吉林	13155631	6802041	4360932	2441109	1057847
黑龙江	13472689	7990576	5864550	2126026	1119754
上海	40060246	18857176	15371307	3485870	3083075
江苏	35583677	20998366	15512910	5485456	3313176
浙江	23918861	12551435	10129304	2422132	1705944
安徽	14504368	8063993	5247605	2816388	1745365
福建	12989965	6536904	5010412	1526492	904202
江西	11286649	7156091	5658676	1497415	1204268
山东	25375549	16562086	12666677	3895409	2017610
河南	19765583	10948217	8315729	2632488	2136240
湖北	26237194	15329270	10728556	4600714	2704989
湖南	15915786	9861831	7345078	2516753	1831890
广东	44426547	20691340	14471122	6220217	2117530
广西	10518537	3946709	2242171	1704538	1424963
海南	2830135	1262878	983824	279053	259947
重庆	10940542	6626714	4558254	2068461	1435178
四川	20189514	12509301	9325615	3183686	2059169
贵州	9104619	5330586	3559013	1771572	1168384
云南	8939372	5617089	4420846	1196243	1014178
西藏	1468934	925971	674248	251723	218987
陕西	25835922	12474256	8840435	3633822	2259417
甘肃	8998735	4481621	2912981	1568640	1053423
青海	2181022	1176874	970325	206549	65258
宁夏	2330521	1213898	947918	265981	190007
新疆	5628342	3282257	2597397	684859	554971
大连	480143	303306	253532	49774	21264
宁波	1407992	576125	362411	213714	113510
厦门	1199660	465182	422383	42799	22590
青岛	735209	170928	111740	59188	51555
深圳	13251077	3189098	2636109	552988	177440

(普通高等本科学校)

单位：千元

公用部分	商品和服务支出	其他资本性支出	专项公用支出	专项项目支出	基本建设支出
221489949	**130643930**	**90846019**	**57734060**	**33111959**	**23056577**
24702941	15962569	8740372	6690875	2049497	2792254
11194270	3845227	7349043	1908628	5440414	127541
6019141	3292282	2726859	1351739	1375120	437478
4762029	1951114	2810914	914430	1896484	135919
2940673	1353234	1587440	966739	620701	34696
6364792	4267265	2097527	1453320	644207	573336
6003236	3815944	2187292	1615590	571702	350353
4916650	2885739	2030911	1063188	967723	565463
17789562	12904554	4885007	4424257	460751	3413507
14007832	8829605	5178227	3760661	1417566	577478
9690159	5200437	4489722	2626626	1863096	1677267
6056161	3299439	2756723	1923225	833497	384213
6158948	3416279	2742669	2110987	631682	294113
3878509	2224162	1654346	881002	773344	252050
8361959	4531926	3830033	2415256	1414777	451504
8431269	5752029	2679239	2221514	457725	386097
10026388	6075720	3950668	2471206	1479462	881535
5755279	3734212	2021068	1344263	676805	298675
18181946	11113408	7068538	5391570	1676967	5553262
6198332	2266959	3931373	1984779	1946594	373495
1375771	739240	636531	421103	215428	191486
4179799	2912836	1266963	1155659	111304	134029
7065178	4168055	2897122	2227375	669748	615035
3402240	2224529	1177711	644678	533033	371793
3134364	1424005	1710360	681112	1029248	187918
390488	226786	163703	128484	35218	152475
12407113	7882015	4525098	2668194	1856903	954553
4127416	2421564	1705853	1074549	631304	389697
999732	219624	780108	382950	397158	4416
1041623	580787	460836	312070	148765	75000
1926148	1122384	803765	518027	285738	419937
138114	60731	77383	55058	22325	38723
795337	461960	333377	160829	172548	36530
582365	470927	111438	111438		152113
564281	275416	288865	52662	236203	
4767412	3111047	1656365	1632798	23567	5294568

5-8 财政补助支出明细

地区	合计	个人部分	工资福利支出	对个人和家庭的补助支出	#助学金
合计	**346079580**	**191331228**	**146357972**	**44973256**	**30257089**
北京	15465681	7953412	6707244	1246168	850528
天津	8557557	3633292	2922210	711082	562926
河北	14179124	8231279	6085348	2145932	1263678
山西	9830030	4932082	3550513	1381569	964851
内蒙古	7141066	4165697	2935698	1229999	870132
辽宁	12045745	7563252	6122065	1441187	1055166
吉林	8046323	3822580	2328882	1493697	631244
黑龙江	8237114	5458890	4274626	1184264	682396
上海	19317811	9508414	8084402	1424012	1206978
江苏	21433250	13004510	10479925	2524585	1710253
浙江	18246686	9692939	7974947	1717993	1146413
安徽	10343190	5892579	4100920	1791658	1165564
福建	9603628	4807591	3863372	944218	601242
江西	11286649	7156091	5658676	1497415	1204268
山东	19695151	13195059	10495948	2699111	1512364
河南	19453990	10851798	8234902	2616895	2135008
湖北	10506469	6494550	4982857	1511693	1033326
湖南	11200083	7213073	5675990	1537083	1117926
广东	33935804	15808738	11330309	4478428	1466713
广西	10518537	3946709	2242171	1704538	1424963
海南	2830135	1262878	983824	279053	259947
重庆	6713736	4140684	3050960	1089724	963802
四川	11314289	7291465	5712242	1579223	1368973
贵州	9104619	5330586	3559013	1771572	1168384
云南	8939372	5617089	4420846	1196243	1014178
西藏	1468934	925971	674248	251723	218987
陕西	12118826	5891041	4399141	1491901	1215292
甘肃	6340281	2871237	1835352	1035885	757562
青海	2181022	1176874	970325	206549	65258
宁夏	1658368	833864	633317	200547	142461
新疆	4366110	2657005	2067697	589309	476307
大连	480143	303306	253532	49774	21264
宁波	1307568	576125	362411	213714	113510
厦门	1199660	465182	422383	42799	22590
青岛	735209	170928	111740	59188	51555
深圳	13251077	3189098	2636109	552988	177440

(地方普通高等本科学校)

单位：千元

公用部分	商品和服务支出	其他资本性支出			基本建设支出
			专项公用支出	专项项目支出	
138672898	**78262911**	**60409988**	**36592923**	**23817065**	**16075454**
6673008	4663204	2009804	1549223	460581	839261
4862343	2333567	2528776	1195509	1333267	61922
5549770	3050618	2499152	1177214	1321938	398075
4762029	1951114	2810914	914430	1896484	135919
2940673	1353234	1587440	966739	620701	34696
4187254	2857501	1329754	844971	484783	295239
3986542	2224967	1761574	1191085	570490	237202
2631657	1601535	1030122	533727	496395	146567
7231330	5224650	2006680	1849796	156883	2578067
8368055	5389413	2978642	1939846	1038797	60685
6908143	3637145	3270998	1842566	1428432	1645604
4163068	2113305	2049763	1216266	833497	287544
4643925	2578048	2065876	1583982	481894	152113
3878509	2224162	1654346	881002	773344	252050
6252783	3072548	3180235	1883177	1297058	247309
8332661	5663969	2668692	2210967	457725	269532
3910804	2108319	1802486	1012436	790050	101114
3888622	2355165	1533457	866542	666915	98388
12788285	7176753	5611532	3969571	1641961	5338782
6198332	2266959	3931373	1984779	1946594	373495
1375771	739240	636531	421103	215428	191486
2524413	1717141	807272	696445	110827	48639
3724719	2010226	1714493	1278940	435553	298105
3402240	2224529	1177711	644678	533033	371793
3134364	1424005	1710360	681112	1029248	187918
390488	226786	163703	128484	35218	152475
5594381	2811369	2783011	1304703	1478308	633404
3188927	1808401	1380526	832236	548290	280117
999732	219624	780108	382950	397158	4416
749503	434217	315286	255216	60070	75000
1430568	801196	629372	353228	276144	278536
138114	60731	77383	55058	22325	38723
694913	461536	233377	160829	72548	36530
582365	470927	111438	111438		152113
564281	275416	288865	52662	236203	
4767412	3111047	1656365	1632798	23567	5294568

5-9 财政补助支出明细

地 区	合 计	个人部分	工资福利支出	对个人和家庭的补助支出	#助学金
合 计	**138715179**	**75191470**	**59436062**	**15755408**	**10657234**
北 京	3459242	1835807	1645226	190581	107490
天 津	2551298	1505538	1306508	199031	137576
河 北	5084163	2899116	2350770	548346	384418
山 西	3468314	1784113	1383016	401097	270816
内蒙古	3782147	2287031	1706652	580379	358228
辽 宁	3438753	1882883	1617075	265808	193213
吉 林	1929097	955165	596455	358709	119126
黑龙江	2388451	1665849	1255354	410495	198963
上 海	2407187	583878	528633	55245	37853
江 苏	11892518	6705496	5791857	913639	599853
浙 江	6112772	3627964	3158546	469419	366569
安 徽	6517084	2843203	2155868	687334	439739
福 建	3695787	1512235	1258947	253288	181356
江 西	4635261	2854867	2334848	520018	378355
山 东	8752170	6007277	4719979	1287298	863534
河 南	9032835	4694486	3900637	793849	567558
湖 北	6096162	3586227	2557592	1028635	710896
湖 南	6973633	4141716	3377211	764504	519670
广 东	12010012	6937250	5357521	1579730	684022
广 西	3827783	1294214	850154	444060	386697
海 南	704731	320593	225987	94606	83586
重 庆	3098560	1846159	1371880	474279	423971
四 川	6808027	3312072	2604712	707360	557107
贵 州	3902453	2381021	1567455	813566	614478
云 南	2655941	1717825	1372654	345171	308865
西 藏	750655	200889	169730	31159	25043
陕 西	3950913	1986716	1518195	468522	401288
甘 肃	3668435	1261397	768046	493352	303172
青 海	1192374	365548	309871	55677	24732
宁 夏	854784	505833	373317	132517	112625
新 疆	3073640	1689101	1301365	387736	296436
大 连	170127	115141	102296	12846	8235
宁 波	728812	382414	335230	47184	38120
厦 门	334913	92531	80292	12239	5341
青 岛	326248	147422	117622	29800	19798
深 圳	2277144	1599809	1410407	189402	94658

(普通高职高专学校)

单位：千元

公用部分	商品和服务支出	其他资本性支出			基本建设支出
			专项公用支出	专项项目支出	
60540932	**27588244**	**32952688**	**18455147**	**14497542**	**2982777**
1403361	947689	455672	411205	44467	220073
1038759	612400	426359	349094	77265	7000
2184133	970506	1213628	625413	588214	913
1651514	763138	888376	407080	481296	32687
1456005	592224	863781	455303	408477	39111
1367956	758655	609301	423038	186263	187914
965698	444640	521058	289725	231332	8235
661832	429401	232431	169941	62490	60770
1801874	1500882	300992	190823	110169	21435
5179026	2779902	2399124	1163820	1235304	7996
2331701	1328852	1002849	678767	324082	153106
3289346	1195690	2093656	1084702	1008954	384536
2128548	777515	1351034	650901	700132	55003
1643764	980064	663700	377978	285723	136630
2703533	1359048	1344485	505043	839442	41360
4174586	1883809	2290777	1582857	707920	163763
2509935	933015	1576920	503330	1073590	
2755001	1075453	1679548	898988	780560	76917
4660330	1948838	2711492	1465347	1246145	412432
2419355	786196	1633159	1039853	593307	114213
381936	237150	144786	109333	35453	2202
1252401	746398	506003	316134	189868	
3277701	1232703	2044998	1338093	706905	218254
1486771	668138	818633	635345	183288	34660
926062	423779	502283	286829	215454	12055
425366	73511	351854	11565	340289	124401
1861102	940631	920471	543828	376644	103094
2388437	413973	1974464	979810	994654	18600
814080	134427	679653	658857	20797	12745
327351	182643	144708	115649	29059	21600
1073468	466972	606496	186497	419999	311071
54986	37242	17744	15434	2310	
342211	164689	177522	83640	93882	4187
242381	65486	176895	31773	145122	
178826	63045	115780	29743	86037	
600993	382909	218084	218084		76341

5-10 财政补助支出明细

地区	合计	个人部分	工资福利支出	对个人和家庭的补助支出	#助学金
合计	**137623006**	**74636320**	**59033578**	**15602741**	**10566891**
北京	3234915	1772609	1603240	169369	92135
天津	2551298	1505538	1306508	199031	137576
河北	5084163	2899116	2350770	548346	384418
山西	3468314	1784113	1383016	401097	270816
内蒙古	3782147	2287031	1706652	580379	358228
辽宁	3438753	1882883	1617075	265808	193213
吉林	1929097	955165	596455	358709	119126
黑龙江	2336069	1626561	1231816	394745	194787
上海	2201432	524994	479018	45976	34680
江苏	11892518	6705496	5791857	913639	599853
浙江	6112772	3627964	3158546	469419	366569
安徽	6517084	2843203	2155868	687334	439739
福建	3695787	1512235	1258947	253288	181356
江西	4635261	2854867	2334848	520018	378355
山东	8752170	6007277	4719979	1287298	863534
河南	9032835	4694486	3900637	793849	567558
湖北	6061403	3559099	2552556	1006543	690280
湖南	6933653	4113428	3348934	764494	519670
广东	11823842	6839623	5272243	1567380	677301
广西	3827783	1294214	850154	444060	386697
海南	704731	320593	225987	94606	83586
重庆	3062400	1809999	1359294	450705	413545
四川	6649163	3210916	2529096	681820	544867
贵州	3902453	2381021	1567455	813566	614478
云南	2655941	1717825	1372654	345171	308865
西藏	750655	200889	169730	31159	25043
陕西	3950913	1986716	1518195	468522	401288
甘肃	3668435	1261397	768046	493352	303172
青海	1192374	365548	309871	55677	24732
宁夏	854784	505833	373317	132517	112625
新疆	2919862	1585681	1220814	364866	278801
大连	170127	115141	102296	12846	8235
宁波	728812	382414	335230	47184	38120
厦门	334913	92531	80292	12239	5341
青岛	326248	147422	117622	29800	19798
深圳	2277144	1599809	1410407	189402	94658

（地方普通高职高专学校）

单位：千元

公用部分	商品和服务支　　出	其他资本性支　　出			基本建设支　　出
			专项公用支　　出	专项项目支　　出	
60125250	**27344723**	**32780527**	**18406500**	**14374027**	**2861436**
1342948	888539	454409	409943	44467	119358
1038759	612400	426359	349094	77265	7000
2184133	970506	1213628	625413	588214	913
1651514	763138	888376	407080	481296	32687
1456005	592224	863781	455303	408477	39111
1367956	758655	609301	423038	186263	187914
965698	444640	521058	289725	231332	8235
650128	428787	221341	169941	51400	59380
1655004	1467651	187353	182838	4515	21435
5179026	2779902	2399124	1163820	1235304	7996
2331701	1328852	1002849	678767	324082	153106
3289346	1195690	2093656	1084702	1008954	384536
2128548	777515	1351034	650901	700132	55003
1643764	980064	663700	377978	285723	136630
2703533	1359048	1344485	505043	839442	41360
4174586	1883809	2290777	1582857	707920	163763
2502304	927250	1575054	502223	1072831	
2744662	1065115	1679548	898988	780560	75563
4572597	1889477	2683120	1441736	1241384	411623
2419355	786196	1633159	1039853	593307	114213
381936	237150	144786	109333	35453	2202
1252401	746398	506003	316134	189868	
3219994	1177159	2042835	1335929	706905	218254
1486771	668138	818633	635345	183288	34660
926062	423779	502283	286829	215454	12055
425366	73511	351854	11565	340289	124401
1861102	940631	920471	543828	376644	103094
2388437	413973	1974464	979810	994654	18600
814080	134427	679653	658857	20797	12745
327351	182643	144708	115649	29059	21600
1040182	447455	592727	173979	418748	294000
54986	37242	17744	15434	2310	
342211	164689	177522	83640	93882	4187
242381	65486	176895	31773	145122	
178826	63045	115780	29743	86037	
600993	382909	218084	218084		76341

5-11 财政补助支出明细

地区	合计	个人部分	工资福利支出	对个人和家庭的补助支出	#助学金
合计	**9192485**	**5999832**	**5180920**	**818912**	**170507**
北京	1091381	620437	561678	58759	
天津	280753	219493	195717	23776	8169
河北	414558	336044	305168	30875	7497
山西	132466	112919	104188	8732	1768
内蒙古	96998	58742	49211	9531	3314
辽宁	279436	220250	208866	11385	60
吉林	421360	304135	187304	116831	21711
黑龙江	340415	280549	225879	54671	769
上海	800217	489196	475104	14092	265
江苏	88192	65133	60545	4589	1371
浙江	864987	491813	461618	30195	7147
安徽	272495	166006	130228	35778	7787
福建	284886	174055	163492	10563	316
江西	276010	215079	192007	23072	13182
山东	131287	100505	86864	13641	667
河南	142344	108929	99478	9451	
湖北	106174	80487	65304	15184	6409
湖南	247286	177817	147543	30274	3174
广东	978241	685872	515094	170778	13212
广西	542398	152803	117838	34965	21573
海南	53820	32946	28008	4938	4789
重庆	24296	17360	16060	1300	3
四川	357549	194613	180782	13831	1649
贵州	87567	75690	56169	19521	11411
云南	215489	164658	145144	19513	18440
西藏					
陕西	291298	162010	134908	27102	15790
甘肃	91005	60920	47818	13101	35
青海	35281	25553	22636	2917	
宁夏					
新疆	244298	205818	196272	9547	
大连	120739	98236	94244	3992	60
宁波	184999	127665	122064	5602	2613
厦门	3052	1104	1055	49	
青岛	28338	23125	20651	2473	
深圳	125596	76433	58494	17938	872

(成人高等学校)

单位：千元

公用部分					基本建设支出
	商品和服务支出	其他资本性支出			
			专项公用支出	专项项目支出	
3139464	**1899883**	**1239581**	**544706**	**694875**	**53189**
468853	403108	65745	57355	8390	2091
61259	42610	18649	8809	9840	
77953	55350	22603	10115	12488	561
19547	18617	930	930		
38257	24427	13830	13830		
55253	32216	23037	22751	286	3933
116870	79681	37189	30756	6433	356
59865	36768	23098	8854	14244	
311021	239654	71367	45321	26046	
23058	17467	5591	5591		
356925	108696	248229	24956	223273	16249
106490	81510	24980	23944	1036	
110831	90116	20715	10436	10279	
60931	51703	9228	4090	5138	
30783	22067	8715	8505	210	
33415	24291	9124	5134	3990	
25687	23346	2342	1595	747	
69468	45301	24168	12978	11190	
292369	195780	96589	66602	29986	
364595	74708	289887	83887	206000	25000
20874	13009	7865	4962	2903	
6936	6526	410	410		
157935	76923	81013	14367	66646	5000
11877	5723	6154	2690	3464	
50831	18720	32111	1890	30221	
129288	71495	57793	53203	4590	
30085	13210	16875	10178	6696	
9728	348	9380	8304	1076	
38480	26514	11966	2262	9704	
22502	18720	3782	3496	286	
57333	35235	22098	7280	14818	
1948	1614	334	334		
5213	4647	565	565		
49163	35359	13804	13340	465	

5-12 财政补助支出明细

地区	合计	个人部分	工资福利支出	对个人和家庭的补助支出	#助学金
合计	**8832549**	**5852654**	**5053842**	**798813**	**170507**
北京	783407	519043	479793	39249	
天津	280753	219493	195717	23776	8169
河北	414558	336044	305168	30875	7497
山西	132466	112919	104188	8732	1768
内蒙古	96998	58742	49211	9531	3314
辽宁	279436	220250	208866	11385	60
吉林	421360	304135	187304	116831	21711
黑龙江	340415	280549	225879	54671	769
上海	800217	489196	475104	14092	265
江苏	88192	65133	60545	4589	1371
浙江	864987	491813	461618	30195	7147
安徽	272495	166006	130228	35778	7787
福建	284886	174055	163492	10563	316
江西	276010	215079	192007	23072	13182
山东	131287	100505	86864	13641	667
河南	142344	108929	99478	9451	
湖北	106174	80487	65304	15184	6409
湖南	247286	177817	147543	30274	3174
广东	978241	685872	515094	170778	13212
广西	542398	152803	117838	34965	21573
海南	53820	32946	28008	4938	4789
重庆	24296	17360	16060	1300	3
四川	357549	194613	180782	13831	1649
贵州	87567	75690	56169	19521	11411
云南	215489	164658	145144	19513	18440
西藏					
陕西	291298	162010	134908	27102	15790
甘肃	91005	60920	47818	13101	35
青海	35281	25553	22636	2917	
宁夏					
新疆	192336	160035	151078	8956	
大连	120739	98236	94244	3992	60
宁波	184999	127665	122064	5602	2613
厦门	3052	1104	1055	49	
青岛	28338	23125	20651	2473	
深圳	125596	76433	58494	17938	872

(地方成人高等学校)

单位：千元

公用部分	商品和服务支出	其他资本性支出			基本建设支出
			专项公用支出	专项项目支出	
2926705	**1708499**	**1218206**	**525700**	**692506**	**53189**
262273	217903	44370	38349	6021	2091
61259	42610	18649	8809	9840	
77953	55350	22603	10115	12488	561
19547	18617	930	930		
38257	24427	13830	13830		
55253	32216	23037	22751	286	3933
116870	79681	37189	30756	6433	356
59865	36768	23098	8854	14244	
311021	239654	71367	45321	26046	
23058	17467	5591	5591		
356925	108696	248229	24956	223273	16249
106490	81510	24980	23944	1036	
110831	90116	20715	10436	10279	
60931	51703	9228	4090	5138	
30783	22067	8715	8505	210	
33415	24291	9124	5134	3990	
25687	23346	2342	1595	747	
69468	45301	24168	12978	11190	
292369	195780	96589	66602	29986	
364595	74708	289887	83887	206000	25000
20874	13009	7865	4962	2903	
6936	6526	410	410		
157935	76923	81013	14367	66646	5000
11877	5723	6154	2690	3464	
50831	18720	32111	1890	30221	
129288	71495	57793	53203	4590	
30085	13210	16875	10178	6696	
9728	348	9380	8304	1076	
32301	20335	11966	2262	9704	
22502	18720	3782	3496	286	
57333	35235	22098	7280	14818	
1948	1614	334	334		
5213	4647	565	565		
49163	35359	13804	13340	465	

5-13 财政补助支出明细

地区	合计	个人部分	工资福利支出	对个人和家庭的补助支出	#助学金
合计	**214170292**	**125386564**	**105632853**	**19753710**	**9602521**
北京	5966953	3559392	3275530	283862	62534
天津	2597185	1847420	1671824	175596	54658
河北	10918504	6745582	6050893	694689	336753
山西	5368169	3263369	2936221	327148	179877
内蒙古	4120077	2630198	2007811	622387	275622
辽宁	5027695	3141124	2752512	388612	154118
吉林	3829744	2398188	1700418	697769	156134
黑龙江	3652140	2594210	1994225	599985	76851
上海	6309324	3114060	2840378	273683	198895
江苏	16482967	10512114	9719835	792279	237608
浙江	14037047	8726656	8256316	470340	217365
安徽	7855238	3831015	2877248	953766	573301
福建	6808785	3753429	3390860	362569	127114
江西	4995117	2359816	1858635	501181	362997
山东	16681435	9176928	8213557	963371	284557
河南	12365182	6469981	5628717	841264	511917
湖北	6502770	3868999	3231048	637952	314032
湖南	7774968	4395722	3518969	876752	596156
广东	23252024	14150043	10997824	3152219	478432
广西	6451788	3258152	2786239	471913	324480
海南	1930839	995820	874489	121331	96266
重庆	5228814	3180772	2439764	741008	577567
四川	8807915	5450770	4441253	1009517	684316
贵州	4117854	2600645	1859416	741229	602883
云南	8018004	5017999	3870007	1147992	948701
西藏	1032186	496305	405477	90828	72929
陕西	3695220	2234878	1843198	391680	268366
甘肃	3508266	2033654	1430428	603227	224408
青海	1288964	619803	457880	161923	114768
宁夏	1108456	501047	408157	92890	69872
新疆	4436661	2458473	1893724	564749	419045
大连	1233030	647709	616986	30723	15423
宁波	2620710	1750293	1681500	68792	29552
厦门	1205766	694428	585507	108921	12249
青岛	3153856	1725498	1551292	174205	24990
深圳	2784163	1545363	1101559	443804	85740

（中等职业学校）

单位：千元

公用部分	商品和服务支出	其他资本性支出			基本建设支出
			专项公用支出	专项项目支出	
83432404	**39148950**	**44283454**	**18562568**	**25720886**	**5351324**
2335746	1400580	935166	690139	245027	71815
749292	472399	276893	230871	46023	473
4047257	1736410	2310847	613865	1696982	125665
2032971	990066	1042905	351638	691267	71829
1326098	745136	580962	330822	250140	163781
1675266	1133951	541315	210856	330459	211305
1402290	654956	747334	398511	348824	29266
1042236	606089	436147	175154	260993	15694
3195264	2359229	836035	583019	253016	
5935405	2474711	3460694	1199971	2260724	35448
4616144	2400465	2215679	840911	1374768	694247
3345648	1157356	2188292	737882	1450409	678576
2934114	1137946	1796168	758460	1037709	121242
2502879	654574	1848305	493448	1354857	132422
7426841	2843553	4583289	1496000	3087288	77666
5380587	2375060	3005527	1432634	1572893	514614
2628269	968792	1659477	532615	1126862	5502
3270748	1675955	1594793	658839	935954	108498
8361332	4518146	3843186	2256736	1586450	740649
2881637	1001806	1879830	1218254	661576	312000
864640	409527	455113	330168	124945	70379
1932407	1125929	806478	330835	475643	115634
3241315	1709691	1531625	628904	902721	115829
1440580	695239	745341	281489	463852	76629
2925192	1225882	1699310	406980	1292330	74814
372233	115221	257012	29443	227569	163648
1385052	802201	582851	236023	346828	75291
1414056	528971	885085	332271	552815	60555
588941	173854	415088	225196	189892	80220
587409	202700	384709	187246	197463	20000
1590553	852557	737996	363389	374607	387634
482535	299004	183531	39664	143868	102786
834598	501760	332838	173411	159427	35819
439651	254848	184803	141831	42972	71687
1428358	497520	930838	430061	500777	
1133260	794424	338837	291668	47169	105540

5-14 财政补助支出明细

地区	合计	个人部分	工资福利支出	对个人和家庭的补助支出	#助学金
合计	**213523636**	**125022303**	**105370638**	**19651666**	**9552021**
北京	5875656	3505787	3227999	277788	61124
天津	2597185	1847420	1671824	175596	54658
河北	10913396	6740474	6045785	694689	336753
山西	5368169	3263369	2936221	327148	179877
内蒙古	4120077	2630198	2007811	622387	275622
辽宁	5027695	3141124	2752512	388612	154118
吉林	3829744	2398188	1700418	697769	156134
黑龙江	3598788	2550835	1963281	587554	76272
上海	6307094	3111830	2838148	273683	198895
江苏	16477311	10506630	9715307	791323	236652
浙江	14037047	8726656	8256316	470340	217365
安徽	7854606	3830431	2876816	953615	573150
福建	6808785	3753429	3390860	362569	127114
江西	4994732	2359769	1858635	501134	362950
山东	16681435	9176928	8213557	963371	284557
河南	12363485	6468750	5627486	841264	511917
湖北	6484486	3857341	3225288	632053	310964
湖南	7774968	4395722	3518969	876752	596156
广东	23218010	14125099	10978604	3146495	477590
广西	6451788	3258152	2786239	471913	324480
海南	1930839	995820	874489	121331	96266
重庆	5228513	3180537	2439544	740993	577551
四川	8800574	5449697	4441253	1008444	683243
贵州	4117854	2600645	1859416	741229	602883
云南	8018004	5017999	3870007	1147992	948701
西藏	1032186	496305	405477	90828	72929
陕西	3693830	2233487	1843198	390289	266975
甘肃	3508266	2033654	1430428	603227	224408
青海	1288964	619803	457880	161923	114768
宁夏	1108456	501047	408157	92890	69872
新疆	4011692	2245180	1748714	496466	378077
大连	1233030	647709	616986	30723	15423
宁波	2620710	1750293	1681500	68792	29552
厦门	1205766	694428	585507	108921	12249
青岛	3153856	1725498	1551292	174205	24990
深圳	2784163	1545363	1101559	443804	85740

(地方中等职业学校)

单位：千元

公用部分	商品和服务支出	其他资本性支出			基本建设支出
			专项公用支出	专项项目支出	
83196223	**38989559**	**44206664**	**18524027**	**25682637**	**5305110**
2298053	1363634	934420	689393	245027	71815
749292	472399	276893	230871	46023	473
4047257	1736410	2310847	613865	1696982	125665
2032971	990066	1042905	351638	691267	71829
1326098	745136	580962	330822	250140	163781
1675266	1133951	541315	210856	330459	211305
1402290	654956	747334	398511	348824	29266
1032259	597574	434685	174012	260673	15694
3195264	2359229	836035	583019	253016	
5935233	2474539	3460694	1199971	2260724	35448
4616144	2400465	2215679	840911	1374768	694247
3345599	1157308	2188292	737882	1450409	678576
2934114	1137946	1796168	758460	1037709	121242
2502541	654236	1848305	493448	1354857	132422
7426841	2843553	4583289	1496000	3087288	77666
5380121	2374594	3005527	1432634	1572893	514614
2621644	962256	1659388	532526	1126862	5502
3270748	1675955	1594793	658839	935954	108498
8352263	4509349	3842914	2256464	1586450	740649
2881637	1001806	1879830	1218254	661576	312000
864640	409527	455113	330168	124945	70379
1932342	1125864	806478	330835	475643	115634
3235048	1703423	1531625	628904	902721	115829
1440580	695239	745341	281489	463852	76629
2925192	1225882	1699310	406980	1292330	74814
372233	115221	257012	29443	227569	163648
1385052	802201	582851	236023	346828	75291
1414056	528971	885085	332271	552815	60555
588941	173854	415088	225196	189892	80220
587409	202700	384709	187246	197463	20000
1425093	761316	663777	327099	336678	341420
482535	299004	183531	39664	143868	102786
834598	501760	332838	173411	159427	35819
439651	254848	184803	141831	42972	71687
1428358	497520	930838	430061	500777	
1133260	794424	338837	291668	47169	105540

5-15 财政补助支出明细

地 区	合 计	个人部分	工资福利支出	对个人和家庭的补助支出	#助学金
合 计	**100841169**	**57843307**	**48098619**	**9744688**	**5018571**
北 京	2141535	1284551	1191773	92779	30727
天 津	1557620	1086929	1001935	84994	32698
河 北	2928885	1898049	1603975	294074	155179
山 西	2019676	1295443	1145447	149996	81444
内蒙古	1655075	959774	708050	251723	133088
辽 宁	2819147	1633884	1420155	213729	58351
吉 林	1414058	807035	554823	252212	66765
黑龙江	1047516	743039	581019	162020	47403
上 海	4049195	1880607	1702833	177774	141250
江 苏	11845802	7676959	7093620	583339	158725
浙 江	2389198	1469056	1378774	90282	48901
安 徽	6126747	2865445	2155195	710250	436362
福 建	5159523	2852713	2599961	252752	106359
江 西	2767475	1468664	1122943	345721	253701
山 东	7531025	4180895	3695426	485469	173485
河 南	4909315	2475405	2041229	434176	281019
湖 北	4158141	2381938	1969536	412402	201716
湖 南	1388689	774295	571355	202941	151389
广 东	11118680	6827037	5354077	1472960	282576
广 西	4789865	2402485	2048180	354305	239914
海 南	1024929	552492	493244	59248	53537
重 庆	650006	382831	282426	100405	83408
四 川	3025066	1779911	1415511	364400	238467
贵 州	1757594	1123015	747892	375123	304766
云 南	3142548	2026926	1429568	597358	513865
西 藏	1032186	496305	405477	90828	72929
陕 西	722952	441591	358298	83294	54292
甘 肃	2721795	1451894	1023719	428175	152353
青 海	1278475	611694	451284	160411	113610
宁 夏	464484	255506	202387	53119	42646
新 疆	3203966	1756939	1348509	408430	307647
大 连	635565	268452	257784	10667	1766
宁 波	673494	423742	407516	16226	8485
厦 门	1040459	611332	542820	68512	9983
青 岛	609595	201224	177615	23610	1379
深 圳	664719	412192	324375	87817	22413

(中等专业学校)

单位：千元

公用部分	商品和服务支出	其他资本性支出	专项公用支出	专项项目支出	基本建设支出
39449859	**19341116**	**20108744**	**8995699**	**11113044**	**3548003**
804995	590272	214723	184002	30721	51989
470402	286506	183895	140639	43256	290
932745	633816	298929	127937	170992	98091
701062	417315	283747	125394	158354	23171
576243	328505	247738	160122	87615	119058
1016981	649783	367199	150706	216493	168282
596701	317392	279309	197163	82145	10323
296772	182962	113810	51539	62270	7705
2168588	1748467	420121	295012	125109	
4136784	1791667	2345117	850240	1494877	32060
721446	436223	285223	196806	88417	198696
2586726	884505	1702221	542789	1159432	674576
2194785	871135	1323650	536456	787194	112026
1190799	403829	786971	298344	488627	108012
3315940	1286316	2029624	669910	1359714	34190
2052325	1084182	968143	471385	496758	381585
1771202	687180	1084022	370269	713754	5000
575960	358879	217081	110826	106255	38434
3831524	2218891	1612633	936917	675716	460119
2171243	714031	1457212	960204	497008	216137
446632	232157	214474	143657	70818	25806
244283	153595	90689	33338	57351	22892
1215417	683761	531656	181595	350061	29738
592361	288734	303627	170052	133576	42218
1041162	483526	557636	189200	368436	74459
372233	115221	257012	29443	227569	163648
279473	161155	118318	45243	73076	1887
1212611	449641	762970	272289	490680	57290
586561	171529	415032	225140	189892	80220
188978	87693	101286	44249	57037	20000
1156927	622250	534677	284835	249842	290101
280596	133384	147211	32625	114586	86518
230286	116304	113982	82144	31838	19467
357441	225654	131787	120398	11388	71687
408371	101547	306823	142195	164628	
234436	175586	58850	41047	17803	18091

5-16 财政补助支出明细

地区	合计	个人部分	工资福利支出	对个人和家庭的补助支出	#助学金
合计	**100280293**	**57552438**	**47876128**	**9676310**	**4989713**
北京	2050237	1230946	1144242	86704	29318
天津	1557620	1086929	1001935	84994	32698
河北	2923776	1892941	1598867	294074	155179
山西	2019676	1295443	1145447	149996	81444
内蒙古	1655075	959774	708050	251723	133088
辽宁	2819147	1633884	1420155	213729	58351
吉林	1414058	807035	554823	252212	66765
黑龙江	1047516	743039	581019	162020	47403
上海	4046965	1878377	1700603	177774	141250
江苏	11845802	7676959	7093620	583339	158725
浙江	2389198	1469056	1378774	90282	48901
安徽	6126747	2865445	2155195	710250	436362
福建	5159523	2852713	2599961	252752	106359
江西	2767091	1468617	1122943	345674	253654
山东	7531025	4180895	3695426	485469	173485
河南	4909315	2475405	2041229	434176	281019
湖北	4139856	2370280	1963777	406503	198648
湖南	1388689	774295	571355	202941	151389
广东	11084666	6802093	5334856	1467236	281734
广西	4789865	2402485	2048180	354305	239914
海南	1024929	552492	493244	59248	53537
重庆	650006	382831	282426	100405	83408
四川	3017725	1778838	1415511	363327	237394
贵州	1757594	1123015	747892	375123	304766
云南	3142548	2026926	1429568	597358	513865
西藏	1032186	496305	405477	90828	72929
陕西	722952	441591	358298	83294	54292
甘肃	2721795	1451894	1023719	428175	152353
青海	1278475	611694	451284	160411	113610
宁夏	464484	255506	202387	53119	42646
新疆	2801749	1564736	1205867	358869	285228
大连	635565	268452	257784	10667	1766
宁波	673494	423742	407516	16226	8485
厦门	1040459	611332	542820	68512	9983
青岛	609595	201224	177615	23610	1379
深圳	664719	412192	324375	87817	22413

（地方中等专业学校）

单位：千元

公用部分	商品和服务支出	其他资本性支出			基本建设支出
			专项公用支出	专项项目支出	
39226066	**19192599**	**20033467**	**8958352**	**11075115**	**3501788**
767302	553326	213977	183255	30721	51989
470402	286506	183895	140639	43256	290
932745	633816	298929	127937	170992	98091
701062	417315	283747	125394	158354	23171
576243	328505	247738	160122	87615	119058
1016981	649783	367199	150706	216493	168282
596701	317392	279309	197163	82145	10323
296772	182962	113810	51539	62270	7705
2168588	1748467	420121	295012	125109	
4136784	1791667	2345117	850240	1494877	32060
721446	436223	285223	196806	88417	198696
2586726	884505	1702221	542789	1159432	674576
2194785	871135	1323650	536456	787194	112026
1190462	403491	786971	298344	488627	108012
3315940	1286316	2029624	669910	1359714	34190
2052325	1084182	968143	471385	496758	381585
1764577	680644	1083933	370179	713754	5000
575960	358879	217081	110826	106255	38434
3822454	2210094	1612360	936645	675716	460119
2171243	714031	1457212	960204	497008	216137
446632	232157	214474	143657	70818	25806
244283	153595	90689	33338	57351	22892
1209149	677493	531656	181595	350061	29738
592361	288734	303627	170052	133576	42218
1041162	483526	557636	189200	368436	74459
372233	115221	257012	29443	227569	163648
279473	161155	118318	45243	73076	1887
1212611	449641	762970	272289	490680	57290
586561	171529	415032	225140	189892	80220
188978	87693	101286	44249	57037	20000
993126	532618	460509	248596	211912	243887
280596	133384	147211	32625	114586	86518
230286	116304	113982	82144	31838	19467
357441	225654	131787	120398	11388	71687
408371	101547	306823	142195	164628	
234436	175586	58850	41047	17803	18091

5-17 财政补助支出明细

地区	合计	个人部分	工资福利支出	对个人和家庭的补助支出	#助学金
合计	**78214367**	**47104554**	**40246601**	**6857953**	**3518851**
北京	2204157	1511248	1375403	135845	8499
天津	631070	485565	425336	60229	10779
河北	6159513	3457819	3183210	274609	152701
山西	2613189	1421996	1298338	123657	83780
内蒙古	2068833	1315262	1032832	282430	140191
辽宁	1735106	1221472	1091434	130037	75018
吉林	1427334	804592	625203	179389	25743
黑龙江	1679293	1152618	867069	285549	26173
上海	1923830	1054673	975231	79442	51213
江苏	2764032	1850518	1729937	120581	47407
浙江	10086727	6310150	5980974	329176	151023
安徽	1364458	756456	583599	172857	114659
福建	832396	380977	342227	38750	6471
江西	1521631	529791	403118	126673	100486
山东	5547051	3221523	2935746	285777	67471
河南	4628213	2508321	2230068	278253	187823
湖北	1876184	1242369	1038750	203619	102733
湖南	5527553	3072173	2476840	595333	404227
广东	5062538	3417310	2549276	868034	71074
广西	83264	59400	51654	7746	2860
海南	600030	304984	253317	51667	33662
重庆	3323346	2169729	1649890	519840	418271
四川	4910860	3112742	2552426	560316	397891
贵州	2167400	1405223	1091925	313299	246487
云南	3268469	1949348	1577050	372299	294732
西藏					
陕西	2027790	1207432	1024643	182790	125378
甘肃	673124	476734	339599	137135	67550
青海	2609	2487	1329	1158	1158
宁夏	643972	245541	205771	39771	27226
新疆	860395	456101	354408	101693	76164
大连	476229	331080	313866	17215	12058
宁波	1556018	1078790	1037019	41771	19987
厦门					
青岛	2228872	1390323	1249982	140341	20411
深圳	1380979	729603	500988	228615	29539

(职业高中)

单位：千元

公用部分	商品和服务支出	其他资本性支出	专项公用支出	专项项目支出	基本建设支出
30015013	**12848587**	**17166426**	**6204440**	**10961986**	**1094799**
673083	404149	268934	124261	144673	19826
145504	82713	62791	60366	2425	
2674119	836828	1837292	404831	1432461	27574
1145935	441818	704118	183357	520760	45258
708849	380258	328591	167172	161419	44722
509348	348120	161228	56675	104554	4286
604198	216241	387958	148627	239331	18544
526174	295622	230552	97632	132921	500
869156	474475	394682	266775	127907	
910127	325384	584743	211548	373195	3388
3378634	1640048	1738586	540478	1198108	397942
604002	202552	401451	144027	257424	4000
447918	112352	335566	148882	186684	3500
967431	142364	825066	139583	685484	24410
2318728	807741	1510987	523039	987948	6800
2119893	686515	1433378	642711	790667	
633564	225481	408083	151201	256882	251
2385315	1086227	1299087	497143	801944	70065
1557779	996109	561671	294642	267029	87449
23865	13473	10392	6279	4113	
294729	126002	168727	133133	35594	317
1062559	690853	371706	185655	186051	91058
1732028	840992	891036	402425	488611	66091
727766	298127	429639	99363	330276	34411
1318766	456924	861842	137258	724584	354
755168	351392	403776	172561	231215	65190
193126	72174	120951	59515	61436	3265
123	123				
398431	115007	283424	142998	140426	
328696	178525	150171	62303	87867	75598
145148	109395	35754	6472	29282	
472981	283191	189790	73092	116698	4247
838549	327084	511464	260254	251210	
563928	447749	116179	112731	3448	87449

5-18 财政补助支出明细

地区	合计	个人部分	工资福利支出	对个人和家庭的补助支出	#助学金
合计	**78200552**	**47094695**	**40239839**	**6854856**	**3518822**
北京	2204157	1511248	1375403	135845	8499
天津	631070	485565	425336	60229	10779
河北	6159513	3457819	3183210	274609	152701
山西	2613189	1421996	1298338	123657	83780
内蒙古	2068833	1315262	1032832	282430	140191
辽宁	1735106	1221472	1091434	130037	75018
吉林	1427334	804592	625203	179389	25743
黑龙江	1665478	1142759	860307	282452	26144
上海	1923830	1054673	975231	79442	51213
江苏	2764032	1850518	1729937	120581	47407
浙江	10086727	6310150	5980974	329176	151023
安徽	1364458	756456	583599	172857	114659
福建	832396	380977	342227	38750	6471
江西	1521631	529791	403118	126673	100486
山东	5547051	3221523	2935746	285777	67471
河南	4628213	2508321	2230068	278253	187823
湖北	1876184	1242369	1038750	203619	102733
湖南	5527553	3072173	2476840	595333	404227
广东	5062538	3417310	2549276	868034	71074
广西	83264	59400	51654	7746	2860
海南	600030	304984	253317	51667	33662
重庆	3323346	2169729	1649890	519840	418271
四川	4910860	3112742	2552426	560316	397891
贵州	2167400	1405223	1091925	313299	246487
云南	3268469	1949348	1577050	372299	294732
西藏					
陕西	2027790	1207432	1024643	182790	125378
甘肃	673124	476734	339599	137135	67550
青海	2609	2487	1329	1158	1158
宁夏	643972	245541	205771	39771	27226
新疆	860395	456101	354408	101693	76164
大连	476229	331080	313866	17215	12058
宁波	1556018	1078790	1037019	41771	19987
厦门					
青岛	2228872	1390323	1249982	140341	20411
深圳	1380979	729603	500988	228615	29539

(地方职业高中)

单位：千元

公用部分	商品和服务支出	其他资本性支出	专项公用支出	专项项目支出	基本建设支出
30011058	**12846094**	**17164964**	**6203298**	**10961666**	**1094799**
673083	404149	268934	124261	144673	19826
145504	82713	62791	60366	2425	
2674119	836828	1837292	404831	1432461	27574
1145935	441818	704118	183357	520760	45258
708849	380258	328591	167172	161419	44722
509348	348120	161228	56675	104554	4286
604198	216241	387958	148627	239331	18544
522219	293128	229091	96490	132601	500
869156	474475	394682	266775	127907	
910127	325384	584743	211548	373195	3388
3378634	1640048	1738586	540478	1198108	397942
604002	202552	401451	144027	257424	4000
447918	112352	335566	148882	186684	3500
967431	142364	825066	139583	685484	24410
2318728	807741	1510987	523039	987948	6800
2119893	686515	1433378	642711	790667	
633564	225481	408083	151201	256882	251
2385315	1086227	1299087	497143	801944	70065
1557779	996109	561671	294642	267029	87449
23865	13473	10392	6279	4113	
294729	126002	168727	133133	35594	317
1062559	690853	371706	185655	186051	91058
1732028	840992	891036	402425	488611	66091
727766	298127	429639	99363	330276	34411
1318766	456924	861842	137258	724584	354
755168	351392	403776	172561	231215	65190
193126	72174	120951	59515	61436	3265
123	123				
398431	115007	283424	142998	140426	
328696	178525	150171	62303	87867	75598
143148	109393	35754	6472	29282	
472981	283191	189790	73092	116698	4247
838549	327084	511464	260254	251210	
563928	447749	116179	112731	3448	87449

5-19 财政补助支出明细

地区	合计	个人部分	工资福利支出	对个人和家庭的补助支出	#助学金
合计	**35176902**	**20713812**	**17809707**	**2904106**	**1908450**
北京	106867	83142	80356	2786	37
天津	115971	71929	67233	4696	409
河北	3024616	1816862	1651638	165224	112998
山西	1605314	911780	826405	85376	58154
内蒙古	1396163	846644	672865	173779	90279
辽宁	535119	379985	358612	21373	12163
吉林	582046	305899	243956	61942	16035
黑龙江	682477	486841	381871	104970	15029
上海	167809	106772	98749	8023	6633
江苏	1359938	928476	856807	71670	35667
浙江	3930196	2396419	2229380	167039	77113
安徽	953399	538372	422227	116145	79357
福建	143640	59209	55379	3830	2031
江西	1031171	319806	253707	66098	45959
山东	1559348	910595	861074	49521	17886
河南	2817402	1481327	1351357	129969	97771
湖北	615805	406714	348052	58662	47153
湖南	2972000	1602587	1291659	310928	246683
广东	538548	362690	314889	47802	11767
广西	82569	59400	51654	7746	2860
海南	212954	117033	98377	18656	16337
重庆	1208104	798777	634595	164182	127613
四川	2668560	1740243	1413897	326346	258151
贵州	1463342	892360	710265	182096	146673
云南	2485576	1405054	1171156	233898	178895
西藏					
陕西	1281392	748468	654476	93992	68300
甘肃	542723	389894	284555	105339	45015
青海	2609	2487	1329	1158	1158
宁夏	342688	152303	122291	30011	19739
新疆	748553	391744	300895	90849	70587
大连	115849	94858	93322	1536	30
宁波	504618	374583	359350	15233	8799
厦门					
青岛	47529	26637	25629	1009	691
深圳					

（农村职业高中）

单位：千元

公用部分	商品和服务支出	其他资本性支出			基本建设支出
			专项公用支出	专项项目支出	
13984684	**5521920**	**8462764**	**2872137**	**5590627**	**478407**
23725	18104	5621	5621		
44042	15208	28834	26409	2425	
1185960	441796	744165	217316	526849	21793
650425	258056	392370	132013	260357	43108
508517	266509	242008	122872	119136	41002
153411	103462	49949	8954	40995	1723
260396	78453	181943	55142	126801	15751
195136	102109	93027	46011	47017	500
61037	48275	12762	12215	547	
431462	171573	259889	91110	168779	
1422399	622481	799919	212745	587174	111378
415027	140737	274289	114148	160142	
84431	22395	62037	34391	27646	
686955	89940	597015	93200	503816	24410
648752	217204	431548	175148	256400	
1336075	372514	963561	422245	541317	
209090	72561	136530	61648	74882	
1308418	575597	732821	294815	438006	60995
175858	97866	77992	35884	42108	
23170	13173	9997	6279	3718	
95604	45582	50022	28632	21390	317
409327	283732	125596	93311	32284	
907444	447576	459868	137664	322204	20873
557879	193981	363898	63599	300298	13103
1080168	337877	742291	105922	636369	354
467734	215259	252475	99482	152993	65190
149565	57877	91688	46309	45379	3265
123	123				
190386	55572	134814	69084	65730	
302165	156330	145835	59968	85867	54644
20992	19967	1025	1025		
125789	76537	49252	18863	30389	4247
20892	9416	11476	2110	9366	

5-20 财政补助支出明细

地区	合计	个人部分	工资福利支出	对个人和家庭的补助支出	#助学金
合计	**35163087**	**20703952**	**17802944**	**2901008**	**1908421**
北京	106867	83142	80356	2786	37
天津	115971	71929	67233	4696	409
河北	3024616	1816862	1651638	165224	112998
山西	1605314	911780	826405	85376	58154
内蒙古	1396163	846644	672865	173779	90279
辽宁	535119	379985	358612	21373	12163
吉林	582046	305899	243956	61942	16035
黑龙江	668662	476981	375109	101872	14999
上海	167809	106772	98749	8023	6633
江苏	1359938	928476	856807	71670	35667
浙江	3930196	2396419	2229380	167039	77113
安徽	953399	538372	422227	116145	79357
福建	143640	59209	55379	3830	2031
江西	1031171	319806	253707	66098	45959
山东	1559348	910595	861074	49521	17886
河南	2817402	1481327	1351357	129969	97771
湖北	615805	406714	348052	58662	47153
湖南	2972000	1602587	1291659	310928	246683
广东	538548	362690	314889	47802	11767
广西	82569	59400	51654	7746	2860
海南	212954	117033	98377	18656	16337
重庆	1208104	798777	634595	164182	127613
四川	2668560	1740243	1413897	326346	258151
贵州	1463342	892360	710265	182096	146673
云南	2485576	1405054	1171156	233898	178895
西藏					
陕西	1281392	748468	654476	93992	68300
甘肃	542723	389894	284555	105339	45015
青海	2609	2487	1329	1158	1158
宁夏	342688	152303	122291	30011	19739
新疆	748553	391744	300895	90849	70587
大连	115849	94858	93322	1536	30
宁波	504618	374583	359350	15233	8799
厦门					
青岛	47529	26637	25629	1009	691
深圳					

(地方农村职业高中)

单位：千元

公用部分	商品和服务支出	其他资本性支出			基本建设支出
			专项公用支出	专项项目支出	
13980729	**5519427**	**8461302**	**2870995**	**5590307**	**478407**
23725	18104	5621	5621		
44042	15208	28834	26409	2425	
1185960	441796	744165	217316	526849	21793
650425	258056	392370	132013	260357	43108
508517	266509	242008	122872	119136	41002
153411	103462	49949	8954	40995	1723
260396	78453	181943	55142	126801	15751
191181	99616	91565	44869	46697	500
61037	48275	12762	12215	547	
431462	171573	259889	91110	168779	
1422399	622481	799919	212745	587174	111378
415027	140737	274289	114148	160142	
84431	22395	62037	34391	27646	
686955	89940	597015	93200	503816	24410
648752	217204	431548	175148	256400	
1336075	372514	963561	422245	541317	
209090	72561	136530	61648	74882	
1308418	575597	732821	294815	438006	60995
175858	97866	77992	35884	42108	
23170	13173	9997	6279	3718	
95604	45582	50022	28632	21390	317
409327	283732	125596	93311	32284	
907444	447576	459868	137664	322204	20873
557879	193981	363898	63599	300298	13103
1080168	337877	742291	105922	636369	354
467734	215259	252475	99482	152993	65190
149565	57877	91688	46309	45379	3265
123	123				
190386	55572	134814	69084	65730	
302165	156330	145835	59968	85867	54644
20992	19967	1025	1025		
125789	76537	49252	18863	30389	4247
20892	9416	11476	2110	9366	

5-21 财政补助支出明细

地区	合计	个人部分	工资福利支出	对个人和家庭的补助支出	#助学金
合计	**26597347**	**14173751**	**11836717**	**2337034**	**972853**
北京	1545799	709199	656550	52650	23307
天津	321485	232298	207569	24728	11182
河北	781119	487256	425414	61841	27336
山西	378748	245947	213663	32284	14544
内蒙古	81011	67601	52961	14640	1573
辽宁	451498	270856	227249	43607	20594
吉林	231805	161760	72024	89736	63524
黑龙江	640391	468556	370692	97864	3082
上海	185367	130309	117255	13053	6432
江苏	1627379	810958	743632	67326	28402
浙江	1089918	626840	593642	33199	16890
安徽	205708	109006	63701	45305	17796
福建	790027	494662	425183	69479	14280
江西	219354	110890	100181	10709	8643
山东	3225025	1437751	1270050	167701	41217
河南	2013640	896060	820458	75601	24353
湖北	352328	217421	202486	14934	8923
湖南	377611	233468	208725	24743	16956
广东	6818920	3727913	2956597	771315	119736
广西	1526370	759015	652240	106775	81657
海南	294396	132186	121774	10413	9066
重庆	737220	285529	200604	84925	74735
四川	514747	297385	236898	60486	41905
贵州	134852	50652		50652	50652
云南	1060645	631040	477642	153398	138036
西藏					
陕西	670115	371739	262115	109623	87583
甘肃	43410	39938	21577	18361	3807
青海					
宁夏					
新疆	278458	167516	135833	31683	16643
大连	119478	46930	44464	2466	1599
宁波	104455	52835	51254	1581	780
厦门	165306	83096	42687	40409	2266
青岛	313092	132352	122169	10183	3127
深圳	704865	385146	262887	122259	30352

(技工学校)

单位：千元

公用部分	商品和服务支出	其他资本性支出			基本建设支出
			专项公用支出	专项项目支出	
11723701	**5402202**	**6321499**	**3133047**	**3188452**	**699895**
836600	389278	447321	377689	69632	
89005	60179	28825	28576	250	183
293863	139181	154682	66657	88025	
129402	77587	51815	41064	10751	3400
13410	12240	1170	1170		
141905	129057	12848	3435	9413	38737
69646	30702	38944	31861	7083	400
164346	89699	74647	21637	53010	7489
55058	34900	20159	20159		
816421	319462	496959	130025	366934	
365469	203605	161864	83069	78795	97608
96702	32982	63719	44281	19439	
289649	152744	136905	73074	63831	5716
108464	26796	81669	34320	47348	
1750598	722921	1027677	293336	734341	36676
984552	450976	533576	298467	235109	133029
134657	49698	84959	9732	75227	251
144144	93898	50246	36834	13412	
2897926	1244845	1653080	1012696	640384	193081
671493	260835	410657	251260	159397	95862
117954	46369	71585	53051	18534	44256
450420	148424	301995	88382	213613	1271
197362	114610	82752	41638	41114	20000
84199	84199				
429605	192014	237591	61845	175746	
298376	252896	45479	13801	31679	
3472	3472				
89006	38631	50375	14990	35385	21936
56279	55720	560	560		16268
39514	32714	6800	5357	1443	12106
82210	29193	53016	21433	31584	
180740	68216	112523	27584	84939	
319719	164326	155392	129654	25739	

5-22 财政补助支出明细

地区	合计	个人部分			
			工资福利支出	对个人和家庭的补助支出	
					#助学金
合计	**26551417**	**14134186**	**11808516**	**2325670**	**969803**
北京	1545799	709199	656550	52650	23307
天津	321485	232298	207569	24728	11182
河北	781119	487256	425414	61841	27336
山西	378748	245947	213663	32284	14544
内蒙古	81011	67601	52961	14640	1573
辽宁	451498	270856	227249	43607	20594
吉林	231805	161760	72024	89736	63524
黑龙江	603817	437707	348707	89000	2532
上海	185367	130309	117255	13053	6432
江苏	1622044	805683	739301	66382	27458
浙江	1089918	626840	593642	33199	16890
安徽	205075	108422	63268	45154	17645
福建	790027	494662	425183	69479	14280
江西	219354	110890	100181	10709	8643
山东	3225025	1437751	1270050	167701	41217
河南	2011943	894829	819228	75601	24353
湖北	352328	217421	202486	14934	8923
湖南	377611	233468	208725	24743	16956
广东	6818920	3727913	2956597	771315	119736
广西	1526370	759015	652240	106775	81657
海南	294396	132186	121774	10413	9066
重庆	736919	285294	200384	84910	74720
四川	514747	297385	236898	60486	41905
贵州	134852	50652		50652	50652
云南	1060645	631040	477642	153398	138036
西藏					
陕西	668724	370348	262115	108233	86193
甘肃	43410	39938	21577	18361	3807
青海					
宁夏					
新疆	278458	167516	135833	31683	16643
大连	119478	46930	44464	2466	1599
宁波	104455	52835	51254	1581	780
厦门	165306	83096	42687	40409	2266
青岛	313092	132352	122169	10183	3127
深圳	704865	385146	262887	122259	30352

(地方技工学校)

单位：千元

公用部分	商品和服务支出	其他资本性支出	专项公用支出	专项项目支出	基本建设支出
11717337	**5395838**	**6321499**	**3133047**	**3188452**	**699895**
836600	389278	447321	377689	69632	
89005	60179	28825	28576	250	183
293863	139181	154682	66657	88025	
129402	77587	51815	41064	10751	3400
13410	12240	1170	1170		
141905	129057	12848	3435	9413	38737
69646	30702	38944	31861	7083	400
158621	83974	74647	21637	53010	7489
55058	34900	20159	20159		
816361	319402	496959	130025	366934	
365469	203605	161864	83069	78795	97608
96653	32934	63719	44281	19439	
289649	152744	136905	73074	63831	5716
108464	26796	81669	34320	47348	
1750598	722921	1027677	293336	734341	36676
984085	450510	533576	298467	235109	133029
134657	49698	84959	9732	75227	251
144144	93898	50246	36834	13412	
2897926	1244845	1653080	1012696	640384	193081
671493	260835	410657	251260	159397	95862
117954	46369	71585	53051	18534	44256
450355	148360	301995	88382	213613	1271
197362	114610	82752	41638	41114	20000
84199	84199				
429605	192014	237591	61845	175746	
298376	252896	45479	13801	31679	
3472	3472				
89006	38631	50375	14990	35385	21936
56279	55720	560	560		16268
39514	32714	6800	5357	1443	12106
82210	29193	53016	21433	31584	
180740	68216	112523	27584	84939	
319719	164326	155392	129654	25739	

5-23 财政补助支出明细

地区	合计	个人部分	工资福利支出	对个人和家庭的补助支出	#助学金
合计	**8517409**	**6264951**	**5450916**	**814035**	**92246**
北京	75462	54394	51805	2589	
天津	87010	42628	36984	5644	
河北	1048987	902458	838294	64164	1537
山西	356555	299983	278772	21211	110
内蒙古	315158	287561	213968	73593	770
辽宁	21944	14913	13674	1239	154
吉林	756547	624801	448368	176433	103
黑龙江	284941	229997	175444	54552	193
上海	150932	48471	45058	3413	
江苏	245753	173680	152646	21034	3075
浙江	471205	320610	302926	17684	550
安徽	158326	100108	74754	25354	4484
福建	26839	25077	23489	1587	4
江西	486656	250472	232393	18079	168
山东	378334	336758	312335	24423	2383
河南	814013	590195	536962	53233	18722
湖北	116118	27271	20276	6996	661
湖南	481115	315785	262049	53736	23584
广东	251886	177783	137874	39909	5046
广西	52288	37252	34165	3087	50
海南	11484	6158	6155	4	
重庆	518242	342683	306844	35838	1152
四川	357242	260733	236418	24315	6053
贵州	58008	21754	19599	2155	978
云南	546343	410684	385747	24937	2068
西藏					
陕西	274364	214115	198142	15973	1112
甘肃	69936	65089	45533	19556	698
青海	7880	5622	5267	355	
宁夏					
新疆	93842	77917	54974	22943	18592
大连	1759	1247	871	376	
宁波	286742	194926	185711	9215	300
厦门					
青岛	2297	1598	1526	72	72
深圳	33600	18422	13309	5113	3436

(成人中等专业学校)

单位：千元

公用部分	商品和服务支出	其他资本性支出			基本建设支出
			专项公用支出	专项项目支出	
2243831	**1557045**	**686786**	**229382**	**457404**	**8627**
21069	16881	4188	4188		
44382	43000	1382	1289	92	
146529	126585	19944	14440	5504	
56572	53346	3226	1824	1402	
27597	24133	3464	2358	1106	
7032	6991	41	41		
131745	90622	41124	20859	20265	
54944	37807	17137	4346	12791	
102461	101388	1073	1073		
72074	38198	33875	8157	25719	
150595	120588	30007	20559	9448	
58218	37317	20901	6785	14115	
1762	1715	47	47		
236184	81585	154599	21200	133399	
41575	26575	15001	9715	5285	
223818	153388	70430	20072	50358	
88847	6433	82413	1413	81000	
165329	136951	28378	14035	14343	
74103	58300	15803	12481	3322	
15037	13467	1569	511	1058	
5326	4999	327	327		
175145	133057	42088	23460	18628	414
96509	70328	26181	3246	22934	
36254	24179	12074	12074		
135658	93418	42240	18677	23563	
52036	36758	15278	4419	10859	8213
4847	3683	1164	466	698	
2258	2202	56	56		
15925	13151	2775	1262	1513	
512	505	7	7		
91817	69551	22266	12818	9448	
699	673	26	26		
15178	6763	8415	8235	180	

5-24 财政补助支出明细

地区	合计	个人部分	工资福利支出	对个人和家庭的补助支出	#助学金
合计	**8491374**	**6240985**	**5446154**	**794831**	**73684**
北京	75462	54394	51805	2589	
天津	87010	42628	36984	5644	
河北	1048987	902458	838294	64164	1537
山西	356555	299983	278772	21211	110
内蒙古	315158	287561	213968	73593	770
辽宁	21944	14913	13674	1239	154
吉林	756547	624801	448368	176433	103
黑龙江	281977	227330	173248	54082	193
上海	150932	48471	45058	3413	
江苏	245432	173471	152449	21022	3063
浙江	471205	320610	302926	17684	550
安徽	158326	100108	74754	25354	4484
福建	26839	25077	23489	1587	4
江西	486656	250472	232393	18079	168
山东	378334	336758	312335	24423	2383
河南	814013	590195	536962	53233	18722
湖北	116118	27271	20276	6996	661
湖南	481115	315785	262049	53736	23584
广东	251886	177783	137874	39909	5046
广西	52288	37252	34165	3087	50
海南	11484	6158	6155	4	
重庆	518242	342683	306844	35838	1152
四川	357242	260733	236418	24315	6053
贵州	58008	21754	19599	2155	978
云南	546343	410684	385747	24937	2068
西藏					
陕西	274364	214115	198142	15973	1112
甘肃	69936	65089	45533	19556	698
青海	7880	5622	5267	355	
宁夏					
新疆	71091	56826	52605	4221	42
大连	1759	1247	871	376	
宁波	286742	194926	185711	9215	300
厦门					
青岛	2297	1598	1526	72	72
深圳	33600	18422	13309	5113	3436

(地方成人中等专业学校)

单位：千元

公用部分	商品和服务支出	其他资本性支出	专项公用支出	专项项目支出	基本建设支出
2241762	**1555028**	**686734**	**229330**	**457404**	**8627**
21069	16881	4188	4188		
44382	43000	1382	1289	92	
146529	126585	19944	14440	5504	
56572	53346	3226	1824	1402	
27597	24133	3464	2358	1106	
7032	6991	41	41		
131745	90622	41124	20859	20265	
54647	37510	17137	4346	12791	
102461	101388	1073	1073		
71962	38086	33875	8157	25719	
150595	120588	30007	20559	9448	
58218	37317	20901	6785	14115	
1762	1715	47	47		
236184	81585	154599	21200	133399	
41575	26575	15001	9715	5285	
223818	153388	70430	20072	50358	
88847	6433	82413	1413	81000	
165329	136951	28378	14035	14343	
74103	58300	15803	12481	3322	
15037	13467	1569	511	1058	
5326	4999	327	327		
175145	133057	42088	23460	18628	414
96509	70328	26181	3246	22934	
36254	24179	12074	12074		
135658	93418	42240	18677	23563	
52036	36758	15278	4419	10859	8213
4847	3683	1164	466	698	
2258	2202	56	56		
14265	11542	2723	1210	1513	
512	505	7	7		
91817	69551	22266	12818	9448	
699	673	26	26		
15178	6763	8415	8235	180	

5-25 财政补助支出明细

地区	合计	个人部分	工资福利支出	对个人和家庭的补助支出	#助学金
合计	**1114822445**	**789912844**	**694850889**	**95061955**	**41492986**
北京	31132447	19423797	18169212	1254585	140315
天津	15511332	11691824	11036270	655554	83082
河北	45812518	32628194	29662261	2965933	1387088
山西	24039002	17297177	15763694	1533484	802597
内蒙古	20807575	15053925	12548644	2505280	933116
辽宁	24699782	19359803	18292948	1066855	321509
吉林	16600615	11880926	9415942	2464983	378034
黑龙江	23559583	18125022	15123775	3001247	396106
上海	28635933	17351575	16666468	685107	410682
江苏	74949582	54425043	50376283	4048761	1228971
浙江	55613404	40104472	37545326	2559146	1148118
安徽	41264224	29104484	25151291	3953193	1482962
福建	32574353	23059389	21552689	1506700	589820
江西	37050037	21010647	18358382	2652265	1465333
山东	79499046	55805757	51023978	4781779	1554553
河南	65688054	43670595	38304392	5366203	3294155
湖北	39842112	30812543	27491282	3321262	1095243
湖南	43618091	30755651	26504552	4251100	2047646
广东	102802843	74809881	62436509	12373373	1590101
广西	34713336	23378451	19776108	3602343	2549436
海南	10280844	6149051	5697451	451601	300109
重庆	29792272	21519363	19097259	2422105	1335310
四川	57361765	42774510	36673624	6100885	3693731
贵州	36644640	26662366	21974809	4687556	2942805
云南	42622166	33729142	28727061	5002081	4181969
西藏	6850769	4690876	3774078	916798	792340
陕西	28238253	17484582	15185320	2299262	1475966
甘肃	20410594	15605860	11480092	4125768	1171022
青海	7862431	5561572	4860601	700972	403746
宁夏	6912816	4783761	4286003	497758	342821
新疆	29432027	21202604	17894586	3308018	1954280
大连	4906506	4014240	3884454	129786	34208
宁波	7884527	5935700	5626313	309387	146010
厦门	4288332	3153014	2858445	294569	41732
青岛	9948259	7268732	6538774	729957	162801
深圳	19921835	11646462	8865706	2780756	91188

(中学)

单位：千元

公用部分	商品和服务支出	其他资本性支出			基本建设支出
			专项公用支出	专项项目支出	
303366958	**130152057**	**173214902**	**47881126**	**125333776**	**21542643**
10295247	6558633	3736613	2452609	1284005	1413403
3713681	2215262	1498419	571832	926587	105826
12788519	5245030	7543488	2123999	5419489	395805
6542837	3242858	3299978	812844	2487134	198988
5488571	2752223	2736349	949106	1787243	265079
5202338	3036667	2165671	618119	1547552	137642
4469371	2083897	2385474	729411	1656063	250318
5229271	2955893	2273378	633139	1640239	205289
10914050	6560864	4353186	2085478	2267708	370308
19954054	6850110	13103944	2694897	10409047	570484
13911310	6134533	7776777	2050533	5726244	1597621
11776362	3976742	7799619	1841080	5958539	383378
9237518	3332449	5905069	1928409	3976660	277446
15363411	3449351	11914061	2275739	9638321	675979
23538898	6965010	16573887	2797667	13776220	154392
21078741	8307401	12771341	2407212	10364128	938718
9029569	3855355	5174214	1025261	4148953	
12475186	5365932	7109254	2230348	4878906	387254
23285349	13693109	9592240	4269576	5322663	4707613
10486429	3838349	6648080	1809769	4838311	848457
3871454	1224661	2646793	1263385	1383408	260339
7155756	3937215	3218541	1070026	2148515	1117153
14117985	6779322	7338663	2106374	5232290	469269
9484206	3446010	6038197	2197199	3840998	498068
8359311	3591498	4767813	940622	3827191	533713
1332027	704867	627160	212110	415050	827865
9368326	3870212	5498114	1408339	4089775	1385345
4451889	1786783	2665106	657354	2007753	352845
1570947	700221	870726	272300	598426	729912
2032034	888581	1143453	315823	827631	97020
6842311	2803018	4039293	1130562	2908731	1387113
867704	623928	243776	104848	138928	24562
1925381	820761	1104620	342927	761693	23446
1114894	611443	503450	374580	128871	20425
2679527	1083026	1596502	581446	1015055	
4195312	3340087	855225	684245	170980	4080062

5-26 财政补助支出明细

地区	合计	个人部分	工资福利支出	对个人和家庭的补助支出	#助学金
合计	**1109960442**	**786505631**	**691967661**	**94537970**	**41365675**
北京	30248969	18877617	17695789	1181828	139608
天津	15511332	11691824	11036270	655554	83082
河北	45812518	32628194	29662261	2965933	1387088
山西	24039002	17297177	15763694	1533484	802597
内蒙古	20807575	15053925	12548644	2505280	933116
辽宁	24699782	19359803	18292948	1066855	321509
吉林	16505780	11817750	9359424	2458326	377961
黑龙江	23294045	17914777	14957633	2957144	392672
上海	28452463	17239334	16556131	683203	410160
江苏	74949582	54425043	50376283	4048761	1228971
浙江	55613404	40104472	37545326	2559146	1148118
安徽	41264224	29104484	25151291	3953193	1482962
福建	32574353	23059389	21552689	1506700	589820
江西	37050037	21010647	18358382	2652265	1465333
山东	79499046	55805757	51023978	4781779	1554553
河南	65680704	43664670	38301302	5363368	3294155
湖北	39646578	30671170	27373575	3297595	1094829
湖南	43617877	30755546	26504552	4250995	2047541
广东	102741074	74756215	62388154	12368061	1588994
广西	34713336	23378451	19776108	3602343	2549436
海南	10280844	6149051	5697451	451601	300109
重庆	29693286	21447504	19033191	2414314	1334861
四川	57361765	42774510	36673624	6100885	3693731
贵州	36644640	26662366	21974809	4687556	2942805
云南	42622166	33729142	28727061	5002081	4181969
西藏	6850769	4690876	3774078	916798	792340
陕西	28097568	17381497	15093401	2288096	1475260
甘肃	20401679	15597578	11471889	4125689	1170943
青海	7862431	5561572	4860601	700972	403746
宁夏	6912816	4783761	4286003	497758	342821
新疆	26510798	19111529	16151122	2960407	1834586
大连	4906506	4014240	3884454	129786	34208
宁波	7884527	5935700	5626313	309387	146010
厦门	4288332	3153014	2858445	294569	41732
青岛	9948259	7268732	6538774	729957	162801
深圳	19921835	11646462	8865706	2780756	91188

(地方中学)

单位：千元

公用部分	商品和服务支出	其他资本性支出	专项公用支出	专项项目支出	基本建设支出
301946636	**129345461**	**172601176**	**47621320**	**124979856**	**21508174**
9957948	6292987	3664961	2381156	1283805	1413403
3713681	2215262	1498419	571832	926587	105826
12788519	5245030	7543488	2123999	5419489	395805
6542837	3242858	3299978	812844	2487134	198988
5488571	2752223	2736349	949106	1787243	265079
5202338	3036667	2165671	618119	1547552	137642
4437712	2062711	2375001	724511	1650490	250318
5173979	2918987	2254992	625148	1629844	205289
10842821	6506561	4336260	2068552	2267708	370308
19954054	6850110	13103944	2694897	10409047	570484
13911310	6134533	7776777	2050533	5726244	1597621
11776362	3976742	7799619	1841080	5958539	383378
9237518	3332449	5905069	1928409	3976660	277446
15363411	3449351	11914061	2275739	9638321	675979
23538898	6965010	16573887	2797667	13776220	154392
21077316	8305993	12771323	2407195	10364128	938718
8975408	3811369	5164039	1015087	4148953	
12475077	5365823	7109254	2230348	4878906	387254
23277246	13687610	9589636	4268182	5321454	4707613
10486429	3838349	6648080	1809769	4838311	848457
3871454	1224661	2646793	1263385	1383408	260339
7128628	3919878	3208750	1060234	2148515	1117153
14117985	6779322	7338663	2106374	5232290	469269
9484206	3446010	6038197	2197199	3840998	498068
8359311	3591498	4767813	940622	3827191	533713
1332027	704867	627160	212110	415050	827865
9330726	3843063	5487663	1401889	4085775	1385345
4451256	1786564	2664693	657240	2007453	352845
1570947	700221	870726	272300	598426	729912
2032034	888581	1143453	315823	827631	97020
6046625	2470169	3576456	999967	2576488	1352644
867704	623928	243776	104848	138928	24562
1925381	820761	1104620	342927	761693	23446
1114894	611443	503450	374580	128871	20425
2679527	1083026	1596502	581446	1015055	
4195312	3340087	855225	684245	170980	4080062

5-27 财政补助支出明细

地区	合计	个人部分	工资福利支出	对个人和家庭的补助支出	#助学金
合计	**1114181640**	**789475702**	**694440375**	**95035327**	**41492827**
北京	31085661	19395792	18142637	1253155	140315
天津	15481311	11662734	11008520	654214	83082
河北	45812518	32628194	29662261	2965933	1387088
山西	24039002	17297177	15763694	1533484	802597
内蒙古	20807575	15053925	12548644	2505280	933116
辽宁	24699782	19359803	18292948	1066855	321509
吉林	16597832	11878427	9414338	2464089	370054
黑龙江	23559583	18125022	15123775	3001247	396106
上海	28601072	17325596	16641789	683807	410531
江苏	74755288	54315006	50270953	4044054	1228963
浙江	55384589	39935219	37384369	2550850	1148118
安徽	41264224	29104484	25151291	3953193	1482962
福建	32574353	23059389	21552689	1506700	589820
江西	37050037	21010647	18358382	2652265	1465333
山东	79480686	55787707	51005994	4781713	1554553
河南	65688054	43670595	38304392	5366203	3294155
湖北	39834944	30806133	27484882	3321252	1095243
湖南	43615268	30753912	26502842	4251070	2047646
广东	102730740	74763802	62398984	12364818	1590101
广西	34710544	23378451	19776108	3602343	2549436
海南	10280844	6149051	5697451	451601	300109
重庆	29792272	21519363	19097259	2422105	1335310
四川	57361765	42774510	36673624	6100885	3693731
贵州	36644640	26662366	21974809	4687556	2942805
云南	42622166	33729142	28727061	5002081	4181969
西藏	6850769	4690876	3774078	916798	792340
陕西	28238253	17484582	15185320	2299262	1475966
甘肃	20410594	15605860	11480092	4125768	1171022
青海	7862431	5561572	4860601	700972	403746
宁夏	6912816	4783761	4286003	497758	342821
新疆	29432027	21202604	17894586	3308018	1954280
大连	4906506	4014240	3884454	129786	34208
宁波	7884527	5935700	5626313	309387	146010
厦门	4288332	3153014	2858445	294569	41732
青岛	9948259	7268732	6538774	729957	162801
深圳	19921835	11646462	8865706	2780756	91188

(普通中学)

单位：千元

公用部分	商品和服务支出	其他资本性支出			基本建设支出
			专项公用支出	专项项目支出	
303165903	**130047648**	**173118255**	**47867133**	**125251123**	**21540035**
10276465	6541499	3734966	2451000	1283966	1413403
3712750	2214475	1498275	571688	926587	105826
12788519	5245030	7543488	2123999	5419489	395805
6542837	3242858	3299978	812844	2487134	198988
5488571	2752223	2736349	949106	1787243	265079
5202338	3036667	2165671	618119	1547552	137642
4469087	2083643	2385444	729381	1656063	250318
5229271	2955893	2273378	633139	1640239	205289
10905169	6552302	4352867	2085159	2267708	370308
19869797	6824432	13045366	2687630	10357736	570484
13854356	6089148	7765208	2047224	5717984	1595013
11776362	3976742	7799619	1841080	5958539	383378
9237518	3332449	5905069	1928409	3976660	277446
15363411	3449351	11914061	2275739	9638321	675979
23538587	6964714	16573874	2797654	13776220	154392
21078741	8307401	12771341	2407212	10364128	938718
9028810	3854770	5174041	1025215	4148826	
12474102	5365867	7108235	2230298	4877937	387254
23259326	13687447	9571879	4268371	5303508	4707613
10483637	3838349	6645288	1809769	4835519	848457
3871454	1224661	2646793	1263385	1383408	260339
7155756	3937215	3218541	1070026	2148515	1117153
14117985	6779322	7338663	2106374	5232290	469269
9484206	3446010	6038197	2197199	3840998	498068
8359311	3591498	4767813	940622	3827191	533713
1332027	704867	627160	212110	415050	827865
9368326	3870212	5498114	1408339	4089775	1385345
4451889	1786783	2665106	657354	2007753	352845
1570947	700221	870726	272300	598426	729912
2032034	888581	1143453	315823	827631	97020
6842311	2803018	4039293	1130562	2908731	1387113
867704	623928	243776	104818	130920	24362
1925381	820761	1104620	342927	761693	23446
1114894	611443	503450	374580	128871	20425
2679527	1083026	1596502	581446	1015055	
4195312	3340087	855225	684245	170980	4080062

5-28 财政补助支出明细

地区	合计	个人部分	工资福利支出	对个人和家庭的补助支出	#助学金
合计	**1109319636**	**786068489**	**691557147**	**94511341**	**41365517**
北京	30202182	18849612	17669215	1180398	139608
天津	15481311	11662734	11008520	654214	83082
河北	45812518	32628194	29662261	2965933	1387088
山西	24039002	17297177	15763694	1533484	802597
内蒙古	20807575	15053925	12548644	2505280	933116
辽宁	24699782	19359803	18292948	1066855	321509
吉林	16502997	11815251	9357819	2457432	377961
黑龙江	23294045	17914777	14957633	2957144	392672
上海	28417603	17213355	16531451	681903	410009
江苏	74755288	54315006	50270953	4044054	1228963
浙江	55384589	39935219	37384369	2550850	1148118
安徽	41264224	29104484	25151291	3953193	1482962
福建	32574353	23059389	21552689	1506700	589820
江西	37050037	21010647	18358382	2652265	1465333
山东	79480686	55787707	51005994	4781713	1554553
河南	65680704	43664670	38301302	5363368	3294155
湖北	39639409	30664760	27367175	3297585	1094829
湖南	43615054	30753807	26502842	4250965	2047541
广东	102668971	74710135	62350629	12359506	1588994
广西	34710544	23378451	19776108	3602343	2549436
海南	10280844	6149051	5697451	451601	300109
重庆	29693286	21447504	19033191	2414314	1334861
四川	57361765	42774510	36673624	6100885	3693731
贵州	36644640	26662366	21974809	4687556	2942805
云南	42622166	33729142	28727061	5002081	4181969
西藏	6850769	4690876	3774078	916798	792340
陕西	28097568	17381497	15093401	2288096	1475260
甘肃	20401679	15597578	11471889	4125689	1170943
青海	7862431	5561572	4860601	700972	403746
宁夏	6912816	4783761	4286003	497758	342821
新疆	26510798	19111529	16151122	2960407	1834586
大连	4906506	4014240	3884454	129786	34208
宁波	7884527	5935700	5626313	309387	146010
厦门	4288332	3153014	2858445	294569	41732
青岛	9948259	7268732	6538774	729957	162801
深圳	19921835	11646462	8865706	2780756	91188

(地方普通中学)

单位：千元

公用部分	商品和服务支出	其他资本性支出			基本建设支出
			专项公用支出	专项项目支出	
301745581	**129241051**	**172504529**	**47607326**	**124897203**	**21505566**
9939167	6275853	3663314	2379548	1283766	1413403
3712750	2214475	1498275	571688	926587	105826
12788519	5245030	7543488	2123999	5419489	395805
6542837	3242858	3299978	812844	2487134	198988
5488571	2752223	2736349	949106	1787243	265079
5202338	3036667	2165671	618119	1547552	137642
4437428	2062457	2374971	724481	1650490	250318
5173979	2918987	2254992	625148	1629844	205289
10833940	6497999	4335941	2068234	2267708	370308
19869797	6824432	13045366	2687630	10357736	570484
13854356	6089148	7765208	2047224	5717984	1595013
11776362	3976742	7799619	1841080	5958539	383378
9237518	3332449	5905069	1928409	3976660	277446
15363411	3449351	11914061	2275739	9638321	675979
23538587	6964714	16573874	2797654	13776220	154392
21077316	8305993	12771323	2407195	10364128	938718
8974649	3810783	5163866	1015041	4148826	
12473993	5365758	7108235	2230298	4877937	387254
23251223	13681948	9569275	4266976	5302299	4707613
10483637	3838349	6645288	1809769	4835519	848457
3871454	1224661	2646793	1263385	1383408	260339
7128628	3919878	3208750	1060234	2148515	1117153
14117985	6779322	7338663	2106374	5232290	469269
9484206	3446010	6038197	2197199	3840998	498068
8359311	3591498	4767813	940622	3827191	533713
1332027	704867	627160	212110	415050	827865
9330726	3843063	5487663	1401889	4085775	1385345
4451256	1786564	2664693	657240	2007453	352845
1570947	700221	870726	272300	598426	729912
2032034	888581	1143453	315823	827631	97020
6046625	2470169	3576456	999967	2576488	1352644
867704	623928	243776	104848	138928	24562
1925381	820761	1104620	342927	761693	23446
1114894	611443	503450	374580	128871	20425
2679527	1083026	1596502	581446	1015055	
4195312	3340087	855225	684245	170980	4080062

5-29 财政补助支出明细

地区	合计	个人部分	工资福利支出	对个人和家庭的补助支出	#助学金
合计	**387243907**	**274821930**	**244886459**	**29935471**	**12638398**
北京	12654342	7745600	7215469	530131	23283
天津	6273203	4587904	4359828	228076	30933
河北	15969158	11596245	10612682	983563	504698
山西	9643823	6657819	6017011	640808	355106
内蒙古	8125933	5826506	4824368	1002139	474424
辽宁	8547603	6539270	6181326	357944	133683
吉林	5444973	3797582	3029984	767598	186374
黑龙江	7533299	5726349	4949618	776731	155967
上海	10030990	6122873	5953904	168969	72314
江苏	26729144	19183090	18000347	1182743	254305
浙江	19953062	14281220	13600649	680571	210793
安徽	13397456	9877757	8786975	1090782	355834
福建	11391376	7925180	7451686	473493	111944
江西	12336142	6938972	6087152	851820	416709
山东	25655883	18395049	17196657	1198392	395522
河南	20229497	13661044	12336649	1324396	849755
湖北	14067609	10651321	9670039	981281	340759
湖南	14256240	10339008	9254333	1084675	539105
广东	38006316	28697771	23997897	4699874	486805
广西	10930107	7276508	6302291	974217	685398
海南	3329401	2018562	1898750	119812	75353
重庆	10986855	7941727	7103833	837894	488267
四川	18775253	14315637	12525989	1789648	1125992
贵州	13149643	8924492	7365268	1559224	961114
云南	12888600	10168169	8797378	1370792	1056820
西藏	2296854	1601166	1328011	273156	228945
陕西	11559836	6735896	5922980	812916	504649
甘肃	7531860	5880808	4410113	1470695	429053
青海	2826153	2000713	1754426	246286	152006
宁夏	2436152	1808416	1650721	157694	112501
新疆	10287147	7599276	6300125	1299150	919988
大连	1592997	1341380	1307560	33821	4505
宁波	2807896	2103456	2027421	76036	27773
厦门	1510999	1106884	990335	116549	6626
青岛	3083912	2352081	2189783	162298	44096
深圳	6758433	4397147	3309264	1087883	21360

(普通高中)

单位：千元

公用部分	商品和服务支出	其他资本性支出			基本建设支出
			专项公用支出	专项项目支出	
103262450	**43519756**	**59742694**	**18187806**	**41554888**	**9159528**
3881839	2275157	1606682	967388	639294	1026903
1685299	1137295	548004	303371	244633	
4238288	1630529	2607759	553671	2054088	134624
2853906	1186178	1667729	367493	1300236	132097
2160368	1253483	906885	378047	528838	139059
1934292	1036970	897323	230359	666964	74041
1467921	778975	688947	259077	429869	179470
1657212	1035857	621355	179534	441821	149739
3763844	1855158	1908686	740607	1168079	144273
7131677	2291929	4839749	960980	3878769	414377
4758530	2098912	2659618	944157	1715461	913311
3278233	924459	2353774	584519	1769255	241466
3316914	1178169	2138745	729153	1409592	149282
5101882	1202689	3899193	940931	2958263	295287
7203988	2017424	5186565	799000	4387565	56846
6312849	2513400	3799449	829010	2970440	255603
3416288	1331856	2084432	436856	1647576	
3787007	1685992	2101016	736480	1364535	130225
8134001	4233663	3900338	1748828	2151509	1174544
3243550	1049796	2193755	602575	1591179	410048
1272076	489469	782606	369074	413533	38763
2736839	1582751	1154088	370205	783884	308289
4266769	2281570	1985199	767583	1217616	192847
3970139	1039859	2930280	1573264	1357017	255011
2445558	1130815	1314743	336853	977890	274872
399358	279864	119494	75622	43872	296329
4002388	1868416	2133972	580223	1553749	821552
1478216	620435	857781	236623	621158	172836
543532	224404	319129	120812	198317	281908
597656	271939	325718	116892	208826	30080
2222026	1012345	1209681	348619	861062	465845
251617	172926	78691	16241	62449	
703230	287984	415246	163712	251533	1210
399324	217803	181521	157541	23980	4790
731830	315541	416290	148510	267780	
1504436	1200433	304004	257749	46254	856850

5-30 财政补助支出明细

地区	合计	个人部分	工资福利支出	对个人和家庭的补助支出	#助学金
合计	**384833697**	**273205509**	**243524981**	**29680528**	**12578230**
北京	12055844	7378904	6896011	482893	22729
天津	6273203	4587904	4359828	228076	30933
河北	15969158	11596245	10612682	983563	504698
山西	9643823	6657819	6017011	640808	355106
内蒙古	8125933	5826506	4824368	1002139	474424
辽宁	8547603	6539270	6181326	357944	133683
吉林	5350139	3734406	2973466	760941	186281
黑龙江	7415151	5635132	4879767	755365	152672
上海	9891714	6039296	5871833	167462	71792
江苏	26729144	19183090	18000347	1182743	254305
浙江	19953062	14281220	13600649	680571	210793
安徽	13397456	9877757	8786975	1090782	355834
福建	11391376	7925180	7451686	473493	111944
江西	12336142	6938972	6087152	851820	416709
山东	25655883	18395049	17196657	1198392	395522
河南	20229497	13661044	12336649	1324396	849755
湖北	13906843	10535241	9574519	960722	340513
湖南	14256168	10338941	9254333	1084608	539039
广东	38005259	28696825	23997864	4698961	485999
广西	10930107	7276508	6302291	974217	685398
海南	3329401	2018562	1898750	119812	75353
重庆	10931740	7901716	7068160	833556	488017
四川	18775253	14315637	12525989	1789648	1125992
贵州	13149643	8924492	7365268	1559224	961114
云南	12888600	10168169	8797378	1370792	1056820
西藏	2296854	1601166	1328011	273156	228945
陕西	11464668	6665799	5860805	804994	504273
甘肃	7528382	5877557	4406900	1470657	429016
青海	2826153	2000713	1754426	246286	152006
宁夏	2436152	1808416	1650721	157694	112501
新疆	9143349	6817970	5663160	1154811	866064
大连	1592997	1341380	1307560	33821	4505
宁波	2807896	2103456	2027421	76036	27773
厦门	1510999	1106884	990335	116549	6626
青岛	3083912	2352081	2189783	162298	44096
深圳	6758433	4397147	3309264	1087883	21360

(地方普通高中)

单位：千元

公用部分	商品和服务支出	其他资本性支出	专项公用支出	专项项目支出	基本建设支出
102488307	**43080238**	**59408070**	**18046530**	**41361539**	**9139880**
3650036	2097256	1552780	913686	639094	1026903
1685299	1137295	548004	303371	244633	
4238288	1630529	2607759	553671	2054088	134624
2853906	1186178	1667729	367493	1300236	132097
2160368	1253483	906885	378047	528838	139059
1934292	1036970	897323	230359	666964	74041
1436263	757789	678473	254177	424296	179470
1630281	1018111	612170	176960	435210	149739
3708145	1808752	1899394	731315	1168079	144273
7131677	2291929	4839749	960980	3878769	414377
4758530	2098912	2659618	944157	1715461	913311
3278233	924459	2353774	584519	1769255	241466
3316914	1178169	2138745	729153	1409592	149282
5101882	1202689	3899193	940931	2958263	295287
7203988	2017424	5186565	799000	4387565	56846
6312849	2513400	3799449	829010	2970440	255603
3371602	1294380	2077222	429646	1647576	
3787002	1685986	2101016	736480	1364535	130225
8133889	4233551	3900338	1748828	2151509	1174544
3243550	1049796	2193755	602575	1591179	410048
1272076	489469	782606	369074	413533	38763
2721735	1573098	1148636	364753	783884	308289
4266769	2281570	1985199	767583	1217616	192847
3970139	1039859	2930280	1573264	1357017	255011
2445558	1130815	1314743	336853	977890	274872
399358	279864	119494	75622	43872	296329
3977317	1851026	2126290	576541	1549749	821552
1477989	620365	857623	236591	621032	172836
543532	224404	319129	120812	198317	281908
597656	271939	325718	116892	208826	30080
1879181	900773	978408	294186	684222	446197
251617	172926	78691	16241	62449	
703230	287984	415246	163712	251533	1210
399324	217803	181521	157541	23980	4790
731830	315541	416290	148510	267780	
1504436	1200433	304004	257749	46254	856850

5-31 财政补助支出明细

地区	合计	个人部分	工资福利支出	对个人和家庭的补助支出	#助学金
合计	**155900402**	**115808184**	**102885959**	**12922224**	**7482423**
北京	690267	468744	449375	19369	1720
天津	747843	659289	630543	28745	5777
河北	7858081	5696358	5213714	482645	306559
山西	4840735	3553707	3214851	338856	220620
内蒙古	3877991	2766437	2261438	504999	248370
辽宁	1872807	1596837	1517854	78983	44669
吉林	1791455	1268474	1044173	224302	60462
黑龙江	3081117	2211612	1888985	322628	70434
上海	777560	620104	604072	16032	8477
江苏	9116785	6653180	6304838	348342	120771
浙江	7867498	5780865	5482811	298053	96963
安徽	7707138	5824392	5257948	566444	191236
福建	5159402	4036652	3827237	209415	68953
江西	6522912	3518885	3166619	352266	237776
山东	8704881	6438951	6113327	325625	154074
河南	10763593	7351280	6658382	692898	526491
湖北	3996815	3208586	2897490	311096	198629
湖南	8127389	5922243	5318519	603724	385580
广东	8104219	6491277	5713835	777442	208453
广西	5366627	3889098	3301323	587775	428704
海南	1406862	880086	807021	73065	48381
重庆	3774267	2982572	2622471	360100	250916
四川	9698306	7606099	6570958	1035141	702625
贵州	7044059	5502254	4512824	989430	701351
云南	7507287	6336520	5390808	945713	745871
西藏	1131960	843660	698343	145316	121484
陕西	5942815	3668037	3179497	488540	331626
甘肃	4784751	3864225	2957831	906393	306544
青海	1561934	1289578	1151876	137701	90369
宁夏	775066	661369	604276	57093	42813
新疆	5297981	4216812	3522720	694092	555727
大连	153925	138184	135130	3054	891
宁波	1002445	763902	736790	27112	12385
厦门	163962	125454	92603	32851	1710
青岛	386088	278057	269478	8579	4098
深圳					

（农村高中）

单位：千元

公用部分					基本建设支出
	商品和服务支出	其他资本性支出			
			专项公用支出	专项项目支出	
37773004	**15764915**	**22008089**	**5504360**	**16503729**	**2319214**
221523	161195	60328	54019	6308	
88555	73870	14684	6888	7796	
2107179	787242	1319936	331270	988666	54544
1217256	567571	649685	184312	465373	69772
1082319	599571	482748	152652	330096	29235
251081	170509	80572	25552	55021	24889
486219	244525	241694	83204	158489	36762
725711	423271	302439	102730	199709	143794
157456	127014	30442	29479	963	
2463605	715001	1748604	252713	1495891	
1779376	700097	1079279	238435	840844	307257
1834973	499698	1335275	311101	1024174	47773
1118250	538640	579610	210199	369410	4500
2890840	675085	2215755	458971	1756784	113188
2210930	592160	1618770	215023	1403746	55000
3265878	1301211	1964667	405590	1559078	146436
788229	345376	442853	83666	359187	
2088052	948107	1139946	264123	875823	117093
1588530	762847	825683	367128	458554	24412
1394312	586417	807895	187981	619914	83217
499343	195985	303358	184693	118665	27432
750114	424773	325341	65564	259777	41581
1952610	1069727	882883	202418	680465	139597
1398259	503130	895129	219127	676002	143547
1079267	578252	501015	165727	335288	91500
157862	126830	31032	17651	13381	130438
2163323	1016607	1146716	321199	825516	111455
801096	330849	470247	160473	309774	119430
250503	105047	145456	64877	80579	21853
113697	69480	44218	22299	21919	
846657	524825	321831	115297	206535	234512
15741	15106	635	635		
237333	105105	132228	37572	94657	1210
37008	22435	14573	10027	4546	1500
108032	35052	72979	4714	68265	

5-32 财政补助支出明细

地区	合计	个人部分	工资福利支出	对个人和家庭的补助支出	#助学金
合计	**155390099**	**115443401**	**102576951**	**12866450**	**7470484**
北京	690267	468744	449375	19369	1720
天津	747843	659289	630543	28745	5777
河北	7858081	5696358	5213714	482645	306559
山西	4840735	3553707	3214851	338856	220620
内蒙古	3877991	2766437	2261438	504999	248370
辽宁	1872807	1596837	1517854	78983	44669
吉林	1791455	1268474	1044173	224302	60462
黑龙江	3048480	2192068	1872677	319391	69657
上海	777560	620104	604072	16032	8477
江苏	9116785	6653180	6304838	348342	120771
浙江	7867498	5780865	5482811	298053	96963
安徽	7707138	5824392	5257948	566444	191236
福建	5159402	4036652	3827237	209415	68953
江西	6522912	3518885	3166619	352266	237776
山东	8704881	6438951	6113327	325625	154074
河南	10763593	7351280	6658382	692898	526491
湖北	3913675	3150529	2851221	299309	198629
湖南	8127389	5922243	5318519	603724	385580
广东	8103161	6490331	5713801	776530	207647
广西	5366627	3889098	3301323	587775	428704
海南	1406862	880086	807021	73065	48381
重庆	3774267	2982572	2622471	360100	250916
四川	9698306	7606099	6570958	1035141	702625
贵州	7044059	5502254	4512824	989430	701351
云南	7507287	6336520	5390808	945713	745871
西藏	1131960	843660	698343	145316	121484
陕西	5942815	3668037	3179497	488540	331626
甘肃	4781273	3860974	2954618	906356	306506
青海	1561934	1289578	1151876	137701	90369
宁夏	775066	661369	604276	57093	42813
新疆	4907990	3933828	3279535	654293	545407
大连	153925	138184	135130	3054	891
宁波	1002445	763902	736790	27112	12385
厦门	163962	125454	92603	32851	1710
青岛	386088	278057	269478	8579	4098
深圳					

(地方农村高中)

单位：千元

公用部分	商品和服务支　　出	其他资本性支　　出			基本建设支　　出
			专项公用支　　出	专项项目支　　出	
37634503	**15693825**	**21940677**	**5476953**	**16463725**	**2312195**
221523	161195	60328	54019	6308	
88555	73870	14684	6888	7796	
2107179	787242	1319936	331270	988666	54544
1217256	567571	649685	184312	465373	69772
1082319	599571	482748	152652	330096	29235
251081	170509	80572	25552	55021	24889
486219	244525	241694	83204	158489	36762
712619	418872	293747	100648	193099	143794
157456	127014	30442	29479	963	
2463605	715001	1748604	252713	1495891	
1779376	700097	1079279	238435	840844	307257
1834973	499698	1335275	311101	1024174	47773
1118250	538640	579610	210199	369410	4500
2890840	675085	2215755	458971	1756784	113188
2210930	592160	1618770	215023	1403746	55000
3265878	1301211	1964667	405590	1559078	146436
763146	323866	439280	80093	359187	
2088052	948107	1139946	264123	875823	117093
1588418	762735	825683	367128	458554	24412
1394312	586417	807895	187981	619914	83217
499343	195985	303358	184693	118665	27432
750114	424773	325341	65564	259777	41581
1952610	1069727	882883	202418	680465	139597
1398259	503130	895129	219127	676002	143547
1079267	578252	501015	165727	335288	91500
157862	126830	31032	17651	13381	130438
2163323	1016607	1146716	321199	825516	111455
800869	330780	470089	160441	309648	119430
250503	105047	145456	64877	80579	21853
113697	69480	44218	22299	21919	
746670	479827	266843	93577	173266	227493
15741	15106	635	635		
237333	105105	132228	37572	94657	1210
37008	22435	14573	10027	4546	1500
108032	35052	72979	4714	68265	

5-33 财政补助支出明细

地区	合计	个人部分			
			工资福利支出	对个人和家庭的补助支出	
					#助学金
合计	**726937732**	**514653772**	**449553916**	**65099856**	**28854429**
北京	18431318	11650192	10927168	723024	117032
天津	9208108	7074831	6648692	426138	52149
河北	29843360	21031949	19049579	1982370	882391
山西	14395179	10639358	9746682	892676	447491
内蒙古	12681642	9227418	7724277	1503142	458692
辽宁	16152180	12820533	12111622	708911	187825
吉林	11152858	8080844	6384354	1696491	191680
黑龙江	16026284	12398674	10174158	2224516	240140
上海	18570082	11202723	10687885	514838	338217
江苏	48026144	35131917	32270606	2861311	974658
浙江	35431527	25653999	23783720	1870279	937325
安徽	27866768	19226727	16364316	2862410	1127128
福建	21182977	15134209	14101003	1033207	477877
江西	24713895	14071675	12271230	1800445	1048624
山东	53824803	37392658	33809338	3583321	1159031
河南	45458558	30009550	25967743	4041807	2444399
湖北	25767335	20154813	17814843	2339970	754485
湖南	29359028	20414904	17248509	3166395	1508540
广东	64724424	46066031	38401087	7664944	1103296
广西	23780437	16101943	13473817	2628126	1864038
海南	6951443	4130489	3798701	331789	224756
重庆	18805417	13577636	11993426	1584211	847042
四川	38586511	28458873	24147635	4311237	2567739
贵州	23494998	17737874	14609542	3128332	1981691
云南	29733566	23560973	19929683	3631290	3125149
西藏	4553915	3089709	2446067	643642	563395
陕西	16678418	10748686	9262340	1486346	971317
甘肃	12878734	9725052	7069979	2655073	741969
青海	5036278	3560860	3106174	454685	251740
宁夏	4476663	2975345	2635282	340063	230320
新疆	19144881	13603328	11594461	2008867	1034292
大连	3313509	2672860	2576894	95965	29703
宁波	5076631	3832244	3598893	233351	118237
厦门	2777334	2046130	1868110	178020	35106
青岛	6864347	4916650	4348991	567659	118705
深圳	13163402	7249314	5556442	1692873	69828

（普通初中）

单位：千元

公用部分	商品和服务支出	其他资本性支出	专项公用支出	专项项目支出	基本建设支出
199903453	**86527892**	**113375561**	**29679327**	**83696235**	**12380507**
6394627	4266342	2128284	1483613	644672	386500
2027451	1077181	950271	268317	681954	105826
8550230	3614501	4935729	1570328	3365401	261181
3688930	2056681	1632250	445352	1186898	66891
3328203	1498740	1829463	571059	1258405	126020
3268046	1999698	1268348	387760	880588	63601
3001165	1304668	1696497	470304	1226194	70848
3572059	1920036	1652023	453605	1198418	55551
7141325	4697144	2444181	1344552	1099629	226035
12738120	4532503	8205617	1726650	6478967	156107
9095826	3990236	5105590	1103067	4002524	681702
8498129	3052283	5445845	1256561	4189284	141913
5920604	2154281	3766324	1199256	2567067	128163
10261529	2246662	8014867	1334809	6680059	380692
16334599	4947290	11387309	1998654	9388655	97546
14765892	5794001	8971891	1578203	7393689	683115
5612522	2522913	3089609	588359	2501250	
8687095	3679875	5007220	1493818	3513402	257028
15125325	9453784	5671541	2519542	3151999	3533069
7240086	2788553	4451533	1207194	3244340	438409
2599378	735192	1864187	894311	969875	221575
4418917	2354464	2064453	699821	1364632	808864
9851216	4497752	5353464	1338790	4014674	276423
5514067	2406150	3107917	623935	2483982	243057
5913753	2460683	3453070	603769	2849300	258841
932669	425003	507666	136489	371177	531537
5365938	2001796	3364142	828117	2536025	563794
2973673	1166348	1807325	420730	1386595	180009
1027415	475817	551597	151489	400109	448004
1434378	616642	817736	198931	618804	66940
4620285	1790673	2829612	781943	2047669	921268
616087	431002	165085	88607	76479	24562
1222152	532777	689374	179215	510160	22236
715570	393640	321930	217038	104891	15634
1947697	767485	1180212	432936	747275	
2690876	2139655	551221	426496	124725	3223212

5-34 财政补助支出明细

地区	合计	个人部分	工资福利支出	对个人和家庭的补助支出	#助学金
合计	**724485939**	**512862980**	**448032166**	**64830814**	**28787287**
北京	18146339	11470708	10773203	697504	116878
天津	9208108	7074831	6648692	426138	52149
河北	29843360	21031949	19049579	1982370	882391
山西	14395179	10639358	9746682	892676	447491
内蒙古	12681642	9227418	7724277	1503142	458692
辽宁	16152180	12820533	12111622	708911	187825
吉林	11152858	8080844	6384354	1696491	191680
黑龙江	15878894	12279645	10077866	2201779	240000
上海	18525889	11174059	10659618	514441	338217
江苏	48026144	35131917	32270606	2861311	974658
浙江	35431527	25653999	23783720	1870279	937325
安徽	27866768	19226727	16364316	2862410	1127128
福建	21182977	15134209	14101003	1033207	477877
江西	24713895	14071675	12271230	1800445	1048624
山东	53824803	37392658	33809338	3583321	1159031
河南	45451207	30003626	25964653	4038973	2444399
湖北	25732566	20129519	17792656	2336863	754316
湖南	29358886	20414866	17248509	3166356	1508501
广东	64663713	46013310	38352766	7660545	1102995
广西	23780437	16101943	13473817	2628126	1864038
海南	6951443	4130489	3798701	331789	224756
重庆	18761545	13545788	11965030	1580758	846844
四川	38586511	28458873	24147635	4311237	2567739
贵州	23494998	17737874	14609542	3128332	1981691
云南	29733566	23560973	19929683	3631290	3125149
西藏	4553915	3089709	2446067	643642	563395
陕西	16632900	10715697	9232596	1483102	970987
甘肃	12873297	9720021	7064989	2655032	741928
青海	5036278	3560860	3106174	454685	251740
宁夏	4476663	2975345	2635282	340063	230320
新疆	17367449	12293559	10487963	1805596	968522
大连	3313509	2672860	2576894	95965	29703
宁波	5076631	3832244	3598893	233351	118237
厦门	2777334	2046130	1868110	178020	35106
青岛	6864347	4916650	4348991	567659	118705
深圳	13163402	7249314	5556442	1692873	69828

（地方普通初中）

单位：千元

公用部分	商品和服务支出	其他资本性支出	专项公用支出	专项项目支出	基本建设支出
199257274	**86160814**	**113096460**	**29560796**	**83535664**	**12365686**
6289131	4178598	2110533	1465862	644672	386500
2027451	1077181	950271	268317	681954	105826
8550230	3614501	4935729	1570328	3365401	261181
3688930	2056681	1632250	445352	1186898	66891
3328203	1498740	1829463	571059	1258405	126020
3268046	1999698	1268348	387760	880588	63601
3001165	1304668	1696497	470304	1226194	70848
3543698	1900876	1642822	448188	1194634	55551
7125795	4689248	2436547	1336919	1099629	226035
12738120	4532503	8205617	1726650	6478967	156107
9095826	3990236	5105590	1103067	4002524	681702
8498129	3052283	5445845	1256561	4189284	141913
5920604	2154281	3766324	1199256	2567067	128163
10261529	2246662	8014867	1334809	6680059	380692
16334599	4947290	11387309	1998654	9388655	97546
14764467	5792593	8971874	1578185	7393689	683115
5603047	2516403	3086644	585394	2501250	
8686992	3679772	5007220	1493818	3513402	257028
15117334	9448397	5668937	2518148	3150789	3533069
7240086	2788553	4451533	1207194	3244340	438409
2599378	735192	1864187	894311	969875	221575
4406893	2346780	2060113	695481	1364632	808864
9851216	4497752	5353464	1338790	4014674	276423
5514067	2406150	3107917	623935	2483982	243057
5913753	2460683	3453070	603769	2849300	258841
932669	425003	507666	136489	371177	531537
5353409	1992036	3361373	825348	2536025	563794
2973268	1166199	1807069	420649	1386421	180009
1027415	475817	551597	151489	400109	448004
1434378	616642	817736	198931	618804	66940
4167444	1569396	2598047	705781	1892266	906447
616087	451002	165085	88607	76479	24562
1222152	532777	689374	179215	510160	22236
715570	393640	321930	217038	104891	15634
1947697	767485	1180212	432936	747275	
2690876	2139655	551221	426496	124725	3223212

5-35 财政补助支出明细

地区	合计	个人部分	工资福利支出	对个人和家庭的补助支出	#助学金
合计	**422388136**	**310986753**	**271018513**	**39968240**	**20717569**
北京	3489340	2265647	2149861	115786	41286
天津	2365251	2080450	2001598	78852	119
河北	20207272	14104301	12801618	1302683	701755
山西	9282896	7156941	6582340	574600	319315
内蒙古	8046273	5882671	4860559	1022111	338658
辽宁	6728220	5559896	5214915	344981	106093
吉林	6812975	4946464	4015560	930903	140787
黑龙江	9188771	6873509	5614999	1258509	100771
上海	2302922	1815591	1734933	80658	47641
江苏	21904812	16374685	15303229	1071456	182773
浙江	17363252	12778617	11695724	1082892	557469
安徽	20988935	15002706	12657799	2344907	936710
福建	12349757	9475018	8978327	496691	200410
江西	17679320	10011660	9037032	974628	535219
山东	29633523	21163209	19195285	1967924	711083
河南	30687664	20759329	18017367	2741962	1703091
湖北	14897523	11734183	10400279	1333903	579747
湖南	21094764	15063234	12549202	2514032	1279272
广东	23903985	18408894	16238182	2170712	523332
广西	17719808	12450698	10217900	2232798	1670567
海南	4269099	2663474	2489378	174096	108556
重庆	10866494	8405537	7407449	998089	599625
四川	27694012	20858842	17795607	3063234	1800464
贵州	17913948	14273533	11680176	2593357	1808133
云南	23101238	19210029	16236480	2973548	2597715
西藏	3128885	2334847	1838243	496604	440615
陕西	10538487	7325337	6239372	1085964	754210
甘肃	9824569	7685941	5644338	2041603	677033
青海	3388156	2585625	2235650	349975	225977
宁夏	2562540	1910091	1686806	223286	158898
新疆	12453448	9825796	8498303	1327493	870242
大连	719107	602777	582065	20712	5016
宁波	1967214	1532392	1437650	94742	53560
厦门	419979	311510	270338	41172	6959
青岛	2131689	1637067	1411044	226023	66333
深圳					

(农村初中)

单位：千元

公用部分	商品和服务支出	其他资本性支出	专项公用支出	专项项目支出	基本建设支出
107212968	**45326439**	**61886529**	**14417762**	**47468768**	**4188415**
1163179	657895	505284	363423	141861	60513
284801	196594	88207	30991	57216	
5945499	2510502	3434997	1067315	2367682	157472
2087267	1223508	863759	253458	610301	38688
2092421	924872	1167549	333708	833842	71181
1155450	679253	476197	165766	310431	12874
1795662	751416	1044246	277097	767150	70848
2272954	1157030	1115924	327337	788586	42309
487331	399765	87566	79059	8507	
5527171	2039674	3487497	712248	2775249	2956
4006033	1861218	2144816	570993	1573823	578602
5865205	2343057	3522149	927237	2594912	121023
2827147	1170388	1656759	487605	1169154	47592
7505943	1634218	5871724	946576	4925148	161717
8398983	2494207	5904776	847897	5056880	71330
9697715	3883054	5814661	1008013	4806647	230619
3163341	1232846	1930494	266212	1664282	
5871851	2462507	3409344	681727	2727617	159679
5484058	3441776	2042283	905900	1136382	11032
5027155	2151067	2876089	691331	2184757	241955
1395583	433288	962294	337066	625228	210043
2372114	1174821	1197293	393755	803538	88842
6587557	2981845	3605711	676655	2929057	247614
3492816	1749166	1743650	401013	1342636	147599
3754744	1867959	1886785	382491	1504294	136465
502827	230189	272638	64918	207720	291211
3022105	1194563	1827542	401097	1426445	191045
2042308	854755	1187553	288133	899420	96320
650467	323317	327150	107274	219876	152064
632509	309535	322973	88666	234308	19940
2100771	992151	1108619	332801	775818	526882
116330	65089	51241	21107	30134	
434822	228423	206399	116694	89705	
107683	48164	59519	22356	37163	785
494623	157279	337344	58850	278494	

5-36 财政补助支出明细

地区	合计	个人部分	工资福利支出	对个人和家庭的补助支出	#助学金
合计	**421013710**	**309925321**	**270089330**	**39835990**	**20678643**
北京	3489340	2265647	2149861	115786	41286
天津	2365251	2080450	2001598	78852	119
河北	20207272	14104301	12801618	1302683	701755
山西	9282896	7156941	6582340	574600	319315
内蒙古	8046273	5882671	4860559	1022111	338658
辽宁	6728220	5559896	5214915	344981	106093
吉林	6812975	4946464	4015560	930903	140787
黑龙江	9115012	6814700	5568193	1246507	100728
上海	2302922	1815591	1734933	80658	47641
江苏	21904812	16374685	15303229	1071456	182773
浙江	17363252	12778617	11695724	1082892	557469
安徽	20988935	15002706	12657799	2344907	936710
福建	12349757	9475018	8978327	496691	200410
江西	17679320	10011660	9037032	974628	535219
山东	29633523	21163209	19195285	1967924	711083
河南	30687664	20759329	18017367	2741962	1703091
湖北	14897523	11734183	10400279	1333903	579747
湖南	21094764	15063234	12549202	2514032	1279272
广东	23845931	18358450	16192128	2166322	523030
广西	17719808	12450698	10217900	2232798	1670567
海南	4269099	2663474	2489378	174096	108556
重庆	10866494	8405537	7407449	998089	599625
四川	27694012	20858842	17795607	3063234	1800464
贵州	17913948	14273533	11680176	2593357	1808133
云南	23101238	19210029	16236480	2973548	2597715
西藏	3128885	2334847	1838243	496604	440615
陕西	10538487	7325337	6239372	1085964	754210
甘肃	9819132	7680909	5639347	2041562	676992
青海	3388156	2585625	2235650	349975	225977
宁夏	2562540	1910091	1686806	223286	158898
新疆	11216271	8878647	7666970	1211678	831704
大连	719107	602777	582065	20712	5016
宁波	1967214	1532392	1437650	94742	53560
厦门	419979	311510	270338	41172	6959
青岛	2131689	1637067	1411044	226023	66333
深圳					

（地方农村初中）

单位：千元

公用部分	商品和服务支出	其他资本性支出			基本建设支出
			专项公用支出	专项项目支出	
106910406	**45170744**	**61739662**	**14360169**	**47379493**	**4177984**
1163179	657895	505284	363423	141861	60513
284801	196594	88207	30991	57216	
5945499	2510502	3434997	1067315	2367682	157472
2087267	1223508	863759	253458	610301	38688
2092421	924872	1167549	333708	833842	71181
1155450	679253	476197	165766	310431	12874
1795662	751416	1044246	277097	767150	70848
2258003	1149494	1108509	323707	784802	42309
487331	399765	87566	79059	8507	
5527171	2039674	3487497	712248	2775249	2956
4006033	1861218	2144816	570993	1573823	578602
5865205	2343057	3522149	927237	2594912	121023
2827147	1170388	1656759	487605	1169154	47592
7505943	1634218	5871724	946576	4925148	161717
8398983	2494207	5904776	847897	5056880	71330
9697715	3883054	5814661	1008013	4806647	230619
3163341	1232846	1930494	266212	1664282	
5871851	2462507	3409344	681727	2727617	159679
5476449	3436770	2039679	904506	1135173	11032
5027155	2151067	2876089	691331	2184757	241955
1395583	433288	962294	337066	625228	210043
2372114	1174821	1197293	393755	803538	88842
6587557	2981845	3605711	676655	2929057	247614
3492816	1749166	1743650	401013	1342636	147599
3754744	1867959	1886785	382491	1504294	136465
502827	230189	272638	64918	207720	291211
3022105	1194563	1827542	401097	1426445	191045
2041903	854606	1187297	288051	899245	96320
650467	323317	327150	107274	219876	152064
632509	309535	322973	88666	234308	19940
1821174	849148	972026	280314	691712	516450
116330	65089	51241	21107	30134	
434822	228423	206399	116694	89705	
107683	48164	59519	22356	37163	785
494623	157279	337344	58850	278494	

5-37 财政补助支出明细

地区	合计	个人部分	工资福利支出	对个人和家庭的补助支出	#助学金
合计	**640806**	**437142**	**410514**	**26628**	**158**
北京	46786	28005	26575	1430	
天津	30021	29090	27750	1340	
河北					
山西					
内蒙古					
辽宁					
吉林	2783	2499	1605	894	
黑龙江					
上海	34860	25979	24679	1300	151
江苏	194294	110037	105330	4707	7
浙江	228815	169253	160957	8296	
安徽					
福建					
江西					
山东	18360	18050	17984	66	
河南					
湖北	7168	6410	6400	10	
湖南	2823	1739	1709	30	
广东	72103	46080	37524	8555	
广西	2792				
海南					
重庆					
四川					
贵州					
云南					
西藏					
陕西					
甘肃					
青海					
宁夏					
新疆					
大连					
宁波					
厦门					
青岛					
深圳					

(成人中学)

单位：千元

公用部分	商品和服务支出	其他资本性支出	专项公用支出	专项项目支出	基本建设支出
201055	**104409**	**96646**	**13993**	**82653**	**2608**
18781	17134	1647	1608	39	
931	787	144	144		
284	254	30	30		
8881	8562	319	319		
84257	25678	58578	7267	51311	
56954	45385	11569	3309	8259	2608
310	297	13	13		
759	586	173	46	127	
1084	65	1019	50	969	
26023	5662	20361	1206	19156	
2792		2792		2792	

5-38 财政补助支出明细

地 区	合 计	个人部分	工资福利支出	对个人和家庭的补助支出	#助学金
合 计	**1190914914**	**847873133**	**728650347**	**119222786**	**40899922**
北 京	31811165	20782584	19858634	923950	176990
天 津	14193414	10904757	10152758	752000	58505
河 北	54690201	38629994	34375785	4254209	1282230
山 西	24981580	18375727	16587540	1788187	605989
内蒙古	23730635	18111294	13622647	4488648	728878
辽 宁	23231455	18173352	16575612	1597740	296911
吉 林	18633805	13884387	10338394	3545993	240941
黑龙江	22132721	17619047	13396478	4222569	252101
上 海	23734224	15808564	15055605	752959	511130
江 苏	75210622	53869818	48388936	5480882	1197146
浙 江	56995539	41030571	37688262	3342309	1454825
安 徽	47128178	32572146	27211525	5360621	1346381
福 建	35807558	24891636	22906340	1985296	517932
江 西	41901673	24804643	22053591	2751053	1288067
山 东	72642391	50730728	45956749	4773979	1028821
河 南	68248732	45805468	40390413	5415055	3265354
湖 北	39231040	28736156	25357351	3378805	1109599
湖 南	46808844	32357621	27531914	4825707	2296384
广 东	115030041	83230908	66448360	16782548	2414488
广 西	42240185	28830698	25248838	3581860	1853368
海 南	11780761	7664942	7055854	609088	288680
重 庆	31520017	23040436	19709879	3330557	1270825
四 川	64540684	45655224	38128736	7526488	3776999
贵 州	40216991	30923001	25048617	5874384	2645813
云 南	51863633	41810663	35442393	6368270	4488803
西 藏	9849949	6741721	5040364	1701357	1492368
陕 西	29508294	18026481	15171692	2854789	1620035
甘 肃	24449882	18759238	12400004	6359234	1230989
青 海	8562668	6184016	5345973	838044	501776
宁 夏	7181067	4847372	4372447	474925	292414
新 疆	33056968	25069940	21788658	3281282	1365181
大 连	5019963	3740941	3322253	418688	45178
宁 波	8234852	6269659	5874258	395401	151394
厦 门	5499408	3803251	3345972	457278	51213
青 岛	10247400	7101217	6310215	791002	101670
深 圳	23220449	14800861	11427729	3373133	286931

(小学)

单位：千元

公用部分	商品和服务支出	其他资本性支出	专项公用支出	专项项目支出	基本建设支出
327559458	**148820181**	**178739277**	**47977412**	**130761865**	**15482324**
10341857	7975687	2366170	1690143	676026	686724
3238557	2118755	1119802	436955	682847	50100
15830543	6778249	9052294	2898316	6153978	229663
6388935	3540830	2848105	953262	1894843	216918
5419448	2533982	2885467	960970	1924497	199892
4856043	3076734	1779309	558934	1220375	202060
4594822	2216509	2378313	675548	1702765	154596
4383984	2348889	2035095	549026	1486069	129690
7896244	4872452	3023791	1967125	1056667	29416
21245157	7818629	13426528	3073453	10353075	95647
14620991	7069619	7551372	1924689	5626683	1343976
14385087	5260888	9124198	1969431	7154768	170946
10563518	4321506	6242012	1896978	4345034	352404
16643088	4018651	12624437	2173681	10450756	453942
21843335	7737312	14106023	2683739	11422284	68328
21545301	9570233	11975068	2235403	9739665	897963
10494884	4756218	5738666	1056311	4682355	
14042874	6030539	8012335	2430015	5582320	408349
29183157	18186831	10996326	5046758	5949568	2615976
12735014	4851964	7883049	1994917	5888132	674473
3962185	1443946	2518238	1085194	1433045	153634
7463909	4019696	3444213	1112249	2331964	1015672
17918685	7863205	10055481	2377805	7677676	966775
8884831	4081411	4803420	904160	3899260	409159
9618144	4129662	5488481	1103107	4385375	434827
2602265	891377	1710888	300975	1409913	505962
11080106	4499006	6581099	1440797	5140303	401707
5404243	2128491	3275752	750459	2525293	286402
1730490	773962	956528	259225	697304	648162
2234715	843482	1391233	407152	984081	98980
6407046	3061464	3345582	1060637	2284945	1579982
1142173	792782	349391	193994	155397	136849
1960732	945358	1015374	309778	705596	4460
1544170	662377	881793	377261	504532	151988
3146183	1228828	1917355	418731	1498624	
6404296	5225624	1178673	907976	270696	2015292

5-39 财政补助支出明细

地区	合计	个人部分			
			工资福利支出	对个人和家庭的补助支出	
					#助学金
合 计	**1187257778**	**845115128**	**726287856**	**118827272**	**40816450**
北 京	31567117	20615158	19709530	905628	176696
天 津	14162922	10881973	10136339	745634	58505
河 北	54690201	38629994	34375785	4254209	1282230
山 西	24978990	18373242	16585055	1788187	605989
内蒙古	23730635	18111294	13622647	4488648	728878
辽 宁	23231455	18173352	16575612	1597740	296911
吉 林	18633805	13884387	10338394	3545993	240941
黑龙江	21957487	17475643	13289997	4185646	251918
上 海	23722551	15799767	15047032	752735	511130
江 苏	75210622	53869818	48388936	5480882	1197146
浙 江	56995539	41030571	37688262	3342309	1454825
安 徽	47128178	32572146	27211525	5360621	1346381
福 建	35807558	24891636	22906340	1985296	517932
江 西	41901673	24804643	22053591	2751053	1288067
山 东	72642391	50730728	45956749	4773979	1028821
河 南	68239660	45798195	40386570	5411626	3265354
湖 北	39124003	28665300	25299481	3365819	1109599
湖 南	46800701	32351024	27525317	4825707	2296384
广 东	114940483	83150176	66374631	16775545	2414040
广 西	42240185	28830698	25248838	3581860	1853368
海 南	11780761	7664942	7055854	609088	288680
重 庆	31490384	23018027	19690388	3327639	1270825
四 川	64540597	45655219	38128736	7526484	3776995
贵 州	40216991	30923001	25048617	5874384	2645813
云 南	51863633	41810663	35442393	6368270	4488803
西 藏	9849949	6741721	5040364	1701357	1492368
陕 西	29408659	17950745	15099001	2851744	1620035
甘 肃	24435536	18748018	12388874	6359144	1230899
青 海	8554526	6175875	5345973	829902	501776
宁 夏	7181067	4847372	4372447	474925	292414
新 疆	30229520	22939802	19954581	2985221	1282727
大 连	5019963	3740941	3322253	418688	45178
宁 波	8234852	6269659	5874258	395401	151394
厦 门	5499408	3803251	3345972	457278	51213
青 岛	10247400	7101217	6310215	791002	101670
深 圳	23220449	14800861	11427729	3373133	286931

(地方小学)

单位：千元

公用部分	商品和服务支出	其他资本性支出			基本建设支出
			专项公用支出	专项项目支出	
326683461	**148348215**	**178335246**	**47807096**	**130528150**	**15459189**
10265236	7918853	2346383	1675946	670436	686724
3230849	2113861	1116988	435761	681227	50100
15830543	6778249	9052294	2898316	6153978	229663
6388830	3540725	2848105	953262	1894843	216918
5419448	2533982	2885467	960970	1924497	199892
4856043	3076734	1779309	558934	1220375	202060
4594822	2216509	2378313	675548	1702765	154596
4352154	2330677	2021477	540392	1481085	129690
7893368	4870094	3023274	1966607	1056667	29416
21245157	7818629	13426528	3073453	10353075	95647
14620991	7069619	7551372	1924689	5626683	1343976
14385087	5260888	9124198	1969431	7154768	170946
10563518	4321506	6242012	1896978	4345034	352404
16643088	4018651	12624437	2173681	10450756	453942
21843335	7737312	14106023	2683739	11422284	68328
21543502	9568456	11975046	2235381	9739665	897963
10458703	4732717	5725986	1043690	4682296	
14041328	6028993	8012335	2430015	5582320	408349
29174331	18179960	10994371	5045057	5949315	2615976
12735014	4851964	7883049	1994917	5888132	674473
3962185	1443946	2518238	1085194	1433045	153634
7456685	4013453	3443232	1111268	2331964	1015672
17918603	7863122	10055481	2377805	7677676	966775
8884831	4081411	4803420	904160	3899260	409159
9618144	4129662	5488481	1103107	4385375	434827
2602265	891377	1710888	300975	1409913	505962
11056208	4483574	6572634	1437729	5134905	401707
5401117	2127706	3273411	750348	2523063	286402
1730490	773962	956528	259225	697304	648162
2234715	843482	1391233	407152	984081	98980
5732871	2728139	3004732	933368	2071365	1556847
1142173	792782	349391	193994	155397	136849
1960732	945358	1015374	309778	705596	4460
1544170	662377	881793	377261	504532	151988
3146183	1228828	1917355	418731	1498624	
6404296	5225624	1178673	907976	270696	2015292

5-40 财政补助支出明细

地区	合计	个人部分	工资福利支出	对个人和家庭的补助支出	#助学金
合计	**1190902722**	**847866314**	**728643528**	**119222786**	**40899922**
北京	31807434	20782584	19858634	923950	176990
天津	14193414	10904757	10152758	752000	58505
河北	54690201	38629994	34375785	4254209	1282230
山西	24981580	18375727	16587540	1788187	605989
内蒙古	23730635	18111294	13622647	4488648	728878
辽宁	23231455	18173352	16575612	1597740	296911
吉林	18633805	13884387	10338394	3545993	240941
黑龙江	22132721	17619047	13396478	4222569	252101
上海	23734224	15808564	15055605	752959	511130
江苏	75210622	53869818	48388936	5480882	1197146
浙江	56995539	41030571	37688262	3342309	1454825
安徽	47128178	32572146	27211525	5360621	1346381
福建	35799454	24885028	22899732	1985296	517932
江西	41901673	24804643	22053591	2751053	1288067
山东	72642391	50730728	45956749	4773979	1028821
河南	68248732	45805468	40390413	5415055	3265354
湖北	39231040	28736156	25357351	3378805	1109599
湖南	46808844	32357621	27531914	4825707	2296384
广东	115030041	83230908	66448360	16782548	2414488
广西	42240135	28830698	25248838	3581860	1853368
海南	11780761	7664942	7055854	609088	288680
重庆	31519710	23040226	19709669	3330557	1270825
四川	64540684	45655224	38128736	7526488	3776999
贵州	40216991	30923001	25048617	5874384	2645813
云南	51863633	41810663	35442393	6368270	4488803
西藏	9849949	6741721	5040364	1701357	1492368
陕西	29508294	18026481	15171692	2854789	1620035
甘肃	24449882	18759238	12400004	6359234	1230989
青海	8562668	6184016	5345973	838044	501776
宁夏	7181067	4847372	4372447	474925	292414
新疆	33056968	25069940	21788658	3281282	1365181
大连	5019963	3740941	3322253	418688	45178
宁波	8234852	6269659	5874258	395401	151394
厦门	5499408	3803251	3345972	457278	51213
青岛	10247400	7101217	6310215	791002	101670
深圳	23220449	14800861	11427729	3373133	286931

（普通小学）

单位：千元

公用部分					基本建设支出
	商品和服务支出	其他资本性支出			
			专项公用支出	专项项目支出	
327554084	**148815458**	**178738626**	**47977315**	**130761311**	**15482324**
10338126	7971956	2366170	1690143	676026	686724
3238557	2118755	1119802	436955	682847	50100
15830543	6778249	9052294	2898316	6153978	229663
6388935	3540830	2848105	953262	1894843	216918
5419448	2533982	2885467	960970	1924497	199892
4856043	3076734	1779309	558934	1220375	202060
4594822	2216509	2378313	675548	1702765	154596
4383984	2348889	2035095	549026	1486069	129690
7896244	4872452	3023791	1967125	1056667	29416
21245157	7818629	13426528	3073453	10353075	95647
14620991	7069619	7551372	1924689	5626683	1343976
14385087	5260888	9124198	1969431	7154768	170946
10562023	4320661	6241361	1896881	4344481	352404
16643088	4018651	12624437	2173681	10450756	453942
21843335	7737312	14106023	2683739	11422284	68328
21545301	9570233	11975068	2235403	9739665	897963
10494884	4756218	5738666	1056311	4682355	
14042874	6030539	8012335	2430015	5582320	408349
29183157	18186831	10996326	5046758	5949568	2615976
12734964	4851914	7883049	1994917	5888132	674473
3962185	1443946	2518238	1085194	1433045	153634
7463811	4019598	3444213	1112249	2331964	1015672
17918685	7863205	10055481	2377805	7677676	966775
8884831	4081411	4803420	904160	3899260	409159
9618144	4129662	5488481	1103107	4385375	434827
2602265	891377	1710888	300975	1409913	505962
11080106	4499006	6581099	1440797	5140303	401707
5404243	2128491	3275752	750459	2525293	286402
1730490	773962	956528	259225	697304	648162
2234715	843482	1391233	407152	984081	98980
6407046	3061464	3345582	1060637	2284945	1579982
1142173	792782	349391	193994	155397	136819
1960732	945358	1015374	309778	705596	4460
1544170	662377	881793	377261	504532	151988
3146183	1228828	1917355	418731	1498624	
6404296	5225624	1178673	907976	270696	2015292

5-41 财政补助支出明细

地区	合计	个人部分	工资福利支出	对个人和家庭的补助支出	#助学金
合计	**1187245586**	**845108310**	**726281038**	**118827272**	**40816450**
北京	31563386	20615158	19709530	905628	176696
天津	14162922	10881973	10136339	745634	58505
河北	54690201	38629994	34375785	4254209	1282230
山西	24978990	18373242	16585055	1788187	605989
内蒙古	23730635	18111294	13622647	4488648	728878
辽宁	23231455	18173352	16575612	1597740	296911
吉林	18633805	13884387	10338394	3545993	240941
黑龙江	21957487	17475643	13289997	4185646	251918
上海	23722551	15799767	15047032	752735	511130
江苏	75210622	53869818	48388936	5480882	1197146
浙江	56995539	41030571	37688262	3342309	1454825
安徽	47128178	32572146	27211525	5360621	1346381
福建	35799454	24885028	22899732	1985296	517932
江西	41901673	24804643	22053591	2751053	1288067
山东	72642391	50730728	45956749	4773979	1028821
河南	68239660	45798195	40386570	5411626	3265354
湖北	39124003	28665300	25299481	3365819	1109599
湖南	46800701	32351024	27525317	4825707	2296384
广东	114940483	83150176	66374631	16775545	2414040
广西	42240135	28830698	25248838	3581860	1853368
海南	11780761	7664942	7055854	609088	288680
重庆	31490077	23017817	19690178	3327639	1270825
四川	64540597	45655219	38128736	7526484	3776995
贵州	40216991	30923001	25048617	5874384	2645813
云南	51863633	41810663	35442393	6368270	4488803
西藏	9849949	6741721	5040364	1701357	1492368
陕西	29408659	17950745	15099001	2851744	1620035
甘肃	24435536	18748018	12388874	6359144	1230899
青海	8554526	6175875	5345973	829902	501776
宁夏	7181067	4847372	4372447	474925	292414
新疆	30229520	22939802	19954581	2985221	1282727
大连	5019963	3740941	3322253	418688	45178
宁波	8234852	6269659	5874258	395401	151394
厦门	5499408	3803251	3345972	457278	51213
青岛	10247400	7101217	6310215	791002	101670
深圳	23220449	14800861	11427729	3373133	286931

(地方普通小学)

单位：千元

公用部分	商品和服务支出	其他资本性支出			基本建设支出
			专项公用支出	专项项目支出	
326678088	**148343492**	**178334596**	**47807000**	**130527596**	**15459189**
10261504	7915122	2346383	1675946	670436	686724
3230849	2113861	1116988	435761	681227	50100
15830543	6778249	9052294	2898316	6153978	229663
6388830	3540725	2848105	953262	1894843	216918
5419448	2533982	2885467	960970	1924497	199892
4856043	3076734	1779309	558934	1220375	202060
4594822	2216509	2378313	675548	1702765	154596
4352154	2330677	2021477	540392	1481085	129690
7893368	4870094	3023274	1966607	1056667	29416
21245157	7818629	13426528	3073453	10353075	95647
14620991	7069619	7551372	1924689	5626683	1343976
14385087	5260888	9124198	1969431	7154768	170946
10562023	4320661	6241361	1896881	4344481	352404
16643088	4018651	12624437	2173681	10450756	453942
21843335	7737312	14106023	2683739	11422284	68328
21543502	9568456	11975046	2235381	9739665	897963
10458703	4732717	5725986	1043690	4682296	
14041328	6028993	8012335	2430015	5582320	408349
29174331	18179960	10994371	5045057	5949315	2615976
12734964	4851914	7883049	1994917	5888132	674473
3962185	1443946	2518238	1085194	1433045	153634
7456588	4013356	3443232	1111268	2331964	1015672
17918603	7863122	10055481	2377805	7677676	966775
8884831	4081411	4803420	904160	3899260	409159
9618144	4129662	5488481	1103107	4385375	434827
2602265	891377	1710888	300975	1409913	505962
11056208	4483574	6572634	1437729	5134905	401707
5401117	2127706	3273411	750348	2523063	286402
1730490	773962	956528	259225	697304	648162
2234715	843482	1391233	407152	984081	98980
5732871	2728139	3004732	933368	2071365	1556847
1142173	792782	349391	193994	155397	136849
1960732	945358	1015374	309778	705596	4460
1544170	662377	881793	377261	504532	151988
3146183	1228828	1917355	418731	1498624	
6404296	5225624	1178673	907976	270696	2015292

5-42 财政补助支出明细

地区	合计	个人部分	工资福利支出	对个人和家庭的补助支出	#助学金
合计	**731773726**	**541330863**	**462297767**	**79033096**	**30169643**
北京	5727886	3965132	3763060	202072	60298
天津	3409046	2907389	2696993	210396	259
河北	40960147	28980191	25711505	3268686	1118410
山西	17148287	13169037	11936420	1232617	429278
内蒙古	17430512	13555440	9848701	3706739	563499
辽宁	10300657	8644219	7781505	862714	165818
吉林	12124297	9331965	7063088	2268877	182856
黑龙江	13884860	11169566	8409522	2760044	106708
上海	3077822	2435296	2316755	118541	65987
江苏	34920435	25836858	23181447	2655411	338440
浙江	28854135	21013195	18934755	2078441	875268
安徽	35821313	25623158	21328814	4294344	1162657
福建	20947566	15355562	14220659	1134903	135553
江西	31216199	18819651	17049740	1769911	791380
山东	41999964	30645467	27812089	2833378	517050
河南	49148198	34144827	30348166	3796660	2411812
湖北	22615875	16995996	15057931	1938065	851973
湖南	32142128	23340954	19810269	3530685	1907046
广东	44627759	33901983	27753164	6148819	981678
广西	33045139	23233708	20011959	3221749	1727884
海南	8538535	5692002	5342855	349146	145698
重庆	18735904	14768819	12434180	2334639	931411
四川	48077031	34963199	29095334	5867866	2982698
贵州	31981896	25818658	20892297	4926361	2482165
云南	42038511	35215627	30008138	5207489	3622444
西藏	7792882	5547532	4216696	1330836	1162658
陕西	19315278	12586934	10358558	2228376	1295548
甘肃	19829136	15483153	10341865	5141288	1145434
青海	6680621	4871473	4177459	694015	479447
宁夏	4521426	3401535	3057459	344076	214150
新疆	24860283	19912337	17336384	2575953	1314136
大连	1102232	910826	737568	173257	6576
宁波	3554108	2625465	2414396	211069	88862
厦门	982913	754610	547232	207377	6162
青岛	2987771	2328019	2085295	242725	25217
深圳					

（农村小学）

单位：千元

公用部分	商品和服务支出	其他资本性支出			基本建设支出
			专项公用支出	专项项目支出	
183547240	**81077654**	**102469586**	**24467854**	**78001732**	**6895623**
1603514	1062161	541352	275224	266129	159240
501657	387324	114333	55702	58630	
11812096	5001951	6810144	2141830	4668314	167860
3879036	2238103	1640934	472561	1168373	100214
3753200	1716319	2036881	617749	1419132	121872
1643293	1055208	588085	180334	407751	13145
2725492	1301144	1424349	374525	1049823	66840
2647048	1401345	1245703	297806	947897	68246
642526	550650	91876	79860	12016	
9079111	3530619	5548492	1263385	4285107	4466
7065327	3387687	3677640	1028863	2648777	775612
10061690	4066135	5995555	1505879	4489676	136466
5467192	2325211	3141981	1031940	2110041	124812
12066162	3009165	9056997	1611992	7445005	330387
11312745	4191745	7121000	1173940	5947060	41751
14785970	7149438	7636531	1445876	6190655	217401
5619878	2323067	3296811	472411	2824400	
8588785	4014593	4574192	960189	3614004	212389
10681714	6146932	4534783	1960180	2574602	44061
9405201	3740351	5664850	1390781	4274069	406230
2695778	943895	1751883	691700	1060183	150755
3794620	2015004	1779616	501029	1278587	172465
12301435	5317402	6984033	1167803	5816231	812397
5862831	2994578	2868253	566281	2301972	300408
6672500	3167876	3504623	733389	2771234	150384
1972420	644194	1328226	259466	1068760	272930
6571399	2641031	3930368	730723	3199645	156946
4117361	1633176	2484185	536125	1948060	228622
1279644	538459	741184	185520	555665	529503
1070231	511866	558366	168253	390112	49660
3867383	2071023	1796360	586537	1209823	1080562
191406	105295	86111	28125	57987	
928643	421240	507403	195006	312397	
217971	94642	123330	74438	48891	10332
659752	277001	382751	35816	346935	

5-43 财政补助支出明细

地区	合计	个人部分			
			工资福利支出	对个人和家庭的补助支出	
					#助学金
合计	**729256553**	**539400359**	**460623754**	**78776605**	**30098746**
北京	5727886	3965132	3763060	202072	60298
天津	3409046	2907389	2696993	210396	259
河北	40960147	28980191	25711505	3268686	1118410
山西	17145697	13166552	11933935	1232617	429278
内蒙古	17430512	13555440	9848701	3706739	563499
辽宁	10300657	8644219	7781505	862714	165818
吉林	12124297	9331965	7063088	2268877	182856
黑龙江	13767946	11076426	8342754	2733672	106557
上海	3077822	2435296	2316755	118541	65987
江苏	34920435	25836858	23181447	2655411	338440
浙江	28854135	21013195	18934755	2078441	875268
安徽	35821313	25623158	21328814	4294344	1162657
福建	20947566	15355562	14220659	1134903	135553
江西	31216199	18819651	17049740	1769911	791380
山东	41999964	30645467	27812089	2833378	517050
河南	49148198	34144827	30348166	3796660	2411812
湖北	22615875	16995996	15057931	1938065	851973
湖南	32142128	23340954	19810269	3530685	1907046
广东	44548365	33830565	27688699	6141866	981239
广西	33045139	23233708	20011959	3221749	1727884
海南	8538535	5692002	5342855	349146	145698
重庆	18735904	14768819	12434180	2334639	931411
四川	48077031	34963199	29095334	5867866	2982698
贵州	31981896	25818658	20892297	4926361	2482165
云南	42038511	35215627	30008138	5207489	3622444
西藏	7792882	5547532	4216696	1330836	1162658
陕西	19315278	12586934	10358558	2228376	1295548
甘肃	19814790	15471934	10330735	5141198	1145344
青海	6680621	4871473	4177459	694015	479447
宁夏	4521426	3401535	3057459	344076	214150
新疆	22556352	18160096	15807219	2352877	1243919
大连	1102232	910826	737568	173257	6576
宁波	3554108	2625465	2414396	211069	88862
厦门	982913	754610	547232	207377	6162
青岛	2987771	2328019	2085295	242725	25217
深圳					

(地方农村小学)

单位：千元

公用部分	商品和服务支出	其他资本性支出			基本建设支出
			专项公用支出	专项项目支出	
182980947	**80792438**	**102188510**	**24351741**	**77836768**	**6875246**
1603514	1062161	541352	275224	266129	159240
501657	387324	114333	55702	58630	
11812096	5001951	6810144	2141830	4668314	167860
3878931	2237998	1640934	472561	1168373	100214
3753200	1716319	2036881	617749	1419132	121872
1643293	1055208	588085	180334	407751	13145
2725492	1301144	1424349	374525	1049823	66840
2623275	1389659	1233615	290702	942913	68246
642526	550650	91876	79860	12016	
9079111	3530619	5548492	1263385	4285107	4466
7065327	3387687	3677640	1028863	2648777	775612
10061690	4066135	5995555	1505879	4489676	136466
5467192	2325211	3141981	1031940	2110041	124812
12066162	3009165	9056997	1611992	7445005	330387
11312745	4191745	7121000	1173940	5947060	41751
14785970	7149438	7636531	1445876	6190655	217401
5619878	2323067	3296811	472411	2824400	
8588785	4014593	4574192	960189	3614004	212389
10673739	6140911	4532828	1958479	2574349	44061
9405201	3740351	5664850	1390781	4274069	406230
2695778	943895	1751883	691700	1060183	150755
3794620	2015004	1779616	501029	1278587	172465
12301435	5317402	6984033	1167803	5816231	812397
5862831	2994578	2868253	566281	2301972	300408
6672500	3167876	3504623	733389	2771234	150384
1972420	644194	1328226	259466	1068760	272930
6571399	2641031	3930368	730723	3199645	156946
4114235	1632390	2481845	536014	1945830	228622
1279644	538459	741184	185520	555665	529503
1070231	511866	558366	168253	390112	49660
3336071	1804404	1531667	479341	1052325	1060186
191406	105295	86111	28123	57987	
928643	421240	507403	195006	312397	
217971	94642	123330	74438	48891	10332
659752	277001	382751	35816	346935	

5-44　财政补助支出明细

地区	合计	个人部分	工资福利支出	对个人和家庭的补助支出	#助学金
合计	**12192**	**6818**	**6818**		
北京	3731				
天津					
河北					
山西					
内蒙古					
辽宁					
吉林					
黑龙江					
上海					
江苏					
浙江					
安徽					
福建	8103	6608	6608		
江西					
山东					
河南					
湖北					
湖南					
广东					
广西	50				
海南					
重庆	307	210	210		
四川					
贵州					
云南					
西藏					
陕西					
甘肃					
青海					
宁夏					
新疆					
大连					
宁波					
厦门					
青岛					
深圳					

(成人小学)

单位：千元

公用部分	商品和服务支出	其他资本性支出	专项公用支出	专项项目支出	基本建设支出
5374	**4723**	**651**	**97**	**554**	
3731	3731				
1495	844	651	97	554	
50	50				
97	97				

5-45 财政补助支出明细

地区	合计	个人部分	工资福利支出	对个人和家庭的补助支出	#助学金
合计	**16163537**	**10622638**	**9471708**	**1150930**	**338786**
北京	542896	412496	393084	19412	3280
天津	281416	193619	181334	12284	173
河北	619086	432845	409662	23182	7559
山西	332108	230858	215537	15321	4445
内蒙古	296764	214743	189516	25228	5630
辽宁	568392	422933	377155	45777	9725
吉林	341724	231429	168192	63237	5925
黑龙江	440179	321234	262657	58577	9209
上海	807789	592865	572009	20856	12556
江苏	1246477	808756	739974	68782	23226
浙江	908160	571121	534867	36254	15814
安徽	634495	284667	248606	36061	12017
福建	583983	381922	345861	36061	18718
江西	353260	193853	169679	24173	7439
山东	1209052	810723	725399	85324	30051
河南	713125	497967	457412	40555	14193
湖北	466277	340826	300869	39957	11862
湖南	558823	345724	309688	36036	13497
广东	1844216	1100361	893813	206548	16943
广西	357597	227283	207920	19363	9223
海南	104899	56720	52217	4503	3199
重庆	290517	204468	183450	21018	10392
四川	675885	458208	404661	53546	22720
贵州	434177	326402	269229	57173	27222
云南	490455	317656	288864	28791	19396
西藏	125182	69077	61406	7671	6214
陕西	286711	194258	183859	10399	5756
甘肃	186209	123987	96224	27763	3256
青海	116499	47951	43324	4627	1954
宁夏	137409	64666	55466	9199	2654
新疆	209774	143021	129772	13249	4541
大连	115517	93859	90405	3454	1035
宁波	97095	73848	69861	3987	2299
厦门	95311	41402	37676	3726	620
青岛	248147	152772	127800	24972	6942
深圳	317418	180341	132629	47712	26

(特殊教育)

单位：千元

公用部分	商品和服务支出	其他资本性支出	专项公用支出	专项项目支出	基本建设支出
5167970	**2741491**	**2426479**	**971300**	**1455179**	**372928**
126487	97939	28548	18180	10368	3914
87797	50986	36811	30954	5857	
185951	92244	93707	36913	56795	291
100121	61971	38150	25737	12413	1129
79985	51341	28645	16792	11853	2035
140251	96374	43877	20223	23654	5208
110296	46302	63994	31858	32136	
118945	63461	55484	29617	25867	
214320	168340	45980	35628	10352	604
346508	157829	188679	64381	124298	91212
312673	163568	149105	34112	114993	24367
259174	79733	179441	41751	137691	90654
178940	73487	105454	36554	68900	23120
154921	70373	84548	41066	43483	4486
381192	162828	218363	78564	139800	17138
215158	131736	83421	31830	51591	
123263	72071	51192	23139	28053	2187
213099	100957	112142	27098	85044	
698300	343585	354715	126293	228422	45555
129399	68508	60891	24782	36110	915
48179	21188	26991	9066	17925	
86049	59107	26942	14825	12117	
217178	156625	60553	25552	35000	500
107517	83140	24378	17166	7212	257
172799	107992	64808	27427	37381	
28005	7967	20038	9076	10962	28100
92453	49246	43206	17368	25838	
51025	31310	19715	5614	14101	11196
48988	16448	32541	13739	18801	19560
72744	29397	43346	38469	4877	
66254	25439	40814	17526	23288	500
21658	17606	4052	2773	1280	
22186	17508	4677	3843	835	1062
30789	13599	17190	15043	2147	23120
95375	43544	51831	33936	17895	
96167	83133	13034	13034		40910

5-46 财政补助支出明细

地区	合计	个人部分	工资福利支出	对个人和家庭的补助支出	#助学金
合计	**15472256**	**10137068**	**9033352**	**1103716**	**333367**
北京	431410	332460	319066	13394	2540
天津	261418	175669	165896	9774	173
河北	619086	432845	409662	23182	7559
山西	314630	219526	205335	14190	4445
内蒙古	296764	214743	189516	25228	5630
辽宁	516990	381115	338598	42517	9676
吉林	327698	224259	163836	60423	5505
黑龙江	433413	317119	259060	58059	9194
上海	651632	480869	463398	17471	11687
江苏	1246477	808756	739974	68782	23226
浙江	880562	560296	524555	35741	15519
安徽	616852	271291	238582	32709	12017
福建	583983	381922	345861	36061	18718
江西	343639	187304	163134	24171	7439
山东	1209052	810723	725399	85324	30051
河南	692620	485127	446073	39054	14077
湖北	447924	326974	289615	37360	10925
湖南	543648	332660	298230	34430	13480
广东	1797232	1070882	872613	198269	16943
广西	351844	222407	203202	19205	9223
海南	104899	56720	52217	4503	3199
重庆	281376	197140	176782	20358	10379
四川	627250	424153	372042	52112	22442
贵州	368323	282284	231669	50614	25868
云南	473969	305940	277978	27962	19078
西藏	125182	69077	61406	7671	6214
陕西	276624	186222	175907	10315	5756
甘肃	186209	123987	96224	27763	3256
青海	116499	47951	43324	4627	1954
宁夏	137409	64666	55466	9199	2654
新疆	207643	141982	128733	13249	4541
大连	106500	85966	82671	3296	1035
宁波	97095	73848	69861	3987	2299
厦门	95311	41402	37676	3726	620
青岛	248147	152772	127800	24972	6942
深圳	306755	172035	126768	45267	26

(特殊教育学校)

单位：千元

公用部分	商品和服务支出	其他资本性支出			基本建设支出
			专项公用支出	专项项目支出	
4968682	**2598709**	**2369972**	**938434**	**1431538**	**366506**
98951	77016	21935	11617	10318	
85749	48951	36798	30941	5857	
185951	92244	93707	36913	56795	291
93975	57562	36413	25274	11138	1129
79985	51341	28645	16792	11853	2035
132919	89819	43100	19764	23336	2957
103439	41951	61489	29353	32136	
116294	61776	54518	29617	24901	
170158	131160	38998	28892	10106	604
346508	157829	188679	64381	124298	91212
295900	160786	135113	33498	101615	24367
254907	76474	178432	40746	137687	90654
178940	73487	105454	36554	68900	23120
151849	68515	83334	41066	42268	4486
381192	162828	218363	78564	139800	17138
207492	126918	80574	30253	50322	
118763	67823	50940	22887	28053	2187
210988	99469	111519	26775	84744	
680795	329655	351140	122718	228422	45555
128522	67649	60873	24763	36110	915
48179	21188	26991	9066	17925	
84236	57417	26818	14796	12022	
202596	143764	58832	24490	34342	500
86040	68599	17441	11857	5584	
168029	106210	61820	25335	36484	
28005	7967	20038	9076	10962	28100
90402	48810	41592	17098	24494	
51025	31310	19715	5614	14101	11196
48988	16448	32541	13739	18801	19560
72744	29397	43346	38469	4877	
65161	24347	40814	17526	23288	500
20533	16524	4009	2730	1280	
22186	17508	4677	3843	835	1062
30789	13599	17190	15043	2147	23120
95375	43544	51831	33936	17895	
93810	81061	12749	12749		40910

5-47 财政补助支出明细

地区	合计	个人部分	工资福利支出	对个人和家庭的补助支出	#助学金
合计	**691281**	**485570**	**438357**	**47213**	**5419**
北京	111486	80037	74018	6018	739
天津	19998	17949	15439	2511	
河北					
山西	17478	11333	10202	1131	
内蒙古					
辽宁	51402	41818	38557	3261	49
吉林	14026	7170	4356	2813	420
黑龙江	6766	4115	3597	518	15
上海	156158	111996	108611	3385	869
江苏					
浙江	27599	10825	10312	513	295
安徽	17643	13376	10024	3352	
福建					
江西	9621	6548	6545	3	
山东					
河南	20505	12840	11339	1501	116
湖北	18352	13852	11255	2597	938
湖南	15176	13064	11458	1606	18
广东	46985	29480	21201	8279	
广西	5753	4876	4718	157	
海南					
重庆	9140	7327	6667	660	13
四川	48635	34054	32620	1435	278
贵州	65853	44119	37560	6559	1353
云南	16486	11716	10887	830	318
西藏					
陕西	10087	8036	7952	84	
甘肃					
青海					
宁夏					
新疆	2132	1039	1039		
大连	9018	7893	7734	159	
宁波					
厦门					
青岛					
深圳	10663	8306	5861	2445	

(工读学校)

单位：千元

公用部分	商品和服务支出	其他资本性支出			基本建设支出
			专项公用支出	专项项目支出	
199289	**142782**	**56507**	**32866**	**23641**	**6422**
27536	20923	6613	6563	50	3914
2048	2036	13	13		
6146	4408	1738	463	1274	
7333	6555	777	460	318	2251
6856	4351	2505	2505		
2651	1685	966		966	
44162	37180	6982	6736	246	
16773	2782	13992	614	13378	
4267	3258	1009	1005	4	
3072	1857	1215		1215	
7665	4818	2847	1578	1269	
4501	4248	252	252		
2111	1488	623	323	300	
17505	13930	3575	3575		
877	859	18	18		
1813	1690	123	29	95	
14581	12861	1720	1062	658	
21478	14541	6937	5309	1628	257
4770	1782	2988	2092	896	
2050	437	1614	270	1344	
1093	1093				
1125	1082	43	43		
2357	2072	286	286		

5-48 财政补助支出明细

地区	合计	个人部分	工资福利支出	对个人和家庭的补助支出	#助学金
合计	**173709614**	**105804194**	**93704660**	**12099533**	**6246962**
北京	9952514	5954856	5712850	242006	1801
天津	3260065	2209186	2103332	105854	849
河北	7123804	5383163	5171927	211235	18955
山西	2483349	1795921	1589995	205926	142700
内蒙古	4197500	2837978	2430612	407366	117169
辽宁	1866675	1146775	1079385	67390	21435
吉林	1708536	1096562	956800	139762	21763
黑龙江	1660225	1217471	1088725	128746	8102
上海	12860449	8051203	7948060	103143	50811
江苏	13824948	8057891	7634893	422998	211698
浙江	12858976	7365853	7066353	299500	54969
安徽	4601192	2608408	2361574	246834	116045
福建	6654682	4216188	4068593	147596	35942
江西	4492627	1775825	1591615	184209	83981
山东	7522118	4270289	3838117	432171	265910
河南	4960991	3056981	2775326	281655	195631
湖北	4033014	2529242	2301420	227822	98016
湖南	2880668	1729719	1403874	325845	258360
广东	10142738	6631764	4677355	1954410	594783
广西	3192901	1531499	1356161	175338	92733
海南	1438147	730956	638789	92166	61900
重庆	2599290	1335143	1025716	309427	262285
四川	8719322	4784256	3977255	807001	536180
贵州	6658952	4544350	3937514	606836	406870
云南	5123275	3527754	3183015	344738	248923
西藏	2523553	1540382	1177373	363009	318359
陕西	7343406	3990442	3609852	380590	275021
甘肃	4540965	3182335	2305621	876714	395095
青海	1294560	675454	528208	147245	101780
宁夏	746799	432699	354378	78321	47615
新疆	12443372	7593648	5809969	1783679	1201283
大连	718809	494182	483879	10303	5889
宁波	2337244	1535414	1505564	29849	3878
厦门	1719387	1000541	949909	50632	2482
青岛	1644670	815835	777651	38184	16401
深圳	2652760	1771353	859856	911497	288413

(幼儿园)

单位：千元

公用部分	商品和服务支出	其他资本性支出	专项公用支出	专项项目支出	基本建设支出
64384029	**29567525**	**34816504**	**9282210**	**25534294**	**3521391**
3927448	2870955	1056493	776681	279812	70210
1045787	479053	566734	102755	463979	5093
1733656	627760	1105896	305172	800724	6985
662221	307402	354820	88602	266217	25207
1264996	544305	720691	135636	585055	94526
671317	376007	295310	105508	189802	48583
599878	217027	382851	90238	292612	12096
432649	213771	218878	67040	151838	10105
4798002	3569230	1228772	649328	579444	11244
5728669	2231953	3496716	814995	2681721	38388
5258883	2592805	2666078	540658	2125420	234240
1947883	382556	1565328	333613	1231715	44900
2371050	867630	1503420	485246	1018175	67444
2620898	377746	2243152	392683	1850469	95905
3250780	1005319	2245460	427104	1818356	1050
1860376	579104	1281272	221704	1059568	43634
1503772	694065	809707	213064	596643	
1140789	520147	620642	172730	447912	10159
3273456	2023894	1249563	702646	546917	237517
1476985	584219	892766	235746	657020	184418
697640	208879	488761	204235	284526	9552
1259291	757947	501345	199386	301958	4856
3612855	1578292	2034562	451681	1582882	322211
2064515	715070	1349444	239084	1110360	50087
1536232	583041	953191	172060	781131	59290
959955	325120	634835	172914	461920	23216
3237513	1572696	1664816	406853	1257963	115451
1288474	566103	722371	172207	550165	70155
427046	210161	216885	36863	180022	192061
314100	93856	220244	29463	190780	
3416915	1891414	1525502	336313	1189188	1432808
195636	149345	46291	43524	2767	28991
798830	358296	440534	49986	390548	3000
704649	300348	404301	225572	178730	14196
828835	336018	492817	118024	374793	
802446	692312	110133	67016	43118	78962

5-49 财政补助支出明细

地区	合计	个人部分	工资福利支出	对个人和家庭的补助支出	#助学金
合计	**172250398**	**104876418**	**92961047**	**11915371**	**6195574**
北京	9603922	5706197	5465283	240914	1801
天津	3257719	2207126	2101286	105840	849
河北	7118042	5377446	5166211	211235	18955
山西	2479276	1794048	1588133	205915	142689
内蒙古	4197500	2837978	2430612	407366	117169
辽宁	1853867	1136676	1069315	67360	21405
吉林	1708536	1096562	956800	139762	21763
黑龙江	1600430	1174147	1048220	125928	7842
上海	12804976	8005258	7902235	103022	50811
江苏	13798581	8041587	7618877	422709	211420
浙江	12858976	7365853	7066353	299500	54969
安徽	4601137	2608406	2361574	246832	116045
福建	6653182	4214738	4067143	147596	35942
江西	4492627	1775825	1591615	184209	83981
山东	7522118	4270289	3838117	432171	265910
河南	4949774	3046199	2765648	280551	194526
湖北	4031206	2529221	2301420	227801	97995
湖南	2870759	1727205	1401364	325841	258356
广东	10142355	6631389	4676979	1954410	594783
广西	3192901	1531499	1356161	175338	92733
海南	1436431	730789	638789	91999	61734
重庆	2599290	1335143	1025716	309427	262285
四川	8719167	4784256	3977255	807001	536180
贵州	6658952	4544350	3937514	606836	406870
云南	5121585	3526422	3181690	344732	248923
西藏	2523553	1540382	1177373	363009	318359
陕西	7341317	3990248	3609834	380414	274845
甘肃	4530288	3172278	2296808	875469	393972
青海	1294031	674925	528040	146884	101419
宁夏	746799	432699	354378	78321	47615
新疆	11541099	7067278	5460301	1606977	1153430
大连	706789	484776	474503	10273	5859
宁波	2337244	1535414	1505564	29849	3878
厦门	1717887	999091	948459	50632	2482
青岛	1644670	815835	777651	38184	16401
深圳	2652760	1771353	859856	911497	288413

(地方幼儿园)

单位：千元

公用部分					基本建设支出
	商品和服务支出	其他资本性支出			
			专项公用支出	专项项目支出	
63917273	**29341740**	**34575533**	**9234318**	**25341215**	**3456706**
3827515	2794096	1033419	756593	276826	70210
1045501	478767	566734	102755	463979	5093
1733611	627715	1105896	305172	800724	6985
660022	307383	352639	88521	264117	25207
1264996	544305	720691	135636	585055	94526
668609	373299	295310	105508	189802	48583
599878	217027	382851	90238	292612	12096
416178	208330	207848	62373	145475	10105
4788474	3559916	1228558	649115	579444	11244
5718606	2224134	3494472	814136	2680337	38388
5258883	2592805	2666078	540658	2125420	234240
1947831	382504	1565328	333613	1231715	44900
2371000	867580	1503420	485246	1018175	67444
2620898	377746	2243152	392683	1850469	95905
3250780	1005319	2245460	427104	1818356	1050
1859942	579057	1280885	221317	1059568	43634
1501985	692635	809350	212708	596643	
1133394	513410	619985	172072	447912	10159
3273449	2023886	1249563	702646	546917	237517
1476985	584219	892766	235746	657020	184418
696552	207985	488567	204050	284517	9090
1259291	757947	501345	199386	301958	4856
3612700	1578138	2034562	451681	1582882	322211
2064515	715070	1349444	239084	1110360	50087
1535873	582802	953071	171947	781123	59290
959955	325120	634835	172914	461920	23216
3235618	1571245	1664373	406409	1257963	115451
1287855	565883	721971	172207	549765	70155
427046	210161	216885	36863	180022	192061
314100	93856	220244	29463	190780	
3105235	1779404	1325831	316473	1009358	1368586
193021	146730	46291	43524	2767	28991
798830	358296	440534	49986	390548	3000
704599	300298	404301	225572	178730	14196
828835	336018	492817	118024	374793	
802446	692312	110133	67016	43118	78962

5-50 财政补助支出明细

地区	合计	个人部分	工资福利支出	对个人和家庭的补助支出	#助学金
合计	**86917626**	**55361008**	**48439874**	**6921134**	**4626471**
北京	2172067	1278482	1265800	12682	919
天津	542994	306546	290792	15754	633
河北	5045351	3867109	3780074	87035	10082
山西	1597156	1206567	1061075	145492	110124
内蒙古	2639552	1858803	1586150	272653	69261
辽宁	422606	286209	275996	10213	5628
吉林	822965	545886	509842	36044	8971
黑龙江	815771	617456	578622	38834	4486
上海	1669167	1228592	1211135	17457	6694
江苏	5218961	2930887	2739619	191268	129935
浙江	5047372	2988623	2819349	169274	27640
安徽	3222024	1893226	1735559	157667	65876
福建	3188682	2095575	2016619	78956	28281
江西	3201021	1184097	1058752	125345	66027
山东	3688594	2379032	2125884	253148	164158
河南	2678957	1795195	1639746	155448	127024
湖北	1722474	1068920	962192	106728	79223
湖南	1865820	1186658	942791	243867	211050
广东	2469455	1717921	1445968	271953	187961
广西	2047486	925168	795491	129677	81118
海南	999512	523378	462935	60443	43931
重庆	1342416	703734	476914	226821	212071
四川	5420788	3163390	2584602	578787	447622
贵州	4950051	3688699	3204585	484114	361596
云南	3186647	2336867	2096599	240269	194926
西藏	1604926	1125211	833111	292100	260648
陕西	4843531	2913526	2639194	274332	195370
甘肃	3613643	2542404	1942016	600389	247659
青海	1040341	521110	413739	107371	85151
宁夏	438843	255357	203807	51550	32909
新疆	9398451	6226381	4740915	1485466	1159493
大连	75266	55441	53966	1475	1188
宁波	844244	530439	519681	10758	2878
厦门	178733	105253	87493	17760	539
青岛	388171	226934	218740	8194	7184
深圳					

(农村幼儿园)

单位：千元

公用部分					基本建设支出
	商品和服务支出	其他资本性支出			
			专项公用支出	专项项目支出	
29935705	**11706871**	**18228835**	**4010710**	**14218124**	**1620912**
869531	592966	276565	236500	40064	24055
236448	71586	164862	5563	159299	
1173164	364726	808438	222022	586416	5077
376834	165186	211647	46336	165312	13755
703015	306553	396462	72006	324456	77734
119689	68087	51602	12697	38905	16708
272106	75607	196499	29360	167140	4973
188210	85035	103175	34952	68223	10105
440575	363333	77243	64201	13041	
2288075	760979	1527096	285480	1241616	
1918253	892891	1025362	244340	781022	140496
1295598	228214	1067384	202505	864879	33200
1041732	365628	676103	150499	525604	51375
1995719	272607	1723112	301206	1421907	21205
1309562	336781	972781	155817	816964	
870964	266721	604243	66303	537940	12798
653553	179646	473908	73085	400823	
671073	259652	411421	98453	312968	8089
751531	326912	424619	222332	202287	2
1055528	399054	656474	149997	506477	66790
470677	128452	342226	126170	216056	5457
637617	373328	264289	103440	160849	1064
2035543	748320	1287223	209164	1078059	221856
1215493	475486	740007	146036	593971	45859
824672	293193	531479	83680	447799	25108
463079	171882	291197	110562	180636	16637
1904810	1017915	886895	182743	704152	25194
1017183	444028	573155	117077	456078	54056
361906	156087	205820	33353	172466	157325
183485	56796	126689	14652	112037	
2590077	1459217	1130859	210181	920678	581993
19825	16823	3002	2232	769	
313805	134748	179056	20197	158859	
73480	57672	15808	15373	435	
161237	65097	96140	26122	70018	

5-51 财政补助支出明细

地区	合计	个人部分	工资福利支出	对个人和家庭的补助支出	#助学金
合计	**86094488**	**54906154**	**48135506**	**6770647**	**4581316**
北京	2167478	1276800	1264118	12682	919
天津	542994	306546	290792	15754	633
河北	5045351	3867109	3780074	87035	10082
山西	1593094	1204705	1059212	145492	110124
内蒙古	2639552	1858803	1586150	272653	69261
辽宁	422606	286209	275996	10213	5628
吉林	822965	545886	509842	36044	8971
黑龙江	782368	595207	557513	37695	4271
上海	1669167	1228592	1211135	17457	6694
江苏	5218961	2930887	2739619	191268	129935
浙江	5047372	2988623	2819349	169274	27640
安徽	3222024	1893226	1735559	157667	65876
福建	3188682	2095575	2016619	78956	28281
江西	3201021	1184097	1058752	125345	66027
山东	3688594	2379032	2125884	253148	164158
河南	2678951	1795189	1639746	155443	127018
湖北	1722386	1068920	962192	106728	79223
湖南	1865800	1186657	942791	243866	211049
广东	2469071	1717545	1445592	271953	187961
广西	2047486	925168	795491	129677	81118
海南	999311	523378	462935	60443	43931
重庆	1342416	703734	476914	226821	212071
四川	5420788	3163390	2584602	578787	447622
贵州	4950051	3688699	3204585	484114	361596
云南	3186647	2336867	2096599	240269	194926
西藏	1604926	1125211	833111	292100	260648
陕西	4843490	2913501	2639176	274325	195363
甘肃	3604025	2533405	1933203	600202	247594
青海	1040341	521110	413739	107371	85151
宁夏	438843	255357	203807	51550	32909
新疆	8627726	5806726	4470408	1336319	1114632
大连	75266	55441	53966	1475	1188
宁波	844244	530439	519681	10758	2878
厦门	178733	105253	87493	17760	539
青岛	388171	226934	218740	8194	7184
深圳					

(地方农村幼儿园)

单位：千元

公用部分	商品和服务支出	其他资本性支出	专项公用支出	专项项目支出	基本建设支出
29628420	**11605568**	**18022852**	**3989874**	**14032979**	**1559914**
866622	591388	275234	235379	39855	24055
236448	71586	164862	5563	159299	
1173164	364726	808438	222022	586416	5077
374634	165168	209466	46255	163212	13755
703015	306553	396462	72006	324456	77734
119689	68087	51602	12697	38905	16708
272106	75607	196499	29360	167140	4973
177056	81737	95319	32360	62959	10105
440575	363333	77243	64201	13041	
2288075	760979	1527096	285480	1241616	
1918253	892891	1025362	244340	781022	140496
1295598	228214	1067384	202505	864879	33200
1041732	365628	676103	150499	525604	51375
1995719	272607	1723112	301206	1421907	21205
1309562	336781	972781	155817	816964	
870964	266721	604243	66303	537940	12798
653465	179558	473908	73085	400823	
671054	259652	411402	98434	312968	8089
751523	326904	424619	222332	202287	2
1055528	399054	656474	149997	506477	66790
470476	128291	342185	126138	216047	5457
637617	373328	264289	103440	160849	1064
2035543	748320	1287223	209164	1078059	221856
1215493	475486	740007	146036	593971	45859
824672	293193	531479	83680	447799	25108
463079	171882	291197	110562	180636	16637
1904795	1017900	886895	182743	704152	25194
1016564	443809	572755	117077	455678	54056
361906	156087	205820	33353	172466	157325
183485	56796	126689	14652	112037	
2300005	1363299	936705	193192	743513	520995
19825	16823	3002	2232	769	
313805	134748	179056	20197	158859	
73480	57672	15808	15373	435	
161237	65097	96140	26122	70018	

5-52 财政补助支出明细

地区	合计	个人部分	工资福利支出	对个人和家庭的补助支出	#助学金
合计	**35836372**	**20924868**	**16778173**	**4146695**	
北京	1057842	652480	571823	80657	
天津	349551	264621	243958	20664	
河北	832997	602470	498136	104334	
山西	951244	665283	576227	89056	
内蒙古	860362	548689	357884	190806	
辽宁	597267	405148	336857	68291	
吉林	416471	238646	177512	61134	
黑龙江	1288182	616840	421673	195167	
上海	368882	271584	255584	16000	
江苏	1598111	1005316	866642	138675	
浙江	1556046	916744	819677	97066	
安徽	1167005	635685	502129	133557	
福建	648770	375289	323406	51882	
江西	699384	372304	283026	89278	
山东	2448492	1668535	1475508	193028	
河南	1328252	690784	570953	119831	
湖北	1390467	870699	716226	154473	
湖南	2316608	1442805	1182000	260804	
广东	4867945	2155609	1471287	684322	
广西	451749	264964	226586	38378	
海南	381931	204997	170473	34524	
重庆	936667	358660	275390	83270	
四川	2394078	1296708	953726	342982	
贵州	1667705	1084095	883657	200438	
云南	1508004	867683	724511	143172	
西藏	366142	256034	223884	32150	
陕西	755186	353223	307104	46119	
甘肃	1110154	680629	416885	263744	
青海	351000	259610	179953	79657	
宁夏	188803	148469	139805	8664	
新疆	981077	750264	625691	124573	
大连	97040	79585	69685	9900	
宁波	156081	119335	112234	7101	
厦门	85897	49751	41312	8439	
青岛	363756	220192	204601	15591	
深圳	945523	353661	206299	147362	

(教育行政单位)

单位：千元

公用部分					基本建设支出
	商品和服务支出	其他资本性支出			
			专项公用支出	专项项目支出	
14829598	**11967462**	**2862137**	**1628142**	**1233995**	**81906**
405362	392797	12565	12515	50	
84929	74811	10119	9947	172	
230527	202687	27839	21663	6177	
285961	240024	45938	35763	10175	
311673	272709	38964	25564	13400	
192119	171885	20234	15522	4712	
177825	159063	18762	12315	6447	
671325	365159	306166	113041	193125	17
97298	91747	5551	3102	2449	
592795	505081	87714	61446	26268	
637087	555990	81098	40048	41049	2215
524443	388920	135523	93463	42060	6876
273482	236854	36628	25492	11135	
327080	246040	81040	39065	41975	
779957	649645	130312	94494	35818	
637468	588638	48830	36564	12266	
519768	379716	140052	65513	74539	
873803	746878	126925	71534	55391	
2698849	2280265	418584	298046	120538	13488
186785	158342	28444	22836	5608	
176934	142635	34299	26931	7368	
578008	369498	208510	26829	181680	
1088743	869578	219165	150532	68633	8627
583610	529637	53973	43533	10440	
609905	408002	201903	115762	86142	30415
105977	78779	27198	8851	18347	4131
398168	281507	116661	56887	59774	3795
418441	273233	145209	57053	88156	11083
90960	70250	20710	17930	2780	430
40334	33237	7097	1687	5410	
229983	203858	26126	24212	1913	830
17455	17275	179	179		
36745	32226	4519	3990	529	
36147	32707	3440	1652	1788	
143564	100248	43316	37920	5396	
589656	414761	174895	115964	58931	2206

5-53 财政补助支出明细

地区	合计	个人部分	工资福利支出	对个人和家庭的补助支出	#助学金
合计	**35421181**	**20692201**	**16591947**	**4100254**	
北京	718515	455987	408562	47425	
天津	349551	264621	243958	20664	
河北	832997	602470	498136	104334	
山西	951244	665283	576227	89056	
内蒙古	860362	548689	357884	190806	
辽宁	597267	405148	336857	68291	
吉林	416471	238646	177512	61134	
黑龙江	1272313	609501	416191	193310	
上海	368882	271584	255584	16000	
江苏	1598111	1005316	866642	138675	
浙江	1556046	916744	819677	97066	
安徽	1167005	635685	502129	133557	
福建	648770	375289	323406	51882	
江西	699384	372304	283026	89278	
山东	2448492	1668535	1475508	193028	
河南	1328252	690784	570953	119831	
湖北	1390467	870699	716226	154473	
湖南	2316608	1442805	1182000	260804	
广东	4867945	2155609	1471287	684322	
广西	451749	264964	226586	38378	
海南	381931	204997	170473	34524	
重庆	936667	358660	275390	83270	
四川	2394078	1296708	953726	342982	
贵州	1667705	1084095	883657	200438	
云南	1508004	867683	724511	143172	
西藏	366142	256034	223884	32150	
陕西	755186	353223	307104	46119	
甘肃	1110154	680629	416885	263744	
青海	351000	259610	179953	79657	
宁夏	188803	148469	139805	8664	
新疆	921081	721430	608207	113223	
大连	97040	79585	69685	9900	
宁波	156081	119335	112234	7101	
厦门	85897	49751	41312	8439	
青岛	363756	220192	204601	15591	
深圳	945523	353661	206299	147362	

(地方教育行政单位)

单位：千元

公用部分	商品和服务支出	其他资本性支出			基本建设支出
			专项公用支出	专项项目支出	
14647904	**11801543**	**2846361**	**1615267**	**1231094**	**81076**
262529	252748	9781	9731	50	
84929	74811	10119	9947	172	
230527	202687	27839	21663	6177	
285961	240024	45938	35763	10175	
311673	272709	38964	25564	13400	
192119	171885	20234	15522	4712	
177825	159063	18762	12315	6447	
662795	361563	301233	110597	190636	17
97298	91747	5551	3102	2449	
592795	505081	87714	61446	26268	
637087	555990	81098	40048	41049	2215
524443	388920	135523	93463	42060	6876
273482	236854	36628	25492	11135	
327080	246040	81040	39065	41975	
779957	649645	130312	94494	35818	
637468	588638	48830	36564	12266	
519768	379716	140052	65513	74539	
873803	746878	126925	71534	55391	
2698849	2280265	418584	298046	120538	13488
186785	158342	28444	22836	5608	
176934	142635	34299	26931	7368	
578008	369498	208510	26829	181680	
1088743	869578	219165	150532	68633	8627
583610	529637	53973	43533	10440	
609905	408002	201903	115762	86142	30415
105977	78779	27198	8851	18347	4131
398168	281507	116661	56887	59774	3795
418441	273233	145209	57053	88156	11083
90960	70250	20710	17930	2780	430
40334	33237	7097	1687	5410	
199651	181585	18067	16566	1501	
17455	17275	179	179		
36745	32226	4519	3990	529	
36147	32707	3440	1652	1788	
143564	100248	43316	37920	5396	
589656	414761	174895	115964	58931	2206

5-54 财政补助支出明细

地区	合计	个人部分	工资福利支出	对个人和家庭的补助支出	#助学金
合计	**70754276**	**38695818**	**32772122**	**5923696**	
北京	9880161	3093565	2910652	182913	
天津	1502163	1058924	983289	75636	
河北	2006079	1581704	1455784	125920	
山西	1403778	904169	744388	159780	
内蒙古	1545282	1128646	905833	222812	
辽宁	2498326	1858459	1759375	99084	
吉林	1182436	768640	570036	198604	
黑龙江	1477969	1098382	847192	251190	
上海	7091346	2251733	2180776	70957	
江苏	3957414	2599991	2251038	348953	
浙江	4752566	2654522	2486171	168351	
安徽	1168340	595658	512728	82930	
福建	2131772	1199306	1078243	121063	
江西	1529079	862730	752996	109734	
山东	2628870	1791933	1570397	221537	
河南	2716843	1642233	1494739	147494	
湖北	2819035	1686077	1434650	251427	
湖南	1360944	715318	625942	89377	
广东	6799468	3644583	1889023	1755560	
广西	1497091	917123	812905	104218	
海南	226926	141673	137246	4427	
重庆	1174046	521896	420031	101865	
四川	2852637	1857948	1623273	234675	
贵州	481911	282312	235134	47178	
云南	1335588	748249	648002	100246	
西藏	835047	513821	370977	142844	
陕西	1767572	1043203	888086	155117	
甘肃	476194	347014	261809	85205	
青海	387127	295049	251998	43051	
宁夏	243854	184235	177484	6750	
新疆	1024411	706721	491924	214798	
大连	457266	281493	272510	8983	
宁波	787343	432793	399194	33599	
厦门	455608	218011	169070	48941	
青岛	484213	358325	305992	52334	
深圳	1659076	714621	576340	138280	

(教育事业单位)

单位：千元

公用部分	商品和服务支出	其他资本性支出	专项公用支出	专项项目支出	基本建设支出
31430376	**23055773**	**8374603**	**4159604**	**4214999**	**628083**
6730052	6203796	526256	448905	77350	56544
442783	353283	89500	85000	4500	455
419517	326003	93514	46175	47339	4858
491370	277082	214288	78203	136084	8240
416629	221274	195355	94036	101319	7
639867	468950	170917	97686	73231	
413796	279998	133797	80798	52999	
362171	248709	113461	61858	51603	17416
4734327	4037539	696788	545737	151051	105285
1357423	951536	405887	243561	162326	
2064211	1319782	744429	301863	442566	33834
552682	376010	176672	110171	66501	20000
919465	601706	317759	120008	197751	13000
639687	406812	232874	107199	125675	26662
836937	652975	183962	59880	124082	
1011810	665877	345933	170622	175311	62800
1132010	501214	630795	222419	408377	948
630625	335710	294915	84082	210834	15000
2984230	1633773	1350457	494471	855986	170655
563375	398930	164445	103610	60834	16594
85254	71850	13404	11256	2148	
652143	352782	299361	43377	255984	7
973859	733203	240655	146507	94148	20831
199599	184380	15219	14307	912	
587087	453934	133154	74171	58983	252
318066	245586	72480	54228	18252	3161
723369	363076	360293	157501	202792	1000
129180	85353	43827	23731	20096	
89745	51572	38173	36529	1644	2333
59620	45026	14594	12867	1727	
269489	208049	61439	28847	32592	48201
175774	113682	60091	35831	24260	
354270	205360	148910	41952	106959	281
232597	195258	37339	25145	12193	5000
125888	116485	9403	7550	1853	
885707	621812	263895	51765	212131	58748

5-55 财政补助支出明细

地区	合计	个人部分	工资福利支出	对个人和家庭的补助支出	#助学金
合计	**65791008**	**38368475**	**32494035**	**5874440**	
北京	5021232	2823151	2678608	144543	
天津	1502163	1058924	983289	75636	
河北	2005873	1581508	1455588	125920	
山西	1403778	904169	744388	159780	
内蒙古	1545282	1128646	905833	222812	
辽宁	2498326	1858459	1759375	99084	
吉林	1182436	768640	570036	198604	
黑龙江	1457432	1080377	832021	248356	
上海	7091346	2251733	2180776	70957	
江苏	3957414	2599991	2251038	348953	
浙江	4752566	2654522	2486171	168351	
安徽	1168340	595658	512728	82930	
福建	2131772	1199306	1078243	121063	
江西	1529079	862730	752996	109734	
山东	2628870	1791933	1570397	221537	
河南	2716843	1642233	1494739	147494	
湖北	2819035	1686077	1434650	251427	
湖南	1360944	715318	625942	89377	
广东	6799468	3644583	1889023	1755560	
广西	1497091	917123	812905	104218	
海南	226926	141673	137246	4427	
重庆	1174046	521896	420031	101865	
四川	2852637	1857948	1623273	234675	
贵州	481911	282312	235134	47178	
云南	1335588	748249	648002	100246	
西藏	835047	513821	370977	142844	
陕西	1767572	1043203	888086	155117	
甘肃	476194	347014	261809	85205	
青海	387127	295049	251998	43051	
宁夏	243854	184235	177484	6750	
新疆	940816	667994	461248	206746	
大连	457266	281493	272510	8983	
宁波	787343	432793	399194	33599	
厦门	455608	218011	169070	48941	
青岛	484213	358325	305992	52334	
深圳	1659076	714621	576340	138280	

(地方教育事业单位)

单位：千元

公用部分	商品和服务支出	其他资本性支出			基本建设支出
			专项公用支出	专项项目支出	
26794834	**18559722**	**8235112**	**4038370**	**4196741**	**627700**
2141919	1723920	417999	340649	77350	56161
442783	353283	89500	85000	4500	455
419507	325993	93514	46175	47339	4858
491370	277082	214288	78203	136084	8240
416629	221274	195355	94036	101319	7
639867	468950	170917	97686	73231	
413796	279998	133797	80798	52999	
359638	246479	113160	61689	51471	17416
4734327	4037539	696788	545737	151051	105285
1357423	951536	405887	243561	162326	
2064211	1319782	744429	301863	442566	33834
552682	376010	176672	110171	66501	20000
919465	601706	317759	120008	197751	13000
639687	406812	232874	107199	125675	26662
836937	652975	183962	59880	124082	
1011810	665877	345933	170622	175311	62800
1132010	501214	630795	222419	408377	948
630625	335710	294915	84082	210834	15000
2984230	1633773	1350457	494471	855986	170655
563375	398930	164445	103610	60834	16594
85254	71850	13404	11256	2148	
652143	352782	299361	43377	255984	7
973859	733203	240655	146507	94148	20831
199599	184380	15219	14307	912	
587087	453934	133154	74171	58983	252
318066	245586	72480	54228	18252	3161
723369	363076	360293	157501	202792	1000
129180	85353	43827	23731	20096	
89745	51572	38173	36529	1644	2333
59620	45026	14594	12867	1727	
224621	194116	30506	16038	14467	48201
175774	115682	60091	35831	24260	
354270	205360	148910	41952	106959	281
232597	195258	37339	25145	12193	5000
125888	116485	9403	7550	1853	
885707	621812	263895	51765	212131	58748

5-56 财政补助支出明细

地区	合计	个人部分			
			工资福利支出	对个人和家庭的补助支出	
					#助学金
合计	**54611417**	**17787738**	**14643107**	**3144631**	**29693**
北京	7273025	770362	585883	184479	16941
天津	648484	237637	219661	17976	
河北	1088498	598574	524173	74402	
山西	1082317	503732	415973	87759	
内蒙古	856410	446976	351339	95637	
辽宁	1743022	638126	495361	142765	
吉林	818716	384471	281138	103333	406
黑龙江	692644	438662	339522	99140	385
上海	1229537	338371	321372	17000	3857
江苏	2132253	958923	852401	106522	1064
浙江	3302835	1107576	796449	311127	1100
安徽	1195287	440373	375863	64510	
福建	1977514	484915	437258	47657	1585
江西	1603535	395618	348700	46918	
山东	2695704	1075961	986367	89594	
河南	2189663	703453	630283	73170	
湖北	2901932	932585	761057	171528	663
湖南	1340034	643970	565492	78478	1467
广东	2809107	1075395	776606	298789	1198
广西	988582	368200	339276	28924	
海南	454633	80278	79014	1264	
重庆	598364	266886	232937	33949	
四川	2535416	895709	727994	167715	1028
贵州	976800	501886	417445	84442	
云南	1345381	664902	620847	44056	
西藏	372262	128154	124727	3427	
陕西	1651570	325692	300553	25139	
甘肃	844159	387983	273162	114821	
青海	616382	231386	209865	21521	
宁夏	222032	115630	107934	7696	
新疆	6425318	1645351	1144459	500892	
大连	272037	89694	81678	8015	
宁波	204284	97389	91429	5960	
厦门	119878	64641	51514	13127	
青岛	236216	132466	119435	13031	
深圳	705419	200272	136974	63298	

(其他教育机构)

单位：千元

公用部分	商品和服务支出	其他资本性支出	专项公用支出	专项项目支出	基本建设支出
33848422	**21038350**	**12810072**	**3541715**	**9268357**	**2975257**
6497243	6238471	258772	228264	30508	5420
280543	272517	8027	7370	657	130303
408294	303237	105058	16593	88464	81629
476219	246035	230184	28577	201607	102366
392376	155973	236403	19420	216982	17058
1086652	824674	261978	60592	201386	18244
408745	361946	46799	20987	25812	25500
253982	186629	67353	24260	43093	
871105	811130	59974	56197	3778	20061
1170532	653704	516828	48994	467834	2798
1967144	863486	1103657	638417	465240	228115
603060	256949	346111	60987	285124	151854
536919	318882	218037	51649	166389	955679
1114173	207784	906390	105152	801238	93743
1616202	841925	774277	49894	724383	3541
1447415	938257	509158	88086	421072	38796
1969347	710398	1258948	220922	1038026	
678824	460024	218799	112746	106054	17241
1653400	890543	762858	93120	669737	80312
615785	300701	315084	55765	259319	4596
257778	192801	64976	8810	56166	116577
310924	274862	36062	17289	18773	20555
1486908	1063400	423507	232948	190559	152799
470894	267970	202924	104914	98010	4020
551006	205263	345742	37209	308534	129474
71587	42280	29306	2850	26456	172521
1304528	638850	665678	13152	652526	21350
446786	163664	283121	25558	257563	9391
289540	136935	152606	51832	100774	95455
106402	68400	38002	10130	27872	
4504110	2140659	2363452	1049030	1314422	275857
182092	161693	20399	5349	15049	251
76894	47083	29811	3556	26255	30000
54954	45739	9215	2807	6408	283
103750	67576	36174	5261	30913	
431072	421780	9293	8543	750	74075

5-57 财政补助支出明细

地 区	合 计	个人部分	工资福利支出	对个人和家庭的补助支出	#助学金
合 计	**50699976**	**17284935**	**14307427**	**2977507**	**9437**
北 京	4064521	422299	383595	38703	1115
天 津	645348	237637	219661	17976	
河 北	1084786	598574	524173	74402	
山 西	1081805	503732	415973	87759	
内蒙古	856049	446976	351339	95637	
辽 宁	1739317	638126	495361	142765	
吉 林	817816	384471	281138	103333	406
黑龙江	667133	436307	337511	98796	385
上 海	985571	298529	286946	11582	1012
江 苏	2102713	958923	852401	106522	1064
浙 江	3299319	1107576	796449	311127	1100
安 徽	1194831	440373	375863	64510	
福 建	1919688	473305	427233	46072	
江 西	1603103	395618	348700	46918	
山 东	2689210	1075961	986367	89594	
河 南	2185391	703453	630283	73170	
湖 北	2885132	932585	761057	171528	663
湖 南	1337868	643970	565492	78478	1467
广 东	2809107	1075395	776606	298789	1198
广 西	988582	368200	339276	28924	
海 南	454633	80278	79014	1264	
重 庆	598364	266886	232937	33949	
四 川	2522468	895709	727994	167715	1028
贵 州	975722	501886	417445	84442	
云 南	1344121	664902	620847	44056	
西 藏	372262	128154	124727	3427	
陕 西	1633540	325692	300553	25139	
甘 肃	838101	387983	273162	114821	
青 海	616382	231386	209865	21521	
宁 夏	222032	115630	107934	7696	
新 疆	6165061	1544417	1057528	486889	
大 连	272037	89694	81678	8015	
宁 波	204284	97389	91429	5960	
厦 门	119878	64641	51514	13127	
青 岛	236216	132466	119435	13031	
深 圳	705419	200272	136974	63298	

(地方其他教育机构)

单位：千元

公用部分	商品和服务支出	其他资本性支出	其他资本性支出：专项公用支出	其他资本性支出：专项项目支出	基本建设支出
30471620	**17776559**	**12695061**	**3500764**	**9194298**	**2943421**
3636803	3398802	238001	207493	30508	5420
277408	269381	8027	7370	657	130303
404582	299524	105058	16593	88464	81629
475707	245523	230184	28577	201607	102366
392015	155612	236403	19420	216982	17058
1082947	820969	261978	60592	201386	18244
407845	361046	46799	20987	25812	25500
230827	163474	67353	24260	43093	
666981	614291	52690	48912	3778	20061
1140992	624164	516828	48994	467834	2798
1963628	859970	1103657	638417	465240	228115
602604	256493	346111	60987	285124	151854
490703	275691	215012	48623	166389	955679
1113741	207352	906390	105152	801238	93743
1609708	835430	774277	49894	724383	3541
1443143	933985	509158	88086	421072	38796
1952547	693598	1258948	220922	1038026	
676658	457858	218799	112746	106054	17241
1653400	890543	762858	93120	669737	80312
615785	300701	315084	55765	259319	4596
257778	192801	64976	8810	56166	116577
310924	274862	36062	17289	18773	20555
1473960	1050452	423507	232948	190559	152799
469815	266891	202924	104914	98010	4020
549746	204003	345742	37209	308534	129474
71587	42280	29306	2850	26456	172521
1286498	620820	665678	13152	652526	21350
440727	157606	283121	25558	257563	9391
289540	136935	152606	51832	100774	95455
106402	68400	38002	10130	27872	
4376623	2097100	2279523	1039161	1240362	244021
182092	161693	20399	5349	15049	251
76894	47083	29811	3556	26255	30000
54954	45739	9215	2807	6408	283
103750	67576	36174	5261	30913	
431072	421780	9293	8543	750	74075

第六部分

各地区各级各类教育机构一般公共预算教育事业费和基本建设支出明细

6-1 一般公共预算教育事业费和

地区	合计	个人部分	工资福利支出	对个人和家庭的补助支出	#助学金
合计	**3022097645**	**2023093728**	**1722682063**	**300411665**	**159136623**
北京	146377040	82229170	65654575	16574595	12661965
天津	48274742	31593825	28058099	3535726	1402213
河北	130348285	92933116	82402363	10530753	4645579
山西	62097242	44488555	39498364	4990191	2842812
内蒙古	52653835	36277529	32172613	4104916	3141106
辽宁	65141413	45600817	40818451	4782366	2406289
吉林	51411197	34482213	26474497	8007716	1961852
黑龙江	61076942	44830876	35831089	8999786	2030287
上海	88532064	49655302	45150054	4505248	3849842
江苏	198094359	142829997	126612698	16217298	6639035
浙江	150188794	104005612	95172882	8832729	4483703
安徽	107796611	70322678	59496316	10826362	5514452
福建	90561057	60864526	55721224	5143303	2278762
江西	99602963	57385687	49277614	8108072	4759832
山东	189973539	140473054	125165097	15307957	5830360
河南	154157125	93898541	82145791	11752751	9767295
湖北	119207928	79997990	67458401	12539590	5995360
湖南	116735071	80783438	67698291	13085147	7482033
广东	268207774	182047164	149034446	33012717	7507998
广西	90420245	55607377	45991426	9615951	6626507
海南	23778236	13062284	11737564	1324720	959798
重庆	68757437	44836907	38063558	6773349	5177777
四川	147562004	101180640	83231293	17949347	10987957
贵州	92901437	67080065	52970259	14109806	8153544
云南	102535101	77046340	64996375	12049965	10834502
西藏	21734544	13675513	10178286	3497227	2923319
陕西	91621314	54687132	44898112	9789020	6089388
甘肃	59429283	40095244	28839665	11255579	4333232
青海	19563799	12334253	10589985	1744268	1198691
宁夏	16342224	10012293	8725583	1286710	1044173
新疆	87014039	58775589	48617091	10158499	5606961
大连	10215568	7340793	6835277	505516	92955
宁波	20242043	14988451	14052022	936428	453270
厦门	11797805	8335449	7578367	757082	133069
青岛	22558710	16752935	14879467	1873468	340367
深圳	52473223	27087151	21312574	5774577	886740

基本建设支出明细(各级各类教育机构)

单位：千元

公用部分	商品和服务支出	其他资本性支出			基本建设支出
			专项公用支出	专项项目支出	
930401729	**498885121**	**431516608**	**165514694**	**266001914**	**68602188**
59420878	44065986	15354892	11490700	3864192	4726991
16267773	9616628	6651145	2984093	3667051	413144
36195171	18062284	18132886	6658082	11474804	1219999
16979311	10225932	6753379	2707864	4045515	629376
15619289	7898991	7720298	3400694	4319604	757018
18482443	12594704	5887738	2896527	2991211	1058153
16245738	9408058	6837680	3225419	3612261	683247
15645393	9268483	6376910	2534779	3842131	600673
35034457	26816198	8218259	6609478	1608781	3842306
53904040	29508974	24395066	9750515	14644551	1360322
41777332	23091139	18686193	7388687	11297506	4405851
35489635	14914641	20574993	6804386	13770607	1984298
27856189	13266738	14589451	5692157	8897294	1840342
40485848	11961022	28524827	6053762	22471065	1731428
48746407	22863741	25882667	7000632	18882035	754078
57514512	29047631	28466881	8592235	19874646	2744072
38406751	18147103	20259648	6049339	14210309	803188
34693425	18190976	16502449	6421002	10081447	1258208
72263827	46078886	26184941	14753269	11431672	13896784
32427773	13781665	18646108	6811163	11834945	2385095
10045879	4369325	5676554	2459620	3216935	670072
21923907	13669219	8254688	3616798	4637891	1996623
43594722	23837497	19757225	6635117	13122108	2786642
24547414	11818703	12728711	4384939	8343772	1273957
24041885	11114188	12927698	3235810	9691888	1446876
6083908	2674642	3409266	889091	2520174	1975123
33922852	17675442	16247410	5723946	10523464	3011330
18198961	7981657	10217304	3733362	6483943	1135078
5807354	2321579	3485775	1821133	1664642	1422191
6017332	2692220	3325112	1273885	2051227	312600
22761324	11920870	10840454	3916209	6924246	5477126
2560417	1909209	651207	332351	318836	314358
5126234	2963944	2162289	865782	1296507	127359
3222075	2273751	948324	662242	286082	240281
5805775	2870845	2934929	767196	2167733	
13564776	10873742	2691034	2264401	426633	11821297

6-2 一般公共预算教育事业费和

地区	合计	个人部分	工资福利支出	对个人和家庭的补助支出	#助学金
合计	**2840451454**	**1921277103**	**1659262776**	**262014327**	**134904295**
北京	92828862	53044510	50742382	2302128	1288368
天津	42903521	29081974	26552750	2529224	897020
河北	129201171	92267651	81909913	10357738	4591583
山西	62090579	44484197	39494016	4990181	2842801
内蒙古	52653835	36277529	32172613	4104916	3141106
辽宁	59992332	42740169	38984829	3755339	1936910
吉林	46582715	31654341	24573701	7080639	1553071
黑龙江	56441817	41955497	34002791	7952706	1594799
上海	70571686	40771788	38211706	2560083	2080388
江苏	185676194	135554416	122257570	13296846	5060203
浙江	145567536	101317226	93178370	8138856	3934438
安徽	104844920	68441137	58466149	9974988	5063554
福建	87454715	59267083	54678421	4588662	1994185
江西	99602578	57385640	49277614	8108025	4759785
山东	184922824	137598751	123391578	14207173	5326413
河南	153839719	93800434	82058281	11742152	9764959
湖北	104547464	71738194	62337298	9400896	4302994
湖南	112630951	78368015	66256460	12111555	6768440
广东	260071353	177360678	146066048	31294630	6855377
广西	90420245	55607377	45991426	9615951	6626507
海南	23776519	13062117	11737564	1324553	959631
重庆	64598744	42391426	36617003	5774423	4695511
四川	139186956	96335358	79999636	16335722	10287502
贵州	92901437	67080065	52970259	14109806	8153544
云南	102533411	77045008	64995050	12049959	10834502
西藏	21734544	13675513	10178286	3497227	2923319
陕西	81882764	49121476	41249143	7872332	5213262
甘肃	56873267	38559859	27837105	10722753	4037340
青海	19563270	12333724	10589817	1743907	1198330
宁夏	15708368	9657226	8435912	1221314	996626
新疆	78847157	53298726	44049082	9249643	5221826
大连	10203547	7331387	6825901	505487	92925
宁波	20141619	14988451	14052022	936428	453270
厦门	11796305	8333999	7576917	757082	133069
青岛	22558710	16752935	14879467	1873468	340367
深圳	52473223	27087151	21312574	5774577	886740

基本建设支出明细(地方各级各类教育机构)

单位：千元

公用部分	商品和服务支出	其他资本性支出	专项公用支出	专项项目支出	基本建设支出
856925049	**449805823**	**407119226**	**146591069**	**260528157**	**62249302**
36992512	27751509	9241003	6610639	2630363	2791840
13474023	8311430	5162593	2500908	2661685	347524
35725744	17820565	17905179	6483557	11421622	1207776
16977007	10225809	6751198	2707783	4043415	629376
15619289	7898991	7720298	3400694	4319604	757018
16417560	11225502	5192058	2326979	2865079	834604
14328278	7870319	6457959	2852483	3605476	600096
13955497	8166595	5788902	2133104	3655797	530823
26663477	20921229	5742248	4437315	1304934	3136421
49250450	26546071	22704380	8148281	14556098	871328
39876122	21997655	17878467	6731041	11147426	4374188
34433863	14350622	20083241	6312633	13770607	1969921
26489289	12503245	13986044	5225315	8760728	1698342
40485511	11960684	28524827	6053762	22471065	1731428
46774190	21518986	25255204	6483547	18771657	549883
57411778	28955872	28455907	8581261	19874646	2627507
32704519	14473860	18230659	4710580	13520079	104751
33186370	17122585	16063785	5991348	10072437	1076566
69029182	44126609	24902572	13506876	11395696	13681494
32427773	13781665	18646108	6811163	11834945	2385095
10044792	4368431	5676361	2459435	3216926	669610
20296085	12491183	7804902	3167488	4637414	1911233
40381886	21739692	18642194	5740877	12901317	2469712
24547414	11818703	12728711	4384939	8343772	1273957
24041527	11113949	12927578	3235697	9691881	1446876
6083908	2674642	3409266	889091	2520174	1975123
30047204	15042980	15004224	4732254	10271970	2714085
17287910	7382267	9905643	3507644	6397999	1025498
5807354	2321579	3485775	1821133	1664642	1422191
5738542	2558868	3179674	1217031	1962643	312600
20425995	10763726	9662269	3426209	6236059	5122436
2557802	1906394	651207	332351	318856	314358
5025810	2963520	2062289	865782	1196507	127359
3222025	2273701	948324	662242	286082	240281
5805775	2870845	2934929	767196	2167733	
13564776	10873742	2691034	2264401	426633	11821297

6-3 一般公共预算教育事业费和

地区	合计	个人部分	工资福利支出	对个人和家庭的补助支出	#助学金
合计	**598735253**	**334848363**	**241769215**	**93079148**	**64125444**
北京	64312956	37670682	22258511	15412172	12278789
天津	15531951	6913986	5046654	1867333	1205563
河北	19762560	11877134	9028408	2848726	1698994
山西	10031779	5965337	4429826	1535511	1212407
内蒙古	9355376	5267612	3980801	1286811	1187276
辽宁	17790302	9908410	7592745	2315665	1680788
吉林	14501646	7724476	4881088	2843389	1178459
黑龙江	14496906	9564649	7060240	2504409	1308717
上海	37382949	16936005	13603522	3332483	2985032
江苏	41328318	23912262	18012751	5899511	3822563
浙江	24066523	13528836	10818889	2709947	2003842
安徽	18734145	9849053	7150661	2698392	2048868
福建	14378845	7036396	5436713	1599683	1041080
江西	15633832	10014939	8006482	2008457	1587575
山东	30383677	21712603	16721579	4991024	2849520
河南	25305091	13052825	9972536	3080289	2671449
湖北	29951459	17458258	12046824	5411434	3408155
湖南	20929253	13275309	10023798	3251511	2340635
广东	49376605	25727166	18373611	7353555	2712400
广西	12320115	4715047	2595541	2119506	1825401
海南	3214808	1330805	962360	368445	341899
重庆	13056137	7574512	5150828	2423684	1817893
四川	24606609	15131004	11337165	3793839	2595105
贵州	12064154	6997123	4555409	2441714	1696623
云南	10060349	6488997	5045192	1443805	1304188
西藏	1734938	1000262	719544	280717	243217
陕西	23749536	12501575	8692922	3808653	2502239
甘肃	11489946	4736585	2786206	1950380	1344150
青海	2556646	1004865	878060	126805	89348
宁夏	2727488	1408682	1071800	336882	296430
新疆	7900357	4562967	3528550	1034416	846838
大连	614903	379547	321315	58232	29559
宁波	2051184	928689	681289	247400	153601
厦门	1138891	496920	461194	35725	27911
青岛	852970	299313	207868	91445	71336
深圳	12604841	3413197	2853920	559277	215259

基本建设支出明细(高等学校)

单位：千元

公用部分					基本建设支出
	商品和服务支出	其他资本性支出	专项公用支出	专项项目支出	
240740320	**138797576**	**101942744**	**67871682**	**34071062**	**23146571**
24035496	15670010	8365486	6635037	1730449	2606777
8483423	4079887	4403537	1989258	2414278	134541
7473654	4106630	3367025	1962570	1404455	411772
3923994	2416604	1507390	884981	622409	142449
4013957	1649872	2364085	1348454	1015632	73807
7336407	4791560	2544847	1805053	739793	545485
6533297	4093590	2439707	1788537	651171	243872
4703363	2981827	1721537	1066787	654749	228894
17141558	12541632	4599926	4203693	396232	3305387
16858981	10583847	6275134	4554383	1720751	557075
9637832	5052780	4585052	2691861	1893191	899855
8256769	3713160	4543610	2794751	1748858	628322
7110056	3781364	3328691	2267919	1060772	232393
5255490	3029475	2226015	1204048	1021967	363403
8191210	4779303	3411907	2368048	1043860	479864
11791501	7141621	4649880	3625757	1024123	460764
11693650	6406989	5286661	2784374	2502287	799551
7337482	3980540	3356943	2018534	1338409	316462
17683746	9349069	8334676	5593009	2741667	5965694
7095360	3033860	4061500	2547615	1513885	509709
1690315	934853	755462	513944	241518	193688
5347596	3610261	1737335	1436163	301172	134029
8653396	4919981	3733415	2755585	977830	822209
4668126	2782311	1885815	1211958	673857	398905
3371378	1608304	1763075	828484	934591	199973
469100	288997	180103	139493	40610	265576
10232934	6311643	3921291	2751874	1169416	1015027
6381333	2779618	3601715	2030527	1571187	372028
1537326	294456	1242869	1031910	210960	14455
1222206	661696	560510	382920	177590	96600
2609384	1421837	1187547	654154	533392	728007
196633	113288	83345	71642	11702	38723
1081778	595422	486356	233284	253073	40717
600765	510925	89840	82380	7460	41207
553657	243746	309911	53821	256090	
3820735	2431825	1388910	1373815	15095	5370909

6-4　一般公共预算教育事业费和

地　区	合　计	个人部分	工资福利支　出	对个人和家庭的补助支出	#助学金
合　计	**434263659**	**240902423**	**184939538**	**55962884**	**40224872**
北　京	18839761	10035656	8637781	1397876	923428
天　津	10193448	4426859	3559663	867196	700371
河　北	18626468	11222637	8546925	2675711	1644998
山　西	10031779	5965337	4429826	1535511	1212407
内蒙古	9355376	5267612	3980801	1286811	1187276
辽　宁	12653241	7057167	5768499	1288668	1211438
吉　林	9767998	4959780	3036811	1922969	769771
黑龙江	10453171	7155728	5598328	1557400	877685
上　海	19808563	8224521	6831132	1393389	1218423
江　苏	28942177	16658470	13678166	2980304	2244965
浙　江	19445265	10840450	8824377	2016074	1454577
安　徽	15783141	7968097	6120927	1847171	1598122
福　建	11327958	5452013	4405385	1046627	758088
江　西	15633832	10014939	8006482	2008457	1587575
山　东	25332961	18838300	14948060	3890240	2345574
河　南	25008066	12970974	9900179	3070795	2670217
湖　北	15613639	9422371	7107057	2315314	1719293
湖　南	16843167	10868871	8590843	2278028	1627151
广　东	41420586	21195130	15542403	5652726	2062176
广　西	12320115	4715047	2595541	2119506	1825401
海　南	3214808	1330805	962360	368445	341899
重　庆	9024933	5222105	3786623	1435482	1336091
四　川	16239143	10286799	8105508	2181291	1895727
贵　州	12064154	6997123	4555409	2441714	1696623
云　南	10060349	6488997	5045192	1443805	1304188
西　藏	1734938	1000262	719544	280717	243217
陕　西	14254785	7116325	5208581	1907744	1628385
甘　肃	8967722	3230681	1811792	1418890	1049550
青　海	2556646	1004865	878060	126805	89348
宁　夏	2093632	1053615	782129	271486	248883
新　疆	6651836	3910887	2975154	935733	752026
大　连	614903	379547	321315	58232	29559
宁　波	1950760	928689	681289	247400	153601
厦　门	1138891	496920	461194	35725	27911
青　岛	852970	299313	207868	91445	71336
深　圳	12604841	3413197	2853920	559277	215259

基本建设支出明细(地方高等学校)

单位：千元

公用部分					基本建设支出
	商品和服务支出	其他资本性支出			
			专项公用支出	专项项目支出	
176367597	**97440672**	**78926925**	**49594056**	**29332869**	**16993639**
8132095	5650870	2481225	1975907	505318	672009
5697667	2779869	2917799	1507267	1410532	68922
7004283	3864965	3139317	1788044	1351273	399549
3923994	2416604	1507390	884981	622409	142449
4013957	1649872	2364085	1348454	1015632	73807
5274139	3424972	1849166	1235505	613661	321936
4647497	2577037	2070460	1420501	649959	160721
3138399	1955141	1183258	690160	493098	159044
8984540	6844160	2140379	2047994	92385	2599502
12215626	7628934	4586691	2953009	1633683	68081
7736622	3959296	3777326	2034216	1743110	868192
7201098	3149241	4051857	2302999	1748858	613945
5785553	3057243	2728310	1804103	924206	90393
5255490	3029475	2226015	1204048	1021967	363403
6218992	3434548	2784445	1850962	933482	275669
11692893	7053561	4639333	3615210	1024123	344199
6090153	2809181	3280972	1468856	1812116	101114
5839477	2920541	2918936	1589537	1329399	134820
14475052	7417913	7057139	4349985	2707154	5750404
7095360	3033860	4061500	2547615	1513885	509709
1690315	934853	755462	513944	241518	193688
3754190	2455868	1298321	997626	300696	48639
5447065	2828681	2618384	1861345	757039	505279
4668126	2782311	1885815	1211958	673857	398905
3371378	1608304	1763075	828484	934591	199973
469100	288997	180103	139493	40610	265576
6420678	3723214	2697464	1770144	927320	717783
5474593	2181385	3293208	1805034	1488174	262448
1537326	294456	1242869	1031910	210960	14455
943417	528345	415072	326066	89006	96600
2168523	1156974	1011549	488701	522847	572426
196633	113288	83345	71642	11702	30723
981354	594998	386356	233284	153073	40717
600765	510925	89840	82380	7460	41207
553657	243746	309911	53821	256090	
3820735	2431825	1388910	1373815	15095	5370909

6-5 一般公共预算教育事业费和

地区	合计	个人部分	工资福利支出	对个人和家庭的补助支出	#助学金
合计	**591078906**	**329849322**	**237386571**	**92462751**	**63956032**
北京	63437008	37143115	21768106	15375009	12278789
天津	15321283	6731884	4887183	1844702	1197395
河北	19379020	11566384	8743956	2822428	1691497
山西	9915390	5867862	4338145	1529717	1210639
内蒙古	9269087	5219315	3935625	1283691	1184297
辽宁	17557210	9728314	7418014	2310300	1680728
吉林	14130653	7455700	4723851	2731848	1156748
黑龙江	14238200	9349136	6881474	2467661	1307947
上海	36731502	16583991	13257635	3326356	2984768
江苏	41253393	23854452	17958112	5896339	3821192
浙江	23324618	13110901	10421898	2689004	1997152
安徽	18501898	9720844	7033907	2686937	2041081
福建	14177954	6890718	5298647	1592071	1040800
江西	15365963	9806917	7821219	1985699	1574394
山东	30257313	21616425	16639042	4977383	2848854
河南	25192085	12969452	9891405	3078047	2671449
湖北	29850300	17381415	11984005	5397410	3401746
湖南	20738014	13119026	9883146	3235880	2337461
广东	48587295	25169821	17944053	7225768	2699370
广西	11819370	4591438	2501878	2089560	1803828
海南	3169000	1305389	941754	363635	337110
重庆	13036287	7561598	5138387	2423211	1817890
四川	24363361	14982683	11199378	3783305	2593456
贵州	11986139	6930985	4507494	2423491	1685297
云南	9873252	6351693	4926666	1425027	1285748
西藏	1734938	1000262	719544	280717	243217
陕西	23511126	12384259	8599455	3784805	2486448
甘肃	11415825	4685245	2742971	1942274	1344115
青海	2533874	988655	861851	126805	89348
宁夏	2727488	1408682	1071800	336882	296430
新疆	7680059	4372763	3345973	1026790	846838
大连	510251	295709	240705	55004	29499
宁波	1891357	821522	577714	243808	151337
厦门	1136437	496110	460390	35720	27911
青岛	829480	280515	191543	88972	71336
深圳	12534179	3361437	2818335	543101	214387

基本建设支出明细(普通高等学校)

单位：千元

公用部分					基本建设支出
	商品和服务支出	其他资本性支出			
			专项公用支出	专项项目支出	
238119058	**137188148**	**100930910**	**67426702**	**33504208**	**23110525**
23689207	15365029	8324178	6599497	1724681	2604686
8454857	4059052	4395805	1981527	2414278	134541
7401426	4056684	3344742	1952775	1391967	411211
3905080	2398611	1506469	884060	622409	142449
3975965	1625709	2350256	1334624	1015632	73807
7286449	4761768	2524681	1785173	739507	542447
6431437	4020714	2410723	1763390	647332	243517
4660171	2951553	1708618	1060917	647700	228894
16842124	12306740	4535384	4164347	371038	3305387
16841867	10568876	6272991	4552240	1720751	557075
9313862	4958328	4355533	2671022	1684511	899855
8152732	3633869	4518863	2771041	1747823	628322
7054844	3746678	3308165	2257673	1050493	232393
5195643	2978154	2217489	1200660	1016829	363403
8161024	4757832	3403192	2359543	1043650	479864
11761869	7118469	4643400	3621267	1022133	460764
11669334	6385015	5284320	2782780	2501540	799551
7302526	3952965	3349561	2011943	1337618	316462
17451780	9185008	8266772	5548572	2718200	5965694
6743223	2959310	3783913	2476028	1307885	484709
1669923	922196	747727	509112	238615	193688
5340660	3603735	1736925	1435753	301172	134029
8563470	4849326	3714144	2744540	969604	817209
4656249	2776588	1879661	1209267	670393	398905
3321586	1589887	1731700	827330	904370	199973
469100	288997	180103	139493	40610	265576
10111839	6248283	3863556	2698729	1164827	1015027
6358552	2766792	3591760	2022859	1568901	372028
1530763	294109	1236654	1025695	210960	14455
1222206	661696	560510	382920	177590	96600
2579290	1396176	1183114	651926	531188	728007
175820	96258	79562	68146	11416	38723
1029118	564004	465114	226004	239110	40717
599120	509604	89516	82057	7460	41207
548965	239619	309346	53256	256090	
3801833	2415367	1386466	1371371	15095	5370909

6-6 一般公共预算教育事业费和

地 区	合 计	个人部分	工资福利支出	对个人和家庭的补助支出	#助学金
合 计	**426845029**	**236021387**	**180655327**	**55366060**	**40055460**
北 京	18151703	9582415	8202193	1380222	923428
天 津	9982780	4244757	3400192	844565	692202
河 北	18242929	10911886	8262473	2649413	1637501
山 西	9915390	5867862	4338145	1529717	1210639
内蒙古	9269087	5219315	3935625	1283691	1184297
辽 宁	12420149	6877071	5593768	1283303	1211378
吉 林	9397005	4691003	2879574	1811429	748060
黑龙江	10194465	6940215	5419562	1520653	876916
上 海	19157115	7872507	6485245	1387263	1218159
江 苏	28867252	16600659	13623528	2977132	2243594
浙 江	18703359	10422516	8427385	1995131	1447887
安 徽	15550894	7839888	6004172	1835716	1590334
福 建	11127068	5306334	4267319	1039015	757808
江 西	15365963	9806917	7821219	1985699	1574394
山 东	25206598	18742122	14865523	3876599	2344907
河 南	24895061	12887600	9819047	3068553	2670217
湖 北	15512480	9345528	7044239	2301289	1712884
湖 南	16651928	10712588	8450191	2262397	1623977
广 东	40631276	20637785	15112845	5524940	2049146
广 西	11819370	4591438	2501878	2089560	1803828
海 南	3169000	1305389	941754	363635	337110
重 庆	9005083	5209191	3774182	1435008	1336088
四 川	15995895	10138478	7967721	2170757	1894078
贵 州	11986139	6930985	4507494	2423491	1685297
云 南	9873252	6351693	4926666	1425027	1285748
西 藏	1734938	1000262	719544	280717	243217
陕 西	14016375	6999009	5115114	1883895	1612595
甘 肃	8893601	3179341	1768557	1410784	1049515
青 海	2533874	988655	861851	126805	89348
宁 夏	2093632	1053615	782129	271486	248883
新 疆	6481366	3764362	2836193	928169	752026
大 连	510251	295709	240705	55004	29499
宁 波	1790933	821522	577714	243808	151337
厦 门	1136437	496110	460390	35720	27911
青 岛	829480	280515	191543	88972	71336
深 圳	12534179	3361437	2818335	543101	214387

基本建设支出明细(地方普通高等学校)

单位：千元

公用部分	商品和服务支出	其他资本性支出			基本建设支出
			专项公用支出	专项项目支出	
173866049	**95950687**	**77915362**	**49149347**	**28766015**	**16957593**
7899371	5459183	2440188	1940637	499551	669918
5669101	2759034	2910067	1499536	1410532	68922
6932054	3815020	3117035	1778250	1338785	398988
3905080	2398611	1506469	884060	622409	142449
3975965	1625709	2350256	1334624	1015632	73807
5224181	3395180	1829000	1215625	613375	318898
4545636	2504161	2041475	1395355	646120	160365
3095206	1924868	1170339	684290	486049	159044
8685106	6609268	2075838	2008648	67190	2599502
12198512	7613964	4584548	2950866	1633683	68081
7412652	3864844	3547807	2013376	1534431	868192
7097061	3069950	4027111	2279288	1747823	613945
5730341	3022557	2707784	1793856	913928	90393
5195643	2978154	2217489	1200660	1016829	363403
6188806	3413077	2775729	1842457	933272	275669
11663261	7030408	4632853	3610720	1022133	344199
6065837	2787207	3278631	1467262	1811369	101114
5804521	2892966	2911554	1582946	1328608	134820
14243087	7253852	6989235	4305547	2683687	5750404
6743223	2959310	3783913	2476028	1307885	484709
1669923	922196	747727	509112	238615	193688
3747254	2449343	1297911	997216	300696	48639
5357139	2758026	2599113	1850300	748813	500279
4656249	2776588	1879661	1209267	670393	398905
3321586	1589887	1731700	827330	904370	199973
469100	288997	180103	139493	40610	265576
6299583	3659854	2639729	1716999	922731	717783
5451812	2168559	3283253	1797366	1485887	262448
1530763	294109	1236654	1025695	210960	14455
943417	528345	415072	326066	89006	96600
2144577	1137461	1007116	486473	520643	572426
175820	96258	79562	68146	11416	38723
928694	563580	365114	226004	139110	40717
599120	509604	89516	82057	7460	41207
548965	239619	309346	53256	256090	
3801833	2415367	1386466	1371371	15095	5370909

6-7 一般公共预算教育事业费和

地区	合计	个人部分	工资福利支出	对个人和家庭的补助支出	#助学金
合计	**468393234**	**263066713**	**184629703**	**78437010**	**53639704**
北京	60163014	35448770	20231216	15217554	12182698
天津	13011064	5420940	3760737	1660203	1060608
河北	14440432	8754287	6459373	2294914	1311897
山西	7175881	4224298	3029068	1195230	940773
内蒙古	6047831	3420546	2501101	919445	846714
辽宁	14816660	8297907	6190118	2107788	1494084
吉林	12421049	6565804	4172112	2393691	1039932
黑龙江	12010622	7793320	5693643	2099677	1108984
上海	34586522	16141277	12855268	3286008	2951495
江苏	30920994	18163671	13035724	5127948	3259327
浙江	18608859	10339748	8046814	2292934	1655594
安徽	12401132	7211569	5029288	2182281	1602059
福建	11083217	5603702	4232468	1371234	874901
江西	10831282	6992297	5519411	1472886	1198527
山东	22002373	15721246	12006616	3714630	2006124
河南	17157223	8939568	6519081	2420487	2122955
湖北	24100623	14047939	9626351	4421588	2690896
湖南	14293597	9166170	6675606	2490564	1819109
广东	38487555	19090473	13208922	5881551	2077157
广西	8351636	3429278	1772071	1657207	1423356
海南	2518744	1032070	762606	269465	253524
重庆	10174626	5936058	3956515	1979542	1400430
四川	19104912	11975340	8852933	3122407	2039356
贵州	8497531	4818177	3110243	1707934	1146996
云南	7535390	4839909	3739625	1100284	983497
西藏	1343963	824037	574021	250016	218174
陕西	19803431	10575554	7244264	3331291	2085430
甘肃	8085604	3675389	2183207	1492183	1043777
青海	1467312	725095	627351	97743	65258
宁夏	2033388	1006453	781884	224569	185669
新疆	4916767	2885820	2232068	653752	550402
大连	376488	213822	168906	44915	21264
宁波	1273693	532767	330024	202742	113216
厦门	988799	419273	389611	29662	22590
青岛	646365	157808	98620	59188	51555
深圳	11177684	2341631	1900391	441240	167115

基本建设支出明细(普通高等本科学校)

单位：千元

公用部分	商品和服务支出	其他资本性支出	专项公用支出	专项项目支出	基本建设支出
184819397	**111433364**	**73386033**	**51447181**	**21938852**	**20507124**
22329632	14448337	7881295	6195584	1685711	2384613
7462583	3468523	3994059	1657047	2337013	127541
5275848	3100011	2175837	1330693	845144	410297
2821821	1684308	1137514	717639	419875	129762
2592588	1075961	1516628	898119	618509	34696
6010030	4041959	1968071	1370177	597894	508723
5619963	3613427	2006536	1540599	465938	235282
4047788	2539660	1508128	903478	604650	169514
15161294	10813172	4348122	3981600	366522	3283952
12208245	7950602	4257642	3467420	790223	549078
7516974	3894703	3622271	2176973	1445299	752137
4938397	2463053	2475345	1692139	783206	251165
5296309	3046148	2250161	1694646	555515	183207
3586935	2014248	1572687	835142	737545	252050
5829623	3526028	2303595	1893220	410376	451504
7840658	5299262	2541396	2096284	445112	376997
9253134	5513400	3739733	2293408	1446325	799551
4852499	2963954	1888545	1218945	669601	274928
13843819	7602756	6241063	4588155	1652908	5553262
4550862	2185795	2365067	1499871	865196	371495
1295187	688192	606996	400833	206162	191486
4104539	2866324	1238216	1126912	111304	134029
6521482	3765216	2756266	2106220	650045	608090
3315110	2151649	1163461	631421	532040	364244
2507562	1189497	1318066	607414	710652	187918
378751	215605	163146	127928	35218	141175
8297229	5311942	2985286	2179882	805404	930649
4056787	2374737	1682049	1052031	630019	353428
737802	165784	572018	378135	193883	4416
951935	508928	443007	294430	148578	75000
1614012	950186	663826	490838	172988	416935
123943	60473	63471	54167	9303	38723
704396	408949	295447	150219	145228	36530
528320	451179	77141	77141		41207
488557	210852	277705	41502	236203	
3541486	2224258	1317228	1302132	15095	5294568

6-8 一般公共预算教育事业费和

地区	合计	个人部分	工资福利支出	对个人和家庭的补助支出	#助学金
合计	304986280	169680033	128244097	41435936	29819462
北京	15079487	7930571	6702231	1228340	832700
天津	7672562	2933813	2273746	660067	555415
河北	13304341	8099789	5977890	2121899	1257901
山西	7175881	4224298	3029068	1195230	940773
内蒙古	6047831	3420546	2501101	919445	846714
辽宁	9679599	5446663	4365873	1080791	1024734
吉林	7687400	3801107	2327833	1473272	631244
黑龙江	8017879	5423687	4255269	1168419	682129
上海	17099822	7480468	6130361	1350107	1188058
江苏	18534853	10909879	8701139	2208740	1681728
浙江	13987601	7651363	6052302	1599061	1106328
安徽	9450128	5330613	3999554	1331060	1151313
福建	8032331	4019319	3201141	818178	591909
江西	10831282	6992297	5519411	1472886	1198527
山东	16951657	12846943	10233097	2613846	1502178
河南	16860199	8857717	6446724	2410994	2121723
湖北	9797561	6039179	4691620	1347559	1022649
湖南	10242763	6784019	5266928	1517091	1105626
广东	30679965	14645003	10457579	4187423	1433634
广西	8351636	3429278	1772071	1657207	1423356
海南	2518744	1032070	762606	269465	253524
重庆	6153849	3594077	2592311	1001766	929054
四川	10878710	7214691	5692592	1522099	1352218
贵州	8497531	4818177	3110243	1707934	1146996
云南	7535390	4839909	3739625	1100284	983497
西藏	1343963	824037	574021	250016	218174
陕西	10308681	5190304	3759923	1430381	1211576
甘肃	5563380	2169485	1208793	960692	749178
青海	1467312	725095	627351	97743	65258
宁夏	1399532	651387	492213	159174	138122
新疆	3834411	2354247	1779482	574764	473225
大连	376488	213822	168906	44915	21264
宁波	1173269	532767	330024	202742	113216
厦门	988799	419273	389611	29662	22590
青岛	646365	157808	98620	59188	51555
深圳	11177684	2341631	1900391	441240	167115

基本建设支出明细(地方普通高等本科学校)

单位：千元

公用部分	商品和服务支出	其他资本性支出		基本建设支出
			专项公用支出	专项项目支出	
120832103	**70426055**	**50406048**	**33192289**	**17213759**	**14474144**
6598356	4599788	1998567	1537986	460581	550560
4676827	2168505	2508322	1175055	1333267	61922
4806476	2858347	1948129	1156168	791961	398075
2821821	1684308	1137514	717639	419875	129762
2592588	1075961	1516628	898119	618509	34696
3947762	2675371	1272391	800629	471762	285174
3734162	2096873	1637289	1172563	464726	152131
2494528	1513588	980939	526851	454089	99664
7041286	5145438	1895848	1833173	62675	2578067
7564890	4995690	2569200	1866045	703154	60085
5615764	2801219	2814545	1519327	1295218	720474
3882726	1899134	1983592	1200386	783206	236788
3971806	2322026	1649780	1230830	418950	41207
3586935	2014248	1572687	835142	737545	252050
3857405	2181273	1676133	1376134	299998	247309
7742050	5211201	2530849	2085737	445112	260432
3657268	1921358	1735910	978997	756914	101114
3364103	1913565	1450539	789948	660590	94641
10696181	5728187	4967994	3349599	1618395	5338782
4550862	2185795	2365067	1499871	865196	371495
1295187	688192	606996	400833	206162	191486
2511133	1711931	799201	688374	110827	48639
3372858	1729460	1643398	1214144	429254	291160
3315110	2151649	1163461	631421	532040	364244
2507562	1189497	1318066	607414	710652	187918
378751	215605	163146	127928	35218	141175
4484973	2723513	1761460	1198152	563308	633404
3150047	1776504	1373543	826538	547005	243848
737802	165784	572018	378135	193883	4416
673146	375576	297569	237575	59994	75000
1201738	706468	495270	331576	163694	278426
123943	60473	63471	54167	9303	30723
603972	408525	195447	150219	45228	36530
528320	451179	77141	77141		41207
488557	210852	277705	41502	236203	
3541486	2224258	1317228	1302132	15095	5294568

6-9 一般公共预算教育事业费和

地区	合计	个人部分	工资福利支出	对个人和家庭的补助支出	#助学金
合计	**122685672**	**66782610**	**52756869**	**14025741**	**10316328**
北京	3273993	1694345	1536890	157455	96091
天津	2310219	1310944	1126446	184498	136787
河北	4938588	2812097	2284583	527514	379600
山西	2739509	1643563	1309077	334487	269867
内蒙古	3221256	1798769	1434524	364245	337584
辽宁	2740550	1430408	1227896	202512	186644
吉林	1709604	889896	551739	338157	116816
黑龙江	2227578	1555816	1187832	367984	198963
上海	2144979	442714	402367	40348	33272
江苏	10332399	5690780	4922389	768391	561866
浙江	4715759	2771153	2375084	396070	341558
安徽	6100766	2509275	2004618	504656	439021
福建	3094736	1287015	1066178	220837	165899
江西	4534682	2814620	2301807	512813	375866
山东	8254940	5895179	4632427	1262753	842730
河南	8034862	4029883	3372324	657560	548494
湖北	5749677	3333477	2357655	975822	710850
湖南	6444416	3952856	3207541	745316	518351
广东	10099741	6079348	4735130	1344217	622212
广西	3467735	1162160	729807	432353	380472
海南	650257	273319	179149	94170	83586
重庆	2861661	1625540	1181872	443668	417460
四川	5258449	3007343	2346445	660898	554101
贵州	3488608	2112809	1397251	715557	538301
云南	2337862	1511784	1187042	324742	302251
西藏	390975	176224	145523	30701	25043
陕西	3707694	1808705	1355191	453514	401018
甘肃	3330221	1009855	559764	450091	300337
青海	1066561	263560	234499	29061	24091
宁夏	694100	402229	289916	112313	110760
新疆	2763292	1486942	1113905	373038	296436
大连	133763	81887	71799	10088	8235
宁波	617664	288755	247690	41065	38120
厦门	147638	76837	70779	6058	5321
青岛	183115	122707	92924	29784	19782
深圳	1356494	1019806	917945	101861	47272

基本建设支出明细(普通高职高专学校)

单位：千元

公用部分	商品和服务支出	其他资本性支出			基本建设支出
			专项公用支出	专项项目支出	
53299661	**25754784**	**27544877**	**15979521**	**11565356**	**2603401**
1359575	916692	442883	403913	38970	220073
992274	590529	401746	324481	77265	7000
2125578	956673	1168905	622082	546824	913
1083259	714303	368955	166421	202534	12687
1383377	549749	833628	436505	397123	39111
1276419	719809	556609	414996	141613	33724
811474	407288	404186	222792	181395	8235
612383	411893	200489	157439	43050	59380
1680831	1493568	187262	182747	4515	21435
4633622	2618273	2015349	1084821	930528	7996
1796888	1063626	733262	494049	239213	147718
3214335	1170816	2043519	1078902	964616	377157
1758535	700531	1058004	563027	494978	49186
1608708	963906	644802	365518	279284	111353
2331401	1231804	1099597	466323	633274	28360
3921211	1819207	2102005	1524983	577021	83768
2416201	871614	1544586	489372	1055215	
2450027	989011	1461016	792998	668018	41533
3607961	1582252	2025709	960417	1065292	412432
2192362	773516	1418846	976157	442689	113213
374736	234004	140732	108279	32453	2202
1236121	737411	498710	308841	189868	
2041988	1084109	957878	638320	319559	209119
1341138	624938	716200	577846	138354	34660
814024	400390	413634	219916	193718	12055
90350	73393	16957	11565	5392	124401
1814610	936341	878270	518847	359423	84379
2301766	392055	1909711	970828	938882	18600
792961	128325	664637	647560	17077	10040
270271	152768	117503	88490	29012	21600
965278	445991	519288	161088	358200	311071
51876	35785	16091	13979	2113	
324721	155055	169666	75785	93882	4187
70801	58425	12376	4916	7460	
60408	28767	31640	11753	19887	
260347	191109	69238	69238		76341

6-10 一般公共预算教育事业费和

地区	合计	个人部分	工资福利支出	对个人和家庭的补助支出	#助学金
合计	**121858749**	**66341354**	**52411230**	**13930124**	**10235998**
北京	3072216	1651843	1499961	151882	90728
天津	2310219	1310944	1126446	184498	136787
河北	4938588	2812097	2284583	527514	379600
山西	2739509	1643563	1309077	334487	269867
内蒙古	3221256	1798769	1434524	364245	337584
辽宁	2740550	1430408	1227896	202512	186644
吉林	1709604	889896	551739	338157	116816
黑龙江	2176586	1516528	1164293	352234	194787
上海	2057293	392039	354883	37156	30100
江苏	10332399	5690780	4922389	768391	561866
浙江	4715759	2771153	2375084	396070	341558
安徽	6100766	2509275	2004618	504656	439021
福建	3094736	1287015	1066178	220837	165899
江西	4534682	2814620	2301807	512813	375866
山东	8254940	5895179	4632427	1262753	842730
河南	8034862	4029883	3372324	657560	548494
湖北	5714918	3306349	2352619	953730	690234
湖南	6409165	3928569	3183263	745306	518351
广东	9951311	5992782	4655266	1337516	615511
广西	3467735	1162160	729807	432353	380472
海南	650257	273319	179149	94170	83586
重庆	2851235	1615114	1181872	433242	407033
四川	5117185	2923786	2275129	648657	541860
贵州	3488608	2112809	1397251	715557	538301
云南	2337862	1511784	1187042	324742	302251
西藏	390975	176224	145523	30701	25043
陕西	3707694	1808705	1355191	453514	401018
甘肃	3330221	1009855	559764	450091	300337
青海	1066561	263560	234499	29061	24091
宁夏	694100	402229	289916	112313	110760
新疆	2646954	1410115	1056711	353405	278801
大连	133763	81887	71799	10088	8235
宁波	617664	288755	247690	41065	38120
厦门	147638	76837	70779	6058	5321
青岛	183115	122707	92924	29784	19782
深圳	1356494	1019806	917945	101861	47272

基本建设支出明细(地方普通高职高专学校)

单位：千元

公用部分	商品和服务支出	其他资本性支出	专项公用支出	专项项目支出	基本建设支出
53033945	**25524632**	**27509314**	**15957058**	**11552256**	**2483449**
1301015	859395	441620	402650	38970	119358
992274	590529	401746	324481	77265	7000
2125578	956673	1168905	622082	546824	913
1083259	714303	368955	166421	202534	12687
1383377	549749	833628	436505	397123	39111
1276419	719809	556609	414996	141613	33724
811474	407288	404186	222792	181395	8235
600679	411279	189399	157439	31960	59380
1643820	1463830	179990	175475	4515	21435
4633622	2618273	2015349	1084821	930528	7996
1796888	1063626	733262	494049	239213	147718
3214335	1170816	2043519	1078902	964616	377157
1758535	700531	1058004	563027	494978	49186
1608708	963906	644802	365518	279284	111353
2331401	1231804	1099597	466323	633274	28360
3921211	1819207	2102005	1524983	577021	83768
2408570	865849	1542720	488265	1054456	
2440417	979401	1461016	792998	668018	40179
3546906	1525665	2021241	955948	1065292	411623
2192362	773516	1418846	976157	442689	113213
374736	234004	140732	108279	32453	2202
1236121	737411	498710	308841	189868	
1984281	1028565	955715	636156	319559	209119
1341138	624938	716200	577846	138354	34660
814024	400390	413634	219916	193718	12055
90350	73393	16957	11565	5392	124401
1814610	936341	878270	518847	359423	84379
2301766	392055	1909711	970828	938882	18600
792961	128325	664637	647560	17077	10040
270271	152768	117503	88490	29012	21600
942839	430993	511846	154897	356949	294000
51876	35785	16091	13979	2113	
324721	155055	169666	75785	93882	4187
70801	58425	12376	4916	7460	
60408	28767	31640	11753	19887	
260347	191109	69238	69238		76341

6-11 一般公共预算教育事业费和

地 区	合 计	个人部分	工资福利支 出	对个人和家庭的补助支出	#助学金
合 计	**7656348**	**4999040**	**4382644**	**616397**	**169412**
北 京	875948	527568	490404	37163	
天 津	210668	182102	159471	22631	8169
河 北	383539	310750	284452	26298	7497
山 西	116389	97475	91681	5794	1768
内蒙古	86289	48297	45176	3120	2978
辽 宁	233092	180096	174731	5365	60
吉 林	370993	268777	157236	111540	21711
黑龙江	258706	215513	178766	36748	769
上 海	651447	352014	345888	6126	265
江 苏	74924	57811	54639	3172	1371
浙 江	741905	417934	396991	20943	6690
安 徽	232247	128209	116755	11455	7787
福 建	200891	145679	138067	7612	280
江 西	267869	208022	185264	22758	13182
山 东	126364	96178	82537	13641	667
河 南	113005	83373	81131	2242	
湖 北	101159	76843	62819	14025	6409
湖 南	191239	156283	140652	15631	3174
广 东	789310	557345	429558	127787	13030
广 西	500745	123609	93664	29945	21573
海 南	45807	25416	20606	4810	4789
重 庆	19850	12914	12441	473	3
四 川	243248	148321	137787	10534	1649
贵 州	78015	66138	47915	18223	11326
云 南	187096	137304	118526	18779	18440
西 藏					
陕 西	238411	117316	93467	23849	15790
甘 肃	74121	51341	43235	8106	35
青 海	22772	16209	16209		
宁 夏					
新 疆	220298	190204	182578	7626	
大 连	104651	83838	80610	3229	60
宁 波	159827	107167	103575	3592	2265
厦 门	2454	809	804	5	
青 岛	23490	18798	16324	2473	
深 圳	70662	51760	35584	16176	872

基本建设支出明细(成人高等学校)

单位：千元

公用部分	商品和服务支出	其他资本性支出	专项公用支出	专项项目支出	基本建设支出
2621261	**1609428**	**1011833**	**444980**	**566854**	**36046**
346289	304982	41308	35541	5767	2091
28566	20835	7731	7731		
72228	49946	22282	9795	12488	561
18914	17993	921	921		
37992	24162	13830	13830		
49958	29792	20166	19880	286	3038
101861	72876	28985	25146	3839	356
43193	30274	12919	5870	7049	
299433	234892	64541	39347	25195	
17114	14971	2143	2143		
323971	94452	229519	20839	208680	
104037	79291	24746	23711	1036	
55212	34686	20526	10247	10279	
59847	51322	8525	3388	5138	
30186	21471	8715	8505	210	
29632	23153	6479	4489	1990	
24316	21974	2342	1595	747	
34956	27575	7382	6591	791	
231965	164061	67904	44437	23467	
352136	74549	277587	71587	206000	25000
20391	12657	7734	4831	2903	
6936	6526	410	410		
89927	70655	19271	11045	8226	5000
11877	5723	6154	2690	3464	
49792	18417	31375	1154	30221	
121095	63360	57735	53145	4590	
22781	12826	9954	7668	2286	
6563	348	6215	6215		
30094	25661	4433	2229	2204	
20813	17030	3782	3496	286	
52660	31418	21243	7280	13963	
1645	1321	324	324		
4693	4127	565	565		
18902	16458	2444	2444		

6-12 一般公共预算教育事业费和

地区	合计	个人部分	工资福利支出	对个人和家庭的补助支出	#助学金
合计	**7418630**	**4881036**	**4284211**	**596825**	**169412**
北京	688057	453242	435588	17654	
天津	210668	182102	159471	22631	8169
河北	383539	310750	284452	26298	7497
山西	116389	97475	91681	5794	1768
内蒙古	86289	48297	45176	3120	2978
辽宁	233092	180096	174731	5365	60
吉林	370993	268777	157236	111540	21711
黑龙江	258706	215513	178766	36748	769
上海	651447	352014	345888	6126	265
江苏	74924	57811	54639	3172	1371
浙江	741905	417934	396991	20943	6690
安徽	232247	128209	116755	11455	7787
福建	200891	145679	138067	7612	280
江西	267869	208022	185264	22758	13182
山东	126364	96178	82537	13641	667
河南	113005	83373	81131	2242	
湖北	101159	76843	62819	14025	6409
湖南	191239	156283	140652	15631	3174
广东	789310	557345	429558	127787	13030
广西	500745	123609	93664	29945	21573
海南	45807	25416	20606	4810	4789
重庆	19850	12914	12441	473	3
四川	243248	148321	137787	10534	1649
贵州	78015	66138	47915	18223	11326
云南	187096	137304	118526	18779	18440
西藏					
陕西	238411	117316	93467	23849	15790
甘肃	74121	51341	43235	8106	35
青海	22772	16209	16209		
宁夏					
新疆	170471	146525	138961	7564	
大连	104651	83838	80610	3229	60
宁波	159827	107167	103575	3592	2265
厦门	2454	809	804	5	
青岛	23490	18798	16324	2473	
深圳	70662	51760	35584	16176	872

基本建设支出明细(地方成人高等学校)

单位：千元

公用部分					基本建设支出
	商品和服务支出	其他资本性支出			
			专项公用支出	专项项目支出	
2501548	**1489986**	**1011563**	**444709**	**566854**	**36046**
232724	191687	41037	35270	5767	2091
28566	20835	7731	7731		
72228	49946	22282	9795	12488	561
18914	17993	921	921		
37992	24162	13830	13830		
49958	29792	20166	19880	286	3038
101861	72876	28985	25146	3839	356
43193	30274	12919	5870	7049	
299433	234892	64541	39347	25195	
17114	14971	2143	2143		
323971	94452	229519	20839	208680	
104037	79291	24746	23711	1036	
55212	34686	20526	10247	10279	
59847	51322	8525	3388	5138	
30186	21471	8715	8505	210	
29632	23153	6479	4489	1990	
24316	21974	2342	1595	747	
34956	27575	7382	6591	791	
231965	164061	67904	44437	23467	
352136	74549	277587	71587	206000	25000
20391	12657	7734	4831	2903	
6936	6526	410	410		
89927	70655	19271	11045	8226	5000
11877	5723	6154	2690	3464	
49792	18417	31375	1154	30221	
121095	63360	57735	53145	4590	
22781	12826	9954	7668	2286	
6563	348	6215	6215		
23946	19513	4433	2229	2204	
20813	17030	3782	3496	286	
52660	31418	21243	7280	13963	
1645	1321	324	324		
4693	4127	565	565		
18902	16458	2444	2444		

6-13 一般公共预算教育事业费和

地 区	合 计	个人部分	工资福利支出	对个人和家庭的补助支出	#助学金
合 计	**173713635**	**106684597**	**90701510**	**15983087**	**8969900**
北 京	5006162	2949158	2801620	147538	59998
天 津	2104097	1573927	1411554	162373	54608
河 北	9446390	6275823	5672042	603781	295202
山 西	4344485	2837316	2564205	273110	167966
内蒙古	3308568	2016889	1718545	298345	259095
辽 宁	3694423	2362380	2096987	265393	111216
吉 林	3149526	2086313	1523790	562523	141358
黑龙江	2991172	2134805	1702925	431880	71073
上 海	2955308	1851872	1761518	90355	63337
江 苏	13250027	9010315	8339296	671019	222377
浙 江	11460402	7415738	7047291	368447	188351
安 徽	6522701	3281589	2510714	770875	565777
福 建	5348307	3306093	3026543	279550	121054
江 西	4338870	2156066	1674037	482028	356685
山 东	13408500	8604100	7714897	889203	274126
河 南	9910674	5204827	4607817	597010	485520
湖 北	5769543	3333613	2799434	534180	300244
湖 南	6708238	4150556	3313933	836623	588429
广 东	18164244	11643266	9303141	2340126	401527
广 西	5405043	2818055	2387257	430798	321665
海 南	1622657	789703	684146	105557	95325
重 庆	4152170	2432273	1867538	564735	532732
四 川	7507421	4671021	3748470	922551	666525
贵 州	3651864	2314516	1623164	691352	563283
云 南	6192668	4117386	3140451	976936	901525
西 藏	928816	449120	359075	90045	72929
陕 西	3346728	2084485	1709728	374757	267188
甘 肃	3022712	1703780	1231971	471809	223503
青 海	1115755	488687	352643	136044	112485
宁 夏	973335	405508	323916	81592	68447
新 疆	3912826	2215418	1682866	532551	416350
大 连	943705	474238	465420	8818	3403
宁 波	2101173	1417724	1374690	43034	22045
厦 门	865866	589222	519928	69294	12134
青 岛	2030101	1540679	1368480	172200	24776
深 圳	1859483	1041207	799283	241924	60760

基本建设支出明细(中等职业学校)

单位：千元

公用部分					基本建设支出
	商品和服务支出	其他资本性支出			
			专项公用支出	专项项目支出	
62201100	**32979825**	**29221274**	**12927572**	**16293702**	**4827938**
1985521	1189077	796444	622006	174437	71484
529697	410071	119627	90398	29229	473
3077775	1490370	1587405	433750	1153654	92793
1448248	888357	559891	271032	288859	58922
1131398	633561	497836	298331	199506	160281
1157976	833201	324775	157997	166778	174067
1037605	516765	520840	283466	237374	25609
844542	539131	305411	133848	171563	11825
1103435	877409	226027	104408	121619	
4204264	2138973	2065292	818823	1246469	35448
3462602	2031297	1431306	637519	793787	582062
2569045	1091565	1477481	575726	901755	672066
1999294	905925	1093369	443566	649803	42921
2094492	619865	1474627	409285	1065342	88312
4729534	2413225	2316309	777113	1539196	74866
4270486	2214884	2055601	965431	1090170	435362
2435428	925821	1509607	509905	999702	502
2449184	1548998	900187	411047	489140	108498
5782361	3668432	2113929	1352086	761843	738616
2281112	952738	1328373	876455	451918	305877
768720	369445	399275	279651	119624	64234
1641686	1057093	584594	207984	376610	78211
2728180	1566729	1161451	495947	665503	108220
1264219	638921	625297	247335	377962	73129
2003268	985001	1018267	338101	680165	72014
316048	114542	201507	23937	177569	163648
1186953	749229	437724	164597	273127	75291
1258377	481317	777060	313388	463672	60555
573848	166008	407840	221400	186439	53220
547828	194906	352922	181429	171493	20000
1317974	766971	551003	281611	269392	379434
366681	252603	114077	28868	85209	102786
647630	405252	242378	148979	93399	35819
276094	211932	64163	61622	2540	550
489421	310631	178790	66480	112310	
712736	624613	88123	81144	6979	105540

6-14 一般公共预算教育事业费和

地区	合计	个人部分	工资福利支出	对个人和家庭的补助支出	#助学金
合计	**173135397**	**106350989**	**90458182**	**15892807**	**8919452**
北京	4920076	2900764	2757810	142954	58589
天津	2104097	1573927	1411554	162373	54608
河北	9441282	6270714	5666933	603781	295202
山西	4344485	2837316	2564205	273110	167966
内蒙古	3308568	2016889	1718545	298345	259095
辽宁	3694423	2362380	2096987	265393	111216
吉林	3149526	2086313	1523790	562523	141358
黑龙江	2937819	2091430	1671981	419448	70494
上海	2953078	1849642	1759288	90355	63337
江苏	13244371	9004831	8334768	670063	221421
浙江	11460402	7415738	7047291	368447	188351
安徽	6522068	3281006	2510281	770724	565626
福建	5348307	3306093	3026543	279550	121054
江西	4338485	2156019	1674037	481981	356638
山东	13408500	8604100	7714897	889203	274126
河南	9908977	5203596	4606586	597010	485520
湖北	5751259	3321955	2793674	528281	297176
湖南	6708238	4150556	3313933	836623	588429
广东	18130230	11618322	9283920	2334402	400685
广西	5405043	2818055	2387257	430798	321665
海南	1622657	789703	684146	105557	95325
重庆	4151869	2432037	1867318	564720	532716
四川	7500081	4669948	3748470	921478	665452
贵州	3651864	2314516	1623164	691352	563283
云南	6192668	4117386	3140451	976936	901525
西藏	928816	449120	359075	90045	72929
陕西	3345338	2083094	1709728	373367	265798
甘肃	3022712	1703780	1231971	471809	223503
青海	1115755	488687	352643	136044	112485
宁夏	973335	405508	323916	81592	68447
新疆	3551065	2027565	1553022	474543	375433
大连	943705	474238	465420	8818	3403
宁波	2101173	1417724	1374690	43034	22045
厦门	865866	589222	519928	69294	12134
青岛	2030101	1540679	1368480	172200	24776
深圳	1859483	1041207	799283	241924	60760

基本建设支出明细(地方中等职业学校)

单位：千元

公用部分	商品和服务支出	其他资本性支出			基本建设支出
			专项公用支出	专项项目支出	
62002685	**32835577**	**29167107**	**12893369**	**16273738**	**4781724**
1947829	1152131	795697	621260	174437	71484
529697	410071	119627	90398	29229	473
3077775	1490370	1587405	433750	1153654	92793
1448248	888357	559891	271032	288859	58922
1131398	633561	497836	298331	199506	160281
1157976	833201	324775	157997	166778	174067
1037605	516765	520840	283466	237374	25609
834565	530616	303949	132706	171243	11825
1103435	877409	226027	104408	121619	
4204093	2138801	2065292	818823	1246469	35448
3462602	2031297	1431306	637519	793787	582062
2568996	1091516	1477481	575726	901755	672066
1999294	905925	1093369	443566	649803	42921
2094155	619528	1474627	409285	1065342	88312
4729534	2413225	2316309	777113	1539196	74866
4270020	2214418	2055601	965431	1090170	435362
2428803	919285	1509518	509815	999702	502
2449184	1548998	900187	411047	489140	108498
5773291	3659635	2113656	1351813	761843	738616
2281112	952738	1328373	876455	451918	305877
768720	369445	399275	279651	119624	64234
1641621	1057028	584594	207984	376610	78211
2721912	1560461	1161451	495947	665503	108220
1264219	638921	625297	247335	377962	73129
2003268	985001	1018267	338101	680165	72014
316048	114542	201507	23937	177569	163648
1186953	749229	437724	164597	273127	75291
1258377	481317	777060	313388	463672	60555
573848	166008	407840	221400	186439	53220
547828	194906	352922	181429	171493	20000
1190280	690874	499406	249659	249748	333219
366681	252603	114077	28868	85209	102786
647630	405252	242378	148979	93399	35819
276094	211932	64163	61622	2540	550
489421	310631	178790	66480	112310	
712736	624613	88123	81144	6979	105540

6-15 一般公共预算教育事业费和

地 区	合 计				
		个人部分			
			工资福利支 出	对个人和家庭的补助支出	
					#助学金
合 计	**81681210**	**48969668**	**40942442**	**8027226**	**4648682**
北 京	1798224	1048139	964503	83637	29205
天 津	1301894	948007	870742	77264	32648
河 北	2649558	1782822	1535879	246943	121928
山 西	1635175	1080305	959902	120403	73269
内蒙古	1357072	719516	581228	138288	127653
辽 宁	1987652	1219468	1065948	153520	41335
吉 林	1115466	730259	498379	231880	63166
黑龙江	877041	637305	506376	130929	42215
上 海	1891474	1238382	1180408	57974	44313
江 苏	9286125	6477908	5988678	489230	145908
浙 江	1891880	1156538	1103141	53397	31496
安 徽	5141507	2491573	1905984	585588	435795
福 建	4122424	2489194	2298507	190688	100964
江 西	2453397	1344451	1014069	330381	248713
山 东	5834122	3878139	3442275	435864	166028
河 南	4167409	2035101	1703653	331448	273104
湖 北	3727219	2040121	1705050	335071	194617
湖 南	1306197	742748	546685	196062	151009
广 东	8689958	5528518	4423934	1104584	224811
广 西	3954910	2069688	1748932	320755	237940
海 南	906969	449505	391581	57924	53487
重 庆	508679	266108	212168	53940	48431
四 川	2587004	1566299	1226142	340157	232682
贵 州	1547429	1011613	658955	352659	285033
云 南	2707666	1726371	1182344	544026	503819
西 藏	928816	449120	359075	90045	72929
陕 西	606047	375966	299541	76425	54292
甘 肃	2354783	1195510	859664	335846	151772
青 海	1113350	486405	351519	134886	111327
宁 夏	396536	203919	159853	44067	41234
新 疆	2835226	1580671	1197327	383344	307559
大 连	494152	199236	194677	4559	1760
宁 波	519598	308138	303606	4532	2104
厦 门	761351	518937	482441	36495	9868
青 岛	206670	153128	130258	22871	1379
深 圳	400624	266579	223242	43337	7864

基本建设支出明细(中等专业学校)

单位：千元

公用部分					基本建设支出
	商品和服务支出	其他资本性支出			
			专项公用支出	专项项目支出	
29411951	**15628741**	**13783210**	**6642133**	**7141077**	**3299591**
698095	488647	209448	179764	29684	51989
353597	251973	101624	72738	28887	290
801517	562725	238792	114110	124683	65218
534500	380564	153936	97664	56272	20371
519897	291754	228143	151043	77100	117658
626306	410411	215895	107925	107971	141877
374972	230550	144422	108246	36176	10235
232031	157666	74365	41770	32595	7705
653092	505105	147988	61058	86929	
2776157	1513259	1262898	585083	677815	32060
558905	339152	219753	158842	60912	176438
1977868	832699	1145169	429268	715902	672066
1598040	692857	905183	340355	564828	35189
1045044	382079	662965	257111	405854	63902
1921793	1037193	884600	313914	570686	34190
1750722	1034619	716104	422485	293619	381585
1687098	651104	1035994	364630	671364	
525016	336060	188956	94017	94939	38434
2703354	1669221	1034132	626599	407533	458087
1669085	682828	986257	652706	333551	216137
431658	224408	207250	137307	69943	25806
219680	142547	77133	20719	56414	22892
990967	624254	366713	171256	195457	29738
493598	267580	226017	148767	77251	42218
909636	440969	468667	166752	301915	71659
316048	114542	201507	23937	177569	163648
228193	129360	98834	38160	60674	1887
1101983	411612	690371	257496	432875	57290
573725	165886	407840	221400	186439	53220
172617	83345	89272	44249	45023	20000
966754	573774	392980	232760	160220	287801
208398	97316	111082	25873	85209	86518
191994	88939	103054	76122	26932	19467
241864	185704	56161	53621	2540	550
53542	34705	18837	5043	13793	
115954	110181	5773	4384	1390	18091

6-16 一般公共预算教育事业费和

地区	合计	个人部分	工资福利支出	对个人和家庭的补助支出	#助学金
合计	**81188008**	**48708952**	**40738511**	**7970441**	**4619875**
北京	1712138	999746	920693	79053	27796
天津	1301894	948007	870742	77264	32648
河北	2644450	1777714	1530771	246943	121928
山西	1635175	1080305	959902	120403	73269
内蒙古	1357072	719516	581228	138288	127653
辽宁	1987652	1219468	1065948	153520	41335
吉林	1115466	730259	498379	231880	63166
黑龙江	877041	637305	506376	130929	42215
上海	1889244	1236152	1178178	57974	44313
江苏	9286125	6477908	5988678	489230	145908
浙江	1891880	1156538	1103141	53397	31496
安徽	5141507	2491573	1905984	585588	435795
福建	4122424	2489194	2298507	190688	100964
江西	2453012	1344404	1014069	330334	248666
山东	5834122	3878139	3442275	435864	166028
河南	4167409	2035101	1703653	331448	273104
湖北	3708935	2028463	1699290	329172	191548
湖南	1306197	742748	546685	196062	151009
广东	8655945	5503574	4404713	1098861	223969
广西	3954910	2069688	1748932	320755	237940
海南	906969	449505	391581	57924	53487
重庆	508679	266108	212168	53940	48431
四川	2579663	1565226	1226142	339084	231609
贵州	1547429	1011613	658955	352659	285033
云南	2707666	1726371	1182344	544026	503819
西藏	928816	449120	359075	90045	72929
陕西	606047	375966	299541	76425	54292
甘肃	2354783	1195510	859664	335846	151772
青海	1113350	486405	351519	134886	111327
宁夏	396536	203919	159853	44067	41234
新疆	2495471	1413409	1069525	343885	285192
大连	494152	199236	194677	4559	1760
宁波	519598	308138	303606	4532	2104
厦门	761351	518937	482441	36495	9868
青岛	206670	153128	130258	22871	1379
深圳	400624	266579	223242	43337	7864

基本建设支出明细(地方中等专业学校)

单位：千元

公用部分					基本建设支出
	商品和服务支出	其他资本性支出			
			专项公用支出	专项项目支出	
29225680	**15495123**	**13730556**	**6609123**	**7121433**	**3253377**
660403	451701	208702	179018	29684	51989
353597	251973	101624	72738	28887	290
801517	562725	238792	114110	124683	65218
534500	380564	153936	97664	56272	20371
519897	291754	228143	151043	77100	117658
626306	410411	215895	107925	107971	141877
374972	230550	144422	108246	36176	10235
232031	157666	74365	41770	32595	7705
653092	505105	147988	61058	86929	
2776157	1513259	1262898	585083	677815	32060
558905	339152	219753	158842	60912	176438
1977868	832699	1145169	429268	715902	672066
1598040	692857	905183	340355	564828	35189
1044707	381741	662965	257111	405854	63902
1921793	1037193	884600	313914	570686	34190
1750722	1034619	716104	422485	293619	381585
1680473	644568	1035904	364540	671364	
525016	336060	188956	94017	94939	38434
2694284	1660424	1033860	626327	407533	458087
1669085	682828	986257	652706	333551	216137
431658	224408	207250	137307	69943	25806
219680	142547	77133	20719	56414	22892
984699	617986	366713	171256	195457	29738
493598	267580	226017	148767	77251	42218
909636	440969	468667	166752	301915	71659
316048	114542	201507	23937	177569	163648
228193	129360	98834	38160	60674	1887
1101983	411612	690371	257496	432875	57290
573725	165886	407840	221400	186439	53220
172617	83345	89272	44249	45023	20000
840476	499041	341435	200859	140576	241586
208398	97316	111082	25873	85209	86518
191994	88939	103054	76122	26932	19467
241864	185704	56161	53621	2540	550
53542	34705	18837	5043	13793	
115954	110181	5773	4384	1390	18091

6-17 一般公共预算教育事业费和

地区	合计	个人部分	工资福利支出	对个人和家庭的补助支出	#助学金
合计	**62335235**	**40157118**	**34636134**	**5520984**	**3335069**
北京	1596438	1142759	1131851	10909	7486
天津	473446	398731	340544	58186	10779
河北	5142960	3211862	2963854	248008	145727
山西	2067724	1276025	1165505	110519	80079
内蒙古	1667942	1046663	897359	149304	129780
辽宁	1331814	931991	847381	84609	59612
吉林	1209730	699189	567472	131717	24572
黑龙江	1406783	950015	737087	212928	25584
上海	820094	494924	463649	31275	19023
江苏	2355435	1707356	1594649	112707	46997
浙江	8242006	5449696	5172565	277131	139898
安徽	1095052	631624	490536	141088	113212
福建	567031	362554	331015	31538	6344
江西	1253088	491562	366130	125431	100482
山东	4180864	3029089	2755768	273321	66269
河南	3489518	1980003	1789714	190288	170447
湖北	1704825	1092822	910782	182040	96044
湖南	4635621	2897664	2327955	569709	398005
广东	3883622	2730795	2151371	579424	65655
广西	64433	46905	40549	6357	2018
海南	487770	230837	192761	38076	32771
重庆	2640035	1713840	1277868	435973	415116
四川	4177681	2645212	2133896	511316	386788
贵州	1923218	1241378	954940	286438	226619
云南	2174022	1541587	1246855	294732	272342
西藏					
陕西	1849156	1167365	987444	179921	124236
甘肃	580118	427502	315097	112406	67226
青海	2405	2283	1125	1158	1158
宁夏	576799	201588	164063	37525	27213
新疆	735604	413298	316349	96949	73556
大连	342156	239161	236852	2308	44
宁波	1261211	892963	863080	29883	18862
厦门					
青岛	1532653	1268175	1129101	139074	20197
深圳	994019	491159	390420	100739	28304

基本建设支出明细(职业高中)

单位：千元

公用部分	商品和服务支出	其他资本性支出			基本建设支出
			专项公用支出	专项项目支出	
21240463	**11011337**	**10229127**	**3898252**	**6330875**	**937654**
434184	297563	136621	61500	75121	19495
74716	65263	9453	9453		
1903524	686103	1217420	261151	956270	27574
753441	394055	359386	137924	221462	38258
578656	312940	265717	143969	121748	42622
396370	292322	104048	47207	56841	3453
495567	183227	312339	134570	177770	14974
456268	265422	190845	77656	113189	500
325171	250174	74997	40307	34689	
644691	301292	343399	127370	216029	3388
2476859	1405091	1071769	406438	665331	315450
463427	198960	264467	112168	152299	
200977	77967	123010	51919	71092	3500
737117	139507	597610	117985	479625	24410
1147775	659882	487894	185718	302175	4000
1509515	625771	883745	311356	572388	
611752	222265	389487	136470	253018	251
1667893	1015899	651993	279240	372753	70065
1065379	827485	237893	182247	55646	87449
17528	10227	7301	5179	2121	
256616	106057	150559	119062	31498	317
872147	657951	214196	113564	100633	54048
1473988	776165	697823	289420	408403	58482
650928	263717	387212	86500	300712	30911
632081	318734	313347	122082	191265	354
616601	337992	278609	108693	169915	65190
149351	63729	85622	55483	30139	3265
123	123				
375211	111561	263650	137181	126470	
252608	143895	108714	36441	72273	69698
102995	100093	2902	2902		
364002	239901	124100	63875	60225	4247
264478	212708	51770	34373	17396	
415412	359503	55909	55876	33	87449

6-18 一般公共预算教育事业费和

地区	合计	个人部分	工资福利支出	对个人和家庭的补助支出	#助学金
合计	**62321420**	**40147259**	**34629372**	**5517886**	**3335040**
北京	1596438	1142759	1131851	10909	7486
天津	473446	398731	340544	58186	10779
河北	5142960	3211862	2963854	248008	145727
山西	2067724	1276025	1165505	110519	80079
内蒙古	1667942	1046663	897359	149304	129780
辽宁	1331814	931991	847381	84609	59612
吉林	1209730	699189	567472	131717	24572
黑龙江	1392968	940156	730325	209831	25555
上海	820094	494924	463649	31275	19023
江苏	2355435	1707356	1594649	112707	46997
浙江	8242006	5449696	5172565	277131	139898
安徽	1095052	631624	490536	141088	113212
福建	567031	362554	331015	31538	6344
江西	1253088	491562	366130	125431	100482
山东	4180864	3029089	2755768	273321	66269
河南	3489518	1980003	1789714	190288	170447
湖北	1704825	1092822	910782	182040	96044
湖南	4635621	2897664	2327955	569709	398005
广东	3883622	2730795	2151371	579424	65655
广西	64433	46905	40549	6357	2018
海南	487770	230837	192761	38076	32771
重庆	2640035	1713840	1277868	435973	415116
四川	4177681	2645212	2133896	511316	386788
贵州	1923218	1241378	954940	286438	226619
云南	2174022	1541587	1246855	294732	272342
西藏					
陕西	1849156	1167365	987444	179921	124236
甘肃	580118	427502	315097	112406	67226
青海	2405	2283	1125	1158	1158
宁夏	576799	201588	164063	37525	27213
新疆	735604	413298	316349	96949	73556
大连	342156	239161	236852	2308	44
宁波	1261211	892963	863080	29883	18862
厦门					
青岛	1532653	1268175	1129101	139074	20197
深圳	994019	491159	390420	100739	28304

基本建设支出明细(地方职业高中)

单位：千元

公用部分					基本建设支出
	商品和服务支出	其他资本性支出			
			专项公用支出	专项项目支出	
21236508	**11008843**	**10227665**	**3897110**	**6330555**	**937654**
434184	297563	136621	61500	75121	19495
74716	65263	9453	9453		
1903524	686103	1217420	261151	956270	27574
753441	394055	359386	137924	221462	38258
578656	312940	265717	143969	121748	42622
396370	292322	104048	47207	56841	3453
495567	183227	312339	134570	177770	14974
452313	262929	189384	76514	112869	500
325171	250174	74997	40307	34689	
644691	301292	343399	127370	216029	3388
2476859	1405091	1071769	406438	665331	315450
463427	198960	264467	112168	152299	
200977	77967	123010	51919	71092	3500
737117	139507	597610	117985	479625	24410
1147775	659882	487894	185718	302175	4000
1509515	625771	883745	311356	572388	
611752	222265	389487	136470	253018	251
1667893	1015899	651993	279240	372753	70065
1065379	827485	237893	182247	55646	87449
17528	10227	7301	5179	2121	
256616	106057	150559	119062	31498	317
872147	657951	214196	113564	100633	54048
1473988	776165	697823	289420	408403	58482
650928	263717	387212	86500	300712	30911
632081	318734	313347	122082	191265	354
616601	337992	278609	108693	169915	65190
149351	63729	85622	55483	30139	3265
123	123				
375211	111561	263650	137181	126470	
252608	143895	108714	36441	72273	69698
102995	100093	2902	2902		
364002	239901	124100	63875	60225	4247
264478	212708	51770	34373	17396	
415412	359503	55909	55876	33	87449

6-19　一般公共预算教育事业费和

地区	合计	个人部分	工资福利支出	对个人和家庭的补助支出	#助学金
合计	**28703729**	**18112969**	**15567064**	**2545905**	**1839222**
北京	87945	64790	64733	57	37
天津	77597	60407	55711	4696	409
河北	2525495	1702397	1548665	153733	108476
山西	1207662	807969	733559	74410	54582
内蒙古	1158682	700460	601525	98935	85286
辽宁	418892	295722	278122	17600	12119
吉林	532664	284416	227681	56736	16035
黑龙江	586281	420797	330492	90304	15025
上海	39707	16702	13647	3055	2977
江苏	1211401	889369	818090	71279	35665
浙江	3314227	2109737	1951519	158218	73617
安徽	771608	449173	349942	99232	77987
福建	91283	57976	54146	3830	2031
江西	814629	292035	226684	65350	45955
山东	1243827	875250	829595	45655	17736
河南	2005209	1173109	1069183	103926	93964
湖北	573334	367391	312985	54406	45207
湖南	2512469	1501912	1205752	296161	242368
广东	439235	311632	275516	36117	11012
广西	63738	46905	40549	6357	2018
海南	168230	87539	70267	17273	15454
重庆	995690	636191	499305	136886	127021
四川	2337082	1500580	1196299	304281	247981
贵州	1329735	792154	616991	175163	142175
云南	1568134	1106067	927040	179028	163200
西藏					
陕西	1203870	727846	635938	91908	67260
甘肃	475438	350783	265928	84855	44763
青海	2405	2283	1125	1158	1158
宁夏	313010	127627	98456	29171	19726
新疆	634248	353750	267624	86126	67979
大连	87744	67649	66899	750	30
宁波	400768	302622	290494	12129	8216
厦门					
青岛	20151	16119	15110	1009	691
深圳					

基本建设支出明细(农村职业高中)

单位：千元

公用部分	商品和服务支出	其他资本性支出			基本建设支出
			专项公用支出	专项项目支出	
10148171	**4866835**	**5281336**	**1891101**	**3390235**	**442588**
23155	17534	5621	5621		
17190	15208	1982	1982		
801305	377585	423719	137202	286517	21793
363585	221194	142391	94455	47936	36108
419320	217054	202265	107174	95092	38902
121447	85247	36200	8230	27970	1723
234487	74894	159593	53024	106569	13761
164985	93967	71018	33968	37050	500
23005	16932	6074	6074		
322032	154990	167042	66979	100062	
1111940	536935	575005	152502	422503	92550
322435	140092	182343	92980	89363	
33307	13677	19631	10065	9566	
498184	87973	410212	74860	335352	24410
368577	192353	176224	82289	93935	
832101	334280	497821	129962	367859	
205943	71771	134172	60336	73836	
949562	546732	402830	164013	238817	60995
127603	89056	38547	27496	11051	
16833	9927	6906	5179	1726	
80373	37093	43281	25189	18091	317
359499	277594	81905	52355	29550	
815629	421004	394624	117913	276711	20873
524479	178802	345677	55399	290278	13103
461713	214751	246961	94522	152439	354
410834	207099	203735	86854	116881	65190
121390	51017	70373	44581	25792	3265
123	123				
185383	54576	130808	65793	65014	
231753	127375	104378	34105	70273	48744
20095	19171	925	925		
93899	61938	31961	12402	19559	4247
4032	4032				

6-20 一般公共预算教育事业费和

地区	合计	个人部分			
			工资福利支出	对个人和家庭的补助支出	
					#助学金
合计	**28689914**	**18103110**	**15560302**	**2542808**	**1839192**
北京	87945	64790	64733	57	37
天津	77597	60407	55711	4696	409
河北	2525495	1702397	1548665	153733	108476
山西	1207662	807969	733559	74410	54582
内蒙古	1158682	700460	601525	98935	85286
辽宁	418892	295722	278122	17600	12119
吉林	532664	284416	227681	56736	16035
黑龙江	572467	410937	323730	87207	14995
上海	39707	16702	13647	3055	2977
江苏	1211401	889369	818090	71279	35665
浙江	3314227	2109737	1951519	158218	73617
安徽	771608	449173	349942	99232	77987
福建	91283	57976	54146	3830	2031
江西	814629	292035	226684	65350	45955
山东	1243827	875250	829595	45655	17736
河南	2005209	1173109	1069183	103926	93964
湖北	573334	367391	312985	54406	45207
湖南	2512469	1501912	1205752	296161	242368
广东	439235	311632	275516	36117	11012
广西	63738	46905	40549	6357	2018
海南	168230	87539	70267	17273	15454
重庆	995690	636191	499305	136886	127021
四川	2337082	1500580	1196299	304281	247981
贵州	1329735	792154	616991	175163	142175
云南	1568134	1106067	927040	179028	163200
西藏					
陕西	1203870	727846	635938	91908	67260
甘肃	475438	350783	265928	84855	44763
青海	2405	2283	1125	1158	1158
宁夏	313010	127627	98456	29171	19726
新疆	634248	353750	267624	86126	67979
大连	87744	67649	66899	750	30
宁波	400768	302622	290494	12129	8216
厦门					
青岛	20151	16119	15110	1009	691
深圳					

基本建设支出明细(地方农村职业高中)

单位：千元

公用部分	商品和服务支出	其他资本性支出	专项公用支出	专项项目支出	基本建设支出
10144216	**4864342**	**5279874**	**1889960**	**3389915**	**442588**
23155	17534	5621	5621		
17190	15208	1982	1982		
801305	377585	423719	137202	286517	21793
363585	221194	142391	94455	47936	36108
419320	217054	202265	107174	95092	38902
121447	85247	36200	8230	27970	1723
234487	74894	159593	53024	106569	13761
161030	91474	69556	32826	36730	500
23005	16932	6074	6074		
322032	154990	167042	66979	100062	
1111940	536935	575005	152502	422503	92550
322435	140092	182343	92980	89363	
33307	13677	19631	10065	9566	
498184	87973	410212	74860	335352	24410
368577	192353	176224	82289	93935	
832101	334280	497821	129962	367859	
205943	71771	134172	60336	73836	
949562	546732	402830	164013	238817	60995
127603	89056	38547	27496	11051	
16833	9927	6906	5179	1726	
80373	37093	43281	25189	18091	317
359499	277594	81905	52355	29550	
815629	421004	394624	117913	276711	20873
524479	178802	345677	55399	290278	13103
461713	214751	246961	94522	152439	354
410834	207099	203735	86854	116881	65190
121390	51017	70373	44581	25792	3265
123	123				
185383	54576	130808	65793	65014	
231753	127375	104378	34105	70273	48744
20095	19171	925	925		
93899	61938	31961	12402	19559	4247
4032	4032				

6-21 一般公共预算教育事业费和

地 区	合 计	个人部分			
			工资福利支 出	对个人和家庭的补助支出	
					#助学金
合 计	**22599289**	**12331652**	**10416188**	**1915464**	**895783**
北 京	1544734	708134	656550	51584	23307
天 津	249328	191797	170182	21615	11182
河 北	699042	451529	391924	59605	26160
山 西	334435	215151	186828	28323	14507
内蒙古	59904	48192	45650	2542	1573
辽 宁	365412	206601	179650	26951	10084
吉 林	181271	132673	53962	78710	53522
黑龙江	465599	352576	308221	44354	3082
上 海	109201	85537	85446	91	
江 苏	1397648	677881	624257	53625	26397
浙 江	932089	531068	507081	23987	16407
安 徽	146318	70150	46990	23160	12486
福 建	635948	433137	376873	56264	13742
江 西	181773	94968	85606	9362	7323
山 东	3034058	1373370	1214779	158591	40075
河 南	1603649	737240	689904	47336	23248
湖 北	311267	182539	170757	11782	8923
湖 南	320447	217962	194431	23531	15832
广 东	5405872	3257849	2621982	635867	106018
广 西	1349465	672297	571295	101002	81657
海 南	226419	109231	99674	9556	9066
重 庆	614253	217068	147939	69129	68033
四 川	445329	253735	201242	52494	41001
贵 州	134852	50652		50652	50652
云 南	926567	541110	410391	130719	123508
西 藏					
陕 西	633258	336620	233152	103468	87548
甘 肃	36339	32980	21530	11450	3807
青 海					
宁 夏					
新 疆	254811	149605	119893	29712	16643
大 连	106117	35073	33134	1939	1599
宁 波	83327	42694	41702	992	780
厦 门	104515	70285	37487	32798	2266
青 岛	289554	118476	108293	10183	3127
深 圳	433128	266576	173002	93575	21155

基本建设支出明细(技工学校)

单位：千元

公用部分	商品和服务支出	其他资本性支出			基本建设支出
			专项公用支出	专项项目支出	
9685156	**5013428**	**4671728**	**2203411**	**2468317**	**582480**
836600	389278	447321	377689	69632	
57348	50181	7167	6918	250	183
247513	132102	115411	47302	68108	
118991	74410	44581	33830	10751	292
11712	10579	1133	1133		
130074	125283	4791	2825	1966	28737
48198	23371	24827	21147	3680	400
109404	85281	24123	11075	13047	3620
23664	21695	1969	1969		
719767	290408	429359	100149	329210	
310846	187963	122883	60138	62745	90175
76168	29225	46943	27505	19439	
198580	133451	65129	51245	13884	4231
86805	23041	63764	16662	47103	
1624012	693243	930769	268477	662291	36676
812632	419803	392829	214310	178519	53777
128477	46764	81713	7392	74321	251
102485	66844	35641	26438	9203	
1954942	1126599	828343	531602	296740	193081
587429	254148	333281	218058	115223	89739
79076	37630	41446	23262	18184	38112
395914	139187	256727	53056	203671	1271
171594	99585	72008	32518	39490	20000
84199	84199				
385458	177825	207633	43837	163796	
296638	251300	45338	13660	31679	
3359	3359				
83271	36672	46599	11213	35385	21936
54776	54690	87	87		16268
28527	23198	5330	3887	1443	12106
34230	26228	8002	8002		
171078	62921	108157	27037	81120	
166552	148526	18026	12649	5377	

6-22 一般公共预算教育事业费和

地 区	合 计	个人部分	工资福利支出	对个人和家庭的补助支出	#助学金
合 计	**22553359**	**12292087**	**10387988**	**1904099**	**892732**
北 京	1544734	708134	656550	51584	23307
天 津	249328	191797	170182	21615	11182
河 北	699042	451529	391924	59605	26160
山 西	334435	215151	186828	28323	14507
内蒙古	59904	48192	45650	2542	1573
辽 宁	365412	206601	179650	26951	10084
吉 林	181271	132673	53962	78710	53522
黑龙江	429025	321727	286236	35491	2532
上 海	109201	85537	85446	91	
江 苏	1392313	672606	619925	52681	25453
浙 江	932089	531068	507081	23987	16407
安 徽	145685	69566	46557	23009	12335
福 建	635948	433137	376873	56264	13742
江 西	181773	94968	85606	9362	7323
山 东	3034058	1373370	1214779	158591	40075
河 南	1601952	736009	688673	47336	23248
湖 北	311267	182539	170757	11782	8923
湖 南	320447	217962	194431	23531	15832
广 东	5405872	3257849	2621982	635867	106018
广 西	1349465	672297	571295	101002	81657
海 南	226419	109231	99674	9556	9066
重 庆	613953	216832	147719	69113	68017
四 川	445329	253735	201242	52494	41001
贵 州	134852	50652		50652	50652
云 南	926567	541110	410391	130719	123508
西 藏					
陕 西	631868	335230	233152	102077	86157
甘 肃	36339	32980	21530	11450	3807
青 海					
宁 夏					
新 疆	254811	149605	119893	29712	16643
大 连	106117	35073	33134	1939	1599
宁 波	83327	42694	41702	992	780
厦 门	104515	70285	37487	32798	2266
青 岛	289554	118476	108293	10183	3127
深 圳	433128	266576	173002	93575	21155

基本建设支出明细(地方技工学校)

单位：千元

公用部分	商品和服务支出	其他资本性支出			基本建设支出
			专项公用支出	专项项目支出	
9678792	**5007064**	**4671728**	**2203411**	**2468317**	**582480**
836600	389278	447321	377689	69632	
57348	50181	7167	6918	250	183
247513	132102	115411	47302	68108	
118991	74410	44581	33830	10751	292
11712	10579	1133	1133		
130074	125283	4791	2825	1966	28737
48198	23371	24827	21147	3680	400
103678	79556	24123	11075	13047	3620
23664	21695	1969	1969		
719707	290348	429359	100149	329210	
310846	187963	122883	60138	62745	90175
76119	29176	46943	27505	19439	
198580	133451	65129	51245	13884	4231
86805	23041	63764	16662	47103	
1624012	693243	930769	268477	662291	36676
812166	419337	392829	214310	178519	53777
128477	46764	81713	7392	74321	251
102485	66844	35641	26438	9203	
1954942	1126599	828343	531602	296740	193081
587429	254148	333281	218058	115223	89739
79076	37630	41446	23262	18184	38112
395849	139122	256727	53056	203671	1271
171594	99585	72008	32518	39490	20000
84199	84199				
385458	177825	207633	43837	163796	
296638	251300	45338	13660	31679	
3359	3359				
83271	36672	46599	11213	35385	21936
54776	54690	87	87		16268
28527	23198	5330	3887	1443	12106
34230	26228	8002	8002		
171078	62921	108157	27037	81120	
166552	148526	18026	12649	5377	

6-23　一般公共预算教育事业费和

地　区	合　计				
		个人部分			
			工资福利支出	对个人和家庭的补助支出	
					#助学金
合　计	**7097900**	**5226158**	**4706746**	**519412**	**90366**
北　京	66766	50124	48716	1408	
天　津	79429	35393	30085	5308	
河　北	954830	829609	780384	49225	1387
山　西	307151	265835	251970	13865	110
内蒙古	223651	202518	194308	8210	90
辽　宁	9546	4320	4008	312	154
吉　林	643059	524191	403976	120215	97
黑龙江	241749	194909	151241	43668	193
上　海	134538	33030	32015	1015	
江　苏	210819	147170	131713	15457	3075
浙　江	394427	278436	264503	13933	550
安　徽	139825	88243	67204	21039	4284
福　建	22905	21208	20147	1061	4
江　西	450611	225085	208232	16853	168
山　东	359455	323501	302075	21427	1754
河　南	650099	452483	424546	27937	18722
湖　北	26231	18131	12844	5286	661
湖　南	445972	292182	244861	47321	23584
广　东	184791	126104	105854	20250	5043
广　西	36234	29165	26481	2683	50
海　南	1500	130	130		
重　庆	389202	235257	229563	5694	1152
四　川	297407	205776	187191	18585	6053
贵　州	46365	10873	9270	1603	978
云　南	384412	308319	300860	7458	1856
西　藏					
陕　西	258267	204534	189591	14943	1112
甘　肃	51472	47788	35680	12108	698
青　海					
宁　夏					
新　疆	87184	71844	49297	22546	18592
大　连	1280	768	756	12	
宁　波	237036	173929	166302	7627	300
厦　门					
青　岛	1224	900	828	72	72
深　圳	31711	16893	12620	4273	3436

基本建设支出明细(成人中等专业学校)

单位：千元

公用部分	商品和服务支出	其他资本性支出			基本建设支出
			专项公用支出	专项项目支出	
1863529	**1326319**	**537210**	**183777**	**353433**	**8213**
16642	13589	3053	3053		
44036	42654	1382	1289	92	
125221	109440	15781	11188	4594	
41316	39328	1988	1614	374	
21132	18288	2844	2186	658	
5225	5185	41	41		
118868	79617	39251	19503	19748	
46840	30762	16078	3346	12732	
101508	100435	1073	1073		
63649	34014	29636	6220	23415	
115991	99091	16900	12102	4799	
51582	30681	20901	6785	14115	
1697	1650	47	47		
225526	75239	150287	17526	132761	
35954	22907	13047	9003	4043	
197616	134692	62924	17280	45644	
8101	5687	2413	1413	1000	
153790	130194	23596	11352	12245	
58687	45126	13561	11636	1924	
7070	5535	1534	511	1023	
1370	1350	20	20		
153945	117408	36537	20645	15892	
91632	66725	24906	2753	22154	
35493	23424	12068	12068		
76094	47473	28620	5430	23190	
45520	30577	14943	4084	10859	8213
3685	2617	1068	409	658	
15341	12630	2711	1197	1513	
512	505	7	7		
63107	53214	9893	5095	4799	
324	298	26	26		
14818	6403	8415	8235	180	

6-24 一般公共预算教育事业费和

地区	合计	个人部分	工资福利支出	对个人和家庭的补助支出	#助学金
合计	**7072610**	**5202691**	**4702311**	**500381**	**71805**
北京	66766	50124	48716	1408	
天津	79429	35393	30085	5308	
河北	954830	829609	780384	49225	1387
山西	307151	265835	251970	13865	110
内蒙古	223651	202518	194308	8210	90
辽宁	9546	4320	4008	312	154
吉林	643039	524191	403976	120215	97
黑龙江	238785	192243	149045	43198	193
上海	134538	33030	32015	1015	
江苏	210498	146961	131516	15445	3063
浙江	394427	278436	264503	13933	550
安徽	139825	88243	67204	21039	4284
福建	22905	21208	20147	1061	4
江西	450611	225085	208232	16853	168
山东	359455	323501	302075	21427	1754
河南	650099	452483	424546	27937	18722
湖北	26231	18131	12844	5286	661
湖南	445972	292182	244861	47321	23584
广东	184791	126104	105854	20250	5043
广西	36234	29165	26481	2683	50
海南	1500	130	130		
重庆	389202	235257	229563	5694	1152
四川	297407	205776	187191	18585	6053
贵州	46365	10873	9270	1603	978
云南	384412	308319	300860	7458	1856
西藏					
陕西	258267	204534	189591	14943	1112
甘肃	51472	47788	35680	12108	698
青海					
宁夏					
新疆	65178	51253	47256	3997	42
大连	1280	768	756	12	
宁波	237036	173929	166302	7627	300
厦门					
青岛	1224	900	828	72	72
深圳	31711	16893	12620	4273	3436

基本建设支出明细(地方成人中等专业学校)

单位：千元

公用部分	商品和服务支出	其他资本性支出	专项公用支出	专项项目支出	基本建设支出
1861705	**1324547**	**537158**	**183725**	**353433**	**8213**
16642	13589	3053	3053		
44036	42654	1382	1289	92	
125221	109440	15781	11188	4594	
41316	39328	1988	1614	374	
21132	18288	2844	2186	658	
5225	5185	41	41		
118868	79617	39251	19503	19748	
46543	30465	16078	3346	12732	
101508	100435	1073	1073		
63537	33902	29636	6220	23415	
115991	99091	16900	12102	4799	
51582	30681	20901	6785	14115	
1697	1650	47	47		
225526	75239	150287	17526	132761	
35954	22907	13047	9003	4043	
197616	134692	62924	17280	45644	
8101	5687	2413	1413	1000	
153790	130194	23596	11352	12245	
58687	45126	13561	11636	1924	
7070	5535	1534	511	1023	
1370	1350	20	20		
153945	117408	36537	20645	15892	
91632	66725	24906	2753	22154	
35493	23424	12068	12068		
76094	47473	28620	5430	23190	
45520	30577	14943	4084	10859	8213
3685	2617	1068	409	658	
13925	11267	2659	1145	1513	
512	505	7	7		
63107	53214	9893	5095	4799	
324	298	26	26		
14818	6403	8415	8235	180	

6-25 一般公共预算教育事业费和

地区	合计				
		个人部分			
			工资福利支出	对个人和家庭的补助支出	
					#助学金
合计	**938346054**	**683450623**	**605414495**	**78036129**	**40182578**
北京	25742505	15720911	15305855	415056	130653
天津	13310745	10208601	9604364	604237	82605
河北	40859815	30660567	27884158	2776409	1362803
山西	20510791	15497676	14176747	1320929	751159
内蒙古	16570698	11996132	10849603	1146529	888594
辽宁	19126364	15313985	14567773	746213	308932
吉林	14200225	10406441	8396950	1009491	374236
黑龙江	20096553	15377528	13029776	2347752	382781
上海	18006113	11837218	11424949	412269	305522
江苏	61487187	48631230	44963298	3667933	1197677
浙江	47106002	35419410	33263385	2156025	1008069
安徽	34637255	25148232	22081871	3066360	1459140
福建	28156149	21353544	20102211	1251334	563867
江西	33466228	19111318	16576098	2535220	1446672
山东	67928388	52795090	48464391	4330699	1476610
河南	53193048	34565046	30753831	3811215	3237855
湖北	36566589	27717034	24764231	2952803	1080692
湖南	39003326	28663913	24809136	3854777	2014772
广东	84017794	62509585	54031831	8477754	1507422
广西	30063542	20229048	16765146	3463902	2535451
海南	7858879	4482495	4166467	316028	230410
重庆	23017681	16131421	14485307	1646114	1310253
四川	47471043	35700914	30253238	5447676	3580513
贵州	32293801	23937942	19436697	4501245	2874865
云南	35541366	27711869	23392243	4319626	4010044
西藏	6222504	4097730	3189978	907752	790340
陕西	26107492	16884524	14655636	2228889	1449403
甘肃	17711507	13750833	10373166	3377668	1155218
青海	6317689	4565609	4001693	563915	399498
宁夏	5641606	3746016	3312002	434015	340588
新疆	26113168	19278761	16132466	3146296	1925935
大连	3560746	2908417	2829138	79278	27396
宁波	6482922	5133835	4882063	251772	132369
厦门	3318431	2723939	2525678	198261	41657
青岛	8416293	6667741	5948322	719419	155976
深圳	15568510	8722987	7038962	1684026	79104

基本建设支出明细(中学)

单位：千元

公用部分	商品和服务支出	其他资本性支出			基本建设支出
			专项公用支出	专项项目支出	
235092224	**115568102**	**119524122**	**33534581**	**85989541**	**19803207**
8720095	5971675	2748420	1698136	1050284	1301499
2996317	2078912	917405	367374	550031	105826
9806201	4725365	5080836	1609837	3470999	393047
4858440	2797832	2060607	593027	1467580	154676
4327213	2378754	1948459	783688	1164771	247354
3717203	2603427	1113776	331649	782127	95176
3550723	1815307	1735416	500753	1234663	243061
4514042	2609433	1904609	569740	1334869	204983
5798586	4357068	1441519	842386	599132	370308
12312737	5847838	6464899	1614457	4850442	543220
10223508	5251146	4972362	1374740	3597622	1463084
9137106	3713383	5423723	1298302	4125421	351917
6527838	2864419	3663419	1002679	2660741	274766
13731553	3273575	10457979	1928841	8529138	623356
15004506	5998515	9005991	1636776	7369215	128792
17738601	7807437	9931163	1828683	8102480	889402
8849555	3820694	5028861	1016964	4011897	
9956677	5014108	4942569	1564921	3377647	382736
17223316	11704456	5518860	2851772	2667088	4284894
9008820	3675086	5333734	1309992	4023742	825674
3126680	1142790	1983890	717207	1266683	249704
5916868	3540334	2376534	866131	1510403	969392
11322200	6245946	5076254	1318784	3757471	447930
7951277	3024093	4927184	1892779	3034405	404582
7296957	3261635	4035321	811442	3223880	532540
1296909	701524	595385	193229	402156	827865
7842254	3640812	4201442	1061958	3139484	1380713
3635292	1657652	1977640	520600	1457040	325381
1288512	654623	633889	220420	413469	463568
1798570	805768	992802	283963	708840	97020
5613668	2584492	3029176	923353	2105823	1220739
627767	520339	107428	64931	42497	24562
1331067	654332	676735	266512	410223	18020
576746	469122	107624	90306	17318	17745
1748552	810440	938112	303255	634857	
2766476	2431446	335030	276679	58351	4079046

6-26 一般公共预算教育事业费和

地区	合计	个人部分	工资福利支出	对个人和家庭的补助支出	#助学金
合计	**933806935**	**680213728**	**602654547**	**77559181**	**40056358**
北京	24874612	15190191	14847656	342536	129945
天津	13310745	10208601	9604364	604237	82605
河北	40859815	30660567	27884158	2776409	1362803
山西	20510791	15497676	14176747	1320929	751159
内蒙古	16570698	11996132	10849603	1146529	888594
辽宁	19126364	15313985	14567773	746213	308932
吉林	14105391	10343265	8540432	1802834	374143
黑龙江	19831460	15167700	12863634	2304066	379346
上海	17870891	11748127	11336254	411873	305522
江苏	61487187	48631230	44963298	3667933	1197677
浙江	47106002	35419410	33263385	2156025	1008069
安徽	34637255	25148232	22081871	3066360	1459140
福建	28156149	21353544	20102211	1251334	563867
江西	33466228	19111318	16576098	2535220	1446672
山东	67928388	52795090	48464391	4330699	1476610
河南	53189211	34562634	30751419	3811215	3237855
湖北	36371054	27575660	24646524	2929136	1080277
湖南	39003112	28663808	24809136	3854672	2014667
广东	83958424	62458271	53985050	8473221	1506315
广西	30063542	20229048	16765146	3463902	2535451
海南	7858879	4482495	4166467	316028	230410
重庆	22918695	16059562	14421239	1638323	1309805
四川	47471043	35700914	30253238	5447676	3580513
贵州	32293801	23937942	19436697	4501245	2874865
云南	35541366	27711869	23392243	4319626	4010044
西藏	6222504	4097730	3189978	907752	790340
陕西	25966807	16781439	14563716	2217723	1448697
甘肃	17702597	13742551	10364963	3377589	1155139
青海	6317689	4565609	4001693	563915	399498
宁夏	5641606	3746016	3312002	434015	340588
新疆	23444629	17313111	14473163	2839948	1806809
大连	3560746	2908417	2829138	79278	27396
宁波	6482922	5133835	4882063	251772	132369
厦门	3318431	2723939	2525678	198261	41657
青岛	8416293	6667741	5948322	719419	155976
深圳	15568510	8722987	7038962	1684026	79104

基本建设支出明细(地方中学)

单位：千元

公用部分					基本建设支出
	商品和服务支出	其他资本性支出			
			专项公用支出	专项项目支出	
233823806	**114792612**	**119031194**	**33290578**	**85740616**	**19769401**
8382922	5706154	2676768	1626684	1050084	1301499
2996317	2078912	917405	367374	550031	105826
9806201	4725365	5080836	1609837	3470999	393047
4858440	2797832	2060607	593027	1467580	154676
4327213	2378754	1948459	783688	1164771	247354
3717203	2603427	1113776	331649	782127	95176
3519064	1794122	1724942	495853	1229090	243061
4458777	2572554	1886222	561748	1324474	204983
5752456	4319869	1432588	833455	599132	370308
12312737	5847838	6464899	1614457	4850442	543220
10223508	5251146	4972362	1374740	3597622	1463084
9137106	3713383	5423723	1298302	4125421	351917
6527838	2864419	3663419	1002679	2660741	274766
13731553	3273575	10457979	1928841	8529138	623356
15004506	5998515	9005991	1636776	7369215	128792
17737175	7806029	9931146	1828666	8102480	889402
8795394	3776707	5018687	1006790	4011897	
9956568	5013999	4942569	1564921	3377647	382736
17215260	11699003	5516256	2850378	2665879	4284894
9008820	3675086	5333734	1309992	4023742	825674
3126680	1142790	1983890	717207	1266683	249704
5889741	3522998	2366743	856340	1510403	969392
11322200	6245946	5076254	1318784	3757471	447930
7951277	3024093	4927184	1892779	3034405	404582
7296957	3261635	4035321	811442	3223880	532540
1296909	701524	595385	193229	402156	827865
7804655	3613663	4190992	1055507	3135484	1380713
3634664	1657438	1977226	520487	1456740	325381
1288512	654623	633889	220420	413469	463568
1798570	805768	992802	283963	708840	97020
4944585	2265443	2679142	800567	1878575	1186932
627767	520339	107428	64931	42497	24562
1331067	654332	676735	266512	410223	18020
576746	469122	107624	90306	17318	17745
1748552	810440	938112	303255	634857	
2766476	2431446	335030	276679	58351	4079046

6-27　一般公共预算教育事业费和

地　区	合　计	个人部分	工资福利支出	对个人和家庭的补助支出	#助学金
合　计	**937841842**	**683069689**	**605053553**	**78016137**	**40182420**
北　京	25706976	15703189	15288259	414930	130653
天　津	13284375	10183163	9580218	602945	82605
河　北	40859815	30660567	27884158	2776409	1362803
山　西	20510791	15497676	14176747	1320929	751159
内蒙古	16570698	11996132	10849603	1146529	888594
辽　宁	19126364	15313985	14567773	746213	308932
吉　林	14197743	10404243	8595646	1808597	374236
黑龙江	20096553	15377528	13029776	2347752	382781
上　海	17979791	11818818	11407338	411479	305371
江　苏	61365035	48540828	44877602	3663226	1197670
浙　江	46885253	35252384	33104395	2147990	1008069
安　徽	34637255	25148232	22081871	3066360	1459140
福　建	28156149	21353544	20102211	1251334	563867
江　西	33466228	19111318	16576098	2535220	1446672
山　东	67910028	52777040	48446407	4330633	1476610
河　南	53193048	34565046	30753831	3811215	3237855
湖　北	36559420	27710624	24757831	2952792	1080692
湖　南	39001872	28662523	24807776	3854747	2014772
广　东	83976961	62475687	54001974	8473713	1507422
广　西	30060750	20229048	16765146	3463902	2535451
海　南	7858879	4482495	4166467	316028	230410
重　庆	23017681	16131421	14485307	1646114	1310253
四　川	47471043	35700914	30253238	5447676	3580513
贵　州	32293801	23937942	19436697	4501245	2874865
云　南	35541366	27711869	23392243	4319626	4010044
西　藏	6222504	4097730	3189978	907752	790340
陕　西	26107492	16884524	14655636	2228889	1449403
甘　肃	17711507	13750833	10373166	3377668	1155218
青　海	6317689	4565609	4001693	563915	399498
宁　夏	5641606	3746016	3312002	434015	340588
新　疆	26113168	19278761	16132466	3146296	1925935
大　连	3560746	2908417	2829138	79278	27396
宁　波	6482922	5133835	4882063	251772	132369
厦　门	3318431	2723939	2525678	198261	41657
青　岛	8416293	6667741	5948322	719419	155976
深　圳	15568510	8722987	7038962	1684026	79104

基本建设支出明细(普通中学)

单位：千元

公用部分	商品和服务支出	其他资本性支出			基本建设支出
			专项公用支出	专项项目支出	
234971553	**115478130**	**119493423**	**33526374**	**85967049**	**19800599**
8702288	5955416	2746871	1696626	1050245	1301499
2995386	2078125	917261	367230	550031	105826
9806201	4725365	5080836	1609837	3470999	393047
4858440	2797832	2060607	593027	1467580	154676
4327213	2378754	1948459	783688	1164771	247354
3717203	2603427	1113776	331649	782127	95176
3550438	1815053	1735385	500722	1234663	243061
4514042	2609433	1904609	569740	1334869	204983
5790665	4349466	1441200	842067	599132	370308
12280987	5829034	6451953	1611457	4840496	543220
10172392	5210848	4961544	1371867	3589678	1460476
9137106	3713383	5423723	1298302	4125421	351917
6527838	2864419	3663419	1002679	2660741	274766
13731553	3273575	10457979	1928841	8529138	623356
15004196	5998219	9005978	1636762	7369215	128792
17738601	7807437	9931163	1828683	8102480	889402
8848796	3820108	5028688	1016918	4011770	
9956612	5014043	4942569	1564921	3377647	382736
17216380	11699435	5516945	2851501	2665444	4284894
9006028	3675086	5330942	1309992	4020950	825674
3126680	1142790	1983890	717207	1266683	249704
5916868	3540334	2376534	866131	1510403	969392
11322200	6245946	5076254	1318784	3757471	447930
7951277	3024093	4927184	1892779	3034405	404582
7296957	3261635	4035321	811442	3223880	532540
1296909	701524	595385	193229	402156	827865
7842254	3640812	4201442	1061958	3139484	1380713
3635292	1657652	1977640	520600	1457040	325381
1288512	654623	633889	220420	413469	463568
1798570	805768	992802	283963	708840	97020
5613668	2584492	3029176	923353	2105823	1220739
627767	520339	107428	64931	42497	24562
1331067	654332	676735	266512	410223	18020
576746	469122	107624	90306	17318	17745
1748552	810440	938112	303255	634857	
2766476	2431446	335030	276679	58351	4079046

6-28 一般公共预算教育事业费和

地区	合计	个人部分	工资福利支出	对个人和家庭的补助支出	#助学金
合计	**933302723**	**679832794**	**602293605**	**77539190**	**40056199**
北京	24839083	15172470	14830060	342410	129945
天津	13284375	10183163	9580218	602945	82605
河北	40859815	30660567	27884158	2776409	1362803
山西	20510791	15497676	14176747	1320929	751159
内蒙古	16570698	11996132	10849603	1146529	888594
辽宁	19126364	15313985	14567773	746213	308932
吉林	14102908	10341067	8539128	1801940	374143
黑龙江	19831460	15167700	12863634	2304066	379346
上海	17844569	11729726	11318643	411083	305371
江苏	61365035	48540828	44877602	3663226	1197670
浙江	46885253	35252384	33104395	2147990	1008069
安徽	34637255	25148232	22081871	3066360	1459140
福建	28156149	21353544	20102211	1251334	563867
江西	33466228	19111318	16576098	2535220	1446672
山东	67910028	52777040	48446407	4330633	1476610
河南	53189211	34562634	30751419	3811215	3237855
湖北	36363886	27569251	24640125	2929126	1080277
湖南	39001658	28662418	24807776	3854642	2014667
广东	83917591	62424373	53955193	8469180	1506315
广西	30060750	20229048	16765146	3463902	2535451
海南	7858879	4482495	4166467	316028	230410
重庆	22918695	16059562	14421239	1638323	1309805
四川	47471043	35700914	30253238	5447676	3580513
贵州	32293801	23937942	19436697	4501245	2874865
云南	35541366	27711869	23392243	4319626	4010044
西藏	6222504	4097730	3189978	907752	790340
陕西	25966807	16781439	14563716	2217723	1448697
甘肃	17702597	13742551	10364963	3377589	1155139
青海	6317689	4565609	4001693	563915	399498
宁夏	5641606	3746016	3312002	434015	340588
新疆	23444629	17313111	14473163	2839948	1806809
大连	3560746	2908417	2829138	79278	27396
宁波	6482922	5133835	4882063	251772	132369
厦门	3318431	2723939	2525678	198261	41657
青岛	8416293	6667741	5948322	719419	155976
深圳	15568510	8722987	7038962	1684026	79104

基本建设支出明细(地方普通中学)

单位：千元

公用部分	商品和服务支出	其他资本性支出			基本建设支出
			专项公用支出	专项项目支出	
233703135	**114702640**	**119000495**	**33282372**	**85718124**	**19766793**
8365114	5689895	2675219	1625174	1050045	1301499
2995386	2078125	917261	367230	550031	105826
9806201	4725365	5080836	1609837	3470999	393047
4858440	2797832	2060607	593027	1467580	154676
4327213	2378754	1948459	783688	1164771	247354
3717203	2603427	1113776	331649	782127	95176
3518780	1793868	1724912	495822	1229090	243061
4458777	2572554	1886222	561748	1324474	204983
5744535	4312267	1432269	833136	599132	370308
12280987	5829034	6451953	1611457	4840496	543220
10172392	5210848	4961544	1371867	3589678	1460476
9137106	3713383	5423723	1298302	4125421	351917
6527838	2864419	3663419	1002679	2660741	274766
13731553	3273575	10457979	1928841	8529138	623356
15004196	5998219	9005978	1636762	7369215	128792
17737175	7806029	9931146	1828666	8102480	889402
8794635	3776122	5018514	1006744	4011770	
9956503	5013934	4942569	1564921	3377647	382736
17208324	11693982	5514341	2850107	2664235	4284894
9006028	3675086	5330942	1309992	4020950	825674
3126680	1142790	1983890	717207	1266683	249704
5889741	3522998	2366743	856340	1510403	969392
11322200	6245946	5076254	1318784	3757471	447930
7951277	3024093	4927184	1892779	3034405	404582
7296957	3261635	4035321	811442	3223880	532540
1296909	701524	595385	193229	402156	827865
7804655	3613663	4190992	1055507	3135484	1380713
3634664	1657438	1977226	520487	1456740	325381
1288512	654623	633889	220420	413469	463568
1798570	805768	992802	283963	708840	97020
4944585	2265443	2679142	800567	1878575	1186932
627767	520339	107428	64931	42497	21562
1331067	654332	676735	266512	410223	18020
576746	469122	107624	90306	17318	17745
1748552	810440	938112	303255	634857	
2766476	2431446	335030	276679	58351	4079046

6-29 一般公共预算教育事业费和

地区	合计	个人部分	工资福利支出	对个人和家庭的补助支出	#助学金
合计	**321486068**	**236314252**	**211925796**	**24388456**	**12203801**
北京	10704998	6340839	6126863	213976	23108
天津	5366372	3987620	3780380	207240	30500
河北	13821309	10881563	9976547	905016	489182
山西	8043789	5892692	5333264	559428	334488
内蒙古	6664574	4685861	4143851	542010	453419
辽宁	6481310	5150441	4902074	248368	128349
吉林	4661660	3366599	2726666	639933	184001
黑龙江	6321048	4795271	4183285	611986	143333
上海	5881135	4101163	4021310	79853	42284
江苏	21504998	16880308	15858115	1022193	236684
浙江	16550865	12376944	11817885	559059	204654
安徽	10969627	8437155	7614851	822304	349504
福建	9501069	7293014	6923190	369824	105718
江西	11043301	6299888	5496953	802935	409765
山东	21666803	17348728	16244610	1104117	379867
河南	16360152	11015521	10005817	1009704	841623
湖北	12776308	9498177	8619978	878200	335887
湖南	12697046	9673611	8670455	1003156	524618
广东	30365792	23782008	20504074	3277933	459978
广西	9198285	6132522	5212646	919875	679074
海南	2674993	1475521	1392689	82832	55252
重庆	8337597	5895835	5329555	566280	478085
四川	15327525	11953809	10337539	1616269	1095143
贵州	11491721	7941993	6489235	1452759	908969
云南	10567729	8204053	7113926	1090127	982649
西藏	2076374	1396823	1125548	271275	228945
陕西	10687412	6450100	5664602	785498	499397
甘肃	6521170	5099376	3944281	1155095	423241
青海	2267029	1630385	1434342	196043	149013
宁夏	1973339	1390175	1252943	137231	111487
新疆	8980740	6936257	5678323	1257934	915585
大连	1132875	963830	948985	14845	3669
宁波	2300317	1723738	1669305	54433	26975
厦门	1134256	941977	865371	76606	6553
青岛	2654000	2113793	1952169	161624	43993
深圳	5147319	3252071	2616431	635640	20768

基本建设支出明细(普通高中)

单位：千元

公用部分	商品和服务支出	其他资本性支出			基本建设支出
			专项公用支出	专项项目支出	
76827404	**37949209**	**38878195**	**12800667**	**26077527**	**8344412**
3373432	2053317	1320115	814783	505331	990727
1378752	1076681	302071	147708	154363	
2807269	1403202	1404067	423825	980243	132476
2049777	1015785	1033992	248455	785537	101320
1850320	1121833	728487	314776	413711	128393
1287911	916843	371068	102128	268940	42957
1116823	645246	471577	177986	293591	178238
1376088	850385	525703	150698	375005	149689
1635699	1132815	502884	260716	242168	144273
4210313	1876180	2334132	564265	1769867	414377
3351031	1798477	1552555	569382	983173	822890
2317358	830143	1487215	384259	1102956	215114
2059660	982619	1077041	293152	783889	148394
4481300	1125501	3355798	817838	2537960	262114
4261229	1661114	2600115	431827	2168288	56846
5089133	2307759	2781374	677792	2103581	255498
3278130	1310468	1967662	433272	1534390	
2895493	1566769	1328724	491451	837273	127943
5649011	3460459	2188552	1085852	1102701	934773
2669997	1006601	1663395	446420	1216976	395766
1163528	464278	699250	331002	368247	35945
2162317	1389984	772333	275927	496406	279445
3189781	2075729	1114053	404081	709972	183935
3354497	868926	2485571	1421900	1063671	195231
2088803	1003760	1085043	294981	790062	274872
383222	279002	104220	63541	40679	296329
3416210	1733906	1682304	473215	1209089	821102
1250940	571120	679820	202514	477306	170853
450905	205650	245255	99856	145400	185739
553085	250091	302993	105903	197091	30080
1675388	964564	710824	291164	419660	369095
169045	159126	9919	6319	3600	
576579	235494	341085	148875	192210	
188376	161208	27169	23662	3507	3902
540207	221251	318955	104368	214588	
1038710	904116	134593	120346	14247	856538

6-30 一般公共预算教育事业费和

地区	合计				
		个人部分			
			工资福利支出	对个人和家庭的补助支出	
					#助学金
合计	**319274597**	**234774667**	**210625236**	**24149431**	**12144319**
北京	10118397	5985962	5819072	166890	22554
天津	5366372	3987620	3780380	207240	30500
河北	13821309	10881563	9976547	905016	489182
山西	8043789	5892692	5333264	559428	334488
内蒙古	6664574	4685861	4143851	542010	453419
辽宁	6481310	5150441	4902074	248368	128349
吉林	4566825	3303423	2670147	633275	183908
黑龙江	6202900	4704054	4113435	590619	140039
上海	5781157	4038065	3958211	79853	42284
江苏	21504998	16880308	15858115	1022193	236684
浙江	16550865	12376944	11817885	559059	204654
安徽	10969627	8437155	7614851	822304	349504
福建	9501069	7293014	6923190	369824	105718
江西	11043301	6299888	5496953	802935	409765
山东	21666803	17348728	16244610	1104117	379867
河南	16360152	11015521	10005817	1009704	841623
湖北	12615542	9382098	8524458	857640	335641
湖南	12696974	9673545	8670455	1003090	524552
广东	30364814	23781095	20504074	3277021	459172
广西	9198285	6132522	5212646	919875	679074
海南	2674993	1475521	1392689	82832	55252
重庆	8282482	5855824	5293882	561942	477835
四川	15327525	11953809	10337539	1616269	1095143
贵州	11491721	7941993	6489235	1452759	908969
云南	10567729	8204053	7113926	1090127	982649
西藏	2076374	1396823	1125548	271275	228945
陕西	10592244	6380004	5602427	777577	499020
甘肃	6517694	5096126	3941068	1155058	423204
青海	2267029	1630385	1434342	196043	149013
宁夏	1973339	1390175	1252943	137231	111487
新疆	7984405	6199456	5071602	1127854	861826
大连	1132875	963830	948985	14845	3669
宁波	2300317	1723738	1669305	54433	26975
厦门	1134256	941977	865371	76606	6553
青岛	2654000	2113793	1952169	161624	43993
深圳	5147319	3252071	2616431	635640	20768

基本建设支出明细(地方普通高中)

单位：千元

公用部分	商品和服务支出	其他资本性支出			基本建设支出
			专项公用支出	专项项目支出	
76174602	**37530553**	**38644049**	**12665032**	**25979017**	**8325328**
3141708	1875495	1266213	761082	505131	990727
1378752	1076681	302071	147708	154363	
2807269	1403202	1404067	423825	980243	132476
2049777	1015785	1033992	248455	785537	101320
1850320	1121833	728487	314776	413711	128393
1287911	916843	371068	102128	268940	42957
1085164	624061	461103	173086	288018	178238
1349157	832639	516518	148124	368394	149689
1598819	1102900	495919	253751	242168	144273
4210313	1876180	2334132	564265	1769867	414377
3351031	1798477	1552555	569382	983173	822890
2317358	830143	1487215	384259	1102956	215114
2059660	982619	1077041	293152	783889	148394
4481300	1125501	3355798	817838	2537960	262114
4261229	1661114	2600115	431827	2168288	56846
5089133	2307759	2781374	677792	2103581	255498
3233444	1272991	1960453	426063	1534390	
2895487	1566763	1328724	491451	837273	127943
5648946	3460394	2188552	1085852	1102701	934773
2669997	1006601	1663395	446420	1216976	395766
1163528	464278	699250	331002	368247	35945
2147212	1380332	766881	270475	496406	279445
3189781	2075729	1114053	404081	709972	183935
3354497	868926	2485571	1421900	1063671	195231
2088803	1003760	1085043	294981	790062	274872
383222	279002	104220	63541	40679	296329
3391139	1716516	1674623	469534	1205089	821102
1250715	571053	679662	202482	477181	170853
450905	205650	245255	99856	145400	185739
553085	250091	302993	105903	197091	30080
1434937	857233	577704	240045	337658	350011
169045	159126	9919	6319	3600	
576579	235494	341085	148875	192210	
188376	161208	27169	23662	3507	3902
540207	221251	318955	104368	214588	
1038710	904116	134593	120346	14247	856538

6-31　一般公共预算教育事业费和

地区	合计	个人部分	工资福利支出	对个人和家庭的补助支出	#助学金
合计	**134553740**	**101718986**	**90551446**	**11167540**	**7254265**
北京	596996	388350	375964	12386	1714
天津	665279	578986	552837	26148	5777
河北	6913889	5316413	4866218	450195	300962
山西	4155713	3124610	2833592	291018	201696
内蒙古	3247788	2278742	2008867	269876	233074
辽宁	1559141	1303116	1240401	62715	44146
吉林	1620154	1163471	966159	197312	60094
黑龙江	2747660	1933640	1658855	274785	69368
上海	458798	372504	366379	6125	4493
江苏	7270546	5973248	5664011	309236	113707
浙江	6749622	5084483	4810682	273801	92749
安徽	6577646	5115077	4653928	461148	188455
福建	4650082	3798581	3603357	195224	67687
江西	5897848	3191009	2850060	340949	234127
山东	7473116	6198169	5904587	293582	148067
河南	9011715	5965282	5373992	591290	521244
湖北	3668208	2894658	2601760	292898	196839
湖南	7405223	5511559	4957443	554115	376183
广东	6917091	5615991	5066634	549357	195693
广西	4686636	3339708	2778464	561244	422795
海南	1110217	631795	586017	45778	33294
重庆	2975073	2304212	2018571	285641	246481
四川	8087288	6396984	5456371	940614	688122
贵州	6275538	4911691	3965592	946099	680978
云南	6222305	5161520	4395093	766428	690401
西藏	1027168	738968	594695	144273	121484
陕西	5596738	3564789	3095148	469642	326733
甘肃	4270218	3445470	2728152	717318	303728
青海	1319686	1065684	951796	113888	88911
宁夏	625335	517323	465725	51598	42813
新疆	4771022	3832951	3160096	672855	552451
大连	108301	93093	91449	1644	652
宁波	822195	616023	595599	20424	11687
厦门	121840	104193	74284	29909	1710
青岛	350024	256254	247701	8552	4098
深圳					

基本建设支出明细(农村高中)

单位：千元

公用部分	商品和服务支出	其他资本性支出			基本建设支出
			专项公用支出	专项项目支出	
30648658	**14365993**	**16282665**	**4448899**	**11833767**	**2186096**
208646	153730	54916	50901	4015	
86294	73860	12433	6888	5545	
1545080	699310	845769	271081	574689	52396
962503	467695	494808	133921	360887	68600
940287	531800	408487	132663	275824	28759
231136	162330	68806	23178	45629	24889
421152	211917	209235	63386	145848	35531
670276	403193	267083	88932	178152	143744
86293	77682	8611	8611		
1297299	571251	726047	145976	580071	
1370450	594742	775708	167048	608660	294690
1415190	464515	950675	265442	685233	47379
847001	465281	381720	134455	247264	4500
2593651	654458	1939193	404221	1534972	113188
1219947	544714	675234	118813	556420	55000
2899998	1192455	1707543	366226	1341317	146436
773550	334269	439280	82966	356315	
1776571	911079	865492	200389	665103	117093
1276687	683242	593445	297920	295526	24412
1273937	556318	717620	172786	544834	72991
453809	179832	273977	164725	109252	24613
629280	404342	224938	58213	166725	41581
1556150	977694	578456	160395	418061	134154
1220300	467919	752382	156604	595778	143547
969285	525955	443330	140443	302888	91500
157762	126730	31032	17651	13381	130438
1920944	954407	966537	286087	680451	111005
705318	307675	397642	135040	262602	119430
232149	98835	133314	60644	72670	21853
108012	64887	43125	21206	21919	
799702	503875	295827	112088	183739	138369
15207	14575	632	632		
206172	92583	113589	33204	80385	
16147	13772	2374	51	2323	1500
93771	33166	60605	4714	55891	

6-32 一般公共预算教育事业费和

地区	合计	个人部分	工资福利支出	对个人和家庭的补助支出	#助学金
合计	**134059411**	**101363214**	**90247583**	**11115631**	**7242363**
北京	596996	388350	375964	12386	1714
天津	665279	578986	552837	26148	5777
河北	6913889	5316413	4866218	450195	300962
山西	4155713	3124610	2833592	291018	201696
内蒙古	3247788	2278742	2008867	269876	233074
辽宁	1559141	1303116	1240401	62715	44146
吉林	1620154	1163471	966159	197312	60094
黑龙江	2715023	1914095	1642547	271548	68592
上海	458798	372504	366379	6125	4493
江苏	7270546	5973248	5664011	309236	113707
浙江	6749622	5084483	4810682	273801	92749
安徽	6577646	5115077	4653928	461148	188455
福建	4650082	3798581	3603357	195224	67687
江西	5897848	3191009	2850060	340949	234127
山东	7473116	6198169	5904587	293582	148067
河南	9011715	5965282	5373992	591290	521244
湖北	3585068	2836602	2555491	281110	196839
湖南	7405223	5511559	4957443	554115	376183
广东	6916113	5615079	5066634	548445	194887
广西	4686636	3339708	2778464	561244	422795
海南	1110217	631795	586017	45778	33294
重庆	2975073	2304212	2018571	285641	246481
四川	8087288	6396984	5456371	940614	688122
贵州	6275538	4911691	3965592	946099	680978
云南	6222305	5161520	4395093	766428	690401
西藏	1027168	738968	594695	144273	121484
陕西	5596738	3564789	3095148	469642	326733
甘肃	4266742	3442219	2724939	717280	303690
青海	1319686	1065684	951796	113888	88911
宁夏	625335	517323	465725	51598	42813
新疆	4396922	3558943	2922022	636921	542168
大连	108301	93093	91449	1644	652
宁波	822195	616023	595599	20424	11687
厦门	121840	104193	74284	29909	1710
青岛	350024	256254	247701	8552	4098
深圳					

基本建设支出明细(地方农村高中)

单位：千元

公用部分	商品和服务支出	其他资本性支出		基本建设支出
		专项公用支出	专项项目支出	

公用部分	商品和服务支出	其他资本性支出	专项公用支出	专项项目支出	基本建设支出
30516636	**14296569**	**16220066**	**4422093**	**11797973**	**2179561**
208646	153730	54916	50901	4015	
86294	73860	12433	6888	5545	
1545080	699310	845769	271081	574689	52396
962503	467695	494808	133921	360887	68600
940287	531800	408487	132663	275824	28759
231136	162330	68806	23178	45629	24889
421152	211917	209235	63386	145848	35531
657184	398794	258391	86849	171541	143744
86293	77682	8611	8611		
1297299	571251	726047	145976	580071	
1370450	594742	775708	167048	608660	294690
1415190	464515	950675	265442	685233	47379
847001	465281	381720	134455	247264	4500
2593651	654458	1939193	404221	1534972	113188
1219947	544714	675234	118813	556420	55000
2899998	1192455	1707543	366226	1341317	146436
748467	312760	435707	79393	356315	
1776571	911079	865492	200389	665103	117093
1276622	683177	593445	297920	295526	24412
1273937	556318	717620	172786	544834	72991
453809	179832	273977	164725	109252	24613
629280	404342	224938	58213	166725	41581
1556150	977694	578456	160395	418061	134154
1220300	467919	752382	156604	595778	143547
969285	525955	443330	140443	302888	91500
157762	126730	31032	17651	13381	130438
1920944	954407	966537	286087	680451	111005
705093	307608	397485	135008	262477	119430
232149	98835	133314	60644	72670	21853
108012	64887	43125	21206	21919	
706145	460494	245651	90970	154681	131834
15207	14575	632	632		
206172	92583	113589	33204	80385	
16147	13772	2374	51	2323	1500
93771	33166	60605	4714	55891	

6-33 一般公共预算教育事业费和

地区	合计	个人部分	工资福利支出	对个人和家庭的补助支出	#助学金
合计	**616355774**	**446755437**	**393127756**	**53627681**	**27978619**
北京	15001977	9362350	9161396	200954	107545
天津	7918003	6195542	5799837	395705	52105
河北	27038506	19779004	17907611	1871393	873621
山西	12467002	9604984	8843483	761501	416671
内蒙古	9906125	7310271	6705752	604519	435175
辽宁	12645054	10163544	9665699	497845	180583
吉林	9536083	7037645	5868980	1168664	190235
黑龙江	13775505	10582257	8846491	1735766	239447
上海	12098656	7717655	7386029	331626	263087
江苏	39860037	31660520	29019487	2641033	960986
浙江	30334388	22875441	21286510	1588930	803415
安徽	23667628	16711077	14467020	2244056	1109636
福建	18655080	14060530	13179021	881509	458149
江西	22422926	12811430	11079145	1732285	1036907
山东	46243225	35428312	32201797	3226516	1096743
河南	36832896	23549525	20748014	2801511	2396232
湖北	23783113	18212447	16137854	2074593	744805
湖南	26304825	18988913	16137321	2851591	1490154
广东	53611169	38693680	33497900	5195779	1047444
广西	20862465	14096526	11552500	2544027	1856378
海南	5183886	3006974	2773779	233195	175158
重庆	14680084	10235586	9155752	1079834	832168
四川	32143518	23747105	19915699	3831406	2485370
贵州	20802080	15995949	12947462	3048487	1965897
云南	24973638	19507816	16278317	3229499	3027394
西藏	4146130	2700907	2064430	636477	561395
陕西	15420080	10434424	8991034	1443390	950007
甘肃	11190337	8651457	6428885	2222572	731977
青海	4050659	2935223	2567352	367872	250485
宁夏	3668267	2355842	2059058	296783	229100
新疆	17132428	12342504	10454142	1888362	1010350
大连	2427870	1944587	1880153	64433	23727
宁波	4182605	3410098	3212758	197339	105394
厦门	2184175	1781962	1660307	121655	35104
青岛	5762293	4553947	3996153	557795	111983
深圳	10421191	5470916	4422531	1048386	58337

基本建设支出明细(普通初中)

单位：千元

公用部分	商品和服务支出	其他资本性支出	专项公用支出	专项项目支出	基本建设支出
158144149	**77528921**	**80615228**	**20725707**	**59889521**	**11456187**
5328856	3902099	1426757	881843	544914	310772
1616635	1001444	615190	219522	395668	105826
6998932	3322163	3676768	1186012	2490756	260571
2808662	1782047	1026615	344572	682043	53356
2476893	1256922	1219971	468912	751060	118961
2429292	1686584	742708	229522	513186	52219
2433615	1169807	1263809	322737	941072	64823
3137954	1759048	1378906	419042	959864	55295
4154966	3216650	938316	581351	356965	226035
8070674	3952854	4117821	1047192	3070628	128843
6821361	3412372	3408989	802485	2606505	637587
6819748	2883240	3936508	914043	3022465	136803
4468178	1881800	2586378	709527	1876851	126372
9250254	2148073	7102181	1111003	5991178	361243
10742967	4337105	6405862	1204935	5200927	71946
12649468	5499678	7149790	1150891	5998899	633904
5570666	2509640	3061026	583646	2477380	
7061119	3447275	3613845	1073471	2540374	254794
11567368	8238976	3328393	1765649	1562743	3350121
6336031	2668485	3667546	863572	2803974	429908
1963152	678513	1284640	386204	898436	213759
3754551	2150350	1604202	590205	1013997	689947
8132419	4170217	3962202	914703	3047498	263995
4596780	2155167	2441612	470879	1970734	209351
5208153	2257875	2950278	516460	2433818	257669
913687	422522	491165	129688	361477	531537
4426044	1906906	2519138	588742	1930396	559612
2384352	1086532	1297820	318087	979733	154528
837607	448973	388633	120564	268069	277829
1245486	555676	689809	178060	511749	66940
3938280	1619929	2318352	632189	1686163	851644
458722	361212	97509	58612	38897	24562
754488	418839	335649	117637	218013	18020
388370	307915	80455	66643	13811	13843
1208346	589189	619157	198888	420269	
1727767	1527330	200437	156333	44104	3222507

6-34　一般公共预算教育事业费和

地　区	合　计	个人部分	工资福利支　出	对个人和家庭的补助支出	#助学金
合　计	**614028125**	**445058128**	**391668369**	**53389759**	**27911880**
北　京	14720686	9186508	9010988	175520	107391
天　津	7918003	6195542	5799837	395705	52105
河　北	27038506	19779004	17907611	1871393	873621
山　西	12467002	9604984	8843483	761501	416671
内蒙古	9906125	7310271	6705752	604519	435175
辽　宁	12645054	10163544	9665699	497845	180583
吉　林	9536083	7037645	5868980	1168664	190235
黑龙江	13628560	10463646	8750199	1713447	239307
上　海	12063413	7691661	7360432	331230	263087
江　苏	39860037	31660520	29019487	2641033	960986
浙　江	30334388	22875441	21286510	1588930	803415
安　徽	23667628	16711077	14467020	2244056	1109636
福　建	18655080	14060530	13179021	881509	458149
江　西	22422926	12811430	11079145	1732285	1036907
山　东	46243225	35428312	32201797	3226516	1096743
河　南	36829059	23547113	20745602	2801511	2396232
湖　北	23748344	18187153	16115667	2071486	744636
湖　南	26304683	18988874	16137321	2851553	1490115
广　东	53552777	38643278	33451119	5192159	1047143
广　西	20862465	14096526	11552500	2544027	1856378
海　南	5183886	3006974	2773779	233195	175158
重　庆	14636212	10203738	9127357	1076381	831970
四　川	32143518	23747105	19915699	3831406	2485370
贵　州	20802080	15995949	12947462	3048487	1965897
云　南	24973638	19507816	16278317	3229499	3027394
西　藏	4146130	2700907	2064430	636477	561395
陕　西	15374563	10401435	8961289	1440146	949677
甘　肃	11184902	8646426	6423895	2222531	731935
青　海	4050659	2935223	2567352	367872	250485
宁　夏	3668267	2355842	2059058	296783	229100
新　疆	15460224	11113655	9401561	1712094	944983
大　连	2427870	1944587	1880153	64433	23727
宁　波	4182605	3410098	3212758	197339	105394
厦　门	2184175	1781962	1660307	121655	35104
青　岛	5762293	4553947	3996153	557795	111983
深　圳	10421191	5470916	4422531	1048386	58337

基本建设支出明细(地方普通初中)

单位：千元

公用部分	商品和服务支出	其他资本性支出	专项公用支出	专项项目支出	基本建设支出
157528533	**77172087**	**80356446**	**20617339**	**59739107**	**11441465**
5223406	3814400	1409006	864092	544914	310772
1616635	1001444	615190	219522	395668	105826
6998932	3322163	3676768	1186012	2490756	260571
2808662	1782047	1026615	344572	682043	53356
2476893	1256922	1219971	468912	751060	118961
2429292	1686584	742708	229522	513186	52219
2433615	1169807	1263809	322737	941072	64823
3109619	1739915	1369704	413625	956080	55295
4145717	3209366	936350	579386	356965	226035
8070674	3952854	4117821	1047192	3070628	128843
6821361	3412372	3408989	802485	2606505	637587
6819748	2883240	3936508	914043	3022465	136803
4468178	1881800	2586378	709527	1876851	126372
9250254	2148073	7102181	1111003	5991178	361243
10742967	4337105	6405862	1204935	5200927	71946
12648042	5498270	7149772	1150873	5998899	633904
5561191	2503130	3058061	580681	2477380	
7061016	3447171	3613845	1073471	2540374	254794
11559378	8233589	3325789	1764255	1561534	3350121
6336031	2668485	3667546	863572	2803974	429908
1963152	678513	1284640	386204	898436	213759
3742528	2142666	1599862	585865	1013997	689947
8132419	4170217	3962202	914703	3047498	263995
4596780	2155167	2441612	470879	1970734	209351
5208153	2257875	2950278	516460	2433818	257669
913687	422522	491165	129688	361477	531537
4413516	1897147	2516369	585973	1930396	559612
2383949	1086385	1297564	318005	979559	154528
837607	448973	388633	120564	268069	277829
1245486	555676	689809	178060	511749	66940
3509648	1408210	2101438	560521	1540916	836921
458722	361212	97509	58612	38897	24562
754488	418839	335649	117637	218013	18020
388370	307915	80455	66643	13811	13843
1208346	589189	619157	198888	420269	
1727767	1527330	200437	156333	44104	3222507

6-35 一般公共预算教育事业费和

地区	合计	个人部分	工资福利支出	对个人和家庭的补助支出	#助学金
合计	**369369585**	**273463322**	**239463407**	**33999915**	**20192029**
北京	2868097	1878656	1831023	47633	38295
天津	2129836	1865839	1796023	69816	119
河北	18488930	13256679	12017621	1239058	694511
山西	8140480	6438846	5936153	502693	294766
内蒙古	6425140	4695124	4278751	416372	320971
辽宁	5410231	4524876	4266633	258243	100287
吉林	6035705	4375568	3724656	650912	140129
黑龙江	8244345	6054236	4958829	1095407	100220
上海	1521414	1184538	1147201	37336	33580
江苏	18642624	14911247	13933641	977606	174081
浙江	15290188	11538279	10568873	969406	495100
安徽	18172593	13085596	11267063	1818533	927236
福建	11372567	8955413	8508524	446889	185522
江西	16162463	9090765	8152079	938686	527650
山东	26555872	20273737	18540340	1733397	673362
河南	25055727	16307321	14353442	1953879	1664034
湖北	13869295	10732923	9507256	1225667	571069
湖南	19270246	14040430	11787456	2252975	1263474
广东	21024943	15980654	14598651	1382002	510130
广西	15709773	10887506	8718072	2169434	1665181
海南	3337462	1895969	1791729	104240	68567
重庆	8639872	6458811	5718834	739977	590881
四川	23472466	17464655	14761769	2702886	1747851
贵州	15983075	12848870	10311968	2536902	1796255
云南	19611436	16046677	13365048	2681630	2513947
西藏	2807063	2024313	1530705	493608	440615
陕西	10070771	7136968	6083918	1053050	738159
甘肃	8837635	6889292	5177248	1712044	671470
青海	2897989	2180275	1863041	317233	224898
宁夏	2111153	1526756	1328391	198365	158678
新疆	11210192	8912503	7638471	1274032	860990
大连	515593	426543	414829	11714	16
宁波	1630601	1334760	1258659	76101	45881
厦门	314043	269120	235324	33796	6959
青岛	1827161	1493289	1269854	223434	65217
深圳					

基本建设支出明细(农村初中)

单位：千元

公用部分	商品和服务支出	其他资本性支出			基本建设支出
			专项公用支出	专项项目支出	
91906767	**42427101**	**49479666**	**11652752**	**37826914**	**3999497**
962363	631833	330530	192980	137550	27078
263997	193576	70421	26576	43845	
5075389	2342787	2732602	869011	1863591	156861
1664280	1069451	594829	201929	392900	37355
1662771	801370	861401	300918	560483	67245
872711	578525	294186	91731	202454	12644
1595314	692119	903194	225408	677786	64823
2147859	1132315	1015544	311739	703805	42250
336877	289351	47526	46433	1092	
3730977	1781446	1949531	457019	1492512	400
3204671	1643050	1561621	448640	1112981	547238
4965974	2231033	2734942	715416	2019525	121023
2369562	1057860	1311702	359419	952283	47592
6910463	1585756	5324706	838776	4485931	161236
6210805	2293155	3917650	628227	3289423	71330
8519053	3777670	4741383	723441	4017942	229354
3136373	1229201	1907171	265528	1641643	
5070137	2370233	2699905	579999	2119905	159679
5033257	3309973	1723284	834513	888771	11032
4585550	2056266	2529284	596955	1932329	236718
1239266	395288	843978	270281	573697	202227
2103850	1090633	1013217	373634	639583	77211
5767474	2811050	2956423	545144	2411279	240337
2992677	1592973	1399704	315442	1084262	141528
3429334	1778159	1651175	327734	1323441	135424
491539	228848	262691	64671	198020	291211
2746940	1147636	1599304	335497	1263807	186863
1852023	810424	1041599	248916	792684	96320
573607	310687	262920	87851	175069	144107
564457	280090	284367	82674	201693	19940
1827217	914343	912874	286248	626626	470473
89050	48557	40493	18990	21503	
295841	172021	123820	77768	46052	
44137	32433	11705	9437	2268	785
333872	133192	200681	55540	145141	

6-36 一般公共预算教育事业费和

地区	合计	个人部分	工资福利支出	对个人和家庭的补助支出	#助学金
合计	**368058907**	**272453876**	**238567992**	**33885883**	**20153141**
北京	2868097	1878656	1831023	47633	38295
天津	2129836	1865839	1796023	69816	119
河北	18488930	13256679	12017621	1239058	694511
山西	8140480	6438846	5936153	502693	294766
内蒙古	6425140	4695124	4278751	416372	320971
辽宁	5410231	4524876	4266633	258243	100287
吉林	6035705	4375568	3724656	650912	140129
黑龙江	8171030	5995845	4912023	1083822	100176
上海	1521414	1184538	1147201	37336	33580
江苏	18642624	14911247	13933641	977606	174081
浙江	15290188	11538279	10568873	969406	495100
安徽	18172593	13085596	11267063	1818533	927236
福建	11372567	8955413	8508524	446889	185522
江西	16162463	9090765	8152079	938686	527650
山东	26555872	20273737	18540340	1733397	673362
河南	25055727	16307321	14353442	1953879	1664034
湖北	13869295	10732923	9507256	1225667	571069
湖南	19270246	14040430	11787456	2252975	1263474
广东	20969208	15932529	14554138	1378391	509829
广西	15709773	10887506	8718072	2169434	1665181
海南	3337462	1895969	1791729	104240	68567
重庆	8639872	6458811	5718834	739977	590881
四川	23472466	17464655	14761769	2702886	1747851
贵州	15983075	12848870	10311968	2536902	1796255
云南	19611436	16046677	13365048	2681630	2513947
西藏	2807063	2024313	1530705	493608	440615
陕西	10070771	7136968	6083918	1053050	738159
甘肃	8832200	6884260	5172258	1712003	671429
青海	2897989	2180275	1863041	317233	224898
宁夏	2111153	1526756	1328391	198365	158678
新疆	10033997	8014604	6839366	1175238	822488
大连	515593	426543	414829	11714	16
宁波	1630601	1334760	1258659	76101	45881
厦门	314043	269120	235324	33796	6959
青岛	1827161	1493289	1269854	223434	65217
深圳					

基本建设支出明细(地方农村初中)

单位：千元

公用部分	商品和服务支出	其他资本性支出		基本建设支出
			专项公用支出	专项项目支出	
91615867	**42278379**	**49337488**	**11598117**	**37739371**	**3989164**
962363	631833	330530	192980	137550	27078
263997	193576	70421	26576	43845	
5075389	2342787	2732602	869011	1863591	156861
1664280	1069451	594829	201929	392900	37355
1662771	801370	861401	300918	560483	67245
872711	578525	294186	91731	202454	12644
1595314	692119	903194	225408	677786	64823
2132936	1124805	1008130	308109	700021	42250
336877	289351	47526	46433	1092	
3730977	1781446	1949531	457019	1492512	400
3204671	1643050	1561621	448640	1112981	547238
4965974	2231033	2734942	715416	2019525	121023
2369562	1057860	1311702	359419	952283	47592
6910463	1585756	5324706	838776	4485931	161236
6210805	2293155	3917650	628227	3289423	71330
8519053	3777670	4741383	723441	4017942	229354
3136373	1229201	1907171	265528	1641643	
5070137	2370233	2699905	579999	2119905	159679
5025647	3304967	1720680	833119	887562	11032
4585550	2056266	2529284	596955	1932329	236718
1239266	395288	843978	270281	573697	202227
2103850	1090633	1013217	373634	639583	77211
5767474	2811050	2956423	545144	2411279	240337
2992677	1592973	1399704	315442	1084262	141528
3429334	1778159	1651175	327734	1323441	135424
491539	228848	262691	64671	198020	291211
2746940	1147636	1599304	335497	1263807	186863
1851620	810277	1041343	248834	792509	96320
573607	310687	262920	87851	175069	144107
564457	280090	284367	82674	201693	19940
1559254	778283	780971	236719	544252	460140
89050	48557	40494	18990	21503	
295841	172021	123820	77768	46052	
44137	32433	11705	9437	2268	785
333872	133192	200681	55540	145141	

6-37 一般公共预算教育事业费和

地区	合计	个人部分	工资福利支出	对个人和家庭的补助支出	#助学金
合计	**504212**	**380934**	**360942**	**19992**	**158**
北京	35529	17722	17596	126	
天津	26369	25439	24146	1292	
河北					
山西					
内蒙古					
辽宁					
吉林	2482	2198	1304	894	
黑龙江					
上海	26322	18401	17611	790	151
江苏	122152	90402	85695	4707	7
浙江	220749	167026	158990	8036	
安徽					
福建					
江西					
山东	18360	18050	17984	66	
河南					
湖北	7168	6410	6400	10	
湖南	1455	1390	1360	30	
广东	40833	33898	29857	4041	
广西	2792				
海南					
重庆					
四川					
贵州					
云南					
西藏					
陕西					
甘肃					
青海					
宁夏					
新疆					
大连					
宁波					
厦门					
青岛					
深圳					

基本建设支出明细(成人中学)

单位：千元

公用部分	商品和服务支出	其他资本性支出	专项公用支出	专项项目支出	基本建设支出
120670	**89972**	**30699**	**8207**	**22492**	**2608**
17808	16259	1549	1510	39	
931	787	144	144		
284	254	30	30		
7921	7602	319	319		
31750	18804	12946	2999	9946	
51115	40298	10817	2873	7944	2608
310	297	13	13		
759	586	173	46	127	
65	65				
6936	5021	1915	271	1644	
2792		2792		2792	

6-38 一般公共预算教育事业费和

地区	合计	个人部分	工资福利支出	对个人和家庭的补助支出	#助学金
合计	**1013843396**	**732186133**	**639712027**	**92474106**	**39448918**
北京	26757991	16861414	16635919	225496	170503
天津	12174828	9570958	8877801	693156	58417
河北	49550600	36159215	32302458	3856757	1263823
山西	21856721	16608293	15179078	1429215	568237
内蒙古	17400956	13075155	11936863	1138293	694139
辽宁	18652078	14496957	13333046	1163911	276551
吉林	15606143	11887800	9521303	2366498	239976
黑龙江	18881147	14860204	11617787	3242417	250638
上海	15377518	10778107	10250774	527333	433363
江苏	63174933	49295570	44237271	5058299	1176384
浙江	48317475	36588160	33758080	2830080	1237923
安徽	40628341	28101140	24233632	3867508	1316064
福建	31937253	23099504	21378127	1721378	500387
江西	38100993	22779641	20138015	2641626	1278249
山东	63469732	48226470	44068905	4157564	944281
河南	55863081	35993153	32078393	3914760	3173012
湖北	36305512	25918897	22967340	2951557	1097313
湖南	42455860	30163775	25724002	4439773	2277370
广东	95066998	69963887	58923981	11039906	2284065
广西	36851265	25009376	21728011	3281365	1843435
海南	9001127	5552421	5119399	433021	241674
重庆	23935763	16672483	14912853	1759631	1247483
四川	53817235	38070032	31564844	6505188	3606691
贵州	35907955	27871716	22310490	5561226	2613299
云南	42814893	33906863	29006209	4900653	4359011
西藏	8968588	5914572	4227668	1686905	1492338
陕西	27420175	17562235	14774774	2787460	1592548
甘肃	20818254	15738874	11396908	4341966	1212670
青海	7167868	5060176	4350585	709590	493662
宁夏	5788139	3767762	3409719	358043	289027
新疆	29773973	22631323	19747791	2883532	1216383
大连	3826965	2777405	2434370	343035	25988
宁波	6779306	5587345	5254453	332891	140344
厦门	4243313	3316665	2946412	370254	48266
青岛	8574539	6655542	5905796	749746	65203
深圳	17352234	11314318	9033058	2281261	243182

基本建设支出明细(小学)

单位：千元

公用部分	商品和服务支出	其他资本性支出	专项公用支出	专项项目支出	基本建设支出
267518822	**134731806**	**132787015**	**35585812**	**97201204**	**14138441**
9274441	7435377	1839064	1291401	547663	622136
2561870	1877238	684632	319750	364882	42000
13162760	6266809	6895952	2261624	4634328	228625
5102054	3130825	1971229	744035	1227194	146375
4157850	2151312	2006539	725934	1280604	167951
3975125	2663234	1311891	402425	909466	179996
3582226	1991069	1591157	456619	1134537	136117
3893493	2165187	1728307	495411	1232896	127450
4569995	3534657	1035338	746475	288863	29416
13787182	7008232	6778950	1916211	4862739	92181
10688468	6055804	4632664	1407604	3225060	1040847
12356256	5070534	7285722	1649602	5636120	170946
8494228	3812170	4682058	1386828	3295230	343521
14875605	3810031	11065574	1889506	9176068	445747
15194434	6675614	8518820	1749949	6768871	48828
19053580	9172060	9881520	1711673	8169847	816348
10386615	4729351	5657264	1038728	4618535	
11883974	5628646	6255327	2056310	4199018	408111
22628952	15435192	7193760	3595436	3598324	2474158
11302527	4655542	6646985	1693598	4953387	539362
3295612	1333317	1962295	724745	1237550	153095
6468907	3765250	2703657	865919	1837738	794373
14828287	7267054	7561233	1363297	6197936	918916
7689222	3776001	3913222	665057	3248165	347017
8480577	3764635	4715942	933255	3782688	427454
2548053	879862	1668191	292711	1375481	505962
9459238	4277030	5182208	1190988	3991221	398702
4794629	2012430	2782199	629175	2153024	284751
1498889	736948	761941	202918	559023	608804
1921396	787207	1134189	363194	770995	98980
5602376	2863190	2739185	815433	1923752	1540275
930264	669350	260914	122710	138204	119296
1190502	767835	422667	145819	276848	1460
782012	523700	258312	186586	71726	144635
1918997	902410	1016587	214135	802452	
4023629	3636871	386758	320100	66658	2014287

6-39 一般公共预算教育事业费和

地区	合计	个人部分	工资福利支出	对个人和家庭的补助支出	#助学金
合计	**1010377069**	**729570487**	**637433620**	**92136867**	**39365541**
北京	26516486	16695538	16488304	207234	170210
天津	12144336	9548173	8861383	686791	58417
河北	49550600	36159215	32302458	3856757	1263823
山西	21854131	16605808	15176593	1429215	568237
内蒙古	17400956	13075155	11936863	1138293	694139
辽宁	18652078	14496957	13333046	1163911	276551
吉林	15606143	11887800	9521303	2366498	239976
黑龙江	18707078	14717871	11511642	3206228	250456
上海	15367384	10769970	10242861	527108	433363
江苏	63174933	49295570	44237271	5058299	1176384
浙江	48317475	36588160	33758080	2830080	1237923
安徽	40628341	28101140	24233632	3867508	1316064
福建	31937253	23099504	21378127	1721378	500387
江西	38100993	22779641	20138015	2641626	1278249
山东	63469732	48226470	44068905	4157564	944281
河南	55858239	35990110	32075349	3914760	3173012
湖北	36198495	25848041	22909470	2938571	1097313
湖南	42447717	30157177	25717405	4439773	2277370
广东	94979980	69885695	58852792	11032904	2283617
广西	36851265	25009376	21728011	3281365	1843435
海南	9001127	5552421	5119399	433021	241674
重庆	23907560	16651504	14894791	1756713	1247483
四川	53817148	38070027	31564844	6505184	3606687
贵州	35907955	27871716	22310490	5561226	2613299
云南	42814893	33906863	29006209	4900653	4359011
西藏	8968588	5914572	4227668	1686905	1492338
陕西	27320540	17486498	14702083	2784415	1592548
甘肃	20803908	15727654	11385778	4341876	1212579
青海	7167868	5060176	4350585	709590	493662
宁夏	5788139	3767762	3409719	358043	289027
新疆	27115729	20623922	17990542	2633380	1134025
大连	3826965	2777405	2434370	343035	25988
宁波	6779306	5587345	5254453	332891	140344
厦门	4243313	3316665	2946412	370254	48266
青岛	8574539	6655542	5905796	749746	65203
深圳	17352234	11314318	9033058	2281261	243182

基本建设支出明细(地方小学)

单位：千元

公用部分	商品和服务支出	其他资本性支出			基本建设支出
			专项公用支出	专项项目支出	
266691237	**134280538**	**132410698**	**35422713**	**96987985**	**14115345**
9198812	7379534	1819278	1277205	542073	622136
2554162	1872344	681818	318556	363262	42000
13162760	6266809	6895952	2261624	4634328	228625
5101949	3130720	1971229	744035	1227194	146375
4157850	2151312	2006539	725934	1280604	167951
3975125	2663234	1311891	402425	909466	179996
3582226	1991069	1591157	456619	1134537	136117
3861757	2147068	1714689	486777	1227912	127450
4567998	3532696	1035302	746439	288863	29416
13787182	7008232	6778950	1916211	4862739	92181
10688468	6055804	4632664	1407604	3225060	1040847
12356256	5070534	7285722	1649602	5636120	170946
8494228	3812170	4682058	1386828	3295230	343521
14875605	3810031	11065574	1889506	9176068	445747
15194434	6675614	8518820	1749949	6768871	48828
19051781	9170283	9881498	1711651	8169847	816348
10350454	4705870	5644584	1026108	4618476	
11882428	5627101	6255327	2056310	4199018	408111
22620126	15428321	7191805	3593735	3598070	2474158
11302527	4655542	6646985	1693598	4953387	539362
3295612	1333317	1962295	724745	1237550	153095
6461683	3759007	2702676	864938	1837738	794373
14828204	7266971	7561233	1363297	6197936	918916
7689222	3776001	3913222	665057	3248165	347017
8480577	3764635	4715942	933255	3782688	427454
2548053	879862	1668191	292711	1375481	505962
9435340	4261597	5173743	1187920	3985823	398702
4791503	2011644	2779859	629065	2150794	284751
1498889	736948	761941	202918	559023	608804
1921396	787207	1134189	363194	770995	98980
4974628	2549062	2425566	694899	1730667	1517179
930264	669350	260914	122710	138204	119296
1190502	767835	422667	145819	276848	1460
782012	523700	258312	186586	71726	144635
1918997	902410	1016587	214135	802452	
4023629	3636871	386758	320100	66658	2014287

6-40 一般公共预算教育事业费和

地区	合计	个人部分			
			工资福利支出	对个人和家庭的补助支出	
					#助学金
合计	**1013831288**	**732179399**	**639705293**	**92474106**	**39448918**
北京	26754260	16861414	16635919	225496	170503
天津	12174828	9570958	8877801	693156	58417
河北	49550600	36159215	32302458	3856757	1263823
山西	21856721	16608293	15179078	1429215	568237
内蒙古	17400956	13075155	11936863	1138293	694139
辽宁	18652078	14496957	13333046	1163911	276551
吉林	15606143	11887800	9521303	2366498	239976
黑龙江	18881147	14860204	11617787	3242417	250638
上海	15377518	10778107	10250774	527333	433363
江苏	63174933	49295570	44237271	5058299	1176384
浙江	48317475	36588160	33758080	2830080	1237923
安徽	40628341	28101140	24233632	3867508	1316064
福建	31929172	23092918	21371540	1721378	500387
江西	38100993	22779641	20138015	2641626	1278249
山东	63469732	48226470	44068905	4157564	944281
河南	55863081	35993153	32078393	3914760	3173012
湖北	36305512	25918897	22967340	2951557	1097313
湖南	42455860	30163775	25724002	4439773	2277370
广东	95066998	69963887	58923981	11039906	2284065
广西	36851215	25009376	21728011	3281365	1843435
海南	9001127	5552421	5119399	433021	241674
重庆	23935518	16672335	14912705	1759631	1247483
四川	53817235	38070032	31564844	6505188	3606691
贵州	35907955	27871716	22310490	5561226	2613299
云南	42814893	33906863	29006209	4900653	4359011
西藏	8968588	5914572	4227668	1686905	1492338
陕西	27420175	17562235	14774774	2787460	1592548
甘肃	20818254	15738874	11396908	4341966	1212670
青海	7167868	5060176	4350585	709590	493662
宁夏	5788139	3767762	3409719	358043	289027
新疆	29773973	22631323	19747791	2883532	1216383
大连	3826965	2777405	2434370	343035	25988
宁波	6779306	5587345	5254453	332891	140344
厦门	4243313	3316665	2946412	370254	48266
青岛	8574539	6655542	5905796	749746	65203
深圳	17352234	11314318	9033058	2281261	243182

基本建设支出明细(普通小学)

单位：千元

公用部分	商品和服务支出	其他资本性支出			基本建设支出
			专项公用支出	专项项目支出	
267513448	**134727083**	**132786365**	**35585715**	**97200650**	**14138441**
9270710	7431646	1839064	1291401	547663	622136
2561870	1877238	684632	319750	364882	42000
13162760	6266809	6895952	2261624	4634328	228625
5102054	3130825	1971229	744035	1227194	146375
4157850	2151312	2006539	725934	1280604	167951
3975125	2663234	1311891	402425	909466	179996
3582226	1991069	1591157	456619	1134537	136117
3893493	2165187	1728307	495411	1232896	127450
4569995	3534657	1035338	746475	288863	29416
13787182	7008232	6778950	1916211	4862739	92181
10688468	6055804	4632664	1407604	3225060	1040847
12356256	5070534	7285722	1649602	5636120	170946
8492733	3811326	4681407	1386731	3294676	343521
14875605	3810031	11065574	1889506	9176068	445747
15194434	6675614	8518820	1749949	6768871	48828
19053580	9172060	9881520	1711673	8169847	816348
10386615	4729351	5657264	1038728	4618535	
11883974	5628646	6255327	2056310	4199018	408111
22628952	15435192	7193760	3595436	3598324	2474158
11302477	4655492	6646985	1693598	4953387	539362
3295612	1333317	1962295	724745	1237550	153095
6468810	3765152	2703657	865919	1837738	794373
14828287	7267054	7561233	1363297	6197936	918916
7689222	3776001	3913222	665057	3248165	347017
8480577	3764635	4715942	933255	3782688	427454
2548053	879862	1668191	292711	1375481	505962
9459238	4277030	5182208	1190988	3991221	398702
4794629	2012430	2782199	629175	2153024	284751
1498889	736948	761941	202918	559023	608804
1921396	787207	1134189	363194	770995	98980
5602376	2863190	2739185	815433	1923752	1540275
930264	669350	260914	122710	138204	119296
1190502	767835	422667	145819	276848	1460
782012	523700	258312	186586	71726	144635
1918997	902410	1016587	214135	802452	
4023629	3636871	386758	320100	66658	2014287

6-41 一般公共预算教育事业费和

地区	合计	个人部分			
			工资福利支出	对个人和家庭的补助支出	
					#助学金
合计	**1010364961**	**729563753**	**637426886**	**92136867**	**39365541**
北京	26512754	16695538	16488304	207234	170210
天津	12144336	9548173	8861383	686791	58417
河北	49550600	36159215	32302458	3856757	1263823
山西	21854131	16605808	15176593	1429215	568237
内蒙古	17400956	13075155	11936863	1138293	694139
辽宁	18652078	14496957	13333046	1163911	276551
吉林	15606143	11887800	9521303	2366498	239976
黑龙江	18707078	14717871	11511642	3206228	250456
上海	15367384	10769970	10242861	527108	433363
江苏	63174933	49295570	44237271	5058299	1176384
浙江	48317475	36588160	33758080	2830080	1237923
安徽	40628341	28101140	24233632	3867508	1316064
福建	31929172	23092918	21371540	1721378	500387
江西	38100993	22779641	20138015	2641626	1278249
山东	63469732	48226470	44068905	4157564	944281
河南	55858239	35990110	32075349	3914760	3173012
湖北	36198495	25848041	22909470	2938571	1097313
湖南	42447717	30157177	25717405	4439773	2277370
广东	94979980	69885695	58852792	11032904	2283617
广西	36851215	25009376	21728011	3281365	1843435
海南	9001127	5552421	5119399	433021	241674
重庆	23907315	16651356	14894643	1756713	1247483
四川	53817148	38070027	31564844	6505184	3606687
贵州	35907955	27871716	22310490	5561226	2613299
云南	42814893	33906863	29006209	4900653	4359011
西藏	8968588	5914572	4227668	1686905	1492338
陕西	27320540	17486498	14702083	2784415	1592548
甘肃	20803908	15727654	11385778	4341876	1212579
青海	7167868	5060176	4350585	709590	493662
宁夏	5788139	3767762	3409719	358043	289027
新疆	27115729	20623922	17990542	2633380	1134025
大连	3826965	2777405	2434370	343035	25988
宁波	6779306	5587345	5254453	332891	140344
厦门	4243313	3316665	2946412	370254	48266
青岛	8574539	6655542	5905796	749746	65203
深圳	17352234	11314318	9033058	2281261	243182

基本建设支出明细(地方普通小学)

单位：千元

公用部分					基本建设支出
	商品和服务支出	其他资本性支出			
			专项公用支出	专项项目支出	
266685863	**134275815**	**132410048**	**35422616**	**96987431**	**14115345**
9195080	7375802	1819278	1277205	542073	622136
2554162	1872344	681818	318556	363262	42000
13162760	6266809	6895952	2261624	4634328	228625
5101949	3130720	1971229	744035	1227194	146375
4157850	2151312	2006539	725934	1280604	167951
3975125	2663234	1311891	402425	909466	179996
3582226	1991069	1591157	456619	1134537	136117
3861757	2147068	1714689	486777	1227912	127450
4567998	3532696	1035302	746439	288863	29416
13787182	7008232	6778950	1916211	4862739	92181
10688468	6055804	4632664	1407604	3225060	1040847
12356256	5070534	7285722	1649602	5636120	170946
8492733	3811326	4681407	1386731	3294676	343521
14875605	3810031	11065574	1889506	9176068	445747
15194434	6675614	8518820	1749949	6768871	48828
19051781	9170283	9881498	1711651	8169847	816348
10350454	4705870	5644584	1026108	4618476	
11882428	5627101	6255327	2056310	4199018	408111
22620126	15428321	7191805	3593735	3598070	2474158
11302477	4655492	6646985	1693598	4953387	539362
3295612	1333317	1962295	724745	1237550	153095
6461586	3758910	2702676	864938	1837738	794373
14828204	7266971	7561233	1363297	6197936	918916
7689222	3776001	3913222	665057	3248165	347017
8480577	3764635	4715942	933255	3782688	427454
2548053	879862	1668191	292711	1375481	505962
9435340	4261597	5173743	1187920	3985823	398702
4791503	2011644	2779859	629065	2150794	284751
1498889	736948	761941	202918	559023	608804
1921396	787207	1134189	363194	770995	98980
4974628	2549062	2425566	694899	1730667	1517179
930264	669350	260914	122710	138204	119296
1190502	767835	422667	145819	276848	1460
782012	523700	258312	186586	71726	144635
1918997	902410	1016587	214135	802452	
4023629	3636871	386758	320100	66658	2014287

6-42 一般公共预算教育事业费和

地区	合计	个人部分	工资福利支出	对个人和家庭的补助支出	#助学金
合计	**637417783**	**470555821**	**408756292**	**61799529**	**29207281**
北京	4954629	3302778	3228424	74355	59841
天津	3064071	2616407	2432148	184258	259
河北	37326859	27084767	24108804	2975963	1103611
山西	15085997	11798813	10793566	1005247	401695
内蒙古	12614129	9528834	8696377	832458	530647
辽宁	8431871	7010383	6353035	657348	158168
吉林	10399821	8011406	6533633	1477774	182056
黑龙江	12225088	9605838	7351133	2254705	105248
上海	2002619	1560273	1506101	54172	47909
江苏	30338636	23810365	21392066	2418299	322103
浙江	24945439	18952802	17104295	1848506	771908
安徽	31235651	22109140	19030604	3078536	1145731
福建	19285344	14472347	13474891	997456	122813
江西	28627426	17161133	15484326	1676808	783664
山东	37881739	29304191	26923124	2381067	469853
河南	40659983	26895817	24059173	2836644	2341420
湖北	21103664	15529201	13751676	1777525	841881
湖南	29568357	21825073	18545281	3279792	1889187
广东	38672546	28912975	25293281	3619694	949689
广西	29189633	20159798	17198664	2961135	1720365
海南	6472182	4043882	3823936	219946	105677
重庆	14413424	10826151	9503090	1323061	915884
四川	41009027	29295145	24219219	5075926	2854856
贵州	28826795	23294297	18558101	4736196	2450738
云南	34792392	28648448	24673818	3974630	3510106
西藏	7025357	4823270	3502976	1320294	1162628
陕西	18384922	12286331	10119078	2167252	1268765
甘肃	16867521	12881648	9516079	3365568	1133720
青海	5700305	4057580	3443095	614484	471332
宁夏	3698208	2678687	2414601	264086	211806
新疆	22614148	18068040	15721698	2346343	1173718
大连	848146	690838	533900	156939	18
宁波	2793997	2313138	2142385	170753	83606
厦门	805138	674191	482452	191739	6162
青岛	2497535	2120386	1894204	226181	10286
深圳					

基本建设支出明细(农村小学)

单位：千元

公用部分	商品和服务支出	其他资本性支出			基本建设支出
			专项公用支出	专项项目支出	
160261491	**76096945**	**84164545**	**20134364**	**64030181**	**6600471**
1536113	1026783	509330	251191	258140	115737
447665	368590	79075	50825	28250	
10075052	4715918	5359134	1722409	3636725	167040
3198067	1997700	1200368	362376	837992	89116
2974798	1501526	1473272	488302	984969	110497
1408522	927198	481324	133065	348259	12967
2327154	1203603	1123551	302281	821271	61260
2553244	1357163	1196082	278134	917948	66006
442346	393038	49307	44810	4497	
6527271	3186782	3340489	911182	2429308	1000
5295223	3009152	2286072	771096	1514975	697414
8990046	3936432	5053614	1320963	3732651	136466
4693830	2082888	2610942	798771	1812172	119166
11136905	2908534	8228371	1445170	6783200	329388
8535796	3742079	4793717	838845	3954872	41751
13546765	6967108	6579657	1120217	5459441	217401
5574463	2309158	3265304	467361	2797943	
7530895	3846895	3684000	808586	2875414	212389
9726037	5841340	3884698	1787405	2097293	33533
8628632	3601324	5027308	1267554	3759753	401203
2277704	868567	1409137	493463	915674	150595
3452403	1907705	1544698	391986	1152712	134870
10917228	4960138	5957090	911969	5045121	796655
5248897	2813761	2435136	446379	1988757	283601
6000933	2965781	3035152	618802	2416350	143011
1929157	633730	1295427	251300	1044127	272930
5944218	2518606	3425612	626441	2799170	154374
3757472	1559354	2198118	488017	1710101	228402
1121864	515347	606517	149829	456688	520862
969861	481113	488748	146707	342041	49660
3492930	1949633	1543297	438930	1104367	1053178
157307	85053	72255	22822	49433	
480859	336170	144689	76241	68448	
124731	63879	60852	42398	18454	6217
377149	192423	184726	24292	160434	

6-43 一般公共预算教育事业费和

地区	合计	个人部分	工资福利支出	对个人和家庭的补助支出	#助学金
合计	**635011479**	**468712693**	**407136417**	**61576276**	**29136409**
北京	4954629	3302778	3228424	74355	59841
天津	3064071	2616407	2432148	184258	259
河北	37326859	27084767	24108804	2975963	1103611
山西	15083407	11796328	10791081	1005247	401695
内蒙古	12614129	9528834	8696377	832458	530647
辽宁	8431871	7010383	6353035	657348	158168
吉林	10399821	8011406	6533633	1477774	182056
黑龙江	12109339	9513769	7284701	2229068	105097
上海	2002619	1560273	1506101	54172	47909
江苏	30338636	23810365	21392066	2418299	322103
浙江	24945439	18952802	17104295	1848506	771908
安徽	31235651	22109140	19030604	3078536	1145731
福建	19285344	14472347	13474891	997456	122813
江西	28627426	17161133	15484326	1676808	783664
山东	37881739	29304191	26923124	2381067	469853
河南	40659983	26895817	24059173	2836644	2341420
湖北	21103664	15529201	13751676	1777525	841881
湖南	29568357	21825073	18545281	3279792	1889187
广东	38595413	28843818	25231077	3612741	949250
广西	29189633	20159798	17198664	2961135	1720365
海南	6472182	4043882	3823936	219946	105677
重庆	14413424	10826151	9503090	1323061	915884
四川	41009027	29295145	24219219	5075926	2854856
贵州	28826795	23294297	18558101	4736196	2450738
云南	34792392	28648448	24673818	3974630	3510106
西藏	7025357	4823270	3502976	1320294	1162628
陕西	18384922	12286331	10119078	2167252	1268765
甘肃	16853175	12870428	9504950	3365478	1133630
青海	5700305	4057580	3443095	614484	471332
宁夏	3698208	2678687	2414601	264086	211806
新疆	20417662	16399844	14244073	2155770	1103527
大连	848146	690838	533900	156939	18
宁波	2793997	2313138	2142385	170753	83606
厦门	805138	674191	482452	191739	6162
青岛	2497535	2120386	1894204	226181	10286
深圳					

基本建设支出明细(地方农村小学)

单位：千元

公用部分	商品和服务支出	其他资本性支出			基本建设支出
			专项公用支出	专项项目支出	
159718652	**75828267**	**83890384**	**20023265**	**63867119**	**6580134**
1536113	1026783	509330	251191	258140	115737
447665	368590	79075	50825	28250	
10075052	4715918	5359134	1722409	3636725	167040
3197962	1997595	1200368	362376	837992	89116
2974798	1501526	1473272	488302	984969	110497
1408522	927198	481324	133065	348259	12967
2327154	1203603	1123551	302281	821271	61260
2529564	1345570	1183994	271030	912964	66006
442346	393038	49307	44810	4497	
6527271	3186782	3340489	911182	2429308	1000
5295223	3009152	2286072	771096	1514975	697414
8990046	3936432	5053614	1320963	3732651	136466
4693830	2082888	2610942	798771	1812172	119166
11136905	2908534	8228371	1445170	6783200	329388
8535796	3742079	4793717	838845	3954872	41751
13546765	6967108	6579657	1120217	5459441	217401
5574463	2309158	3265304	467361	2797943	
7530895	3846895	3684000	808586	2875414	212389
9718062	5835319	3882743	1785703	2097040	33533
8628632	3601324	5027308	1267554	3759753	401203
2277704	868567	1409137	493463	915674	150595
3452403	1907705	1544698	391986	1152712	134870
10917228	4960138	5957090	911969	5045121	796655
5248897	2813761	2435136	446379	1988757	283601
6000933	2965781	3035152	618802	2416350	143011
1929157	633730	1295427	251300	1044127	272930
5944218	2518606	3425612	626441	2799170	154374
3754346	1558568	2195777	487907	1707871	228402
1121864	515347	606517	149829	456688	520862
969861	481113	488748	146707	342041	49660
2984978	1699459	1285519	336747	948772	1032840
157307	85053	72255	22822	49433	
480859	336170	144689	76241	68448	
124731	63879	60852	42398	18454	6217
377149	192423	184726	24292	160434	

6-44 一般公共预算教育事业费和

地区	合计	个人部分	工资福利支出	对个人和家庭的补助支出	#助学金
合计	**12108**	**6734**	**6734**		
北京	3731				
天津					
河北					
山西					
内蒙古					
辽宁					
吉林					
黑龙江					
上海					
江苏					
浙江					
安徽					
福建	8081	6586	6586		
江西					
山东					
河南					
湖北					
湖南					
广东					
广西	50				
海南					
重庆	245	148	148		
四川					
贵州					
云南					
西藏					
陕西					
甘肃					
青海					
宁夏					
新疆					
大连					
宁波					
厦门					
青岛					
深圳					

基本建设支出明细(成人小学)

单位：千元

	公用部分	商品和服务支出	其他资本性支出	专项公用支出	专项项目支出	基本建设支出
	5374	**4723**	**651**	**97**	**554**	
	3731	3731				
	1495	844	651	97	554	
	50	50				
	97	97				

6-45 一般公共预算教育事业费和

地区	合计	个人部分			
			工资福利支出	对个人和家庭的补助支出	
					#助学金
合计	**13296311**	**8944155**	**8084445**	**859710**	**301225**
北京	454812	339906	333496	6410	3280
天津	243933	164529	153900	10628	173
河北	543764	402161	381689	20472	6639
山西	282173	192590	179133	13457	4175
内蒙古	245949	168799	161276	7523	4983
辽宁	452011	326961	296252	30710	9648
吉林	263098	191054	151510	39543	5706
黑龙江	372419	257595	215084	42511	9189
上海	569298	423676	412586	11089	8424
江苏	1075843	718292	656652	61640	20930
浙江	695390	493754	466106	27648	12464
安徽	451070	249014	220009	29005	11977
福建	491808	350558	319714	30844	17244
江西	315789	174678	151352	23326	7422
山东	1048719	762322	681673	80649	28806
河南	592546	390132	369006	21126	13161
湖北	409388	291356	261414	29942	11532
湖南	461913	326114	293428	32686	12412
广东	1459991	868209	724432	143776	14946
广西	294584	191821	177572	14249	8121
海南	90175	44060	40041	4019	3199
重庆	234897	153220	139991	13230	9959
四川	551201	369213	327371	41842	20741
贵州	371549	276009	233405	42604	13654
云南	422068	261624	237814	23810	18924
西藏	116728	60623	53066	7557	6214
陕西	267548	181119	171044	10074	5631
甘肃	149153	106143	83273	22869	3193
青海	102668	38106	35705	2400	1954
宁夏	71622	41536	38482	3055	2654
新疆	194203	128981	117967	11013	3872
大连	87850	68397	65798	2599	1035
宁波	85775	63983	61061	2922	1583
厦门	74279	34871	32609	2262	620
青岛	171604	137898	113196	24703	6675
深圳	233373	128759	99316	29444	26

基本建设支出明细(特殊教育)

单位：千元

公用部分	商品和服务支出	其他资本性支出	专项公用支出	专项项目支出	基本建设支出
4083100	**2448422**	**1634678**	**730913**	**903765**	**269056**
110992	90007	20985	11106	9879	3914
79405	47799	31606	29796	1810	
141312	88898	52414	31121	21293	291
88453	57711	30742	21214	9528	1129
75115	47335	27780	16257	11523	2035
122093	85176	36917	17886	19031	2957
72045	40049	31995	21965	10030	
114824	62754	52070	27527	24543	
145018	121435	23583	20066	3517	604
266338	143578	122761	45191	77569	91212
178836	137887	40949	23976	16974	22801
202056	77232	124823	35862	88961	
119042	66184	52858	18375	34483	22208
136625	67426	69200	31494	37705	4486
269259	133815	135445	36185	99260	17138
202414	125742	76673	30513	46160	
115845	65737	50108	22934	27174	2187
135799	95537	40262	17984	22279	
546227	288593	257633	103295	154338	45555
101848	63067	38781	24032	14749	915
46115	19926	26189	8264	17925	
81677	57380	24297	13745	10552	
181488	148073	33415	17196	16219	500
95322	76872	18450	11738	6712	218
160444	103951	56493	21643	34850	
28005	7967	20038	9076	10962	28100
86430	45438	40992	16559	24433	
40264	30407	9857	4959	4898	2746
45003	15203	29800	11134	18666	19560
30085	12841	17244	12792	4452	
64722	24404	40318	17030	23288	500
19453	17458	1995	1106	890	
20730	17058	3673	3086	587	1062
17200	12743	4458	2892	1565	22208
33706	20331	13375	2219	11156	
63704	55330	8374	8374		40910

6-46　一般公共预算教育事业费和

地　区	合　计	个人部分	工资福利支　出	对个人和家庭的补助支出	#助学金
合　计	12749427	8552814	7724031	828782	295817
北　京	362322	275301	269787	5513	2540
天　津	225691	148334	139762	8573	173
河　北	543764	402161	381689	20472	6639
山　西	266852	182440	170113	12327	4175
内蒙古	245949	168799	161276	7523	4983
辽　宁	413702	294482	265621	28861	9599
吉　林	254727	184599	147869	36730	5286
黑龙江	368466	255328	212838	42490	9174
上　海	451158	340793	331737	9055	7565
江　苏	1075843	718292	656652	61640	20930
浙　江	681990	484639	457392	27247	12169
安　徽	437664	239828	211826	28002	11977
福　建	491808	350558	319714	30844	17244
江　西	307106	168967	145644	23323	7422
山　东	1048719	762322	681673	80649	28806
河　南	575844	380153	359864	20290	13045
湖　北	395664	282133	253275	28858	10595
湖　南	447037	313049	281969	31080	12394
广　东	1418417	842076	704829	137247	14946
广　西	289378	187446	173355	14092	8121
海　南	90175	44060	40041	4019	3199
重　庆	228032	148168	134973	13195	9946
四　川	508970	341500	300666	40834	20464
贵　州	318003	236921	200869	36052	12300
云　南	410231	251091	228109	22982	18607
西　藏	116728	60623	53066	7557	6214
陕　西	259674	175025	165035	9990	5631
甘　肃	149153	106143	83273	22869	3193
青　海	102668	38106	35705	2400	1954
宁　夏	71622	41536	38482	3055	2654
新　疆	192071	127942	116928	11013	3872
大　连	80736	62407	59967	2440	1035
宁　波	85775	63983	61061	2922	1583
厦　门	74279	34871	32609	2262	620
青　岛	171604	137898	113196	24703	6675
深　圳	226039	123280	94852	28428	26

基本建设支出明细(特殊教育学校)

单位：千元

公用部分	商品和服务支出	其他资本性支出			基本建设支出
			专项公用支出	专项项目支出	
3931689	**2323489**	**1608200**	**712091**	**896110**	**264924**
87021	70970	16051	6222	9829	
77357	45763	31593	29784	1810	
141312	88898	52414	31121	21293	291
83283	53333	29950	21196	8754	1129
75115	47335	27780	16257	11523	2035
116263	79590	36673	17642	19031	2957
70128	38263	31865	21835	10030	
113139	61069	52070	27527	24543	
109762	91498	18263	14992	3272	604
266338	143578	122761	45191	77569	91212
174550	135105	39445	23362	16083	22801
197835	74017	123818	34857	88961	
119042	66184	52858	18375	34483	22208
133653	65568	68085	31494	36591	4486
269259	133815	135445	36185	99260	17138
195691	121865	73826	28935	44891	
111344	61488	49856	22682	27174	2187
133988	94048	39940	17661	22279	
530786	275597	255189	100851	154338	45555
101016	62253	38763	24014	14749	915
46115	19926	26189	8264	17925	
79864	55690	24174	13716	10458	
166969	135275	31694	16134	15560	500
81083	64908	16175	10676	5499	
159141	102721	56420	21570	34850	
28005	7967	20038	9076	10962	28100
84649	45001	39648	16559	23089	
40264	30407	9857	4959	4898	2746
45003	15203	29800	11134	18666	19560
30085	12841	17244	12792	4452	
63630	23312	40318	17030	23288	500
18328	16376	1952	1063	890	
20730	17058	3673	3086	587	1062
17200	12743	4458	2892	1565	22208
33706	20331	13375	2219	11156	
61848	53674	8175	8175		40910

6-47 一般公共预算教育事业费和

地区	合计	个人部分	工资福利支出	对个人和家庭的补助支出	#助学金
合计	**546884**	**391341**	**360413**	**30928**	**5408**
北京	92491	64606	63709	896	739
天津	18243	16194	14139	2056	
河北					
山西	15321	10150	9020	1131	
内蒙古					
辽宁	38309	32479	30631	1848	49
吉林	8371	6455	3641	2813	420
黑龙江	3953	2268	2247	21	15
上海	118139	82883	80849	2034	858
江苏					
浙江	13400	9115	8714	401	295
安徽	13406	9185	8183	1002	
福建					
江西	8683	5711	5708	3	
山东					
河南	16702	9979	9142	836	116
湖北	13724	9223	8138	1085	938
湖南	14876	13064	11458	1606	18
广东	41574	26133	19603	6530	
广西	5207	4375	4218	157	
海南					
重庆	6866	5053	5018	35	13
四川	42231	27713	26705	1008	278
贵州	53546	39089	32536	6553	1353
云南	11837	10534	9705	828	317
西藏					
陕西	7875	6094	6010	84	
甘肃					
青海					
宁夏					
新疆	2132	1039	1039		
大连	7115	5990	5831	159	
宁波					
厦门					
青岛					
深圳	7334	5479	4463	1016	

基本建设支出明细(工读学校)

单位：千元

公用部分	商品和服务支出	其他资本性支出			基本建设支出
			专项公用支出	专项项目支出	
151411	**124933**	**26478**	**18823**	**7655**	**4132**
23972	19037	4934	4884	50	3914
2048	2036	13	13		
5171	4378	792	18	774	
5830	5586	244	244		
1916	1786	131	131		
1685	1685				
35256	29937	5320	5074	246	
4286	2782	1504	614	891	
4220	3215	1005	1005		
2972	1857	1115		1115	
6723	3876	2847	1578	1269	
4501	4248	252	252		
1811	1488	323	323		
15441	12996	2445	2445		
832	813	18	18		
1813	1690	123	29	95	
14518	12798	1720	1062	658	
14239	11964	2275	1062	1213	218
1303	1230	73	73		
1781	437	1344		1344	
1093	1093				
1125	1082	43	43		
1855	1656	199	199		

6-48 一般公共预算教育事业费和

地 区	合 计	个人部分	工资福利支 出	对个人和家庭的补助支出	#助学金
合 计	**149181606**	**92876288**	**82326094**	**10550194**	**6079466**
北 京	8782288	5093676	4936546	157130	1801
天 津	2696921	1860535	1765208	95327	848
河 北	6583539	5035052	4853309	181743	18118
山 西	2194727	1615333	1422534	192798	138867
内蒙古	3390475	2305918	2142238	163680	107018
辽 宁	1545728	979946	921501	58446	19155
吉 林	1548279	973732	862446	111286	21712
黑龙江	1396776	1004871	927575	77296	7504
上 海	8657897	5775111	5704167	70944	50308
江 苏	11233085	7403693	7027835	375858	198039
浙 江	10448083	6531899	6280584	251314	31954
安 徽	3988890	2327198	2113565	213633	112625
福 建	6007245	3923023	3793920	129102	33545
江 西	4189677	1649408	1467359	182049	83229
山 东	6555635	4096815	3690004	406811	257017
河 南	4207940	2480489	2257510	222979	186298
湖 北	3668443	2235933	2039023	196911	96762
湖 南	2644642	1622953	1314396	308557	247548
广 东	8703487	5780001	4189974	1590027	586440
广 西	2901460	1347879	1186700	161180	92434
海 南	1236364	556359	484952	71407	47290
重 庆	2247187	1080823	808060	272763	259458
四 川	7343700	4082079	3355352	726727	517354
贵 州	5916224	4079241	3503809	575431	391820
云 南	4219471	2843692	2577861	265831	240811
西 藏	2338380	1371553	1011263	360289	318281
陕 西	6843398	3837802	3467167	370636	272379
甘 肃	4212245	2928295	2132205	796091	394498
青 海	1166326	593587	457648	135939	101744
宁 夏	646011	342276	272899	69377	47027
新 疆	11667085	7117117	5358484	1758633	1197583
大 连	615308	429029	420656	8373	5575
宁 波	1790867	1320130	1293472	26658	3328
厦 门	1582191	902463	858218	44245	2482
青 岛	1494756	786857	751320	35536	16401
深 圳	2347588	1574075	771088	802987	288410

基本建设支出明细(幼儿园)

单位：千元

公用部分	商品和服务支出	其他资本性支出	专项公用支出	专项项目支出	基本建设支出
53171289	**26258997**	**26912292**	**7305928**	**19606364**	**3134028**
3629394	2723682	905712	653661	252051	59218
836386	442005	394381	91273	303109	
1541501	571704	969798	280064	689734	6985
564176	275683	288492	78769	209723	15219
990031	481519	508513	119787	388726	94526
519848	335486	184362	50751	133611	45934
563397	198992	364405	84673	279732	11150
381800	172522	209278	65617	143661	10105
2871542	2417154	454388	324718	129670	11244
3791003	1917268	1873735	529066	1344670	38388
3749354	2289936	1459418	392446	1066972	166830
1616792	336735	1280057	245598	1034459	44900
2017040	759058	1257981	411779	846202	67183
2444544	369006	2075538	357121	1718417	95725
2457770	897629	1560140	283186	1276954	1050
1683817	547226	1136591	184672	951918	43634
1432509	689534	742975	206296	536679	
1011530	476525	535005	138413	396592	10159
2796691	1742335	1054356	593007	461349	126795
1371116	568892	802224	206137	596087	182464
670653	199979	470674	195318	275356	9351
1165300	725201	440099	161686	278413	1064
2954946	1460201	1494744	257176	1237568	306676
1786896	654422	1132475	208089	924386	50087
1316489	498109	818380	153571	664809	59290
943611	324824	618788	166817	451970	23216
2890144	1476871	1413274	326616	1086657	115451
1214807	550703	664104	161638	502466	69143
408374	205153	203220	29886	173334	164365
303735	88470	215265	25581	189685	
3246094	1862176	1383919	322515	1061404	1303874
157288	144736	12552	11107	1445	28991
470737	284224	186513	29595	156918	
665793	277534	388259	219985	168274	13935
707899	310321	397579	80704	316875	
694552	602993	91559	53239	38320	78962

6-49 一般公共预算教育事业费和

地区	合计	个人部分			
			工资福利支出	对个人和家庭的补助支出	
					#助学金
合计	**147774545**	**91986379**	**81614391**	**10371987**	**6028088**
北京	8447939	4854187	4697957	156230	1801
天津	2694695	1858595	1763268	95327	848
河北	6577777	5029336	4847593	181743	18118
山西	2190655	1613459	1420672	192788	138857
内蒙古	3390475	2305918	2142238	163680	107018
辽宁	1533708	970541	912125	58416	19125
吉林	1548279	973732	862446	111286	21712
黑龙江	1337083	961649	887084	74565	7244
上海	8612020	5738721	5667811	70909	50308
江苏	11206717	7387389	7011820	375569	197762
浙江	10448083	6531899	6280584	251314	31954
安徽	3988836	2327196	2113565	213631	112625
福建	6005745	3921573	3792470	129102	33545
江西	4189677	1649408	1467359	182049	83229
山东	6555635	4096815	3690004	406811	257017
河南	4197935	2470919	2249044	221874	185193
湖北	3666634	2235912	2039023	196890	96741
湖南	2634965	1620671	1312118	308553	247544
广东	8703487	5780001	4189974	1590027	586440
广西	2901460	1347879	1186700	161180	92434
海南	1234647	556193	484952	71241	47123
重庆	2247187	1080823	808060	272763	259458
四川	7343545	4082079	3355352	726727	517354
贵州	5916224	4079241	3503809	575431	391820
云南	4217781	2842361	2576536	265825	240811
西藏	2338380	1371553	1011263	360289	318281
陕西	6841309	3837608	3467149	370459	272203
甘肃	4201709	2918316	2123392	794924	393375
青海	1165797	593058	457480	135578	101383
宁夏	646011	342276	272899	69377	47027
新疆	10790150	6607075	5019645	1587430	1149739
大连	603288	419624	411281	8343	5545
宁波	1790867	1320130	1293472	26658	3328
厦门	1580691	901013	856768	44245	2482
青岛	1494756	786857	751320	35536	16401
深圳	2347588	1574075	771088	802987	288410

基本建设支出明细(地方幼儿园)

单位：千元

公用部分	商品和服务支出	其他资本性支出			基本建设支出
			专项公用支出	专项项目支出	
52718078	**26039249**	**26678829**	**7259556**	**19419273**	**3070088**
3534534	2651267	883268	634125	249143	59218
836100	441719	394381	91273	303109	
1541456	571659	969798	280064	689734	6985
561976	275665	286311	78688	207623	15219
990031	481519	508513	119787	388726	94526
517233	332871	184362	50751	133611	45934
563397	198992	364405	84673	279732	11150
365329	167081	198248	60951	137297	10105
2862055	2407880	454175	324505	129670	11244
3780940	1909448	1871492	528207	1343285	38388
3749354	2289936	1459418	392446	1066972	166830
1616740	336683	1280057	245598	1034459	44900
2016990	759008	1257981	411779	846202	67183
2444544	369006	2075538	357121	1718417	95725
2457770	897629	1560140	283186	1276954	1050
1683382	547178	1136204	184285	951918	43634
1430722	688103	742619	205940	536679	
1004135	469787	534348	137756	396592	10159
2796691	1742335	1054356	593007	461349	126795
1371116	568892	802224	206137	596087	182464
669565	199085	470481	195133	275347	8889
1165300	725201	440099	161686	278413	1064
2954791	1460046	1494744	257176	1237568	306676
1786896	654422	1132475	208089	924386	50087
1316130	497870	818260	153458	664802	59290
943611	324824	618788	166817	451970	23216
2888249	1475419	1412830	326173	1086657	115451
1214250	550546	663704	161638	502066	69143
408374	205153	203220	29886	173334	164365
303735	88470	215265	25581	189685	
2942680	1751554	1191127	303642	887485	1240395
154673	142121	12552	11107	1445	28991
470737	284224	186513	29595	156918	
665743	277484	388259	219985	168274	13935
707899	310321	397579	80704	316875	
694552	602993	91559	53239	38320	78962

6-50 一般公共预算教育事业费和

地 区	合 计	个人部分	工资福利支出	对个人和家庭的补助支出	#助学金
合 计	**77778562**	**49958752**	**43599481**	**6359271**	**4508463**
北 京	1995286	1130244	1125565	4679	919
天 津	413987	294056	278403	15653	632
河 北	4663319	3616767	3540757	76010	9589
山 西	1402061	1086567	949130	137437	106627
内蒙古	2160336	1520692	1423862	96829	65009
辽 宁	370774	250495	241266	9229	5579
吉 林	765936	495643	464974	30669	8920
黑龙江	733477	537676	510461	27215	4451
上 海	1116287	850439	842456	7983	6472
江 苏	4370559	2734932	2571768	163164	117970
浙 江	4289953	2722729	2564771	157958	20512
安 徽	2843307	1691693	1554567	137126	63321
福 建	2904266	2000894	1927818	73077	26084
江 西	3000010	1094863	970870	123993	65312
山 东	3357384	2299980	2061968	238012	159521
河 南	2292373	1463236	1323549	139688	117930
湖 北	1589077	963798	859973	103825	78034
湖 南	1755196	1123508	892423	231086	200832
广 东	2242681	1566436	1321640	244795	181837
广 西	1854677	817910	695277	122634	80903
海 南	841964	385687	345055	40632	29600
重 庆	1227164	612263	393095	219168	211553
四 川	4796093	2746540	2197677	548863	433313
贵 州	4366294	3306769	2840335	466434	347801
云 南	2726571	1929188	1723521	205667	191159
西 藏	1483435	1004941	715020	289921	260571
陕 西	4562821	2796601	2531068	265533	193202
甘 肃	3392440	2362233	1810218	552015	247062
青 海	954261	466558	363059	103499	85115
宁 夏	390958	213013	164002	49011	32615
新 疆	8915618	5872400	4394933	1477467	1156019
大 连	68418	49718	48316	1402	1163
宁 波	637687	474676	465853	8823	2446
厦 门	165944	98110	80940	17170	539
青 岛	372283	219242	211048	8194	7184
深 圳					

基本建设支出明细(农村幼儿园)

单位：千元

公用部分	商品和服务支出	其他资本性支出	专项公用支出	专项项目支出	基本建设支出
26264989	**10931929**	**15333061**	**3426991**	**11906070**	**1554820**
842544	579406	263138	225980	37158	22498
119930	71087	48843	5563	43281	
1041474	334233	707242	205759	501482	5077
309916	148164	161752	40259	121493	5578
561911	268264	293647	61764	231883	77734
103571	65581	37989	11742	26248	16708
266265	71896	194369	28939	165431	4027
185696	83662	102033	33810	68223	10105
265848	232581	33267	33168	99	
1635627	675869	959757	208370	751388	
1463550	792671	670879	182913	487966	103674
1118414	212644	905771	160314	745456	33200
851997	327089	524909	117054	407855	51375
1884121	266370	1617752	286789	1330963	21025
1057403	309798	747606	113264	634342	
816339	252278	564061	54568	509493	12798
625278	179238	446040	73022	373018	
623598	244442	379156	91708	287449	8089
676245	302168	374077	199154	174923	
969977	389779	580197	128062	452135	66790
450987	121766	329221	118743	210478	5290
613837	363914	249923	96498	153425	1064
1828328	714376	1113953	125249	988703	221224
1013666	432885	580781	124203	456578	45859
772274	275909	496366	78224	418142	25108
461858	171808	290050	109615	180436	16637
1741025	962934	778091	159318	618773	25194
976151	435443	540707	108667	432040	54056
347037	151669	195368	26630	168737	140666
177945	55143	122802	11547	111255	
2462174	1438861	1023314	206095	817218	581043
18701	16636	2065	1317	748	
163011	103181	59830	11150	48680	
67833	52409	15424	14989	435	
153041	63759	89282	23214	66068	

6-51 一般公共预算教育事业费和

地区	合计				
		个人部分			
			工资福利支出	对个人和家庭的补助支出	
					#助学金
合 计	**76970383**	**49510388**	**43299875**	**6210512**	**4463318**
北 京	1990696	1128563	1123884	4679	919
天 津	413987	294056	278403	15653	632
河 北	4663319	3616767	3540757	76010	9589
山 西	1397999	1084704	947267	137437	106627
内蒙古	2160336	1520692	1423862	96829	65009
辽 宁	370774	250495	241266	9229	5579
吉 林	765936	495643	464974	30669	8920
黑龙江	700176	515530	489366	26164	4236
上 海	1116287	850439	842456	7983	6472
江 苏	4370559	2734932	2571768	163164	117970
浙 江	4289953	2722729	2564771	157958	20512
安 徽	2843307	1691693	1554567	137126	63321
福 建	2904266	2000894	1927818	73077	26084
江 西	3000010	1094863	970870	123993	65312
山 东	3357384	2299980	2061968	238012	159521
河 南	2292367	1463230	1323549	139682	117924
湖 北	1588989	963798	859973	103825	78034
湖 南	1755176	1123507	892423	231085	200831
广 东	2242681	1566436	1321640	244795	181837
广 西	1854677	817910	695277	122634	80903
海 南	841763	385687	345055	40632	29600
重 庆	1227164	612263	393095	219168	211553
四 川	4796093	2746540	2197677	548863	433313
贵 州	4366294	3306769	2840335	466434	347801
云 南	2726571	1929188	1723521	205667	191159
西 藏	1483435	1004941	715020	289921	260571
陕 西	4562780	2796576	2531050	265526	193195
甘 肃	3382962	2353312	1801406	551907	246998
青 海	954261	466558	363059	103499	85115
宁 夏	390958	213013	164002	49011	32615
新 疆	8159224	5458679	4128796	1329883	1111168
大 连	68418	49718	48316	1402	1163
宁 波	637687	474676	465853	8823	2446
厦 门	165944	98110	80940	17170	539
青 岛	372283	219242	211048	8194	7184
深 圳					

基本建设支出明细(地方农村幼儿园)

单位：千元

公用部分	商品和服务支出	其他资本性支出			基本建设支出
			专项公用支出	专项项目支出	
25965430	**10831583**	**15133847**	**3407012**	**11726836**	**1494565**
839636	577828	261807	224858	36949	22498
119930	71087	48843	5563	43281	
1041474	334233	707242	205759	501482	5077
307716	148146	159571	40178	119393	5578
561911	268264	293647	61764	231883	77734
103571	65581	37989	11742	26248	16708
266265	71896	194369	28939	165431	4027
174541	80365	94176	31217	62959	10105
265848	232581	33267	33168	99	
1635627	675869	959757	208370	751388	
1463550	792671	670879	182913	487966	103674
1118414	212644	905771	160314	745456	33200
851997	327089	524909	117054	407855	51375
1884121	266370	1617752	286789	1330963	21025
1057403	309798	747606	113264	634342	
816339	252278	564061	54568	509493	12798
625190	179150	446040	73022	373018	
623579	244442	379137	91689	287449	8089
676245	302168	374077	199154	174923	
969977	389779	580197	128062	452135	66790
450786	121605	329181	118711	210470	5290
613837	363914	249923	96498	153425	1064
1828328	714376	1113953	125249	988703	221224
1013666	432885	580781	124203	456578	45859
772274	275909	496366	78224	418142	25108
461858	171808	290050	109615	180436	16637
1741010	962919	778091	159318	618773	25194
975594	435287	540307	108667	431640	54056
347037	151669	195368	26630	168737	140666
177945	55143	122802	11547	111255	
2179757	1343829	835928	189962	645965	520788
18701	16636	2065	1317	748	
163011	103181	59830	11150	48680	
67833	52409	15424	14989	435	
153041	63759	89282	23214	66068	

6-52 一般公共预算教育事业费和

地区	合计	个人部分	工资福利支出	对个人和家庭的补助支出	#助学金
合计	**30036322**	**17126199**	**14394844**	**2731355**	
北京	788379	444267	432624	11643	
天津	325137	240633	220985	19648	
河北	784618	555208	466466	88742	
山西	817877	570024	504628	65396	
内蒙古	582420	330767	305330	25436	
辽宁	475826	301955	267090	34865	
吉林	360098	206153	162680	43473	
黑龙江	1113247	469031	327393	141638	
上海	261100	167697	164681	3015	
江苏	1413739	889198	772096	117102	
浙江	1259029	778332	714107	64225	
安徽	1005089	533681	436969	96712	
福建	585061	326219	299329	26891	
江西	642573	346368	260552	85816	
山东	2299393	1571882	1404405	167477	
河南	1049783	494215	445924	48290	
湖北	1248367	752931	636600	116332	
湖南	2147811	1337516	1109110	228407	
广东	3788720	1585557	1196156	389401	
广西	401905	221657	189679	31977	
海南	280693	146371	122824	23547	
重庆	752082	233485	208009	25476	
四川	1842438	993753	759347	234406	
贵州	1448892	934931	759071	175860	
云南	1126628	639475	564488	74987	
西藏	333452	224027	203339	20688	
陕西	698828	336026	292691	43335	
甘肃	926658	557336	386178	171157	
青海	283274	194066	147750	46316	
宁夏	118170	84146	82064	2081	
新疆	875037	659295	552278	107017	
大连	68799	52651	51657	994	
宁波	128720	95736	92059	3677	
厦门	71953	37707	36409	1298	
青岛	342981	205043	189453	15591	
深圳	715593	233691	155103	78588	

基本建设支出明细(教育行政单位)

单位：千元

公用部分	商品和服务支出	其他资本性支出		基本建设支出
		专项公用支出	专项项目支出	

公用部分	商品和服务支出	其他资本性支出	专项公用支出	专项项目支出	基本建设支出
12830962	**10499839**	**2331123**	**1295482**	**1035642**	**79161**
344112	332068	12044	11994	50	
84504	74391	10112	9941	172	
229411	201766	27645	21663	5982	
247853	205405	42448	32658	9791	
251653	230146	21507	13359	8148	
173870	158985	14885	11573	3312	
153946	138351	15595	11306	4289	
644216	348137	296079	108148	187931	
93404	90301	3102	3102		
524541	454500	70041	50189	19853	
478482	428230	50252	27871	22382	2215
466598	352805	113793	78294	35499	4810
258841	226223	32618	23571	9047	
296205	220349	75856	33882	41975	
727511	623228	104283	78368	25915	
555568	516312	39257	30221	9035	
495435	367968	127467	53048	74419	
810295	700233	110062	55289	54773	
2189803	1850201	339601	256145	83456	13360
180248	154444	25804	22444	3360	
134323	125605	8718	8255	463	
518597	327557	191040	22574	168466	
840059	687747	152311	106472	45840	8627
513960	469932	44028	36098	7931	
457273	336469	120804	53081	67723	29880
105294	78096	27198	8851	18347	4131
359008	259966	99042	52471	46570	3795
358240	249604	108636	31967	76668	11083
88777	68568	20209	17877	2332	430
34025	32347	1678	1678		
214912	189905	25007	23094	1913	830
16147	15968	179	179		
32984	29978	3006	2477	529	
34246	32595	1652	1652		
137938	99770	38168	36940	1228	
479824	315845	163979	110128	53851	2078

6-53 一般公共预算教育事业费和

地区	合计	个人部分	工资福利支出	对个人和家庭的补助支出	#助学金
合计	29783935	17010561	14290942	2719619	
北京	608317	362609	351111	11498	
天津	325137	240633	220985	19648	
河北	784618	555208	466466	88742	
山西	817877	570024	504628	65396	
内蒙古	582420	330767	305330	25436	
辽宁	475826	301955	267090	34865	
吉林	360098	206153	162680	43473	
黑龙江	1097378	461691	321911	139780	
上海	261100	167697	164681	3015	
江苏	1413739	889198	772096	117102	
浙江	1259029	778332	714107	64225	
安徽	1005089	533681	436969	96712	
福建	585061	326219	299329	26891	
江西	642573	346368	260552	85816	
山东	2299393	1571882	1404405	167477	
河南	1049783	494215	445924	48290	
湖北	1248367	752931	636600	116332	
湖南	2147811	1337516	1109110	228407	
广东	3788720	1585557	1196156	389401	
广西	401905	221657	189679	31977	
海南	280693	146371	122824	23547	
重庆	752082	233485	208009	25476	
四川	1842438	993753	759347	234406	
贵州	1448892	934931	759071	175860	
云南	1126628	639475	564488	74987	
西藏	333452	224027	203339	20688	
陕西	698828	336026	292691	43335	
甘肃	926658	557336	386178	171157	
青海	283274	194066	147750	46316	
宁夏	118170	84146	82064	2081	
新疆	818580	632654	535372	97283	
大连	68799	52651	51657	994	
宁波	128720	95736	92059	3677	
厦门	71953	37707	36409	1298	
青岛	342981	205043	189453	15591	
深圳	715593	233691	155103	78588	

基本建设支出明细(地方教育行政单位)

单位: 千元

公用部分	商品和服务支出	其他资本性支出	专项公用支出	专项项目支出	基本建设支出
12695043	**10379506**	**2315537**	**1282796**	**1032741**	**78331**
245708	236279	9429	9379	50	
84504	74391	10112	9941	172	
229411	201766	27645	21663	5982	
247853	205405	42448	32658	9791	
251653	230146	21507	13359	8148	
173870	158985	14885	11573	3312	
153946	138351	15595	11306	4289	
635686	344540	291146	105704	185442	
93404	90301	3102	3102		
524541	454500	70041	50189	19853	
478482	428230	50252	27871	22382	2215
466598	352805	113793	78294	35499	4810
258841	226223	32618	23571	9047	
296205	220349	75856	33882	41975	
727511	623228	104283	78368	25915	
555568	516312	39257	30221	9035	
495435	367968	127467	53048	74419	
810295	700233	110062	55289	54773	
2189803	1850201	339601	256145	83456	13360
180248	154444	25804	22444	3360	
134323	125605	8718	8255	463	
518597	327557	191040	22574	168466	
840059	687747	152311	106472	45840	8627
513960	469932	44028	36098	7931	
457273	336469	120804	53081	67723	29880
105294	78096	27198	8851	18347	4131
359008	259966	99042	52471	46570	3795
358240	249604	108636	31967	76668	11083
88777	68568	20209	17877	2332	430
34025	32347	1678	1678		
185926	168958	16968	15467	1501	
16147	15968	179	179		
32984	29978	3006	2477	529	
34246	32595	1652	1652		
137938	99770	38168	36940	1228	
479824	315845	163979	110128	53851	2078

6-54 一般公共预算教育事业费和

地区	合计	个人部分	工资福利支出	对个人和家庭的补助支出	#助学金
合计	**58062501**	**32255799**	**27784972**	**4470827**	
北京	8814372	2448484	2415023	33462	
天津	1278732	857028	789243	67785	
河北	1846128	1439556	1337209	102347	
山西	1079998	761526	661752	99775	
内蒙古	1156049	813256	782284	30972	
辽宁	1924873	1425408	1367210	58198	
吉林	1032717	680146	521563	158583	
黑龙江	1147337	806772	663106	143666	
上海	4306461	1632621	1585951	46669	
江苏	3347394	2212929	1932662	280267	
浙江	4014452	2310365	2171718	138647	
安徽	915913	488139	435551	52588	
福建	1901909	1068563	984463	84100	
江西	1393035	793632	688666	104966	
山东	2384137	1700866	1492950	207917	
河南	2111584	1201267	1157813	43455	
湖北	2586561	1466736	1259751	206985	
湖南	1160659	672859	591083	81776	
广东	5394147	3214683	1673020	1541663	
广西	1299011	771974	679339	92635	
海南	176153	102310	99879	2431	
重庆	868954	380428	316377	64051	
四川	2273203	1490580	1311308	179272	
贵州	423103	245525	199311	46214	
云南	1040578	563795	526757	37038	
西藏	763140	447844	307879	139966	
陕西	1660961	990171	846963	143208	
甘肃	379021	278390	222152	56237	
青海	304754	221582	200998	20584	
宁夏	185218	131238	130298	939	
新疆	891944	637126	432693	204433	
大连	339533	202258	199072	3185	
宁波	658401	356161	332359	23802	
厦门	401364	184285	151973	32311	
青岛	450801	338860	287062	51798	
深圳	1204682	553010	484947	68063	

基本建设支出明细(教育事业单位)

单位：千元

公用部分	商品和服务支出	其他资本性支出		基本建设支出
		专项公用支出	专项项目支出	

公用部分	商品和服务支出	其他资本性支出	专项公用支出	专项项目支出	基本建设支出
25224079	**19312348**	**5911731**	**3035812**	**2875919**	**582623**
6309343	5899156	410187	341121	69066	56544
421704	338001	83703	80819	2884	
401714	313865	87850	41670	46179	4858
310232	219203	91028	53824	37204	8240
342786	175453	167334	76237	91097	7
499464	388480	110985	62601	48383	
352571	259692	92879	57226	35653	
323149	230769	92381	43555	48826	17416
2568555	2194052	374502	308533	65970	105285
1134465	859528	274937	174264	100673	
1679312	1138723	540589	204710	335879	24775
412774	314425	98349	72000	26349	15000
825346	555380	269966	91746	178220	8000
582748	371664	211083	94694	116389	16656
683271	569376	113895	32122	81774	
847517	603424	244092	127265	116828	62800
1118877	494120	624757	220648	404109	948
472800	300332	172468	68595	103873	15000
2008809	1212726	796082	329292	466790	170655
510444	384771	125673	75437	50236	16594
73844	64548	9296	7153	2143	
488526	318670	169856	25372	144484	
761793	633752	128041	93140	34901	20831
177578	167370	10208	9396	812	
476532	367219	109313	63200	46114	252
312135	243385	68750	52128	16622	3161
669790	345128	324662	145754	178908	1000
100632	72824	27807	15921	11886	
80839	45438	35401	33757	1644	2333
53981	41482	12499	12199	300	
222549	189394	33156	21434	11722	32269
137275	86545	50731	26870	23860	
301959	164865	137094	32700	104395	281
217079	191223	25856	14548	11309	
111941	105707	6234	4381	1853	
592924	372912	220012	33032	186980	58748

6-55 一般公共预算教育事业费和

地 区	合 计	个人部分	工资福利支出	对个人和家庭的补助支出	#助学金
合 计	**53428436**	**32067486**	**27621592**	**4445895**	
北 京	4260840	2313050	2295574	17476	
天 津	1278732	857028	789243	67785	
河 北	1845975	1439413	1337066	102347	
山 西	1079998	761526	661752	99775	
内蒙古	1156049	813256	782284	30972	
辽 宁	1924873	1425408	1367210	58198	
吉 林	1032717	680146	521563	158583	
黑龙江	1126800	788767	647935	140831	
上 海	4306461	1632621	1585951	46669	
江 苏	3347394	2212929	1932662	280267	
浙 江	4014452	2310365	2171718	138647	
安 徽	915913	488139	435551	52588	
福 建	1901909	1068563	984463	84100	
江 西	1393035	793632	688666	104966	
山 东	2384137	1700866	1492950	207917	
河 南	2111584	1201267	1157813	43455	
湖 北	2586561	1466736	1259751	206985	
湖 南	1160659	672859	591083	81776	
广 东	5394147	3214683	1673020	1541663	
广 西	1299011	771974	679339	92635	
海 南	176153	102310	99879	2431	
重 庆	868954	380428	316377	64051	
四 川	2273203	1490580	1311308	179272	
贵 州	423103	245525	199311	46214	
云 南	1040578	563795	526757	37038	
西 藏	763140	447844	307879	139966	
陕 西	1660961	990171	846963	143208	
甘 肃	379021	278390	222152	56237	
青 海	304754	221582	200998	20584	
宁 夏	185218	131238	130298	939	
新 疆	832101	602395	404075	198320	
大 连	339533	202258	199072	3185	
宁 波	658401	356161	332359	23802	
厦 门	401364	184285	151973	32311	
青 岛	450801	338860	287062	51798	
深 圳	1204682	553010	484947	68063	

基本建设支出明细(地方教育事业单位)

单位：千元

公用部分	商品和服务支出	其他资本性支出	专项公用支出	专项项目支出	基本建设支出
20778710	**14971719**	**5806991**	**2931231**	**2875760**	**582240**
1891628	1573055	318573	249507	69066	56161
421704	338001	83703	80819	2884	
401704	313855	87850	41670	46179	4858
310232	219203	91028	53824	37204	8240
342786	175453	167334	76237	91097	7
499464	388480	110985	62601	48383	
352571	259692	92879	57226	35653	
320617	228538	92079	43386	48694	17416
2568555	2194052	374502	308533	65970	105285
1134465	859528	274937	174264	100673	
1679312	1138723	540589	204710	335879	24775
412774	314425	98349	72000	26349	15000
825346	555380	269966	91746	178220	8000
582748	371664	211083	94694	116389	16656
683271	569376	113895	32122	81774	
847517	603424	244092	127265	116828	62800
1118877	494120	624757	220648	404109	948
472800	300332	172468	68595	103873	15000
2008809	1212726	796082	329292	466790	170655
510444	384771	125673	75437	50236	16594
73844	64548	9296	7153	2143	
488526	318670	169856	25372	144484	
761793	633752	128041	93140	34901	20831
177578	167370	10208	9396	812	
476532	367219	109313	63200	46114	252
312135	243385	68750	52128	16622	3161
669790	345128	324662	145754	178908	1000
100632	72824	27807	15921	11886	
80839	45438	35401	33757	1644	2333
53981	41482	12499	12199	300	
197437	177106	20331	8637	11694	32269
137275	86545	50731	26870	23860	
301959	164865	137094	32700	104395	281
217079	191223	25856	14548	11309	
111941	105707	6234	4381	1853	
592924	372912	220012	33032	186980	58748

6-56 一般公共预算教育事业费和

地区	合计	个人部分	工资福利支出	对个人和家庭的补助支出	#助学金
合计	46882567	14721571	12494461	2227110	29093
北京	5717575	700672	534982	165690	16941
天津	608399	203629	188392	15238	
河北	970871	528400	476624	51776	
山西	978690	440461	380461	60000	
内蒙古	643343	303000	295672	7328	
辽宁	1479809	484814	375848	108966	
吉林	749465	326098	253168	72931	406
黑龙江	581385	355421	287202	68219	385
上海	1015422	252996	241904	11091	3857
江苏	1783833	756507	670837	85670	1064
浙江	2821437	939118	652722	286396	1100
安徽	913207	344632	313344	31289	
福建	1754479	400625	380204	20421	1585
江西	1521965	359636	315052	44584	
山东	2495359	1002906	926293	76613	
河南	1923377	516587	502961	13626	
湖北	2702068	823232	683785	139446	663
湖南	1223367	570443	519405	51038	867
广东	2235789	754810	618301	136509	1198
广西	883319	302520	282180	20340	
海南	297379	57761	57497	265	
重庆	492567	178262	174596	3666	
四川	2149153	672046	574199	97847	1028
贵州	823895	423061	348902	74158	
云南	1117080	512638	505360	7278	
西藏	327998	109782	106475	3307	
陕西	1526648	309196	287188	22008	
甘肃	719787	295009	227606	67403	
青海	548820	167577	164902	2675	
宁夏	190635	85129	84404	726	
新疆	5685447	1544603	1063995	480608	
大连	157760	48851	47850	1001	
宁波	163696	84849	80576	4272	
厦门	101517	49378	45945	3433	
青岛	224665	121002	107971	13031	
深圳	586920	105906	76899	29008	

基本建设支出明细(其他教育机构)

单位：千元

公用部分	商品和服务支出	其他资本性支出	专项公用支出	专项项目支出	基本建设支出
29539833	**18288204**	**11251629**	**3226912**	**8024717**	**2621163**
5011484	4754933	256551	226238	30313	5420
274466	268325	6141	5484	657	130303
360842	296879	63963	15783	48180	81629
435863	234312	201551	28324	173227	102366
329285	151039	178246	18648	159598	11058
980458	735156	245301	56592	188709	14537
399928	354243	45685	20874	24812	23438
225964	158724	67240	24146	43093	
742364	682490	59875	56097	3778	20061
1024529	555211	469317	47932	421385	2798
1678937	705337	973600	627960	345640	203382
472239	244803	227436	54251	173185	96336
504504	296014	208490	45695	162795	849350
1068585	199631	868954	104891	764063	93743
1488913	773036	715877	38886	676991	3541
1371028	918925	452104	88019	364085	35761
1878836	646888	1231948	196441	1035507	
635684	446058	189626	89910	99716	17241
1403923	827881	576042	79226	496816	77055
576299	293265	283034	55453	227581	4500
239618	178862	60756	5083	55672	
294750	267474	27277	17224	10053	19555
1324374	908014	416360	227520	188840	152733
400814	228781	172033	102490	69542	20
478968	188865	290103	33034	257069	125474
64752	35445	29306	2850	26456	153464
1196102	569326	626775	13129	613646	21350
415387	147101	268286	25186	243100	9391
285788	135182	150606	51832	98774	95455
105506	67504	38002	10130	27872	
3869644	2018499	1851144	857584	993560	271200
108909	88923	19986	4937	15049	
48847	44979	3868	3332	536	30000
52139	43978	8161	2271	5890	
103662	67489	36174	5261	30913	
410195	401907	8288	7890	398	70818

6-57 一般公共预算教育事业费和

地区	合计	个人部分	工资福利支出	对个人和家庭的补助支出	#助学金
合计	**44589962**	**14234332**	**12168204**	**2066128**	**8837**
北京	3906020	352609	332694	19915	1115
天津	608399	203629	188392	15238	
河北	970871	528400	476624	51776	
山西	978690	440461	380461	60000	
内蒙古	643343	303000	295672	7328	
辽宁	1479809	484814	375848	108966	
吉林	749465	326098	253168	72931	406
黑龙江	578609	353066	285191	67875	385
上海	822893	216815	211141	5674	1012
江苏	1783833	756507	670837	85670	1064
浙江	2821437	939118	652722	286396	1100
安徽	913207	344632	313344	31289	
福建	1700523	389016	370179	18837	
江西	1521965	359636	315052	44584	
山东	2495359	1002906	926293	76613	
河南	1923377	516587	502961	13626	
湖北	2702068	823232	683785	139446	663
湖南	1223367	570443	519405	51038	867
广东	2235789	754810	618301	136509	1198
广西	883319	302520	282180	20340	
海南	297379	57761	57497	265	
重庆	492567	178262	174596	3666	
四川	2149153	672046	574199	97847	1028
贵州	823895	423061	348902	74158	
云南	1117080	512638	505360	7278	
西藏	327998	109782	106475	3307	
陕西	1526648	309196	287188	22008	
甘肃	719787	295009	227606	67403	
青海	548820	167577	164902	2675	
宁夏	190635	85129	84404	726	
新疆	5453659	1455573	982826	472747	
大连	157760	48851	47850	1001	
宁波	163696	84849	80576	4272	
厦门	101517	49378	45945	3433	
青岛	224665	121002	107971	13031	
深圳	586920	105906	76899	29008	

基本建设支出明细(地方其他教育机构)

单位：千元

公用部分	商品和服务支出	其他资本性支出	专项公用支出	专项项目支出	基本建设支出
27766152	**16618318**	**11147834**	**3186423**	**7961411**	**2589478**
3547991	3312212	235779	205467	30313	5420
274466	268325	6141	5484	657	130303
360842	296879	63963	15783	48180	81629
435863	234312	201551	28324	173227	102366
329285	151039	178246	18648	159598	11058
980458	735156	245301	56592	188709	14537
399928	354243	45685	20874	24812	23438
225543	158304	67240	24146	43093	
586016	533426	52590	48813	3778	20061
1024529	555211	469317	47932	421385	2798
1678937	705337	973600	627960	345640	203382
472239	244803	227436	54251	173185	96336
462157	256693	205464	42669	162795	849350
1068585	199631	868954	104891	764063	93743
1488913	773036	715877	38886	676991	3541
1371028	918925	452104	88019	364085	35761
1878836	646888	1231948	196441	1035507	
635684	446058	189626	89910	99716	17241
1403923	827881	576042	79226	496816	77055
576299	293265	283034	55453	227581	4500
239618	178862	60756	5083	55672	
294750	267474	27277	17224	10053	19555
1324374	908014	416360	227520	188840	152733
400814	228781	172033	102490	69542	20
478968	188865	290103	33034	257069	125474
64752	35445	29306	2850	26456	153464
1196102	569326	626775	13129	613646	21350
415387	147101	268286	25186	243100	9391
285788	135182	150606	51832	98774	95455
105506	67504	38002	10130	27872	
3758571	1980141	1778431	848176	930254	239515
108909	88923	19986	4937	15049	
48847	44979	3868	3332	536	30000
52139	43978	8161	2271	5890	
103662	67489	36174	5261	30913	
410195	401907	8288	7890	398	70818

第七部分

各地区教育和其他部门各级各类学校生均教育经费支出

7-1 生均教育经费支出(高等学校)

单位：元

地区	教育经费支出	个人和公用部分支出			基本建设支出
			个人部分	公用部分	
合计	**35537.53**	**34704.73**	**18207.34**	**16497.39**	**832.80**
北京	74270.33	72371.70	36198.36	36173.35	1898.63
天津	52596.27	52369.60	22068.00	30301.60	226.68
河北	23272.10	22912.69	13688.05	9224.64	359.42
山西	25931.49	25699.82	13787.16	11912.66	231.67
内蒙古	29002.41	28855.77	15531.16	13324.61	146.64
辽宁	30436.69	29726.45	16329.29	13397.16	710.24
吉林	31354.64	30938.21	16013.76	14924.46	416.43
黑龙江	31338.41	30580.75	16915.33	13665.42	757.66
上海	70301.17	66603.15	29907.35	36695.81	3698.02
江苏	39831.68	39537.39	22156.31	17381.08	294.29
浙江	46135.35	44576.10	21627.43	22948.67	1559.25
安徽	26172.02	25520.61	13539.97	11980.65	651.41
福建	40701.86	40203.66	20358.76	19844.90	498.20
江西	23792.38	23389.63	14266.66	9122.97	402.75
山东	26912.80	26665.25	14900.93	11764.33	247.55
河南	23199.32	22889.47	12093.77	10795.71	309.84
湖北	37334.33	36762.07	21063.91	15698.16	572.26
湖南	25062.68	24799.75	13486.11	11313.64	262.93
广东	43219.08	40557.72	21403.39	19154.33	2661.36
广西	25232.71	24678.78	11436.29	13242.49	553.93
海南	34915.52	33540.10	17284.76	16255.34	1375.42
重庆	32609.87	32422.11	18020.37	14401.74	187.75
四川	30345.73	29790.42	16335.04	13455.38	555.31
贵州	32357.64	31710.87	14786.15	16924.72	646.76
云南	23008.77	22741.97	13345.97	9396.00	266.80
西藏	52550.75	46603.89	25001.28	21602.61	5946.86
陕西	37707.14	36818.66	18833.55	17985.11	888.48
甘肃	31380.91	30633.84	14836.65	15797.19	747.07
青海	52353.02	52134.43	22309.98	29824.45	218.58
宁夏	35496.85	34962.63	18736.40	16226.23	534.22
新疆	27950.19	26411.23	15012.72	11398.51	1538.95
大连	31312.51	30096.76	19040.91	11055.84	1215.75
宁波	42577.48	42154.12	21683.49	20470.63	423.36
厦门	59717.57	55446.26	22920.55	32525.72	4271.31
青岛	55026.43	55026.43	16804.15	38222.27	
深圳	137281.04	100925.91	45825.66	55100.25	36355.13

7-2 生均一般公共预算教育事业费和基本建设支出
(高等学校)

单位：元

地区	一般公共预算教育事业费和基本建设支出	事业费支出			基本建设支出
			个人部分	公用部分	
合　计	**21968.58**	**21152.50**	**12272.66**	**8879.84**	**816.08**
北　京	47366.35	45439.08	27702.69	17736.40	1927.27
天　津	27435.78	27196.28	12179.55	15016.73	239.50
河　北	18145.04	17755.37	10791.91	6963.46	389.67
山　西	14201.62	13998.10	8391.67	5606.42	203.53
内蒙古	19329.69	19176.38	10867.47	8308.92	153.31
辽　宁	17146.00	16616.30	9511.68	7104.62	529.70
吉　林	21925.47	21647.75	11651.40	9996.35	277.72
黑龙江	19024.30	18715.29	12505.52	6209.77	309.01
上　海	44032.38	40098.55	20155.47	19943.08	3933.83
江　苏	22660.98	22353.15	13115.64	9237.50	307.84
浙　江	24110.05	23245.67	13756.62	9489.05	864.38
安　徽	17264.09	16675.97	8980.87	7695.10	588.12
福　建	21702.86	21345.62	10644.28	10701.34	357.24
江　西	17907.84	17491.14	11415.38	6075.76	416.70
山　东	16116.59	15856.95	11494.59	4362.35	259.64
河　南	14639.31	14361.82	7301.05	7060.76	277.50
湖　北	22039.32	21498.43	12798.36	8700.06	540.89
湖　南	16387.46	16135.93	10355.17	5780.76	251.54
广　东	30919.74	27692.64	16347.40	11345.24	3227.10
广　西	14765.64	14122.94	5745.37	8377.56	642.70
海　南	24352.38	22826.08	9845.68	12980.40	1526.30
重　庆	17928.45	17732.29	10425.68	7306.61	196.16
四　川	18238.91	17612.36	11103.99	6508.37	626.56
贵　州	20235.10	19555.84	11691.92	7863.92	679.26
云　南	15696.84	15376.56	10027.07	5349.49	320.28
西　藏	44020.05	37281.68	25379.33	11902.34	6738.38
陕　西	21256.27	20323.29	11196.44	9126.85	932.98
甘　肃	23273.05	22515.68	9525.50	12990.19	757.36
青　海	33897.83	33706.01	13305.89	20400.12	191.82
宁　夏	26666.47	26083.04	14004.27	12078.78	583.43
新　疆	19855.79	18129.33	11765.68	6363.64	1726.46
大　连	21851.13	20475.06	13487.54	6987.51	1376.07
宁　波	23315.83	22809.52	11037.61	11771.91	506.31
厦　门	35282.02	34000.67	15402.47	18598.20	1281.35
青　岛	66314.32	66314.32	20493.47	45820.85	
深　圳	106844.28	66208.00	31286.24	34921.77	40636.28

7-3 生均教育经费支出(中央属高等学校)

单位：元

地 区	教育经费支出	个人和公用部分支出			基本建设支出
			个人部分	公用部分	
合 计	**65849.21**	**64510.61**	**30967.95**	**33542.66**	**1338.61**
北 京	75555.03	73904.37	36302.07	37602.30	1650.66
天 津	108412.74	107923.39	36651.66	71271.72	489.36
河 北	30294.58	29623.05	16420.59	13202.46	671.52
山 西					
内蒙古					
辽 宁	51306.42	49825.21	24405.10	25420.11	1481.20
吉 林	49784.59	49057.65	26297.15	22760.50	726.94
黑龙江	68042.58	65285.46	25332.86	39952.60	2757.12
上 海	86608.35	84626.72	36065.68	48561.04	1981.64
江 苏	54297.20	53224.29	27912.64	25311.65	1072.91
浙 江	75021.96	74812.67	27230.59	47582.08	209.29
安 徽	56704.81	55887.24	24599.42	31287.83	817.57
福 建	73744.69	72324.80	32698.96	39625.84	1419.89
江 西					
山 东	58017.14	56892.29	27300.01	29592.28	1124.85
河 南	69785.44	44200.46	22540.86	21659.60	25584.98
湖 北	58305.66	56656.49	31465.21	25191.28	1649.17
湖 南	50317.51	49055.54	26621.17	22434.38	1261.96
广 东	72622.57	71710.03	33890.04	37819.99	912.54
广 西					
海 南					
重 庆	49627.00	49094.95	24904.82	24190.13	532.05
四 川	54837.25	53922.06	28401.60	25520.46	915.19
贵 州					
云 南					
西 藏					
陕 西	62986.85	61976.20	29992.38	31983.83	1010.65
甘 肃	50867.51	49502.32	26779.03	22723.29	1365.19
青 海					
宁 夏	33473.72	33473.72	17962.28	15511.44	
新 疆					
大 连					
宁 波					
厦 门					
青 岛					
深 圳					

7-4 生均一般公共预算教育事业费和基本建设支出（中央属高等学校）

单位：元

地区	一般公共预算教育事业费和基本建设支出	事业费支出	个人部分	公用部分	基本建设支出
合计	**34450.51**	**33182.91**	**19685.42**	**13497.49**	**1267.60**
北京	43026.78	41196.10	26148.29	15047.81	1830.68
天津	40282.65	39787.50	18767.07	21020.43	495.14
河北	20913.84	20688.85	12048.38	8640.47	225.00
山西					
内蒙古					
辽宁	27823.44	26612.65	15442.96	11169.69	1210.79
吉林	31236.20	30687.50	18243.56	12443.94	548.70
黑龙江	28077.86	27586.66	16663.78	10922.87	491.20
上海	44378.87	42596.37	21998.25	20598.11	1782.50
江苏	29749.42	28574.94	17422.38	11152.55	1174.48
浙江	33998.01	33765.07	19778.11	13986.96	232.94
安徽	25772.48	25646.92	16427.26	9219.67	125.56
福建	31598.23	30127.52	16409.56	13717.96	1470.70
江西					
山东	29271.69	28088.27	16658.18	11430.09	1183.42
河南	65194.07	39609.09	17965.61	21643.48	25584.98
湖北	31167.32	29646.35	17448.43	12197.92	1520.97
湖南	26446.36	25270.72	15575.18	9695.53	1175.64
广东	36064.42	35088.52	20543.60	14544.92	975.90
广西					
海南					
重庆	25885.63	25335.89	15077.59	10258.30	549.74
四川	26895.59	25859.39	15564.96	10294.44	1036.20
贵州					
云南					
西藏					
陕西	34072.48	33005.80	19325.29	13680.51	1066.68
甘肃	32727.21	31305.35	19539.91	11765.44	1421.86
青海					
宁夏	29458.82	29458.82	16501.92	12956.90	
新疆					
大连					
宁波					
厦门					
青岛					
深圳					

7-5 生均教育经费支出(地方高等学校)

单位：元

地 区	教育经费支出	个人和公用部分支出			基本建设支出
			个人部分	公用部分	
合 计	**29077.39**	**28352.38**	**15487.75**	**12864.64**	**725.01**
北 京	69617.20	66820.44	35822.72	30997.72	2796.76
天 津	36305.79	36155.78	17811.64	18344.13	150.01
河 北	22917.68	22574.02	13550.14	9023.88	343.67
山 西	25931.49	25699.82	13787.16	11912.66	231.67
内蒙古	29002.41	28855.77	15531.16	13324.61	146.64
辽 宁	26032.17	25484.64	14624.90	10859.74	547.53
吉 林	26171.49	25842.39	13121.71	12720.68	329.10
黑龙江	22603.45	22321.62	14912.10	7409.52	281.83
上 海	56748.27	51623.77	24789.15	26834.62	5124.50
江 苏	35194.63	35149.93	20311.07	14838.87	44.69
浙 江	41483.14	39706.47	20725.04	18981.43	1776.67
安 徽	22765.49	22132.62	12306.07	9826.55	632.87
福 建	35201.11	34856.34	18304.45	16551.89	344.77
江 西	23792.38	23389.63	14266.66	9122.97	402.75
山 东	23792.30	23632.76	13657.00	9975.76	159.54
河 南	23079.41	22834.62	12066.88	10767.74	244.79
湖 北	26760.12	26730.86	15819.34	10911.52	29.26
湖 南	21881.07	21744.00	11831.35	9912.65	137.07
广 东	38981.16	36067.74	19603.69	16464.05	2913.42
广 西	25232.71	24678.78	11436.29	13242.49	553.93
海 南	34915.52	33540.10	17284.76	16255.34	1375.42
重 庆	27674.36	27586.46	16023.66	11562.80	87.90
四 川	23054.86	22606.68	12742.94	9863.74	448.18
贵 州	32357.64	31710.87	14786.15	16924.72	646.76
云 南	23008.77	22741.97	13345.97	9396.00	266.80
西 藏	52550.75	46603.89	25001.28	21602.61	5946.86
陕 西	28501.67	27657.67	14770.13	12887.55	844.00
甘 肃	28026.31	27385.65	12780.78	14604.87	640.66
青 海	52353.02	52134.43	22309.98	29824.45	218.58
宁 夏	36012.42	35342.06	18933.68	16408.38	670.36
新 疆	27950.19	26411.23	15012.72	11398.51	1538.95
大 连	31312.51	30096.76	19040.91	11055.84	1215.75
宁 波	41533.31	41109.95	21683.49	19426.46	423.36
厦 门	59717.57	55446.26	22920.55	32525.72	4271.31
青 岛	55026.43	55026.43	16804.15	38222.27	
深 圳	137281.04	100925.91	45825.66	55100.25	36355.13

7-6 生均一般公共预算教育事业费和基本建设支出（地方高等学校）

单位：元

地区	一般公共预算教育事业费和基本建设支出	事业费支出	个人部分	公用部分	基本建设支出
合计	**19274.62**	**18555.99**	**10672.77**	**7883.22**	**718.63**
北京	62875.40	60602.94	33257.90	27345.04	2272.46
天津	23469.25	23308.67	10145.62	13163.05	160.57
河北	17995.00	17596.40	10723.82	6872.58	398.59
山西	14201.62	13998.10	8391.67	5606.42	203.53
内蒙古	19329.69	19176.38	10867.47	8308.92	153.31
辽宁	14813.47	14432.55	8215.97	6216.58	380.91
吉林	19088.76	18893.60	9642.96	9250.64	195.16
黑龙江	16873.31	16607.58	11517.57	5090.01	265.72
上海	43723.51	37871.93	18512.76	19359.17	5851.59
江苏	20535.24	20487.30	11824.10	8663.20	47.94
浙江	22486.57	21518.52	12767.97	8750.55	968.05
安徽	16242.73	15599.08	8086.99	7512.09	643.65
福建	19978.17	19815.00	9639.43	10175.57	163.17
江西	17907.84	17491.14	11415.38	6075.76	416.70
山东	14761.94	14597.42	10962.87	3634.55	164.52
河南	14500.22	14292.35	7271.71	7020.64	207.86
湖北	17291.39	17260.29	10379.63	6880.65	31.10
湖南	14978.73	14856.61	9624.11	5232.50	122.12
广东	30062.45	26460.22	15648.16	10812.05	3602.23
广西	14765.64	14122.94	5745.37	8377.56	642.70
海南	24352.38	22826.08	9845.68	12980.40	1526.30
重庆	15587.35	15495.22	9057.03	6438.19	92.13
四川	15608.07	15106.01	9748.26	5357.75	502.06
贵州	20235.10	19555.84	11691.92	7863.92	679.26
云南	15696.84	15376.56	10027.07	5349.49	320.28
西藏	44020.05	37281.68	25379.33	11902.34	6738.38
陕西	16843.21	15956.28	8397.41	7558.87	886.94
甘肃	21513.73	20880.02	7661.92	13218.10	633.71
青海	33897.83	33706.01	13305.89	20400.12	191.82
宁夏	25870.64	25120.93	13292.43	11828.51	749.71
新疆	19855.79	18129.33	11765.68	6363.64	1726.46
大连	21851.13	20175.06	13407.54	6987.31	1376.07
宁波	22067.07	21560.76	11037.61	10523.15	506.31
厦门	35282.02	34000.67	15402.47	18598.20	1281.35
青岛	66314.32	66314.32	20493.47	45820.85	
深圳	106844.28	66208.00	31286.24	34921.77	40636.28

7-7 生均教育经费支出(普通高等学校)

单位：元

地区	教育经费支出	个人和公用部分支出	个人部分	公用部分	基本建设支出
合计	**36286.97**	**35426.16**	**18572.44**	**16853.72**	**860.81**
北京	75141.95	73191.12	36595.57	36595.55	1950.82
天津	53652.72	53418.73	22344.34	31074.39	233.99
河北	23563.66	23191.95	13820.26	9371.69	371.71
山西	25960.61	25726.39	13737.81	11988.57	234.22
内蒙古	29186.28	29037.05	15631.80	13405.26	149.22
辽宁	30131.90	29421.83	16145.38	13276.46	710.07
吉林	31745.34	31313.02	16108.81	15204.21	432.32
黑龙江	31743.37	30961.46	17012.39	13949.07	781.91
上海	71495.83	67674.29	30306.79	37367.50	3821.54
江苏	39910.11	39614.63	22193.61	17421.02	295.48
浙江	47024.93	45403.57	22053.91	23349.66	1621.36
安徽	27141.63	26455.20	14010.52	12444.68	686.43
福建	41557.44	41039.45	20796.05	20243.41	517.99
江西	24640.79	24214.72	14768.41	9446.30	426.08
山东	27005.70	26756.08	14950.52	11805.57	249.62
河南	23497.33	23181.66	12227.02	10954.64	315.67
湖北	37538.34	36961.44	21168.80	15792.64	576.90
湖南	26548.30	26265.33	14330.83	11934.50	282.97
广东	45261.78	42420.75	22325.25	20095.50	2841.03
广西	26021.91	25459.73	11853.30	13606.43	562.18
海南	36709.59	35238.01	18072.49	17165.52	1471.58
重庆	32754.74	32565.87	18102.82	14463.05	188.87
四川	31001.26	30429.62	16711.22	13718.41	571.64
贵州	33507.52	32831.51	15271.49	17560.02	676.01
云南	24776.79	24482.52	14437.83	10044.69	294.27
西藏	52550.75	46603.89	25001.28	21602.61	5946.86
陕西	38796.49	37868.49	19377.32	18491.17	928.00
甘肃	33014.31	32219.56	15586.08	16633.48	794.75
青海	52330.76	52109.72	22194.00	29915.72	221.04
宁夏	35496.85	34962.63	18736.40	16226.23	534.22
新疆	29632.32	27950.42	15810.79	12139.63	1681.90
大连	27907.79	26587.83	16768.00	9819.83	1319.96
宁波	44538.98	44059.34	22371.05	21688.29	479.64
厦门	59631.88	55360.57	22889.56	32471.01	4271.31
青岛	89502.98	89502.98	26080.16	63422.82	
深圳	139742.71	102400.97	46265.48	56135.49	37341.73

7-8 生均一般公共预算教育事业费和基本建设支出（普通高等学校）

单位：元

地区	一般公共预算教育事业费和基本建设支出	事业费支出			基本建设支出
			个人部分	公用部分	
合计	**21792.44**	**20973.62**	**12147.73**	**8825.89**	**818.82**
北京	46963.28	45027.48	27455.61	17571.87	1935.80
天津	27100.57	26860.86	11882.18	14978.68	239.71
河北	17903.72	17511.92	10569.65	6942.27	391.80
山西	14089.73	13885.41	8284.39	5601.03	204.32
内蒙古	19162.28	19008.88	10773.80	8235.08	153.40
辽宁	16919.64	16392.89	9336.79	7056.10	526.75
吉林	21507.49	21228.32	11318.11	9910.21	279.17
黑龙江	18708.91	18399.34	12236.72	6162.62	309.57
上海	43257.06	39323.24	19736.52	19586.71	3933.83
江苏	22643.76	22335.60	13097.66	9237.93	308.17
浙江	23492.87	22622.86	13409.95	9212.91	870.02
安徽	17156.42	16564.52	8917.90	7646.62	591.91
福建	21411.84	21054.30	10429.00	10625.30	357.54
江西	17870.01	17446.78	11346.93	6099.85	423.24
山东	16054.63	15794.88	11447.12	4347.76	259.75
河南	14572.75	14295.26	7250.84	7044.42	277.50
湖北	21999.62	21457.85	12761.80	8696.05	541.77
湖南	16406.91	16152.72	10338.98	5813.74	254.19
广东	30422.05	27193.53	15993.57	11199.97	3228.52
广西	14480.72	13854.56	5726.53	8128.03	626.16
海南	23991.39	22465.09	9645.40	12819.70	1526.30
重庆	17899.39	17703.23	10406.78	7296.46	196.16
四川	18088.76	17464.80	11012.40	6452.40	623.96
贵州	20171.64	19490.04	11619.27	7870.77	681.61
云南	15659.03	15333.31	9973.94	5359.37	325.72
西藏	44020.05	37281.68	25379.33	11902.34	6738.38
陕西	21405.06	20455.77	11282.55	9173.22	949.29
甘肃	23122.06	22364.70	9420.94	12943.76	757.36
青海	33989.09	33795.03	13244.10	20550.93	194.06
宁夏	26666.47	26083.04	14004.27	12078.78	583.43
新疆	19965.05	18182.49	11687.35	6495.14	1782.56
大连	18131.67	16755.65	10507.94	6247.71	1376.02
宁波	22196.61	21669.69	10100.06	11569.63	526.92
厦门	35205.72	33924.36	15377.30	18547.06	1281.35
青岛	64346.83	64346.83	18919.03	45427.80	
深圳	106189.99	65553.76	30807.02	34746.73	40636.24

7-9 生均教育经费支出(中央属普通高等学校)

单位：元

地区	教育经费支出	个人和公用部分支出			基本建设支出
			个人部分	公用部分	
合计	**65788.51**	**64447.54**	**30956.85**	**33490.69**	**1340.97**
北京	75278.64	73618.05	36252.81	37365.24	1660.59
天津	108412.74	107923.39	36651.66	71271.72	489.36
河北	30294.58	29623.05	16420.59	13202.46	671.52
山西					
内蒙古					
辽宁	51709.35	50214.60	24576.78	25637.82	1494.76
吉林	49784.59	49057.65	26297.15	22760.50	726.94
黑龙江	68042.58	65285.46	25332.86	39952.60	2757.12
上海	86608.35	84626.72	36065.68	48561.04	1981.64
江苏	54297.20	53224.29	27912.64	25311.65	1072.91
浙江	75021.96	74812.67	27230.59	47582.08	209.29
安徽	56704.81	55887.24	24599.42	31287.83	817.57
福建	73744.69	72324.80	32698.96	39625.84	1419.89
江西					
山东	58017.14	56892.29	27300.01	29592.28	1124.85
河南	69785.44	44200.46	22540.86	21659.60	25584.98
湖北	58305.66	56656.49	31465.21	25191.28	1649.17
湖南	50317.51	49055.54	26621.17	22434.38	1261.96
广东	72622.57	71710.03	33890.04	37819.99	912.54
广西					
海南					
重庆	49627.00	49094.95	24904.82	24190.13	532.05
四川	54837.25	53922.06	28401.60	25520.46	915.19
贵州					
云南					
西藏					
陕西	62986.85	61976.20	29992.38	31983.83	1010.65
甘肃	50867.51	49502.32	26779.03	22723.29	1365.19
青海					
宁夏	33473.72	33473.72	17962.28	15511.44	
新疆					
大连					
宁波					
厦门					
青岛					
深圳					

7-10　生均一般公共预算教育事业费和基本建设支出
(中央属普通高等学校)

单位：元

地　区	一般公共预算教育事业费和基本建设支出	事业费支出			基本建设支出
			个人部分	公用部分	
合　计	**34442.97**	**33174.18**	**19688.10**	**13486.08**	**1268.78**
北　京	43028.93	41190.56	26187.47	15003.10	1838.37
天　津	40282.65	39787.50	18767.07	21020.43	495.14
河　北	20913.84	20688.85	12048.38	8640.47	225.00
山　西					
内蒙古					
辽　宁	27823.44	26612.65	15442.96	11169.69	1210.79
吉　林	31236.20	30687.50	18243.56	12443.94	548.70
黑龙江	28077.86	27586.66	16663.78	10922.87	491.20
上　海	44378.87	42596.37	21998.25	20598.11	1782.50
江　苏	29749.42	28574.94	17422.38	11152.55	1174.48
浙　江	33998.01	33765.07	19778.11	13986.96	232.94
安　徽	25772.48	25646.92	16427.26	9219.67	125.56
福　建	31598.23	30127.52	16409.56	13717.96	1470.70
江　西					
山　东	29271.69	28088.27	16658.18	11430.09	1183.42
河　南	65194.07	39609.09	17965.61	21643.48	25584.98
湖　北	31167.32	29646.35	17448.43	12197.92	1520.97
湖　南	26446.36	25270.72	15575.18	9695.53	1175.64
广　东	36064.42	35088.52	20543.60	14544.92	975.90
广　西					
海　南					
重　庆	25885.63	25335.89	15077.59	10258.30	549.74
四　川	26895.59	25859.39	15564.96	10294.44	1036.20
贵　州					
云　南					
西　藏					
陕　西	34072.48	33005.80	19325.29	13680.51	1066.68
甘　肃	32727.21	31305.35	19539.91	11765.44	1421.86
青　海					
宁　夏	29458.82	29458.82	16501.92	12956.90	
新　疆					
大　连					
宁　波					
厦　门					
青　岛					
深　圳					

7-11 生均教育经费支出(地方普通高等学校)

单位：元

地 区	教育经费支出	个人和公用部分支出	个人部分	公用部分	基本建设支出
合 计	**29737.94**	**28983.72**	**15823.24**	**13160.49**	**754.22**
北 京	74592.00	71473.49	37974.59	33498.89	3118.51
天 津	36998.13	36841.80	17992.94	18848.86	156.32
河 北	23211.26	22855.24	13684.12	9171.12	356.01
山 西	25960.61	25726.39	13737.81	11988.57	234.22
内蒙古	29186.28	29037.05	15631.80	13405.26	149.22
辽 宁	25601.07	25055.77	14374.95	10680.82	545.30
吉 林	26412.99	26067.75	13097.16	12970.59	345.23
黑龙江	22759.95	22466.87	14953.22	7513.65	293.08
上 海	58145.64	52698.75	25219.47	27479.28	5446.90
江 苏	35273.50	35228.57	20350.51	14878.06	44.93
浙 江	42252.82	40390.77	21171.54	19219.23	1862.05
安 徽	23644.97	22974.05	12758.10	10215.95	670.92
福 建	35949.20	35588.36	18722.11	16866.25	360.85
江 西	24640.79	24214.72	14768.41	9446.30	426.08
山 东	23865.91	23704.91	13700.18	10004.73	161.00
河 南	23375.94	23126.54	12199.98	10926.56	249.41
湖 北	26938.64	26909.02	15913.48	10995.54	29.62
湖 南	23294.37	23145.42	12648.32	10497.10	148.95
广 东	41010.67	37870.01	20528.41	17341.60	3140.66
广 西	26021.91	25459.73	11853.30	13606.43	562.18
海 南	36709.59	35238.01	18072.49	17165.52	1471.58
重 庆	27823.73	27735.16	16114.90	11620.26	88.57
四 川	23574.39	23109.80	13068.70	10041.10	464.59
贵 州	33507.52	32831.51	15271.49	17560.02	676.01
云 南	24776.79	24482.52	14437.83	10044.69	294.27
西 藏	52550.75	46603.89	25001.28	21602.61	5946.86
陕 西	29444.43	28548.38	15273.51	13274.87	896.05
甘 肃	29708.42	29019.30	13513.48	15505.82	689.12
青 海	52330.76	52109.72	22194.00	29915.72	221.04
宁 夏	36012.42	35342.06	18933.68	16408.38	670.36
新 疆	29632.32	27950.42	15810.79	12139.63	1681.90
大 连	27907.79	26587.83	16768.00	9819.83	1319.96
宁 波	43356.01	42876.37	22371.05	20505.32	479.64
厦 门	59631.88	55360.57	22889.56	32471.01	4271.31
青 岛	89502.98	89502.98	26080.16	63422.82	
深 圳	139742.71	102400.97	46265.48	56135.49	37341.73

7-12 生均一般公共预算教育事业费和基本建设支出（地方普通高等学校）

单位：元

地 区	一般公共预算教育事业费和基本建设支出	事业费支出			基本建设支出
			个人部分	公用部分	
合 计	**19048.54**	**18327.32**	**10512.22**	**7815.10**	**721.22**
北 京	61090.70	58805.03	32009.22	26795.81	2285.67
天 津	23025.98	22865.22	9754.05	13111.17	160.75
河 北	17739.42	17338.51	10488.93	6849.58	400.91
山 西	14089.73	13885.41	8284.39	5601.03	204.32
内蒙古	19162.28	19008.88	10773.80	8235.08	153.40
辽 宁	14537.66	14160.34	8002.88	6157.47	377.32
吉 林	18515.54	18319.26	9188.27	9130.99	196.28
黑龙江	16477.98	16211.66	11182.55	5029.11	266.32
上 海	42257.05	36405.47	17720.35	18685.12	5851.58
江 苏	20509.88	20461.88	11798.92	8662.96	48.01
浙 江	21754.96	20779.55	12356.44	8423.11	975.41
安 徽	16114.67	15466.38	8009.95	7456.43	648.29
福 建	19634.69	19471.36	9385.62	10085.74	163.33
江 西	17870.01	17446.78	11346.93	6099.85	423.24
山 东	14693.00	14528.41	10910.28	3618.13	164.59
河 南	14433.47	14225.61	7221.36	7004.25	207.86
湖 北	17219.26	17188.08	10318.03	6870.05	31.18
湖 南	14983.94	14860.36	9596.82	5263.54	123.59
广 东	29481.34	25877.27	15234.98	10642.29	3604.08
广 西	14480.72	13854.56	5726.53	8128.03	626.16
海 南	23991.39	22465.09	9645.40	12819.70	1526.30
重 庆	15549.74	15457.62	9032.56	6425.05	92.13
四 川	15405.47	14907.11	9625.32	5281.80	498.36
贵 州	20171.64	19490.04	11619.27	7870.77	681.61
云 南	15659.03	15333.31	9973.94	5359.37	325.72
西 藏	44020.05	37281.68	25379.33	11902.34	6738.38
陕 西	16940.07	16032.15	8447.65	7584.50	907.92
甘 肃	21334.65	20700.95	7537.92	13163.03	633.70
青 海	33989.09	33795.03	13244.10	20550.93	194.06
宁 夏	25870.64	25120.93	13292.43	11828.51	749.71
新 疆	19965.05	18182.49	11687.35	6495.14	1782.56
大 连	18131.67	16755.65	10507.94	6247.71	1376.02
宁 波	20897.02	20370.09	10100.06	10270.03	526.92
厦 门	35205.72	33924.36	15377.30	18547.06	1281.35
青 岛	64346.83	64346.83	18919.03	45427.80	
深 圳	106189.99	65553.76	30807.02	34746.73	40636.24

7-13 生均教育经费支出(普通高等本科学校)

单位：元

地 区	教育经费支出	个人和公用部分支出	个人部分	公用部分	基本建设支出
合 计	**40944.35**	**39907.30**	**20822.36**	**19084.94**	**1037.05**
北 京	75012.74	73143.67	36470.57	36673.10	1869.07
天 津	62315.95	62025.95	24780.43	37245.52	290.00
河 北	25129.74	24608.55	14883.20	9725.36	521.18
山 西	28164.19	27894.83	14939.88	12954.95	269.37
内蒙古	29787.73	29681.22	16056.76	13624.45	106.51
辽 宁	32493.23	31824.91	17383.81	14441.10	668.32
吉 林	33124.18	32629.90	16847.73	15782.17	494.28
黑龙江	34433.72	33563.73	18029.77	15533.96	869.99
上 海	73098.08	69062.96	31298.48	37764.47	4035.13
江 苏	44904.17	44489.40	24917.63	19571.77	414.77
浙 江	54728.93	52599.46	24399.29	28200.17	2129.47
安 徽	29984.77	29469.55	16112.05	13357.50	515.22
福 建	46114.49	45523.13	23222.79	22300.34	591.36
江 西	27809.57	27378.88	16804.65	10574.23	430.68
山 东	30856.72	30522.06	17060.18	13461.88	334.66
河 南	25558.95	25222.39	13625.94	11596.45	336.56
湖 北	43263.73	42471.63	24412.73	18058.90	792.10
湖 南	29717.10	29366.69	16180.59	13186.10	350.40
广 东	53471.57	49594.88	25404.17	24190.71	3876.69
广 西	27865.48	27237.99	12730.53	14507.45	627.49
海 南	36703.75	34941.76	17815.65	17126.11	1761.98
重 庆	36116.36	35857.71	20140.89	15716.82	258.65
四 川	33341.78	32790.14	18200.86	14589.28	551.64
贵 州	44395.07	43325.48	18741.00	24584.48	1069.58
云 南	26029.16	25668.08	15181.09	10486.99	361.08
西 藏	47579.36	43271.13	27050.49	16220.64	4308.23
陕 西	43923.73	42836.13	21746.28	21089.85	1087.60
甘 肃	33814.97	32761.56	17266.46	15495.10	1053.41
青 海	53255.83	53169.77	25482.75	27687.02	86.06
宁 夏	38422.11	37934.43	19378.63	18555.80	487.68
新 疆	32831.98	31479.35	17643.97	13835.38	1352.63
大 连	32212.50	30125.40	19236.13	10889.27	2087.10
宁 波	52717.78	51978.99	25943.04	26035.95	738.79
厦 门	62183.19	56573.76	24954.90	31618.86	5609.43
青 岛					
深 圳	180939.16	124238.51	48751.89	75486.62	56700.65

7-14 生均一般公共预算教育事业费和基本建设支出（普通高等本科学校）

单位：元

地区	一般公共预算教育事业费和基本建设支出	事业费支出			基本建设支出
			个人部分	公用部分	
合 计	**24172.13**	**23164.59**	**13568.42**	**9596.17**	**1007.54**
北 京	46255.18	44414.67	27214.82	17199.85	1840.51
天 津	30385.25	30086.19	12599.58	17486.61	299.06
河 北	19742.44	19166.48	11834.46	7332.02	575.97
山 西	14716.05	14447.26	8602.11	5845.15	268.79
内蒙古	19128.29	19017.94	10804.66	8213.28	110.35
辽 宁	18009.79	17387.25	10038.08	7349.18	622.54
吉 林	22374.67	22059.18	11813.00	10246.18	315.50
黑龙江	19981.23	19696.32	12893.07	6803.25	284.91
上 海	43869.32	39703.98	20473.49	19230.49	4165.34
江 苏	24357.78	23921.25	14315.58	9605.67	436.54
浙 江	27242.98	26197.75	15449.18	10748.57	1045.23
安 徽	17660.35	17298.26	10200.42	7097.83	362.10
福 建	22701.46	22321.14	11472.00	10849.14	380.32
江 西	19893.93	19420.03	12760.06	6659.97	473.91
山 东	17694.44	17325.23	12589.03	4736.20	369.21
河 南	15181.11	14830.78	7567.85	7262.93	350.33
湖 北	24741.97	23987.78	14376.15	9611.63	754.19
湖 南	18201.87	17848.51	11618.23	6230.28	353.35
广 东	37061.81	32489.00	18780.64	13708.36	4572.81
广 西	15399.22	14667.05	6556.82	8110.23	732.17
海 南	23764.19	21922.23	9568.26	12353.97	1841.96
重 庆	19526.41	19258.15	11388.18	7869.97	268.26
四 川	19397.55	18771.22	12059.87	6711.35	626.33
贵 州	25287.58	24191.24	14278.73	9912.51	1096.33
云 南	16077.44	15667.60	10245.76	5421.83	409.84
西 藏	44962.63	40239.58	27568.38	12671.20	4723.06
陕 西	23892.70	22740.04	12771.29	9968.75	1152.66
甘 肃	23031.25	22018.97	10399.77	11619.20	1012.28
青 海	30231.06	30139.95	14916.70	15223.26	91.11
宁 夏	29723.40	29176.44	14970.01	14206.43	546.97
新 疆	20040.37	18578.39	12551.96	6026.44	1461.98
大 连	21689.05	19458.24	12318.02	7140.22	2230.80
宁 波	24621.09	23801.62	11030.50	12771.12	819.47
厦 门	38285.74	36688.19	16246.30	20441.89	1597.55
青 岛					
深 圳	146408.62	83972.38	33409.01	50563.37	62436.24

7-15 生均教育经费支出(中央属普通高等本科学校)

单位：元

地区	教育经费支出	个人和公用部分支出	个人部分	公用部分	基本建设支出
合计	**66021.29**	**64691.58**	**31061.75**	**33629.83**	**1329.71**
北京	75317.53	73733.15	36305.33	37427.82	1584.38
天津	108412.74	107923.39	36651.66	71271.72	489.36
河北	30294.58	29623.05	16420.59	13202.46	671.52
山西					
内蒙古					
辽宁	51709.35	50214.60	24576.78	25637.82	1494.76
吉林	49784.59	49057.65	26297.15	22760.50	726.94
黑龙江	68042.58	65285.46	25332.86	39952.60	2757.12
上海	87423.77	85407.35	36472.09	48935.26	2016.43
江苏	54297.20	53224.29	27912.64	25311.65	1072.91
浙江	75021.96	74812.67	27230.59	47582.08	209.29
安徽	56704.81	55887.24	24599.42	31287.83	817.57
福建	73744.69	72324.80	32698.96	39625.84	1419.89
江西					
山东	58017.14	56892.29	27300.01	29592.28	1124.85
河南	69785.44	44200.46	22540.86	21659.60	25584.98
湖北	58359.15	56707.86	31495.79	25212.07	1651.29
湖南	52380.75	51051.66	27473.87	23577.78	1329.09
广东	75332.60	74372.78	34873.49	39499.28	959.82
广西					
海南					
重庆	49627.00	49094.95	24904.82	24190.13	532.05
四川	54837.25	53922.06	28401.60	25520.46	915.19
贵州					
云南					
西藏					
陕西	62986.85	61976.20	29992.38	31983.83	1010.65
甘肃	50867.51	49502.32	26779.03	22723.29	1365.19
青海					
宁夏	33473.72	33473.72	17962.28	15511.44	
新疆					
大连					
宁波					
厦门					
青岛					
深圳					

7-16 生均一般公共预算教育事业费和基本建设支出 (中央属普通高等本科学校)

单位：元

地 区	一般公共预算教育事业费和基本建设支出	事业费支出	个人部分	公用部分	基本建设支出
合 计	**34586.17**	**33330.25**	**19784.45**	**13545.80**	**1255.92**
北 京	43003.95	41254.49	26248.86	15005.64	1749.45
天 津	40282.65	39787.50	18767.07	21020.43	495.14
河 北	20913.84	20688.85	12048.38	8640.47	225.00
山 西					
内蒙古					
辽 宁	27823.44	26612.65	15442.96	11169.69	1210.79
吉 林	31236.20	30687.50	18243.56	12443.94	548.70
黑龙江	28077.86	27586.66	16663.78	10922.87	491.20
上 海	44983.72	43167.86	22279.52	20888.34	1815.86
江 苏	29749.42	28574.94	17422.38	11152.55	1174.48
浙 江	33998.01	33765.07	19778.11	13986.96	232.94
安 徽	25772.48	25646.92	16427.26	9219.67	125.56
福 建	31598.23	30127.52	16409.56	13717.96	1470.70
江 西					
山 东	29271.69	28088.27	16658.18	11430.09	1183.42
河 南	65194.07	39609.09	17965.61	21643.48	25584.98
湖 北	31188.69	29665.70	17463.58	12202.12	1522.98
湖 南	27857.00	26617.19	16381.70	10235.48	1239.81
广 东	37511.04	36480.59	21357.97	15122.62	1030.46
广 西					
海 南					
重 庆	25885.63	25335.89	15077.59	10258.30	549.74
四 川	26895.59	25859.39	15564.96	10294.44	1036.20
贵 州					
云 南					
西 藏					
陕 西	34072.48	33005.80	19325.29	13680.51	1066.68
甘 肃	32727.21	31305.35	19539.91	11765.44	1421.86
青 海					
宁 夏	29458.82	29458.82	16501.92	12956.90	
新 疆					
大 连					
宁 波					
厦 门					
青 岛					
深 圳					

7-17 生均教育经费支出(地方普通高等本科学校)

单位：元

地区	教育经费支出	个人和公用部分支出			基本建设支出
			个人部分	公用部分	
合计	**32709.65**	**31768.70**	**17459.98**	**14308.73**	**940.95**
北京	73574.75	70362.51	37250.16	33112.36	3212.24
天津	42096.53	41893.98	19573.36	22320.62	202.55
河北	24741.56	24231.68	14767.65	9464.03	509.88
山西	28164.19	27894.83	14939.88	12954.95	269.37
内蒙古	29787.73	29681.22	16056.76	13624.45	106.51
辽宁	27171.71	26732.25	15391.86	11340.39	439.46
吉林	27013.74	26604.79	13382.02	13222.77	408.95
黑龙江	23525.63	23268.12	15659.47	7608.65	257.51
上海	59347.02	53374.17	26332.40	27041.77	5972.85
江苏	39935.69	39869.04	23333.40	16535.64	66.64
浙江	49321.92	46680.83	23644.90	23035.93	2641.09
安徽	24949.87	24491.63	14512.76	9978.86	458.24
福建	39160.22	38777.40	20837.72	17939.67	382.82
江西	27809.57	27378.88	16804.65	10574.23	430.68
山东	26634.00	26422.19	15468.16	10954.03	211.81
河南	25382.61	25146.72	13590.39	11556.32	235.89
湖北	30228.59	30178.42	18296.39	11882.03	50.17
湖南	24849.79	24709.57	13755.22	10954.35	140.22
广东	48360.83	43802.22	23190.40	20611.82	4558.61
广西	27865.48	27237.99	12730.53	14507.45	627.49
海南	36703.75	34941.76	17815.65	17126.11	1761.98
重庆	30054.23	29918.25	18003.35	11914.90	135.98
四川	23657.20	23269.36	13605.01	9664.35	387.84
贵州	44395.07	43325.48	18741.00	24584.48	1069.58
云南	26029.16	25668.08	15181.09	10486.99	361.08
西藏	47579.36	43271.13	27050.49	16220.64	4308.23
陕西	33104.76	31973.49	17066.34	14907.15	1131.27
甘肃	29089.73	28122.71	14630.53	13492.18	967.02
青海	53255.83	53169.77	25482.75	27687.02	86.06
宁夏	40540.90	39844.41	19985.08	19859.33	696.49
新疆	32831.98	31479.35	17643.97	13835.38	1352.63
大连	32212.50	30125.40	19236.13	10889.27	2087.10
宁波	50686.79	49948.01	25943.04	24004.97	738.79
厦门	62183.19	56573.76	24954.90	31618.86	5609.43
青岛					
深圳	180939.16	124238.51	48751.89	75486.62	56700.65

7-18 生均一般公共预算教育事业费和基本建设支出（地方普通高等本科学校）

单位：元

地区	一般公共预算教育事业费和基本建设支出	事业费支出			基本建设支出
			个人部分	公用部分	
合 计	**20754.46**	**19828.44**	**11528.45**	**8299.99**	**926.02**
北 京	60039.42	57812.88	31310.23	26502.65	2226.54
天 津	25923.02	25712.36	9818.98	15893.38	210.66
河 北	19645.74	19040.80	11816.80	7224.00	604.94
山 西	14716.05	14447.26	8602.11	5845.15	268.79
内蒙古	19128.29	19017.94	10804.66	8213.28	110.35
辽 宁	15145.35	14694.51	8460.48	6234.03	450.83
吉 林	18953.05	18727.60	9330.02	9397.58	225.45
黑龙江	17438.34	17218.22	11708.82	5509.40	220.12
上 海	42785.40	36334.83	18716.85	17617.98	6450.57
江 苏	21690.03	21618.62	12778.34	8840.28	71.41
浙 江	25476.52	24218.88	14317.16	9901.72	1257.64
安 徽	16056.50	15647.64	8969.31	6678.32	408.86
福 建	20471.26	20364.27	10234.27	10130.00	106.98
江 西	19893.93	19420.03	12760.06	6659.97	473.91
山 东	15792.58	15557.13	11920.57	3636.56	235.45
河 南	14968.47	14725.43	7523.64	7201.79	243.04
湖 北	18874.68	18820.19	11566.21	7253.98	54.49
湖 南	15982.58	15832.99	10523.32	5309.66	149.60
广 东	36943.70	31439.51	18102.99	13336.52	5504.19
广 西	15399.22	14667.05	6556.82	8110.23	732.17
海 南	23764.19	21922.23	9568.26	12353.97	1841.96
重 庆	16657.44	16516.17	9723.69	6792.48	141.27
四 川	15949.03	15511.20	10447.79	5063.41	437.82
贵 州	25287.58	24191.24	14278.73	9912.51	1096.33
云 南	16077.44	15667.60	10245.76	5421.83	409.84
西 藏	44962.63	40239.58	27568.38	12671.20	4723.06
陕 西	18527.50	17329.52	9317.03	8012.49	1197.98
甘 肃	20284.74	19388.47	7810.70	11577.77	896.26
青 海	30231.06	30139.95	14916.70	15223.26	91.11
宁 夏	29857.44	29033.38	14193.94	14839.44	824.06
新 疆	20040.37	18578.39	12551.96	6026.44	1461.98
大 连	21689.05	19458.24	12318.02	7140.22	2230.80
宁 波	22368.29	21548.81	11030.50	10518.31	819.47
厦 门	38285.74	36688.19	16246.30	20441.89	1597.55
青 岛					
深 圳	146408.62	83972.38	33409.01	50563.37	62436.24

7-19 生均教育经费支出(地方普通高职高专学校)

单位：元

地区	教育经费支出	个人和公用部分支出	个人部分	公用部分	基本建设支出
合 计	**23659.41**	**23287.14**	**12475.34**	**10811.80**	**372.27**
北 京	80353.85	77766.24	42077.95	35688.29	2587.61
天 津	25468.68	25416.90	14419.02	10997.88	51.78
河 北	19697.20	19694.51	11196.00	8498.51	2.69
山 西	20795.35	20643.50	10920.15	9723.36	151.84
内蒙古	28026.00	27794.38	14811.98	12982.40	231.62
辽 宁	20674.97	19797.71	11185.55	8612.16	877.26
吉 林	23917.72	23837.13	11913.97	11923.16	80.59
黑龙江	20301.50	19894.21	12685.57	7208.64	407.29
上 海	46777.30	46307.39	14688.07	31619.32	469.92
江 苏	28003.74	27992.66	15699.27	12293.39	11.08
浙 江	29700.89	29222.10	16779.84	12442.26	478.79
安 徽	21444.93	20415.45	9799.77	10615.68	1029.48
福 建	28725.70	28414.29	13962.81	14451.48	311.41
江 西	18642.37	18225.02	10913.87	7311.16	417.35
山 东	18697.68	18631.54	10399.22	8232.32	66.14
河 南	19520.38	19245.00	9528.45	9716.55	275.38
湖 北	22198.13	22198.13	12479.92	9718.20	
湖 南	20949.83	20787.72	10979.85	9807.87	162.11
广 东	28523.12	27791.48	16005.81	11785.67	731.64
广 西	21992.26	21572.84	9935.85	11636.99	419.42
海 南	36737.26	36641.29	19289.10	17352.19	95.98
重 庆	23656.75	23656.75	12586.94	11069.81	
四 川	23388.72	22752.03	11866.15	10885.87	636.70
贵 州	18587.19	18450.54	10516.86	7933.68	136.65
云 南	20680.83	20605.08	12006.94	8598.14	75.75
西 藏	68307.10	57166.76	18506.50	38660.26	11140.35
陕 西	21623.26	21229.82	11442.70	9787.12	393.44
甘 肃	30954.64	30825.30	11263.41	19561.89	129.34
青 海	50527.99	50043.90	15784.92	34258.98	484.09
宁 夏	29354.69	28722.75	17387.92	11334.83	631.94
新 疆	24856.09	22682.67	13074.36	9608.31	2173.42
大 连	20500.95	20500.95	12521.22	7979.73	
宁 波	33129.51	33011.38	17388.10	15623.28	118.13
厦 门	51488.04	51488.04	16296.93	35191.10	
青 岛	32657.07	32657.07	15571.99	17085.09	
深 圳	64194.74	62354.29	41705.80	20648.49	1840.45

7-20　生均一般公共预算教育事业费和基本建设支出
(地方普通高职高专学校)

单位：元

地　区	一般公共预算教育事业费和基本建设支出	事业费支出			基本建设支出
			个人部分	公用部分	
合　计	**15792.01**	**15461.74**	**8572.28**	**6889.46**	**330.27**
北　京	66763.65	64158.88	35781.15	28377.73	2604.76
天　津	16708.62	16656.69	9612.48	7044.21	51.93
河　北	14019.00	14016.29	7897.44	6118.85	2.71
山　西	12679.66	12620.49	7569.08	5051.41	59.16
内蒙古	19226.38	18991.80	10715.60	8276.20	234.58
辽　宁	12729.80	12571.19	6641.50	5929.69	158.61
吉　林	16803.31	16721.20	8633.51	8087.69	82.11
黑龙江	13467.01	13055.83	9532.58	3523.26	411.18
上　海	37519.77	37038.90	8785.46	28253.44	480.88
江　苏	18687.63	18675.76	10286.60	8389.16	11.88
浙　江	15346.19	14856.81	8979.95	5876.85	489.39
安　徽	16206.25	15181.03	6499.65	8681.37	1025.22
福　建	17719.67	17427.35	7442.91	9984.43	292.32
江　西	14384.28	14048.31	8913.16	5135.16	335.97
山　东	12843.67	12798.26	9211.11	3587.14	45.41
河　南	13452.37	13309.01	6667.01	6642.00	143.36
湖　北	15005.32	15005.32	8648.72	6356.59	
湖　南	13602.82	13515.20	8315.45	5199.75	87.62
广　东	18368.13	17593.77	10963.82	6629.95	774.36
广　西	12733.37	12308.90	4147.00	8161.90	424.48
海　南	25020.87	24924.89	9994.91	14929.98	95.98
重　庆	13473.16	13473.16	7736.92	5736.24	
四　川	14338.68	13721.52	8011.10	5710.42	617.16
贵　州	13453.51	13316.51	8126.91	5189.60	137.00
云　南	14424.64	14347.08	9172.00	5175.08	77.56
西　藏	41061.11	27996.27	18507.51	9488.76	13064.84
陕　西	13734.79	13412.55	6692.23	6720.32	322.23
甘　肃	23345.21	23214.29	7015.55	16198.74	130.92
青　海	40988.65	40602.83	10128.80	30474.03	385.83
宁　夏	20743.07	20088.98	12132.96	7956.03	654.08
新　疆	19857.96	17619.60	10458.08	7161.52	2238.35
大　连	12405.02	12405.02	7594.08	4810.94	
宁　波	18891.10	18763.05	8831.52	9931.53	128.06
厦　门	22724.17	22724.17	11855.75	10868.42	
青　岛	14397.78	14397.78	9424.63	4973.15	
深　圳	34837.69	32877.08	26190.81	6686.27	1960.61

7-21 生均教育经费支出(地方中等职业学校)

单位：元

地区	教育经费支出	个人和公用部分支出			基本建设支出
			个人部分	公用部分	
合 计	**19739.49**	**19286.69**	**11262.15**	**8024.54**	**452.81**
北 京	69631.51	68813.42	40677.17	28136.25	818.09
天 津	31199.49	31197.23	21171.79	10025.43	2.27
河 北	18804.05	18589.13	11511.07	7078.05	214.92
山 西	21044.54	20767.29	12651.41	8115.87	277.25
内蒙古	24930.96	24598.51	16028.07	8570.44	332.45
辽 宁	18726.13	18018.35	11486.51	6531.84	707.78
吉 林	31244.85	31013.83	19077.70	11936.13	231.02
黑龙江	22790.83	22698.25	15845.32	6852.93	92.57
上 海	68554.00	68554.00	32964.56	35589.45	
江 苏	23722.49	23676.40	14676.68	8999.72	46.09
浙 江	30365.81	28951.65	18007.92	10943.72	1414.17
安 徽	17776.75	16350.25	8518.69	7831.56	1426.50
福 建	23923.21	23513.37	12820.79	10692.58	409.84
江 西	17037.61	16627.21	7880.48	8746.73	410.40
山 东	20402.89	20310.45	11074.34	9236.11	92.44
河 南	13106.47	12569.43	6796.95	5772.48	537.04
湖 北	19831.31	19815.93	11424.94	8391.00	15.37
湖 南	14646.81	14459.59	7972.96	6486.63	187.23
广 东	22190.55	21518.65	13306.92	8211.74	671.89
广 西	13690.10	13093.01	6953.27	6139.74	597.09
海 南	17592.86	16963.61	9057.25	7906.35	629.26
重 庆	18098.00	17751.55	10364.66	7386.89	346.45
四 川	14937.67	14744.02	8934.84	5809.18	193.65
贵 州	9693.46	9545.31	5890.41	3654.90	148.15
云 南	16405.02	16254.69	9733.82	6520.87	150.33
西 藏	50414.15	42429.26	24229.96	18199.30	7984.89
陕 西	15928.70	15637.23	9338.02	6299.21	291.47
甘 肃	21623.69	21266.55	12236.62	9029.93	357.14
青 海	22034.38	20737.75	9890.77	10846.98	1296.62
宁 夏	18357.88	18038.40	8272.75	9765.65	319.48
新 疆	18247.12	16883.42	9314.83	7568.59	1363.70
大 连	30193.12	27727.16	15841.79	11885.36	2465.96
宁 波	39867.02	39342.82	25687.78	13655.04	524.20
厦 门	35787.71	33704.36	20125.86	13578.50	2083.35
青 岛	36840.22	36840.22	19956.61	16883.61	
深 圳	57890.87	55779.12	30225.60	25553.52	2111.75

7-22 生均一般公共预算教育事业费和基本建设支出（地方中等职业学校）

单位：元

地 区	一般公共预算教育事业费和基本建设支出	事业费支出	个人部分	公用部分	基本建设支出
合 计	**14603.20**	**14196.12**	**8992.79**	**5203.34**	**407.07**
北 京	54675.58	53861.27	32148.36	21712.91	814.31
天 津	23147.09	23144.82	17455.37	5689.45	2.27
河 北	15518.67	15359.98	10469.14	4890.83	158.70
山 西	16178.37	15950.94	10657.66	5293.28	227.43
内蒙古	19049.83	18739.01	12010.27	6728.74	310.81
辽 宁	13011.74	12436.51	8377.34	4059.18	575.22
吉 林	24630.78	24428.63	16345.14	8083.49	202.14
黑龙江	17266.14	17196.39	12314.57	4881.82	69.75
上 海	30035.26	30035.26	18784.73	11250.53	
江 苏	16972.60	16926.50	11651.95	5274.56	46.09
浙 江	22731.98	21546.33	14655.35	6890.98	1185.65
安 徽	13308.00	11895.19	6620.93	5274.26	1412.81
福 建	17645.71	17500.62	10910.94	6589.68	145.09
江 西	13040.14	12766.45	6429.79	6336.66	273.70
山 东	15419.17	15330.06	9969.97	5360.10	89.11
河 南	9798.70	9344.37	5208.77	4135.60	454.34
湖 北	15855.06	15853.65	9140.69	6712.97	1.40
湖 南	11034.05	10846.82	6931.82	3915.00	187.23
广 东	15715.58	15045.53	10120.04	4925.49	670.05
广 西	10172.19	9586.82	5309.79	4277.03	585.37
海 南	13973.35	13399.03	6786.25	6612.78	574.32
重 庆	11835.32	11600.99	6811.76	4789.23	234.33
四 川	11587.35	11406.43	7173.84	4232.59	180.93
贵 州	6922.63	6781.25	4379.62	2401.63	141.38
云 南	11761.58	11616.88	7641.25	3975.62	144.71
西 藏	45319.91	37335.01	21914.01	15421.00	7984.89
陕 西	12142.03	11850.56	7587.04	4263.52	291.47
甘 肃	17633.27	17276.12	9904.28	7371.85	357.14
青 海	17189.42	16329.21	7408.53	8920.69	860.21
宁 夏	15267.86	14948.38	6304.83	8643.55	319.48
新 疆	14116.15	12785.24	8026.36	4758.88	1330.90
大 连	22640.58	20174.62	11377.52	8797.10	2465.96
宁 波	30570.49	30046.29	20620.11	9426.18	524.20
厦 门	24958.43	24942.45	16991.64	7950.80	15.98
青 岛	22628.18	22628.18	17175.75	5452.43	
深 圳	35714.99	33603.23	19641.43	13961.80	2111.75

7-23 生均教育经费支出(地方中等专业学校)

单位：元

地 区	教育经费支出	个人和公用部分支出			基本建设支出
			个人部分	公用部分	
合 计	**19064.04**	**18461.30**	**10683.53**	**7777.77**	**602.74**
北 京	57354.03	55938.75	33608.95	22329.80	1415.28
天 津	27921.21	27921.21	18546.35	9374.86	
河 北	16512.86	15946.77	10915.38	5031.39	566.09
山 西	20564.57	20342.82	12972.48	7370.34	221.74
内蒙古	19132.58	19020.48	11780.52	7239.97	112.10
辽 宁	20383.58	19245.43	11552.79	7692.63	1138.16
吉 林	25444.82	25267.39	14101.26	11166.13	177.43
黑龙江	15115.20	15018.90	10456.55	4562.35	96.30
上 海	72230.48	72230.48	32987.00	39243.47	
江 苏	24955.92	24895.25	15606.38	9288.87	60.67
浙 江	31429.98	29025.28	18580.68	10444.60	2404.70
安 徽	18061.88	16199.68	8401.63	7798.05	1862.21
福 建	23309.53	22832.24	12524.84	10307.40	477.29
江 西	13805.01	13328.38	7038.20	6290.18	476.63
山 东	19341.83	19257.50	10620.89	8636.61	84.33
河 南	11461.41	10592.43	5859.86	4732.57	868.98
湖 北	18184.80	18164.96	10123.98	8040.98	19.83
湖 南	10679.27	10424.36	5848.24	4576.12	254.92
广 东	21407.09	20567.67	13001.59	7566.08	839.42
广 西	13952.96	13367.55	6990.68	6376.87	585.41
海 南	13915.79	13584.98	7511.38	6073.60	330.82
重 庆	17230.61	16876.49	8825.29	8051.20	354.12
四 川	13471.75	13343.53	7849.30	5494.23	128.23
贵 州	10810.25	10602.17	6226.09	4376.08	208.08
云 南	14257.19	13916.59	8434.47	5482.12	340.60
西 藏	50414.15	42429.26	24229.96	18199.30	7984.89
陕 西	24766.57	24709.32	14590.94	10118.38	57.25
甘 肃	21957.97	21519.90	11582.00	9937.90	438.07
青 海	21879.28	20582.66	9778.24	10804.42	1296.62
宁 夏	16099.94	15425.14	8758.33	6666.81	674.79
新 疆	19497.71	18015.30	9876.27	8139.03	1482.40
大 连	38289.40	33182.68	16236.95	16945.73	5106.73
宁 波	41520.53	40346.39	25570.46	14775.93	1174.14
厦 门	36118.86	33679.20	20739.89	12939.31	2439.65
青 岛	80451.42	80451.42	26348.93	54102.49	
深 圳	70092.54	68271.46	41515.82	26755.64	1821.08

7-24 生均一般公共预算教育事业费和基本建设支出（地方中等专业学校）

单位：元

地 区	一般公共预算教育事业费和基本建设支出	事业费支出			基本建设支出
			个人部分	公用部分	
合 计	**13922.22**	**13363.63**	**8382.66**	**4980.97**	**558.58**
北 京	43411.74	41996.46	25151.22	16845.23	1415.28
天 津	21822.55	21822.55	15924.85	5897.70	
河 北	13734.10	13357.72	9785.69	3572.03	376.38
山 西	15278.41	15083.46	10193.34	4890.12	194.95
内蒙古	14605.74	14510.97	8464.77	6046.19	94.77
辽 宁	13443.11	12483.53	8247.75	4235.79	959.57
吉 林	19006.58	18830.66	12467.55	6363.11	175.92
黑龙江	10858.52	10762.22	7931.75	2830.47	96.30
上 海	31647.94	31647.94	20683.10	10964.84	
江 苏	17468.68	17408.01	12226.27	5181.74	60.67
浙 江	22153.83	20018.52	13435.79	6582.73	2135.32
安 徽	13754.99	11899.71	6587.31	5312.40	1855.28
福 建	17467.58	17317.66	10556.19	6761.47	149.92
江 西	10436.96	10154.98	5693.94	4461.04	281.99
山 东	14000.39	13916.06	9361.04	4555.02	84.33
河 南	8767.83	7898.85	4437.19	3461.66	868.98
湖 北	14494.12	14494.12	7918.43	6575.69	
湖 南	8439.79	8184.88	4810.70	3374.18	254.92
广 东	15197.17	14361.46	9709.93	4651.53	835.71
广 西	10470.11	9884.70	5489.08	4395.62	585.41
海 南	11520.15	11189.34	5729.96	5459.37	330.82
重 庆	7823.87	7469.75	4074.75	3395.01	354.12
四 川	9990.62	9862.39	6096.50	3765.89	128.23
贵 州	7596.68	7388.60	4967.00	2421.61	208.08
云 南	11160.87	10833.08	6696.34	4136.73	327.79
西 藏	45319.91	37335.01	21914.01	15421.00	7984.89
陕 西	18121.49	18064.24	11264.30	6799.95	57.25
甘 肃	18005.82	17567.75	9141.45	8426.30	438.07
青 海	17171.25	16311.04	7390.35	8920.69	860.21
宁 夏	12786.97	12112.18	6515.21	5596.96	674.79
新 疆	15082.45	13614.06	8498.03	5116.03	1468.40
大 连	29167.29	24060.56	11759.89	12300.68	5106.73
宁 波	31339.50	30165.35	18585.29	11580.06	1174.14
厦 门	25670.03	25651.31	17505.65	8145.66	18.72
青 岛	24893.96	24893.96	18444.73	6449.23	
深 圳	40327.27	38506.18	26834.12	11672.07	1821.08

7-25 生均教育经费支出(地方职业高中)

单位：元

地区	教育经费支出	个人和公用部分支出			基本建设支出
			个人部分	公用部分	
合 计	**20550.31**	**20269.59**	**12030.48**	**8239.11**	**280.72**
北 京	104755.25	103841.43	71077.69	32763.74	913.82
天 津	37130.32	37130.32	27513.77	9616.54	
河 北	18299.82	18219.43	10159.76	8059.67	80.39
山 西	19935.75	19581.42	10770.61	8810.81	354.33
内蒙古	26388.51	25819.92	16292.57	9527.36	568.59
辽 宁	17472.78	17430.93	11984.39	5446.54	41.85
吉 林	26713.34	26372.16	14770.17	11601.99	341.18
黑龙江	28978.78	28970.24	19613.17	9357.07	8.53
上 海	62911.05	62911.05	33022.77	29888.27	
江 苏	20547.34	20523.38	13361.78	7161.60	23.96
浙 江	29447.17	28325.13	17641.13	10684.00	1122.04
安 徽	15022.52	14981.98	7876.51	7105.47	40.54
福 建	29865.60	29739.86	13457.21	16282.65	125.74
江 西	21966.86	21625.48	7528.65	14096.83	341.38
山 东	24374.04	24344.89	14036.97	10307.92	29.14
河 南	14660.24	14660.24	7756.09	6904.15	
湖 北	22459.43	22456.61	14395.81	8060.81	2.82
湖 南	15176.64	14995.16	8179.08	6816.08	181.48
广 东	29606.10	29109.35	19500.20	9609.16	496.75
广 西	15826.63	15826.63	10861.01	4965.61	
海 南	30976.35	30958.61	15585.26	15373.35	17.74
重 庆	17889.84	17398.61	11330.17	6068.44	491.23
四 川	15275.01	15069.54	9203.41	5866.13	205.47
贵 州	10010.08	9861.17	6080.94	3780.23	148.90
云 南	20655.30	20653.07	12056.00	8597.07	2.23
西 藏					
陕 西	16272.82	15746.30	9438.27	6308.04	526.52
甘 肃	19419.94	19325.72	13107.17	6218.55	94.22
青 海					
宁 夏	20388.14	20388.14	7836.14	12552.00	
新 疆	15731.63	14422.80	8170.04	6252.75	1308.83
大 连	22313.90	22313.90	15462.04	6851.86	
宁 波	33715.75	33626.66	22659.31	10967.35	89.10
厦 门					
青 岛	35040.46	35040.46	21665.00	13375.46	
深 圳	66795.69	62707.53	34666.93	28040.60	4088.16

7-26 生均一般公共预算教育事业费和基本建设支出
(地方职业高中)

单位：元

地区	一般公共预算教育事业费和基本建设支出	事业费支出			基本建设支出
			个人部分	公用部分	
合计	**15537.88**	**15297.45**	**10014.63**	**5282.82**	**240.43**
北京	73582.15	72683.62	52671.43	20012.18	898.54
天津	26696.59	26696.59	22483.54	4213.06	
河北	14970.80	14890.40	9360.79	5529.61	80.39
山西	15354.50	15054.97	9566.53	5488.44	299.53
内蒙古	20575.56	20033.67	12823.76	7209.91	541.89
辽宁	12916.39	12882.68	9033.42	3849.26	33.71
吉林	21928.10	21652.60	12678.38	8974.22	275.50
黑龙江	23760.14	23751.61	16041.64	7709.97	8.53
上海	25458.77	25458.77	15372.23	10086.54	
江苏	16579.08	16555.12	12039.41	4515.71	23.96
浙江	22604.47	21715.03	14902.07	6812.96	889.45
安徽	10817.23	10817.23	6181.84	4635.38	
福建	20071.99	19946.24	12787.07	7159.18	125.74
江西	16922.18	16580.81	6492.84	10087.97	341.38
山东	17595.63	17578.48	12858.37	4720.11	17.14
河南	10552.52	10552.52	5961.66	4590.86	
湖北	19080.90	19078.09	12214.11	6863.98	2.82
湖南	11387.15	11205.68	7269.23	3936.45	181.48
广东	21644.46	21147.71	15219.74	5927.97	496.75
广西	11698.80	11698.80	8516.36	3182.44	
海南	24417.74	24400.00	11343.07	13056.93	17.74
重庆	13594.21	13302.64	8759.71	4542.92	291.57
四川	12245.17	12063.36	7626.49	4436.86	181.82
贵州	8040.62	7906.86	5175.50	2731.36	133.76
云南	13246.23	13244.00	9388.08	3855.92	2.23
西藏					
陕西	14279.43	13752.91	9059.78	4693.13	526.52
甘肃	15823.53	15729.31	11656.97	4072.33	94.22
青海					
宁夏	17498.57	17498.57	6115.65	11382.91	
新疆	12686.12	11479.43	7106.60	4372.83	1206.68
大连	15699.53	15699.53	10973.70	4725.83	
宁波	26407.48	26318.38	18681.40	7636.99	89.10
厦门					
青岛	23324.59	23324.59	19314.03	4010.57	
深圳	46013.37	41925.21	22507.30	19417.91	4088.16

7-27 生均教育经费支出(地方农村职业高中)

单位：元

地区	教育经费支出	个人和公用部分支出			基本建设支出
			个人部分	公用部分	
合计	**17318.83**	**17088.75**	**9866.22**	**7222.52**	**230.08**
北京	100891.26	100891.26	76946.87	23944.39	
天津	30091.62	30091.62	18357.02	11734.60	
河北	16020.31	15907.19	9449.16	6458.02	113.13
山西	19284.33	18767.08	10788.20	7978.88	517.25
内蒙古	27259.66	26452.62	16103.35	10349.27	807.03
辽宁	15265.00	15217.83	10428.80	4789.02	47.17
吉林	23310.11	22683.91	12006.00	10677.91	626.20
黑龙江	24818.85	24800.57	17478.54	7322.03	18.28
上海	63822.49	63822.49	39894.72	23927.77	
江苏	20276.61	20276.61	13428.04	6848.57	
浙江	27356.40	26602.67	15839.63	10763.03	753.73
安徽	15191.54	15191.54	7866.89	7324.64	
福建	28917.70	28917.70	11528.22	17389.47	
江西	26446.02	25830.75	7915.01	17915.74	615.27
山东	17362.14	17362.14	9910.11	7452.03	
河南	13688.35	13688.35	6924.19	6764.16	
湖北	17109.59	17109.59	10793.76	6315.83	
湖南	14338.34	14060.37	7506.68	6553.69	277.97
广东	19278.29	19278.29	12785.70	6492.59	
广西	15700.44	15700.44	10861.01	4839.42	
海南	32579.91	32530.94	17867.17	14663.77	48.97
重庆	15749.34	15749.34	9992.58	5756.76	
四川	13570.90	13462.22	8499.69	4962.52	108.68
贵州	10027.51	9943.74	5842.98	4100.75	83.77
云南	22693.81	22690.62	12528.34	10162.28	3.19
西藏					
陕西	14480.82	13755.30	8278.25	5477.05	725.51
甘肃	18682.77	18574.93	12811.43	5763.50	107.84
青海					
宁夏	20654.17	20654.17	9215.90	11438.27	
新疆	14813.80	13759.89	7587.47	6172.42	1053.90
大连	21483.59	21483.59	17525.40	3958.19	
宁波	27738.66	27509.34	20334.79	7174.55	229.32
厦门					
青岛	23376.89	23376.89	12896.18	10480.71	
深圳					

7-28 生均一般公共预算教育事业费和基本建设支出（地方农村职业高中）

单位：元

地区	一般公共预算教育事业费和基本建设支出	事业费支出			基本建设支出
			个人部分	公用部分	
合计	**13454.60**	**13241.74**	**8474.08**	**4767.66**	**212.86**
北京	80881.69	80881.69	59586.31	21295.38	
天津	19803.66	19803.66	15416.63	4387.04	
河北	13086.69	12973.57	8834.77	4138.79	113.13
山西	14142.09	13708.83	9483.03	4225.80	433.26
内蒙古	21984.17	21218.47	13150.77	8067.70	765.70
辽宁	11444.75	11397.58	8072.51	3325.07	47.17
吉林	20942.60	20395.53	11073.21	9322.32	547.07
黑龙江	20927.06	20908.78	15022.18	5886.60	18.28
上海	14616.25	14616.25	6148.01	8468.24	
江苏	17195.94	17195.94	12623.36	4572.58	
浙江	21697.97	21071.65	13736.28	7335.37	626.31
安徽	11137.71	11137.71	6419.03	4718.67	
福建	17964.55	17964.55	11280.78	6683.78	
江西	19925.22	19309.95	7006.58	12303.36	615.27
山东	13275.14	13275.14	9395.01	3880.13	
河南	9302.65	9302.65	5396.02	3906.63	
湖北	14597.93	14597.93	9352.13	5245.80	
湖南	11027.19	10749.22	6699.28	4049.94	277.97
广东	15415.89	15415.89	10910.69	4505.19	
广西	11572.61	11572.61	8516.36	3056.25	
海南	25564.18	25515.21	13277.76	12237.45	48.97
重庆	12327.74	12327.74	7846.90	4480.84	
四川	11294.53	11185.85	7087.16	4098.69	108.68
贵州	8410.02	8326.24	4993.84	3332.41	83.77
云南	13869.55	13866.36	9772.19	4094.17	3.19
西藏					
陕西	13072.63	12347.11	7979.37	4367.75	725.51
甘肃	15527.22	15419.38	11479.44	3939.94	107.84
青海					
宁夏	17862.81	17862.81	7283.37	10579.43	
新疆	12177.39	11237.28	6768.21	4469.06	940.11
大连	15985.44	15985.44	12324.40	3661.04	
宁波	21640.71	21411.38	16340.69	5070.69	229.32
厦门					
青岛	9683.92	9683.92	7687.06	1996.86	
深圳					

7-29 生均教育经费支出(地方技工学校)

单位：元

地区	教育经费支出	个人和公用部分支出			基本建设支出
			个人部分	公用部分	
合计	**16918.86**	**16522.28**	**8899.60**	**7622.68**	**396.58**
北京	56992.46	56992.46	25414.99	31577.47	
天津	30190.95	30174.91	20346.50	9828.41	16.04
河北	15236.33	15236.33	9021.04	6215.29	
山西	15278.49	15146.18	9575.09	5571.08	132.32
内蒙古	49823.90	49823.90	41427.43	8396.47	
辽宁	22964.68	21591.02	14434.29	7156.73	1373.66
吉林	25988.20	25945.73	17346.60	8599.14	42.46
黑龙江	28931.73	28604.77	20391.77	8213.01	326.95
上海	64532.51	64532.51	42975.35	21557.16	
江苏	20540.78	20540.78	10527.41	10013.37	
浙江	27039.74	25052.19	14348.63	10703.55	1987.55
安徽	26108.71	26108.71	13516.26	12592.45	
福建	23303.37	23124.28	14174.71	8949.57	179.08
江西	13849.51	13849.51	7466.77	6382.73	
山东	16493.04	16304.85	7116.32	9188.52	188.19
河南	10947.76	10250.09	4819.98	5430.11	697.67
湖北	27185.64	27168.45	15723.27	11445.18	17.19
湖南	15418.00	15418.00	8127.63	7290.37	
广东	19913.49	19381.11	10783.22	8597.89	532.38
广西	12910.80	12244.98	6621.53	5623.46	665.82
海南	24548.55	21071.87	11127.91	9943.96	3476.68
重庆	15791.22	15770.82	6621.97	9148.85	20.40
四川	16428.42	15809.67	9245.58	6564.08	618.75
贵州	5508.25	5508.25	4416.56	1091.69	
云南	10134.24	10134.24	5628.43	4505.80	
西藏					
陕西	10136.69	10136.69	5613.73	4522.96	
甘肃	28250.68	28250.68	25309.27	2941.41	
青海					
宁夏					
新疆	17128.36	16120.19	8085.63	8034.57	1008.16
大连	41324.74	35802.69	15955.36	19847.33	5522.05
宁波	27718.63	24560.07	12249.66	12310.41	3158.56
厦门	33851.46	33851.46	16535.49	17315.97	
青岛	21150.43	21150.43	9402.22	11748.21	
深圳	48376.87	48376.87	22198.99	26177.88	

7-30　生均一般公共预算教育事业费和基本建设支出（地方技工学校）

单位：元

地　区	一般公共预算教育事业费和基本建设支出	事业费支出			基本建设支出
			个人部分	公用部分	
合　计	**12259.83**	**11930.99**	**6670.51**	**5260.48**	**328.84**
北　京	53270.97	53270.97	24420.39	28850.58	
天　津	17611.20	17595.15	14212.77	3382.38	16.04
河　北	12338.97	12338.97	7837.60	4501.37	
山　西	12706.59	12695.21	8102.76	4592.45	11.38
内蒙古	36655.91	36655.91	29433.71	7222.20	
辽　宁	17752.72	16902.01	10693.89	6208.11	850.72
吉　林	19100.15	19057.69	14039.52	5018.17	42.46
黑龙江	18654.23	18496.21	14007.26	4488.95	158.02
上　海	32149.45	32149.45	25182.57	6966.89	
江　苏	14584.08	14584.08	7493.92	7090.16	
浙　江	18694.95	16858.76	10612.55	6246.21	1836.19
安　徽	15160.98	15160.98	7231.35	7929.64	
福　建	16874.72	16742.16	11684.37	5057.79	132.56
江　西	9353.04	9353.04	4886.54	4466.50	
山　东	14491.83	14303.64	6492.13	7811.52	188.19
河　南	8340.51	8058.47	3810.49	4247.98	282.03
湖　北	20522.03	20504.83	11899.78	8605.05	17.19
湖　南	9243.52	9243.52	6317.32	2926.20	
广　东	13782.23	13249.85	8348.57	4901.28	532.38
广　西	9369.54	8746.25	4666.46	4079.79	623.29
海　南	17787.18	14793.18	8581.04	6212.14	2994.00
重　庆	8611.28	8590.87	2440.43	6150.44	20.40
四　川	12453.17	11834.42	6897.99	4936.43	618.75
贵　州	1748.42	1748.42	656.73	1091.69	
云　南	7730.06	7730.06	4506.79	3223.27	
西　藏					
陕　西	5308.15	5308.15	2714.42	2593.73	
甘　肃	22631.62	22631.62	20539.69	2091.93	
青　海					
宁　夏					
新　疆	11709.63	10701.46	6875.84	3825.62	1008.16
大　连	36020.80	30498.75	11905.26	18593.48	5522.05
宁　波	19283.79	16125.23	9603.65	6521.58	3158.56
厦　门	20797.59	20797.59	13986.14	6811.45	
青　岛	18547.70	18547.70	7589.11	10958.59	
深　圳	24388.53	24388.53	14348.38	10040.15	

7-31 生均教育经费支出(地方普通中学)

单位：元

地区	教育经费支出	个人和公用部分支出			基本建设支出
			个人部分	公用部分	
合 计	**19166.67**	**18805.86**	**13325.56**	**5480.31**	**360.81**
北 京	81840.61	78104.22	50504.33	27599.88	3736.40
天 津	39923.74	39654.57	29769.56	9885.02	269.16
河 北	14152.21	14031.50	9940.18	4091.32	120.71
山 西	17461.54	17319.69	12266.98	5052.71	141.85
内蒙古	20978.09	20714.65	14997.99	5716.66	263.44
辽 宁	17617.94	17522.14	13526.43	3995.71	95.79
吉 林	18390.91	18119.85	12954.51	5165.34	271.05
黑龙江	17356.70	17208.29	13186.24	4022.04	148.41
上 海	58672.23	57920.81	34998.15	22922.66	751.41
江 苏	28985.62	28770.08	20851.68	7918.40	215.54
浙 江	30855.80	30017.01	21438.93	8578.09	838.79
安 徽	17994.23	17835.44	12491.32	5344.11	158.79
福 建	20772.37	20604.08	14270.89	6333.19	168.29
江 西	14489.40	14229.82	8170.60	6059.22	259.58
山 东	18661.62	18626.05	12807.26	5818.79	35.57
河 南	12812.19	12631.96	8306.20	4325.76	180.23
湖 北	20093.60	20093.60	15340.02	4753.58	
湖 南	15427.26	15298.49	10561.87	4736.62	128.78
广 东	23485.98	22429.71	16643.72	5785.99	1056.27
广 西	12732.27	12431.36	8421.83	4009.53	300.91
海 南	23078.37	22501.89	13688.66	8813.22	576.49
重 庆	20993.88	20232.07	14991.47	5240.60	761.81
四 川	16521.78	16389.77	12182.23	4207.55	132.01
贵 州	15122.14	14926.14	10603.17	4322.97	196.00
云 南	17068.32	16857.29	13281.17	3576.12	211.03
西 藏	36746.45	32310.68	25139.89	7170.79	4435.78
陕 西	17656.63	16802.03	10854.26	5947.77	854.60
甘 肃	15271.56	15016.23	11380.53	3635.70	255.32
青 海	25009.71	22798.31	17157.93	5640.38	2211.40
宁 夏	17670.85	17433.72	11976.01	5457.71	237.13
新 疆	21268.91	20211.18	15190.34	5020.84	1057.73
大 连	24779.74	24657.64	19987.87	4669.77	122.10
宁 波	34247.00	34147.96	25038.94	9109.01	99.04
厦 门	29467.96	29334.77	21181.98	8152.79	133.19
青 岛	29948.57	29948.57	21747.96	8200.60	
深 圳	64624.79	51123.52	37035.76	14087.76	13501.27

7-32 生均一般公共预算教育事业费和基本建设支出（地方普通中学）

单位：元

地区	一般公共预算教育事业费和基本建设支出	事业费支出			基本建设支出
			个人部分	公用部分	
合计	**15436.95**	**15105.35**	**11292.52**	**3812.83**	**331.60**
北京	65511.46	62070.89	40059.76	22011.13	3440.57
天津	33701.82	33432.66	25886.95	7545.71	269.16
河北	12245.31	12125.43	9257.07	2868.36	119.87
山西	14124.54	14014.28	10822.32	3191.96	110.26
内蒙古	16369.46	16123.64	11880.24	4243.40	245.82
辽宁	13294.06	13227.82	10654.48	2573.35	66.24
吉林	15209.99	14946.79	11162.44	3784.35	263.20
黑龙江	14333.92	14185.74	10963.31	3222.42	148.19
上海	35765.13	35013.71	23770.77	11242.94	751.41
江苏	22950.58	22745.35	18300.39	4444.96	205.24
浙江	24192.65	23424.89	18249.28	5175.61	767.76
安徽	14046.04	13900.28	10275.07	3625.22	145.76
福建	17007.24	16840.57	12916.88	3923.69	166.67
江西	12690.14	12450.76	7243.88	5206.89	239.37
山东	15310.32	15280.64	11944.18	3336.47	29.68
河南	9868.39	9697.63	6429.28	3268.35	170.76
湖北	17492.24	17492.24	13278.26	4213.98	
湖南	12785.48	12658.20	9469.93	3188.27	127.28
广东	18175.28	17213.86	13646.60	3567.27	961.42
广西	10607.71	10314.88	7157.98	3156.90	292.83
海南	17329.67	16776.73	9901.69	6875.04	552.94
重庆	15473.26	14812.22	10849.56	3962.65	661.05
四川	13150.90	13024.89	9937.83	3087.06	126.01
贵州	12591.68	12432.47	9344.04	3088.43	159.21
云南	13857.97	13647.40	10823.59	2823.82	210.57
西藏	33334.41	28898.63	21950.83	6947.80	4435.78
陕西	15955.05	15103.34	10350.55	4752.80	851.70
甘肃	12778.37	12542.92	9921.10	2621.83	235.45
青海	19122.98	17718.51	13816.91	3901.60	1404.46
宁夏	13702.88	13465.75	9106.70	4359.06	237.13
新疆	18327.52	17399.37	13536.82	3862.55	928.15
大连	17694.26	17572.16	14451.36	3120.80	122.10
宁波	26885.57	26809.45	21338.67	5470.78	76.12
厦门	21604.44	21488.72	17744.05	3744.67	115.72
青岛	24547.81	24547.81	19680.31	4867.51	
深圳	49048.70	35550.79	27445.36	8105.43	13497.91

7-33 生均教育经费支出(地方普通高中)

单位：元

地区	教育经费支出	个人和公用部分支出	个人部分	公用部分	基本建设支出
合 计	**20406.55**	**19963.12**	**13777.20**	**6185.92**	**443.44**
北 京	90312.64	82866.92	54530.67	28336.26	7445.72
天 津	43424.43	43424.43	30915.53	12508.90	
河 北	16015.76	15889.51	11015.85	4873.66	126.25
山 西	18459.42	18224.21	11950.12	6274.09	235.21
内蒙古	20054.54	19719.72	14150.06	5569.66	334.82
辽 宁	17222.80	17083.19	12451.22	4631.97	139.60
吉 林	15562.18	15074.33	10444.82	4629.52	487.85
黑龙江	15311.58	15023.21	11279.88	3743.33	288.37
上 海	73835.91	72828.02	42572.95	30255.06	1007.89
江 苏	34836.99	34333.25	24199.29	10133.96	503.74
浙 江	38101.94	36538.56	25831.94	10706.62	1563.38
安 徽	17774.23	17500.57	12341.02	5159.55	273.66
福 建	22602.34	22337.37	14789.78	7547.60	264.97
江 西	16011.92	15653.18	8814.84	6838.34	358.74
山 东	19556.60	19516.62	13122.90	6393.72	39.97
河 南	13528.68	13376.29	8392.54	4983.75	152.39
湖 北	22142.41	22142.41	16263.73	5878.69	
湖 南	16807.78	16678.31	11262.43	5415.88	129.48
广 东	25369.06	24660.25	17717.23	6943.02	708.82
广 西	13799.41	13328.72	8758.73	4569.99	470.69
海 南	23585.66	23319.25	14068.76	9250.48	266.41
重 庆	21207.63	20669.00	14936.51	5732.49	538.63
四 川	16098.66	15947.71	11843.08	4104.62	150.95
贵 州	16890.83	16599.89	10531.02	6068.87	290.94
云 南	17804.57	17440.43	13479.71	3960.72	364.15
西 藏	38374.70	33429.11	26739.34	6689.77	4945.60
陕 西	17371.33	16176.28	9962.53	6213.76	1195.04
甘 肃	15081.38	14760.20	11102.96	3657.24	321.18
青 海	26533.91	24170.43	17456.10	6714.34	2363.48
宁 夏	18819.10	18605.19	13468.69	5136.51	213.91
新 疆	19460.81	18540.77	14238.05	4302.72	920.03
大 连	23496.68	23496.68	19064.28	4432.40	
宁 波	44964.19	44946.06	31883.96	13062.11	18.13
厦 门	36091.13	35989.50	25077.64	10911.86	101.63
青 岛	32226.77	32226.77	23945.77	8281.01	
深 圳	71178.46	62359.71	44303.43	18056.28	8818.74

7-34 生均一般公共预算教育事业费和基本建设支出（地方普通高中）

单位：元

地 区	一般公共预算教育事业费和基本建设支出	事业费支出			基本建设支出
			个人部分	公用部分	
合 计	**15336.47**	**14932.67**	**11297.04**	**3635.63**	**403.80**
北 京	73267.10	66083.69	43362.28	22721.41	7183.41
天 津	35787.59	35787.59	26607.12	9180.46	
河 北	12842.42	12718.18	10105.09	2613.09	124.23
山 西	13657.78	13477.37	10188.32	3289.05	180.41
内蒙古	15941.45	15632.32	11238.10	4394.22	309.14
辽 宁	12211.20	12130.21	9706.94	2423.27	81.00
吉 林	12381.75	11897.25	8959.44	2937.82	484.50
黑龙江	11943.71	11655.44	9058.08	2597.36	288.27
上 海	40244.53	39236.64	28205.91	11030.73	1007.89
江 苏	25954.64	25450.90	20459.24	4991.66	503.74
浙 江	27784.19	26376.78	20725.21	5651.57	1407.41
安 徽	12197.80	11954.00	9477.25	2476.75	243.79
福 建	16831.73	16568.33	12920.87	3647.46	263.39
江 西	13259.99	12941.55	7523.29	5418.26	318.44
山 东	14882.91	14842.94	11956.68	2886.26	39.97
河 南	9502.03	9349.70	6375.49	2974.21	152.33
湖 北	17637.32	17637.32	13117.55	4519.77	
湖 南	12496.62	12369.41	9556.97	2812.44	127.21
广 东	17986.76	17422.64	14110.87	3311.77	564.12
广 西	10525.59	10071.29	7021.18	3050.11	454.30
海 南	18309.22	18062.18	10102.47	7959.71	247.04
重 庆	14398.05	13909.81	10181.75	3728.06	488.24
四 川	11854.09	11710.11	9297.35	2412.76	143.98
贵 州	13017.29	12794.55	8982.18	3812.37	222.74
云 南	13695.08	13330.93	10657.89	2673.04	364.15
西 藏	34634.06	29688.46	23296.25	6392.22	4945.60
陕 西	15429.01	14234.64	9335.47	4899.17	1194.37
甘 肃	12062.72	11745.22	9425.52	2319.70	317.49
青 海	18987.44	17430.23	13650.78	3779.45	1557.21
宁 夏	13970.74	13756.83	9828.93	3927.91	213.91
新 疆	16459.97	15738.27	12781.22	2957.05	721.70
大 连	16018.86	16018.86	13628.56	2390.30	
宁 波	33595.22	33595.22	25226.85	8368.37	
厦 门	24055.41	23972.63	19979.75	3992.88	82.78
青 岛	25550.15	25550.15	20854.16	4695.99	
深 圳	50980.04	42164.50	32271.56	9892.95	8815.54

7-35 生均教育经费支出(地方农村高中)

单位：元

地区	教育经费支出	个人和公用部分支出			基本建设支出
			个人部分	公用部分	
合计	**15778.63**	**15563.99**	**11044.02**	**4519.97**	**214.64**
北京	96014.19	96014.19	64593.42	31420.77	
天津	28222.00	28222.00	24343.78	3878.22	
河北	13788.67	13699.92	9329.89	4370.03	88.75
山西	15649.71	15425.31	11408.84	4016.48	224.40
内蒙古	19139.45	18999.49	13318.20	5681.29	139.96
辽宁	12349.39	12200.55	9656.81	2543.74	148.84
吉林	14598.66	14313.94	10034.23	4279.71	284.72
黑龙江	14215.23	13605.29	9847.32	3757.97	609.93
上海	48675.30	48675.30	36552.26	12123.04	
江苏	28271.85	28271.85	19997.72	8274.13	
浙江	34783.47	33532.72	24024.18	9508.54	1250.76
安徽	16056.45	15972.22	11122.82	4849.40	84.24
福建	18995.82	18980.91	13910.56	5070.34	14.91
江西	14765.54	14525.57	7683.48	6842.09	239.97
山东	14938.89	14851.92	10188.00	4663.92	86.97
河南	11239.12	11104.86	6845.90	4258.97	134.26
湖北	16204.99	16204.99	12402.61	3802.38	
湖南	14881.83	14702.07	10024.91	4677.16	179.76
广东	17204.33	17159.39	12416.83	4742.56	44.94
广西	11106.42	10949.27	7579.25	3370.03	157.14
海南	22791.46	22358.53	14069.52	8289.02	432.93
重庆	17116.58	16947.88	12935.78	4012.10	168.70
四川	14117.61	13933.40	10565.52	3367.88	184.21
贵州	13247.69	13007.23	9428.84	3578.39	240.46
云南	15525.76	15344.80	12514.04	2830.77	180.96
西藏	33870.66	29964.16	25237.90	4726.26	3906.50
陕西	15276.40	14991.94	9225.28	5766.67	284.45
甘肃	13906.83	13583.78	10541.54	3042.24	323.05
青海	20971.19	20695.69	16726.86	3968.82	275.50
宁夏	15442.04	15442.04	12642.82	2799.22	
新疆	16474.18	15720.49	13146.07	2574.42	753.69
大连	22917.38	22917.38	19333.47	3583.91	
宁波	42130.10	42082.60	30868.85	11213.74	47.50
厦门	36906.76	36591.13	26849.28	9741.85	315.63
青岛	24827.68	24827.68	21070.51	3757.17	
深圳					

7-36 生均一般公共预算教育事业费和基本建设支出（地方农村高中）

单位：元

地区	一般公共预算教育事业费和基本建设支出	事业费支出			基本建设支出
			个人部分	公用部分	
合计	**12244.96**	**12042.64**	**9269.10**	**2773.54**	**202.32**
北京	81888.09	81888.09	53267.25	28620.84	
天津	24451.61	24451.61	21279.98	3171.62	
河北	11118.16	11032.90	8535.67	2497.24	85.25
山西	12424.34	12203.71	9713.91	2489.79	220.63
内蒙古	15521.23	15383.55	10903.20	4480.35	137.68
辽宁	9317.34	9168.50	7787.21	1381.29	148.84
吉林	12535.74	12260.55	8999.82	3260.73	275.18
黑龙江	11514.36	10904.64	8117.83	2786.81	609.72
上海	26746.85	26746.85	21716.14	5030.71	
江苏	20990.86	20990.86	17258.35	3732.52	
浙江	26531.26	25331.66	19888.79	5442.87	1199.60
安徽	11486.67	11403.12	8940.23	2462.89	83.54
福建	15376.01	15361.10	12565.68	2795.42	14.91
江西	12298.70	12058.74	6587.30	5471.43	239.97
山东	11262.10	11175.13	9388.41	1786.72	86.97
河南	7942.20	7807.94	5231.34	2576.60	134.26
湖北	12655.60	12655.60	9985.41	2670.18	
湖南	11223.75	11043.99	8388.55	2655.45	179.76
广东	12606.70	12561.76	10258.53	2303.23	44.94
广西	8816.95	8679.12	6284.97	2394.15	137.83
海南	17494.27	17105.83	9955.56	7150.27	388.44
重庆	12006.39	11837.69	9297.82	2539.87	168.70
四川	10612.64	10435.61	8388.07	2047.54	177.03
贵州	10408.26	10167.80	8133.94	2033.86	240.46
云南	12112.62	11931.66	10066.17	1865.49	180.96
西藏	30727.35	26820.84	22102.48	4718.37	3906.50
陕西	13967.11	13683.81	8894.27	4789.54	283.30
甘肃	11523.55	11200.51	9295.29	1905.21	323.05
青海	16637.77	16362.27	13435.48	2926.79	275.50
宁夏	11586.63	11586.63	9584.76	2001.87	
新疆	14567.08	14130.31	11790.84	2339.47	436.77
大连	15077.35	15077.35	12960.22	2117.12	
宁波	31659.19	31659.19	23607.11	8052.08	
厦门	25637.86	25322.23	21924.61	3397.62	315.63
青岛	20908.76	20908.76	18683.68	2225.08	
深圳					

7-37 生均教育经费支出(地方普通初中)

单位：元

地区	教育经费支出	个人和公用部分支出			基本建设支出
			个人部分	公用部分	
合计	**18513.23**	**18195.97**	**13087.54**	**5108.44**	**317.26**
北京	76979.38	75371.39	48194.03	27177.35	1608.00
天津	37768.10	37333.19	29063.90	8269.30	434.91
河北	13254.05	13136.00	9421.74	3714.26	118.05
山西	16795.30	16715.78	12478.53	4237.24	79.52
内蒙古	21627.23	21413.96	15593.97	5819.99	213.27
辽宁	17849.13	17778.96	14155.51	3623.46	70.16
吉林	20263.86	20136.35	14616.23	5520.12	127.51
黑龙江	18585.81	18521.52	14331.97	4189.55	64.29
上海	52464.74	51818.32	31897.29	19921.03	646.42
江苏	26346.65	26261.09	19341.90	6919.19	85.56
浙江	27667.05	27147.13	19505.73	7641.40	519.92
安徽	18120.94	18028.31	12577.89	5450.41	92.63
福建	19822.29	19704.19	14001.49	5702.70	118.10
江西	13785.75	13571.99	7872.85	5699.15	213.75
山东	18225.43	18192.00	12653.42	5538.58	33.43
河南	12471.87	12278.42	8265.19	4013.23	193.45
湖北	19023.37	19023.37	14857.51	4165.86	
湖南	14733.48	14605.05	10209.80	4395.25	128.43
广东	22371.47	21109.56	16008.36	5101.20	1261.90
广西	12255.14	12030.14	8271.19	3758.95	225.00
海南	22837.23	22113.35	13507.98	8605.37	723.88
重庆	20857.04	19952.37	15026.65	4925.72	904.67
四川	16759.15	16637.77	12372.48	4265.28	121.38
贵州	14190.86	14044.84	10641.15	3403.69	146.01
云南	16755.08	16609.19	13196.70	3412.49	145.89
西藏	35976.54	31781.83	24383.59	7398.24	4194.71
陕西	17863.10	17254.88	11499.62	5755.27	608.22
甘肃	15392.83	15179.51	11557.55	3621.97	213.32
青海	24147.23	22021.88	16989.21	5032.67	2125.35
宁夏	17069.53	16820.24	11194.32	5625.92	249.29
新疆	22373.55	21231.69	15772.12	5459.57	1141.86
大连	25475.42	25287.11	20488.63	4798.47	188.31
宁波	30038.53	29907.71	22351.02	7556.70	130.81
厦门	26528.70	26381.50	19453.15	6928.35	147.20
青岛	28977.69	28977.69	20811.35	8166.34	
深圳	61519.14	45798.91	33591.76	12207.16	15720.23

7-38 生均一般公共预算教育事业费和基本建设支出
（地方普通初中）

单位：元

地 区	一般公共预算教育事业费和基本建设支出	事业费支出			基本建设支出
			个人部分	公用部分	
合 计	**15489.90**	**15196.35**	**11290.14**	**3906.21**	**293.55**
北 京	61061.29	59768.35	38164.78	21603.57	1292.94
天 津	32417.47	31982.56	25443.49	6539.07	434.91
河 北	11957.52	11839.75	8848.36	2991.40	117.77
山 西	14436.18	14372.75	11245.62	3127.13	63.43
内蒙古	16670.30	16468.98	12331.58	4137.40	201.32
辽 宁	13927.62	13870.01	11208.86	2661.15	57.61
吉 林	17082.61	16965.94	12621.09	4344.86	116.67
黑龙江	15770.44	15706.44	12108.36	3598.08	64.00
上 海	33931.41	33284.99	21955.18	11329.81	646.42
江 苏	21595.75	21525.14	17326.74	4198.40	70.61
浙 江	22612.16	22125.88	17159.72	4966.16	486.28
安 徽	15110.54	15021.25	10734.57	4286.68	89.30
福 建	17098.36	16981.91	12914.80	4067.11	116.45
江 西	12426.77	12223.94	7114.74	5109.20	202.83
山 东	15518.63	15493.97	11938.08	3555.89	24.66
河 南	10042.40	9862.89	6454.83	3408.06	179.51
湖 北	17416.46	17416.46	13362.20	4054.25	
湖 南	12930.65	12803.34	9426.19	3377.15	127.31
广 东	18286.86	17090.30	13371.81	3718.49	1196.56
广 西	10644.42	10423.78	7219.14	3204.64	220.64
海 南	16864.04	16165.70	9806.25	6359.44	698.35
重 庆	16161.57	15389.89	11277.07	4112.83	771.67
四 川	13878.40	13762.47	10297.13	3465.34	115.93
贵 州	12367.58	12241.82	9534.57	2707.25	125.76
云 南	13927.28	13782.05	10894.08	2887.97	145.23
西 藏	32719.86	28525.15	21314.65	7210.51	4194.71
陕 西	16335.75	15732.04	11085.17	4646.86	603.71
甘 肃	13234.76	13051.63	10237.13	2814.50	183.13
青 海	19199.67	17881.64	13910.92	3970.72	1318.03
宁 夏	13562.60	13313.32	8728.48	4584.84	249.29
新 疆	19468.47	18414.19	13998.44	4415.76	1054.28
大 连	18602.66	18414.35	14897.48	3516.87	188.31
宁 波	24250.80	24144.79	19811.85	4332.94	106.01
厦 门	20516.73	20386.39	16751.88	3634.51	130.34
青 岛	24120.66	24120.66	19180.06	4940.60	
深 圳	48133.47	32416.68	25158.32	7258.36	15716.79

7-39 生均教育经费支出(地方农村初中)

单位：元

地　区	教育经费支出	个人和公用部分支出			基本建设支出
			个人部分	公用部分	
合　计	**16239.47**	**16077.77**	**11935.22**	**4142.55**	**161.70**
北　京	106571.31	104745.31	68938.68	35806.63	1826.00
天　津	28986.61	28986.61	25434.54	3552.07	
河　北	12507.38	12407.99	8833.33	3574.65	99.39
山　西	16705.39	16634.19	12944.88	3689.31	71.20
内蒙古	22911.64	22710.77	16597.36	6113.40	200.87
辽　宁	15687.79	15657.80	12950.89	2706.91	29.99
吉　林	21158.79	20940.42	15263.90	5676.52	218.37
黑龙江	19169.15	19081.74	14290.61	4791.13	87.41
上　海	45562.42	45562.42	35643.96	9918.46	
江　苏	23752.23	23749.03	17813.13	5935.90	3.20
浙　江	26586.81	25721.45	19009.62	6711.83	865.36
安　徽	17496.99	17394.83	12568.68	4826.15	102.16
福　建	19024.23	18952.08	14431.03	4521.04	72.16
江　西	13404.09	13280.55	7624.34	5656.21	123.54
山　东	16821.57	16780.48	12023.05	4757.42	41.09
河　南	11186.07	11098.98	7603.43	3495.55	87.10
湖　北	17842.15	17842.15	14048.32	3793.83	
湖　南	13948.37	13843.39	9907.87	3935.52	104.97
广　东	16580.10	16572.37	12800.55	3771.82	7.73
广　西	11587.18	11429.30	8121.36	3307.94	157.88
海　南	23403.98	22259.87	14547.46	7712.41	1144.11
重　庆	19797.42	19635.23	15275.30	4359.94	162.18
四　川	16156.01	16010.57	12157.63	3852.94	145.43
贵　州	13132.57	13024.48	10398.34	2626.14	108.09
云　南	15603.46	15511.91	12865.07	2646.84	91.55
西　藏	30674.72	27823.61	22859.35	4964.26	2851.11
陕　西	17485.84	17165.94	12125.97	5039.97	319.90
甘　肃	15264.45	15115.67	11892.74	3222.94	148.78
青　海	22915.72	21899.26	17388.53	4510.72	1016.47
宁　夏	15612.30	15493.43	11574.57	3918.86	118.86
新　疆	20296.33	19374.29	15986.66	3387.63	922.05
大　连	30131.22	30131.22	25200.03	4931.19	
宁　波	28046.54	28046.54	21208.72	6837.83	
厦　门	34710.55	34645.67	25733.28	8912.39	64.88
青　岛	30901.87	30901.87	23989.86	6912.01	
深　圳					

7-40 生均一般公共预算教育事业费和基本建设支出（地方农村初中）

单位：元

地 区	一般公共预算教育事业费和基本建设支出	事业费支出			基本建设支出
			个人部分	公用部分	
合 计	**14066.69**	**13912.30**	**10451.51**	**3460.79**	**154.39**
北 京	86453.67	85636.58	56596.98	29039.60	817.10
天 津	26033.38	26033.38	22810.79	3222.59	
河 北	11469.68	11370.67	8297.04	3073.63	99.01
山 西	14529.94	14461.19	11624.32	2836.87	68.75
内蒙古	18082.76	17893.00	13231.21	4661.79	189.76
辽 宁	12591.23	12561.78	10539.14	2022.63	29.45
吉 林	18560.31	18360.51	13456.00	4904.51	199.80
黑龙江	16878.62	16791.33	12385.36	4405.98	87.29
上 海	29849.93	29849.93	23248.87	6601.06	
江 苏	20017.50	20017.06	16122.58	3894.49	0.43
浙 江	22505.95	21687.50	16992.30	4695.20	818.45
安 徽	15062.97	14960.81	10918.44	4042.36	102.16
福 建	17192.91	17120.76	13563.28	3557.48	72.16
江 西	12171.81	12048.64	6865.15	5183.49	123.17
山 东	14996.03	14954.94	11500.97	3453.97	41.09
河 南	9083.50	8996.88	5949.99	3046.88	86.62
湖 北	16540.57	16540.57	12803.03	3737.54	
湖 南	12506.15	12401.18	9181.27	3219.91	104.97
广 东	14487.22	14479.49	11080.28	3399.21	7.73
广 西	10201.07	10046.60	7086.91	2959.69	154.47
海 南	18155.12	17053.59	10319.45	6734.14	1101.53
重 庆	15638.41	15497.46	11696.13	3801.33	140.95
四 川	13645.50	13504.34	10165.23	3339.11	141.16
贵 州	11590.57	11486.92	9333.63	2153.29	103.64
云 南	13100.20	13009.35	10719.46	2289.88	90.85
西 藏	27482.60	24631.49	19819.07	4812.42	2851.11
陕 西	16634.93	16322.03	11791.20	4530.83	312.90
甘 肃	13639.18	13490.40	10632.11	2858.29	148.78
青 海	19351.65	18388.37	14555.63	3832.75	963.28
宁 夏	12578.10	12459.24	9100.19	3359.05	118.86
新 疆	17914.10	17092.59	14308.91	2783.68	821.51
大 连	21551.91	21551.91	17829.59	3722.32	
宁 波	22374.82	22374.82	18319.79	4055.04	
厦 门	25942.53	25877.64	22231.52	3646.12	64.88
青 岛	26476.39	26476.39	21882.79	4593.61	
深 圳					

7-41 生均教育经费支出(地方普通小学)

单位: 元

地 区	教育经费支 出	个人和公用部分支出			基本建设支出
			个人部分	公用部分	
合 计	**12737.00**	**12570.96**	**9050.46**	**3520.50**	**166.04**
北 京	38690.04	37854.76	25292.40	12562.36	835.28
天 津	22403.28	22324.04	17220.10	5103.94	79.24
河 北	9315.95	9276.44	6613.04	2663.40	39.52
山 西	11984.72	11880.11	8824.11	3056.00	104.62
内蒙古	18408.61	18255.10	13919.59	4335.50	153.51
辽 宁	12234.91	12128.73	9554.82	2573.92	106.17
吉 林	16234.25	16101.04	12046.65	4054.39	133.21
黑龙江	16542.36	16445.54	13135.66	3309.88	96.81
上 海	34135.17	34091.95	22823.53	11268.42	43.22
江 苏	14934.19	14915.32	10687.72	4227.60	18.87
浙 江	18978.94	18542.05	13350.12	5191.93	436.89
安 徽	11689.64	11647.67	8116.57	3531.09	41.97
福 建	12196.64	12078.82	8370.10	3708.72	117.82
江 西	10273.21	10161.78	6075.23	4086.56	111.42
山 东	10822.32	10812.08	7559.88	3252.20	10.25
河 南	7953.45	7846.05	5372.77	2473.28	107.40
湖 北	11560.62	11560.62	8451.93	3108.69	
湖 南	9755.30	9670.95	6705.01	2965.94	84.35
广 东	14876.28	14523.54	10863.23	3660.31	352.74
广 西	9399.89	9250.60	6386.66	2863.95	149.29
海 南	16456.34	16243.83	10623.81	5620.02	212.51
重 庆	15577.29	15075.81	11373.67	3702.14	501.48
四 川	12248.14	12064.24	8655.03	3409.20	183.91
贵 州	11636.47	11519.06	8886.50	2632.56	117.41
云 南	14173.89	14055.82	11361.39	2694.42	118.07
西 藏	31103.77	29511.80	21191.73	8320.07	1591.98
陕 西	12458.06	12286.95	7612.55	4674.40	171.11
甘 肃	13328.87	13174.71	10154.54	3020.16	154.16
青 海	18519.07	17140.76	13210.89	3929.87	1378.31
宁 夏	12914.36	12742.39	8513.47	4228.91	171.97
新 疆	14322.09	13597.42	10779.10	2818.32	724.67
大 连	15825.27	15396.20	11732.45	3663.75	429.06
宁 波	20310.58	20299.66	15211.04	5088.62	10.92
厦 门	20536.84	19968.50	14250.45	5718.05	568.34
青 岛	19046.34	19046.34	13261.60	5784.74	
深 圳	36735.93	33245.28	23518.52	9726.76	3490.65

7-42 生均一般公共预算教育事业费和基本建设支出（地方普通小学）

单位：元

地区	一般公共预算教育事业费和基本建设支出	事业费支出			基本建设支出
			个人部分	公用部分	
合计	**10717.11**	**10565.51**	**7771.29**	**2794.21**	**151.60**
北京	32132.36	31375.64	20283.42	11092.22	756.72
天津	19158.35	19091.93	15095.43	3996.50	66.43
河北	8407.16	8367.82	6183.37	2184.45	39.34
山西	10436.14	10365.55	7961.72	2403.82	70.59
内蒙古	13327.40	13198.42	10033.79	3164.63	128.98
辽宁	9796.08	9701.50	7616.18	2085.32	94.58
吉林	13411.51	13294.23	10230.17	3064.05	117.29
黑龙江	13963.01	13867.87	10985.85	2882.02	95.14
上海	21930.51	21887.30	15491.19	6396.11	43.22
江苏	12382.11	12363.92	9714.37	2649.55	18.19
浙江	15447.10	15108.74	11748.20	3360.54	338.35
安徽	9892.88	9850.91	6857.48	2993.42	41.97
福建	10634.13	10519.28	7693.37	2825.91	114.85
江西	9310.73	9201.32	5565.90	3635.42	109.41
山东	9391.14	9383.81	7164.27	2219.55	7.32
河南	6467.31	6369.67	4204.35	2165.32	97.64
湖北	10603.83	10603.83	7581.90	3021.93	
湖南	8701.12	8616.82	6206.30	2410.52	84.30
广东	12164.48	11830.86	9078.01	2752.85	333.62
广西	8132.67	8013.28	5531.49	2481.79	119.38
海南	12382.46	12170.70	7662.66	4508.04	211.76
重庆	11772.30	11380.09	8204.37	3175.72	392.21
四川	10157.43	9982.63	7204.46	2778.17	174.80
贵州	10255.62	10156.04	7975.78	2180.27	99.58
云南	11595.14	11479.07	9196.43	2282.65	116.07
西藏	28189.80	26597.82	18585.45	8012.37	1591.98
陕西	11499.51	11329.68	7391.71	3937.98	169.83
甘肃	11193.77	11040.49	8463.66	2576.83	153.27
青海	15223.93	13929.32	10748.03	3181.28	1294.61
宁夏	10049.07	9877.09	6541.50	3335.59	171.97
新疆	12617.78	11911.58	9598.09	2313.49	706.20
大连	11995.13	11621.10	8704.43	2916.67	374.03
宁波	16314.39	16310.82	13495.38	2815.44	3.58
厦门	15572.29	15031.44	12185.81	2845.63	540.85
青岛	15758.42	15758.42	12349.06	3409.36	
深圳	26818.60	23329.69	17724.10	5605.59	3488.91

7-43 生均教育经费支出(地方农村小学)

单位：元

地区	教育经费支出	个人和公用部分支出			基本建设支出
			个人部分	公用部分	
合计	**11826.85**	**11715.49**	**8727.28**	**2988.21**	**111.36**
北京	52026.89	50603.52	35861.30	14742.22	1423.36
天津	18950.85	18950.85	16147.61	2803.24	
河北	9333.36	9294.75	6630.39	2664.36	38.61
山西	13258.92	13180.96	10187.01	2993.95	77.97
内蒙古	22601.77	22445.52	17401.99	5043.53	156.26
辽宁	13078.24	13061.55	10966.82	2094.73	16.69
吉林	18425.92	18325.44	14091.32	4234.12	100.48
黑龙江	19027.58	18934.50	15272.69	3661.81	93.08
上海	34105.20	34105.20	26722.96	7382.24	
江苏	12600.10	12598.49	9333.41	3265.08	1.61
浙江	19026.20	18526.87	13545.56	4981.31	499.33
安徽	11348.60	11305.18	8131.89	3173.29	43.43
福建	11829.38	11760.34	8550.20	3210.14	69.04
江西	10250.12	10141.50	6175.70	3965.80	108.62
山东	9806.32	9796.47	7180.66	2615.80	9.85
河南	7479.09	7445.01	5247.78	2197.23	34.08
湖北	10814.91	10814.91	8120.87	2694.04	
湖南	9099.58	9040.11	6564.21	2475.90	59.47
广东	11964.03	11952.11	9111.03	2841.08	11.92
广西	9376.07	9261.45	6560.24	2701.20	114.62
海南	18642.24	18315.85	12358.69	5957.16	326.39
重庆	16090.41	15942.74	12657.12	3285.62	147.67
四川	12312.58	12104.40	8936.58	3167.82	208.18
贵州	11456.43	11349.65	9188.25	2161.40	106.78
云南	13959.05	13909.57	11603.77	2305.81	49.48
西藏	29221.27	28202.36	20682.08	7520.28	1018.91
陕西	13166.76	13059.37	8569.48	4489.89	107.38
甘肃	14103.76	13942.67	10939.48	3003.19	161.09
青海	19475.17	17961.24	14002.04	3959.20	1513.93
宁夏	12471.02	12336.51	9292.36	3044.15	134.51
新疆	13768.92	13130.30	11045.95	2084.35	638.62
大连	23082.10	23082.10	19020.10	4062.00	
宁波	20316.67	20316.67	14611.00	5705.68	
厦门	24362.00	24106.10	18668.13	5437.98	255.90
青岛	23306.37	23306.37	18664.01	4642.36	
深圳					

7-44　生均一般公共预算教育事业费和基本建设支出（地方农村小学）

单位：元

地　区	一般公共预算教育事业费和基本建设支出	事业费支出			基本建设支出
			个人部分	公用部分	
合　计	**10209.41**	**10102.83**	**7557.30**	**2545.53**	**106.58**
北　京	44224.38	43189.87	29468.46	13721.41	1034.51
天　津	17007.50	17007.50	14525.72	2481.78	
河　北	8475.12	8436.70	6193.66	2243.04	38.43
山　西	11611.15	11541.81	9117.58	2424.24	69.33
内蒙古	16161.90	16020.23	12214.51	3805.72	141.67
辽　宁	10699.50	10683.04	8899.36	1783.68	16.46
吉　林	15614.72	15522.62	12032.78	3489.85	92.09
黑龙江	16514.95	16424.92	12975.23	3449.69	90.03
上　海	21954.38	21954.38	17096.16	4858.23	
江　苏	10864.49	10864.13	8560.36	2303.77	0.36
浙　江	15901.68	15452.69	12100.01	3352.68	448.99
安　徽	9859.01	9815.58	6994.93	2820.65	43.43
福　建	10655.95	10590.04	7999.86	2590.18	65.92
江　西	9377.69	9269.40	5621.37	3648.03	108.29
山　东	8819.79	8809.93	6859.98	1949.96	9.85
河　南	6153.57	6119.49	4119.93	1999.56	34.08
湖　北	10046.06	10046.06	7395.17	2650.90	
湖　南	8236.36	8176.89	6097.89	2079.00	59.47
广　东	10300.89	10291.82	7744.28	2547.54	9.07
广　西	8226.70	8113.50	5685.93	2427.57	113.20
海　南	13969.59	13643.54	8744.44	4899.10	326.05
重　庆	12315.54	12200.07	9253.80	2946.26	115.48
四　川	10458.97	10254.83	7479.87	2774.96	204.14
贵　州	10214.40	10113.60	8258.36	1855.24	100.80
云　南	11441.95	11394.90	9422.00	1972.89	47.06
西　藏	26193.24	25174.34	17978.18	7196.15	1018.91
陕　西	12477.73	12372.11	8347.50	4024.60	105.62
甘　肃	11873.56	11712.63	9068.23	2644.40	160.93
青　海	16276.14	14786.92	11585.49	3201.43	1489.22
宁　夏	10012.17	9877.66	7251.07	2626.59	134.51
新　疆	12294.68	11672.54	9876.59	1795.95	622.15
大　连	17707.83	17707.83	14423.52	3284.31	
宁　波	15376.31	15376.31	12770.86	2605.45	
厦　门	19898.61	19744.63	16672.71	3071.92	153.98
青　岛	19472.42	19472.42	16999.09	2473.33	
深　圳					

7-45 生均教育经费支出(地方特殊教育学校)

单位：元

地 区	教育经费支出	个人和公用部分支出			基本建设支出
			个人部分	公用部分	
合 计	**62511.69**	**61047.78**	**40634.22**	**20413.56**	**1463.92**
北 京	157169.74	157169.74	120852.86	36316.88	
天 津	91820.50	91820.50	61478.76	30341.73	
河 北	52880.25	52855.99	36023.00	16832.99	24.26
山 西	52721.42	52526.31	36831.26	15695.05	195.11
内蒙古	63039.17	62611.44	45170.94	17440.50	427.74
辽 宁	67924.25	67539.56	49589.86	17949.70	384.69
吉 林	65625.66	65625.66	44572.98	21052.68	
黑龙江	46504.20	46504.20	33963.32	12540.88	
上 海	151850.28	151712.04	110096.08	41615.96	138.24
江 苏	81429.62	75555.05	52568.28	22986.77	5874.57
浙 江	86940.22	84588.53	54340.00	30248.53	2351.69
安 徽	54210.61	46353.39	23938.44	22414.94	7857.22
福 建	63948.57	61468.83	41431.09	20037.74	2479.73
江 西	36332.54	35859.39	19737.77	16121.62	473.16
山 东	73398.36	72354.10	49085.19	23268.90	1044.26
河 南	42725.08	42725.08	29974.00	12751.08	
湖 北	57115.64	56839.90	41412.49	15427.41	275.74
湖 南	46455.17	46455.17	28522.33	17932.84	
广 东	102362.59	99794.84	60730.96	39063.88	2567.76
广 西	36409.13	36314.95	23013.89	13301.05	94.18
海 南	78942.98	78942.98	42353.10	36589.89	
重 庆	53737.55	53737.55	37557.51	16180.04	
四 川	43109.98	43075.91	28983.49	14092.42	34.07
贵 州	32470.67	32470.67	24648.19	7822.48	
云 南	49265.03	49265.03	30762.69	18502.34	
西 藏	138076.60	107083.95	76188.05	30895.90	30992.65
陕 西	54185.29	54185.29	36594.21	17591.07	
甘 肃	51607.17	48561.42	33967.64	14593.78	3045.75
青 海	65923.90	54947.47	27154.77	27792.71	10976.43
宁 夏	76584.89	76584.89	35757.05	40827.84	
新 疆	63729.25	63582.21	40927.62	22654.59	147.04
大 连	81324.27	81324.27	64447.44	16876.82	
宁 波	91864.27	90885.49	68191.85	22693.64	978.78
厦 门	196001.24	149450.50	85911.17	63539.34	46550.74
青 岛	141192.39	141192.39	86094.34	55098.05	
深 圳	235144.42	203803.77	131794.15	72009.62	31340.65

7-46 生均一般公共预算教育事业费和基本建设支出（地方特殊教育学校）

单位：元

地区	一般公共预算教育事业费和基本建设支出	事业费支出	个人部分	公用部分	基本建设支出
合计	**50685.93**	**49627.76**	**34048.87**	**15578.89**	**1058.17**
北京	130409.67	130409.67	99088.43	31321.24	
天津	78775.08	78775.08	51774.55	27000.53	
河北	45180.73	45156.47	33448.76	11707.71	24.26
山西	44246.35	44051.24	30446.26	13604.98	195.11
内蒙古	51570.81	51143.08	35477.40	15665.68	427.74
辽宁	53823.09	53438.39	38312.42	15125.97	384.69
吉林	49690.60	49690.60	36147.67	13542.93	
黑龙江	39444.74	39444.74	27333.09	12111.65	
上海	103247.76	103109.52	77990.52	25119.00	138.24
江苏	69205.18	63330.61	46192.97	17137.65	5874.57
浙江	65414.65	63214.11	46473.90	16740.21	2200.55
安徽	37685.15	37685.15	20739.68	16945.47	
福建	52748.40	50366.48	37598.75	12767.72	2381.92
江西	32180.99	31707.83	17696.30	14011.53	473.16
山东	62970.63	61926.36	45998.65	15927.71	1044.26
河南	35322.27	35322.27	23347.77	11974.50	
湖北	49816.45	49540.71	35515.68	14025.03	275.74
湖南	37372.86	37372.86	26376.32	10996.54	
广东	79806.26	77238.51	47384.78	29853.73	2567.76
广西	29694.76	29600.58	19289.53	10311.05	94.18
海南	67294.80	67294.80	32880.85	34413.95	
重庆	43287.77	43287.77	28131.13	15156.64	
四川	34683.56	34649.48	23271.41	11378.08	34.07
贵州	27277.69	27277.69	20322.58	6955.11	
云南	41054.73	41054.73	25164.42	15890.31	
西藏	128744.44	97751.79	66864.01	30887.78	30992.65
陕西	50602.74	50602.74	34459.54	16143.20	
甘肃	40574.88	39827.83	28874.48	10953.34	747.05
青海	57614.01	46637.58	21383.63	25253.95	10976.43
宁夏	39468.23	39468.23	22889.32	16578.92	
新疆	55108.17	54961.12	36637.07	18324.05	147.04
大连	60491.20	60491.20	46758.75	13732.45	
宁波	79079.85	78101.07	58988.81	19112.26	978.78
厦门	149556.01	104841.52	70209.89	34631.63	44714.50
青岛	96460.98	96460.98	77514.58	18946.40	
深圳	173165.55	141824.90	94443.54	47381.36	31340.65

7-47 生均教育经费支出(地方幼儿园)

单位：元

地 区	教育经费支 出	个人和公用部分支出			基本建设支出
			个人部分	公用部分	
合 计	**10602.34**	**10423.20**	**6352.52**	**4070.68**	**179.14**
北 京	46222.54	45905.20	27656.59	18248.61	317.35
天 津	27700.56	27663.10	17604.66	10058.45	37.45
河 北	7231.04	7225.23	4744.95	2480.29	5.81
山 西	6156.38	6108.29	3959.42	2148.86	48.09
内蒙古	16482.21	16164.85	9705.92	6458.93	317.35
辽 宁	9285.71	9123.08	5298.83	3824.25	162.64
吉 林	12427.02	12353.68	7614.53	4739.15	73.34
黑龙江	11199.58	11145.04	7472.93	3672.11	54.54
上 海	34625.90	34597.32	21472.86	13124.47	28.58
江 苏	11547.74	11524.39	7422.38	4102.01	23.36
浙 江	19857.09	19560.85	11556.92	8003.94	296.24
安 徽	8109.02	8045.13	4501.56	3543.58	63.88
福 建	11375.98	11280.30	6861.74	4418.56	95.68
江 西	11345.09	11136.20	4528.08	6608.12	208.90
山 东	7692.16	7691.47	4456.64	3234.84	0.68
河 南	5442.17	5408.56	2942.55	2466.01	33.61
湖 北	8739.34	8739.34	5486.15	3253.19	
湖 南	7237.21	7218.79	4107.35	3111.45	18.42
广 东	9516.15	9341.54	6593.47	2748.07	174.62
广 西	5652.90	5388.69	2997.33	2391.37	264.21
海 南	18638.27	18528.06	9455.36	9072.70	110.22
重 庆	9295.93	9279.93	4596.59	4683.34	16.00
四 川	8845.95	8553.63	4618.38	3935.25	292.33
贵 州	9083.86	9019.79	5791.68	3228.10	64.08
云 南	9066.82	8971.35	5894.56	3076.79	95.47
西 藏	25697.05	25451.17	15487.15	9964.02	245.88
陕 西	11883.35	11677.17	6537.98	5139.19	206.19
甘 肃	8496.98	8364.51	5605.45	2759.05	132.47
青 海	11749.85	9973.12	6301.38	3671.74	1776.73
宁 夏	9052.08	9052.08	4789.39	4262.69	
新 疆	9665.94	8538.43	5875.94	2662.49	1127.50
大 连	12712.59	12298.03	7828.47	4469.56	414.56
宁 波	23272.44	23245.69	15300.97	7944.71	26.75
厦 门	22609.50	22423.06	13452.82	8970.25	186.44
青 岛	14729.01	14729.01	8120.49	6608.52	
深 圳	50061.44	47228.57	34539.98	12688.60	2832.87

7-48 生均一般公共预算教育事业费和基本建设支出（地方幼儿园）

单位：元

地 区	一般公共预算教育事业费和基本建设支出	事业费支出	个人部分	公用部分	基本建设支出
合 计	**7073.37**	**6914.29**	**4474.43**	**2439.86**	**159.08**
北 京	37109.14	36841.48	21353.19	15488.29	267.66
天 津	19511.00	19511.00	13636.60	5874.40	
河 北	5396.42	5390.62	4159.45	1231.16	5.81
山 西	3945.81	3916.77	2895.89	1020.88	29.04
内蒙古	11003.52	10686.17	7499.82	3186.35	317.35
辽 宁	4755.20	4601.43	2963.66	1637.76	153.77
吉 林	8992.40	8924.80	5805.63	3119.17	67.61
黑龙江	7190.81	7136.27	5176.28	1960.00	54.54
上 海	21581.59	21553.01	14581.71	6971.30	28.58
江 苏	6390.26	6366.91	4353.16	2013.75	23.36
浙 江	11747.57	11536.58	7433.05	4103.53	210.99
安 徽	5441.51	5377.62	3248.34	2129.28	63.88
福 建	7887.31	7792.00	5295.40	2496.61	95.31
江 西	8883.77	8675.27	3446.06	5229.21	208.51
山 东	4051.72	4051.04	2568.69	1482.35	0.68
河 南	3053.78	3020.18	1816.53	1203.65	33.61
湖 北	5506.19	5506.19	3541.60	1964.59	
湖 南	4046.56	4028.14	2639.89	1388.25	18.42
广 东	4320.78	4227.56	3096.15	1131.41	93.22
广 西	3731.10	3469.69	1772.44	1697.25	261.41
海 南	14262.57	14154.79	6453.68	7701.10	107.78
重 庆	5836.94	5833.43	2955.65	2877.79	3.51
四 川	6112.55	5834.32	3326.91	2507.41	278.23
贵 州	7242.63	7178.55	5000.27	2178.28	64.08
云 南	6441.25	6345.78	4419.22	1926.56	95.47
西 藏	23704.80	23458.92	13676.68	9782.23	245.88
陕 西	10120.34	9914.15	5918.38	3995.77	206.19
甘 肃	7211.77	7081.20	4972.48	2108.72	130.56
青 海	9231.42	7716.12	4744.96	2971.16	1515.30
宁 夏	6497.20	6497.20	3402.96	3094.24	
新 疆	8810.71	7788.82	5385.98	2402.84	1021.89
大 连	7245.41	6830.85	4908.70	1922.15	414.56
宁 波	13454.12	13454.12	9899.94	3554.19	
厦 门	17614.55	17431.54	10414.57	7016.97	183.01
青 岛	9947.89	9947.89	5347.60	4600.29	
深 圳	23456.80	20623.92	14471.13	6152.79	2832.87

7-49 生均教育经费支出(地方农村幼儿园)

单位：元

地区	教育经费支出	个人和公用部分支出			基本建设支出
			个人部分	公用部分	
合计	**7465.94**	**7352.65**	**4545.53**	**2807.13**	**113.28**
北京	40814.20	40382.31	23959.32	16422.99	431.89
天津	12765.11	12765.11	7213.62	5551.49	
河北	6080.21	6075.16	4054.73	2020.43	5.05
山西	4978.88	4945.77	3291.40	1654.37	33.11
内蒙古	14954.97	14571.76	9106.10	5465.66	383.20
辽宁	4476.49	4366.40	2657.58	1708.82	110.09
吉林	10564.46	10507.79	6592.20	3915.59	56.68
黑龙江	9574.26	9481.22	6434.25	3046.97	93.04
上海	31616.94	31616.94	22804.75	8812.18	
江苏	8265.13	8265.13	5139.88	3125.25	
浙江	17816.55	17399.52	10683.96	6715.56	417.04
安徽	6676.87	6619.91	3720.00	2899.90	56.96
福建	8536.74	8428.00	5233.28	3194.72	108.75
江西	9834.16	9777.92	3618.77	6159.16	56.24
山东	5901.57	5901.57	3563.03	2338.54	
河南	3787.33	3775.51	2068.93	1706.58	11.83
湖北	5752.46	5752.46	3523.80	2228.67	
湖南	5891.93	5874.01	3373.10	2500.91	17.92
广东	5191.84	5191.83	3508.47	1683.37	
广西	4291.73	4180.36	2203.65	1976.71	111.37
海南	16460.93	16375.79	8413.75	7962.03	85.14
重庆	6810.32	6805.14	3428.70	3376.45	5.18
四川	6965.19	6713.29	3814.30	2898.98	251.90
贵州	7620.65	7554.81	5230.84	2323.96	65.85
云南	6838.51	6790.10	4589.16	2200.94	48.41
西藏	20332.50	20120.38	14222.87	5897.50	212.12
陕西	10278.32	10218.90	6171.25	4047.66	59.42
甘肃	7722.30	7605.32	5135.57	2469.75	116.97
青海	11111.79	9383.56	5804.12	3579.43	1728.23
宁夏	6705.04	6705.04	3512.30	3192.74	
新疆	7952.75	7476.97	5330.28	2146.69	475.77
大连	7551.22	7551.22	5013.54	2537.69	
宁波	21610.06	21610.06	13680.05	7930.01	
厦门	13341.34	13341.34	6815.54	6525.80	
青岛	10038.85	10038.85	6072.11	3966.74	
深圳					

7-50 生均一般公共预算教育事业费和基本建设支出（地方农村幼儿园）

单位：元

地区	一般公共预算教育事业费和基本建设支出	事业费支出	个人部分	公用部分	基本建设支出
合计	**5269.75**	**5161.23**	**3425.85**	**1735.38**	**108.53**
北京	35376.31	34972.37	20025.39	14946.98	403.94
天津	8851.88	8851.88	6406.38	2445.50	
河北	4593.74	4588.69	3577.10	1011.59	5.05
山西	3174.56	3161.13	2448.54	712.60	13.43
内蒙古	10292.26	9909.06	7266.17	2642.88	383.20
辽宁	2400.11	2290.02	1628.11	661.91	110.09
吉林	8469.61	8423.71	5534.33	2889.38	45.90
黑龙江	6427.72	6334.69	4729.20	1605.49	93.04
上海	19642.22	19642.22	14964.35	4677.87	
江苏	4634.62	4634.62	2958.87	1675.75	
浙江	11098.88	10791.14	7160.54	3630.61	307.74
安徽	4696.13	4639.17	2855.46	1783.71	56.96
福建	5932.83	5824.09	4136.00	1688.08	108.75
江西	7751.39	7695.63	2764.37	4931.26	55.76
山东	3225.62	3225.62	2240.08	985.54	
河南	1993.32	1981.49	1284.61	696.88	11.83
湖北	3590.28	3590.28	2194.58	1395.70	
湖南	3249.98	3232.06	2191.70	1040.37	17.92
广东	2435.94	2435.94	1805.37	630.58	
广西	2731.21	2619.84	1221.00	1398.83	111.37
海南	12605.77	12523.24	5824.43	6698.81	82.53
重庆	4631.88	4626.70	2417.59	2209.11	5.18
四川	5083.40	4832.21	2853.06	1979.16	251.18
贵州	6025.47	5959.63	4538.36	1421.27	65.85
云南	5005.51	4957.10	3563.58	1393.52	48.41
西藏	18772.96	18560.84	12689.28	5871.56	212.12
陕西	9004.16	8944.75	5732.21	3212.53	59.42
甘肃	6772.22	6655.25	4690.49	1964.76	116.97
青海	9136.76	7596.11	4547.53	3048.58	1540.65
宁夏	5085.77	5085.77	2734.25	2351.52	
新疆	7393.96	6918.38	4945.88	1972.49	475.58
大连	4517.40	4517.40	3249.57	1267.83	
宁波	12199.68	12199.68	9221.54	2978.13	
厦门	11257.89	11257.89	6003.10	5254.79	
青岛	7882.82	7882.82	4661.42	3221.40	
深圳					

附 录

简要说明

简要说明

为了便于参考和使用教育经费统计年鉴，现就教育经费统计指标、统计范围、统计时间等作简要说明。

一、教育经费来源主要指标

教育经费来源包括国家财政性教育经费，民办学校中举办者投入，捐赠收入，事业收入及其他教育经费。

1. **国家财政性教育经费**：指学校（单位）取得的所有属于财政性质的经费。包括一般公共预算安排的教育经费，政府性基金预算安排的教育经费，国有及国有控股企业办学中的企业拨款，校办产业和社会服务收入用于教育的经费，其他属于国家财政性教育经费。

（1）**一般公共预算安排的教育经费**：指学校（单位）从同级财政部门取得的一般公共预算拨款。包括教育事业费、基本建设经费、教育费附加、科研经费和其他经费。

①**教育事业费**：指学校（单位）从同级财政部门取得的、列《政府收支分类科目》一般公共预算205类“教育支出”的拨款，不含基本建设经费和教育费附加。

②**基本建设经费**：指学校（单位）从同级发展与改革部门取得的、列《政府收支分类科目》309类“资本性支出（基本建设）”的拨款。

③**教育费附加**：指学校（单位）从同级财政部门取得的、列《政府收支分类科目》205类09款“教育费附加安排的支出”的拨款。

④**科研经费**：指学校（单位）从同级财政部门取得的、列《政府收支分类科目》206类“科学技术支出”的拨款。

⑤**其他**：指学校（单位）从同级财政部门取得的《政府收支分类科目》205类“教育支出”、206类“科学技术支出”以外（如208类“社会保障和就业支出”、210类“医疗卫生与计划生育支出”、219类“援助其他地区支出”、221类“住房保障支出”等）的其他一般公共预算拨款。

（2）**政府性基金预算安排的教育经费**：指学校（单位）从同级财政部门取得的政府性基金预算拨款。包括城市基础设施配套费收入、彩票公益金收入等安排用于学校（单位）的支出。

（3）**国有及国有控股企业办学中的企业拨款**：指中央和地方所属国有及国有控股企业在企业营业外资金列支或企业自有资金列支，并实际拨付所属学校的办学经费。

（4）**校办产业和社会服务收入用于教育的经费**：指非民办学校举办的校办产业和各种经营取得的收益及投资收益中用于补充教育经费的部分。

（5）**其他属于国家财政性教育经费**：指学校（单位）取得的除上述财政性收入以外的其他属于财政性质的经费。

2. **民办学校中举办者投入**：指民办学校举办者投入给民办学校的办学经费。

3. **捐赠收入**：指境内外社会各界及个人对教育的资助和捐赠资金。

4. **事业收入**：指学校（单位）开展教学、科研及其辅助活动依法取得的、经财政部门核准留用的资金和从财政专户核拨回的资金。

其中，学费：指学校经财政部门核准留用或经财政专户核拨回的学费金额。

5．**其他教育经费**：指学校（单位）取得的除上述各项收入以外的其他收入。

二、教育经费支出主要指标

教育经费支出包括个人部分支出、公用部分支出和基本建设支出三部分

1．**个人部分支出**：包括工资福利支出、对个人和家庭的补助支出。

（1）**工资福利支出**：指学校（单位）开支的在职教职工和编制外长期聘用人员的各类劳动报酬，以及为上述人员缴纳的各项社会保险费等。

（2）**对个人和家庭的补助支出**：指学校（单位）对个人和家庭的补助支出。

2．**公用部分支出**：包括商品和服务支出、其他资本性支出。

（1）**商品和服务支出**：指学校（单位）购买商品和服务的支出（不包括用于购置固定资产的支出）。

（2）**其他资本性支出**：指非发展与改革部门集中安排用于学校（单位）购置固定资产、土地、无形资产和大型修缮等所发生的支出。包括专项公用支出和专项项目支出。

①**专项公用支出**：指非发展与改革部门集中安排用于学校（单位）购置办公设备、专用设备、交通工具和无形资产等所发生的支出。

②**专项项目支出**：指非发展与改革部门集中安排用于学校（单位）房屋建筑物构建、大型修缮所发生的支出。

3．**基本建设支出**：指各级发展与改革部门集中安排的一般公共预算（不包括政府性基金以及各类拼盘自筹资金等）用于学校（单位）购置固定资产、土地、无形资产和大型修缮所发生的支出。

财政补助支出：指学校（单位）取得的一般公共预算安排的教育经费和政府性基金预算安排的教育经费列支的支出。

一般公共预算教育事业费和基本建设支出：指学校（单位）取得的一般公共预算教育事业费和基本建设列支的支出。

三、统计范围

1．教育部门办各级各类学校、幼儿园、教育事业单位；其他部门办各级各类学校、幼儿园；县级及以上人民政府教育行政单位（部门）；独立师资并按学校体制管理的中央、省（自治区、直辖市）、地（市）、县各级党委举办的党校，各级政府举办的社会主义学院、行政学院（不含行业、部门办的党校和行政学院）；财政部举办的国家会计学院。

2．国有及国有控股企业举办的各级各类学校、幼儿园和经过教育主管部门批准承认学历的成人高校、成人中等专业学校、成人中学、成人小学等。

3．由国家机构以外的社会组织或者个人，利用非国家财政性经费，面向社会举办的，经政府部门按照国家规定的权限审批的各级各类学校、幼儿园等。

香港、澳门和台湾省的教育经费统计资料暂缺。

四、统计时间

2018年1月1日至2018年12月31日。

五、其他

1. 本年鉴 1-1（续）表和第二部分所有表中央和地方教育经费按经费来源划分。其余表中央和地方教育经费按学校与其他教育机构隶属关系划分，即中央教育经费指中央属学校及其他教育机构的经费，地方教育经费指地方属学校及其他教育机构的经费。

2. 2013 年及以前教育经费统计城乡划分标准以民政部门口径为准，即城市指城镇，包括城市（设区市的市辖区城区和不设区市的市政府所在地城区）以及县城（县政府所在地的城区）；农村指除城市、县城以外的区域。从 2014 年开始，教育经费统计采用了国家统计局颁布的《统计用城乡划分代码》，新的城乡划分标准调整为三大类七小类，即城区（主城区和城乡结合部）、镇区（镇中心区、镇乡结合区、特殊区域）、乡村（乡中心区和村庄），其中城市指城区，农村指镇区和乡村。

3. 本年鉴中部分数据合计数或相对数由于单位取舍不同而产生的误差，均未做机械调整。